International Handbook of Comparative Education (Part 1)

比较教育学
回顾与展望
（上）

[英] 罗伯特·考恩 (Robert Cowen) ———— 主编
[美] 安德里亚斯·卡扎米亚斯 (Andreas M. Kazamias)
[英] 伊莱恩·恩特海特 (Elaine Unterhalter) ———— 副主编

彭正梅　周小勇　伍绍杨 ———— 译

学林出版社

图书在版编目(CIP)数据

比较教育学：回顾与展望.上 /（英）罗伯特·考恩(Robert Cowen)，（美）安德里亚斯·卡扎米亚斯(Andreas M. Kazamias)主编；彭正梅，周小勇，伍绍杨译. —上海：学林出版社，2024

书名原文：International Handbook of Comparative Education（part 1）

ISBN 978 - 7 - 5486 - 1996 - 3

Ⅰ.①比… Ⅱ.①罗… ②安… ③彭… ④周… ⑤伍… Ⅲ.①比较教育学 Ⅳ.①G40 - 059.3

中国国家版本馆 CIP 数据核字(2024)第 058170 号

Translation from the English language edition：*International Handbook of Comparative Education* edited by Robert Cowen and Andreas M. Kazamias Copyright © Springer Science＋Business Media B. V. 2009 Springer is part of Springer Science＋Business Media All Rights Reserved

著作权合同登记号　图字：09 - 2024 - 0070 号

责任编辑　李沁笛　张嵩澜　汤丹磊　张予澍
特约译校　王艳玲　沈　伟　邓　莉　祝　刚　陈丽莎
封面设计　汪　昊

比较教育学：回顾与展望（上）

[英]罗伯特·考恩(Robert Cowen)　[美]安德里亚斯·卡扎米亚斯(Andreas M. Kazamias)　主编
彭正梅　周小勇　伍绍杨　译

出　　版　学林出版社
　　　　　（201101　上海市闵行区号景路 159 弄 C 座）
发　　行　上海人民出版社发行中心
　　　　　（201101　上海市闵行区号景路 159 弄 C 座）
印　　刷　商务印书馆上海印刷有限公司
开　　本　787×1092　1/16
印　　张　30.75
字　　数　82 万
版　　次　2024 年 6 月第 1 版
印　　次　2024 年 6 月第 1 次印刷
ISBN 978 - 7 - 5486 - 1996 - 3/G・768
定　　价　150.00 元

前　言

　　编辑《比较教育学：回顾与展望》这一重大的工程，对于我们来说意味着肩负重大的责任，这不仅仅是对作者和出版社的责任。作为编辑者，我们和编辑后殖民主义章节内容的同事伊莱恩·恩特海特(Elaine Unterhalter)想向所有作者表示最诚挚的感谢，感谢你们按时交稿，没有抱怨，认真工作，做出了一流的研究成绩。我们也想要感谢向我们投递稿件的所有作者，几乎每一位我们曾经约稿的作家都向我们投递了稿件。我们了解到当时一些作者的个人境况不是很好，我们衷心地希望本卷书的顺利出版将会在之后成为他们度过困境后的美好回忆。

　　非常不幸的是，在我们准备此书的出版期间，一些和我们共事已久、广受我们尊重与爱戴的同事身患重病(不久后去世)。我们决定征求许可来出版他们的一些著作。我们得到了两份主要期刊的慷慨许可，在获得施普林格出版社(Springer)的同意后，《比较教育学：回顾与展望》中得以有罗兰·波尔斯顿(Rolland Paulston)和特伦斯·麦克劳林(Terrence McLaughlin)的相关文章。

　　我们觉得这可能会使伊莱恩为难，毫无疑问她会利用在同一座大楼工作的优势来直接"责备"鲍勃·考恩(Bob Cowen)，但是我们想特别地指出她所做出的重大贡献，她巧妙地结合了她天才般独立的思维以及在小团队中共事的团队精神，应对压力并按时交稿。我们由衷地感谢她和她的同事海伦·波尔斯顿(Hellen Paulston)，海伦为我们提供了技术到位的复印材料、地址列表、作者注记以及文章摘要等一系列材料。与这样一个做事更加高效、整洁、更少抱怨的小组相比，我们存在着很多问题。

　　我们的两大合作机构——伦敦大学教育研究所和威斯康星大学麦迪逊分校——为我们提供了控制项目的关键基础设施，尤其是机构中苹果电脑专家杰·道斯(Jem Dowse)在计算服务方面不可估量的帮助以及在最后阶段雷夫特莱斯·克莱里德斯(Lefteris Klerides)提供的计算机技能，他们的技术支持帮助鲍勃·考恩变得比他自己料想得更为冷静。

　　然而，这并不仅仅是一个关于基础设施的事情。我们偶尔会在对方的大学之中工作，鲍勃·考恩想要感谢汤姆·波普科维茨(Tom Popkewitz)以及迈克·阿普尔(Mike Apple)，他们让他感受到了威斯康星州对他的欢迎。安德烈亚斯·卡扎米尔斯(Andreas Kazamias)很感谢贾格迪什·贡达拉(Jagdish Gundara)和杰拉尔德·格雷斯

(Gerald Grace)，他们让他在教育学院受到了热烈的欢迎。实际上这个项目大部分都是在一个小办公室编辑完成的。这个办公室位于教育学院内鲍勃·考恩的新部门——教育研究所的课程、教学和评估部门。这个部门是在项目进行过程中内部重整后形成的。因此，考恩十分感谢所有课程、教学和评估部门的同事，他们接纳了他这样一个完全陌生的人，特别要感谢的是丹尼斯·劳顿(Denis Lawton)，因为他和科恩(项目期间也和安德烈亚斯一起)共用一间办公室。丹尼斯以冷静的智慧著称，他计划在这个研究所里进行相当长时间的细致访问。

我们感谢他和其他许多国家的同事的帮助和支持——这完全是令人意想不到的，也让我们非常感动。项目最终完成了，我们不知道完成得如何，但它的确完成了。跟许多人一样，我们也期待着赶紧阅读文章。我们很难掌握文章的全部范围和复杂性。在这些作者的文章中有许多带给未来比较教育研究工作的惊喜和影响。

罗伯特·考恩和安德里亚斯·卡扎米亚斯

2009 年 3 月

中译本序①

在本书英语和葡萄牙语版本出版后，同行对我们的赞美纷至沓来："这真是一个庞大的项目。""这项困难且复杂的工作完成得很好。""这是对比较教育学界的一项杰出贡献。"绝大部分情况下，诸如此类的赞美我们是乐意接受的。收到阅读过本书的同行的动人的邮件和热情的问候使我们倍感荣幸，但是，有必要纠正这样一种看法，即"本书的编写是一个困难的事情"，事实并非如此。

这样说是有原因的。其一，我们的同事伊莱恩·恩特海特（Elaine Unterhalter）教授是一名出色的编辑，她负责编著的部分质量很高，没有一位作者延期交稿。其二，我们在管理统筹过程中并未遇到大的困难。获取我们因特殊原因而决定重印的一些章节的版权许可，做出关于作者的最终决定（包括平衡国籍与性别、知名学者与后起之秀，努力将英美贡献者数量控制在一定范围），以及与70余位作者保持联系，诸如此类的管理统筹问题都是小事。最主要的管理问题也不过是诸位编辑生活在不同的国家。

所以，这是一个大型的项目，但并不是一个困难的项目。这个项目只围绕两个问题展开讨论。

第一个问题是，比较教育的过去和未来是什么？这个问题引出了开篇和结尾两个部分的内容。

在社会迅速变化、国际政治经济出现新格局和当代微妙而严峻的历史背景下，教育制度受到了影响，第二个问题也很明了：比较教育是如何理解这些压力和教育环境的改变的？因此，第二个问题的答案围绕对教育系统进行的政治的、全球的、经济的、后殖民的以及文化的塑造展开。统一的主题是国家政治与国际政治的交汇，以及构建国内教育制度的社会权力（包括知识传统）的形式和流动。

因此，本书的结构很简单。上卷第一部分围绕比较教育领域的历史，即学科的创建与重构展开；第二部分以政治构成和教育制度为主题；第三部分围绕国家、国际和全球对教育的相互作用展开；第四部分探讨了工业化、知识经济和教育。下卷第一部分则是关于后殖民主义的；第二部分分析了文化、知识和教学法之间的关系；第三和第四部分则探讨了比较教育研究领域的未来。

因此，这个项目在战略上足够清晰明了。但紧跟着的一个问题是：这是正确的策

① 为本书中文版所作。

略吗？

众所周知，比较教育是关于教育制度的比较。那么，比较巴西与阿根廷、中国与日本、法国与德国的教育的章节在哪里呢？或者，对于那些已经超越了初级水平并且超越了列举异同点的专家来说，依照尼古拉斯·汉斯（Nicholas Hans）的"因素分析法"所列的语言、宗教、种族、政治信仰因素，以及地理和经济环境因素所做的研究在哪里呢？或者，为何本书不是讨论那些巨大而紧迫以至于必然对教育产生影响的热门话题：种族灭绝和大屠杀、宗教和极端主义、饥荒与贫困、战争与和平、恐怖主义、气候变化以及生态平衡？还有教育政策问题，包括性别和不平等、职业技术教育改革的需求、教师教育质量问题、当下对于大学的焦虑。当然，还有一些已经对上述问题提供了简单解释的话语："全球化""国际化""知识经济""信息社会"，诸如此类，不胜枚举。

这就是重点——"诸如此类，不胜枚举"。每一种判断都坚持认为比较教育学是"比较"并发现异同点；或者利用汉斯的因素分析法能做最好的比较教育；又或者认为比较教育学是一门研究热门话题的学科，一门有助于政府对内（和对外涉及鼓励其他地方"发展"时）做出有效战略决策的政策科学。同样，选择一两个词，如"全球化"和"后现代"作为解释教育的关键词，将是一个非常重要的战略决策。在你假设用"全球化"和"后现代"这两个词来定义这个世界的情况下，"在一个'全球化的后现代'世界中对比思考教育"意味着用一个足够复杂的战略性问题来主导一本书的内容。我们没有进行这样的假设。

然而，编写复杂的书，尤其是有上下两部的书，并非易事。目前，有大量的能创造新的比较教育形式的理论立场可供选择。有一些理论上的"后"（例如后基础主义、后人文主义、后实证主义、后结构主义），也有大量的历史上的"后"（例如后社会主义和后殖民主义，还有后民粹主义和后新自由主义）。有大量的理论家涌现，如鲍曼（Bauman）、布迪厄（Bourdieu）、陈光兴（K.H. Chen）、福柯（Foucault）、哈贝马斯（Habermas）、卢曼（Luhmann），学界已经有人争论过，将可能产生新的比较教育。还有一些现有的解释学派（例如"新制度主义"或"全球在地化"的理论）已经创造了一个重要流派。

矛盾之处在于，简化本书的项目花了很长时间。施普林格出版社（Springer）的项目负责人阿斯特丽德·诺德米尔（Astrid Noordermeer）是一位令人愉快的合作伙伴。她对待我们和我们的学术焦虑都非常有耐心。因此，我们有时间去讨论工作方式。我们有时间去反思认知上的各种可能性。我们有时间去改变我们的思维方式。我们的会议内容越来越多地与在伦敦（2002）、哥本哈根（2004）、格拉纳达（2006）、雅典（2008）举办的欧洲比较教育协会会议的一系列内容挂钩。但主要工作内容是安德里亚斯·卡扎米亚斯（Andreas Kazamias）在伦敦大学教育学院特别访问期间，或者在他往返于威斯康星-麦迪逊和雅典的住所之间而于伦敦停留期间完成的。我们就是这样逐渐搭建出这本书的结构并写出章节大纲给作者进行参考。那我们的编辑过程就是愉快轻松的吗？不完全，不太完全。过程当然是令人愉快的，但并不是毫不费力的。在初稿中，有些章节令人失望，简单来说，通常是因为篇幅太长。作为编辑，腾出时间写自己的内容并不总是那么容易的。作为编辑，我们偶尔在认知上不统一（这总是很有趣）。然而，鉴于我们的大多数分歧至少花了两个小时进行严肃而热烈的讨论,这种快乐和兴奋并不是毫不费力的。最后,这项工作终于在接近平安夜时完成了,有点像在一段时间内完成博士论文,这本身就足够了。

现在,工作完成了,回顾过去,展望未来,有无尽的话语想要诉说。世界发生了变化,学界也在不断改变以解决新的问题。问题不是去找到要说的内容,而是如何表达一小部分重要的内容,这部分内容通常会影响阅读和思考本书的内容。本书(无意中)隐含的谜题是什么?

第一,自本书完成以来,世界上发生了新的或持续的民族间战争、突然的革命和新的内战,特别是在阿富汗和中东,也在北非和撒哈拉以南的非洲。在马里、缅甸、叙利亚有军队屠杀平民百姓,也有合法政府当局和在阿富汗、比利时、加拿大、丹麦、埃及、法国等国使用暴力的极端分子之间的严重紧张关系,发生诸如此类情况的国家还有很多。这给比较教育的未来提出了一个问题:我们是否研究冲突发生时的情况,并解决"教育"和冲突之间的关系?还是我们是研究和利用比较教育来寻找暴力发生之后的和平与和谐解决方案?更普遍地说,考虑到联合国教科文组织的历史使命("战争起源于人之思想,故务需于人之思想中筑起保卫和平之屏障"),基于大学的比较教育与联合国教科文组织和其他国际机构的关系是什么?"我们的"工作与"他们的"工作有什么不同?

第二,比较教育(包括高等教育方面的比较),可以总是而且经常被要求关注危机。自从本书完成以来,我们已经经历了各种各样的"危机"。然而,"危机"在时间和空间上差别很大。问一下"危机"这个词是什么意思总是很重要的。例如,2018 年,欧洲比较教育协会举办了一次题为"身份与教育"的会议。这个议题鼓励推动就许多重要主题开展工作,例如教育中的性别不平衡,欧洲各地教育中的少数群体,以及什么是"欧洲人"。然而,会议的全称是"身份和教育:危机时代的比较观点"。我们身处于一个"危机时代",因为世界上有许多战争,抑或因为我们正经历全球变暖?我们身处于一个"危机时代",因为我们是后现代,抑或我们还不够后现代?我们身处于一个"危机时代",因为我们自己现在还不知道如何处理大数据,我们的孩子也不知道如何用智能手机和新社交媒体平静地生活?我们正处于一个"危机时代",因为现在美国的国际力量和现任总统特朗普先生(本文写于 2019 年——编者注)明智地使用它的能力之间存在巨大的差距?无论如何,可能其中大多数确实都是"危机"。但这还不是重点。

下一代比较教育学家的关键点是:他们将解决哪些"危机"。在英语中(更准确地说在美式英语中),有一种贬义表达叫"救护车追逐者"(ambulance chaser)。这种表达专指赶到事故或灾难现场寻找受伤人员,询问受害者是否愿意起诉肇事者的律师。这在法律行业中并不是一项受人尊敬的活动(事实上,在美国的一些地区,这种做法是被禁止的)。然而,鉴于它给人带来的震撼较大,这个术语在这里是有用的。当然,比较教育学有一个很强的传统,即比较教育学家应尽可能地就教育政策的选择提供建议。这是自 20 世纪 60 年代以来大学比较教育的传统立场,但这个传统原则上可以追溯到 1817 年,那时朱利安(Jullien de Paris)提出,也许可以依靠比较教育作为"一门科学"来做教育上的决定。然而,这与疾冲向最近和最直接的危机非常不同,就好像我们是救护车追逐者一样。如果"危机"一词开始主导高等教育方面的比较教育,我们不仅要面对诸如哪些"危机"需要我们尝试解决和为什么选择那些"危机"而不是其他的"危机"这样基本的问题;我们还要面对另一个重要问题——我们是否有那种学术资本和深厚的知识可以让我们说出任何明智的话? 当然,通过两到三个研究可以迅速提出解决这样或那样的问题的"教育解决方案"。思考出明智的方案解决"危机"是另一个问题。目前,比较教育作为一门大学学科太过年轻而不能去"追逐救护车",并且,与比较历史相差甚远而不能形成智慧。①

第三,自本书完成以来,关于搜集各国教育表现数据的方法范围迅速扩大。现在有多种方法来衡量大学系统的表现,并强调将世界不同国家的大学进行排名,尤其是定义了什么样的或谁能进入前十(就好像大学是流行歌曲或音乐表演艺术家)。在衡量学校系统中学龄儿童的受教育程度方面也发生了类似的情况。最负有盛名的工具可能就是 PISA(Programme for International Student Assessment,指国际学生评估项目——编者注)了。PISA 测试目前正从高人均收入国家向发展中国家延伸。这种对教育程度的衡量以及按结果排名的做法,给比较教育学带来了一个令人着迷的双重问题。我们现在已经解决了"比较"的问题了吗? 我们现在能够使用复杂的实证测量技术,对世界上大多数教育系统进行排名,因此,"比较教育"已经告一段落了,除非它还有其他目的? 但是,如果比较教育还有其他目的,那么在大学里,这些目的是什么呢? 这个双重问题的第二部分也同样令人着迷。我们现在解决了什么是"教育"的问题了吗? 在大学或中小学层面,教育已经成为可以衡量的,并且现在在世界范围内也有少量衡量教育表现的。因此,最终(几千年后),我们知道教育是什么,并且我们所要做的就是恰当地实现它?

显然,本书并没有提出比较教育已经结束的想法,本书中的任何一个章节也没有表明我们最终知道教育是什么。然而,考虑到国际教育绩效数据对教育政策的影响,我们不仅需要问关于小型、中型和"大数据"的影响,还需要问:"我们"在大学的工作与"其他人"在一系列机构和研究部门的工作有何不同?

第四,需要重申的是,行动和干预以及"发展"的主题很重要——比较教育和比较与国际教育的差异在哪里? 在 1817 年现代比较教育最早出现的时刻,"比较教育"在朱利安的概念中是"国际的"。也就是说,为了寻找评估改善法国教育的可能性,朱利安首先将目光投向了瑞士各州。同样地,在 19 世纪,高级教育管理人员[如加拿大的瑞尔森(Ryerson),或英国的凯-舒特沃斯(Kay-Shuttleworth),或美国马萨诸塞州的霍勒斯·曼(Horace Mann)]试图决定他们发明的新的基础教育系统在实践中应该如何运作时,他们将目光投向了世界。他们放眼世界,尤其是认真关注德国的基础教育。所以,你偶尔在英文期刊上看到的"国际比较教育"这一表达是有点欠妥的,除非它是暗示通过"国内比较教育学"可以学到一些非常特别的东西的一部分:例如比较得

---

① 安德里亚斯·卡扎米亚斯(Andreas Kazamias)将职业生涯中的大部分时间花费在了研究比较教育与历史的关系问题上,他最近(2019 年前后——译者注)大部分的演讲都是关于智慧这一主题的。就像他自己所言,他花了大部分时间"和苏格拉底交谈"。关于这些内容的进一步阐释说明请查阅欧洲教育特刊,该杂志专门讨论了他的作品:Festschrift for Andreas Kazamias:comparative historian, humanist intellectual and Socratic 'Gadfly', *European Education*,50(2):2018.

克萨斯州的教育和纽约州的教育，或者比较爱丁堡和格拉斯哥的教育。

　　然而，如果比较教育过去和现在一直是进行(国际)教育的比较，那么比较和国际教育是什么呢？理解的形式和比较教育学的实践这一问题确实是一个非常复杂的问题。这是下一代在大学工作的比较教育学家需要继续回顾反思的事情。然而，一个更简单的区别可以被立即得出，这暗示了一个更大、更复杂的问题。这个简单的区别是：比较教育是面向世界(例如，面向德国)寻找解决本国改革难题的方案，并试图将这些潜在的解决方案带回家乡——无论这个"家乡"是指加拿大、英国还是美国。教育解决方案将被引进。在英国，后来的"国际教育"最初植根于帝国主义，即"殖民地的教育"。教育是为了向外输出。当然，1945 年之后，"殖民教育部"等头衔不能继续使用，此类称谓转变为"热带地区教育"和"发展中国家教育"以及后来的"教育和国际发展"等用语。即使后来在英国和美国(而非在日本或意大利)专业学术协会将他们的头衔改为"比较和国际教育"，这个问题仍然很复杂——例如"国际教育"的历史和政治在英国和美国各不相同。然而，这种简单的区别仍然存在。"教育和国际发展"面向海外，但专注于教育的对外输出。教育原则和教学法实践、教育建议和来自某处的援助(比如英国通过联合国教科文组织或世界银行进行的援助)被输出外国，以解决"其他地方"的问题。这种引进与输出的矛盾将继续影响未来进行的"比较教育"。随着国际政治关系的变化，比较教育的未来形态也会发生变化。

　　因此，第五，这创造了一个挑战，这个挑战因本书在中国用中文出版而加强。比较教育的未来还没有书写，但大部分将在中国被创造，并以中文书写(以及由中国的杰出的目前正在海外学习的年轻人用英语、法语、德语和西班牙语等语言书写)。值得记住的是重新思考未来可能性的起点之一是以新鲜的和更复杂的方式理解过去。[①]

　　历史学家威基伍德(C. V. Wedgewood)很好地阐述了这一观点："历史是鲜活的，但它是在追忆中被书写的。我们在考虑开始之前就知道了结局，我们永远不能完全找回只知道开端时的样子。"[②]此时此刻，我们所知道的主要是欧洲、美国和英国的"开始"。"这些历史记录"让我们得以证明重新捕捉西方起源所涉及的问题。然而，在过去的二十年里，人们越来越多地努力在欧洲，还有美国和英国以外的地方捕捉比较教育的历史。大量的努力提供了专业比较教育"社会"的草图和西欧以外的许多国家以及英国、美国以外的大学的比较教育风格。

　　结果是，我们即将在适当的、区域平衡的、比较的基础上理解比较教育的"开端"和未来。因

---

　　① 当然，这项任务是持续的；是一个永久的义务。有关当前的贡献，请参见：Maria Manzon, Guest Editor, Special Issue：'Origins and Traditions in Comparative Education', *Comparative Education*, 54(1), 2018。还有《牛津教育研究》，特别是大卫·菲利普斯(David Phillips)最近由罗德里奇出版社出版的关于比较教育学历史和前几代主要比较教育家著作的系列丛书。第一卷已经在印刷中：《北美比较教育学者：审视 20 世纪杰出比较主义者的工作和影响》(*North American Scholars of Comparative Education: Examining the Work and Influence of Notable 20th Century Comparativists*)，由 Erwin E. Epstein 编著。至少还有三卷：关于亚太地区的比较教育家、英国比较教育家，以及欧洲的比较教育家。

　　② C. V. Wedgewood(1944), *William the Silent*, *William of Nassau*, *Prince of Orange*, 1533 - 1584. New Haven：Yale University Press. 维罗妮卡·威基伍德(Veronica Wedgewood)1844 年曾改撰过 19 世纪丹麦哲学家索伦·克尔凯戈尔(Søren Kierkegaard)的一份概述《关于一个生命体如何先生活后理解》。然而，她出色地扩展了这个命题，以确定历史写作中的一个关键问题，以及为什么"历史"总需要被重新思考和重写。

此，我们怀着极大的热情和对未来充满乐观的精神，感谢尊敬的中国同事和翻译人员，感谢他们使本书得以向新读者推广。在学术生活中一个迷人的讽刺之处是，这些新的读者现在肯定至少发现了一处书中的缺点——这样比较教育学界就能听到不一样的声音并向前发展。世界在改变，我们也必须改变，这种改变通常以不可预测的方式发生。

罗伯特·考恩（Robert Cowen）

安德里亚斯·卡扎米亚斯（Andreas Kazamias）

序

　　自 1817 年朱利安发表《比较教育的研究计划与初步意见》,比较教育学已走过了 200 多年的历史。在这 200 多年中,比较教育学始终紧扣历史发展的主要趋势和时代面临的核心命题,积极思考和探索教育应承载的基本使命和发展战略。

　　21 世纪以来,人类社会发生了很大的变化。2015 年联合国教科文组织发布的《反思教育》指出,自 20 世纪末以来,技术、经济和社会变革引发了多种矛盾,如全球与地方之间的矛盾、普遍与特殊之间的矛盾、传统与现代之间的矛盾、精神与物质之间的矛盾等等。这些矛盾今天依然存在,甚至衍生出了新的含义和新的矛盾,如经济发展呈现出脆弱性,不平等、生态压力、不宽容和暴力现象不断加剧等特点。经济全球化同时造成了部分地区青年失业率不断攀升和就业形势脆弱;人口增长和城市快速发展正在消耗不可再生的自然资源,造成不可逆转的生态破坏;文化多样性日益在得到广泛认可的同时,文化沙文主义和极端民族主义也在不断抬头。[①]

　　罗伯特·考恩(Robert Cowen)教授主编的《比较教育学：回顾与展望》(*International Handbook of Comparative Education*)虽然是 2009 年出版的,但非常全面而积极地回应了以上这些时代发展的关键问题。全书既讨论了诸如世界体系论、殖民主义、后殖民主义、现代性、民族国家发展、移民问题、知识经济、多元文化教育、文化传统、可持续发展等这个时代的热点问题,同时又在复杂的历史背景下做了深入理性的学术思考,探讨比较教育学科自身的时代特色及在这个时代应有的理论贡献和范式转型。特别值得高兴的一点是,该书收录了我们老一辈比较教育学家王承绪先生及其弟子董健红博士的研究成果,全面系统地向世界介绍了中国比较教育学科的发展历史,帮助国际社会更好地理解中国,与中国学者开展对话。

　　该书的编写是一项浩大的工程,因为它不仅需要总结这个学科领域最新的研究成果,还需洞悉学科未来发展的方向,可以说是这个学科领域的一本重要工具书。正如考恩教授在前言所言："编辑《比较教育学：回顾与展望》这一重大的工程,对于我们来说意味着肩负重大的责任,这不仅仅是对作者和出版社的责任。"我也曾说过类似的话,我说："要惩罚一个人,就让他去编工具书。"考恩教授是中国的老朋友,2008 年我们就曾

---

① 联合国教科文组织.《反思教育：向"全球共同利益"的理念转变》.巴黎：联合国教科文组织,2015：15—20.

邀请他参加我们的"第三届世界比较教育论坛"。同时，我也要特别感谢华东师范大学国际与比较教育研究所彭正梅教授及其团队所付出的努力，将《比较教育学：回顾与展望》翻译成中文正式出版，这对我国比较教育学科的发展发挥了积极的促进作用。我衷心希望中国新一代的比较教育学者们能在未来对世界做出更多、更重要的贡献。

2019 年 8 月 26 日

代译者序

迈向共同的"世界文学":
论启蒙与文化辩证中的中国比较教育新使命

我向来强调比较教育的动力在于"借他人之酒杯,浇自己之块垒"。但今天看来,这已经不够了,比较教育学者在"浇自己之块垒"的同时,也为他人送出自己的美酒,浇他们的"块垒"。我们的老祖宗相信,"和羹之美,在于合异"。

古人说"开卷有益",但我总是认为,读书总是要带着关怀,没有关怀的读书是一种奢侈的闲逛。因此,面对这样一部作为"世界教育地图和世界教育想象"的皇皇巨著,我们带着什么样的关怀,以什么样的视角切入,也就是说,我们的"块垒"是什么,这个也颇为重要。同样重要的是,本书对于中国比较教育的关注不多,为了平衡和对称,这里主要陈述中国比较教育的使命。这里请允许我结合我自己的有限努力,诚恳向各位力求开阔的读者呈现那醉人的"琥珀光"。

1817年,朱利安把历史上零星通过国际旅行或国际考察而进行的教育活动转化为一门以科学研究为基础、以教育借鉴为目的的教育科学,即比较教育学。对于后发国家来说,这种以教育借鉴为使命的比较教育学,是一种促进本国教育现代化的学科。近代以来,我国比较教育经历了一条与国家现代化追求相呼应的恢宏道路,推动中国教育不断"面向现代化,面向世界,面向未来"。今天,我国已经处于全球知识时代,而且是在更加复杂的国际情况下,追求我们确定的高质量发展和文化自信的现代化目标,这对比较教育提出了一系列新的使命。

但是,如何确定这种新使命在实践中出现的两种偏离的态度,即所谓普遍主义(universalism)态度和特殊主义(particularism)态度。普遍主义态度过度强调我国教育发展需要引进和跟随世界潮流,特殊主义态度过度强调中国有自己独特的文化和国情,不能照搬照抄国外教育。本文拟从《共产党宣言》关于"世界文学"的论述中,引出一个"启蒙"与"文化"的辩证"透镜"(lens),借以考察我国比较教育近200年的历史发展,从中引出比较教育的新使命。今天中国的教育学者都是在全球相互关联的背景下从事研究,在某种程度上,我们的教育学者都是比较教育学者,因此,这种基于历史考察的新使命也同样适合所有的教育学者。也就是说,这里的新使命实际上是对所有教育学者的呼吁。[①] 这个新使命的核心试图在文化觉醒与教育强国以及人

---

① 彭正梅,周小勇,高原,王清涛,施芳婷.天下课程:论未来教育的四重视野[J].华东师范大学学报(教育科学版),2023,41(12):13-25.

类命运共同体、教育学自主知识体系与共同的"世界文学"的关系问题上探讨一种马克思主义的回应，即今天的比较教育的使命在于超越地方与全球的中性互动，迈向有价值取向的启蒙与文化的互动，并迈向一种共同的"世界文学"，抑或国际社会倡导一种基于新社会契约的"共同世界教育学"(common worlds pedagogies)①，以落实我们新时代关于中国民族伟大复兴、全人类共同价值以及人类命运共同体的世界想象。②

一、引言：启蒙与文化的辩证"透镜"

马克思和恩格斯在《共产党宣言》中指出，资本主义开启了全球化，世界市场的开拓使得各民族国家被卷入了世界性的生产与消费之中，互相往来与互相依赖替代了旧时自给自足和闭关自守的物质生产状态。精神生产亦如此："各民族的精神产品成了公共的财产。民族的片面性和局限性日益成为不可能，于是由许多种民族的和地方的文学形成了一种世界文学。"③马克思和恩格斯相信，在全球化时代，各民族之间的互动会推动形成一种"世界文学"(Weltlitteratur)。④ 这段引文表示"各民族的精神产品成了公共的财产"，我们这里可以合理地把这种"世界文学"理解为"世界文化"或"世界精神"，而不仅仅是我们狭义上的"世界文学"。

马克思这段话有三层意思。第一，显然，这种"世界文学"既不会是某一特定民族的文化，也不是各民族文化的简单堆叠，而是在各民族的交往中去除了各民族的片面性和局限性的过程中而形成的。因此，就每个民族的文化而言，这种民族间的文化互动会使这个民族文化的糟粕得到剔除，而其有价值的精华和特色会得到保留和不断重建。第二，每个民族的文化都不可以因为自己的独特性而自动上升为一种"世界文学"；每个民族都不可以冒充"普世价值"的化身来对其他国家进行启蒙，每个民族的文化在各民族文化互动、互学、互鉴的过程中，都会面临一种去除其糟粕（即启蒙），以及保留和重建其特色（即文化）的过程，即启蒙和文化的辩证。第三，这种启蒙和文化的辩证不是一种无价值目的的互动循环，而是会形成一种共同的"世界文学"即世界精神或世界文化。⑤

对于各民族的文化发展而言，马克思和恩格斯这段话暗含着一种启蒙和文化的双重透镜，而近代以来产生的以教育比较和教育借鉴为基础的中国比较教育，自然也是这种启蒙和文化辩证的过程的一部分；如果以这种启蒙与文化的辩证透镜来回顾中国比较教育的发展历程，可以发现，中国比较教育一方面致力使中国教育现代化（启蒙），另一方面也试图保留和发展自己文化中有价值的教育特色（文化），从而试图寻找一种带有中国特色的世界教育精神（世界文学）。这三层意思或关系，可以用图1来加以表示。

---

① 王清涛,彭正梅.迈向新的社会契约：重塑未来教育何以成为全球共同议程[J].全球教育展望,2023,52(6)：22-37.

② 刘宝存,王婷钰.人类命运共同体理念下的比较教育：可为、应为与何为[J].比较教育研究,2021(8)：3-11.

③ 马克思、恩格斯著;中共中央马克思恩格斯列宁斯大林著作编译局编译.马克思恩格斯选集第1卷[M].北京：人民出版社,1995：276.

④ 高旭东.论马恩世界历史与世界文学的理论联系与创新[J].中国比较文学,2023(2)：225.

⑤ 这里的"启蒙"并非完全指欧洲启蒙运动以来的理性精神，而是倾向马克思主义对西方启蒙思想的扬弃，是超越资产阶级理性观的马克思主义启蒙观。

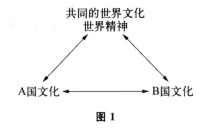

图 1

　　从图1来看，对于A民族国家/B民族国家来说，这里存在着一种既要保持自身文化特色，又要发展自身文化，进而形成共同世界文化的使命，也就是"启蒙"（改善文化）与"文化"（保持文化）的持久辩证过程。

　　实际上，不仅仅是比较教育，甚至包括整个中国近现代教育发展，都经历了这种"启蒙"和"文化"的辩证过程。从晚清时期的洋务运动开始，中国教育就不断引进西方的科学技术和思想文化，力图实现教育的现代化。在20世纪初期，新文化运动和五四运动更是从思想上推动了中国教育的现代化进程，开启了中国教育发展的新篇章。随着中国进入文化自信的新时代，中国教育不仅吸收了西方教育思想和文化中的启蒙要素，还开始注重传承、发扬和传播本民族的优秀文化传统；对于西方的教育研究视角也经历了从仰视（启蒙）到平视（文化）的转变。① 在启蒙和文化的辩证中，寻求建立具有中国特色、世界视野的教育理论与教育体系。

　　国际上，著名比较教育学者卡洛斯·托雷斯提出了全球化和地方性的辩证"透镜"。这种"透镜"认为，比较教育是在全球化与本土化的辩证互动中发展，尽管全球化影响巨大，但每个国家和文化都在其独特的历史、社会政治和文化背景、经济需要以及根深蒂固的教育传统的指导下，对全球影响展现出一系列的反应——从适应和接受到抵制和修改。地方的教育策略可以塑造和重新定义全球教育理念，而全球教育与地方需求之间的摩擦往往催生出新的教育方法。②

　　相对于托雷斯全球化与地方性的辩证"透镜"，本文提出的启蒙与文化的"透镜"实现了两种超越。第一，它超越了不带有价值判断的全球化与地方性的互动的比较教育的认识论。启蒙和文化的"透镜"认为，通过启蒙与文化的辩证，我们可以超越简单地比较全球化与地方性教育差异的方式，从马克思提出的世界文学的角度来进行比较教育研究，这意味着一方面对西方国家教育文化的批判，另一方面也是对自身文化教育的批判。第二，这种"透镜"超越了启蒙仅仅是向西方学习的观点。马克思曾指出，每个民族文化都具有片面性与局限性。因此，我们不能仅仅局限于从西方文化中寻找启蒙的方法和思想，而是应该在吸收西方文化的同时，保持和发展本民族文化的独特性和优秀传统。这种超越使我们能够更全面地认识和借鉴不同文化的优点，以推动我们自身教育文化的发展和进步。在启蒙与文化的"透镜"下，中国比较教育要帮

　　① CHEN H. From paragon to peer：China's shifting perspective on German education[J]. ECNU Review of Education，2023，6（1）：3 - 8.
　　谢维和.一种平视的比较教育研究[J].清华大学教育研究，2024，45（1）：152 - 154.
　　② TORRES C A, ARNOVE R F, MISIASZEK L I. Comparative education：The dialectic of the global and the local[M]. Lanham，Maryland：Rowman & Littlefield，2022.

助产生带有中国特色的世界精神，与世界各民族一起创造共同的教育的世界文学。也就是说，不同于托雷斯的辩证"透镜"，《共产党宣言》中启蒙与文化的"透镜"始终有个现代性的方向问题，始终有个共同的"世界文学"的问题。对于教育和比较教育而言，始终存在着一个共同世界教育精神的问题。

在我国，鲁迅较早提出了中国文化现代发展中的启蒙和文化辩证的问题。他在《破恶声论》中，既批判了代表狭隘民族主义的"国民"也批判了代表世界主义的"世界人"，认为世界主义的"弃祖国""同文字"和"尚齐一"同样存在问题。没有了祖国的国界和主权，代表文化差异性的民族语言文字与一切传统都将被抹除，换之以统一的语言文字、文化传统，这种没有了民族差异性的世界主义在鲁迅看来也是"灭人之自我"的存在。在鲁迅看来，中国文化既需要吸收西方文化的启蒙要素，也需要继承和发展中国传统文化的特色。正所谓"人各有己，不随风波，而中国亦以立"。学者汪晖在分析《破恶声论》时也提出，鲁迅帮助我们打破了民族主义与世界主义的二元对立，寻找另外根基进行自我批判。他认为鲁迅是中国现代思想的一个重要标志，作为一个"反现代的现代人物"，鲁迅是"一个反启蒙主义的启蒙者、一个反世界主义的国际主义者、一个反民族主义却捍卫民族文化的人物"，这种悖论式的表达显示了鲁迅的基本态度，即自由平等、扶弱抑强和优秀的民族传统是人类作为人的基础和前提。[①]《破恶声论》帮助"我们打破民族主义与全球化的二元论，通过寻找另外一个根基来进行自我批判"。这里可以认为，所谓"另一个根基"，就是那些具有恒久价值、使人之为人的根基和前提的人类共同"世界文学"。可以看出，鲁迅的这种态度也支持本文启蒙与文化的双重"透镜"以及共同"世界文学"的假设。

二、作为启蒙的比较教育(1840—2012)

中国比较教育的启蒙转向意味着教育现代化的开启；教育现代化的开启又与整个文化的现代化密切相关；整个文化的现代化在当时则意味着向西方学习，意味着培养和教育新青年；新青年的培养则必须学习西学。正如启蒙先驱严复所说，"欲开民智，非讲西学不可"。[②] 在比较教育的百年发展中，我们进入世界的教育精神即共同文学之中，奠定了我们教育现代化的根本。

(一) 作为启蒙的比较教育三个时期

1."睁眼看世界教育"：比较教育的初步繁荣(1840—1949)

1840 年鸦片战争的失败深深刺痛了最初觉醒的一批知识分子，他们开始寻求启蒙与变革。其中最具代表性的便是魏源于 1843 年出版的《海国图志》。《海国图志》也涉及教育，因而可视为我国近代比较教育萌芽的代表。它不仅是"睁眼看世界"，还意味着"睁眼看世界教育"。这也意味着教育思考包含在魏源对西方列强的整体考察之中。1901—1908 年出版的、介绍现代教育的《教育世界》杂志指出，"当今世界，列雄竞争，优胜劣败，欲图自存，非注意教育不可"[③]。

---

① 汪晖.声之善恶：什么是启蒙？——重读鲁迅的《破恶声论》[J].开放时代,2010,(10)：111.
② 王拭主编.严复集第 1 册[M].北京：中华书局,1986：30.
③ 《教育世界》由罗振玉创办，王国维曾为主编,1901 年 5 月在上海出版，至 1908 年 1 月停刊.

比较教育这一领域主要由从国外留学归来的学者开创。这些学者正式提出了"比较教育"这一术语，并使之成为中国教育学科中一个合法的甚至是优先的领域。

20世纪上半叶是中国比较教育发展的重要阶段。中国教育界开始关注国际教育发展动态，并积极借鉴西方教育经验。一些学者通过翻译和研究西方教育著作，推动了中国教育的现代化进程。这一时期的发展对于中国现代教育体系的建设产生了深远影响。有学者将这一时期的比较教育话语生产者大致分为大知识分子和专业化研究者两类。大知识分子如王国维、蔡元培、陶行知等，其主要思想和影响虽不局限于教育领域，但在该领域内的影响力却也非常突出。另一类是如庄泽宣、常道直、钟鲁斋等专业的教育学领域研究人员。第一类知识分子不仅跨越学科、专业的边界成为通才，并且跨越学院、书斋的边界走上公共舞台；而第二类知识分子的影响主要局限在教育领域内。[①]

1929年至1935年间庄泽宣、常道直、陈作栋与刘家壂、钟鲁斋五位学者共出版了四部比较教育著作，对各国教育状况特别是教育制度做了系统的介绍。庄泽宣指出，美国由于其完善的教育体系，可能会忽视比较教育，而中国的教育研究刚刚起步，应该优先考虑比较教育研究。钟鲁斋进一步强调了研究国外教育制度和方法对提升和改革国内实践的重要性，认为"盖国与国之间，交际日繁，凡自己对于旧制度旧方法有所不满而思改造时，总是着手调查外国改革教育的情形，以作参考"。[②] 可以看出，教育借鉴从一开始就是中国比较教育的基本使命。

中国近代比较教育研究从最初关注日本转向关注欧美国家。庄泽宣认为："世界上教育最进步之国而其方法与组织一切影响于吾国教育制度者，在既往为德法及日本，在现在为英法美，在将来或为俄及新德……"[③] 钟鲁斋对此解释道："前清之末，国人仰慕日本之维新自强，则实行采用日本式的学制。其时吾国留学生往日本者特众，日本的教育思想与制度，遂直接影响于吾国。民国成立之后，情形忽变，国人以为日本强盛原是效法欧美。我们果欲图强，不如也直接去学欧美。"[④]

在新文化运动的影响下，这些比较教育研究成果启蒙了教育者的头脑，推动了中国教育的现代转型、不断更新及现代化。不过，传统因袭的力量仍十分强大，比较教育的效果未如预期般尽如人意。1932年就有人感慨："舶来品的教育本来可以助长生产的，无奈运输到中国来，中国人不肯把旧袍套脱去，违行穿上这件新衣裳，因此只变为装饰的东西——资格，结果，不但不能助长生产，反而把人送上'统治阶级'，增加压迫和榨取的力量。"[⑤]

2. 转向社会主义：比较教育的窄化（1949—1976）

随着中华人民共和国的建立，比较教育研究转向了关注以苏联为首的社会主义国家，呈现出"一边倒"的情况。这一时期，我们对苏联的学习在内容上是全面的，在态度上是彻底的。1950

① 生兆欣.二十世纪中国比较教育史[M].北京：高等教育出版社，2011：174-175.
② 钟鲁斋.比较教育[M].上海：商务印书馆，1935：2.
③ 庄泽宣.各国教育比较论[M].上海：商务印书馆，1929：自序.
④ 钟鲁斋.比较教育[M].上海：商务印书馆，1935：395.
⑤ 古模.为什么现在的教育不适合中国的社会经济背景[J].中华教育界，1932，19(9)：42.

年 12 月，第一次全国教育工作会议明确提出，要借鉴苏联经验来建设新中国的教育，"苏联整个教育体系，从思想体系到教育制度、教学内容、教学方法、教学组织都是世界上最优越的"，"我们要系统地学、全面地学、整体地学"①，而对西方现代教育则全盘否定。

这一时期的比较教育研究方法大多是直接翻译或基本描述苏联教育，视角单一，以阶级分析为主。这导致了比较教育的简单化，使之成为对苏联教育的"移植"和"注释"。新中国成立初期，受苏联的影响，教育行政体制也发生了重大转变。1952 年成立的高等教育部及其随后的机构改革都参照了苏联模式。在基础教育阶段，学习苏联在教育理论上的一个表现，就是引入和扩展强调政治优先的凯洛夫教育学。随着"文化大革命"对于优秀传统文化的否定与破坏，我国这一时期的现代性启蒙与本土文化都受到了严重的打击，教育发展停滞。比较教育研究也基本处于停滞状态。

3. "三个面向"：比较教育再度繁荣（1976—2012）

随着改革开放时代的到来，为了促进教育"面向现代化，面向世界，面向未来"，中国比较教育研究再次走向繁荣。中国比较教育界再次积极融入国际社会，并积极参与国际教育交流与合作。学者们如王承绪、顾明远、钟启泉、梁忠义等，通过对国际教育理论和实践的研究和借鉴，为中国教育改革提供了国际前沿的思路和方法。王承绪、朱勃、顾明远三位先生所著的《比较教育》，就明确提出比较教育的目的在于"找出教育发展的共同规律和发展趋势，以作为本国教育的借鉴。"②

比较教育的研究对象再次关注现代发达国家特别是西方发达国家，在某种意义上接续了近代的启蒙传统。这里就华东师范大学比较教育研究来看，钟启泉的《现代教学论发展》(1988)和《现代课程论（新版）》(1989)汇集了美国、日本、苏联等国家的代表性教学及课程观点，介绍了当代外国中小学课程、教学改革的趋势和特点；高文推动了对新近兴起的学习科学的研究；赵中建推动了西方教育战略研究；黄志成推动了全纳教育和弗莱雷教育思想的研究；李其龙在其新编的《康德论教育》(2017)中补入了康德论启蒙、世界公民和永久和平的文章。以钟启泉为代表的华东师范大学比较教育学者参与设计并推动了 2001 年的基础教育课程改革。这场教育改革借鉴了当时国际教育的最新发展经验，具有强烈的启蒙导向。稍后，在此基础上，我国基础教育改革顺利地转入以现代和未来素养为导向，以批判性思维、理性精神为核心的课程改革。

（二）作为启蒙的现代世界教育精神

中国比较教育的兴起最初与民族危机和拯救国家结合在一起，表面上是中西之争，实际上涉及的是古今之变。曾国藩在 1854 年的《讨粤匪檄》中试图捍卫的"自唐虞三代以来，历世圣人扶持名教，敦叙人伦，君臣、父子、上下、尊卑，秩然如冠履之不可倒置"的那些传统，已经在多次与列强战争的失败和丧权辱国条约的签订中都被证明丧失了其时代的合法性和关联性。中华民族为了摆脱失败、沦亡的境地，不得不采取与西方同样的道路即走现代化道路。这在教育上，不仅仅

---

① 柳凝.关于高等师范学校教学改革的报告提纲[J].人民教育,1954(1)：24.
② 王承绪,朱勃,顾明远.比较教育[M].北京：人民教育出版社,1983：17.

表现为我们废除了存续几千年的旧式教育,建立了新式的现代教育制度,同时,更为重要的是,我们开始学习和探讨这些现代教育制度背后的世界教育精神。那么,这里的世界教育精神到底是什么呢? 也就是说,什么是马克思意义上的共享的教育上的世界文学呢?

在作为启蒙的比较教育近 200 年的历程中,体现世界教育精神的卢梭、赫尔巴特、杜威、凯洛夫、弗莱雷和本纳的教育思想被依次引入中国,对中国教育现代性的理解和现代化发展产生了深远的影响。这六位教育家以其风格化的思想,被中国教育实践和理论界所熟知、认可,其教育思想被转化,在不同时期发挥着理论和实践启蒙的作用。他们的教育思想代表着现代的世界教育精神。

卢梭强调培养自主的个体,建立民约的社会。近代西方的现代性开启于一种人的主体性地位的确定。这里体现了一种"哥白尼式"革命。实际上,哥白尼的"日心说"也确实给西方世界带来了三个层面上的解放:第一是思想从神学的桎梏中的解放;第二是认识论从亚里士多德的目的论中解放;第三是让人的认识超越于生活经验之外。进而,这种哥白尼式革命将人类带入了数学的认识方式:真实是可以用数学进行计算和预测的;只有可以用数学按照普遍法则进行解释的才是真实的。培根在此基础上开启了近代科学认识论革命,提出了一种经验归纳的科学认识论,认为知识就是力量。这样,人对于世界的主体地位就确立起来了(如表 1 所示)。[①]康德进而把这种主体称为能独立使用自己理性的人,所谓现代社会就是使这种理性和进步成为可能的社会。

表 1

概　念	古希腊意义	近代意义
主体	臣服者:人服从于自然法则。	主动的主体:人征服世界,从而统治世界。
客体	面对者:人面对的世界在其给定的秩序中是一个完成的世界。	被统治的对象:世界变成一个被人用技术和科学统治、征服了的世界。

由此,培养自主的、主动的个体就成为现代教育学的基本使命。这一点最初体现在法国卢梭 1762 年出版的革命性作品《爱弥儿》之中。卢梭在这部作品中设想了一个叫爱弥儿的儿童的成长过程,并把这个过程置于当时虚伪腐败的专制社会之外即自然之中。在自然教育之中,爱弥儿成功避免了成人社会的恶劣影响,能够按照其内在规律发展,先是感觉发展、然后是判断力发展,从而成为一个自主的人。卢梭培养的既不是任性的暴君,也不是没有自己意志的奴才,而是一个人。

卢梭在 1762 年不仅出版了《爱弥儿》,还出版了论述如何从君主极权过渡到共和制度的《社会契约论》。在共和制度中,个人不再是他人(国家元首)的臣民,而同时既是最高统治权的分有

---

① [德]迪特里希·本纳,彭正梅,[丹]亚历山大·冯·欧廷根,等.教育和道德:从古希腊到当代[M].彭韬译,上海:上海教育出版社,2020:51.

者,又是臣民。个人放弃自己自然的自由并通过契约获得一种在公共意志下的所有人承认的自由。卢梭的《社会契约论》和《爱弥儿》思想之间存在一种奇妙的关系:"社会契约"只能由受过符合《爱弥儿》的原则的教育的人来实行,而《爱弥儿》中的教育原则只有在共和制和民主制的前提下才能实行。①

我国对卢梭思想的最初接受首先表现在其民约论即《社会契约论》所体现的"主权在民"的现代政治思想;稍后,卢梭尊重儿童、尊重童年的自然主义教育思想在"五四"前后受到热烈关注,其"解放儿童"与五四运动"个性解放"的精神相一致,同时也呼应了彼时在我国流行的杜威平民主义的教育思想。

赫尔巴特系统阐述了基于"知识即德性"的现代教学方法。近代科学教育学的起源可以追溯到1806年赫尔巴特出版的《普通教育学》。近一个世纪后,中国开始接触西方教育学,"赫尔巴特学派"率先对中国教育产生了重大影响。赫尔巴特学派教育思想最初由王国维从日本引入近代中国,对我国教师教育和课堂实践产生了恒久的影响。改革开放以后,李其龙等学者翻译的《赫尔巴特文集》加深了人们对于赫尔巴特更加全面客观的认识。

在赫尔巴特看来,教育的首要目标就是个体的道德发展;这种道德发展依赖于三种教育行动形式即儿童管理、知识教学和道德训育。这与大致同样强调教育中的纪律、德育、知识学习和师道尊严的儒家教育信条较为契合。不同的是,赫尔巴特学派发展了一种系统教学法模式,包括五个步骤:(1) 预备,明确学习目的,唤起学生的学习动机,将新材料与学生以前的知识联系起来,让学生做好准备;(2) 提示,传授新内容,将新教材进行分节展开教学;(3) 联想(比较),将新信息与已有知识进行比较和对比,发现其中的共同点;(4) 归纳总结,基于比较得出一般规则,上升到对于概念法则的概括;(5) 应用,将新知识与既有知识相联系应用到不同的情境中。这五个步骤是基于赫尔巴特在《普通教育学》中提出的明了、联想、系统、方法四个教学阶段扩展而成,而这四个阶段在赫尔巴特那里是有着自己的心理学阐释,因而也体现了人的认识规律。② 赫尔巴特的教学思想也被称为教育性教学,也就是说,德性的培养不能通过灌输,而是要建立在知识和认识的基础上,这不仅呼应了康德的启蒙学说,也是对苏格拉底"知识即德性"信条的继承。

杜威强调"问题解决"的"做中学"理论。1919年,五四运动前,杜威来到中国,受到了渴望新学说的中国知识分子的热烈欢迎。他的教育思想充满了民主精神、科学精神和实用精神,与当时"德先生"和"赛先生"的两个时代主题相呼应,引起了人们的强烈共鸣。杜威结合中国社会的具体情况,提出了深刻影响中国教育界的见解。杜威的学说得到了广泛的认可和应用,已成为中国教育思想界的基石。杜威的教育思想在中华人民共和国成立初期受到批判、抵制和否定,改革开放后又被积极地重新评价。

_____

① [德]迪特里希·本纳,彭正梅,[丹]亚历山大·冯·欧廷根,等.教育和道德:从古希腊到当代[M].彭韬译,上海:上海教育出版社,2020:62.

② 彭正梅,[德]迪特里希·本纳.现代教育学的奠基之作——纪念赫尔巴特《普通教育学》发表200周年[J].全球教育展望,2007(2):19-27.

杜威的"做中学"理念把教育从书本崇拜转向了面向真实世界的科学的问题解决。这种科学的问题方法是杜威教育理论的核心,其核心理念是教育应植根于现实生活的体验和主动参与,而不是被动地接受信息、知识和教条。杜威认为,学习是通过与环境的动态互动和对知识的实际应用而发生的。这种体验式学习能培养批判性思维和解决问题的能力,对终身学习和人的持续成长至关重要。

杜威的教育思想还被理解为一种平民主义教育观。他强调要把教育普及到每一位平民身上,倡导教育与生活相结合,养成理智的个性与共同生活的观念和习惯,培养一种作为生活方式的民主精神。

杜威对中国在不牺牲其丰富文化遗产的前提下努力实现现代化的过程非常感兴趣,他并没有把现代化和传统视为二元对立的事物,而是认为它们具有潜在的互补性。中国传统思想的优势如对世界的整体性和关系性理解,可以作为一个现代化的新中国的基础。[①] 杜威对西方帝国主义及其在中国推行现代化的方式持批判态度。他反对那种不加批判地照搬西方的做法,并告诫人们不要忽视本土思想和传统的价值。在他看来,中国真正的力量来自将自身传统与精选的现代概念相结合,而不是全盘模仿西方。[②] 杜威认为,教育可以作为传统与现代之间的桥梁。杜威的思想在当时中国知识分子中颇有影响。一些人如胡适,认为杜威的进步教育方法和他对现代化采取平衡方法的呼吁很有价值。另一些人则持怀疑态度,认为杜威尽管尊重中国文化,却无法完全理解中国千年传统的复杂性和深刻性。[③]

凯洛夫系统论述了教育的政治维度以及集体主义性质。凯洛夫是苏联杰出的教育家,他奠定了与马克思列宁主义意识形态紧密相连的教育学基础,致力将学生培养成为坚定的共产主义建设者。他的教学法特别强调教育的政治层面,他坚信教育并非中立,而是灌输社会主义价值观和马克思列宁主义意识形态的关键工具。他认为,教育可以塑造年轻人的思想意识,激发他们的政治觉悟,并使他们全身心投入实现共产党目标的伟大事业。

凯洛夫的教学法提倡集体主义,主张构建一个有利于集体成就和社会团结而非个人主义的教育体系。他提倡将学生组织成集体,如先锋组织,并让他们参与旨在培养集体认同感和相互责任感的活动。课程和教学方法均鼓励团队合作、共享成果和社会团结,以培养出将共同利益置于个人利益之上的个体。此外,凯洛夫还强调了道德教育和终身学习的重要性,确保个人持续发展与社会主义理想保持一致。他的教育原则不仅限于知识传授,更在于培养道德高尚、致力推进社会主义和共产主义事业的公民。

新中国教育学发展与凯洛夫《教育学》的引入和学习密切相关。尽管凯洛夫《教育学》在中国流行的时间不长,但由于它是作为用马克思主义立场、观点和方法论述教育问题、揭示教育本质

① DEWEY J. Reconstruction in philosophy[M]. New York：Henry Holt and Company,1921.
② DEWEY J, DEWEY A. Letters from China and Japan[M]. Boston：E. P. Dutton,1920.
③ KLOPPENBERG J T. Uncertain victory：Social democracy and progressivism in European and American thought, 1870－1920[M]. New York：Oxford University Press,1996.

的理论经典而传入的,作为世界上第一个社会主义国家的教育学著作被我们所接受,它对中国教育理论和实践产生了深远影响,并一直延续至今。凯洛夫《教育学》在20世纪50年代占据了中国教育领域的主导地位,"在中国中小学曾风行一时……几乎成了我们教育工作者的'圣典',成了人们评价课堂教学好坏或鉴别教师优劣的唯一标准。"①

不过,到20世纪50年代末至60年代中期,中国学者开始质疑凯洛夫《教育学》与中国实际情况的适应性,并反思了学习过程中存在的教条主义问题,同时努力探索教育学的本土化。1956年,毛泽东在《论十大关系》和《同音乐工作者的谈话》中指出,"必须有分析有批判地学习,不能盲目地学,不能一切照抄,机械搬运"②,"应该学习外国的长处,来整理中国的,创造出中国自己的、有独特的民族风格的东西"③。在"文化大革命"时期,凯洛夫《教育学》被视为修正主义教育学而受到批判。然而,改革开放后,凯洛夫《教育学》重新获得了公正的评价。凯洛夫《教育学》的引入和学习对中国当代教育学的发展产生了重要影响。尽管在不同时期存在着质疑和批判,但它仍然是中国教育理论和实践中不可忽视的经典之一。

弗莱雷发现了(资本主义社会)教育(压迫)的社会本质。杜威关注儿童,而弗莱雷关注成人。在20世纪90年代后期,黄志成等学者将弗莱雷的教育思想引入中国,并激发了一股弗莱雷研究热潮。弗莱雷的开创性著作《被压迫者的教育学》(1970)在中国的引进为研究者提供了新的教育和教育学问题思考视角,并推动了对教育基本问题的研究,丰富了成人或人的教育哲学,开创了被赫尔巴特教育学以及儒家教育学所忽视的关于人的教育社会环境和制度的批判研究。

弗莱雷在《被压迫者的教育学》中提出了解放教育思想。他批判了传统的教育方法,将其称为"银行教育",即把知识被动"存入"学生头脑之中,并在将来从"银行"中取出,以获得竞争优势。相反,他倡导对话式和提出问题的方法,即教师和学生共同参与学习过程,承认知识是共同构建的。弗莱雷的方法强调了解学生生活的社会、政治和经济背景的重要性,认为教育应该是一种自由的实践,帮助个人批判性地反思自己的现实,并赋予他们改造现实的能力。这一革命性思想旨在将个人从压迫条件下解放出来,促进批判意识,使教育成为社会变革和个人赋权的工具。弗莱雷强调对于社会结构的批判和意识觉醒,并倡导通过成人教育改造社会。也就是说,弗莱雷认为,教育要帮助人摆脱虚假意识,认识到虚假意识产生的根源,特别是社会制度、社会文化的根源;只有在正义的社会环境、社会制度的支持和保障下,人的自由和解放才有可能。显然,在这一点上,弗莱雷的理论与马克思主义教育思想存在着一致性。

本纳捍卫现代教育学自身逻辑。德国当代教育学家本纳从实践学的角度考察西方2 000多年的西方教育传统,提出了一个旨在捍卫现代教育和教育学自身逻辑的宏大且严密的普通教育学体系,即《普通教育学：教育思想和行动基本结构的系统的和问题史的引论》(华东师范大学出

---

① 卢逸民.形而上学和烦琐哲学的大杂烩——对一本《教育学》的"教学原则"的批判[J].人民教育,1965(4):29.

② 毛泽东.论十大关系[M]//中共中央文献研究室.毛泽东文集第七卷.北京:人民出版社,1999:41.

③ 毛泽东.同音乐工作者的谈话[M]//中共中央文献研究室.毛泽东文集第七卷.北京:人民出版社,1999:83.

版社,2006 年版)。在这个教育学体系中,本纳把人界定为一种扭转生命困境的实践的动物;动物需要实践但没有能力去实践,神能够实践但没有需要去实践,人是唯一的需要且能够实践的动物。在这个概念基础上,本纳把人的实践领域划分为六种基本的实践领域:政治、经济、教育、道德、审美和宗教,且每种实践都有自己的不可取代的独特的使命和自身逻辑。在本纳看来,现代教育的基本原理体现在四个方面,即不确定的可塑性、敦促自我活动、把社会影响转化为教育上合法的影响(转化原理)以及人类基本行动领域的非等级性(非等级性原理)。本纳认为,马克思在进行政治经济学批判之后,本来打算在对其他实践领域也进行类似的批判,以确定人类六个行动领域处于一种非等级性的关系,但马克思后来由于更为迫切的时代任务而没有明确提出这一非等级性原理。因此,人类基本实践的非等级性关系,也可能是马克思的人的自由且全面发展思想的源泉。本纳的实践哲学源于德国古代哲学,并吸收了马克思和杜威的思想,因此,其教育学在某种程度上是一种马克思主义的实践的教育学。本纳在 2020 年还出版了自己的《普通教学论》,这是一种基于人类知识形式之间的非等级性的捍卫教学的自身逻辑的新体系。

这六个人的教育思想体现了现代教育发展的进程,并在不同历史时期被引入我国,在教育学领域发挥了某种程度的启蒙作用。他们的思想之间既相互区别又相互关联。因此,在学习他们的理论时,不能存在二元对立的思维模式,例如,"学习赫尔巴特的年代,赫尔巴特就是教育理论的代名词;学习杜威的时候,赫尔巴特则成了传统的、保守的,因而也是需要摒弃的落后思想理论的代表;学习凯洛夫的时候,则杜威、赫尔巴特一起都立刻成为了资产阶级反动势力的代言人,他们的理论学说自然也就成了需要大加挞伐的对象……"[①]每个人物都有其独特贡献和局限性。通过深入学习和思考,我们应从不同的理论中汲取有益的观点,并结合实际情况进行创新和改进。只有这样,才能推动教育改革朝着正确的方向发展,避免重复犯错。

在比较教育启蒙时期,由于特殊的时代背景,学者们"今且置古事不道,别求新声于异邦",将目光投向了广阔的世界,但是随着中国的不断发展,人们逐渐认识到,并不能将所有希望寄托在"异邦"之上,还是要建立自己的文化自信和教育学自信。

三、比较教育作为文化和启蒙辩证(2012—　　)

随着近代以来对中国文化传统的深刻反思以及对西方自由、民主、科学的新文化的引入,中国传统的旧文化开始走下思想统治的神坛。但是,在现代化的启蒙浪潮之下,捍卫和发展固有文化的文化自觉的声音从来就不绝于耳或构成启蒙之下的底层逻辑。我们甚至可以说,启蒙之光虽然强烈,但固有文化依然挺立。捍卫固有文化的文化自觉运动和努力也不绝如缕,例如 20 世纪 20 年代的"学衡派"以及 1958 年的《为中国文化敬告世界人士宣言》。[②]

2012 年后,中国社会不仅在政治经济层面进入中国特色社会主义新时代,更在文化上进入

---

①　周谷平,叶志坚.赫尔巴特教育学在中国:一个跨越世纪的回望[J].教育学报,2006(5):30.
②　倪培民.心性之学与当代儒学的世界化——《为中国文化敬告世界人士宣言》发表 60 周年评议[J].杭州师范大学学报(社会科学版),2018,40(6):40 - 48.

了从文化自觉走向文化自信的关键转折。坚持文化自信,成为中华民族复兴的应有之义,需要以"旧邦新命"的使命感重新确立我们的文化身份和文化使命。当然,对中国文化的自觉和自信,早已不再是传统社会对万国来朝幻象的陶醉,而是立足于世界文明坐标,对中国文化的价值与结构进行审慎的重估与再造。在这一宏大的文化使命中,比较教育除启蒙之外,更应深度参与中国教育学的话语体系、学术体系和学科体系的建立。这就要求比较教育从单纯的启蒙使命走向启蒙与文化的辩证的新使命。比较教育的借鉴并不是一个大开大合的过程,更没有造成"全盘西化"的结果。对于本国文化传统的提醒并不是固步自封,而是在对外借鉴的过程中必须具备的一种自我感知、自我认同、自我尊重的意识。①

(一) 比较教育作为文化自信

教育学作为文化自信的一部分,相应地产生了一种文化自觉的需要;比较教育也有自己的文化使命。

教育扎根于文化之中。顾明远提出:"教育有如一条大河,而文化就是河的源头和不断注入河中的活水,研究教育,不研究文化,就知道这条河的表面形态,摸不着它的本质特征,只有彻底地把握住它的源头和流淌了5 000年的活水,才能彻底地认识中国教育的精髓和本质。"②因此,教育研究要把握"教育变迁之流"必先认识"文化变迁之源"。人是文化的载体,只有在创造文化的行动中,人才能被视为真正意义上的人;也只有在文化活动中,人才能获得真正的"自由"。教育是一种文化活动,它通过培养人来选择文化、传播文化和创造文化;不断动态发展的文化,为教育研究提供了新的视野、新的思路和新的成果生长点,而教育和其中人的不息成长也为文化的生长发育提供了根本性的动力。③

教育学是一门带有文化性格的学科,不可能完全像实证科学那样,在研究过程中完全排除价值问题,而价值跟文化有着非常密切的关系,所以不同文化体系有不同的教育学理论,而且每个文化体系里的教育学理论都有固有的问题。对于教育学应该成为一门像实证科学一样的科学的观点,石中英认为,这不能反映教育学学术活动的本质特点,教育学应当是价值负载的,教育学的研究不能排除价值和文化因素。④ 石中英将"科学性"和"文化性"相对应。教育学研究不应仅仅试图把教育学变成一门科学,使概念变得更严谨、证据更充分,过度实证科学化的道路会毁掉教育学,会使得教育学失去灵魂。

因此,教育学理论是一种文化理论,教育学者应当同时具有价值情怀。⑤ 教育学的文化自觉不仅是将文化因素纳入对教育问题的考虑,更是基于中国价值体系,塑造中国教育的价值判断,教育学人所创造的,不仅是有竞争力的教育和教育理论体系,更是融合了中国美德、中国情怀的

---

① 高原.借鉴与救赎：中国比较教育百年[J].全球教育展望,2017,46(10)：102-114.
② 顾明远.中国教育的文化基础[M].太原：山西教育出版社,2004：17.
③ 顾明远,蔡宗模,张海生.中国教育改革发展的昨天、今天和明天——顾明远先生专访[J].重庆高教研究,2019,7(2)：5-11.
④ 石中英.论教育学的文化性格[J].教育研究,2002(3)：19-23.
⑤ 石中英.中国传统文化阻碍创造性人才培养吗？[J].中国教育学刊,2008(8)：1-6.

良善教育。这样现代化的教育才能真正得到文化的滋养,并滋养一个温良美好的现代化国家。对于如此理解的文化的教育学而言,比较教育就必须承担起新的文化使命,这尤其体现在以下几点。

第一,参与建设中国教育学。比较教育学者的目光不能只关注和引进国际教育学,同时还要参与建设富有中国特色的教育学,并做出自己的独特贡献。2001 年,叶澜首次提出"中国教育学"的概念,并于 2004 年发表《为"生命·实践教育学派"的创建而努力》,创立了"生命·实践教育学派",即一种具有"中国特色、中国风格、中国气派"①的教育学派。

这个学派的建设并不排斥世界教育学,且很好地处理了中国特色与世界精神的关系问题。也就是说,建立具有中国特色的教育学,应该将中国教育学置于世界的整体坐标系中,同时坚定中国研究者的本土立场和文化立场,使中国教育学成为"在世界的中国教育学"和"在中国的世界教育学"。这样的"中国教育学"就不再是与西方国家或周边国家的教育形成呼应或对立的一极,而是在世界中具有独特定位、与世界共生共长的独立坐标。这样,既能形成中国教育研究者"在中国"的世界性思考方式和表达方式②,也能形成研究者扎根于中国文化土壤的文化身份。③

第二,对外讲好中国故事。比较教育的文化使命不仅是参与建设中国特色教育学体系,同时还要在国际交流中讲好中国故事,传播中国声音和教育智慧。中国教育故事不再仅仅是中国土地上的现实事件,而应该作为具有独特文化价值的叙事,被纳入人类共同的经验宝库。

随着中国的飞速发展和国际地位的提升,中国故事在全球化的今天越来越成为不可忽视的世界财富。自 2009 年中国上海参与国际学生评估项目(PISA)测试并取得世界第一的优异成绩以来,世界的目光转向中国教育,中国教育经验和中国人才的成长故事开始令世界正视并思考。PISA 的优异成绩让我们自信,也让我们自省。④ 通过 PISA 可以让世界了解中国的教育经验⑤,也让中国了解世界,定位自己的位置以及世界对我们真实的认知,既不妄自尊大,也不妄自菲薄。

第三,参与全球治理,为世界教育治理提供中国经验。中国已经在世界之中,全球化世界是中国教育发展的不可忽视的客观背景,而"全球治理"则是全球化时代的世界各国的共同选择和教育理当参与的时代使命,以推动实现全球的"善治"。"'全球治理'在世界教育领域中,首先意味着要通过'善治',使世界各国的教育都得到改善,所有儿童和受教育者都能接受更加公平、更加优质的教育,每个儿童和孩子都得到更为自由和充分的发展,这也是让所有人增强'全球治理'

---

① 叶澜,罗雯瑶,庞庆举.中国文化传统与教育学中国话语体系的建设——叶澜教授专访[J].苏州大学学报(教育科学版),2019,7(3):83-91.

② 李政涛,文娟.教育学中国话语体系的世界贡献与国际认同[J].北京大学教育评论,2018,16(3):62-72+188.

③ 李政涛.文化自觉、语言自觉与"中国教育学"的发展[J].华东师范大学学报(教育科学版),2010,28(2):9-16.

④ 对话上海 PISA 项目组负责人张民选教授——PISA 让我们自信,也让我们自省[EB/OL].[2013-12-06].https://www.shnu.edu.cn/44/2a/c16a607274/page.

⑤ 张民选,朱福建,黄兴丰等.如何讲好中国教育故事:需要研探的命题——以中英数学教师交流项目为例[J].教育发展研究,2021,41(12):1-10.

意识、帮助所有人提升'全球治理'参与能力的前提。"①这样一种全球治理也体现在我国的"一带一路"倡议之中。这就要求比较教育学者关注"一带一路"沿线国家的教育研究，以促进我国与沿线国家的政治互信、经济融合、文化互鉴和民心相通。当然，参与全球教育治理还包括参与国际组织以及与所有国家的教育交流与合作。②

第四，连接中国教育学与世界教育精神。文化使命的觉醒和强调，对比较教育研究形成了一种"既要……又要……"的学术张力。作为启蒙的比较教育既要引进世界教育精神，建设教育强国，把中国教育引向世界前沿、引向现代化、引向世界、引向未来，又要建设自己的教育学，对外讲好中国教育故事和参与全球教育治理。比较教育的文化自觉揭示了一个被长期忽视的显然的目的，即我们学习别人，但同时不放弃自己，而且还要建设自己。中国作为一个人口大国及文化大国，学习和借鉴别国的教育只是事情的一个方面，根本的一点更在于建设自身的教育和教育学，建设一种体现我们自己文化特色的教育本体。否则，一味向外学习、寻求和借鉴，很容易陷入庄子所谓"丧己于物，失性于俗"的"倒置"之民族。"中国教育亟须一种根本性的自觉。这种自觉的中心就是培养什么样的人，也即中国教育就是要培养堂堂正正的中国人，或者说中国教育就是要理直气壮地以培养中国人作为其根本目的。"③

对此，比较教育不仅要放眼遥远的世界，更应当对本土既有的千年传统文化有着深刻省察，一个好的比较教育学者必须是一个好的文化学者，要连接中国教育学和世界教育精神，并建设有中国特色、世界视野的教育学体系；越是建设中国的教育学体系，就越是不能与世界教育精神相脱离而自搞一套。当然，比较教育学者在认识文化多样性的同时，也要认清形形色色的文化殖民主义伎俩，辨别他们背后的政治阴谋或商业目的，避免成为他们的"俘虏"。④

(二) 比较教育作为启蒙与文化的辩证

连接中国教育同世界教育精神，实际上就是要求中国教育学要走启蒙与文化辩证的道路。讲教育自信，不能忽视文化的革新即启蒙；讲启蒙，不能忽视我们固有文化的根本。没有启蒙的文化，会走向愚昧和封闭，没有文化的启蒙，会走向虚无和危险。就目前而言，我们需要处理好文化自信与教育强国、天下大势与天下课程两对关系。

1. 教育文化自信与教育强国

今天，我们在文化自信的基本态度下，对传统文化的情感已不再如启蒙时代那般苦涩深沉，而是在和平年代和富强社会中，对悠远历史文化的深深自豪与珍重。文化自信，让我们珍惜千年来的文化遗产，更以热情和自信拥抱世界文化，投身世界文化交流与文明互鉴。但是，需要指出的是，中国教育不管如何改革，其永恒的主题就是教育的现代性和不断现代化，也就是永远致力于未来导向的前沿位置。这不是简单的文化传承或复制可以完成。文化自信不是让一个个年轻

---

① 张民选,夏人青.全球治理与比较教育的新使命[J].教育发展研究,2017,37(17)：1-9.
② 刘宝存,高益民.全球化时代比较教育学科的转型[J].比较教育研究,2021(9)：29-38.
③ 刘铁芳.培育中国人：当代中国的教育自觉[J].湖南师范大学教育科学学报,2018,17(2)：1-11.
④ 石中英.21世纪基础教育的文化使命[J].教育科学研究,2006(1)：15-16.

的生命带着我们全部的精神文明回到旧文化中去。在过去内忧外患的时代，作为启蒙的比较教育是为了救亡图存；而今天中国的强盛只能使我们更加自信、自觉地走改革开放的现代化道路，学习世界，融入世界，在世界中寻求我们的幸福和高贵使命。这不仅是一种理想主义，还是一种现实主义的态度。因为文化自信和教育强国都需要一种面向世界、面向未来的态度和行动。

即使在讲好中国教育故事方面，我们也需要向国际学习。中国形象与中国故事应当在完整而丰富的中国经验中呈现出一个鲜活、真实的中国，但实际上，这个问题并不像我们所认为的那样简单。对此，我们可以提出三个问题：第一，"谁在讲中国教育的学术故事"，是我们自己还是他人；第二，"产生了什么样的影响力"，不论学术影响力还是社会影响力；第三，"讲了什么中国教育学术故事"。国际上关注的中国教育内容议题与我国教育发展的重点方向和议题相差甚远。本土讲述有所纠偏，但仍无法完全摆脱国外平台的议程设置。所以，平台建设、渠道建设至关重要，主动权不能拱手相让。① 但是，故事的讲授者必须采取一种故事接受者可以听懂的语言和方式。

可以看出，即使是讲好中国教育故事，我们也需要借鉴别国的经验、技巧和战略。这在建设教育强国的问题上尤为必要。

今天教育强国的任务要求我们培养创新精神、创造力为代表的高阶能力，促进国家高质量发展。这要求我们仍需向那些发达国家学习。② 尽管改革开放以来，我国教育大众化、普及化趋势要快于发达国家③，在规模上已经是教育大国了，但我国当前的教育质量与西方发达国家相比，还存在一定的差距，特别是创新人才培养方面。④ 因此，在当今全球知识社会时代，所谓教育强国，就是那些以面向所有学生培养21世纪的高阶能力为目标，并为之做出有效的制度和实践安排的国家。

如何培养高阶能力对我们的教育提出了新的挑战。我们以知识为核心、教师直接教学为主导的教育虽然为培养公民良好的知识素养打下了坚实的基础，并且也反映在 PISA 等国际测试中令人瞩目的表现上，但是却不利于培养在21世纪所需要的更为迫切、更为重要的能力。高阶能力的培养需要教育的力量与社会空间，教育向高阶能力的转向需要我们改变和创新教育方式，甚至改变社会制度，建立高阶能力能够得到适当培养的社会制度与文化体系。因此我们需要再次向世界学习，增加与世界的交流和互动，与世界联通。这样才能帮助我们突破固有的模式，勇于变化创新，建设以培养创新力为核心的教育强国。⑤

---

① 陈霜叶.全球教育研究知识的不对称分布现状与中国教育话语权的前景[C].上海：中国教育学会比较教育分会第21届年会，2022.

② 彭正梅，邓莉，周小勇.发展21世纪能力，建设现代教育强国——国际教育改革新趋势及中国应对[J].中国教育政策评论，2018(1)：58-84.

③ 高书国.从教育大国迈向教育强国——中国教育发展的趋势与战略构想[EB/OL].[2016-09-16].http://www.sohu.com/a/114465216_100886.

④ 赵勇.国际拔尖创新人才培养的新理念与新趋势[J].华东师范大学学报（教育科学版），2023，41(5)：1-15.

⑤ 彭正梅，吴月竹，陈丽莎.高质量发展要求培养高阶能力：对教育强国的共同考察[J].全球教育展望，2024，53(3)：144-160.

3.天下大势和天下课程

孙中山先生在 1916 年观钱塘江大潮时感慨："世界潮流，浩浩荡荡，顺之则昌，逆之则亡。"既然世界潮流如此重要，那么，一个国家的持续发展离不开对世界潮流即天下大势的正确感知和认识。由于教育在国家发展中的根本地位，因此，对于世界教育趋势的感知也同样极为重要。我们显然不能跟随一个虚假或扭曲的世界潮流，不能跟随一种被错误总结的天下大势。

20 世纪 90 年代以来，美国出现了对今天美国政治影响深远的、对天下大势评估的三个主要观点，主要体现在三本著作之中：福山的《历史的终结与最后的人》（1992 年英文版）、亨廷顿的《文明的冲突与世界秩序的重建》（1996 年英文版）以及米尔斯海默的《大国政治的悲剧》（2001 年英文版）。福山代表了一种政治意识形态的天下大势观，强调万国不论如何差异，最终都将走向西方式的自由民主；亨廷顿代表了一种文化、文明的天下大势观，强调全球化时代人类冲突的形式将表现为一种文明的冲突，认为文明的界限就是战争的界限，强调重新捍卫美国文化身份；米尔斯海默代表一种新现实主义的天大大势观，认为大国竞争军事冲突不可避免。尽管不同的学者对这些观点做出了批判和分析，但这三种天下大势观在某种程度上，已经成为西方特别是美国的国家战略以及对外战略的理论基础。这三种观点逐渐主导了 20 世纪 60 年代出现的对世界后殖民主义的多元理解以及对以联合国为代表的理性进步主义的世界理解，将天下引向危险、危急的境地。2024 年 3 月 23 日在北京师范大学召开的会议上，95 岁高龄的顾明远先生指出，教育不仅要研究"一带一路"沿线国家，同时还要研究今天的发达国家，特别是美国。这也是一种现实主义的态度。

这种现实主义的态度要求我们比较教育学者"只争朝夕"地建设我们的教育强国，推动国家教育、科技和人才的一体化建设，提升国家整体的竞争实力和战力。

当然，对于日益相互依赖的多元的全球化社会来说，这三种世界观带有自私、霸道的色彩。对此，我们需要提出自己的世界理解，以与之交锋和对抗。历史学家汤因比说："未来的世界国家必须与世界等大，必须是真正世界性的。"[①]中国有可能自觉地把西方更灵活也更激烈的火力与自身保守的、稳定的传统文化熔为一炉。如果这种有意识、有节制地进行的恰当融合取得成功，其结果可能为文明的人类提供一个全新的文化起点。[②]

天下主义可以作为这样一种"文化起点"。中国天下观自古以来就存在，与西方的国家观等概念完全不同。钱穆先生曾在《晚学盲言》中就申言："要之，中国人自秦以下，并非仅知有国，不知有天下，不烦详论。今所欲论者，中国人此种观念，绝不与西方相似。西方人视国外尽是敌，抑不许敌我之相安而并存。中国人之天下，则敌我一体，同此天，同在天之下，同为人，不同一政府，此谓小别而大同。"以及"西方人天非可畏，亦非可乐，宜其无如中国人之天下观。耶稣信上帝非信天，科学则以战胜自然为任务。天属自然，亦在被战胜之列。人与人、国与国相争，而天之与其

---

① ［日］山本新，［日］秀村欣二编.中国文明与世界：汤因比的中国观［M］.周颂伦，等，译.北京：东方出版社，1988：8.

② ［英］阿诺德·汤因比.历史研究［M］.刘北成，等，译.上海：上海人民出版社，2005：彩图 78.

他自然界万物,则尚无与人平等相争之资格。故中国传统观念下之天人关系,在西方则断无其相似之存在。"①钱穆看到了复兴我们文化中的天下概念的必要性："实则当前世界,由科学进步,已到达一国之上共有天下一境界。天下不宁,国又何得安。故今日之世界,实为中国传统观念,传统文化,平天下一观念,当大放异彩之时代。"②于是,一种基于中国传统的新天下主义的世界理解应运而生。

第一,"天下体系"的世界观。赵汀阳将"天下"界定为一个意义饱满的厚重概念(thick concept),一种"在其中世界被理解成物理世界(大地)、心理世界(人民的共通心意)和政治世界(世界制度)的统一体"。③ 赵汀阳认为中国这种独特的世界观念,要比西方以民族国家和国家间关系为核心的世界观念更具开放性和包容性,因为"以'天下'作为关于政治/经济利益的优先分析单位,从天下去理解世界,也就是要以'世界'作为思考单位去分析问题,超越西方的民族/国家思维方式,就是要以世界责任为己任,创造世界新理念和世界制度"。④ "天下体系"因其在哲学层面上满足制度最大化和普遍化的原则,在思想上以其"无外"的包容性从而具有先天的优越性,将是未来世界制度的必然形态。⑤

第二,"新天下主义"的世界观。"新天下主义,是传统天下主义与民族国家的双重超克。一方面,超克传统天下主义的中心观,保持其普遍主义的属性;另一方面,吸取民族国家的主权平等原则,但克服其民族国家利益至上的狭隘立场。"⑥新天下主义"不以中西为沟壑、古今为壁垒"。⑦ 刘擎主张寻求"一个共建的世界",因为"我们不只是共存于一个世界,而且是在共建一个世界,也只有在一个共建的世界中我们才能和平与繁荣地共存。这个共建世界的规范秩序是基于建构主义的和跨文化的普遍主义规范性"。⑧

第三,"天下课程"的"天下主义"。从中国教育智慧传统出发,古代认为,天下大势的思考,必须本于天下意识的形成,因此会选择若干经典文本作为"天下课程"来凝聚、培养和奠定天下共识。这个"天下课程"最初表现为《诗》《书》《礼》《易》《春秋》,稍后表现为《大学》《论语》《孟子》《中庸》,这个传统自1905年废除科举考试而中断。今天,在全球化的视野中,我们仍然可以把人的事实性和必要性的存在领域从自我修身扩展到社会领域、国家领域以及审美或生态的天下领域,可以与不同时期影响中国的四本经典文本关联、对应,以建立新的"天下课程"。

如果说近代之前的中国社会,《孟子》作为我们文化的本体,代表着一种德性取向的天下理想;《庄子》比较复杂,虽然产生于前现代但却代表着后现代那种强调存在多元、道通为一的非人

---

① 钱穆.晚学盲言[M].桂林：广西师范大学出版社,2004：173.
② 钱穆.晚学盲言[M].桂林：广西师范大学出版社,2004：172.
③ 赵汀阳.天下体系：世界制度哲学导论[M].北京：中国人民大学出版社,2011：84.
④ 赵汀阳.天下体系：世界制度哲学导论[M].北京：中国人民大学出版社,2011：2.
⑤ 赵汀阳.天下体系：世界制度哲学导论[M].北京：中国人民大学出版社,2011：2.
⑥ 许纪霖,刘擎.新天下主义[M].上海：上海人民出版社,2014：8.
⑦ 许纪霖.天下主义/夷夏之辨及其在近代的变异[J].华东师范大学学报(哲学社会科学版),2012,44(6)：66-75+150.
⑧ 许纪霖,刘擎.新天下主义[M].上海：上海人民出版社,2014：60.

类中心的天下理想；而清末《论自由》传入中国，代表着一种现代性强调个体自由、社会宽容的天下理想；新文化运动时期，《共产党宣言》传入中国，代表着一种现代性强调共同体福祉的政治取向的天下理想。这四部经典蕴含着人类社会迫切需要的、非等级性的四重人类学视野，即人是道德的存在、社会的存在、政治的存在以及天下的或审美的存在。① 它们既具有中国"天下课程"传统所具备的知识典型性、时代相关性、视野系统性以及内在补充性和张力性的特质，也兼具世界性和未来性，可以作为一种新时代的中国教育学自信。

这个新的"天下课程"与社会主义核心价值观的个人层面、社会层面、国家层面并与我国提出的全人类共同价值的天下层面联系起来，进而呼应着传统文化中修身、齐家、治国、平天下的为学次第。

我们的文化逻辑是天下之本在于修身，天下治理之本在于教育。今天，对于天下大势和天下教育大势的思考和判断，是比较教育学者的新使命。② 作为天然跨文化、跨国别的学科，我们需要观天下大势，察古今得失，用我们的天下主义去与西方霸权主义的世界进行论争，为作为"世界文学"一部分的世界教育精神而斗争。

三、迈向共同的"世界文学"：中国比较教育的未来

这里借用启蒙与文化的"透镜"对我国比较教育新使命的考察，并未脱离国际学者对于比较教育功能的考察。③ 例如，在罗伯特·阿诺夫看来，比较教育和国际教育领域包括科学、实用和国际/全球理解三个维度。④ 从科学维度来看，比较教育作为一门科学，它的主要任务是科学研究，生产具有科学价值的成果；从实用的维度看，比较教育研究的发现有助于改善国内的政策和实践；从国际理解的维度看，比较本身仅仅是一个对特定社会中的教育进行全面理解的过程，比较教育在哲学、历史、社会和全球视角的"十字路口"的综合中有其前景。因此，这门学科的第三个重要方面是促进国际的理解与和平。结合我们的"透镜"，这里实用的目的就是文化的目的，改善和扩展自己的文化；科学研究就是认识性的启蒙，即通过比较、实证等不同方法去寻求真实、真相和规律；只有通过文化与启蒙的辩证，我们才能理解世界或被世界理解；而理解的基础在于有个共同的"世界文学"。超出教育来看，最后一点尤其重要，没有共同的心灵结构，没有共同的世界精神，这个世界将永远纷争不已，目前唯一适合人类居住的地球生态亦将岌岌可危。作为世界精神的"马背"的国际文凭课程，正在试图培养共同的人性（common humanity）。⑤ 因此，这里启蒙与文化的"透镜"的核心在于处理好教育的民族性与世界性的关系，推动两者的双向奔赴，而这种双向奔赴的前提和

① 彭正梅，周小勇，高原，王清涛，施芳婷.天下课程：论未来教育的四重视野［J］.华东师范大学学报（教育科学版），2023，41（12）：13-25.
② 滕珺，王晓洲.论构建中国教育自主知识体系的关键维度［J］.北京教育学院学报，2023，37（4）：19-25.
③ 邓莉，王超男，金秋.英国比较教育研究范式的60年演化［J］.比较教育研究，2024，46（1）：90-101.
④ ARNOVE R F. Comparative education：Dimensions and trends：A contribution to the 50th anniversary celebration of the Japan comparative education society［J］. Comparative Education，2015（50），168-177.
⑤ 彭正梅，伍绍杨，张玉娴，等.世界精神的马背：为什么国际文凭课程会在美国引发争议［J］.清华大学教育研究，2023，44（1）：98-110.

目的，就是我们拥有教育上的共同的"世界文学"。否则，人类永远会陌生地相互凝视和敌视。

　　当然，全球性与地方性以及世界性与民族性之间的重要辩证关系，在国内比较教育界也得到了广泛认可和讨论。有学者探讨了比较教育研究的出发点是国际主义的还是民族主义的这一问题，并指出该学科固有的国际色彩是由全球化的力量所塑造的，这就要求在保护教育传统的丰富叙事与参与全球讨论之间取得微妙的平衡，在讲好中国教育故事时，要建立一种既尊重"他者"又尊重"自我"的叙事传统。① 有学者强调了比较教育研究的国际视野与民族立场的对立统一性②，指出了比较教育服务于民族国家教育体系和倡导国际和平与理解的双重责任。③ 刘宝存指出，比较教育要形成新的全球主义世界理解，转换研究视域，提升方法论素养，不断增强自身影响力及其对教育学科的贡献；聚焦中国教育发展，通过高水平人才培养、参与全球治理等助力中国发展，为全球发展贡献中国智慧。④ 也有学者指出，目前中国比较教育面临的挑战在于如何打造既能反映中国教育现实，又能与全球教育话语产生共鸣的教育理论，并呼吁发展既立足于中国文化和社会，又能接受全球影响的理论。⑤ 但这些观点只关注到了全球性与地方性、世界性与民族性的辩证关系而没有注意到启蒙与文化辩证中所包含的方法性（解剖性、批判性的启蒙）和价值性（基础性和目的的"共同文学"）的内涵。

　　中国这样一个具有古老文化、多元民族、众多人口和广阔地域的国家，很容易陷入一种本土文化与世界文化的两极争论。难以想象这样一个国家丧失自己的文化特色和文化风格，但同样难以想象的是我们固守自己的文化、固守在近代以来已经被证明失去活力和时代关联的古老文化，去应对这个不断进步、技术高度发达、全球关联的世界；更加难以想象的是作为信奉马克思主义的社会主义国家不去进行文化与启蒙的辩证，不去推动形成一种共同的世界文学！

　　实际上，在国际上，世界文化理论为比较教育领域提供了一个新的理论视角，它与本文所提出的通过启蒙与文化的辩证最终迈向世界共同文学的观点具有相似的内核。这无疑印证了促进世界共同文学的形成是该领域未来的发展趋势之一。斯坦福大学的约翰·W.迈耶及其追随者，如大卫·贝克、大卫·弗兰克和弗朗西斯科·拉米雷斯等学者所提出的世界文化理论，揭示了教育系统全球化趋同的实质，并深入探讨了这一现象背后的文化逻辑。该理论认为，全球范围内教育系统的趋同是现代社会全球化进程的产物。这种趋同超越了民族国家的界限，形成了一种全球共享的教育模式和理念，这些模式和理念在历史上促进了文化的成功传播。⑥ 迈耶等学者的研究还表明，教育不仅是知识的传递，更是全球文化认同和共同价值观的塑造过程。⑦ 在世界文

　　① 王英杰.民族国家、全球化与比较教育：问题、冲突与挑战[J].比较教育研究，2017，39(12)：5-8.
　　② 王正青.论比较教育研究国际视野与民族立场的辩证统一[J].比较教育研究，2008(6)：8-12.
　　③ 饶从满，吴宗劲.比较教育中的国别研究：价值重审与方向探寻[J].外国教育研究，2019，46(12)：5-21.
　　④ 刘宝存，臧玲玲.全球化时代的比较教育：机遇、挑战与使命[J].教育研究，2020(3)：74-83.
　　⑤ 陈时见，柴恋琪.比较教育理论深化的时代审思与实现路径[J].比较教育研究，2023，45(5)：5-10+53.
　　⑥ CARNEY S, RAPPLEYE J, SILOVA I. Between Faith and Science：World Culture Theory and Comparative Education[J]. Comparative Education Review，2012, 56(3)，366-393.
　　⑦ MEYER W，KRüCKEN G，DRORI S. World society：the writings of John W. Meyer[M]. Oxford：Oxford University Press. 2009：3-36.

化理论中，"趋同""组织同构"和"松散耦合"等核心概念进一步解释了教育系统在全球化背景下的相互作用和适应机制。[①] 这些概念强调，尽管全球教育系统在结构上趋于一致，但仍保持了一定的灵活性，以适应和融合本土文化特色。这种平衡机制促进了全球教育理念的传播，同时维护了文化多样性。

我们不仅通过世界文化理论可以观察到教育系统的全球化趋同，其他一些研究者也证明这种趋同的存在。怀斯曼认为，基于证据的国际教育政策运动，特别是由于 PISA 等大型国际测试，也推动了各国教育政策的趋同。[②] 当然，这种趋同并不是消除了国家之间的差异以及国家的作用。斯蒂芬·鲍尔的社会网络民族志(network ethnography)指出，在教育政策方面，全球化可能会在治理模式和全球政策形式和概念的部署方面产生趋同的效果。所有这些都要求我们思考"全球"对"国家"的影响，同时承认国家在制定全球政策议程方面的重要性。[③] 朴普科维茨指出学校教育中的世界主义不仅仅是指启蒙概念在全球范围内的传播。相反，它涉及不同文化元素的融合、联系和分离，从而形成关于儿童和集体归属感的世界主义文化议题。[④]

当然，也有学者对这种趋同的趋势提出异议，认为趋同论源于一种不充分的、有缺陷的乐观主义的归纳，那些非西方国家的趋同是表面的，实际上并未发生改变。[⑤]

这种不成功更有可能是源于一种粗糙的比较教育研究。这是一种比较教育的误用。美国比较教育家哈罗德·诺亚曾警告比较教育的误用。在他看来，比较教育需要一种更加细致入微的方法，一种考虑到不同国家形成教育实践的独特文化和历史因素的方法，因此需要重视四个误用：一是盲目地模仿外国的成功经验，而忽略了文化和背景的差异，导致解决不了本土的教育问题。二是将比较教育作为一种"快速解决方案"，而忽略了教育问题的复杂性和深层次的原因。三是在比较教育中，数据和解释模型往往存在缺陷，因此需要更加谨慎和审慎地进行研究。四是有些国家对外来的教育思想和经验持保守态度，不愿意接受外来的教育模式和理念。从这个意义出发，王英杰在 2019 年"比较教育与中国教育现代化"的会议上提出，比较教育要讲好两个故事，对外讲好中国教育故事，对内讲好世界教育故事，以避免比较教育的误用。

当然，本书不仅仅要探讨一种实证意义上的世界趋同。通过启蒙与文化的辩证以迈向共同的"世界文学"，是对今天的技术进步和知识社会时代的一种马克思主义意义上的价值呼吁，就像联合国教科文组织在《反思教育》以及《共同重新构想我们的未来：一种新的教育社会

---

① 祝刚，史可媛，王语婷.比较教育领域世界文化理论争辩的学术考察与未来路向[J].比较教育究，2023，45 (5)：9-20.

② Wiseman, Alexander W. The Uses of Evidence for Educational Policymaking：Global Contexts and International Trends[J]. Review of Research in Education，2010(34)：1-24.

③ BALL S J. Following policy：Networks, network ethnography and education policy mobilities［J］. Journal of Education Policy, 2020，31(5)：126-143.

④ POPKEWITZ T S. The double gestures of cosmopolitanism, globalization, and comparative studies of education[M]//R COWEN, A M KAZAMIAS (Eds.). International Handbook of Comparative Education. Springer Science, c2009：379-395.

⑤ CARNEY S, RAPPLEYE J, SILOVA I. Between Faith and Science：World Culture Theory and Comparative Education[J]. Comparative Education Review, 2012，56(3)：366-393.

契约》等文献中所主张的那样，即人类越来越迫切地需要一种人类命运共同体的世界的价值哲学。

马克思的祖国德国在近代曾呈现出一个颇具反讽意味的情况。这里以马克思使用的"世界文学"的概念来加以说明。1827年1月31日下午，歌德忠诚的秘书埃克曼非常吃惊地看到歌德正在阅读一本中国小说，好奇地问"中国有小说吗？"歌德回答说，中国人有"有成千上万的小说时，我们欧洲人还生活在森林里"，"世界文学"的时代已经到来，"每个人都应该去促进它的到来"[①]。当时的德国知识分子为了反对德国文化对法国文化的依赖，便大量搜罗德国自己的民间传说和传统神话来塑造自己的文化自信。歌德一方面赞成德国知识分子建构自己文化的努力，但另一方面，他要超越德国，甚至超越欧洲来重建德国独特的文化。可惜，德国后来的文化发展并未遵从歌德的建议，而是太过极端地强调自己的文化，逐渐走向民族主义。纳粹德国甚至还提出德国化学、德国物理等概念，并仇恨世界。很多杰出的文学家被迫害致死或被迫出走。但反讽的是，那些被民族主义者赶走的文学家推动了"世界文学"的发展，而那个民族主义的德国却在所谓的文化战争中一败涂地，并重生为今天新的德国。

《共产党宣言》更加侧重所有制革命，对文化的相对独立性认识不足，因为在马克思和恩格斯看来，作为上层建筑的民族文化，会随着德国经济基础的革命而相应地产生变化。马克思主义的文化理论后来由卢卡奇、葛兰西、德国的法兰克福学派以及英国的伯明翰学派所发展。但《共产党宣言》对于"世界文学"充满乐观主义，认为这与共同世界市场的形成一样自然。也就是说，共同的世界文学，就像人类社会的不断进步一样，是人类一个历史阶段的必然。《共产党宣言》没有预料到德国会出现一种借口文化自主的反动情况。从纳粹德国的情况来看，对于康德、马克思所指出的世界趋势和世界文学的潮流，赞成的跟着走，反对的则被拖着走。

在《答复这个问题：什么是启蒙运动》中，康德指出"启蒙运动就是人类脱离自己所加之于自己的不成熟状态"[②]。人类之所以陷入不成熟状态，是因为他们没有勇气去依赖自己的理性能力来解决问题。而启蒙运动则鼓励人们独立思考、质疑传统观念，并通过理性来推动社会的进步。发展人的独特的理性禀赋并使这种发展成为可能，是大自然的隐秘计划。在《共产党宣言》中，马克思认为民族的片面性和局限性会得到消除或变得日益不可能，并逐渐迈向共同的"世界文学"。这种"世界文学"绝不是西方文学，绝不是东方文学，而是消除了片面性和局限性的西方文学和东方文学。因此，这里的关键在于理性的自主使用。没有批判，什么都不会发生。这就说明理性的比较是手段，从而借以迈向共同的"世界文学"。全人类共同价值要求附丽在共同的"世界文学"之上。即使翻译（引入或输出）也是在促进"世界文学"。

康德说"敢于认知"，这是启蒙的口号。"敢于比较"，这是比较教育的口号！

[①]　PUCHNER M. Readers of the world unite[EB/OL]. [2017 - 09 - 20]. https：//aeon.co/essays/world-literature-is-both-a-market-reality-and-a-global-ideal.

[②]　[德]康德著；何兆武译.历史理性批判文集[M].北京：商务印书馆,1990：22.

对于文化而言,比较就是进步的可能,也是共同的世界文学的可能。因此,"连芝麻小事也要比较"。①

阻碍这种认知,阻碍这种比较,从而是阻碍一般意义上改正错误、取得进步、加速形成世界文学的行为,是对整个人类和人类进程的冒犯。

带着上述理解的中国比较教育的"块垒",读者确定可以在这部书的森林中,到处发现启蒙与文化的辩证,感受世界教育的潮流,体会其中的美好,带着沉郁回归,并慷慨奉上自己的沉酿。

彭正梅

2024 年 5 月 4 日

---

① 源自台湾暨南大学国际文教与比较教育系办学信条。

目　录

前言 / i

中译本序 / iii

序 / ix

迈向共同的"世界文学"：论启蒙与文化辩证中的中国比较教育新使命（代译者序）/ xi

第一部分　一个领域的创造与再创造 / 1

1. 编辑联合引言　罗伯特·考恩　安德里亚斯·卡扎米亚斯 / 3

2. 比较教育的历史及其创建　罗伯特·考恩 / 6

3. 比较教育的现代主义开端：原科学和改良主义社会向善论的行政主旨　佩拉·卡洛扬纳基　安德里亚斯·卡扎米亚斯 / 9

4. 被遗忘的人，被遗忘的主题：比较教育中的历史-哲学-文化以及自由人文主义主旨　安德里亚斯·卡扎米亚斯 / 26

5. 比较教育的科学范式　季米特里斯·马修 / 42

6. 国家、教育扩张、发展和全球化的理论：马克思主义和批判方法　莉莲娜·埃丝特·奥尔莫斯　卡洛斯·阿尔贝托·托里斯 / 51

7. 欧洲的比较教育　沃尔夫冈·米特 / 61

8. 全球化时代的世界体系分析与比较教育　罗伯特·阿诺夫 / 71

9. 比较教育发展的反思　瓦尔·拉斯特　布里安·约翰斯顿　卡琳·阿拉夫 / 86

10. 比较教育：历史反思　安德里亚斯·卡扎米亚斯 / 100

第二部分　政治形成和教育体系

11. 派代亚和波里德亚：比较教育学中的教育与政体/国家　安德里亚斯·卡扎米亚斯 / 115

12. 帝国和教育：大英帝国　加里·麦卡洛赫 / 122

13. 对法国与葡萄牙的非洲帝国殖民地教育话语的比较：论"杂糅性"　安娜·伊莎贝尔·马德拉 / 131

14. 意大利的教育与国家形成　多纳泰拉·帕隆巴 / 142

15. 社会变迁与修辞形态：当代西班牙教育改革中的学校教育与社会排斥和共融　米格尔·佩雷拉　J.卡洛斯·冈萨雷斯·法拉科　卡洛斯·阿尔贝托·托雷斯 / 158

16. 希腊的现代性、国家形成、民族建设与教育　安德里亚斯·卡扎米亚斯 / 175

17. 发展中国家与教育：非洲　约翰·梅茨勒 / 188

18. 教育转型的多样性：中欧、东南欧和苏联中的后社会主义国家　伊维塔·西洛娃 / 202

19. 欧盟与西班牙教育　何塞·路易斯·加西亚·加里多 / 222

第三部分　国家、国际和全球 / 233

20. 编者按：国家、国际和全球　罗伯特·考恩 / 235

21. 谁在全球花园中漫步？国际机构和教育迁移　杰森·比奇 / 238

22. 教育中的流动、迁移和少数族裔　诺亚·索比　梅莉莎·费希尔 / 250

23. 世界主义的双重姿态和教育的比较研究　托马斯·波普科维茨 / 260

24. 全球化背景下的多元文化教育：关注不同的视角与主题　卡尔·格兰特　阿伊沙·胡尔希德 / 273

25. 国际发展教育　南希·肯德尔 / 283

26. 经济合作与发展组织及教育政策的全球转变　法扎尔·里兹维　鲍勃·林嘉德 / 298

27. 多边银行能否教育世界？　克劳迪奥·德莫拉·卡斯特罗 / 310

28. 走向欧洲的全景敞视主义：欧盟在教育与培训上的话语和政策(1992—2007)　乔治·帕西亚斯　亚尼斯·鲁萨基斯 / 328

第四部分　工业化、知识经济和教育

29. 编者按：工业化、知识社会与教育　罗伯特·考恩 / 343

30. 工业化与公共教育：社会融合与社会分层　吉姆·卡尔 / 346

31. 工业化、知识经济和教育改革：也谈巴西与阿根廷发展　马西娅·克里斯蒂娜·帕索斯·费雷拉 / 359

32. 教育、工作与职业培训　莱斯利·巴什 / 373

33. 作为政策转型的评估型政府：历史与结构分析　盖·尼夫 / 381

34. 从一致性到差异化：理解高等教育与研究在欧洲地区的转变　威姆·韦曼 / 395

35. 财富、市场与管理主义——亚太地区关于当代教育改革的观点　安东尼·韦尔奇 / 408

36. 终身学习和全球化：迈向一种结构性的比较模式　彼得·贾维斯 / 419

37. 网络社会中的教育：批判性思考　伊娃·加马尔尼科夫 / 431

38. 教育和经济发展：评估和意识形态　埃莱尼·卡拉茨-斯塔夫利奥蒂　哈里斯·兰布罗普洛斯 / 441

后记 / 455

第一部分

一个领域的创造与再创造

1. 编辑联合引言

罗伯特·考恩(Robert Cowen)

安德里亚斯·卡扎米亚斯(Andreas Kazamias)

在比较教育研究的某些方面,我们的确取得了可喜的成就。千禧年前后,比较教育领域再次呈现出欣欣向荣的发展态势。

20 世纪 90 年代末到 21 世纪初的著述包括:1999 年,罗宾·亚历山大(Robin Alexander)、帕特里夏·布罗德福特(Patricia Broadfoot)和大卫·菲利普斯(David Phillips)共同编著的《从比较中学习:比较教育研究的新方向》(*Learning from comparing: New directions in comparative education research*,学术报告会论文集:牛津);1999 年,罗伯特·阿诺夫(Robert Arnove)和卡洛斯·阿尔贝托·托里斯(Carlos Alberto Torres)所著的《比较教育:全球与本土的辩证》(*Comparative education: The dialectic of the global and the local*,Roman & Littlefield:拉纳姆/马里兰);2003 年,爱德华·彼彻姆(Edward R. Beauchamp)编著的《比较教育读本》(*Comparative education reader*,Routledge/Falmer:纽约/伦敦);2003 年,马克·贝磊(Mark Bray)编著的《比较教育》(*Comparative education*,Kluwer:多德雷赫特/波士顿/伦敦);2000 年,尼古拉斯·伯比莱斯(Nicholas C. Burbules)和卡洛斯·托里斯(Carlos A. Torres)共同编著的《批判视角下的全球化和教育》(*Globalization and education: Critical perspectives*,Routledge:纽约/伦敦);2003 年,迈克尔·克罗斯利(Michael Crossley)和基斯·沃森(Keith Watson)所著的《国际比较教育研究:全球化、情境和差别》(*Comparative and international research in education: Globalisation*, *context and difference*,Routledge-Falmer:伦敦/纽约);1998 年,安德里亚斯·卡扎米亚斯(Andreas Kazamias)和斯皮兰(M. Spillane)共同编著的《教育与欧洲空间的构建:北方—南方、中心—外围、自我—他者》(*Education and the structuring of the European space: North-south*, *centre-periphery*, *identity-otherness*,Seirios Editions:雅典);2002 年,安东尼奥·诺沃亚(Antonio Nóvoa)和马丁·劳恩(Martin Lawn)共同编著的《制造欧洲:教育空间的形成》(*Fabricating Europe: The formation of an education space*,Kluwer:多德雷赫特/伦敦);2004 年,索尼娅·梅赫达(Sonia Mehta)和彼得·楠内斯(Peter Ninnes)共同编著的《比较教育再构想》(*Reimagining comparative education*,Routledge/Falmer:纽约);2000 年,尤尔根·施里尔(Jurgen Schriewer)编著的《比较教育话语的形成》(*Discourse formation in comparative education*,Peter Lang:美因河畔法兰克福);2000 年,纳利·斯特罗姆斯基特(Nelly P. Stromquist)和格伦·蒙克曼(Karen Monkman)共同编著的《全球化与教育:文化的融合与论争》(*Globalization and education: Integration and contestation across cultures*,Rowman & Littlefield:拉纳姆/博尔德/纽约/牛津)。还包括去年前后出版的以上未提及的一系列引起轰动的著作:由贝磊、亚当森(Adamson)和梅森(Mason)共同编著的关于比较教育研究的新书,由克罗斯利、布罗德福特和施瓦斯弗茨(Schweisfurth)主编的《比较教育》(*Comparative Education*)期刊上的一系列论文,由菲利普斯、施瓦斯弗茨、多纳泰拉·帕伦巴(Donatella Palomba)、斯博格(Sprogøe)和温德-延森(Winther-Jensen)开展的一项关于比较教育专业协会的研究及最近出版的新书。

此外还有数量众多的期刊,包括《比较教育》(*Comparative Education*,英国)、《比较教育评论》(*Comparative Education Review*,美国)、《国际教育评论》(*International Review of*

Education，联合国教科文组织/德国汉堡）、《加拿大和国际教育》（*Canadian & International Education*，加拿大）、《比较》（*Compare*，英国）和《展望》（*Prospects*，联合国教科文组织）。同时，其他一些期刊也在不断地刊登比较研究的文章，如法国和西班牙的一些期刊。也有些像阿根廷的《教育的提案》（*Propuesta Educativa*）期刊一样，不定期刊载比较教育研究的专题论文，抑或像希腊（雅典）的《比较与国际教育检查》（*Synkritiki kai Diethnis Ekpaideutiki Epitheorisi*）期刊一样，刊载的全部是比较研究的内容。

大学通过研究生院将先进的比较教育研究普遍制度化。例如，在英语世界中，美国主要的研究中心分布于哥伦比亚大学、佛罗里达州立大学、哈佛大学、俄亥俄州立大学、匹兹堡大学、马里兰大学、纽约州立大学布法罗分校和奥尔巴尼分校、伊利诺伊大学、威斯康星大学、加利福尼亚大学洛杉矶分校、南加利福尼亚大学、斯坦福大学、罗约拉大学和夏威夷大学。澳大利亚、加拿大、英国、新西兰和以英语为母语的非洲国家——尤其是南非——也有相关的研究生院项目。在欧洲大陆，比利时、丹麦、芬兰、法国、德国、希腊、意大利、马耳他、挪威、葡萄牙、西班牙、瑞典和荷兰等国也设有专门的比较教育课程。总之，随着大学将其研究项目国际化并吸纳海外留学生，比较教育的制度化不仅仅在南欧和东欧，同时也在更为古老的城市的大学中心呈增长态势。

同样，在国际交流及学术会议方面，比较教育所取得的成就也尤为突出。

然而，比较教育在智识方面进展如何？也就是说，以大学为主体的比较教育研究已经或正在关注何种问题，开展何种学术研究？——比较教育研究领域处在何处，去向哪里？

本书的两卷本致力对比较教育研究情况进行概述。作为编者，我们遵循了一系列的原则。

在编辑书卷的过程中，我们发现存在若干普遍论点，现将其总结如下：

1. 两卷文章的作者都认为，"好的"比较教育的评判标准随着时间而改变。他们分析了不断改变的学术议程、不断变化的关注视角，以及用于建构比较教育学的不同的学术语言。他们追问这一切为何会发生——为何比较教育学改变了它的认识论主题、它的对世界的解读，以及它对世界产生影响的渴望？他们展现了比较教育对真实世界中变化的政治和经济做出反应的方式，以及对特定时空中强大的知识流做出反应的方式。由此，一些比较教育研究在特定时期及后来的时代发展中得到认同。并且，伴随着正在浮现的对世界的全新解读，比较教育也在持续变革。

2. 本书并未收入也不打算收入某些内容。本书并非涵盖比较教育世界（包括其中的比较教育学者）所有内容的百科全书。书中没有提供"教育研究的国别案例"——那一类研究五十年前就过时了。尤为重要的是，本书并不认为国家是比较教育恰当的分析单位。本书同样没有对阿根廷、巴西、加拿大、丹麦等国的比较教育情况进行一系列的案例研究，不试图哀叹比较教育在南半球或东半球发展相对较弱的事实，也不致力纠正这一不平衡状态。为了南方国家教育的发展而在南方国家构建一种属于南方国家的比较教育仍然稍显复杂。

3. 本书意在解释一个研究领域在过去、现在及将来如何融入同时代的政治中。上卷主要分析了 19 世纪和 20 世纪比较教育的构建，下卷主要展现了在我们所处时代的新的政治背景下，该领域的活跃程度如何。

4. 本书主要陈述了比较教育领域的发展状况，但并非前卫的陈述。虽然本书——尤其是下卷——也提到了比较教育的未来，但并没有盲目自信地坚称其未来是和文明冲突有关的，是更为全球化的，或者我们所需要的只是对某一种（明确而具体的）知识观点的更好的理解。

5. 本书是在比较教育领域发展的历史转折点上写就的。因此，在提供各种各样的方式以谈论比较教育未来的同时，本书也将该领域的未来发展置于一个开放的状态中。

本书包括两卷，每卷各四部分。

上卷的第一部分展现了到 20 世纪 70 年代后期比较教育作为一种话语是如何构建的，包括比较教育作为一种大学话语是如何构建的。这一部分也强调,19 世纪和 20 世纪的比较教育作为一项意识形态工程,对全世界都产生了影响——19 世纪务实的政策制定者们运用比较教育观点建构了一种新的社会技术:大众初等教育和国家教育系统。因而,本书该部分涉及最广的主题是比较教育研究领域如何在政治背景下审视过往。从狭义上理解,可以将这一部分视作对具体的认识论范式的确认和分析。随着时间发展,这种认识论范式构成了社会背景下的比较教育。

第二部分对 20 世纪 80 年代以后的世界及比较教育发展进行了解读:对第一部分已经描述和分析过的传统假设和路径进行反思。

第三部分主要涉及的主题是“比较行动”,即那些建立在比较评估基础上的对世界发展和教育领域发展产生影响的行动。这部分文章的作者在进行描述和分析时提到的策略性主题包括:(1) 活动的政治议程是什么;(2) 促成政治行动和教育改革的国际化政府体系的观点是什么;(3) 对文化、经济和教育之间的关系持怎样的观点;(4) 比较教育的哪些概念是显而易见的。

第四部分关注的是下列转向:从 19 世纪至 20 世纪对教育系统与工业经济关系的担忧转变为 20 世纪晚期至 21 世纪初期对教育系统与新兴的知识经济关系的担忧。因此,这一部分论述了与工业化更为相关的经典的教育制度改革模式,这些带有争议性和反叛性的模式也正是上述转变的结果——形成一些截然不同的教育模式。然而,这部分的关注点并非仅限于历史角度。曾在 19 世纪和 20 世纪引起诸多忧虑的“经济优先”思维也在全球化和知识经济的背景下,间或受到新自由主义观点的影响,而在当代呈现出暂缓态势。那么,当下论争的本质是什么?

下卷的重点是世界是如何改变的,以及这种改变如何影响一系列比较教育中的思维方式。于是,本书的下卷论证了比较教育中一些重要的新的关注点和愿景:社会的快速变迁,对教与学的重新强调,对身份及未来身份的恢复、再建和创造的研究(包括后殖民主义思想),并再次提到目前对全球化构成的认识。

因此,下卷的论述相当谨慎地避免用传统方式看待许多国家的学校教育系统,也避免以传统方式描述民族国家的教育改革;避免按部门描述教育系统——初等教育、中等教育、教师教育等;避免对国家之间或地区之间的教育趋势和进程进行比较描述。

在这一基本框架之下,下卷的第五部分对后殖民主义进行了论述。作为政治科学、文学研究、语言理论及历史学的交叉领域,后殖民主义正在比较教育中逐步发展。其核心关注点包括:身份认同和语言、后殖民政治和政策的形成及重构、存在各种争论的后殖民术语、国家性质的变化,以及关于权利的新理论。对比较研究而言,这不仅是一个相当有趣的领域,也是一个有待建立新理论的充满挑战的领域。我们邀请了伊莱恩·恩特海特(Elaine Unterhalter)来编辑这一部分的文章。她在南非的经历及研究范围涉及了与后殖民主题相关的性别、权利理论、能力理论以及发展理论等方面。

第六部分对不同时空下,不同学校体制、教育文化背景下构建的“受教育者”进行了比较研究。因此,这一部分探讨了知识传统的修正以及教育学身份的建构,包括创造和获得两个方面。这一主题在比较教育发展过程中历史悠久,但这一主题的重获新生离不开许多人的努力,包括如巴兹尔·伯恩斯坦(Basil Bernstein)和汤姆·波普科维茨(Tom Popkewitz)等学者的学术成果,女权运动者以及政治平等(如美国黑人地位)的鼓吹者,以及一些课程专家的努力。随着后现代教育场所的特性发生变化,教育文化和教育学身份的议题同公民观念之间的联系逐渐微弱,而同经济或宗教的联系越来越强烈。文化、知识和教学等主题的构成由此而迅速变更。未来的比较教育一定会在身份认同这一主题的研究方面作出新的突破。

第七部分和第八部分探讨了未来发展路径。在一至六部分之后,这部分文章的作者提出了疑问:是否存在其他可以探讨的内容?答案是肯定的。该部分为未来的比较教育研究提出了一系列新颖的观点和建议。

2. 比较教育的历史及其创建

罗伯特·考恩(Robert Cowen)

多年来,我一直都很欣赏马克斯·埃克斯坦(Max Eckstein)和哈罗德·诺亚(Harold Noah)这两位研究者,当然他们两位并不知晓。就个人层面来说,在比较教育协会中,他们是最先对我来到美国表示热烈欢迎的,这令我十分感动。令我惊喜的是,我到美国后得以在一所优秀大学的研究院教授社会学和比较教育学。就专业层面来说,他们还曾解答了我在学生时期的一大难题:比较教育的历史从何而起?二位在其经典著作(Noah & Eckstein, 1969)中论述了比较教育的历史。在该著作中,他们开创性地论述了比较教育领域的缘起。从文章的脚注中也可以看出二位的博闻强识,且能明显感觉到他们已经开展过一系列的研究。同其他正在考虑是否专门从事比较教育研究的学者一样,对比较教育有其自身历史这一事实,我同样觉得如释重负。布雷迪(Bereday)在关于他国学者及所在大学和系所的著作(1964)中对比较教育的历史也有绝妙的阐述。比较教育这门学科是确定存在的,而且有其自身的发展历史。社会学有更多可研究的内容,但比较教育显然更为有趣。我将把比较教育研究作为毕生事业,而比较教育历史的存在可以为我从事的这份事业正名。

如今,几十年过去了,情况又变得如何呢?既然比较教育历史已经为我们正名,我们在历史上以何种意义存在?

第一大困难在于,我们对历史仍然所知甚少,也没有足够的精力让被遮盖的历史重现。重点高校都保存着相关档案,但对于年轻学者而言,研究这些档案并不能为他们带来充足的、显而易见的回报。我们有极少量关于比较教育历史的私人信件,如彼得·哈克特(Peter Hackett)和理查德·拉帕兹(Richard Rapacz)的信件,但没有人对这些通信(从任何一方出发)进行整合。不过至少吉塔·斯坦纳-卡姆西(Gita Steiner-Khamsi)等人已经开始做口述史的研究(显然,欧洲比较教育学会也应该尽快着手这些研究)。但主要的问题仍然是,比较教育历史研究专家所面临的职业的"正名"。

第二大困难在于,对比较教育历史进行严肃的研究需要付出大量的努力。《共同的利益,不同的目标》(*Common Interests, Uncommon Goals*, Masemann et al., 2007)这本书在致谢部分明确说明了这一点。书写历史的过程中会遇到一些现实性的问题。这些问题必须得以解决,如此才能对比较教育历史展开严肃的研究。例如,作为比较教育历史研究方面的学者,米格尔·佩雷拉(Miguel Pereyra)已经对坎德尔进行了长期的刻苦研究。但是要获得坎德尔的相关资料需要长途跋涉和高额的经费,只有处在职业生涯中期,愿付出巨大努力的学者才能应对——然而很少有组织对这类历史研究提供资金上的支持。

第三大困难在于,因为大量信息不可获得,我们缺乏足够多的信息做出优秀的历史研究。要对某事物进行一流的历史研究需要数量惊人的资料。达尔林普尔(Dalrymple)的《最后的莫卧儿》(*The Last Mughal*, 2007)的行文相当出色,这有赖于作者对国家档案馆的一些全新资料展开的潜心研究。郝尔曼(Herman)在他的著作《苏格兰启蒙运动》(*The Scottish Enlightenment*, 2006)中运用了前辈专家大量的参考文献和详尽的文本资料。无论是诺曼·戴维斯(Norman Davies, 1997)还是托尼·朱特(Tony Judt, 2007),对他们而言,历史研究都需要引用大量的文献,这些文献需要用一章左右的篇幅专门罗列。有人可能会提出一种明显的反论点,即认为这些研究都是关于"主流"历史的(鉴于历史学家们现在所做的研究,这种反论点是一种奇怪的表述),

并且,这种反论点可能会持续存在。因我们所谈及的都是研究领域的历史,故反论点中的对比是不公正的。但反过来,最后一个命题并不令人信服。这可以从诸如以下的著作中看出:兰德尔·柯林斯(Randall Collins)的《哲学的社会学研究》(*The Sociology of Philosophies*,1998)、弗里德里希(Friedrich,1970)关于社会学研究的专著,或者是关于某领域研究的专题论文,如巴塞洛缪(Bartholomew,1989)关于日本科学形成的研究。

目前,我们将大部分资料都用于本书的第一部分上,没有足够的资料去支撑更进一步的研究。该部分所有章节的学术架构都让人印象深刻,有些部分的学术架构甚至让人惊叹。但是我们仍然缺乏足够的资料。

由于比较教育的历史或早或晚都会成为比较教育的比较历史,因而问题比上述还要严重得多。

不应忘记的是比较教育的历史并不局限于第一部分所述的内容。让我们稍事展开,这些卷的其他篇,如拉森(Larsen)对历史的研究,斯坦纳-卡姆西将比较教育发展概念化,王(Wang)、董(Dong)和柴田(Shibata)对东亚比较教育的研究,梅塔(Mehta)关于"发言权"的概念,鲍斯顿(Paulston)的导图,波普科维茨(Popkewitz)的分析等,让我们意识到比较教育中潜在的比较历史存在怎样的可能性,以及有哪些与之相关的可供研究的主题。

读完这些文章之后,震撼的心情久久不能散去,并且这也让人想到,巴西和阿根廷尚没有关于比较教育历史的严肃著作出版——尽管阿根廷有萨缅托(Sarmiento),他提出的政治观点及让人叹为观止的实践性比较教育观点具有重大的影响;尽管巴西有安伊西奥·塔克薛拉(Anisio Teixeira),其巴西教育史的国际联系学说也意义重大。(当然,我们的专业期刊上的文章有赖于那些能够为历史走向提供建议的学者,但那只是我个人的观点。我们拥有文章和建议,却没有历史。)

尽管在沃尔夫冈·米特(Wolfgang Mitter)所著的至少三个章节或三篇文章(其中一篇出现在上卷中),你会发现更为完整的比较历史的研究方法,但我们甚至仍未能严肃地将法国、德国、意大利等国的比较教育国别史整合在一起。

所以,让我们像无忧无虑的孩子一样乐观,让我们假定诸如古尔班基安(Gulbenkian)或胡佛(Hoover)等主要基金会组织认为对比较教育的比较历史研究提供资金支持是非常值得的。除了就此创立一个由埃克斯坦、诺亚、卡扎米亚斯、米特和拉斯特(Rust)等资深学者组成的咨询委员会之外,仍需明确的问题是:我们希望由真正的研究者组成的团队能够发现那些材料,证明这一假定的历史,从而使我们写作这一历史的资料越来越翔实。

几乎可以肯定的是,有必要回顾包括比较研究在内的其他研究领域的历史(Schriewer,2006)。有必要让人们看到女性的存在——她们存在于历史中,但她们(例如 Ann Dryland、Madame Hattinguais)却并不存在于我们所研究的历史中。我认为,我们也需要更加充分地意识到各国一系列比较教育的元认知假设,例如:美国的结构功能主义社会学对美国比较教育的影响较大,但法兰克福学派的美国比较教育影响甚微;20 世纪 50 年代晚期和 60 年代早期伦敦教育学院和国王学院的"文化主义"学派——尽管并非劳韦里斯的文化主义——带来的社会学恐慌;词汇上的突然改变,"国际"一词被嵌入并作为"比较"的限定词或并列成分;"语言转向"或"后现代转向"发生的原因,或者预示着一系列社会科学中迎来"地理转向"的新词汇均蕴含了比较教育发展的线索。

同样,让人惊讶的是,我们对乔治·布雷迪(George Bereday)的人生,对约瑟夫·劳韦里斯(Joseph Lauwerys)的人生,其为联合国教科文组织(UNESCO)所做的工作,以及其同皮亚杰(Piaget)、国际教育局(IBE)、特谢拉(Teixeira)和日本的平冢(Hiratsuka)等的关系,还没有相当准确和具历史性的解读。布雷迪和劳韦里斯以相当合理的理由将不同文化与地域的人和思想联系在一起——包括他们对各自所在研究院的影响，以及对比较教育领域和一代代研究生的影响，还包括他们让人惊叹的演讲才能——布雷迪和劳韦里斯在研究领域中广为人知，但他们也间接地提出了一个更为广泛的问题。

我们并不了解自己在历史中的肖像。例如，迈克尔·萨德勒（Michael Sadler）先生显然是一名合格的公务员，是一位教育领袖，我们也有理由认为，他是一个相当乐观的人。尽管他那篇著名的文章（Sadler，1964）所带来的困惑远多于其所解决的问题，我们仍然认为他在比较教育领域里具有举足轻重的地位。但他一直是"历史"中的人物，社会如何建构我们的肖像成了一个历史难题。无怪乎比较教育的比较历史会探索像这样的肖像是否也嵌入到日本、德国或法国的比较教育传统中去。

当然，最后一个悖论在于，通过理清档案并不断深化理解档案内容，或通过将隐藏的事实挖掘出来，我们能够获得可用的论据，但并未解决问题。

在第一部分关于研究领域的创造和再创造的论述中，安德里亚斯·卡扎米亚斯——公认的在研究领域的历史方面做过大量工作的历史学家引用了艾略特（T. S. Eliot）的话。该引用以一种精妙而简洁的方式确证了安德里亚斯本人的观点，即每一代人都必须重写历史。

那几乎给我们留下了一个悖论。在艾略特和卡扎米亚斯的命题之下，产生了这样一种思想，即未来决定过去。是的，我知道这话并非出自他们两人之口，但这种可能性的存在让人振奋。艾略特的这一观点持续产生影响。我们现在需要重新审视自身的当代历史，未来也需要频繁地重新审视这段历史。

参考文献

Bartholomew, J. R. (1989). *The formation of science in Japan: Building a research tradition*. New Haven: Yale University Press.

Bereday, G. Z. F. (1964). *Comparative method in education*. New York: Holt, Rinehart & Winston.

Collins, R. (1998). *The sociology of philosophies: A global theory of intellectual change*. Cambridge, MA: The Belknap Press of Harvard University Press.

Davies, N. (1997). *Europe, a history*. London: Pimlico.

Dalrymple, W. (2007). *The last mughal: The fall of a dynasty, Delhi, 1857*. London: Bloomsbury.

Friedrichs, R. W. (1970). *A sociology of sociology*. New York/London: Free Press/Collier-Macmillan.

Herman, A. (2006). *The Scottish Enlightenment: The Scots' invention of the modern world*. London: Harper Perennial.

Judt, T. (2007). *Postwar: A history of Europe since 1945*. London: Pimlico.

Masemann, V., Bray, M. & Manzon, M. (Eds.) (2007) *Common interests, uncommon goals: Histories of the World Council of Comparative Education Societies and its members*. Springer: Comparative Education Research Centre, Hong Kong.

Noah, H. J. & Eckstein, M. A. (1969). *Toward a science of comparative education*. London: Macmillan.

Sadler, Sir Michael (1964). How far can we learn anything of practical value from the study of foreign systems of education?. *Comparative Education Review*, VII, 307 - 314.

Schriewer, J. (2006) (Ed.) Comparative methodologies in the social sciences — cross-disciplinary inspirations. *Comparative Education*, Special Issue 32(42), 3.

3. 比较教育的现代主义开端：原科学和改良主义社会向善论的行政主旨

佩拉·卡洛扬纳基（Pella Kaloyannaki）

安德里亚斯·卡扎米亚斯（Andreas M. Kazamias）

引　言

　　作为一个研究领域，现代意义上的比较教育的开端通常要追溯到 19 世纪早期和中期的后启蒙时期，尤其要追溯到法国的马可-安东尼·朱利安所做的开拓性的研究工作，以及欧洲和美国的教育政策制定者、改革者和管理者的话语，如美国的霍拉斯·曼（Horace Mann）、卡尔文·斯托（Calvin Stowe）、亨利·巴纳德（Henry Barnard），法国的维克多·库森（Victor Cousin）和英国的诗人、学校视察员马修·阿诺德（Matthew Arnold）。首先，本文详细分析了朱利安的比较教育思想，包括方法论、认识论和意识形态。他的比较教育思想主要反映在其著名的《关于比较教育的研究计划和初步意见》（*Esquisse et vues préliminaires sur un ouvrage sur l'éducation comparée*，英译名为 *Plan and Preliminary Views for a Work on Comparative Education*，简称《计划》）一书中，该书出版于 1817 年，在此基础上，朱利安被誉为比较教育之父。在本文中，朱利安的比较教育概念在该领域的历史中扮演的角色是"原科学①的、人文主义的以及具备社会向善论主旨的"。其次，本研究从更细微处切入，即从"比较教育中的改良主义社会向善论"主旨切入，也就是关于外国教育的话语。这些话语体现在 19 世纪的政策制定者、改革者和管理者的相关文章中，如法国的维克多·库森，美国的霍拉斯·曼、卡尔文·斯托和亨利·巴纳德。

原科学、人文主义和社会向善论主旨：法国的马克-安东尼·朱利安

生平、研究及其所处时代

　　马可-安东尼·朱利安生于 1775 年的巴黎。他的父母都接受过人文科学（哲学、语言学、文学和经典名著）方面的高等教育。年轻时，他曾短暂从事过雅各宾派和法国国民公会的记者工作，并且在拿破仑·波拿巴时期做过外交官、参过军。他广泛游历欧洲，曾访问英格兰和苏格兰，也曾作为波拿巴远征时期的战争督察员到访过埃及。直到 1848 年逝世，他一生的大部分时间都奉献给了教育和教学法的研究。在这些领域，他出版过专著，发表过专题论文和随笔，撰写过报告和备忘录。1819—1830 年间，朱利安创办并指导《有关文学、科学和艺术领域杰出作品的广博评论或理性分析》（*Revue encyclopédique ou Analyse raisonnée de productions les plus remarquables dans la littérature, les sciences et les arts*，英译名为 *Encyclopedic Review or Reasoned Analysis of the Most Remarkable Productions in Literature, Sciences and the Arts*）这一期刊。在该期刊中，他发表过关于瑞士、比利时和西班牙公共教育方面的文章。

　　早在法国大革命时期，朱利安便对教育产生了兴趣，这项兴趣一直延续到他生命的终结。根

---

　　① 原科学（proto-science）是一个在科学的范围之内，仍在形成或仍处于纯理论状态的概念。此概念未来有可能建立成为一项科学，或是被证明是错误的，进而被弃用。——译者注

据其传记作者帕尔默(R. R. Palmer)的记述,朱利安于 1805 年参军期间开始撰写关于教育学科的专著。作为一名教育理论家,他尤其欣赏著名的瑞士教育学家裴斯泰洛奇(J. H. Pestalozzi)和费林别尔格(P. E. Fellenberg)的教学法思想。他还参观过这两位教育学家分别在瑞士的伊韦尔东(Yverdon)、霍夫威尔(Hofwyl)开办的学校(Palmer,1993)。弗雷泽(Fraser)对朱利安的《计划》一书进行过权威的编辑和翻译,其中这样记载:

> 朱利安一生……都在从事科学和文化事业。他创办了跨国际委员会(Societé Française de l'union des nations),并邀请国际学者每月在其居所聚餐。他游历广泛,经常参加各类国际会议,将其一生都奉献给学术团体的建设和发展,并同政客和教育家打交道。这些政客和教育家抱持世界主义思想,试图以此摆脱国家主义的束缚,而这一思想最终在欧洲得到了巩固。(Fraser,1964:12)

在朱利安的人生和作品中,人们会发现某些因素相互结合,进而影响他推动比较教育科学(episteme)发展的先锋思想。他也深受现代启蒙思想和精神的熏陶,这一思想强调理性主义、经验主义、科学(包括社会科学)、普遍主义、世俗主义、进步和民族国家等思想。不出所料的是,他对教育的科学研究产生了浓厚的兴趣。

作为"准实证科学"的比较教育

朱利安将教育,当然也包括比较教育,设想为一种"准实证科学的"(科学实证的)、类似于比较解剖学的学科。在《计划》中,他解释道:

> 同所有其他科学和艺术一样,教育由事实和观测结果所组成。因此,正如人们为其他知识分支的发展作出过努力一样,为了教育科学的发展,似乎有必要对事实和观测结果进行收集,并将其整理为分析图表,以便对所收集到的数据进行关联和对比,从而推理出某些准则、确定的规则等,这样教育就能接近实证科学了……对比较解剖学的研究促进了解剖科学的发展。同样地,比较教育的发展也必将提供新的完善教育科学的方式。(Fraser,1964:40—41)

朱利安通过上述《计划》的阐述,促使比较教育成为一门"准实证科学"的学科。这一《计划》由两部分组成:一部分简单陈述了朱利安对欧洲各国教育状况的批判性评价,以及他本人关于如何改善欧洲"不完美"和"有缺陷"的教育的思想;另一部分是一系列关于收集"事实和观测结果","为比较观测图表提供材料"的问题(Fraser,1964:31)。

比较教育为何是一门科学?

与和他同时代的法国科学实证主义哲学家和社会学家孔德(Auguste Comte,1798—1857)一样,朱利安认为,科学方法可以应用于解决人文和社会方面的问题。所以,作为一门实证科学,比较教育应该专注于客观的、可检测的事实和观测结果,并系统地收集这些事实和观测结果。根据朱利安的看法,作为"准实证科学"的比较教育在收集事实、观测结果及制表方面所使用的方法和技术工具同实证主义和"机械艺术"相类似,它将在欧洲当代教育的改革和完善中发挥重要作用。在《计划》的引言部分,朱利安断言,欧洲各国的公立和私立教育都是"不完美的、有缺陷的、不协调的,在引导学生的体质、道德和智力层面缺乏协调性"。他将欧洲各国的社会、政治和道德弊病,将具有改革和抗争精神的思想及心灵的腐败和堕落,将欧洲社会的混乱和普遍退化,皆归因于不完美和有缺陷的教育。因此,需要对教育进行改革和完善。他如是说:

欧洲教育的改革和完善似乎是人们出于本能而普遍感受到的迫切需求。它是社会这座高楼大厦的真正根基，是有力地影响着人一生的习惯和意见的主要源泉。这预示着要以最为可靠、最为有效和最为迅速的方式来满足这一需求。（Fraser，1964：35）

根据朱利安的看法，欧洲各国教育的缺陷和不足之处，以及通常情况下"教育及公共教学的状况"都可以通过方法论的路径来加以确定。这一方法论路径将通过"一系列问题"，即问卷形式收集信息，并根据"分析性总结信息"，制成"观测结果的比较图表"，按照"统一的标题"分类以便进行"比较分析"。那些学识渊博、积极热心且品行为人称道、具备可靠判断能力的人，将承担起收集这类教育事实和观测结果的责任，承担起评估性判断的责任，承担起探索教育问题解决方式的责任（Fraser，1964：36—37；Kaloyiannaki，2002：42—43）。朱利安在下列陈述中清晰地表达了其关于比较教育"准实证主义"的科学概念这一改良的社会向善论的价值观：

这些关于欧洲各国教育和公共教学情况的分析性总结将就这一重要方面陆续提供有关欧洲各国现状的比较。人们可以据此轻松地判断哪些是进步的，哪些是落后的，哪些保持不变；各国在哪些方面还存在不足，表现不佳；造成内部缺陷的原因是什么……或者宗教、种族和社会进步这些主导因素所遇到的障碍是什么，以及如何克服这些障碍；调整与改变哪些改善措施，以适合他国国情和地方特色，使其能够迁移到其他国家。（Fraser，1964：37）

朱利安所提出的比较教育的"准实证主义"的科学视角就其他方面而言也有其价值。一方面，它可以"提供新的方式以完善教育科学"（Fraser，1964：41）；另一方面，它可以使比较研究得以摆脱政治影响，摆脱宗教、偏见和独裁的无限影响（Kaloyiannaki，2002）。此外，它也有助于"国家建设"，这一点朱利安在关于瑞士22个州的教育比较研究的案例中提到过。事实上，根据朱利安的看法，关于瑞士22个州的教育的比较研究有两个目的：首先，这一研究"将产生'他山之石，可以攻玉'的思想"；其次，这一研究将通过发展"瑞士国民心智"以实现并巩固"瑞士的政治团结"（Fraser，1964：45—46）。

朱利安的方法论：问卷和比较指标

朱利安的比较方法论可以描述为"实证演绎"以及"定性的准人种志"研究。该方法将通过问卷形式收集教育方面的数据，用朱利安的话说就是"事实和观测结果"。问卷中包含了教育的六个领域的一系列问题，这六个领域包括：（1）初等和普通教育；（2）中等和古典教育；（3）高等和科学教育；（4）师范教育；（5）女性教育；（6）同立法和社会制度相关的教育。收集的事实和观测结果，通过"分析图表"或"观察比较表格"用于比较分析，并推论出"确切的原理，明确的规则，如此教育就可以成为一门准实证科学了"（Fraser，1964：40）。

在《计划》中，朱利安明确了教育中六个领域的主题，并在这六个领域中提出一系列问题。然而，他所能解决的是前两个领域的问题，即初等和普通教育与教学，以及中等和古典教育。每一领域所提出的问题都是一个系列，这些问题覆盖了各种各样的教育议题、话题。某些问题相对较短，试图得到数据资料或者是与否的答案，而其他的问题则相对较长，试图得到定性的判断和解释。就前两个领域，简单地选择了如下几种问题：

1. 第一个领域"初等和普通教育与教学"包括了这些问题：（1）"初等学校"，如数量、组织、维护和管理，"为不同宗教信仰儿童所设的学校"是否免费；（2）学生，如数量、入学年龄、录取率；（3）教育主管和初等教育教师，如数量、入职培训、薪资、晋升或退休的可能性；（4）体育教育，如"儿童养育、营养、衣着、睡眠、床铺、游戏、锻炼、散步、卫生保健和饮食、疾病、接种疫苗和死亡率"；（5）道德和宗教教育，如"道德情操的初步发展、对品行不端趋势的抑制、家庭中母亲的影响、宗教教育是枯燥教条式的还是有趣且能对身心发展产生深刻影响的、初等学校的规范和纪律、惩罚……竞争——是否用作一种必要的激励";(6)智育,如"教师心智的发展、知识的教学和获取、感觉和感官的初步教育、教学的目的和方式、记忆力训练、三种主要能力(注意力、比较和推理)";(7)家庭教育和私立教育,如"在家庭中,教育在何种程度上由父母发起并持续,又在何种程度上同初等公立学校的教育教学相适应或相对立";(8)初等公共教育——同中等教育相联系,或者同第二阶段以及同儿童的目的相联系,如"现今的初等公共教育组织是否具备足够庞大、稳固而完善的基础以为穷困儿童和工人阶级儿童提供入学保障,为他们提供必不可少的初等知识,以促进他们各项能力的发展和锻炼";(9)一般概况,如"现如今养育儿童至七年级或九年级的方式同过去一样吗? 更确切地说,新老教育的不同之处在哪里"(Fraser,1964：53—67)。

2. 第二个领域的问题是关于"中等和古典教育"的,同第一个领域中的问题相类似。回答这一领域的问题要了解这些信息：(1)中等学校(专科学院、大学预科、私立院校和寄宿学校)的"数量、特性、起源和创立、组织……收费标准";(2)学生,即数量、年龄、"其所属的阶层"等;(3)体育教育;(4)道德和宗教教育,如"关于上帝的知识,每日祷文,仁慈、勇气、耐心的感受";(5)智育,如"教师的发展、知识的获得和教学……教学目的/方法……古典书籍……发展记忆力的训练、判断和推理、想象……休假……写信风格……法律学习";(6)家庭教育——其与公立教育的关系;(7)"一般概况及其他多方面的问题"(Fraser,1964：67—82)。

朱利安的比较教育概念：实证科学抑或人文科学?

从实证主义的经验科学方法论的优势来看,朱利安的问卷过于复杂、冗长,且"在关于教育的合理目标的假设方面存在偏见,由此曲解了他所提的问题"(Noah & Eckstein,1969：29)。同样地,从相同的实证主义方法论视角(人们也可以将这一视角加于其他部分中)来看,《计划》中的问题是错综复杂的。这些问题是"引导性问题",它们较少地记录"客观决定性"的结果以及系统化收集的"事实和观测结果",而试图更多地去解释并促进朱利安自身关于教育的思想和理论。这些评价性解释的确相当有条理,尤其是关于"偏见"和错综复杂的"引导性问题"的解释。这些引导性问题频繁出现在"道德和宗教教育"以及《智育》等主题目录下。以下选出了一些同这类问题相关的例子(Fraser,1964)。

在"道德和宗教教育"主题之下

"是否应该限制宗教教学方式用以对教义问答、说教、教条、仪式、外部形式等进行的教学和解释? 或者是否应试图渗透儿童的内心,给予他们宗教信仰的坚实的内在基础,以促进良知的形成,通过习惯和榜样的双重力量发展与加强道德品质、真正的奉献精神、善心、容忍度和基督慈悲?"

"是否应该让自己投身于[根据德国哲学家巴西多(Basedow)的卓见]使儿童区分善恶的事业中,以使他们可以成为真正高尚的人而非伪君子,也就是说,他们在做善事的时候,考虑的不仅仅是他们自己的利益?"

在"智育"主题之下

"在初等学校,儿童接受教育的目的通常是什么? (是否局限于大部分学校所提倡的读、写、算? 或者是否也有关于语法、歌唱、几何作图、几何学、土地测量、应用力学、国家地理和历史、人体解剖学、实用卫生学、对人类土地作物研究极为有用的自然历史等基本知识? 所有这些科学元素,对于个体在各种条件和环境之下的生存来说都具有根本性的作用,因此似乎不得不在初等和公共教育阶段形成一个完整的知识教学系统，以完全适应当前文明状态下人类的真正需求。)"

"是否应用了由裴斯泰洛齐在其教育机构中成功实践的算数要素教学法；或者无论是在算术教学，还是其他学科教学中应用相同类型的方法？"

"人们如何以先进的方式潜移默化地开发和训练儿童？首先是注意力的开发，这是最重要的能力，也是其他能力形成的基础，然后是比较或比喻的能力；最后是推理能力［根据拉罗米吉耶尔（M. Laromiguiere）在其《哲学课程》(Lessons of Philosophy)中的区分，这三种能力是人类理解力的三大根本和基础能力］。"

然而，如果将朱利安的"教育科学"概念置于后启蒙运动更为宽泛的"科学"知识的历史背景之下，且记住两点：(1) 朱利安的人文主义文化背景；(2) 如上所述，朱利安所受的是现代启蒙范式的思想、精神和文化的教育。人们可能会将朱利安的比较教育的概念理解为"一种准实证科学"，也就是说，并不是严格意义上的实证科学，其问卷特性和《计划》中提到的比较指标已经表明了这一点。从严格意义上来说，实证主义认为"所有关于事实问题的知识都是基于经验的实证数据"，其最重要的一点是"严格遵守观测结果和经验所得的证据"。更进一步来说，作为一种哲学思想，实证主义是世俗的、现世的、反神学的以及反形而上学的。此外，维基百科上的资料显示，产生于20世纪后半叶的实证主义有如下特点：(1) 关注"科学作为一种结果，一种语言上的、数值上的叙述"；(2) 坚持认为至少某些观点是"可试验"的，即经得起有关事实的实证观测结果的证实、确认或证伪；(3) 基于这样一种信念，即"科学建立在特定的结果之上，与研究者的个性和社会地位无关"[1]。

根据上述内容，朱利安的"比较教育科学"概念不同于20世纪后半叶出现的比较教育的实证科学的概念，如哈罗德·诺亚和马克斯·埃克斯坦的思想（Noah & Eckstein, 1969），也不同于同一时期的其他科学概念，如布莱恩·霍姆斯（Holmes, 1965）、乔治·布雷迪（Bereday, 1964）的思想，芝加哥大学实用主义学派（Anderson, 1961；Foster, 1960）的主张，或者后来出现的斯坦福世界系统学派（Arnove, 1982）的思想。然而，我们仍然可以认为，朱利安的比较教育科学的概念是同法国或其他欧洲国家，如希腊和德国，所指的"人文科学"这一概念相一致，而"人文科学"就方法论和主旨等方面而言，同实证科学及其他经验—统计科学之间还存在差异。在关于比较教育的《计划》提出两年之后，朱利安出版了《科学哲学试论》(Sketch for an Essay on the philosophy of the sciences)[2]一书。帕尔默认为"科学指的是各种各样的脑力活动，包括应用技术、政治和经济专著、想象文学以及美术"。在"根据新的分类方法制成的人类知识一览表"中，朱利安将人类知识分类为一阶科学和二阶科学。一阶科学包括物理科学和实践科学，如"农业、采矿、工程和医学"；二阶科学包括"形而上学、同思想相关的道德和智力科学"，如历史学、心理学、自然神学、人文科学、美术、实践性德育和教育（Palmer, 1993：176—178）。

如下文所解释的一样，从思想层面上来看，朱利安是一位启蒙自由主义者和国际的世界主义人文教育改革家。用科学的方式进行研究，其目的在于对道德和知识上有缺陷的和不完善的欧洲教育进行改革，使其沿着他所认为的理想的德育、智育和体育原则的方向发展。如前文所引用的，作为启蒙自由主义人文学者，朱利安将教育看成是"社会这座高楼大厦的真正根基，是有力影响着人一生的习惯和意见的主要源泉"（Fraser, 1964：35）。他认为，教育能对人类道德和知识的复兴、对国家福祉和国家建设发挥决定性的影响（Kaloyiannaki, 2002）。他的比较方法，即上述所分析的运用问卷进行调查的方法，并不仅仅是收集"事实和观测结果"。正如诺亚和埃克斯

---

① http://en.wikipedia.org/wiki/Positivism

② 全名为《科学哲学试论：含一般人类知识分类的新计划》。——译者注

坦所指出的,朱利安"最终关注的问题是传播教育学的知识,尤其是教育创新的知识"。他们也认为:"朱利安的思想受到卢梭和裴斯泰洛齐的影响,他希望发展一种实践的、儿童中心的教育方法论,这种教育方法论强调人道主义的方式,教育的目的在于感知社会生活,并为社会生活做准备。"(Noah & Eckstein, 1969：16)事实上,朱利安希望发展一种多元的人文主义教育,这在他关于人的道德教育、宗教教育、体育和智育的问卷中也曾强调过,而根据朱利安的看法,这里的人指的是"教育行动的主体"。朱利安认为,人"由三个要素组成：肉体、心灵和思想",人所具备的文化和发展构成了幸福的真正内涵(Fraser, 1964：48)。这里将增加一些相关内容,即朱利安的《计划》及其中所提的问题也反映出他受到著名的德国旅行家和人文学者利奥波德·贝希托尔德(Leopold Berchold)伯爵,以及法国拉罗米吉耶尔(M. Laromiguiere)的人道主义精神的影响。关于后者,朱利安在关于培养"教师心灵"的问卷中提到过(Fraser, 1964：41, 91, 133—147; Kaloyiannaki, 2002)。更进一步说,一些研究者(Gautherin, 1993; Leclercque, 1999)认为朱利安的研究构成了一个拥有多重变调的人类世界,因为在《计划》中,朱利安所谈论的内容已经超越欧洲,指向"作为一个整体的人类"(humanité)、"全人类"、"人类的改善"以及"对人类的爱",这就使他的比较路径和改革主张具有了普世性和人道主义的特点(Kaloyiannaki, 2002)。

法国启蒙自由主义：自由、理性、教育

在一本以朱利安为研究对象,题为《从雅各宾派到自由主义》(From Jacobin to Liberal, 1993)的书中,作者帕尔默在该书的前言部分写道：

> 朱利安出生的那一年,正值美国爆发反对英国的武装反抗,当他还是学生时,在巴黎目睹了巴士底狱的陷落。他加入了雅各宾派,参加了恐怖统治。他提倡民主,并将希望寄托于拿破仑·波拿巴,后来转而反抗他,而后又欢迎他从厄尔巴岛流放归来,从而成为复辟的波旁王朝统治下一个直言不讳的自由主义者。他庆祝1830年七月大革命,对七月王朝疑虑重重。他迎接1848年革命,而后在路易斯-拿破仑·波拿巴当选为法国第二共和国总统的前两周逝世。(Palmer, 1993：ix)

在关于朱利安的题为"教育理论家"的一章中,帕尔默强调:"正如其他方面一样,朱利安在教育方面也从雅各宾派转变为自由主义者。他曾经将教育看作革命进程的一部分,后来逐渐意识到教育可以代替革命,或者作为一种阻止革命的方式。"(Palmer, 1993：151)

著名的教育历史学家弗里曼·巴茨(R. Freeman Butts)在论著中写到,启蒙运动"是一场反对欧洲旧政权传统文明的运动——反对绝对君主专制、反对封闭的经济系统、反对严苛的社会分层、反对宗教独裁、反对非科学的世界观、反对人类天性拥有原罪的教义以及反对用中世纪的知识概念控制知识生活"。他进一步指出：

> 在这一反抗之下潜藏的是不断增长的关于人类、科学、人类理性的信仰。这一理性时代在人类通过思考改革其所处的体系以促成普遍福祉的过程中宣扬人道主义的信仰。这些思想潮流有助于塑造普遍的自由和民主的理想,并以此标识西方世界的中心地带。(Butts, 1973：307)

针对上述情况,我们应该加上启蒙运动的另一基本信条,即自由的思想。无论是著名的现代政治和教育哲学家、对朱利安产生影响的启蒙思想家卢梭(J. J. Rousseau),还是同样著名的德国哲学家康德,都强调"自由"。根据康德的思想,"启蒙就是人挣脱自身产生的不成熟。只要民众拥有自由,他们就有更多启蒙自己的机会……自由使民众理性地思考所有问题"。最后,也是同

此处尤为相关的是,应该澄清上述内容中隐含的内容,即在启蒙哲学中,教育、教学法、政治和国家建设之间是紧密相连的。

朱利安的《计划》及其他关于教育的文章[如出版于 1808 年的《普通教育论文集》(*General Essay on Education*)],还有他的许多关于文化和文明的文章,都反映出上述所提到的启蒙运动的主要思想。首先,正如在《计划》以及其他文章中所提到的,朱利安着重强调了"理性"以及"科学的认知方式"。如前所述,这两点是启蒙哲学的主要信条。在 1819 年《百科全书评论》(*Revue Encyclopédique*)第一次出版时,朱利安便写道:"新的期刊应满足我们这个时代的某种需求。其目的是准确而忠实地汇报人类知识的持续发展,这些知识同社会秩序及为构建真正文明所进行的社会秩序的改善相关。"在 1823 年的一项议程中,他写道:"通过出版期刊,我们已经实现了本杂志首要且唯一的任务,即伟大的科学统一的培根哲学思想,用这样一种类似于万国议会(universal Congress)的方式让各种科学汇聚一堂,形成一个神圣的联盟,以促进人类思想朝着无限变化领域中的共同思想和哲学目标前进,这注定会实现。"(Palmer,1993:178—181;Davies,1996:596—598)

在朱利安的教育理论中,同启蒙哲学相一致的第二要素是他所强调的"公共教育/教学的再生和完善"(Fraser,1964:36)。与那一时期的法国启蒙思想家和英法政治自由主义者一样,朱利安认为,公共教育的社会化和政治化对启蒙的发生及爱国"公民"而言,对人的"复兴"而言,对社会进步和国家福祉而言,都极为重要。正如帕尔默也注意到的一样:

> 朱利安将教育看作政治和社会科学的原因是显而易见的。他所表达的思想并非仅仅是他自己的思想。在大革命之前或大革命期间的教育计划中,这些思想就已经零星地出现过。这些教育计划包括 1791 年塔列郎的计划、1792 年孔多塞的计划,以及 1793 年巴黎雅各宾派授权发布的一份计划。这些思想同杰里米·边沁的思想以及正在英格兰出现的"激进哲学"思想相类似。(Palmer,1993:154)

朱利安教育思想集的另一启蒙因素,是其对"先天能力和爱好的发展以及每个儿童个性的发展是完全自由的"这一教学法原则的强调,这也反映了他的思想受到卢梭和裴斯泰洛齐的影响。1810 年,朱利安参观了裴斯泰洛齐在瑞士伊韦尔东的学校。在这之后,他阐发了以下教学法原则:"第四基本原则……允许儿童显露和表达其天性,从而全面发展其先天能力和爱好……儿童以一种自我教育的方式成长。教师仅仅提供外部指导以促进其发展……教育应使儿童展现其身体、道德和智力方面潜在的全部优点。"(Palmer,1993:163—164)

国际教育家和世界主义者(世界公民)

从 20 世纪 40 年代人们偶然发现了朱利安的《计划》直到今日,比较教育学家已经将朱利安视为比较教育发展的先驱。事实上,如前文所述,一些比较教育学家已经将朱利安尊为现代主义认识论(科学)之父。然而,一般而言,比较教育学家对朱利安有关国际教育这一类似科学领域的先锋思想却甚少关注。

"国际教育"这一概念有着模棱两可的定义,关于其主题的解释也是含糊不清且多种多样的(Vestal,1994:13)。近期有文献提到了国际教育和比较教育的区别,但同时也意识到这两个领域之间存在着关联(Fraser & Brickman,1968)。20 世纪 60 年代,成立于美国的比较教育协会(Comparative Education Society)更名为"比较和国际教育协会"(Comparative and International Education Society)的这一事实也印证了上述观点(Jones,1971:22)。

当比较和国际教育家使用"国际教育"这一术语时,它通常指的是以下活动和问题:(1) 关于其他国家、其他民族的教育研究；(2) 教育交流和留学；(3) 对其他国家教育发展的技术帮助；(4) 由国际组织促成的教育发展的国际合作；(5) 在诸多主题和学科中的比较和跨文化研究；(6) 跨文化教育。(Vestal, 1994：14)

从国际教育的这一视角来看，朱利安的确称得上是"国际教育"的先驱。他当时提出了关于欧洲各国（并非只有他土生土长的法国）的教育状况的观点及批判。同时，他在《计划》中也提到，欧洲"公共教育的复兴和完善"所需要的是组建一个特殊教育委员会，这一委员会"人数不多，其成员可以通过自己的方式，并谨慎选择相关的合作人来搜集资料，这些资料将用于报告中所提及或比较过的欧洲各国的教育教学的创立以及教育教学方法的完善等一般性的研究"。通过认真筛选，确定国际合作人员后，这一特殊的国际委员会将通过一种共同的方式——问卷调查来收集关于欧洲各国"教育和公共教育状况"的"分析性总结信息"。收集这些"分析性总结信息"是为了评估欧洲各国的教育状况，以确定并解释各国教育的"缺陷和不足"，从而提出建议并使其改进。作为一名教育理论家，或者更多的是作为一名国际教育改革家和教育学家，朱利安详细解释道：

> 这些分析性总结信息是在同一时间以相同的规则收集的。我们在 3 年内陆续收集到这些信息，并根据收集到的重要信息制作有关欧洲各国教育现状的比较性表格。人们可以据此轻松地判断出哪些是进步的，哪些是落后的，哪些保持不变；各国在哪些方面还存在不足，表现不佳；造成内部缺陷的原因是什么……或者宗教、种族和社会进步这些主导因素所遇到的障碍是什么，以及如何克服这些障碍；调整与改变哪些改善措施，以适合他国国情和地方特色，使其能够迁移到其他国家。(Fraser, 1964：36—37)

在《计划》中，除了提到要组建一个特殊的国际委员会之外，他还建议在不同地区建立师范教育学院和类似的学院以培养"优秀教师"。师范学院应该出版多语种的公报或一般性的教育期刊，用以传播"改善教学方法"的相关信息(Fraser, 1964：39)。

朱利安对于教育以及广而言之对于文化、知识和文明的国际化视野也反映在其他活动及理论专著中。如上文所引用的弗莱泽的观点，"他游历广泛，经常参加各类国际会议，将其一生都奉献给学术团体的建设和发展，并同政客和教育家打交道。这些政客和教育家抱持世界主义思想，试图以此摆脱国家主义的束缚"。就朱利安同杰出的国际主义者保持联系这一点，弗莱泽以托马斯·杰斐逊为例进行了说明。托马斯·杰斐逊曾任美国总统，他在 1810 年写给朱利安的信中，为收到朱利安的《普通教育论文集》一书表示感谢，并就朱利安"为国际教育所做的贡献"表示赞许(Fraser, 1964：12—13)。

由朱利安创立并任主编的《百科全书评论》中出版了关于美洲（主要是美国）、亚洲、非洲和欧洲的文明/文化（知识、文学和艺术）以及社会学方面的文章、报告、短通告、书评和书信。在给《百科全书评论》的通讯员和投稿人的其中一封"信件"中，朱利安强调，该期刊要"在所有文明国家中发行"，同时提到：

> 仅仅成为百科全书的编写者是不够的，我们尤其希望成为世界主义者（世界公民）。除非所有数据以最完整且最准确的方式呈现出全球在科学、文学、艺术、智力劳动和道德方面的进步，否则我们不能认为我们完成了任务。(Palmer, 1993：180—181)

最后，这里也要提到，作为一名国际主义者和世界主义者（世界公民），朱利安并不仅仅像帕尔默所说的那样是"文明使者"，他也是当之无愧的"和平使者"。朱利安认为"宗教、道德和社会团结的分崩离析、极端腐败，思想和心灵的堕落"，滋生出了改革和战争，而朱利安本人也深受其扰。为此，他强调，有必要改进国家和国际教育，促进国际合作和和平共处(Kaloyiannaki,

2002)。他成为伦敦和平友好协会(Association of Friends for Peace)的会员，并在 1833 年的《一封写给英国的信中》(*A Letter to the English Nation*)如是写道：

> 杰出而博学的居维叶(Cuvier)最近不幸逝世，这对英法两国来说都是沉痛的损失。在其崇高的思考中，居维叶公正地断言，只有比较解剖学和比较地理学才能推动解剖科学和地理学的进步，这两门学科已经在其发展初期徘徊了太久。类似的，只有比较文明学能够迅速推动先进文明的进步，尽管现代文明有着灿烂和叹为观止的奇观，但仍保留着古老的野蛮时代留下的深刻而令人痛心的印记。(Palmer，1993：205)

考虑到其关于欧洲在社会重建以及人类条件总体改善后教育和教学改革价值的观点，在上述所引用的信件中，朱利安无疑可以在比较文明学之后提到比较教育学，将其看作能够促进"当今文明"进步的，同前述学科具备同等意义的学科。这一改良要素不仅在朱利安自己的"崇高思想"中占据突出地位，还在其关于"文明"和"比较和国际教育"的建议和活动中占据显著地位，因而值得进一步讨论。

一位"科学人文主义"改革家和社会向善论比较学者/国际主义者

在对比较教育作为一门现代科学进行历史的阐述时，朱利安在该科学领域的构想被置于其发展历程的第一阶段，标识为"借鉴"阶段。其他被归在借鉴阶段的 19 世纪欧洲教育的研究者有本章引言部分提到的美国和欧洲教育改革家卡尔文·斯托、维克多·库森和霍拉斯·曼，下文将对这些研究者作进一步的介绍。根据布雷迪的说法，19 世纪对"借鉴"的强调体现在对教育数据的分类描述，然后对收集到的数据进行比较以便将一国最卓越的实践成果迁移到其他国家(Bereday，1964：7)。此外，诺亚和埃克斯坦认为朱利安的《计划》"是比较教育研究中典型的以获得他国有用经验为目的的案例"(Noah & Eckstein，1969：15，21)。在"借鉴""优秀实践迁移"以及"获得有用经验"等思想的背后，潜藏的是社会向善论的改良思想。

在《计划》中，当朱利安谈论到将"工具"和"观察表格"第一次用于瑞士的某些区县时，他将"借鉴"看成是比较分析可能带来的益处。他说："在这些方面将这几个区放在一起比较将产生借鉴的意识，一些区会借鉴他们认为其他区做得好且对它们有用的方面。"(Fraser，1964：46)在同一文本中，朱利安还使用了"转换"这一概念，其意义是通过比较来发现一国先进的地方，从而将其迁移到另一国。然而，在这一案例中，"必须根据地方状况做出一些合适的修正和改变"。因此，人们可以说，"借鉴"和"迁移"的思想是朱利安社会向善论思想的一个方面，其社会向善论思想同上述 19 世纪改革家们的思想相类似。

但是，朱利安的社会向善论思想有其另一面，使其区别于其他"借鉴派比较教育学家"。简单地说，即朱利安已经明确提出了关于教育和教学类型的思想，这一思想是欧洲人民、文明和社会重建所必需的。朱利安在《计划》中所提出的问题类型就明确表达了这一点，其中一些问题类型在上文相关部分也有引用。朱利安断言，人类社会的重建只能通过"智力教育"以及"道德和宗教教育"来实现。作为当时主要的心理学理论——"官能心理学"的信奉者，朱利安提出了教育要发展"注意力、比较和推理"这"三种主要思想能力"的观点。朱利安在问卷中表示，更为重要的应该是道德和宗教教育："首先是道德情感的发展……宗教训练，枯燥而教条式的或者是有趣的，对人类的心灵产生深刻的影响……关于上帝的知识，每日祷文，仁慈、勇气、耐心的感受。"(Fraser，1994：60，63，71)在问卷的引言部分，他明确表示："它是通过宗教和道德的回归、通过广泛的改革实践而被引入公共教育，从而使人类复兴……是时候稳定发展宗教和道德，以促进国家繁荣，奠定广泛的政治基础。"(Fraser，1964：34—35)

结语：作为比较和国际教育学家的朱利安

尚没有证据表明朱利安的比较教育方法论及其在《计划》和《比较教育研究的初步构想》(*Preliminary views for a work in comparative education*)中提到的关于比较和国际教育的建议被应用于或者已经对两个相关科学领域的发展产生了显著影响。作为比较教育历史学家，我们抱持的观点同斯图尔特·弗莱泽 1964 年对朱利安所著的《计划》所做的权威性的编注和评价中所持的观点相一致。弗朗茨·希尔克、艾萨克·坎德尔和尼古拉斯·汉斯的历史评判也值得认同，这三位 20 世纪的开拓性的比较教育学家认为，朱利安"无法在很大程度上影响比较教育的发展"。弗莱泽补充道：

> 尽管朱利安并不一定是 19 世纪比较教育的主要策动者和倡导者，但是其《计划》一书仍然是比较教育这一科学领域最为重要的成果之一。事实上，就技术层面而言，朱利安既没有发展出教育领域的全面的比较方法论，也未能在生前见证其国际教育协会的构想得以实现，但是人们普遍承认，他是将这些思想整合为未来发展草案的先驱之一，其地位在今天仍然不容忽视。(Fraser，1964：117)

比较国际教育中政策导向的和行政的社会向善论主旨：法国的维克多·库森以及美国的霍拉斯·曼、卡尔文·斯托和亨利·巴纳德

朱利安的《计划》及其他关于比较和国际教育的著作产生于缺乏这类话语的 19 世纪初期。事实上，朱利安的《计划》在考虑比较教育这一问题时的观点相当独特。但是，如威廉·布里克曼(William Brickman)这一著名的"国际教育"历史学家所解释的，到 1900 年，"外国教育"(德国称之为"国外教学法"，即 Auslandspadagogik)"文献匮乏"的状态得到了改变，"一系列书籍"以及其他著作，如报告、旅行者或参观者的观察记录、记者的报道文章及其他类似的文本大量涌现(Fraser & Brickman，1968：19)。在美国，这一现象尤为真切。欧洲其他国家对外国教育的兴趣也在不断地提升，尤其是在英国和法国。

在法国大革命之后的这段时期里，政治、社会、文化和经济发生了令人叹为观止的变化。根据前文提到的史学家弗里曼·巴茨的观点，到 19 世纪中叶，"西方文明的中心地带"在思想、社会经济、政治体制和价值观方面发生了从传统到现代的转变(Butts，1973：295)。借用尤尔根·哈贝马斯被广泛讨论的重要的"现代性进程"或者说"现代化"来描述，这一转变指的是启蒙运动中的理性思想和"理性主导的公共领域重建"，以及"日常社会生活"、"客观科学"、普遍的"道德和法律"的"合理组织"(Habermas，2007)。

教育改革是启蒙运动"现代性进程"的一个重要组成部分。国民/公共教育的合理组织是公共领域重构——"民族国家"新兴的政策形式——以及社会生活合理组织的必要条件(Butts，1973：301—302)。朱利安对比较教育的兴趣使得 19 世纪欧洲和美国的改革家们，在各自国家教育行政者和政策制定者的职务范围内，都表现出对"国外/国际教育"的兴趣，然而其产生兴趣的主要目的在于"教育借鉴"，这在前文关于比较教育发展的历史解释中提到过(Bereday，1964：7；Noah & Eckstein，1969：16—21)。如前文所述，朱利安对比较和国际教育的兴趣部分地表现出对"教育借鉴"这一术语内涵的社会向善论理解，但也声称其"科学性"：通过问卷对比较事实和观测结果进行系统收集，以便比较。国际教育学者能"从这些数据中得出确切的原理、明确的规则，如此，教育就可以成为一门准实证科学了"(Fraser，1964：40—41)。为阐释"非科学"的

社会向善论，下面从"借鉴"国际/国外教育话语和实践的角度，对法国的维克多·库森，美国的霍拉斯·曼、卡尔文·斯托和亨利·巴纳德等学者的思想进行介绍。

法国话语：维克多·库森——我研究普鲁士的时候，思考的始终是关于法国的问题

维克多·库森（1792—1867）是朱利安同时代的学者，同朱利安一样，他也是启蒙运动自由主义知识分子，但是没有证据表明这两人有过合作或交流。根据帕尔默的说法，库森曾就职于朱利安的《百科全书评论》杂志社，但并非撰稿人（Palmer，1993：180）。库森在索邦大学任哲学教师期间，醉心于德国哲学，尤其是黑格尔唯心主义思想。根据沃尔特·布鲁尔（Walter Brewer）的权威研究——《作为比较教育学家的维克多·库森》（*Victor Cousin as a Comparative Educator*，1971），库森将德国哲学介绍到了法国哲学界（Brewer，1971：23—24）。然而，备受库森推崇并试图引入法国的并非只有德国哲学。像同时代的其他欧洲人，以及在之后的小节中会介绍到的美国思想家和改革家一样，库森认为德国的公共教育是非常成功的，并且其中一些特征和实践值得研究和效仿。所以，在路易·菲利普（1830—1848）的七月王朝期间——他成为基佐政府公共教育最高委员会的成员，并于 1840 年短暂地就任过公共教育部长一职——从哲学教授转变为哲学家兼管理者及教育政策的制定者。在这之后不久，他游历德国，研究德国教育体制和教育实践。其德国之行的收获汇集成了一份有影响力的报告《关于普鲁士公共教育状况的报告》（*Rapport sur l'état de l'instruction publique en Prusse*，1831），美国史学家奈特（E. W. Knight）认为这份报告"是 19 世纪中期所有关于欧洲教育状况的报告中最为重要的"（Knight，1930：117—118）。

库森关于普鲁士公共教育的报告

普鲁士教育中契合库森目的的内容成为他报告的主要部分，他如此表达："我研究普鲁士的时候，思考的始终是法国的问题。"（Brewer，1971：50）库森认为契合他目的的大部分内容，都从枢密院官员舒芬（Johann Wilhelm Suvern）的立法提案中找到了依据，他称其为"1819 年舒芬法案"（1819 Suvern Law）。库森从这几个方面对普鲁士初等教育系统进行了评价：组织和行政或"公共教育政府管理"；初等教育教师培训、任职、晋升、薪金和处罚；父母送孩子入初等教育学习的职责，且各区出资建一所初等学校；初等教育分层次（或阶段）进行，如小学和市民学校；学校课程的内容（Knight，1930）。

可以将"1819 年舒芬教育法"理解成已提及的欧洲"现代性进程"中政治和社会方面的一部分。正如布鲁尔所写的，"继 1805—1806 年的一系列灾难使普鲁士土崩瓦解并臣服于法国帝国军之后，这是旨在推动国家走向现代化并增强国力的一系列政治和社会改革中的最后一项"（Brewer，1971：44）。启蒙自由主义改革家库森与其同时代的普鲁士改革家一样，认为国家公共初等教育系统的建立对现代法国的发展至关重要。这一点，库森在 1831 年报告中用热情洋溢的语言描述过。在日耳曼普鲁士初等教育系统和"1819 年舒芬教育法"中，作为高级政策制定者的他，看到了法国教育和国民教育系统的重构框架。

在报告中，库森对"1819 年舒芬教育法"中普鲁士教育系统的法律和体制框架的几个方面进行了确认和评论，他认为这样有益于迁移到法国。其中三个方面尤其受到重视。第一，为了国家体系的形成，库森致力于供给和机制的建设，他将其称为公共教育的"机制"和"政体"。他还专门就以下几个方面进行了评论：（1）父母送孩子入读初等学校是一项国民义务；（2）各区有责任自筹经费创建初等学校；（3）分权管理架构，根据"1819 年教育法"的规定……每所初等学校，无论

在城镇抑或乡村，都应该有其特定的管理模式及专门的监管委员会；（4）公正合理地对待"旧"教育，从大众教育和教会教育的联盟中获益，但是教育"始终处于国家的最高领导之下，由公共教育和教会事务部长主管"（Cousin，1930：130—155，189—198）。

让库森为之一振的普鲁士教育的另一个方面，在于"1819 年舒芬教育法"中形成国家层面的学校组织。该法案规定了初等教育分为两个阶段或层次，如为"低年级"开设的小学和为"中级商人或技工"开设的市民学校，以及为那些想"进入大学进行普通生活实践研究，科学研究，高级、专门或专业研究"的人们所开设的"大学预科"学校（Cousin，1930：155—156）。库森也提到了该法案中关于小学和市民学校课程内容的详细规定，并作出了相当肯定的评论。他注意到，这两类学校都提供由宗教和道德、德语、历史、地理、数学、物理、体育、绘画和歌唱组成的一般性课程，其中市民学校还教授拉丁语。另一方面，大学预科学校专门教授"古典和自由主义文化"（Cousin，1930：155—164）。

库森所关注的关于普鲁士教育系统的第三个方面是初等学校教师的培训和任职、晋升和惩处模式。库森在这里再一次引用了"1819 年舒芬教育法"的详细规定，强调他前述的关于普鲁士教育系统的各个方面的目的所在，即突出国家在教育中的积极调控角色（Cousin，1930：167—188）。

库森关于普鲁士公共教育的报告被翻译成英语并在英国和美国出版，对 19 世纪中期积极投身于国家初等教育系统发展的英美两国的教育改革家们产生了深远的影响（Brewer，1971：54—57）。教育史学家奈特认为："这一报告旨在强调国家控制教育的重要性，以及由国家资助的师范院校培养教师的重要性。其影响在美国显而易见，尤其是在密歇根州和马萨诸塞州。"奈特补充道，在英格兰，《国外季度评述》（*Foreign Quarterly Review*）认为，库森的报告通过对普鲁士教育这一完整的成功实践所做的大量的可靠论证，无可置疑地证明了国民教育并非空想和虚构，也不是哲学家脑中的幻影，而是一种能够确保所有孩子接受初等教育的模式，这些初等学校的建立和维护是同陆军和海军一样重要的"（Knight，1930：116—119）。

在英国和美国，库森报告的影响更多表现为提供了一种法律上的力量以推动这一时期的教育改革，从而建立国民初等教育系统。在库森的故乡法国，他的报告不仅仅从法律上提供了初等教育改革的合理性，也切实影响了 1833 年著名的《基佐法》（Guizot Law）的制定。这部法律大部分是由库森本人起草的。该法基于他的报告，奠定了法国国民初等教育系统发展的基础（Knight，1930：116；Brewer，1971：36；Halls，1965：20）。这里需要注意的是，基佐和库森这两位自由主义者，都变成了路易·菲利普统治下的七月王朝（1830—1848）的高级政治人物和教育政策制定者。欧洲历史学家罗伯茨（J. M. Roberts）认为，对自由主义者而言，"路易·菲利普十分招人喜欢，因为他以君主政体的稳定性调节了法国大革命"（Roberts，1996：352）。库森作为大革命后期自由主义知识分子，自我标榜为折中主义的思想家。对于他而言，路易·菲利普的君主立宪政体把君主和民主两种特性最好地结合起来。作为七月王朝时期的折中的自由主义政治思想家和政策制定者，他试图寻找一种既非天主教也非无神论的中庸哲学。这种中庸哲学是自由主义的，是符合法国大革命准则的，但却是反对共和政体的，这是一种为"上层资产阶级"辩护的哲学（Brewer，1971：30）。库森关于教育的话语——他的政策言论和政策实践反映出其思想的折中主义。

一位"折中"的政治自由主义者和教育改革家

库森折中的自由主义教育思想不仅体现在其论述普鲁士教育的零散文本中，也体现在大部分由库森起草的《基佐法》的政策文本中。正如前文讨论朱利安时所解释的，欧洲启蒙运动和"现代性进程"的基本信条是政治体系和社会文化体系的变革，尤其是"国家"体系，如，政府机构，以及作为国家意识形态机制的公共教育。作为七月王朝中折中的自由主义者，库森主张，为了国家重建和国家建设，法国应在推广大众教育过程中发挥更为积极的作用。如布鲁尔所写到的：

> 他（库森）认为，教育既不是个体生来便有的权利，也不是共享某种信条的群体所具有的权利，更不是私人的产业，"教育是公共资源"……有组织的社会——国家通过开办学校，具有确保实现国家监督权的权利和义务。（Brewer，1971：16）

在报告中，库森称颂普鲁士在国家建设方面的经验，以及国家积极参与国民初等教育系统发展的经验。他大量引用了"1819 年舒芬教育法"——这部法案就国家积极投身于公共教育的组织和供给进行了详细的论述。在这之后，他如此称颂道："这部法案……没有忽略任何有意思的话题，是我所知的最为全面和完整的关于初等教育的法律。人们不得不为其博大精深所触动……就我而言，普鲁士'1819 年教育法'是相当出色的。"（Cousin，1930：205—206）正是库森向法国内政部长推荐的"1819 年舒芬教育法"立法提案奠定了法国初等教育改革的基础（Brewer，1971：44）。

基佐本人表示，1833 年《基佐法》的目标是"从受教育的人民中获得最大利益"（Brewer，1971：17）。这部法律实际上是以库森的报告及舒芬的立法提案为基础的。它反映了路易·菲利普的七月王朝期间，库森和基佐这两位活跃的自由主义教育改革家的自由主义思想。《基佐法》中与我们当下做法相关的主要规定如下：（1）各公社（总共超过 30 000 个）有义务开办一所小学，穷困家庭子弟可免费入学；（2）各省要求建立一所师范学校以训练初等教育教师；（3）初等教育分为两个等级，如较低等级的初等学校，类似于普鲁士小学，教授"读写算"、法语和宗教；高一级/中间层级学校，类似于普鲁士的市民学校，是为中间等级开设的，主要为工商业培训人才；（4）上述两个等级的学校均包含宗教和道德教育；（5）该系统的管理体制效仿普鲁士的分权体制；（6）承认教育自由的（自由主义）原则，批准非国家机构，如私人和其他机构开办教育（Brewer，1971：58；Halls，1965：20；Bowen，1981：315）。

库森的折中自由主义也体现在他关于中等教育思想及理想的学校系统理念中。在这一点上，需要注意的是，库森也研究了普鲁士和荷兰的中等教育，并将它们同法国中等教育进行了比较。此外，库森尤其呼吁开办更多的中等学校，扫除私人开办中等学校的障碍。他建议，如同1833 年法案中对基础教育授权一样，教育自由的原则也应用于中等教育；私立中等学校像初等学校一样，"在涉及道德、学科和学业方面的所有事件都要受公立教育专门机构的监管"（Brewer，1971：89）。关于其理想学校系统，如布鲁尔（1971）所引用的，库森设想了小学后的选拔性等级制度：人人接受初级基础教育，"中产阶级"受高级基础教育，"中上阶层"受次级中等教育，"上流社会"受有选择性的高级中等教育（Brewer，1971：95）。

库森是一位人文主义知识分子和文化教育改革家。他受过古典人文主义的正规教育，而且在上文也提到过，他是对德国哲学尤其是黑格尔的唯心主义着迷的哲学教授。在其关于普鲁士公共教育的报告中，他称颂了"1819 年舒芬教育法"中提到的规定，如"初等教育应该致力发展心灵、理性、认知和体能"，以及"应该包含宗教和道德"（Cousin，1930：159）。同样是在这份写给法国公共教育部长的报告中，库森宣称："谢天谢地，先生，您是如此开明的政治家，以至于认为真正的大众教育必须包含道德教育，而大众道德如果脱离了宗教，大众宗教如果脱离了教堂，大众教育都不可能存在。因此，大众教育应该具备宗教性，也就是具备天主教特性。"（Cousin，1930：223）在该报告的其他部分，库森谈论了法国中等教育（collèges）学习计划。库森向教育部长表达了自己"对古典和科学学习的热情"，并补充道："我不仅认为我们必须跟上我们中学所规定的学习计划,尤其要坚持这一计划中的语言学部分,而且我也认为我们应提高与扩充学习计划。"他进一步建议部长,"在古典学习的稳固性上,法国要努力同德国相竞争",因为"古典学习在所有的知识学习中具有不可比拟的重要性"。作为一位人文主义学家,他解释道:"因为它们(古典学习)倾向的对象是关于人性的知识,它们认为人性的知识是所有重要方面的基础……古典学使人类道德和智力生活的神圣传统继续保持活力。"(Cousin, 1930：213)

库森关于外国教育的发现和报告并非局限于普鲁士的初等教育。他将发现扩展到普鲁士和荷兰的中等教育,与此同时,他也将法国和普鲁士的中等教育进行了比较。在一份题为"普鲁士王国中等教育研究报告"(Memoir on secondary instruction in the kingdom of Prussia, 1837)中,他提到了普鲁士文理中学的课程,这些学校"将科学和文学学习结合在了一起"。尽管上文也提到过,在关于普鲁士中等教育的报告中,库森强调了他对古典学和语言学的热情,但在 1837 年的"普鲁士王国中等教育研究报告"中,他建议在中学里应该"重新分配并适当延长时间",以便"学习古代人文科学和现代语言学、数学和自然科学"(Brewer, 1971：91—92)。中等学校课程作为一个知识体系和一种智力训练模式,或者说一种思维训练方式(像朱利安一样,库森也坚持官能心理学的理论,以及相关的心智训练理论),库森对中学课程内容的设想是人文和科学学习相结合的通识教育——这可以被看作是为通识文化(culture générale)思想所做的铺垫,该思想在后来相当长的时间内主导着法国教育(Halls, 1965：2)。

维克多·库森与比较国际教育

20 世纪 60 年代出现了关于比较教育现代性进程的历史阐释,库森生活的时期处于该领域的发展阶段,即被概念化、被阐释为"借鉴"(Bereday, 1964)、"教育借鉴"(Noah & Eckstein, 1969),或"选择性文化借鉴"(Holmes, 1965；Jones, 1971)的时期。相类似的,布鲁尔在其《作为比较教育学家的维克多·库森》(1971)的详尽研究中,将库森关于普鲁士中等教育的报告描述为"明智借鉴的典范"(Brewer, 1971：97)。的确有证据表明比较教育现代化进程中的这样一个历史时期的存在是合理的。布鲁尔(1971)引证了库森关于普鲁士教育报告中的断言:"一个民族的真正伟大之处并不在于从不模仿他人,而在于学会从各处借鉴优秀方面,并将其合理运用于自身并不断完善。"(Brewer, 1971：vii)

美国话语：霍拉斯·曼、卡尔文·斯托和亨利·巴纳德

19 世纪的美国对欧洲教育,尤其是德国/普鲁士、英国和法国的教育表现出浓厚兴趣。这一现象在 19 世纪的上半段,即 19 世纪 20 年代到 50 年代期间的公立教育改革的活跃时期的初等教育普及中尤为突出。这一时期,许多美国学者和教育改革家游历欧洲以探寻有助于国内教育改革和完善的思想和实践经验。在这些研究中,我们选择了三位广为人知且有影响力的教育改革家:霍拉斯·曼、卡尔文·斯托和亨利·巴纳德。曼是一位自由主义的社会教育改革家,一位宗教人文主义者,他担任了马萨诸塞州教育委员会的秘书;斯托是古典希腊语和宗教文学教授,同时也是一位对俄亥俄州的教育改革表示出极大兴趣的教育思想家;巴纳德是康涅狄格州的一个教育负责人,多年来一直就职于出版《美国教育期刊》(American Journal of Education)的美国教育理事会。

曼、斯托和巴纳德通过言语和行动,积极参与到公立学校运动中去,该运动是教育的后革命共和主义理想不可分割的一部分。"在共和主义教育的时代(从 18 世纪 60 年代到 19 世纪 60 年代)",历史学家巴茨写道,"美国人最终选择了公立学校,由公众共同管理和支持,且包含一种可

能无宗派的宗教价值观……他们的主要关注点是设计一种普遍的、免费的综合性公共教育系统，以促进现代共和（民主）体系的发展"(Butts，1973：408)。

同法国人维克多·库森一样，这三位美国人研究欧洲教育也主要是以"社会向善论"为目的：看看他们是否能学到一些有助于改革的经验以促进美国教育，尤其是初等教育的发展。例如，斯托在欧洲期间，受托为俄亥俄政府收集"他所认为对俄亥俄州各种公共教学和教育系统有用的事实和信息"(Knight，1930：248)。而曼的传记作者唐斯(R. B. Downs)写道："外国教育体系的名声吸引了他的注意力，使他充满了强烈的探索欲望，希望对这些体系是否在各方面都优于本国这一问题一探究竟，并且，他也想知道是否能发现任何值得采纳、迁移以完善本国教育的经验。"对曼来说，最为重要的是发现令人警醒的"信号"和指路明灯(Downs，1974：88)。同时，像库森一样，美国人对德国/普鲁士公立学校教育，尤其是对政府在教育中扮演的积极角色，以及对教育的监管，大加赞赏。三人尤其对普鲁士成功地构建了巴纳德所称的"真正的国民教育"(Barnard，1872：365)系统印象深刻。三人也对普鲁士教师及学校内部教育给予了好评。曼尤其为教学方式、学校纪律以及他在普鲁士学校中普遍感受到的人道的教学氛围所打动(Downs，1974；Holmes，1965)。斯托赞扬了"不虚浮的"君主弗雷德里克·威廉(Frederick William)的非共和政府，这一政府"再三努力坚持所有合乎教育的法律，以唤醒民族精神，使年轻人对祖国及其体制充满依恋"(Knight，1930：255)。与朱利安和库森一样，这三位美国人都专门提到了普鲁士学校教育对道德和宗教教育的重视。

美国自由共和主义/改良主义以及比较国际教育社会向善论话语

从政治意识形态的视角看，霍拉斯·曼、卡尔文·斯托和亨利·巴纳德可以被归为自由民主共和思想家和社会激进分子。他们支持的 19 世纪的"自由共和主义"，也称为"古典自由主义"，强调自由、自由民主和大众教育。在提及霍拉斯·曼的共和主义思想及其同公共教育的关系时，著名的美国史学家劳伦斯·克雷明(Lawrence A Cremin)写道：

> 曼十分理解自由、大众教育和共和政府之间的整体关系……一个国家不可能长期保持无知和不受约束。然而，我们也不可能巧妙地设计一种政治结构，从内在保证公民的权利和自由，因为只有在民众普遍获得了知识之后，自由才有保障。因此，普遍的大众教育是共和政府能够牢牢依靠的唯一基础。(Cremin，1957：7)

不同于朱利安，美国人的论述同比较教育无关，而同库森相类似，它更多的是关于外国教育的，或者用弗莱泽和布里克曼(1968：19)的术语来说，是外国教学法。除了亨利·巴纳德研究中的一些限定性的描述外，美国人的话语像法语区的话语（库森的话语以及朱利安在《计划》及其他地方关于外国教育的书面语言）一样，是描述的、纪实的、无关历史的，其中大部分都是非比较的、非系统的和非分析性的。

巴纳德对不同国家各阶段、各阶层的公立学校及其他通识教育机构的历史、组织、管理、学习、课程、教师和教学、纪律和统计数据进行了综合解读，比较教育史学家不可能不被此打动(Barnard，1872)。在对巴纳德的路径和研究进行评论时，霍姆斯发现，"巴纳德的路径和研究毫无疑问大部分是基于历史的叙述，意欲创造一本'教育百科全书'……事实上他实现了"(Holmes，1965：14)。诺亚和埃克斯坦也对巴纳德百科全书式的知识进行了评论，但是他们相比于霍姆斯来说更多地持批判性意见。他们认为，巴纳德"看到了所有不经选择甚至是非系统化地记录和出版的优点"(Noah & Eckstein，1969：25—26)。可以将巴纳德的路径看作描述性的，但是在我们的理解中，将其看作"非系统化"或者是"不加选择的报告"是不恰当的。也可以将巴纳德看作优秀的记录者或者出色的"教育叙述者"或者"教育人种学者"，而不是出色的"教育史学家"。他关于几个欧洲国家教育历史的阐述缺乏解释要素和情境性说明，而这两者是任何历史科学不可或缺的基础要素。霍姆斯、诺亚和埃克斯坦都认为，巴纳德、曼以及斯托都不是严格意义上的比较学家（Holmes，1965；Noah & Eckstein，1969）。在巴纳德关于欧洲国家教育的研究中，通常会写到特定国家教育教学的历史或历史发展，或每一阶段的教育历史，如普鲁士（Barnard，1872：335）。但他的历史阐释缺乏解释和语境说明，而这两者是任何历史科学都迫切需要的要素。巴纳德的历史阐释充其量是历史叙事或"记事"。然而，就算是今天，人们也不该低估描述性记事或叙事在研究外国教育中的价值，并且，我们认为巴纳德的教育历史著作值得高度赞扬，尤其是考虑到写作年代。

结语：论社会向善论

最后，在 19 世纪美国的"比较国际教育话语"中，还有两个因素使美国话语不同于欧洲话语，它们在前文提到的讲法语的维克多·库森甚至是马可-安东尼·朱利安时已经例证过。第一点，简而言之，美国人比法国人更倾向于批判地看待欧洲教育经验。第二点值得额外评论的是关于美国人的"社会向善论"，它是 19 世纪所有比较国际教育的先驱者们最重要的考虑/目的。需要补充的是，它从一开始就已经在不同程度上同我们所谓的"比较知识问题群"相契合了。

"Meliorism"（社会向善论），来自拉丁语的"melior"（更好的），可以理解为为了改良某事物的目标而进行调查研究。如本文所示，"改良的目标"是同所有 19 世纪对国外教育系统，如欧洲教育系统，所进行的研究相契合的。我们注意到，朱利安谈到收集"事实和观测结果"将有助于教育改革的进行从而推动欧洲社会更好地发展，并且，从国际意义上而言，有助于促进人类条件的改善；库森、曼、斯托和巴纳德谈到了本国国民教育改善的问题。我们也注意到，一些著名的比较学家，像美国的乔治·布雷迪、哈罗德·诺亚和马克斯·埃克斯坦，以及英国的布莱恩·霍姆斯已经将本文提到的 19 世纪所有来自法国和美国的观察者、欧洲教育的追随者们归入比较教育发展中的"借鉴"或"选择性文化借鉴"的阶段。后来的比较学者们认为 19 世纪的先驱们为了"从国外获取有用经验"和"借鉴"，转换或"迁移"有用的思想和实践以改良国内教育（Noah & Eckstein，1969；Bereday，1964）。社会向善论的"借鉴"方面/维度在朱利安和库森的思想中显而易见，但是在 19 世纪美国社会向善论改革家的例子中却并不明晰。当然，跟欧洲的例子一样，美国的政策制定者和管理者们也希望"获得国外的有用经验"，但并非出于朱利安和库森所理解的"教育借鉴"或"迁移"的目的。更为准确地说，美国的社会向善论者探寻国外经验以为国内的国民公共教育改革提供合理的准则。

参考文献

Anderson，C. A. (1961). Methodology of Comparative Education. *International Review of Education*，VII(1)，1 – 23.

Arnove，R. (1982). Comparative education and world-systems. In P. G. Altbach，R. F. Arnove & G. P. Kelly (Eds.)，*Comparative education* (pp. 453 – 468). New York：Macmillan.

Barnard，H. (1872). *National education：Systems，institutions and statistics of public instruction in different countries. Part I — Europe — German States*. New York：E. Steiger.

Bereday，G. Z. F. (1964). *Comparative method in education*. New York：Holt，Rinehart & Winston.

Bowen，J. (1981). *A history of western education (vol. three). The modern west：Europe and the new world*. New York：St. Martin's Press.

Brewer, W. V. (1971). *Victor Cousin as a comparative educator*. Teachers College, Columbia University: Teachers College Press.

Butts, R. F. (1973). *The education of the West: A formative chapter in the history of civilization*. New York: McGraw-Hill.

Cousin, V. (1930). Report on the state of public instruction in Prussia. In E. W. Knight (Ed.), *Reports on European education by John Griscom, Victor Cousin, Calvin E. Stowe* (pp. 113 – 247). New York: McGraw-Hill.

Cremin, L. A. (Ed.). (1957). *The republic and the school: Horace Mann on the education of free men*. New York: Bureau of Publications, Teachers College, Columbia University.

Davies, N. (1996). *Europe: A history*. Oxford/New York: Oxford University Press.

Debeauvais, M. (2000). De Marc-Antoine Jullien aux indicateurs comparatives de l'an 2000. In Congrès CESE, Bologne.

Downs, R. B. (1974). *Horace Mann: Champion of public schools*. New York: Twayne.

Foster, P. (1960). Comparative methodology and the study of African education. *Comparative Education Review*, 4, 110 – 117.

Fraser, St. (1964). *Jullien's Plan for Comparative Education 1816 – 1817*. Teachers College, Columbia University, Bureau of Publications.

Fraser, St. & Brickman, W. W. (Eds.). (1968). *A history of international and comparative education: Nineteenth-century documents*. Glenview, IL: Scott, Foresman & Co.

Gautherin, J. (1993). Marc-Antoine Jullien ('Jullien de Paris' 1775 – 1848). *Prospects: The Quarterly Review of Comparative Education*, XXIII(3/4), 757 – 773.

Habermas, J. (2007) Modernity: An unfinished project. Retrieved October 10, 2007, from http://www.eng.fiu.edu.tw/Literary-Criticism/postrnodernisrn/haberm.

Halls, W. D. (1965). *Society, schools & progress in France*. Oxford: Pergamon Press.

Hans, N. (1949). *Comparative education: A study of educational factors and traditions*. London: Routledge & Kegan Paul.

Holmes, B. (1965). *Problems in education: A comparative approach*. London: Routledge & Kegan Paul.

Jones, P. E. (1971). *Comparative education: Purpose and method*. St. Lucia, Queensland: University of Queensland Press.

Kaloyiannaki, P. (2002). *Comparative education: A French approach*. Athens: Atrapos. (in Greek).

Kant, I. (1784). What is Enlightenment? http://philosophy.eserver.org/kant/what-is-enlightenment.txt.

Kazamias, A. M. (2001). Re-inventing the historical in comparative education: Reflections on a protean episteme by a contemporary player. *Comparative Education*, 37(3/1), 439 – 449.

Knight, E. W. (Ed.). (1930). *Reports on European education by John Griscom, Victor Cousin, Calvin E. Stowe*. New York: McGraw-Hill.

Leclercque, J.-M. (1999). L'Education comparée: mondialisation et spécificités francophones, Actes du Congres International sur l'histoire et l'avenir de l'éducation comparée en langue francaise, organisé parl'Association Francophone d'Education Comparée, Centre National de Documentation Pédagogique, Associations Francophone d'Education Comparée, Paris.

Noah, H. J. & Eckstein, M. A. (1969). *Toward a science of comparative education*. London: Macmillan.

Palmer, R. R. (1993). *From Jacobin to Liberal, Marc-Antoine Jullien, 1775 – 1848*. Princeton, NJ: Princeton University Press.

Roberts, J. M. (1996). *A history of Europe*. New York/London: Allen Lane/Penguin Press.

Vestal, T. M. (1994). *International education. Its history and promise today*. Westport, CT: Praeger.

4. 被遗忘的人，被遗忘的主题：比较教育中的历史-哲学-文化以及自由人文主义主旨

安德里亚斯·卡扎米亚斯(Andreas M. Kazamias)

历史-哲学-文化和自由人文主义的比较话语

19世纪，欧洲和美国将比较教育发展的历史阐释作为一个研究领域，其开始可以追溯到这样几种话语——政策言论和政策实践。在19世纪初期(1817年)，由启蒙运动中的雅各宾派转变而来的自由主义思想家马可-安东尼·朱利安(Marc-Antoine Jullien)(Palmer, 1993：151)出版了他的《关于比较教育的研究计划和初步意见》(*Esquisse et vues preliminaries d'un ouvrage sur l'education compare*，英译名为 *Plan/Sketch and preliminary views for a work on comparative education*)一书，这通常被认为是比较教育作为一门现代科学开端的标志。在这本篇幅不长的书中，朱利安试图构建一门基于经验的比较教育"实证科学"，这门科学将为"教育的改革和完善"提供专门而稳定的知识(Fraser, 1964：40—41)。在随后的几年里，一直到19世纪中叶，另一种形式的比较话语开始占据主导地位，这一话语同朱利安的话语大不相同。在大量关于欧洲大陆的教育报告中，大部分是由教育管理者、教育政策制定者或教育政策顾问、社会思想家和社会改革家撰写的，如美国的霍拉斯·曼(Horace Mann)、卡尔文·斯托(Calvin Stowe)、约翰·格里斯康(John Griscom)和亨利·巴纳德(Henry Barnard)，英国的约瑟夫·凯(Joseph Kay)和马修·阿诺德(Matthew Arnold)，以及法国的维克多·库森(Victor Cousin)。在观察和研究诸如德国/普鲁士、法国、意大利和瑞士等欧洲大陆国家的教育系统时，这些比较教育学家的主要着眼点是"经验学习"和"借鉴"：看看从这些观察结果中可以得到哪些有用经验以促进国内教育改革的发展(Jones, 1971：45)。总之，像我们已经提到过的那样，这些早期的比较教育话语具有如下特点：(1)大部分是纪实性描述；(2)服务于学习他国经验以开展国内教育改革的功利主义目的；(3)作者认为存在"什么是好的教育系统"的某种先验价值，基于这一价值关注教育改进，故他们是支持社会改良主义的(Kazamias & Massialas, 1965：2)。

在19世纪下半叶，比较教育话语开始呈现出一种不同的认知形态或轨迹。这种变化始于英国维多利亚王朝中期的诗人、文学评论家和欧洲中心的人文主义文化信徒马修·阿诺德，以及美国的黑格尔哲学教育家和教育专员威廉·哈里斯(William T. Harris)，并随着迈克尔·萨德勒(Michael Sadler)的出现达到了顶峰。萨德勒是欧洲中心古典人文主义学者、历史比较学者和自由主义教育改革家，他见证了可称之为比较教育的"历史-哲学-文化和自由人文主义"主旨在该领域中占据主导地位。这一主旨一直延续到20世纪中期。在盎格鲁-撒克逊世界，马修·阿诺德的思想极好地证明了19世纪初期比较教育的"历史-哲学-文化和自由人文主义"话语，迈克尔·萨德勒的思想更是如此。

马修·阿诺德以及我们在接下来部分讨论的迈克尔·萨德勒，都深受19世纪占主导地位的古典人文主义教育思想熏陶，两人都对维多利亚时期政体、社会和文化持严苛的批评态度。尤其是阿诺德，他对维多利亚时代的贵族统治、未受教育的"野蛮人"以及放任的自由主义非民主思想(即强调个人主义、唯意志论和非国家干预)持严苛的批评态度，并称放任的自由主义民主思想为缺乏"温文尔雅"或"文化"的非利士人的信条。他认为，自由主义意味着"民主的平等"或"社会自由"，而非对个人主义或单一阶层统治的狂热。"文化"是他最喜欢的词，他认为如果没有国家干

预,文化和教育的目的就不可能实现,他将此解释为"国家的代表性执行力;政府行为是国家行为的代表"(Nash,1966:78;Kazamias,1966:103)。在欧洲大陆,尤其是在法国,阿诺德将得益于法国政府行为的自由民主视为"不断增长的力量"(Nash,1966:61)。

阿诺德认为,政府的行为和管控使得欧洲大陆,尤其是法国和德国的大众/初等和中等教育有了长足发展。他高度赞扬了自拿破仑教育改革以后法国政府创建并监管的中等教育学校。在阿诺德著名的《法国的伊顿公学》(A French Eton)的文章中,他对图卢兹的中等教育学校给予了积极的评价。他对其中的"学习计划"尤为关注。中等教育的学习计划除了繁重的古典内容(拉丁语和希腊语)外,还包括"自然科学教学"、现代学科(如历史、地理和现代语言),以及关于法国母语的学习(Nash,1966:113—115)。

同他之前的比较话语一样,马修·阿诺德作为皇家督学,对欧洲大陆教育系统进行了调查,以了解是否可获得有助于解决国内教育问题的经验。但是,不同于19世纪教育管理者和政策制定者以描述为主的话语特性,马修·阿诺德的教育观察是有语境的,这些观察被置于欧洲国家的政治和文化情景中去考量。从这个角度来看,阿诺德的比较路径是具有历史性的、自由人文主义的和文化性的,是20世纪比较教育的历史-哲学和自由人文主义主旨的先驱。这一主旨的最有名的代表人物还有迈克尔·萨德勒、艾萨克·坎德尔(Isaac Kandel)、尼古拉斯·汉斯(Nicholas Hans)、罗伯特·乌利奇(Robert Ulich)和弗里德里克·施耐德(Friedrich Schneider),以及马林森(V. Mallinson)、桑迪福德(P. Sandiford)、莫尔曼(A. H. Moehlman)、克拉默(J. F. Cramer)、布朗(G. S. Browne)(Mallinson & Sandiford,1918;Moehlman,1963;Cramer & Browne,1956/1965)。

比较教育的历史-哲学-文化和自由人文主义主旨:迈克尔·萨德勒、艾萨克·坎德尔、尼古拉斯·汉斯、罗伯特·乌利奇

萨德勒、坎德尔、汉斯和乌利奇的教育比较研究的历史-哲学路径、自由人文主义路径既有共性,又存在着差异。如下面的分析,这些共性和差异可以归因于这些比较学者所受的训练/所具备的知识及社会文化背景,他们所处的时空特点,他们的专业活动及他们所探寻的问题。在接下来的部分,我将首先明确这些比较学者所具有的共性。然后,我将对这些比较教育学老前辈们的思想进行更为细致的分析,以找出他们之间的差异所在。

认识论、意识形态和方法论方面的共性

(1)比较教育不是一门经验或实证"社会科学",它是一门"人文科学"。此处的"科学"这一术语是从广义上而言,等同于德语中的"科学"(Wissenschaft)和希腊语的"科学"(episteme)。如汉斯、坎德尔、乌利奇,或许还可以加上施耐德,他们所理解的比较教育更接近德国的比较教育(Vergleichende Erziehungswissenschaft),而非法国的比较教育(Education Comparée)或美国的比较教育(comparative education)。这同比较宗教、比较法律和比较解剖学的研究相类似,在这些研究中,"比较并不局限于目前的真实情况,而扩展到目前法律体系、宗教或语言体系的起源和进化的研究"。另外,汉斯认为德国的(比较教育)用法也包含了教育哲学(Hans,1959:443)。他再一次指出:"比较教育作为一门学术科目刚好处在人文学科和自然科学的交界上,因此就类似于哲学这一能够表达人文和科学这两者的学科。"(Hans,1959:299)

(2)比较教育是一种解释性科学,其目的在于"理解"和"解释"国民教育系统如何发展,而非一种预测性的、政策导向性的或实用性的/应用性的社会科学。汉斯、坎德尔和乌利奇对过去的

事件进行写作或讲述,但更为重要的是,他们寻找他们所认为的影响、导致、"引发"或者决定国民教育系统或其中某些方面(结构、政策、实践等)问题、异同之处的影响力和因素(政治的、社会的、经济的和文化的)。总之,他们试图说明,国民教育系统是特定和"独特"的社会、政治、经济和文化力量、因素和传统交互作用的结果。因此,他们极少关注普遍原理和"理论",更多地解释或阐释特定时空中的特定教育现象。如坎德尔在其《比较教育》(*Comparative Education*,1933)一书中所认为的:"对这些(教育)问题来说,比较路径的主要价值在于,通过比较不同系统及其潜在原因的差别,分析导致这些问题产生的原因,并最终研究出问题解决的方式。"(Kandel,1933:xix)

(3) 以上叙述并不意味着这些比较学者将比较教育视作"产生科学"的纯粹的智性知识,而没有任何"工具性""功利性"和"社会改良主义的"特点。尽管他们主要是"历史主义知识分子","所从事的主要是解释性工作,而非教育政策制定领域的活动",但他们也是"历史的社会改良主义者":他们相信通过研究其他国家的教育系统,将会发展出一种广阔的哲学视野/态度以及必要的洞察力,有助于更好地理解和改善本国的教育(Noah & Eckstein,1969:57;Kazamias & Massialas,1965:3)。

(4) 比较研究和分析的科学单位是民族国家和国民教育系统:英国、德国、法国、美国、俄国。他们对国民教育系统进行解读的主要目的是说明并"理解"国民教育系统是如何发展的,以及为何呈现出如此特点和独特性。在对国民教育系统各种模式、实践差异的解释中,这些历史导向的比较学家将"民族主义"、民族传统、国家政治意识形态以及"民族性"看作"决定性"因素。如坎德尔在其 1933 年的研究中所注解的:"如果比较教育不去挖掘民族主义的意义所在,比较教育将变得毫无意义。因为民族主义是教育系统的基础。""每个国家的教育系统都展现出各个国家的特性,正是各个国家创造了教育系统并向组成这个国家的群体展现国家特性。换句话说,各国都有其憧憬的或应得的教育系统。"(Kandel,1933:xxiv)在更早的时候(1900),迈克尔·萨德勒就已经说过:"一个国民教育系统就是一个生命体,是业已被我们遗忘的很久之前的人们奋斗、攻克难关、抗争的结果。其中包含着一些有关国民生计的隐秘运作。当试图对国民教育系统进行补救时,反映出的是民族性的失败。出于本能,国民教育系统通常会对民族性迫切需要的内容着重培训。"(Sadler,1900)后来(1949),尼古拉斯·汉斯以相同的立场宣称:"国民教育系统同国家宪法或国家文学一样,是民族性的外在表达,也代表着国家之间的区别。"(Hans,1949:9)弗农·马林森(Vernon Mallinson)认为教育"是民族性的一种功能",他将其定义为"指向特定人群,并在内部普遍流传的思想、感觉和行为的总体倾向,且在世代相传中显示出或多或少的连续性"(Mallinson,1957:14)。

(5) 作为一门解释科学而非实证社会科学,其调查的数据基础和模式更偏向于定性研究,而非定量研究。萨德勒、坎德尔和汉斯都明确避免对教育系统或实践问题进行定量数据分析,而更看重认识论的/知识层面的分析。在 20 世纪开始之际,迈克尔·萨德勒反对教育的"纯数据研究",因为对教育数据的解释必须"以各国的价值系统为依据"(Holmes,1965:16)。在其极富创意的《比较教育》一文中,坎德尔写道:

> 在现今的教育研究领域,有两大突出的趋势。第一大趋势是试图通过运用统计方法让教育成为一门科学而客观的学科——所有教育都必须拥有统计学上的明确价值……即使统计测试和测量方法已经发展成熟、十分可靠,这些方法所能做的也只是测量结果,而不能界定教育的目标和意图。它们可以在有限活动范围内设定标准,却不能设定质的标准。(Kandel,1933:xxiii)

汉斯在 1950 年写到,那一时期的美国研究者将统计方法运用于 48 个州的教育系统的某些方面的比较研究（如财政、教师工资、强制入学、某一年龄阶段的大学生比例、师生比）。美国人也运用"基于心理测试和智商测验"的定量比较方法。关于第一种类型的调查，汉斯认为，"在一国范围内，专业术语相同，社会条件也没有太大差别，是可以运用统计方法得出一些可靠的结论的"。但当这种方法运用于国际比较的时候，"我们所遇到的困难如此之多，很难得出任何可靠的结果"。汉斯对比较教育两种方法——统计方法和心理学方法的价值进行评价后认为，这两种方法都"需要进行细致的修正和标准化才能为比较教育提供明确的指导"，在这之前，"比较研究应该主要关注教育质量"。他的意思是，"就整个学校系统的氛围和结构来看，效率不高，课程设置也不合理"（Hans，1959：447）。

（6）萨德勒、坎德尔、汉斯、乌利奇和马林森，另外还有他们的前辈马修·阿诺德，都深受欧洲古典人文教育传统和自由人文主义价值观的影响。就意识形态而言，他们都是国际主义者和"自由民主人文主义者"，而非放任的自由主义者。比较教育不仅可以成为促进教育改进和培养国际主义的积极力量，也可以成为发展"自由民主"和"民主公民"的积极力量。他们的研究贯穿着"欧洲中心论"和西方自由民主思想以及自由人文主义价值观，这些思想同政体和国家教育系统、民族国家和公民社会、个体和国家的角色、"自由、平等和友爱"有关。而且在启蒙运动的精神中，他们都始终相信启蒙和教育能带来社会的进步。谈到萨德勒及其他为"劳动阶层"谋利，参与大学拓展工作的高校人员，历史学家布莱恩·西蒙（Brian Simon）写道："他们都有着自由人文主义的视野：教育有其自身的益处，工人理应获得参与大学校外教学的机会；教育应该使他们的人生上升到精神层面。这蕴含着提供一种广泛的、人道的、综合的，尤其是公平教育的期望。它能够战胜，并且帮助学生战胜当代短暂的、物质的挣扎。"（Simon，1965：305）

（7）总之，这些历史导向的比较学家主要是"唯心主义者"，他们更多地强调理念的力量，强调对教育系统和问题进行历史解释中的理念和形式。显然，就这一术语的意识形态和智识层面而言，他们都不是马克思主义者。尽管他们将经济因素包含在用于进行历史解释的"影响力和因素"中，但对经济因素的重视并不如对文化、知识、价值观、宗教、精神和意识形态的重视。"我们比较的是什么？"坎德尔在1956年如是问。他本人的回答是"答案是思想、理念和形式的比较"（Kazamias & Schwartz，1977：154—155）。

认识论、意识形态和方法论的差异

迈克尔·萨德勒：历史-文化比较学家，自由人文主义改革家

迈克尔·萨德勒是我们所称的比较教育中的"历史-哲学-文化和自由人文主义主旨"的先锋。在知识、意识形态和方法论上，他都表现出前文所述的关于这一主旨的所有特点。但是在萨德勒的思想中，聪明的历史学家也发现了一些有趣的特性/差异性。下文将对其教育背景、职业生涯及其所处的后维多利亚时期的历史环境进行考察，以展现其思想的共通性和特殊性。

萨德勒受过拉格比公立学校和牛津大学三一学院的古典人文主义文学传统教育。如我在早年的一项研究中提到的，这类教育给身为教育改革者的萨德勒打上了持久的烙印："在他1902年以后代表各个地方教育部门所撰写的报告中，萨德勒明显将教育的人文素养看作通识教育的典型特征和中等教育的比照。"根据萨德勒的观点，笔者进一步补充道："中等教育首要的目的是通过真实和生动的人文科学教学教化学生，然后传授学生生存所需的技能。"（Kazamias，1966：140—141）

通过了解英国的政体、社会和文化，及其与欧洲大陆、美国的情况的对比，加之对19世纪末

20世纪初普遍的智识和思想潮流的研究,我们可以进一步理解萨德勒的知识改良活动。在19世纪自由放任型的自由主义的全盛期,英国是"世界熔炉、世界载体和世界贸易中心"(Knowles,1921:139)。在欧洲竞争者眼中,英国人已经发现了经济繁荣、政治稳定和"幸福哲学"的秘密。但是至19世纪末,这些都遭受了重大转变。欧洲的德国及美洲的美国挑战了英国的工业和商业霸权,至那一时期为止,英国杰里米·边沁(Jeremy Bentham)和约翰·斯图亚特·穆勒(John Stuart Mill)的"功利主义幸福哲学"以及放任自由主义已不复其早先在知识领域的地位,也不能再为政治、社会和教育改革提供合理的依据。相反,英国思想家、政治家、社会和教育改革家的关注点已经转向欧洲大陆,尤其关注那一时期由康德和黑格尔的唯心主义哲学占主导地位的德国。在牛津大学,格林(T. H. Green)是公认的自红衣主教约翰·纽曼(John Newman)之后最具影响力的教师,他开创了"唯心主义"的哲学传统,后被称作"新康德主义""新黑格尔主义""唯心主义"或"新唯心主义"。在这一传统里,除了格林之外,还包括其他一些有影响力的思想家,如布拉德利(F. H. Bradley)、博赞基特(B. Bosanquet)和塔格特(J. M. E. Mc Taggart)。这些英国唯心主义哲学家从康德、黑格尔、柏拉图、亚里士多德的思想中获得灵感。不同于功利主义者或放任自由主义者,他们认为自由不是抽象消极的术语,而是更为积极的术语,并将国家看成是积极的社会行动者(Kazamias,1966:108—109)。

对我们来说,上述内容的重要性在于,萨德勒作为历史知识分子和教育改革家,深受德国启蒙下的牛津唯心主义哲学影响,他将德国在商业和工业上的显著扩张归因于德国教育系统的有效组织和管理、教学特点/内容,并归因于赋予其生命的精神力量——这种无形的、无法触及的精神力量支撑着这个国家,并促进了国家的成功发展,提升了"实践效率"。就以上叙述而言,萨德勒作为一名教育改革家从思想上偏离了英国维多利亚王朝时期自由放任的个人主义社会哲学,而更加接近于维多利亚后期发展起来的新自由主义哲学。尽管"自由"已成为自由主义信条的本质要素,但像前述英国唯心主义哲学家一样,新自由主义认为"自由"并非具有"摆脱束缚"这样完全消极的含义,而是更为积极的术语。在社会和教育政策中,自由的概念指的是"国家干预"社会、政治、经济和教育改革。尽管萨德勒不会放弃英国教育系统中的自由和个人主义,而代之以从德国学来的"国家调控的大举措",但用他自己的话说,他也在试图探索"个人主义和国家主义之间存在争议的领域"(Sadler,1898:95)。

同其他历史-文化和自由人文主义比较学者如坎德尔、汉斯和乌利奇一样,萨德勒也是一位"历史知识分子"和社会改良主义者。但是不同于其他人的是,萨德勒还是一位教育政治家和积极的教育改革家。他为新设的特殊调查和报告机关——该机关的主管称其为"教育情报机关"——撰写了关于外国教育系统(欧洲和美国)的报告/研究。这些报告运用了历史和比较的研究方法。恰如萨德勒的理解,这两种科学的知识和方法论的雏形正是19世纪末20世纪初形成的那样。例如,在他关于普鲁士和德国中等教育的研究中,他明确表示:"几代人的努力才换来今天的结果。这些结果的全部意义只有根据其相应的历史才能被完全理解。"(Sadler,1898:246;另见Noah & Eckstein,1969:45)在其题为《德国及其他国家中等教育的动荡现状》(*The Unrest in Secondary Education in Germany and Elsewhere*,1902)的文章中,他写道:

> 全世界的教育思想在分析教育对国民生计的作用中过多考虑了社会环境因素。因此,人们对惯常的英国教育观点更为赞同。但是"社会环境"不仅仅包括衣食住宿等物质条件,还包括精神的、道德的和知识的环境,以及传统的力量。(Sadler,1902:x—xi)

像其他"历史主义知识分子"比较学家一样,在萨德勒自己的历史背景研究中,也包含了一些解释性文化因素,如"民族气质""民族情感""民族传统""民族目标和理想"以及"民族性"。因此,在这些关于外国教育系统的研究中，萨德勒在知识和方法论上都同其所信奉的格言相一致，这条格言是1900年著名的吉尔福德演讲中提到的："在研究外国教育系统时，我们不该忘记，学校外的事情甚至比学校内的事情更为重要，学校外的事情主宰和解释着学校内的事情。"(Sadler, 1900/1964：310)但是，除了这些非学校的背景性社会文化因素，萨德勒也谈到了国民教育系统的"内在生命"，还谈到了"无形的、无法触及的精神因素"，这让他的研究路径不同于其他20世纪的"历史主义知识分子"比较学家。他常常引用下面这段话：

> 教育并非仅仅是学校教育或课本学习。因此，如果我们建议研究外国教育系统……我们必须也……尝试发现无形的、无法触及的精神因素所在。在任何成功的教育系统中，这些因素都是在事实上支撑教育系统的因素，并促成了其实践效率……一个国民教育系统就是一个生命体，是业已被我们遗忘的很久之前的人们奋斗、攻克难关、抗争的结果。其中包含着一些有关国民生计的隐秘运作。(Sadler, 1900/1964：309—310)

萨德勒的另一个特性在于，他可以被称为"英国新自由人文主义教育改革家"。早在1884年，他参与了一场旨在通过大学扩张以发展成人教育的成功运动；1894—1895年，他是著名的中等教育皇家委员会（布莱斯委员会）的活跃成员，并作为"报告撰写的主要作者"而闻名；他帮助创建特别调查和报告机关，并在1895年至1903年期间任主任；在一些关于外国教育系统的报告以及在那些为英国各地方教育部门撰写的报告中，他提出了改革的建议；1911—1923年，他任利兹大学副校长；1907年，他出版了名为《大英帝国教育局》(*A Bureau of Education for the British Empire*)的计划书(Kazamias, 1966：28—29；Jones, 1971：49—50)。因此，显而易见，正如他的一位传记作者希金森(J. H. Higginson)所指出的，萨德勒不仅将比较教育看作学术知识活动，而且看作"一种改革工具"。尽管他在吉尔福德的演讲中强调"外国教育系统……研究的实践价值在于让我们更加适应研究，并理解自己的教育系统"，这样的研究将反过来使我们"投入到我们国家教育的精神和传统中"。在担任"特别调查和报告机关"主任的3年后，他写道：

> 教育情报机关的主要工作……是收集、总结和出版各种教育经验，其目的在于(1)从大量有差异的观点中得出合理准确的信息；(2)让国家了解到，相比于其他国家，它是如何凭借其教育效率而立足的；(3)尽可能促成国家教育的最为明智而富有成效的发展线路。(Higginson, 1961：289)

萨德勒的知识、意识形态的和方法论原理，或多或少地影响了20世纪历史-文化和自由人文主义比较教育学家，也显著地影响了他的学生艾萨克·坎德尔。直到20世纪中期，艾萨克·坎德尔一直是该领域的领军人物。

艾萨克·坎德尔：历史学家、哲学家、人文主义比较教育学家

艾萨克·坎德尔是欧洲犹太知识分子，深受欧洲中心的自由人文主义文化影响。他于20世纪之交移民美国，在美国任大学教授。作为教育史学-哲学-比较学家，他因1933年出版教育专著《比较教育研究》/《比较教育》而享有国际声誉。在新的教育科学中，这部专著是一份有创意性的文本，坎德尔试图在其中定义比较教育的认识论、方法论和意识形态，以明确其学科问题，讨论其在现代世界中的价值所在。《比较教育》注定要成为一个里程碑。在接下来的岁月里，坎德尔成为日趋成熟的、新的教育学科的领军人物。20世纪50年代，坎德尔出版了这一先锋研究的续集，书名为《教育的新时代》(*The New Era in Education*, 1955)。在这本书中，他重申了比较教

育的路径及其学科内容和价值。

20 世纪 60 年代,比较教育成为一个快速发展的领域,并朝着不同的认识论和方法论的方向发展,但在这些方向中,坎德尔的路径受到了现代学者的批判(Kazamias,1959,1961,1965)。对一些人来说,它是过时的、处在神秘主义边缘的,或最好的评价也只是"非科学的"(Holmes,1965;Noah & Eckstein,1969;Epstein,1970：313,314)。然而,坎德尔的思想仍然被广泛引用,其著作也被广泛阅读,坎德尔本人也被尊为现代教育科学的伟大先驱(Kazamias & Schwartz,1977)。坎德尔于 1965 年逝世。时任《比较教育评论》(*Comparative Education Review*)编辑,且身为该领域复兴和重建的领军式人物乔治·布雷迪(George Bereday)在悼文中如此赞扬道:"艾萨克·坎德尔教授的离世给比较教育领域蒙上了阴影……坎德尔教授属于大学人文主义者,在我们这个技术更为发达、节奏更为快速、专业应用更为狭窄的时代,很难再产生这样的人物。没有什么能同已经逝去的那一代人和他们所触发的灵感相匹配。"(Bereday,1965：249)

布雷迪还极具洞察力地对坎德尔的认识论特性进行如下评论:

> 他(坎德尔)是一位人文主义者……他既不是一位科学家,也不是语义学方面的老学究。他相信直觉……他是一位人文主义者,一位学者,一位有教养的欧裔美国人……他是一个犹太人,且是一位优秀而忠诚的犹太教徒……现在他离开了,成了一座高耸的里程碑,也可以说是一座辉煌的象牙塔,但更为确切的描述是,他是波涛汹涌中奋力前行的后人的指路明灯……我们哀悼他,因为我们都是他的传人。(Bereday,1966：147—150)

坎德尔认为比较教育研究是"跨学科研究",并且"事实上像教育历史一样,可能更看重辅助性的研究,而非(仅)关注教育"。同样地,"只要关注方法论,比较教育就可能成为现今历史研究的延续"(Kandel,1959：273)。坎德尔回应了其老师迈克尔·萨德勒的观点,并进一步解释了他自己的历史路径:

> ……比较路径首先需要对奠定教育系统基础的无形的、无法触及的精神和文化因素进行鉴别。学校之外的因素和影响力甚至比学校内部的更为重要。因此,教育的比较研究必须基于学校所反映出的社会和政治思想的分析……为了理解、鉴别和评估国民教育系统的真正含义,有必要了解其历史及传统,了解影响社会组织管理的力量和态度,了解决定其发展的政治和经济条件。(Kandel,1933：xix)

一位唯心主义哲学人文主义者

如上所述,卡扎米亚斯(Andreas M. Kazamias)和史华慈(Benjamin Schwartz)也在他们早年的研究(Kazamias & Schwartz,1977)中详细说明过,坎德尔是一位"唯心主义"知识分子。根据坎德尔的观点,我们所比较的事物,更多的是理念、目标、思想和形式。他认为比较教育是教育哲学的一个分支,并且从其方法论和价值观的角度来看,比较教育是对思想和形式的历史研究。他写道:

> 恰当地说,比较教育的主要贡献是它解决了"基本原则"问题,培养其哲学分析态度,因此,激发了对教育问题的更为明晰的理解。比较研究使教育得以更好地融入本国教育系统的精神和传统中。(Kandel,1955：12;Kandel,1933：xx)

这里比较重要的一点是阐明坎德尔先前所提到的理解、掌握和评估"国民教育系统真正含义"的观点。作为一个唯心主义者,他更为关注的是形式而非构成教育系统的细节。在历史和传统、社会、政治、文化和经济这些"学校之外的因素和影响力"之上，或者在"它（教育系统）形成的政治、经济和文化背景"之上，坎德尔和萨德勒一样，都强调比较路径需要"鉴别作为教育系统基础的无形的、无法触及的精神和文化因素"。并且，对比"实证科学"的路径和语言，坎德尔偶尔会谈到"潜在意义""真实意义"和"本质"（Kandel, 1933：xix）。显而易见，"他的知识取向属于同时期的哲学人文主义"（Kazamias & Schwartz, 1977：156）。

一位自由民主的个人主义者

在之前的研究中，卡扎米亚斯和史华慈认为坎德尔是一位"民主的个人主义者"，也是一位以"自由、平等和友爱"为基本准则的"西方民主的热烈追随者"。他以两种相对的政治"理念"和"观点"看待当代政治世界，即他所称颂的自由民主和自由民主国家（以英法两国为例，但大部分以美国为例），以及他所憎恶的极权主义和专制独裁国家（以法西斯意大利、纳粹德国为例）。在这一点上，我们也注意到，坎德尔的自由思想同强调"社会政策中的有限政府干预"的传统的英国自由主义具有极大的相似性。因此，他显然会反对福利国家主义、社会工程学或社会重建主义（Kazamias & Schwartz, 1977：156—157）。

这与坎德尔对政治因素重要性的看法相关，尤其是与国家在社会运作特别是教育运作中的作用的看法相关。他在1933年的经典文章中提到，比较教育是政治的一个分支，并更为尖锐地指出，"每个国家都有他们所期望的教育模式"，"国家是怎样的，学校就是怎样的"。他详细写道：

> 比较教育专家应该具备多样化的政治理论知识，尤其是当他们研究国家同个体的关系时……（柏拉图和亚里士多德）早已阐明了下文所表达的原则，即"国家是怎样的，学校就是怎样的"，以及"你想让国家变成怎样，就要首先在学校中实施"。（Kandel, 1933：274—275）

坎德尔研究路径中的这一因素使其不同于其他历史-文化和自由人文主义比较学家。教育的政治维度已经成为大部分现代比较学家关注的知识领域，但是坎德尔第一个将"国家"作为比较教育中的背景来解释变量。抛开思想偏见和社会改良主义这一先入为主的观念，在笔者看来，坎德尔从国家政治层面对教育的考察是一种重要的认识论和方法论视角。后来，在20世纪七八十年代，尽管此时对"国家"的解释已经同坎德尔的大不相同，但这一要素是比较教育研究的一个重要变量（Carnoy; Carnoy & Samoff; Dale）。

坎德尔关于教育比较研究中国家重要性的重大发现至少存在三个缺陷：（1）第一，他将当时的国家分成两种"理想型"，即"全能型"和"民主型"。（2）第二，他抱持这样的偏见，反对非西方政治，尤其是苏维埃社会主义，而支持西方"自由民主主义"，尤其是盎格鲁-撒克逊类型（如英国和美国）。（3）第三，他在对国家概念化的同时混合了"规范"和"描述"两种方式。他看到了真实的国家（民主、极权），并将这些国家看成是理论上"应该存在的"，而非这些国家本来的样子。坎德尔从未真正探究过自由民主主义中权力的真实分布。这一忽略是显著的，尽管很明显，在当时先进的自由工业资本主义民主制度下，阶级差异、冲突、种族歧视和不平等等问题是大多社会政治和教育话语以及激进主义的主题。

一位历史-哲学的社会改良主义者

在一项更早的研究中（Kazamias, 1961），笔者曾写过，坎德尔历史-哲学路径中的一个重要元素"可以称为社会改良主义目的"。笔者进一步解释道：

> 在1933和1955年的研究中，坎德尔十分关注世界教育的改善。他希望通过研究其他教育系统以及本国教育系统，比较教育学可以发展出一种更令人满意的哲学路径以最终促

进本国教育系统的改善，并培养国际主义精神。这一目的引导坎德尔设定了某种价值体系，如民主教育系统是更好的，而集权化体系则是不好的。教育应该致力于人的总体发展，并且秉持进步、个体责任等信念。(Kazamias，1961：91)

坎德尔的社会改良主义思想有几个来源。第一，对两次世界大战后各领域的许多领导者认为有必要进行"教育改革和重建"的观点表示赞同。他在 1933 年写道："由此所引发的新的社会、政治和经济条件以及文化和知识动荡进一步激发了英国、德国和法国的道德改革运动，这场改革已经酝酿了几个世纪。"(Kandel，1933：xvi)第二，坎德尔清楚地认识到 20 世纪第一个 25 年的军国主义和仇外心理是时代错误。他希望比较教育可以引导人们"形成一种并非基于民族情感而是基于对他国及本国欣赏性理解的国际主义精神"(Kandel，1933：xxv)。他一生都在见证着独裁政府的扩张，担心"个人专权或个人独裁"会带来毁灭性的后果，并由此形成反个人主义思想。他希望通过教育，鼓励发展"文化民族主义"，以反对"政治民族主义"(Herzog，1960)。简言之，如笔者在早前的一份研究中提到的，坎德尔的社会改良主义思想通过如下的价值观和观点呈现：(1) 对人类如何生存以及如何教育后代的特定价值观持有信仰；(2) 比较教育研究应该取决于改革的热情；(3) 教育，即"坎德尔主义者"(Kandelian)眼中的正式学校教育，确实能够促进社会进步并引导人类命运(Kazamias，1963：385)。

尼古拉斯·汉斯——历史–人文主义路径：因素解释框架

尼古拉斯·汉斯是居于英国的东欧移民，是公认的萨德勒和坎德尔的继承人(Hans，1952)，但在所有"被遗忘的"比较教育历史哲学和自由人文主义的先驱中，他有关不同国家教育问题研究的历史路径被公认最为系统。不同于萨德勒、坎德尔以及罗伯特·乌利奇，汉斯试图从特定的概念框架角度解释教育现象和教育系统。如瑞斯文(Tretheway)所指出的：

因此，汉斯的贡献并不是提供了理解坎德尔方法的东欧视角，尽管他们的研究的确有很多共性。他独特的贡献在于发展出了比较研究的框架，这一框架由一系列因素组成，他认为这些因素代表着塑造国家及其教育系统的内在和永恒力量。这一框架的价值在于，它将潜在的难以处理的大量相关数据进行排序并结构化。当然，这一框架是有益于研究的。(Tretheway，1976：63—64)

汉斯的框架中的一个关键概念是"因素"，因此人们可以称其路径为"因素分析"。根据汉斯的观点，比较的本质是(1) 明确一系列形成民族国家特点的因素；(2) 对这些因素同教育之间的关系或这些因素对创建国民教育系统的影响进行比较分析。比较教育的主要目的是"从历史视角出发对这些因素进行分析研究，并对可能解决问题的方式进行比较"(Hans，1949：10—11)。

在其经典文章《比较教育：教育因素和传统研究》(*Comparative education: A study of educational factors and traditions*，1949)中，汉斯进一步解释：

……国民教育系统，以及国家宪法和民族文学是民族性的外在表现，同样也代表着民族之间的差异性。如果我们要对历史上创造不同民族的因素进行区别和分析，那么就应该花很长时间确定何为奠定国民教育系统的原则。(Hans，1949：9—11)

汉斯的历史路径中的既定关键因素被分为三大类：第一类，自然因素，如人种、语言和环境；第二类，宗教因素，如天主教、英国国教和清教；第三类，世俗因素，如人文主义、社会主义和民族主义。关于这些"关键因素"，汉斯补充道："第二部分增加了一个关于宗教总体影响的介绍章节，

而第三部分将补充一个关于民主和教育的总结章节。"(Hans,1949:16)

民族主义的使用是汉斯历史因素功能分析的一个例证,这一因素在坎德尔的历史哲学路径中同样重要。首先,汉斯明确将"民族主义"作为一场有意义的普遍的"世俗"运动,并且在语言上同坎德尔相类似,其含义是"民族性的自然表达"。在阐明了"民族"和"民族主义"这些术语后,他引用了"先知们",即德国的费希特(J. G. Fichte)和意大利的朱塞佩·马志尼(Giuseppe Mazzini),关于民族主义的思想。接着他提到了斯拉夫民族主义,这一论述反过来又引发了他对于乔瓦尼·秦梯利(Giovanni Gentile)的思想、贝尼托·墨索里尼(Benito Mussolini)的政策以及德国希特勒的纳粹主义和种族主义这三者之中的"法西斯现象"的详细描述。同"法西斯现象"的描述和分析相并列,汉斯提到了他所分析的国民教育系统中同民族主义运动相关或受其影响的方面。从汉斯的历史视角来看,可以在意大利法西斯主义的背景下对墨索里尼和秦梯利两人控制下的霸权时期的意大利教育系统进行调查及解释,而德国的教育系统可以在德国国家社会主义,如纳粹主义背景下进行调查及解释(Hans,1949:215—234)。

汉斯因素分析的另一个例子再次让我们想到了坎德尔。这个例子是他从"民主"这一政治意识形态角度对不同国家的教育进行的比较分析。汉斯避免了坎德尔将政体/政治制度分为"民主"和"极权"两种类型的划分方式。不同于坎德尔,他没有将自由民主不假思索地概念化。他区分了以英国和美国为代表的强调"政治自由"的盎格鲁-撒克逊的民主概念和以苏联为代表的强调社会平等的社会主义民主概念。但是,这两种类型的国家/政体都被称为"民主"。像坎德尔一样,汉斯认为,无论是他所支持的英美的民主,还是苏联的社会主义民主,当分而视之时,发现它们都"不能保证各自目标中所提到的文化发展自由和教育机会平等"。接着,他在这一主题中进行了详细的说明,并总结道:"这些例子表明,无论是标榜政治自由的盎格鲁-撒克逊民主,还是崇尚社会平等的苏维埃民主,都不能为其国内的所有公民提供真正平等的教育机会。我们不得不得出这样的结论,即这两种在当今世界实践的民主都是有缺陷的。"(Hans,1949:236—237)

相较于其他被我们遗忘的历史取向的比较学家,汉斯在更大程度上认为比较教育也是一门"应用学科"。汉斯认为,不同于比较解剖学和比较宗教学,"比较教育学的目的不仅在于比较现存的教育制度,而且也在于构想最适合新的社会和经济条件的教育改革……这样,我们的学科就有了一种带有功利主义目的的动态特点"。然而,他继续阐述道,比较教育要成为一门应用学科,很大程度上"有赖于教育哲学所提供的教育概念和目的,以及教育史学、社会学和经济学所提供的数据"(Hans,1952:57)。

罗伯特·乌利奇:一位人文主义历史学家

罗伯特·乌利奇的研究路径不同于坎德尔和汉斯。他对各国教育的研究更偏向于历史方法而非比较方法。尽管他的书名为《各国教育:历史视角的比较》(*The Education of Nations: A comparison in historical perspective*,1961),但其内容是关于西方的文化和知识历史。在书中,他首先研究了他认为的代表了西方世界和西方文化历史特点的文化运动(中世纪主义、文艺复兴和宗教改革、理性主义、科学和技术)。然后,他从历史视角对法国、英国、德国和俄国的教育制度发展进行了解读。最后,他对某些"新兴国家"出现的教育问题进行了概括,他认为这些问题在老牌国家中已不复存在了。

乌利奇关于西方文化/文明发展阶段的历史分析既具有学术性,又极富洞见。但是他缩减了比较方面的篇幅。在乌利奇的著作出版之后,笔者曾简短评论过:"读者必须将历史事实和解释组合起来,自己进行比较。"(Kazamias,1963:387)

　　罗伯特·乌利奇是德国人。尽管他在德国享有极高的学术声誉和行政地位，但他还是在44岁时离开了纳粹德国，移民到美国，而非在法西斯纳粹政权面前做出妥协，放弃其社会民主信仰。像萨德勒、阿诺德和坎德尔一样，他也深受欧洲中心的古典人文主义知识和文化传统的熏陶，并且作为美国的大学教授和研究者，以学者的身份获得了本土乃至国际的声誉。他是一位教育哲学家，是文化历史学家和比较学家。

　　1977年，乌利奇逝世。在其逝世后不久，他在哈佛大学的学生兼朋友保罗·纳什（Paul Nash）写了一篇题为《来自欧洲的人文主义天才》（*A humanistic gift from Europe*）的悼文。保罗·纳什认为乌利奇对"比较教育的贡献"是典型的"人文主义的"（Nash，1977：147）。在纳什看来，乌利奇的人文主义路径包括四个维度。第一，乌利奇明确将人类看作教育图景的中心。对乌利奇来说，教育应以人为本，而非以课程、学科和研究领域、机构或者研究为本。第二，乌利奇的路径毫无疑问且完完全全是历史的路径。他认为如果不理解历史背景，就不能理解教育进程的特点。第三，纳什认为，乌利奇的人文主义路径在于他看到了"对教师教育而言，比较教育中人的相关性"。在这一方面，纳什补充道："他（乌利奇）认为，如果没有热情，那么比较教育的发展就仅仅成为针对那些分析、制作图表并生成理论的学者和研究者而言的默默无闻的活动，只有这些学者和研究者相互之间会对比较教育产生兴趣（有时甚至只有他们自己感兴趣）。"最后，纳什认为："乌利奇的人文主义路径带有强烈的政治价值观系统的烙印……他一生都是社会民主党党员。"（Nash，1977：148—149）

　　在关于罗伯特·乌利奇的智慧肖像的后记部分，笔者希望补充一下个人的理解。笔者和纳什同时在哈佛大学师从乌利奇。纳什是笔者的好朋友，我们同乌利奇的另一个学生亨利·珀金森（Henry Perkinson）也是朋友。我们共同编撰了一本名为《有教养的人：关于教育思想史的研究》（*The Educated Man: Studies in the History of Educational Thought*，1966）的书，其目的在于"冠以罗伯特·乌利奇以'有教养的人'这一恰当的头衔"（Nash *et al.*，1965）。乌利奇的确是最好的传承了德国传统的古典人文主义学者之一，此外也包括同时代的维尔纳·杰格（Werner Jaeger），他撰写过三卷本的经典的《儿童教育计划：希腊的理想》（*Paideia: The Ideals of Greek Culture*，Jaeger，1939/1939）。罗伯特·乌利奇也是一位能振奋人心的老师。严格说来，他并不是"比较学家"，而是人文主义历史学家以及哲学家，但是他鼓励他的学生，尤其是乔治·布雷迪和笔者本人成为具有历史思维的比较学者。

被遗忘的人，被遗忘的主题：重新审视

　　20世纪60年代，比较教育作为一门认知科学经历了重要的身份危机。部分原因是政治、经济和文化的发展，即（1）"新兴国家"的出现并致力创建可行的政体/民族国家以及可行的经济制度；（2）强调"老牌国家"按照更趋向于福利国家、民主的原则进行重建；（3）技术、自然科学和实证社会科学飞速发展。教育作为一种政治、经济和社会文化机制是新的政治、经济和社会文化秩序重建中的当务之急。新的政治、经济和知识氛围对新一代比较教育学家尤其是英美的比较教育学家的认识论、方法论和意识形态取向有着决定性影响。

　　这一时期，英国和北美出现了新一代的比较教育学家及新一代的比较教育话语。同时，比较教育伴随着实践和社会改良的拓展，完成了其作为学术研究领域的重建；比较教育成立了专业协会——以美国为主的比较教育协会，以及后来的比较和国际教育协会；在美国发行了学术期刊——《比较教育评论》（*The Comparative Education Review*）。在这样的背景下，大部分受更为现代化的科学方法和传统熏陶的新一代比较学者在研究外国教育制度及进行国际比较研究的

过程中，对新的知识框架及方法路径进行了探究。

在这样一个政治和知识氛围中，前文所述的历史-哲学-文化和自由人文主义比较话语有显著的局限性。如果对老一辈比较学家而言，鼓舞他们的是历史、哲学和"人文主义文化/教化"，那么对于一些有影响力的现代"科学"新贵而言，鼓舞他们的则是"科学"和"科学方法""经验主义""工具主义"和"技术理性"。

在20世纪60年代的转型时期，许多关于比较教育特点及其研究范畴的文章中都提到了有关历史-哲学取向的人文主义比较学家的批判性意见和研究发现，本文所讨论的主要是以下几种：

（1）他们（霍姆斯所称的历史比较教育学家）是人文主义者而非科学家，极富洞察力，但其研究方法是定性而非定量的，是主观而非客观的。比较学者、科学方法论者诺亚和埃克斯坦应用了关于"历史路径"的评论，他们在经常引用的《走向比较教育科学》(*Toward a Science of Comparative Education*，1969)中批判性地提出："文章的结论在很大程度上有赖于文章作者的个人见解，不仅要考虑哪种分类是可靠的，以及哪些数据是相关的，还要考虑论据的数量和质量如何证明某个特定观点是否成立这一问题。"(Noah & Eckstein，1969：188)在关于该领域发展的历史解释中，诺亚和埃克斯坦将这类"历史取向"的比较学者如坎德尔和汉斯归为"前科学"一类，即所谓的该领域发展的"影响力和因素"分析阶段。他们认为，坎德尔的路径"除了不言自明的真理基础外，没有提供判断它们（因素）之间相关重要性的方式……也没有提供包含某些因素而排除另一些因素的明显标准"。此外，"坎德尔研究中有说服力的结论事实上仍是一些有待于求证的重要假设"(Noah & Eckstein，1969：51)。

英国的布莱恩·霍姆斯(Brian Holmes)是同一时期教育问题比较研究的"科学路径"的典型代表，他也认为"历史比较教育"不能取代"科学比较教育"，后者的特点是预测性而非解释性。他认为，比较教育必须是"广义化的科学"，而比较教育学家必须是"社会科学家"。在同一篇文章中，他写道："历史研究及相关分析是非常重要的，教育改革家所感兴趣的主要是改革的结果，而不是他们不满意的现状的形成原因。"他相当大方地补充道，历史在"说明现存问题"时有一定的实用价值，或者说，历史"有助于产生具有指导或预测功能的实践知识"，即"科学"(Holmes，1965：19—21)。

（2）卡尔·波普尔(Karl Popper，1961)认为，一些"历史主义者"在历史中探究绝对的、最终的和不变的发展定律，而阿诺德·安德森(C. A. Anderson)和菲利普·弗斯特(Philip Foster)则认为(Anderson，1961；Foster，1960)，另一些"历史主义者"并非笼统地概括历史，而是对某些存在于特定时空的具体事件进行研究，因此，他们是独特的存在。

（3）他们主要关注的是"解释"和"理解"，而非"预测"或"改革"。同样地，他们是"后顾的"而非"前瞻的"，他们探究的是"影响力和因素"的"前因"。诺亚和埃克斯坦认为："他们（如坎德尔、汉斯及其他'历史比较学家'）这些知识分子主要致力于历史解释而非在教育政策制定领域发挥积极作用。"(Noah & Eckstein，1969：57)并且，在类似的批判中，霍姆斯认为："理解来自成功的预测而非发掘前因。"(Holmes，1965：30)

（4）1970年，爱泼斯坦(E. Epstein)批判性地评价了萨德勒的历史路径，而坎德尔曾认同这一路径。爱泼斯坦写道："萨德勒强调无形的、无法触及的近乎神秘主义的精神因素，其极端性导致教育特性的无根可依的结论。"他补充道："比较教育从根本上说是一种人文主义活动——因为从属于学校的基本解释性概念指的是非实证性因素——这一说法成立的前提是号召学者描述学校系统结构的外在表现，并推测剩下的部分或将剩下部分留待精神因素的分析。"(Epstein，1970：45)

　　综上，作为战后新一代积极参与该领域的重新定义和重建的比较教育学者，笔者第一个批判性地评论了历史学家和比较学家坎德尔以及他的方法论和知识取向。与此同时，笔者也对其他历史比较教育学家的历史路径进行了概括的批判性评论。1961年，在对坎德尔的特别评论中，笔者写到，坎德尔的方法论至少有三个主要目的：报告描述性目的、历史功能性目的和社会改良目的。在提到坎德尔的历史路径时，笔者批判了其在历史分析中将描述性、解释性和说明性要素同社会改良目的相混合的趋势，也就是将"是什么"和"应该是什么"相混合。笔者解释道："历史学家的任务应该是描述和说明特定的现象，而非作出规定。"笔者进一步补充："如果历史研究关注的是社会改良，就容易导致赫伯特·巴特菲尔德（Herbert Butterfield）所谓的'辉格党教义'[①]……简言之，历史学家应该关注当代背景中的现象，不管其是否能够促进未来实践或思想的改良。"（Kazamias，1961：90—91）

　　笔者批判的坎德尔历史路径中及其他同时代的历史取向的比较学家（如萨德勒、汉斯和弗农·马林森）路径中的另一个要素是倾向于将社会理论化，并将教育系统特性解释为"民族性"。在同一篇文章中，笔者指出，坎德尔观察到"英国教育的特点是缺乏系统"（Kandel，1933：94），这一发现可以通过英国国民的心理特点来解释，即"英国人不喜欢思考或规划行动计划"（Kandel，1933：24—25）——这种缺乏历史或其他方面论据的说法称不上可信的历史解释。而且，恰如笔者引用过的约瑟夫·劳韦里斯（Joseph Lawwerys）所指出的，"最终，民族性可以用来解释任何事物、所有事物"（Lauwerys，1959：285—287）。此外，需要质疑的是，坎德尔运用"民族性"来解释各国教育系统之间的差别。具体例子如下：

> 　　如果说英国人是富于行动力的，其进步性体现在经验主义而非理论成果上，那么法国人就是具有思想性的，他们享受思考的纯粹乐趣，通常不太考虑思考的行动结果。秩序、逻辑、计划，这些特点似乎不存在于英国人的生活和组织中，相反，这些是法国人的突出特点。（Kandel，1933）

　　在对坎德尔的比较教育路径——他的比较方法论——进行评论时，笔者很快做了一点补充，即笔者的批判只是针对坎德尔的说法或针对各种历史学中的某些特定要素而言的。这些要素尤其包括：社会改良主义、政治和教育意识形态的偏见和歧视、调查各国教育系统时的"超越世俗"的视角、对"民族性"这一社会心理学概念的含糊应用，以及在其"历史功能分析"中分配给国家的主要角色。然而，笔者也要郑重声明，笔者的批判并非针对比较教育研究中的历史方法。笔者在随后相同主题的论述中对此强调并做了详细的说明："历史学在比较教育中有着重要地位。"同时，笔者也批判了那些同时代的比较学家，如诺亚和埃克斯坦以及布莱恩·霍姆斯，他们认为历史比较教育并无多少价值，认为它不是一门"科学"或"广义化的科学"。笔者也评论了菲利普·弗斯特和阿诺德·安德森的批判性发现，他们认为，到目前为止，历史学本质上都以一种根深蒂固的时空轨迹研究问题，其对比较教育的价值是有限的。由于比较无法产生独特的事件或现象，弗斯特和安德森认为，不同于历史学家，比较教育学家的任务同"社会科学家"相一致，即探究社会关系中的重复模式和规律（Foster，1960；Anderson，1961）。

　　在关于历史的"非科学"以及其他针对历史取向的比较教育学家的批判中，笔者试图澄清某种错误的观点，并反驳20世纪60年代新一代"科学取向"的比较学家的批判。笔者指出，认为历史比较教育是"非科学"的这种批评本身是基于对英文"science"这一术语的限制性的解释。"science"通常指的是自然科学或经验实证社会科学的认识论和方法论，但是，笔者认为，"science"一词在其

---

　　①　一种"折中的自由主义"历史政治哲学。——译者注

他语言中也确实可以指"人文科学"或者指代关于社会、文化和人类现象的系统研究、认知或知识获得的策略。德语的"Wissenschaft"和希腊语的"episteme"表示的是应用于艺术和科学的知识系统。如果从"episteme"或"Wissenschaft"的更广的意义上解读"science"，那么就可以合理地称萨德勒、坎德尔、汉斯和乌利奇的历史比较教育观点为"科学的"。事实上，如前文所述，汉斯将比较教育看作"Vergleichende Erziehungwissenschaft"，当然其中也包括他自己的历史观点，并进一步将其看作一门学术科目，认为"（它）处在人文和科学的边界线上，因此类似于由这二者共同形成的哲学"（Hans，1959：299）。

回过头来看弗斯特和安德森的观点：他们认为历史学研究的是位于时空中的独特现象，因此，相较于预先假定抽象概念、普遍原理和规律的比较分析而言，历史研究的价值是值得怀疑的。笔者认为已经有几位作者对这样的观点进行了反驳，其中包括一些历史学家。1963年，笔者写道：

> 克兰·布林顿（Crane Brinton，杰出的比较历史学家）认为，将历史现象分门别类并将它们作比较以便进行概括，这样的可能性是相当大的。尽管这样的归纳概括可能只得到有限的特性而非普遍特性，但可以反过来将它们看作研究假设，并在其他类似情况下检测并说明之。换句话说，通过对特殊、具体和个别现象的研究，历史思维的比较教育学家可以得出一种概括性的结论，然后用这一概括性结论说明另一种个别的事件或形式。

笔者补充道："社会科学和历史学都关注一般和个别问题，区别在于研究的重点和目标，而非类型和方法。"（Kazamias，1963：396）

在对比较教育的历史-哲学-人文主义话语进行重新评估时，笔者想强调，萨德勒、坎德尔、汉斯和乌利奇这四位最著名的代表人物在研究教育的过程中并没有局限于"学校教育"，而是从更为广阔的教化/文化的角度进行研究，而比较教育作为一门"人文科学"，其主要关注的应该是同"人类"、人类学（"人"）相关的。同样，它应该是以人类为中心的（人类中心），应该为"人文主义"哲学所渗透，并且应该关注政治、社会以及伦理等人类所面临的大问题。

参考文献

Anderson, C. A. (1961). Methodology of comparative education. *Review of Education*, VII (1), 1-23.

Bereday, G. Z. F. (1965). Memorials. *Comparative Education Review* 9(3), 249-256.

Bereday, G. Z. F. (1966). I. L. Kandel. *Comparative Education* 2, 147-150.

Cramer, J. F. & Browne, G. S. (1956/1965). *Contemporary education: A comparative study of national systems*. New York: Harcourt, Brace & World.

Epstein, E. H. (1970). Ecological factors in comparative analysis: Effects on school achievement in St. Lucia. *Comparative Education Review*, XIV(3), 312-321.

Fraser, St. (Ed.) (1964). *Jullien's plan for comparative education*, (pp. 1816-1817). New York: Bureau of Publications, Teachers College, Columbia University.

Foster, P. J. (1960). Comparative methodology and the study of African education. *Comparative Education Review*, IV(2), 110-116.

Hans, N. (1949). *Comparative education: A study of educational factors and traditions*. London: Routledge & Kegan Paul.

Hans, N. (1952). English pioneers of comparative education. *British Journal of Educational Studies*, 1(1), 56-59.

Hans, N. (1959). The historical approach to comparative education, *International Review of Education*,

V(3)，299－307.

Hans, N. (1959). *Comparative education: Definition and methods*, 443－448.

Herzog, J. D. (1960). I. L. Kandel: Comparative Education. Unpublished paper.

Higginson, J. H. (1961). The centenary of an English pioneer in comparative education. *International Review of Education*, 7(3), 286－297.

Holmes, B. (1965). *Problems in education: A comparative approach*. New York: Humanities Press.

Jones, P. E. (1971). *Comparative education: Purpose and method*. University of Queensland: Queensland Press.

Kandel, I. L. (1933). *Comparative education*. Boston: Houghton Mifflin Company.

Kandel, I. L. (1955). *The new era in education*, *A comparative study*. Boston, MA, Houghton Mifflin.

Kandel, I. L. (1956). The problem of comparative education. *International Review of Education*, 2, 1－15.

Kandel, I. L. (1959). The methodology of comparative education, *International Review of Education*, V, 271－279.

Kazamias, A. M. (1961). Some old and new approaches to methodology in comparative education. *Comparative Education Review*, 5(2), 90－96.

Kazamias, A. M. (1963). History, science and comparative education: A study in methodology. *International Review of Education*, VII, 383－398.

Kazamias, A. M. & Massialas, B. G. (1965). *Tradition and change in education: A comparative study*. Englewood Cliffs, NJ: Prentice-Hall.

Kazamias, A. M. (1966). *Politics, society and secondary education in England*. Philadelphia: University of Pennsylvania Press.

Kazamias, A. M. & Schwartz, K. (1977). Intellectual and ideological perspective in comparative education: An interpretation. *Comparative Education Review*, 21(2/3), 153－176.

Knowles, L. C. A. (1921). *The industrial and commercial revolutions in Britain during the nineteenth century*. London: Routledge.

Lauwerys, J. A. (1959). The philosophical approach to comparative education. *Comparative Education Review*, V(3).

Mallinson, V. (1957). *An introduction to the study of comparative education*. Melbourne/London/ Toronto: William Heinemann.

Moehlman, A. H. (1963). *Comparative educational systems*. Washington, D. C.: The Center for Applied Research in Education.

Nash, P., Kazamias, A. M. & Perkinson, H. J. (Eds.) (1965). *The educated man: Studies in the history of educational thought*. New York: Wiley.

Nash, P. (Ed.) (1966). *Culture and the state: Matthew Arnold and continental education*. Columbia: Teachers College, Columbia University Press.

Nash, P. (1977). A humanistic gift from Europe: Robert Ulich's contribution to comparative education. *Comparative Education Review*, 21(2/3), 147－150.

Noah, H. J. & Eckstein, M. A. (1969). *Toward a science of comparative education*. London: Macmillan.

Palmer, R. R. (Ed.) (1993). *From Jacobin to liberal: Marc-Antoine Jullien* (pp. 1775－1848). Princeton, NJ: Princeton University Press.

Popper, K. (1961). *The poverty of historicism*, 3rd edn. London: Routledge & Kegan Paul.

Sadler, S. M. (1898). Problems in Prussian secondary education for boys, with special reference to similar questions in England. *Special Reports on Educational Subjects*, III. London: HMSO.

Sadler, S. M. (1900). (1964). *How far can we learn anything of practical value from the study of foreign systems of education*. Reprinted in *Comparative Education Review*, VII(February), 307－314.

Sadler, S. M. (1902). The unrest in secondary education in Germany and elsewhere. *Special Reports on Educational Subjects*, IX, London: HMSO.

Simon, B. (1965). *Education and the labour movement*, *1870–1920*. London: Lawrence & Wishart.

Sandiford, P. (Ed.) (1918). *Comparative education*. London/Toronto: J. M. Dent.

Tretheway, A. R. (1976). *Introducing comparative education*. Oxford: Pergamon Press.

Ulich, R. (1961). *The education of nations: A comparison in historical perspective*. Cambridge, MA: Harvard University Press.

5. 比较教育的科学范式

季米特里斯·马修(Dimitris Mattheou)

教育环境的改变与比较教育新范式的探索

比较教育研究作为一个学术领域,产生于国家教育制度建立之后。当人文主义在欧洲学校课程中占主导地位时,当德国的教化、法国的文化普及教育、英国的博雅教育或希腊的经典教育拥有基本相同的终极目的时,人们相信培养个体的智力、道德和审美,有助于为他们的国家和人类提供良好的服务。

自然科学直到 19 世纪下半叶才设法在课程中立足,且仍在努力证明自身对人类能力发展的促进作用,如训练、准确地观察、批判性地分析等(McLean, 1995; Lawton, 1976; Whitfield, 1971; Mattheou, 2006)。科学作为知识的一种形式无疑已经赢得了名声(Davies, 1997: 790—794),其成就很难被忽视。然而,存在这样一个"普遍的信念——科学方法可以且应该被应用到研究人类和自然现象中去"(Davies, 1997: 794)。

正是在这种学术氛围中,现代社会学的创始人之一孔德(Comte)将科学实证主义引入了社会研究。撇去该领域的成就发展,抑或如赫伯特·斯宾塞(Herbert Spencer)之类的彻头彻尾的批评者不提,因内嵌于经典中的人文教育的弱点、不足和失败依旧存在,许多知识分子、教育家、教育当局和有闲阶层依然在思维方式、构成教育的基石、永恒价值和永恒真理的完整系统方面坚持己见(参见 Clarendon Commission in England, 1864; Matthew Arnold, 1869; Wilhelm von Humboldt, 1961,等等)。

当时教育中盛行的这种人文精神肯定影响了比较教育的新生认知领域。这个领域的创立者,如萨德勒和坎德尔以及之后的汉斯和乌利奇,以社会向善论的、整全的和唯心主义的观点探索国外教育系统(Kazamias & Schwartz, 1977; Noah & Eckstein, 1969)。他们确信理念和理想从根本上影响着人的行为,故寻找"教育系统背后的无形的、无法触及的精神和文化力量"(Kandel, 1955: xix)并由此可能带来的社会改善。作为真正的人文主义者,他们转向历史和哲学来寻求帮助。此外,在 20 世纪上半叶,特别是在战争年代中,国际环境热衷于这种尝试,"当时经济的萧条、民族主义的上升、现代专制主义思想的出现(威胁和平)……民主国家的问题引起了世界各地教育工作者的关注"(Noah & Eckstein, 1969: 50),由此成为比较教育工作者的重点。他们为了理解教育发展的动力,以此促使政策制定者(如果他们愿意的话)改善人类状态,调查了过去"被遗忘的斗争和困难","早先的战斗"(Sadler, 1964),宗教和世俗因素——民主、人本主义、民族主义和社会主义对教育的影响(Hans, 1958)。

第二次世界大战结束后,环境发生了变化。人文主义研究的信众渐趋消失,因为受过教育的精英不仅未能阻止暴行,还多次在可恶的战争戏码中起了主导作用:"军国主义、法西斯主义的追随者不仅操纵最困苦国家的人民,还控制着欧洲大多数受过教育的精英和最民主的国家。"(Davies, 1997: 899)战后的"黑暗大陆"寻找着"黄金时代的蓝图"(Mazower, 1998: 185)。促进经济发展和民主化进程的教育,可能是个人和社会进步的一个关键因素,也是当时的教育话语的中心主题(Adams & Farrell, 1967; Sobel, 1982)。政策制定和成功的改革也因此成为关注的重点,而政治家和学者都试图找到满足新的需求的方法。

在比较教育领域中,新一代的比较教育学者对历史方法越来越不满意。他们认为,当时主流的历史方法的视角太过宏观,方向过于雄心勃勃,方法太侧重于定性研究,过于强调社会向善论,且在任何情况下,与当时应对教育迫切需求而提出的改革诉求问题无关(Noah & Eckstein,1969;Kazamias,1961;Mattheou,1997;Holmes,1965)。因此,该领域的范式改变在此环境下呼之欲出。

自然科学和社会科学领域取得了令人瞩目的发展,已经达到了一个最值得期待的范式转变的时刻。其实,"对科学的日益增长的尊重……影响了研究的所有分支。(特别是)社会科学……对所有传统学科产生深远的影响"(Davies,1997:1076)。例如,在社会学和经济学中,测量技术和数据统计处理的精细化使人们产生了巨大的希望,他们相信社会现象研究中的客观性可以得到保障,管理流程的规则可以用数学形式进行表达(Kerlinger,1965;Cohen & Nagel,1934)。对于许多比较教育学者而言,科学方法的力量,其解释和预测能力,其准确的观测技术,其系统而缜密的经验假设检验,其精确的测量,其探测和实际调查的方式不应该被忽略(Noah & Eckstein,1969;Anderson,1961;Holmes,1965)。许多技术专家、技术顾问、官僚政客对科学方法同样自信而乐观,他们参与到改革的科学规划中来,并认为这是解决社会经济问题的唯一可靠的手段(参见国际教育规划研究所的研究)。

科学范式:目标和规范的问题

在充满乐观和希望的思想背景下,20世纪50年代末的比较教育要寻找一个新的"科学"的身份就显得不足为奇了。批评家们认为,该领域获得科学地位的基本前提之一就是摒弃印象主义、主观性、猜测性、直觉性和倾向性,这些与它的创建者通过进行历史和哲学研究而孕育产生的定性的、主观的学科特性有着广泛的联系(Templeton,1958;Epperson & Schmuck,1963;Clayton,1972)。然而,变革远非易事。首先,库恩(Kuhn,1970:7)认为,已建立起的一系列思想或范式永远不会无声或自愿地消失,因为它们的倡导者已经做好准备为它们辩护。其次,就科学的构成问题达成一致尚有距离,特别是在社会研究方面。因此,在20世纪50年代后期,主要是60年代,比较教育研究充满了对目的、内容、理论和实践,尤其是方法论的强烈质疑。

回顾这些争论的一种方法是使用基于库恩范式构成要素的分类系统,即目标和内容,理论和示范实践,研究规则和标准,应用和手段(Kuhn,1970:10)。

接下来的讨论聚焦于"目标和法则"的问题。法则是学科内容的核心部分,并且与理论联系密切,在认识论和方法论层面统领着"研究规则和标准"以及"应用和手段"。

一个重要的范式转变波及了比较教育研究的目的。在新的范式里,该领域保留了理解和解释教育的运作及其与广泛的社会背景的关系这个雄心勃勃的目标。然而,理解和解释不应再以比较教育工作者直觉的、培育的、敏感的心灵为基础,而是应该建立在扎实的科学理论的基础之上。科学理论包括法则和可验证的定量的假设,并需经得起大量的实证性检验。

布雷迪(Bereday)架起了历史和科学范式之间的桥梁,他在这方面的立场鲜明。他的前三个步骤基本致力理解和解释具体的教育现象,但他的最终目标仍然是整体的分析。例如,他尝试着分析一种作为所有系统建立基础的整体的力量,这种力量促进了"法律"和"类型学"的形成,这又使国际理解和定义学校及其服务人员之间复杂的相互关系成为可能(Bereday,1964:23—25)。正如成熟的科学和一些社会科学特别是经济学所渴望的那样,制定法律以极大的成功概率成为主导比较教育的方法论论述。

同意规则制定的必要性并不意味着就规则的性质达成共识。例如,作为社会学家的安德森(C. A. Anderson)认为规则是"构成抽象社会系统的范式,探索本质上永恒和不受时间影响的关系"(Anderson，1961：4)，弗斯特(Foster)则认为规则在于"教育机构与其发挥作用的制度模型"之间不变的关系(Foster，1960：116)。虽然安德森意识到"从大量的制度特征中筛选出一般性的原则一直存在着困难"，但是他乐观地作出了回应，认为当时社会学的主导理论结构功能主义或许包含着实证主义的基本要素，故沿着这个方向"不断探索比较教育"是"有很大希望的"(Anderson，1977：415—416)。他对比较教育的范畴和目标的信心很明显地建立在这样的假设基础之上：这种永恒的、普遍的原理确实存在，只要合理使用未来日益完善的研究方法和技术，就可以通过社会学研究来揭示。

在他们的阵营里，哈罗德·诺亚(Harold Noah)和马克斯·埃克斯坦(Max Eckstein)似乎也确信，比较教育的最终目标是提供经过严格测试和完善的普遍原理。这些普遍原理被视为"因变量和自变量之间的函数关系"，也许可用数学公式更好地表达命题："y 随 x 的变化而变化。"(Noah & Eckstein，1969：93)同结构功能主义者一样，他们也探索关于事物是怎样的，以及它们如何真正发挥作用的普遍有效解释，而不是探索事物的前因。然而，意识到这样一个计划的困难和协变关系存在的固有陷阱，他们努力强调"函数关系的主张……并不一定是指因果关系"，"它可能不会揭示从一个因素到另一个因素影响的方向"……"仍然无法说明 x 导致 y 的确切机制"(Noah & Eckstein，1969：96)。他们强调需要不断改进解释性命题，每一次对比证据会表明这些命题构成了研究现象的一个一个临时性的和简单化的解释(Noah & Eckstein，1969：120)。最后，所有这些说明也许可以解释为什么他们没有在普遍的解释性命题中给予"规则"应有的地位。

但对比较教育科学方法的忠实拥护者布莱恩·霍姆斯(Brian Holmes)而言却并非如此。物理学家出身的他认为，物理世界还是社会世界均由规则控制。正如爱因斯坦所说："上帝不掷骰子。"因此，比较教育的学生必须意识到控制教育世界的规则的存在，以此来展开他的研究。

继波普尔主义的批判二元论，霍姆斯给出规范性规则与社会学定律之间的区别：前者是"人为强制规范性规则或约定"，后者是"超过其能力范畴的自然规则"。他认为规范性规则"是人类制造的，并可以被人为接受、拒绝或改变"(Holmes，1981：77)。规范性规则"代表人类的信念，是学校运行环境的一部分"。因此，"如果我们希望了解学校如何发挥作用，就必须了解它"。因此，"对特定国家来说，建立代表……的规范性规则……是比较教育家应该完成的许多任务之中最重要的一个"(Holmes，1981：78)。而另一方面，社会学定律像物理学定律，是"适用于学校系统内外的社会机构运作"的"人为的说明"(Holmes，1981：80)。它们是"假设的，如果它们要变得科学，(它们)应是可证伪的"。最后，"社会学定律不是普遍有效的：它们是依情况而定的"。这意味着，虽然它们形成了"普遍性和一般性的主张"，但取决于"在何种条件下(它们)被应用"(Holmes，1981：78)。

很明显，霍姆斯对于统领教育的规则的看法，在许多方面不同于他的美国同行(如安德森、诺亚、埃克斯坦)。首先，他的规则被区分为两种截然不同的类型，它们实际上编纂和汇集了两种不同的知识传统或思想流派：通过渗透在规范性规则和社会学定律固有的结构功能中的人类自由意志来表现人类中心主义。其次，社会学定律具有偶然性，故他们既不是无历史地也不是无条件地有效。占主导的传统、情况和条件决定规则的有效性及其应用。物理学中的相对论显然影响着霍姆斯对社会学定律的理解，这一点已于上文明确说明。

其中，社会学定律的偶然性表明科学的比较教育的最终目的不是在全面假设检验的基础上建立一个宏大的教育理论，也不是建立绝对的和无条件的规则。在这个意义上，偶然性甚至会造成完全不同的社会和教育环境之间的可比性问题。

霍姆斯眼中的比较教育的使命并不是那么雄心勃勃的。按照他的想法，比较教育应该聚焦于一个特定的教育问题，目的是在一定背景下分析、理解和解释它。通过背景分析，"纯"比较教育家希望制定可以证伪的假设——如"教育改革计划的假设"(Holmes，1981：78)，从规划的改革中推断出所有理性预期的后果，换句话说，进行可能的预测，以此得出政策实施可能的结果。在该预测被验证的范畴内，问题被解决/解释，假设得以检验，并暂时获得社会学定律的地位。令人印象深刻的是，相对论预测现象的巨大成功直到很久以后才被经验证实(并解释)。霍姆斯开创性地提出预测是科学的划分标准，从而引发了科学的比较教育方法的争论。

　　无论比较教育作为一个研究学术领域的目的有何区别，上述三种"科学思想流派"都倾向于同意该领域的务实的特点，同意它可能为决策者提供合理的建议。霍姆斯认为："作为'纯粹的'科学家，我们应该尝试制定可供选择的政策，认真分析问题和排除那些我们认为会在特定国家不太成功的政策。作为'应用型'的科学家，我们应该做好准备，思考我们能为政策实施提供多大的帮助……"(Holmes，1981：54)毕竟，按照霍姆斯的方式思考，假设/社会学定律等同于教育政策。

　　诺亚和埃克斯坦认为"虽然解释是教育领域中所有科学(包括比较)工作的最终目标"，但他们也乐意接受该领域的实际贡献：帮助"规划者努力提高教育系统的有效性"(Noah & Eckstein，1969：187)。当然，很多比较教育工作者参与许多第三世界国家的技术援助项目(如世界银行项目、国际开发署的计划)，或加入国家政策制定委员会，这些证明他们真正的意图是将比较教育作为一个政策导向的研究领域。这再次强调了科学比较教育中政策制定的部分，显然违背了人道主义传统，和其奠基人追求的"教育系统背后的无形的，无法触及的精神和文化力量"(Kandel，1955：xix)，这种力量是构成教育系统的基础，是掌握事务的"潜在意义""真实意义"或"本质"的基础，这无疑反映了时代背景下经济和社会发展的重点。这种重视也反映了部分政治当权者对理性的中央规划有效性的信心(参见在20世纪50年代和60年代许多国家普遍制定的五年计划)。这反过来又受到经济学家和其他社会科学家的鼓励，他们确信科学(主要是社会科学)那时能够以相当大的概率确保计划的成功，即实现教育政策的预期成果(参见 Parnes，1962；Harbison & Myers，1964)。

认识论和方法论问题

　　应当合理指出，这种乐观很大程度上是基于在战争期间和之后的物理科学(原子裂变和聚变，晶体管等)所取得的令人瞩目的成绩，及社会的巨大进步和行为科学取得的显著进展。实际上，从已经记录在经典中的成功案例或"已取得的科学成就中……发现新一代科学工作者都在学着应用其技能"(Kuhn，1970：1)。这一举动促进了"具有说服力的、可教育的科学形象"的发展(Kuhn，1970：1)。在某种意义上，它通常唤起对"深奥的类型研究"的探索，这反过来又构成了"任何特定科学领域的成熟的标志"(Kuhn，1970：11)。到20世纪50年代中期，比较教育似乎已经达到这个阶段。布雷迪是其中最早意识到这一点的人之一。他坚持认为"比较教育方法的讨论或许是那些研究和教授比较教育的人必须面对的最紧迫的任务"(Bereday，1957：13)。他并没有完全拒绝使用历史和哲学的方法，而是赞同谨慎地使用科学的方法。他保持对"社会科学，特别是社会学和政治学的概念和数据的基本的关注"(Noah & Eckstein，1969：65)。其他比较教育学家如卡扎米亚斯也同意"比较教育需要受到更严格的科学方法的影响"(Kazamias，1961：96)。

　　虽然传统的历史方法受到一致的批评，但是新一代比较教育学工作者对基本的认识论和方法论问题持有相当不同的看法。

　　不同的比较教育工作者对如下问题提供了不同的答案："什么是科学？""比较教育应该发展自身特色的方法，还是应该从其他学科借用？如果是的话，哪种科学应该作为原型？""科学方法是归纳，还是演绎？""它应该是严格的实证研究和定量研究，抑或更多是理论研究和定性研究？""历史在其中扮演什么角色？"

大多数人都认为比较教育应该被定义为一个跨学科的领域。至少在这个意义上说，其关注的问题几乎与所有其他社会科学重叠，并因此依赖于它们的方法——比较教育工作者实际上是"不害臊地借用其他社会科学家的方法的人"（Farrell，1979）。像埃德蒙·金（Edmund King）等一些人甚至会认为比较教育本身是一种"理解特定情况下的真相"的方法（King，1976：18），而不是独立的研究领域。

然而，每一个比较教育工作者都有他自己的偏好。布雷迪认为比较教育是围绕着教育的地理视角来研究的一个跨学科领域："它的特定任务是把几个人文学科和社会科学所关注的内容放在一起，用地理的视角来看教育。"（Bereday，1964：X）对芝加哥大学比较教育中心的安德森和弗斯特来说，他们设想比较教育本质上是社会学的一个分支。霍姆斯的偏好从根本上是基于物理科学的复杂而有效的方法。他试图通过采用批判二元论来将这些方法应用到比较教育上。在他看来，批判二元论构成了富有成效的分析框架，用以研究人类集体行为、与社会机构运行有关的类似法则的规律。

比较教育学工作者对于某些科学领域的偏好受到他们所接受的培训和所从事的职业的影响，也受到他们学术专长领域主流趋势的影响，这导致他们采用了不同的方式方法。布雷迪曾就读于伦敦经济学院；安德森是一位社会学家；弗斯特是一位社会人类学家，曾就读于伦敦经济学院，并在芝加哥跟随安德森学习；霍姆斯是一位物理学家；诺亚是一个经济学家。安德森和弗斯特作为 20 世纪 50 年代在美国工作的社会学家，他们很大程度上跟随当时盛行的结构功能主义的正统理论。他们通过剔除和控制变量，认真收集相关数据，检验具有协变量性质的实证假设，强调通过测量和定量方法客观地表现研究，消除观察者的主观意见、信仰和偏见，以研究具有永恒性质或与时间无关的教育内部、教育与社会的关系。诺亚和埃克斯坦很显然地确信，战后社会科学的发展，"定量实证研究的增加"，"数据可用性的增大，数据存储，处理和检索技术的提升和新的统计技术的广泛使用"（Noah & Eckstein，1969：58），提升了社会科学研究方法在"处理偏差、倾向性甚至反复无常和执拗的问题"方面的科学性（Noah & Eckstein，1969：90）。因此，他们要求比较教育加入社会科学领域，特别是涉及采用"实证和定量分析的研究方法"（Noah & Eckstein，1969：113）。

过度强调相关关系、实证主义、定量研究和客观特性的科学方法的单一视角受到多方的批评。例如，卡扎米亚斯主张综合历史和社会科学，不接受作为科学解释的协变研究，因为它们未能明确说明其理论基础（Kazamias，1963；Kazamias & Schwartz，1970）。其他评论者如图尔明（Toulmin，1961）和巴伯（Barber，1972）认为不存在科学家工作中的单一使用并能保证提供客观知识的科学方法。更重要的是，不存在普遍有效的科学方法。有趣的是，这种模式的科学也受到来自比较教育的科学方法支持者的批评。

布莱恩·霍姆斯也没有准备接受这种相关研究——无论是否有技巧，都能得出普遍有效的一般主张，所以他不认为这些主张可以为有效的预测提供可靠的依据和值得信赖的政策建议。他的第一点保留意见出自实证主义方法的假设-归纳的特性。在凭直觉提出的假设的基础上精心收集数据——通常包含成见和偏见——最多只能在参考框架内进行验证；他认为这种归纳方法存在固有的局限。顺便说一句，其他科学（物理）也未接受归纳法作为方法。他的第二点保留意见来自他认识到这样一个事实：因实证研究假定在未充分考虑概念中蕴含的不同的意义、意识形态和价值体系时，"就可以识别和操作化明确的而有意义的指标"（Holmes，1981：68），导致实证研究在处理变量之前对概念分析的关注太少。最后，霍姆斯注重实践的检验和测试，强调变量很容易被量化,没有充分考虑重要的国家或文化特性,如萨德勒的"活的精神"或政策制定者的意识形态的妄想,很多时候在决策中发挥核心作用。

霍姆斯为了解决实证主义方法的局限性,提出了一个不同的比较方法。他从限制他的调查范畴开始。他拒绝涉足发现普遍规律——这样一个不可能的任务,而是喜欢处理分析和解决特定问题,最好是"技术"问题。这种问题存在于有一定特点的和可识别的情况之下,并对政策制定具有重要的意义。在他解决问题的方法中,他的第一反应是在做好认真分析问题和理解"初始"状态(问题的存在背景和将得到执行政策解决方案)之后,形成有利于解决问题的一个最佳假设或政策建议。这一建议仅仅是试探性的,针对特定问题和具体情况,可证伪的,并通过推断的预期结果和执行的实际结果的逻辑比较接受检验。霍姆斯试图将假设演绎法应用到比较教育,他显然清楚这种方法是物理科学的方法。他坚信这一点,并貌似合理地将它转换和纳入比较教育,这使得他利用波普尔、杜威、韦伯、默达尔[①]等多位学者的不同理论视角,广泛地探索相关的认识论和方法论的问题。

就他所有的理论立场而言,预测作为科学的划分标准受到了最严厉的批评。人们提醒他说,考虑到社会的复杂性和不确定性,以及人意志的自由,在人类和社会事务中预测是不可行的任务(King,1967)。他对此回应说,预测不等同于长期的预言,而且在任何情况下,它不是获得确定性,而是获得概率,这种情况并没有阻止人们建立公共交通系统或计算保险费用(Holmes,1981:79)。实际上,激烈的辩论夸大了问题,超出了预测自身范畴。

另一方面,问题解决导向的方法为历史留有余地,这或许反映了英国(和欧洲其他国家)比较教育中的人文主义传统的影响(Mattheou,1993)。在跨国层面上使用的"规范模式"是从过去继承下来的高度内化的价值观和规范,是根据历史上著名的思想家(如柏拉图、杜威、马克思)的著作编制而成的理想模型,并对人类行为负责。在跨国层面上使用"规范模式"具有指示性。在国家层面使用的"心理状态模式"同样如此,如果你愿意的话,可以说那些"低估值"[②]或"习俗""构成了萨德勒的'活的精神'或马林森的'国民性'"(Holmes,1981:83)。因此,根据笔者的判断,在某种程度上,霍姆斯的科学方法更接近并满足了卡扎米亚斯对综合历史和社会科学的呼吁(Kazamias,1963;Kazamias & Schwartz,1977)。

比较教育问题解决导向的方法中的折中主义阻碍了其在比较研究中的实际使用。另一方面,财政研究者和政策制定者对不能得出明确建议的方法持怀疑态度,他们不支持理念上先入为主且无法确保其在任期内获得成功的政策。因此,最终占优势的科学方法是社会科学中美国功能主义和实证主义的思想流派。诸如国际教育成绩评估协会(IEA)的大型比较研究项目,遵循的是实证定量研究的路径。

另一方面,科学方法最终占优势,似乎与符合、适应那时教育政策的需要和重点有关。在某种程度上,我们可以说经济学家和人力资本理论者热衷于第三世界发展的比较研究,为教育政策制定提上政治议程、教育改革提供理由贡献了重要作用。发展教育的倡导者(Harbison & Myers,1964;Adams,1977;Anderson & Bowman,1965)和现代化理论家(例如 Wiener,1966;Levy,1966)的可靠证据成为改革基础的例子比比皆是,也成为政策制定者能迅速引用的无可动摇的科学研究事实。在这个意义上,社会科学已经成为主流政治正统理论应用于教育的一个便利借口和(或)合法化工具。教育扩张及其导致的教育部门资金的增加,被认为是建立在人力资本理论(Schultz,

---

① 根据上下文,此处应是 Myrdal,应指瑞典经济学家、诺贝尔经济学获得者、社会学家贡纳尔·默达尔(Gunnar Myrdal),而非 Myrdral,原文有误。——译者注

② 低估值(lower evaluation)是人类行动的基础,行为的方式(Myrdal,1944)。——译者注

1963；Bowen，1964)以及利用潜在人才库的基础之上。综合学校运动从社会学的研究成果那里获得了支持(Halsey *et al*.，1961)。对第三世界国家技术援助的项目，也获得了技术官僚和一些事先就赞同的学术专家的支持(UNESCO，1972；Adams & Bjork，1971)。

对包罗万象的范式寻求的衰落

到 20 世纪 70 年代中期，60 年代的在比较教育上运用科学方法的势头减弱。现实世界和学术界的发展可能是其减弱的原因。

首先，社会公正和流动性、不间断的经济增长、消除不发达等许多承诺都没有实现："科学"的研究和规划未能兑现有关政策建议的公正性和有效性的承诺(Húsen，1982)。生活的严酷现实使所有关于科学方法的客观的、无误的和具有积极性质的夸张的说明在实践中变得不可靠，从而破坏了其声誉的根基。在这个意义上，科学的比较教育并不比其他方法更适合于这项工作。这或许就解释了在随后的几十年里为何众多不同的方法和视角都在比较教育中占有一席之地。

比较教育中的科学方法霸权衰落的第二个原因应在不断变化的自然科学认识论范式中寻找。在物理学上，量子力学范式表明上帝最终可能在掷骰子，日常生活的秩序本质上是不确定的，或许是混沌的，而非依赖法则的。若对物理学而言确有其事，那么社会科学(以及比较教育)就不可能期待更多。科学方法无法在认识和实践层面凌驾于其他方法之上。

此外，在后现代的环境下，宏大理论被降低至宏大叙述，在社会科学的新的认知领域，新理论和新方法的发展受到推崇。尽管这些方法更多是定性的、参与性的和主观性的，这些方法还是被赋予同等的学术地位。因此，比较教育本身将新的途径和方法的出现视为对 20 世纪 60 年代的科学范式的主导地位的争议和否定。学者倾向探索真理的新体制，这一举动显然发挥了作用。到 20 世纪 80 年代，人们可以理所当然地认为"比较教育现在有很多思想流派，没有哪一种占有具有统治地位"(Altbach，1991：493)。因此，今天更准确的说法是比较教育学，而不是比较教育(Cowen，2000)。

"科学"比较教育的衰落并不一定意味着它已经失去了所有的影响力和它的追随者。毕竟，"总有一些人倾向于坚持一个或另一个旧的观点"(Kuhn，1970：19)。曾很好地为它们的利益相关者服务的旧的范式更是这样。在这个意义上，协相关、量化和实证，这些类型的比较教育一直很好地服务于政治家们。他们曾多次依靠它来获得合法性和推广自己的预先形成的政策。国际教育成绩评估协会的纵向研究和有影响力的项目如国际学生评估项目(PISA)对政策制定的影响证明了这一事实。

结　论

在谈到国家教育制度的发展时，汉斯认为每个系统对应一个复杂的大厦，每一幢大厦有不同的建筑风格，与不同历史阶段有关，不同的历史阶段有着不同的公寓(Hans，1958：10)。

这个比喻似乎在某种程度上也适合比较教育的发展。它的创建者在 19 世纪教育拿来主义的沼泽地上，发现了有助于教育研究的特殊场所。他们决定在它上面建立一幢大厦，有助于利用其生长的肥沃土壤，即通过历史更好地理解社会和教育之间的相互作用。当后来出现困难时，他们的继任者用新的"科学技术"建立了一个新的、看上去更强大的庄园。于是，新的房屋拔地而起，每幢都遵循不同的建筑风格，据称，这样可以更好地利用土地。

从一开始，这些建筑当中的一些房屋被与政策制定相关的租户占用，剩下的房屋留在学术界的手中并仍在扩大。幸运的是，他们建造了一个富于批判、创新思维和创造力的栖息地，里面居住着知识、无尽的艺术、对真理的勤劳且智慧的有益求索。

参考文献

Adams，D. & Bjork，R. (1971). *Education in developing areas*. New York：David Mc Kay.

Adams，D. & Farrell，J. (1967). *Education and social development*. Syracuse：Syracuse Center for Development Education.

Adams，D. (1977). Development education. *Comparative Education Review*，21(2/3)，296 – 310.

Altbach，Ph. (1991). Trends in comparative education. *Comparative Education Review*，35(3)，491 – 507.

Anderson，C. A. & Bowman，M. J. (1965). *Education and economic development*. Chicago：Aldine.

Anderson，C. A. (1961). Methodology of comparative education. *International Review of Education*，7(1)，1 – 23.

Anderson，C. A. (1977). Comparative education over a quarter century：maturity and challenges. *Comparative Education Review*，21(2/3)，405 – 416.

Arnold，M. (1869). *Culture and Anarchy*，Project Gutenberg，http://www.gutenberg.org/.

Barber，B. (1972). Science，salience and comparative education：Some reflections on social scientific inquiry. *Comparative Education Review*，16(3)，424 – 436.

Bereday，G. Z. F. (1957). Some discussion of methods in comparative education. *Comparative Education Review*，1(1)，13 – 15.

Bereday，G. Z. F. (1964). *Comparative method in education*. New York：Holt，Rinehart & Winston.

Bowen，W. (1964). *Economic aspects of education*. Princeton，NJ：Princeton University Press.

Clayton，S. (1972). Valuation in comparative education. *Comparative Education Review*，15(3)，412 – 423.

Cohen，M. & Nagel，E. (1934). *An introduction to logic and scientific method*. New York：Harcourt，Brace & World.

Cowen，R. (2000). Comparing futures or comparing pasts? *Comparative Education*，36(3)，333 – 342.

Davies，N. (1997). *Europe，a history*. London：Pimlico.

Epperson，D. & Schmuck (1963). The uses of social psychology in comparative education. *Comparative Education Review*，6(1)，182 – 190.

Farrell，J. P. (1979). The necessity of comparisons in the study of education：the salience of science and the problem of comparability. *Comparative Education Review*，23(1)，3 – 16.

Foster，P. (1960). Comparative methodology and the study of African education. *Comparative Education Review*，4(2)，110 – 117.

Halsey，A.，Floud，J. & Anderson，C. A. (1961). *Education，society and economy*. New York：The Free Press of Glencoe.

Hans，N. (1958). *Comparative education: A study of educational factors and traditions*. London：Routledge and Kegan Paul.

Harbison，F. & Myers，A. (1964). *Education，manpower and economic growth: Strategies for human resource development*. New York：McGraw-Hill.

Holmes，B. (1965). *Problems in education. A comparative approach*. London：Routledge & Kegan Paul.

Holmes，B. (1981). *Comparative education: Some considerations of method*. London：George Allen & Unwin.

Humbold，W. V. (1961). Von dem griechischen Charakter überhaupt und der idealistischen Ansicht desselben insbesondere (1808). Zitiert nach Weinstock，*Auswahl aus den Werken Humbolds*，Frankfurt.

Húsen，T. (1982). *The school in question. A comparative study of the school and its future in western* societies. Oxford: Oxford University Press.

Kandel, I. (1955). *The new era in education: A comparative study*. Boston: Houghton Mittlin.

Kazamias, A. & Schwartz, K. (1970). Woozles and wizzles in comparative education. *Comparative Education Review*, 14(3), 255 – 561.

Kazamias, A. & Schwartz, K. (1977). Intellectual and ideological perspectives in comparative education: An interpretation. *Comparative Education Review*, 21(2/3), 153 – 176.

Kazamias, A. (1961). Some old and new approaches to methodology in comparative education. *Comparative Education Review*, 5(1), 90 – 96.

Kazamias, A. (1963). History, science and comparative education: A study in methodology. *International Review of Education*, 8(3/4), 383 – 398.

Kerlinger, F. (1965). *Foundations of behavioral research*. New York: Holt, Rinehart & Wilson.

King, E. (1967). *Comparative studies and educational decision*. London: Methuen.

King, E. (1976). *Other schools and ours — comparative studies for today*. London: Holt, Rinehart & Winston.

Kuhn, Th. (1970). *The structure of scientific revolutions*. Chicago: Chicago University Press.

Lawton, D. (1976). *Social change, education theory and curriculum planning*. London: Hodder & Stoughton.

Levy, M. J. (1966). *Modernization and the structure of societies*. Princeton, NJ: Princeton University Press.

Mattheou, D. (1993). National character in comparative education — conceptual, epistemological and methodological approaches in the English comparative school of thought. *Ekpaideutika* [Education Quarterly], 29 – 30, 187 – 213. [In Greek].

Mattheou, D. (1997). *Comparative study of education. Issues and methods*. Athens: ESPAIDEPE. [In Greek].

Mattheou, D. (2006). Physical sciences and the paedeia of the modern citizen — traditions and prospects. In A. Trilianos *et al.* (Eds.), *Recognition* (pp. 295 – 314). Athens: University of Athens Department of Primary Education. [In Greek].

Mazower, M. (1998). *The dark continent. Europe's twentieth century*. London: Penguin Books.

McLean, M. (1995). *Educational traditions compared — content, teaching and learning in industrialized countries*. London: Fulton. Noah, H. & Eckstein, M. (1969). *Towards a science of comparative education*. London: Macmillan.

Parnes, H. (Ed.). (1962). *Planning education for economic and social development*. Paris: OECD.

Sadler, M. (1964). How far can we learn anything of practical value from the study of foreign systems of education?. *Comparative Education Review*, 7(3), 307 – 314.

Schultz, W. (1963). *The economic value of education*. New York: Columbia University Press.

Sobel, I. (1982). The human capital revolution in economic development. In P, Altbach, R. Arnove & G. Kelly (Eds.), *Comparative education* (pp. 54 – 77). London: Collier Macmillan.

Templeton, R. (1958). Some reflections on the theory of comparative education. *Comparative Education Review*, 2(3), 27 – 31.

Toulmin, S. (1961). *Foresight and understanding*. London: Hutchinson.

UNESCO, International Commission on the Development Education (1972). *Learning to be*. Paris: UNESCO.

Whitfield, R. (Ed.) (1971). *Disciplines of the curriculum*. London: McGraw-Hill.

Wiener, M. (Ed.) (1966). *Modernization*. New York: Basic Books.

6. 国家、教育扩张、发展和全球化的理论：马克思主义和批判方法

莉莲娜·埃丝特·奥尔莫斯(Liliana Esther Olmos)

卡洛斯·阿尔贝托·托里斯(Carlos Alberto Torres)

前　言

在当代，教育与国家的发展息息相关。国家的需要使得教育要为劳工参与经济和公民参与政治活动做准备。由于全球化进程限制了国家自治和民族主权，且在很多方面影响着教育，民族国家和正规教育之间的一致性出现问题。

全球教育机会的扩张在 20 世纪尤为明显。这是教育的时代，是国家在促进公立教育发展中起到决定性作用的时代。然而，在 21 世纪到来时，削弱国家作用的势力正迅速改变着教育，尤其是教育的民主性。

有关国家、国家性质和公共政策性质的理论对于理解教育的政治性和公共政策的形成具有实际意义。如何定义教育的"真正"问题，提出最适当的(比如：成本合理的、道德上可接受的以及合法的)解决方法，很大程度上取决于国家理论，这些理论支撑、证明和引导教育诊断并提出解决方案。然而，这里存在一个永久性的挑战。正如马丁·卡诺伊(Martin Carnoy, 1992)所提出的，大多数教育问题的分析中都隐含着一种国家理论，但这一理论的基本原则却很少在教育研究和实践中得到承认或阐明。对我们自己设定的假设进行自我反思似乎是进行扎实的学术研究的前提。

因此，本文简要评述了关于国家和教育两者关系的经典理论，尤其是新自由主义理论以及马克思主义对这些构想的批判。显然，任何有关教育和国家关系的分析都应考虑到其关系的多层性、复杂性和动态性，揭示出历史和社会力量对政治和教育机构的冲击所带来的种种紧张局势和矛盾。做出这一评论是因为一些理论的不足，这些理论通常倾向于假定教育扩张具有单一原因，而忽略了一个重要因素，即国家在具体的结构、政治和历史的限制之下运转，且教育在资本积累与政治合法化方面对国家职能产生影响。更进一步说，这些理论中的大多数都没有扎根于特定教育系统的具体历史背景和发展状况，缺少一种历史敏感性，而这种历史敏感性对于形成有关教育扩张的合理理论解释来说是必不可少的。另一方面，因为马克思主义是一种历史理论，而它反过来又试图提供一段理论史，故以马克思主义为代表的批评类型的独特之处在于它包含了自我批评的概念(Anderson 转引自 Amadeo, 2006：53)。

最后，我们在本文中呈现的论点将注意力集中到有关教育和国家的一系列问题上，以下的分析以经济和文化全球化为背景，以拉丁美洲社会过去几十年的教育经验作为案例。

教育扩张与国家

无论是功能主义理论还是世界体系理论，我们都曾提出反对采用宏大理论解释教育扩张。我们尝试使用的方法是主要关注特定国家中资本积累和政治合理化的历史情况，以及它们对教育发展的影响。这一方法解释了许多第三世界国家是如何发展双轨制的教育体系——一轨是为富裕阶层准备，一轨是为较低阶层准备。我们以拉丁美洲所经历的社会变迁和教育扩张为例来

说明我们的方法。不过,我们得出的结论以及提出的进一步的研究问题对于很多国家都是适用的。

在过去 30 年间,教育扩张吸引了韦伯主义者、功能主义者和马克思主义学者的广泛关注。尽管这些分析主要集中在欧洲和北美地区的经验上,但近几年也有学者尝试检视和解释所谓的第三世界国家中教育扩张的模式。

当代世界的每个民族国家都是世界体系的一个组成部分,后一种研究方式的指导思想正是考虑到这种世界体系的影响。

有人认为,在将世界概念化为一个单一社会体系时,它的组织和文化环境渗透到了所有国家的各个结构特征中。这种共享文化的关键元素有:(1) 共同的国家经济发展目标;(2) 从所有的政治视角看,有教养的公民被看作珍贵资产;(3) 相信个人和国家都不是一成不变的,而是可发展的;(4) 在资本主义世界经济的背景下,"发展意味着在经济竞争中获得成功"。因此,这种普遍教育扩张的原因被认为是当代世界体系的特征,它以相似的方式同时影响了所有国家。

然而,这一特定说法和文献存在很多问题。它简单地假设存在一个导致世界体系出现的世界历史转型,以及世界体系被用于证明教育体系及其最近的发展是自主的,并非战前遗产的继续发展。这就好像某种"大爆炸"带来独特的世界体系以及相应的教育发展模式。1945 年之前的教育扩张的原因和结果被认为与解释后来的发展无关。同样,正在经历快速社会转型的教育变革吸引了很多学者的关注(Carnoy & Samoff, 1990; Torres, 1991; Ginsburg, 1991)。

资本积累与教育发展

大多数第三世界国家,包括那些在战后"去殖民化"的召唤中获得独立的国家,都受制于过去经济不发达的经历。因此,经济发展和资本积累过程中所固有的限制使这些国家有共同的结构特点。然而,它们是否与世界先进的资本主义国家享有共同的组织和文化环境是值得商榷的。

在本文中,我们认为从分析的角度而言,资本积累受到资本扩张和殖民化的具体历史条件的影响,因此,将这些国家的教育发展研究与资本积累的全球化进程相关联是更为有效的方法。殖民和后殖民时代象征着资本积累和教育发展或扩张的两种不同模式。虽然后殖民时期的教育扩张是在多变的国内国际形势下发生的,但它被殖民时期的教育发展模式所深深影响着。在国家和全球层面的发展过程中,研究与资本积累过程相关的教育扩张或增长,需要建立一个政治经济分析框架。要做到这一点,应该通过关注国家之间的动态互动、资本积累和教育扩张来系统地探索战前发展与战后发展的历史联系。

政治经济学的出发点是,我们可以通过调查社会成员如何创造和再创造他们的生存环境,来了解一个社会的核心结构并且理解它多元而特定的社会实践。这样看来,当代社会的学校教育被视作是一种独特的机构综合体,有着多元而不同的社会实践与目的。但学校教育的塑造也受到资本积累进程与不同经济、政治、社会群体的权力关系之间的动态性和矛盾性的影响。因为群体之间的权力关系通过社会政治结构日益彰显,所以,尤其是对国家而言,任何对教育体系的政治经济分析,必须要基于有关民主国家的目的或功能的隐性或显性分析或理论。

现代国家指的是一个复杂的机构,比如政府(包括省市级的政府机构)——意味着官僚机构、军事机构、司法机构和代表大会。在传统意义上,自由民主国家必须履行两种基本但往往相互矛盾的职能:促进资本积累与培养社会和谐共识。这些所谓的职能仅仅是资本主义国家内部的工作倾向。国家是否达到这些要求,以及能以怎样的方式和在多大程度上做到,这都不是由国家结构事先决定的,而是在实际运作中被历史的特殊性所影响。尽管国家双重职能的理论模型足以分析民主国家，但对于殖民地国家，或者在很多情况下属于后殖民地的国家而言，以此分析他们的政策是不够充分的。殖民地国家，由于其内在的非典型性和压迫特征，对所谓的合法职能关注较少。因此，从资本积累和合法性这一相互矛盾的需求来说，殖民地国家追求的教育扩张政策不能被充分地解释。对殖民地国家的教育发展来说，其资本积累功能，和建构具有足够管治能力的国家机构的最低需求均具有重要的历史意义。

　　事实上，有必要认清全球范围内资本积累进程发展的不同阶段，并且分析全国范围内教育扩张的动态，这关系到特定社会进入全球体系的时机和方式。历史上不同民族国家的政治经济融入全球资本积累进程的时机和方式，融入之前的民族国家教育体系的遗产，以及社会结构中社会和文化的特性，已成为塑造教育体系的结构和发展其教育体系的三大要素，并且这三大要素将在未来继续发挥重要作用。

作为批判理论的马克思主义

　　为了审视本文提出的显著特征，这里需要一个简单但必要的说明来解释我们优先选择马克思主义理论文集的原因。此外，我们如何理解回归到像马克思主义这样基础的、不可替代的批判性思维来源的意义？如果说理论回归即将来临，那么为什么我们中的那么多人在一开始会选择远离，而现在又回来了呢？

　　第一，马克思主义作为批判理论的命运——或如博龙（A. Boron，2006）援引萨特（Jean-Paul Sartre）的话："马克思主义的回归具有必然性（和滞后性）。"马克思主义作为我们时代不可或缺的批判性视角，对于社会主义革命引起的变化和 20 世纪发生的人民战争的高潮与低谷都具有影响。我们坚信马克思主义的历史理论（反过来，又是理论的历史），能够作为一种知识和政治传统存在，有两个不是唯一的、但却是最重要的原因。第一个原因是资本主义不能面对和解决其自身引发的困难和挑战。只要资本主义制度一边继续迫使现代社会接受不断增长的剥削和各种形式的压迫现象——比如贫困、边缘化和社会排斥，一边通过将水、空气和土地野蛮地商品化来制造不停歇的环境破坏，那么，寻求替代资本主义的社会制度并结束这些负面影响的实用方法论的情况将一直存在（Sartre，转引自 Boron，2006：35）。

　　第二，这一理论已经展示了不同寻常的能力，这种能力使得该理论可以随着社会历史发展，在为解放被资本主义制度剥削压迫的人而进行的斗争中不断深化自己。然而不可忽视的是，在统一并结合各方力量的政治规划方面缺乏战略对话，导致马克思主义受到消极影响。若马克思主义想要转型成为实践哲学，这是一个必须要解决的关键问题。

　　总的来说，我们希望回到萨特对马克思主义的分析，这一分析仍然具有效力。在《方法问题》（Questions de Méthode）这本书里，这位法国哲学家确信只要产生和维持哲学的实践依然存在，那么这一哲学就仍有效。一旦每个人都从生活生产中获得一定的实际自由，那马克思主义就会消失，而自由的哲学将由此产生。然而，我们缺乏智力工具或是具体经验来帮助我们构想出这种自由或哲学。促使马克思主义产生的环境依然存在，因此马克思主义会继续成为我们这个时代不可超越的哲学（Amadeo，2006）。

教育与国家

　　在当代社会科学中，国家的概念是为数不多的能够促成一场丰富的理论和方法论争辩的概念之一，此外，还有它的实际存在带来的更加激烈的政治争议。政治研究的历史中，国家重新被视为一个核心概念。20 世纪 70 年代早期，马克思主义国家政治理论和安东尼奥·葛兰西（Antonio Gramsci）的作品之间所存在的争论，以及 20 世纪 80 年代，主流政治科学中进行着的关于民主国家自治的讨论，都给有关国家理论的论述带来崭新活力。那么，国家这个概念为什么对于理解教育政策和实践来说如此重要呢？文献显示这个问题应该可以在教育与政府、教育与经济、教育与市民建设的关系之中找到答案。基于教育体系和实践是由国家支持、授权、组织和认证这一事实，因此关于它们的分析不能脱离政府的角色、目的和功能。

　　然而，教育、政治和国家之间的关系不能仅仅从主流政治文化的视角来探讨。尽管那些对教育研究、课程和教育政策提出"技术官僚"或"技术主义"观点的人都认为，教育在政治上既不是中立的，也不是严格来讲"客观"的。正如保罗·弗莱雷（Paulo Freire）一直在他的作品中宣称的那样，教育有一种固有的"政治性"，具有认识论的、分析的和伦理的含义。这种政治性最先指向教育和权力之间既明显又隐晦的联系。同时，作为商品、服务交换以及政治经济计划竞争的竞技场，教育也关系到国家和公立教育的政治特性（Freire，1994）。总的来说，政策制定者和研究者持有的关于国家的流行观念影响着重要的研究进程、教育问题分析和政策建议。国家理论同样影响着教育研究本身。在具体且实际的层面上，而非抽象层面上，政府联盟和教育官僚持有的国家理论不仅会影响教育研究，还会对教育体系的规划和运行带来影响。关于国家和教育理论的讨论包含了一系列有关教育、国家和公民社会关系的理论。这意味着国家理论界定了教育研究、政策和实践的性质、目的以及角色。

　　在认知社会化和文化身份建构的进程中，国家理论诠释了教育和学校教育在道德与伦理层面（和角色中）的实质。此外，国家理论（以及它们有关权力、国家和社会之间联系的准则）会指导国家、地方和地区学校教育政策的制定，包括职业培训项目以及被认为合法且官方的知识的制定。

自由主义、新保守主义和新自由主义国家

　　自由-多元主义国家理论将国家视为一个政治体系，作为一个独立于生产体系和阶级结构的自治政治机构。当竞相逐利的精英们与全体市民的普遍利益最终产生矛盾，或者说当国家追求独立活动，尝试社会现代化时，国家即作为一个中立的裁判出现，来监督和管制利益集团之间的冲突。自由主义观点认为国家是其个体成员的集体创造，国家提供一系列的常用社会商品，包括国防、教育、法律体系以及将法律体系强制实施于大多数市民和法定居民的各种手段。在这一点上，我们想提出以下的问题：保守派国家和新自由主义国家之间是否存在联系？根据沃勒斯坦（Wallerstein）的世界体系分析方法，中心国、半边缘和边缘国家之间的区别对于区分国家性质至关重要。新保守主义政治经济的出现，部分是出于对中心国国家形式中的福利国家形式的回应。很多这样的国家形式被描绘成工业高度发达社会或后资本主义社会。事实上，大多数新保守主义都发生在历史上未遭受殖民化的国家。此外，这些国家（除了少数例外）自身没有被殖民统治过，却通过将第三世界国家作为殖民地来获取利益。

　　新自由主义和新自由主义国家的概念似乎由中心向边缘和半边缘"输出"。这一点可以从近几十年里有关拉丁美洲和南方国家①的讨论中看出。无疑，新自由主义意识形态和叙述在中心国家是稳固的。考虑到中心国社会的自由主义的历史，政党之间的特定辩论以及全球化下新保

---

　　①　南方国家，指全球南北分水岭中低收入国家一方，具体指非洲、拉丁美洲和亚洲发展中地区的国家。政府组织和发展组织常使用该术语作为"第三世界"和发展中国家的替代词。——译者注

守主义经济的影响,中心国家自由主义的概念似乎与政治经济中的新保守主义概念可以相互交换。龙尼茨和梅尔尼克(Lomnitz & Melnick, 1991)认为,就历史和哲学层面而言,新自由主义与结构调整方案有关。相应地,结构调整通常是指由世界银行、国际货币基金组织和其他金融组织推荐的一系列政策。尽管世界银行区分了稳定化、结构调整和政策调整,但它也承认了这些术语的日常使用通常是不精确和前后矛盾的(Samoff, 1990)。

新自由主义提供了类似的"处方"。一旦新自由主义政治传播到边缘国家,就拟定一套涉及国际背景下南方国家状况尤其是劳动分工方面的提案。新自由主义力争通过收取用户费让顾客承担教育服务费用,促进教育私营行业参与教育(如私立化),同时也促进了教育服务的权力下放,作为重新定义联邦、省和市政府的权力和教育关系的一种手段。这些标准的政策建议在很大程度上与新保守主义是一致的(Torres, 2007)。

国家形式的变化势必造成霸权的产生方式和对日常生活常识的解释发生变化,尤其是在控制国家的政治联盟从自由主义变为新保守主义和新自由主义时。在决定教育政策时,用市场逻辑来代替国家的角色被批评为一种新自由主义国家的阶级策略(Ball, 1993)。另一个争论是关于拉丁美洲国家撤回对公立教育的投资,以及这样做会对作为教育主体的市民的构成带来怎样的影响(Torres & Puiggros, 1995)。当生产模式从福特主义转变为后福特主义(包括对劳动力的技能化和去技能化的过程以及课程中的技术控制逻辑的解释)时,劳动过程也发生变化(Apple, 1982)。

从民族国家到全球化:批判的视角

尽管存在不断增加的历史特殊性,且由于其存在的规范和分析取向,总的来说,批判视角还是以民族国家作为政治和教育的核心。然而,全球化的概念改变了这场辩论,提高了教育中解放政治的风险。

赫尔德(Held)将全球化定义为"全世界社会关系的强化,它联系着遥远的地方,使当地发生的事情会被千里之外的事件影响,反之亦然"(Held, 1991)。除此之外,赫尔德提出全球化的产生基于以下原因:全球经济的出现、经济体间跨国交易的扩张带来新形式的集体决策、政府之间与类似超国家机构的发展、跨国交流的加强以及新地区和军事秩序的形成。全球化进程意味着国家界限模糊、民族国家内部与外部关系动荡不定,国家和利益群体身份受到较大影响。尼尔·斯梅尔赛(Neil Smelser, 1993)非常巧妙地刻画了这一主题的精髓。

描绘世界形势的便利出发点是考虑民族国家的地位。国家公民的忠诚和团结曾被视为国家理论中自然的焦点,然而,近来构成该理念的所有元素均受到挑战质疑。由于生产、贸易、金融和文化的全球化的加剧,国家的国际界限可相互渗透,结果是所有国家失去对其财产的控制力。国家主权由于区域政治联盟模式的变动而受到损害。在次级国家体系上,国家受到了建立在地区、语言、宗教、伦理、性别和团结等多重基础上的团体的发展和振兴带来的挑战。所有的这些都与国家强调的人民忠诚度、领土的管辖权相抵牾。总之,当代国家已经感受到了有争议的边界和脆弱的团结带来的压力。

资本主义国家虽然有领土防御权,但从建立开始就发展出一种具有松散联系且互相重叠的管辖权网络。19世纪后期出现的社团资本主义的管治框架是以民族国家形式为基础,包含了多种形式的模仿和移植,以及国际协调;而20世纪的跨国公司作为一种主导形式,促进了资本的国际所有权。为了能利用管治中的差异和漏洞,跨国公司赞同"最小化的国际协调",并大力支持民族国家。依托国家合法性展开的国家间国际合作进程,通过各种各样的非正式结构和更庞大的组织网络，以官僚-行政谈判的形式出现。社会反应的进一步全球化给国家和跨国政府组织带来越来越多的压力(Ruccio et al.，1991)。

就其范围和动态来说，国家的日益国际化仍处于开放状态。同样的，这种国际化和全球化对教育政策、课本和课程带来的可能结果到现在仍缺少实证和理论研究。这也有例外。在一个关于教师教育改革的八国研究中，波普科维茨和佩雷拉(Popkewitz & Pereyra，1993)认为国际组织，比如经济合作与发展组织(OECD)和欧盟都在促进教师教育的变化上扮演着非常重要的角色。

乔尔·萨莫夫(Joel Samoff)讨论过国际组织在全球化进程和民族国家中扮演的角色问题。他曾研究过世界银行有关教育贷款的逻辑。据他所言，世界银行是资本主义体制下最重要的监管机构之一。萨莫夫很有说服力地指出世界银行是智力和金融综合体中的主要一员，它追求知识和专长的跨国化，并雇佣专家团队进行大量与科研、教育金融相关的工作。世界银行对全世界教育中的权力和决策网络起着关键作用，以不同寻常的方式影响着发展中国家的研究和决策，以及通过不同方式影响着教育的国际话语。首要的是，它有充足的预算进行长期研究。正如世界银行的大部分文件中所述，这一说法主要是基于一种新古典主义的教育经济学、人类资本理论和适用于教育的公司理论。世界银行还通过其财务权重和业务范围，影响被认为是恰当且合法的分析方法(例如，成本效益分析、输入输出分析和回报率)，维护技术官僚的理性，而不是政治和历史上知情的政策导向，当专家认为假设和研究结果对教育投资和发展有用且必要时，赋予其合法性。萨莫夫(1992，1993)认为世界银行不同职级的研究员持有多样的理论观点。但是他指出该组织的逻辑不可避免地应用于其贷款方面的工作，且负责贷款的经理人的工作与研究员的理论、实证分析相距甚远。世界银行的分析逻辑不是多元论的。尽管存在紧张局势和矛盾，但这个组织是相当单一的(Samoff，1992，1993)。类似地，在研究世界银行对全世界高等教育的影响时，丹尼尔·舒格伦斯基(Daniel Schugurensky)认为世界银行在国际层面上起到的作用类似于美国的商业圆桌会议对教育改革事项的作用。简言之，世界银行推进的政策和商业圆桌会议发布的许多新自由主义和新保守主义提案有一定相似性。

国家与教育在拉丁美洲

为了讨论拉丁美洲地区国家与教育扩张，我们简要地介绍一下其历史和理论背景。这个19世纪的自由主义地区，在经历20世纪20年代的斗争和30年代的大萧条时，产生了不同国家模式，使其公共教育体系在政治体系的整合和合法化、拉丁美洲国家的现代化方面起到了重要的作用。作为其发展政策的一部分，拉丁美洲国家，尤其是阿根廷、哥斯达黎加和墨西哥，让大部分的人口都能享有社会福利。教育在这些社会项目中扮演重要角色，因为大众教育被看作是培养负责的公民、有技术的工人以及增加社会流动性的手段。在20世纪60年代早期，人力资本理论和教育规划证明，教育扩张不仅对技能培训是很好的投资，而且是自由民主的前提条件。

20世纪60年代工业化早期阶段，拉丁美洲的教育扩张带来了全球最高教育增长率。1960年至1970年间，拉丁美洲高等教育和中等教育增长指数分别为247.9%和258.3%，此后仅增长了167.6%，且这一区域大多数国家的文盲率基本保持不变。20世纪70年代后期的一个研究显示这种教育发展模式有其基本的连续性。埃内斯托·希费贝恩(Ernesto Schiefelbein)认为20世纪最后40年，拉丁美洲通过以下几种方式在民主上取得很大进展：(1)大部分学龄儿童都能接受教育；(2)延长学校教育年限；(3)提高入学率；(4)扩大向贫困儿童提供早期关怀数量；(5)增加最低投入和消除社会等级。然而，在这一背景下出现了种种变化，而这可能是新全球经济造成的结果。新全球经济与过去的工业经济相比，在产生和运作方面都有很多不同。旧经济是基于少数管理者从上层控制生产流程，大量工人听从指挥而进行的高产出高标准的生产。由于交通和交流技术的日益先进以及服务业的发展，生产开始分散在全世界。新全球经济更加具有流动性和灵活性，有多样的权力和决策，而旧资本主义秩序下的公立教育体系是以培养有纪律的和可信赖的生产力为导向，新全球经济似乎是重新定义了公立教育发展的目标。公立教育的新角色（对许多人来说，还有公立教育的未来）在当前教育政策的讨论中处于重要位置。

从教育的政治经济视角来看，经济表现是支撑教育政策的一个主要议题。问题是，用以解决经济低迷状况的结构调整在多大程度上会帮助或妨碍地区教育扩张、教育质量以及教育机会公平。对这一问题的回答，是当今主要关注拉丁美洲教育事业的行动者的政治行为的基础。这些行动者包括了教师组织、新自由主义政府及其机构，国际组织尤其是世界银行也在其中扮演重要角色。

我们必须将拉丁美洲的国家和地区教育政策放在过去全球经济、政治和社会变迁的背景下来看。当前区域环境受到无数变化的影响，包括亚洲和环太平洋的新工业国家的出现，以及其对拉丁美洲经济发展模式的影响；巩固区域经济市场（欧洲经济委员会、北美自由贸易协定和南方共同市场）的承诺；主要工业国家德国、日本和美国的竞争的加剧；东欧的开放；以及区域民族和宗教冲突的复苏。这些变化和矛盾都越来越多地关系到经济、文化和社会的全球化进程，它们显示了在遭遇重大危机、政策序列和系统重建的时候，教育中的结构性力量是多么强大。

国家法团主义和理论

在法团主义和依附理论的背景下，公立教育对于拉丁美洲国家的整合和现代化以及政治体系的合法化起到重要作用。尽管"依附视角"应当被置于宽广的发展的学派背景之下，如现代化、后帝国主义和互动的地方政治经济视角等，但它主要侧重国际资本主义的结构，以及经济欠发达地区缺乏自主扩张的可用资本这两个方面。现代化聚焦欠发达国家社会结构的性质和特征，这正是其欠发达的原因。后帝国主义理论试图将发展不足解释为发展中国家跨越国际阶层过程的一部分。最后，利用现代政治经济关注社会内部力量交互作用的视角强调，内部社会经济和政治趋势间复杂的相互作用决定着政策结果，这一视角强调内部社会经济行动者在决定政策选择和结果时，经济压力的考量处于中心地位。

教育政治经济学家和政治社会学家，从依附理论视角出发，认为国家的制度身份对于理解教育在发展和社会变迁起到十分重要的作用。第三世界中的"受限国家"理论延伸阐明了从属国家的概念，它强调国家被"它的经济在世界体系中扮演的外围角色的性质和其政治体系中的重要（后封建）元素"所限制。因此，拉丁美洲"受限国家"不能很好地执行其公共职能是有很多原因的。一方面，地方经济的脆弱性使得地方主导群体不愿让公众多元参与国家官僚机构的选择。另一方面，因为自古以来，人们大多认为国家是统治阶级进行统治的工具，或者是一个代理国家，它没有被视作一个代表公民的独立国家。

另一个问题是国家整合民族和市场的能力。由于受限国家的市场边界是由外部力量和跨国公司的存在决定的，民族的定义不断地由复杂的内生-外生过程的两两交互所重新阐释。多数情况下，受限国家对其政治经济动态几乎没有控制。

依附关系、依附-发展及受限国家的概念为讨论拉丁美洲国家的性质定下了基调。根据政治法团主义传统，教育政治社会学视角下的国家法团主义的概念可用来研究地区政权的特征，尤其是墨西哥教育政策的形式。

教育对后革命国家的合法化起到重要作用，并对墨西哥的国家统治做出了贡献。有人认为，后革命国家的法团主义严重限制了教育政策的组织、实施和评估的方式，墨西哥的教育（尤其是成人教育）是补偿合法化的综合项目的一部分。也许墨西哥的例子太过特别，我们可以认为 21 世纪国家和社会关系范式的历史转变为法团主义行动广泛推进和法团主义国家的发展创造了条件。

这一地带受限国家的存在对于民主和公立教育来说仍是一个问题。我们已经提过国家的制度身份对理解教育在发展和社会变迁中的作用十分重要，依赖的或"受限的"国家的概念有助于理解公共政策形成中的矛盾，以及拉丁美洲在边缘资本主义背景下全然不同的角色和功能。受都市资本主义的动力机制、自身政治体系中的非资本主义（尽管可能是后封建的）元素以及执政的政治结盟的制约，这一地区民主国家的性质仍然严重限制了公民社会的政治和经济民主化。更重要的是，尽管拉丁美洲民主政体有其政治缺点，在能力和资源上存有局限，但该地区的自由主义国家试图发展一套公立教育的体系，为包括贫困人口在内的大部分人口提供持久的公立教育机会。很显然，这一政策的基本原理是建立在国家应当先"教育最高统治者"的前提之上。随着被压迫者的教育学、觉悟启蒙和大众教育的概念兴起，20 世纪 60 年代出现了对这一前提的批判性拓展和解构。一方面，当前这一领域争论的是，新自由主义引导的政治经济背景下，系统撤回公共教育资源是否严重影响了国家在教育中的传统角色，抑或影响教育机会均等和教育质量的系统表现，以及民主约定的潜在性质；另一方面，盛行的理论、方法论和教育规划中的政治-技术理性被视作从属于新自由主义的主要目标。国际货币基金组织（IMF）、世界银行之类的国际机构在其政治经济条件和政策参考中提到过这些目标，但这一地区的新自由主义国家曾接受并实施了这些目标。问题是，鉴于全球化进程，这些国际引入的政策是否符合民主问责制、国家主权和社区赋权的基本概念。国家和公共政策的性质问题同时也是有关拉丁美洲公立教育未来的问题。

结　语

当前拉丁美洲社会、政治和经济的变化与教育发展的速度、结构和范围以及教育质量的水平相互影响。在这一背景下，教育规划者和团体要处理 20 世纪八九十年代经济发展落后、不断增长的外部贷款和财政限制以及经济、新自由主义国家和政策的结构性调整带来的有意和无意的影响。遗憾的是，追求教育变革的人们仍旧反复讨论教育和社会变迁的关系，但是公共政策（尤其是教育）和民主制度所面临的有关贫困的挑战似乎因为比较棘手而较少被涉及。

在历史辩证的整体主义框架之下，对新自由主义和全球化的理解应该作为新兴的资本主义统治的基础，作为一种原生力量，其目的是重新阐明经济-技术子系统和社会政治制度领域之间的关系，并在它们之间建立一种新的质的联系。

考虑到资本的广泛流动、全球镇压或消除工人抵抗的必要性，全球化对于资本主义的现代阶段是必不可少的条件。我们必须记住，全球化是建立在资本流动自由化、去管制化（劳资关系的弹性化和社会保障的流动性）和竞争力这三大支柱上的，而最后一个支柱（即竞争力）可以理解为前两者的不受约束的应用。

相比于拉丁美洲历史周期的特殊性，新自由主义模式的危机没有遵循对称性，这种模式很可能试图走进一种失去国际资助的阶段。应努力建立大范围的联盟，集中所有力量，创建不同于新自由主义和排外的全球化的另一条路径，以响应反资本主义和自由主义。

正如丹尼尔·本赛德（Daniel Bensaid）断言，马克思主义思想的繁荣是缜密研究的结果，这个缜密研究展现了马克思主义在多大程度上影响现在。新世纪看上去是这一传统理论框架重获创造力的大好时期。

马克思主义传统,作为指向解放的社会政治科学与当代科学相连;作为变革和共同行动的认知过程的一部分,是应当被复兴的复杂实践。在日益增长的犬儒主义下,重建这一批判理性至关重要。

通过部分合成和逐次逼近的方法,重建作为认知方法和途径的辩证法,以及将马克思主义的冰(科学)与火(乌托邦)、知识和实践相结合,将会产生关于现实的创造性和革命性的解释,故马克思主义仍会如葛兰西说的那样,是一种"实践的哲学"。

参考文献

Amadeo, J. (2006). Mapeando el marxismo. In: A. Boron, J. Amadeo & S. González (Eds.), *La teoría marxista hoy. Problemas y perspectivas*. Buenos Aires, CLACSO.

Apple, M. W. (1982). Curricular form and the logic of technical control: Building the possessive individual. In M. W. Apple (Ed.), *Cultural and economic reproduction in education: Essays on class, ideology, anti the stale* (pp. 247 - 274). London: Routledge & Kegan Paul.

Arnove, R. & Carlos A. Torres (Eds.) (2007). *Comparative education: The dialectics of the global and the local*, 3rd edn. Lahman, MD: Rowman & Littlefield (in press).

Audry, C. A. (1998). "Los orígenes del Neoliberalismo". En: Desde los cuatro puntos, N 1, p. 22. México.

Ball, S. J. (1993). Educational markets, choice and social class: The market as a class strategy. *British Journal of Sociology of Education*, 14, 3 - 19.

Bensaïd, D. (1999). *Marx, o intempestivo*. São Paulo: Civilização Brasileira.

Boron, A. (2005). Las ciencias sociales en la era neoliberal: entre la academia y el pensamiento crítico. Conferencia Magistral pronunciada en el XXV Congreso ALAS (Asociación Latinoamericana de Sociología), Porto Alegre, Brazil. 86 Olmos and Torres.

Borón, A. (2006). Por el necesario (y demorado) retorno del marxismo. In A. Borón, J. Amadeo & S. González (Eds.), *La teoría marxista hoy: problemas y perspectivas*, Buenos Aires, CLACSO.

Carnoy, M. (1992). Education and the state: From Adam Smith to perestroika. In R. F. Arnove, P. G. Altbach, & G. P. Kelly (Eds.), *Emergent issues in education: Comparative perspectives* (pp. 143 - 159). Albany, NY: State University of New York Press.

Carnoy, M. & Samoff, J. (1990) *Education and Social Translation in the Third World: China, Cuba, Tanzania, Mozambique and Nicaragua*, Princeton, N. J.: Princeton University Press.

Chesnais, F. (1994). La mondialisation du capital. Editions Syros, París dos Santos, Theotonio. La Teoría de la Dependencia. Un balance histórico y teórico. *En: Los retos de la Globalización. Ensayo en homenaje a Theotonio Dos Santos*. TOMO I. UNESCO — Caracas. Unidad Regional de Ciencias Sociales Humanas para América Latina y el Caribe 1998.

Freire, P. (1994). *Cartas a Cristina*. São Paulo: Paz e Terra.

Ginsburg, M. (Ed.) (1991). *Understanding Educational Reform in Global Context: Economy, Ideology, and the State*. Garland Publishing, Inc., New York, NY.

Ginsburg, M. (1993). Book Review of The State, Corporatist Politics, and Educational Policy Making in Mexico by D. A. Morales-Gómez and C. A. Torres. *Comparative Education Review*, 3(37): 325 - 326.

Held, D. (1991). *Political Theory Today*. Stanford: Stanford University Press.

Lomnitz, L. & Melnick, A. (1991). *Chile's middleclass: A struggle for survival in the face of neoliberalism*. Boulder, CO: Lynne Rienner.

Morrow, R. & Torres, C. A. (2007). The State, Social Movements, and Educational Reform. In: R.

Arnove &. C. A. Torres (Eds.). *Comparative education: The dialectics of the global and the local*. Lahman, MD: Rowman &. Littlefield.

Petras, J. (1997). *Neoliberalismo en América Latina*. Rosario, Argentina: Homo Sapiens Ed.

Popkewitz, T. S. &. Pereyra, M. A. (1993). An eight country study of reform practices in teacher education: An outline of the problematic. In T. S. Popkewitz (Ed.) *Changing patterns of power: Social regulation and teacher education reform*. Albany, State University of New York Press.

Ruccio, D., Resnick, S., &. Wolf, R. (1991). Class beyond the nation-state. *Capital and Class*, 43, 25 – 42.

Samoff, J. (1990). More, Less, None? Human Resource Development: Responses to Economic Constraint. Unpublished paper, Palo Alto, CA.

Samoff, J. (1992, July). *The financial intellectual complex*. Paper presented at the World Congress of Political Science, Buenos Aires, Argentina.

Samoff, J. (1993). The reconstruction of schooling in Africa. *Comparative Education Review*, 37, 181 – 222.

Schiefelbein, E. (1998). Financing Education for Democracy in Latin America, page 32. In C. A. Torres and A. Puiggros (Eds.), *Latin American Education: Comparative Perspectives*. Boulder, CO: Westview Press.

Smelser, D. H. (1993). *International Sociological Association Bulletin*, 60, 5.

Schugurensky, D. (1994). *Global economic restructuring and university change: The case of Universidad de Buenos Aires*. Unpublished doctoral dissertation, University of Alberta, Edmonton, Alberta, Canada.

Torres, C. A. (1991). State corporatism, education policies, and students' and teachers' movements in Mexico. In: M. Ginsburg (Ed.) *Understanding reform in global context: Economy, ideology and the state* (pp.115 – 150). New York: Garland.

Torres, C. A. &. Puiggrós, A. (2007). The State and Public Education in Latin America. In C. A. Torres, *The political sociology of education. Collected works*. New York: Teachers College Press.

Torres, C. A. (2007). *Education and neoliberal globalization: Oppositional essays*. New York: Routledge.

Torres, C. (2007a). *The political sociology of education. Collected works*. New York: Teachers College Press—with a foreword by Michael Apple (in press).

Torres, C. (2007b). *Education and neoliberal globalization: Oppositional essays*. New York: Routledge—with a foreword by Pedro Noguera (in press).

UNESCO (1974). *Evolución Reciente de la Educación en América Latina Santiago de Chile:* UNESCO 167, 127.

UNESCO/CEPAL/PNUD (1981). *Desarrollo y Educación en América Latina: Síntesis General*. Buenos Aires: Proyecto DEALC.

Wallerstein, L. (1979). *The capitalist world economy*. Cambridge, England: Cambridge, University Press.

7. 欧洲的比较教育

沃尔夫冈·米特(Wolfgang Mitter)

历史回顾

将比较教育置于欧洲区域框架中,可以发现发端于中世纪早期的,决定欧洲历史主流的基本结构原则,即多样性和统一性的二分法。本文将延续该论点表明的这一主题并将这一论点当作当前整体情况分析的不变主旨。乍看之下,事实和趋势似乎表明多样性是更强的一方。这种假设在比较教育学科发展历程中具有深刻的影响。因此,每当我们受欧洲高校、科研院所、资料中心、学术团体、地区部门以及国家政府之邀运用比较方法调查事件、趋势或成果时,我们主要关注特殊部门的地理性、制度性和专题性的信息。

正是国家的存在所造成的地域限制成为比较教育从起源到 21 世纪初最重要的决定因素。本学科的历史可以追溯至 19 世纪初,当时"神圣同盟"①声称为拿破仑战争后的和平秩序奠定基础,马可-安东尼·朱利安(Marc-Antoine Jullien)设计了一项计划,旨在比较"神圣同盟"国家与其他的欧洲各国教育系统(Jullien, 1992;Vandaele, 1993)。然而,朱利安的这一思想与国家民族思政联盟②的想法相似并最终被取代。作为法国大革命的重要遗产,民族国家的结构形态应该成为比较教育研究的焦点。民族国家在 19 世纪和 20 世纪期间日益扩大。但目前的趋势标示着现代民族国家垄断教育主权的终结,这将有利于区域和全球层面的竞争者(Mitter, 2004;Bray *et al.*, 2007)。

欧洲在创造条件和制定规范以促进科学技术进步、推动(制度化)教育遍布"世界其他地区"方面居主导地位,与此相应的是,在这片大陆上产生的比较教育已对该学科在数量、方法和组织方面的扩展产生了巨大影响力。在 20 世纪的进程中,尤其是自 20 世纪 30 年代纳粹德国和中欧地区的著名教育家移民国外之后,欧洲在比较教育研究领域的核心地位不断受到挑战,最终被不断崛起的竞争对手所取代。这一趋势始于北美的"反向影响路径"(counter trend)③。北美比较教育学科的起源可追溯到 19 世纪,并由北美进一步蔓延至更远的地区,尤其是东亚。

虽然欧洲的比较教育学家重点关注由国家教育系统特征所反映的多样性,但他们从未放弃对其共同之处的研究兴趣。此外,比较教育中的一些杰出人物已经感到要致力于"欧洲统一"的总体思想。"欧洲统一"思想来自前现代时期的精神和物质事件与发展,以及科学、哲学、文学、音乐和艺术的当代趋势。比较教育历史上的这一"欧洲观念"明确体现在驱动力的理论中,该驱动力显示了民族国家教育体系和文化架构之间相互关系的趋同。正如文章开头所言,作为一个整体,所有这些趋势为普遍主义和文化多元主义之间的根本张力奠定了基础,这使得我们意识到当今全球化的世界是经久不衰的二元现象的现代表征。

---

① 神圣同盟(Holy Alliance)是拿破仑帝国瓦解后,由俄国、奥地利和普鲁士三个君主制国家首脑于 1815 年 9 月 26 日在巴黎会晤时建立的一个同盟。——译者注

② 国家民族思政联盟并非历史上实际存在的实体机构,而是一种治理理念,强调在国家边界内创建统一的民族身份,促进团结、忠诚和公民的归属感,强调教育系统可以被用作推广国家身份、培养爱国价值观和将个体整合到国家社会结构中的工具。

③ 原文的 counter trend 在此处翻译为"反向影响路径",是依据"欧洲中心"与"北美中心"及其影响路径的走向划分而定。根据文中所示,从"北美"到"东亚"的路径,恰与原先的欧洲影响路径是相反的方向。——译者注

作为一门学术学科的欧洲比较教育史(Hilker，1962)始于伦敦，当时迈克尔·萨德勒(Michael Sadler)提出了探究国外教育体系和发展趋势，并将其与自己国家的教育体制做比较的理念。在他看来，德国是最好的参照对象。为了实现他的构想，他说服英国政府设立特殊调查与报告机构。总的来看，他的意图旨在为国家教育主管部门提供建议，以改善教育(Higginson，1979)。作为先锋学者和教师，皮特·桑迪佛(Peter Sandiford)和保罗·孟禄(Paul Monroe)率先在美国高校实践了萨德勒的"欧洲"倡议。

此外，只有将19世纪比较教育"起步"阶段纳入进来，才能完整描述这一学术开端。参考这三位"先驱"似乎是有用的(Hilker，1962；Vandaele，1993)：

(1)马可-安东尼·朱利安的理论方法虽然不完整且已被遗忘多年，但他预测了现代用来收集和比较有关国家教育系统项目数据的方法，以便基于经验证据来协调和改善教育。

(2)政策导向的方法强调运用"教育旅行者"深入的、具有反思性的报告。作为"教育旅行者"，学校督导通过出国研究文件，以及与部长、行政管理人员、校长、教师和高等教育代表等的交谈，为与自己国家相关的教育改革提供支持。

(3)威廉·狄尔泰(Wilhelm Dilthey)的哲学方法源于他对"基于历史研究及应用阐释-诠释方法论的教育体系比较"的这一做法的反思。

朱利安的全部作品都是有理论支撑的，他特意设计了一个一致性强且结构良好的表格系统，并以此作为有目的调查的基础。在这种方法中，他是理性主义和启蒙运动的典型代表，还是比较教育中实证主义模型的早期先驱。而在谱系的另一端，狄尔泰则为人文主义方法论流派铺平了道路。最后，旅行者的方案为两种对比鲜明的方法的结合提供了可能。虽然他们的调查仅限于两个或少数国家教育系统，而且他们不了解朱利安的全部作品，但是他们探索统计调查和法律文件的方法可以证明他们是朱利安的追随者。跟随朱利安的脚步，他们共享了致力改善现实中教育现状的目的。另一方面，对他们的这些经验和将自己置于塑造教育系统的社会政治和文化环境中的努力的分析展现了他们人文学科的学术背景，以及他们在应用历史和阐释学方法方面的专长。

分析标准

以下标准自20世纪提出以来，便被当作描述比较教育当下发展状态的框架。当然，聚焦欧洲的特殊性并不意味着这些选定的标准只在涉及欧洲时才有意义。前文提及的该学科在全球范围的扩张意味着该标准具有超越欧洲范畴的有效性。

"欧洲地图"

欧洲地图，特别是关于大学和研究机构的地理位置，反映了比较教育扩展范围的多样性和实力。我们当然不能声称以下调查具备任何完整性，但将其呈现出来是为给整个欧洲比较教育地图提供一个典型洞见(Wilson，1994；Watson，1998；Paulston，1999；Mitter，2005)。如上所述，比较教育的发端是在英国。迈克尔·萨德勒的衣钵由伦敦大学教育学院继承，该学院的历史与许多著名的学者联系在一起：约瑟夫·劳韦里斯(Joseph Lauwerys)、尼古拉斯·汉斯(Nicholas Hans)、布莱恩·霍姆斯(Brian Holmes)、贾尼斯·托米亚克(Janusz Tomiak)、罗伯特·考恩(Robert Cowen)以及马丁·麦克莱恩(Martin McLean)。其他大学也加入了这一趋势：伦敦国王学院有埃蒙德·金(Edmund King)，牛津大学有威廉·霍尔斯(William Halls)和大卫·菲利普斯(David Phillips)，剑桥大学有维托尔德·图拉塞维茨(Witold Tulasiewicz)，瑞丁大学有弗农·马林森（Vernon Mallinson）、德宾森（O. H. Dobinson）、基思·沃森（Keith Watson），曼彻斯特大学有雷蒙德·赖巴（Raymond Ryba），利兹大学有玛格丽特·萨瑟兰（Margaret Sutherland），赫尔大学有科林·布罗克（Colin Brock），爱丁堡大学有尼格尔·格兰特（Nigel Grant），华威大学有罗斯玛丽·普雷斯顿（Rosemary Preston）。作为第二个中心国家，德国比较教育的第一时期由弗里德里希·施耐德（Friedrich Schneider）和弗兰茨·希尔克（Franz Hilker）的个人成就所代表，而他们的后继者则是大学或独立研究机构的负责人：汉堡大学的瓦尔特·默克（Walther Merck）、戈特弗里德·豪斯曼（Gottfried Hausmann）、内维尔·波斯尔思韦特（Neville Postlethwaite）和汉斯·彼得·舍费尔（Hans-Peter Schäfer），马尔堡大学的莱昂纳德·弗罗塞（Leonhard Froese），海德堡大学的赫曼·罗尔（Hermann Röhrs）和沃尔克·伦哈特（Volker Lenhart），波鸿大学的奥斯卡尔·安韦勒（Oskar Anweiler）和克里斯特尔·阿迪克（Christel Adick），明斯特大学的德特利夫·格洛卡（Detlev Glowka）和玛丽安·克鲁格-勃瑞茨（Marianne Krüger-Potratz），位于美茵河畔法兰克福的德国国际教育研究所的瓦尔特·舒尔茨（Walter Schultze）和沃尔夫冈·米特（Wolfgang Mitter），位于柏林的马克斯·普朗克教育研究所的索尔·罗宾索恩（Saul Robinsohn）和迪特里克·戈尔德施密特（Dietrich Goldschmidt）。虽然时至今日德国仍把比较教育作为普通教育（教育基础）的组成部分，比较教育席位有限，但还有其他大学紧随其后发展比较教育研究。德国的统一为德国东部地区的比较教育学科发展开辟了新的机会，当时德国西部地区的主要研究机构不得不应付结构和财政上面的限制，甚至一度关闭比较教育研究所。因此，"火炬"被传递到了东部，时任比较教育研究所所长的尤尔根·施里尔（Jürgen Schriewer）和尤尔根·亨策（Jürgen Henze）教授已经把洪堡大学发展成为比较教育的杰出阵地。由沃尔夫冈·霍纳（Wolfgang Hörner）和迪特马尔·瓦特坎普（Diethmar Waterkamp）分别创建的莱比锡大学和德累斯顿技术大学的比较教育系所进一步巩固了近期的德国东部比较教育发展势头。在此背景下，我们应该留意到前德意志民主共和国努力筹建的、以沃纳·基尼茨（Werner Kienitz）和汉斯-格奥尔格（Hans-GeorgHofmann）为主要代表的"马克思-列宁主义比较教育学"，但是由于共产主义政权与共和国本身的结束而带来的思想政治压力的不断变化，这些努力持续遭到各种限制。

从 20 世纪 60 年代起，在欧洲国家中，英国和德国的比较教育并行发展。此处的名单还应该包括法国，在尹蒂弥·海蒂戈亚斯（Edemée Hatinguingais）的领导之下，作为促进国际交流和留学的"国际教育研究中心"机构成立之时，法国即处于内圈之中。20 世纪 70 年代和 80 年代以米歇尔·迪博维亚斯（Michel Debauvais）的扩展活动为特征，近年来在弗郎索瓦·欧瑞文（Francois Orivel）以及让-米歇尔·莱克莱尔（Jean-Michel Leclerq）的带领下获得成功。需要指出的是，乐坦科伊（Lê Thán Khôi）综合参考了文化历史和社会学，形成的比较反思对比较教育的发展作出了独立贡献（Lê Thán Khôi, 1981）。近年来，虽然比较教育在英国和德国不得不应付机构重组和预算缩减的问题，但是欧洲其他国家衍生出新的举措；其中一些国家在过去几十年已经取得了长足进展。至于西欧国家，以下名单表明了这种进步：意大利[兰贝托·博尔吉（Lamberto Borghi），阿尔多·维萨尔伯格希（Aldo Visalberghi），毛罗·拉昂（Mauro Laeng），维托里奥·泰尔蒙（Vittorio Telmon），多纳泰拉·帕隆巴（Donatella Palomba）]，西班牙[维克多·加西亚·霍兹（Victor Garcia-Hoz），胡安·图斯克兹（Juan Tusquets），里卡多·马林（Ricardo Marin），何塞·路易斯·加西亚·加里多（José Luis Garcia Garrido），米格尔·佩雷拉（Miguel Pereyra）]，荷兰[约瑟夫·布兰格（Josep Branger），埃尔佐·韦莱马（Elzo Velema），西尔维亚·范德·邦特·科胡斯（Sylvia vande Bunt-Kokhuis）]，比利时[塞里尔·德·凯泽（Cyriel de

Keyser），亨克·范代尔（Henk Vandaele），威利·维勒曼斯（Willy Wielemans）]；最终是基于托斯滕·胡森（Torsten Husén）在跨国研究和合作方面开创的全面而富于创新举措的北欧国家[泰格·温瑟·詹森（Thyge Winther-Jensen），托尔斯滕·哈博（Torsten Harbo），雷乔·雷沃拉（Reijo Raivola）]；在南欧，"后起之秀"希腊[安德里亚斯·卡扎米亚斯（Andreas Kazamias），迪米特里欧·马修（Dimitrios Mattheou）]已经占据了稳定地位，马耳他[罗纳德·苏尔塔纳（Ronald Sultana）]紧随其后。正如上文所提及的原德意志民主共和国的情况，因执政党当局的不断干预，苏联阵营的比较教育无法将其确立为一门真正的科学学科。然而，我们仍可以发现苏联一些非凡的举措[佐亚·马尔科娃（Zoya Mal'kova），鲍里斯·伍尔夫松（Boris Wul'fsson）]，以及波兰[米茨瓦夫·佩恩切斯基（Mieczsław Pecherski）]、捷克斯洛伐克[弗朗蒂舍克·辛格（František Singule）]、匈牙利[马格达·伊莱斯（Magda Illés）]以及保加利亚[纳杰登·哈卡洛夫（Najden Chakarov）]。随着20世纪90年代出现的革命性变化，中欧和东欧地区，即保加利亚[尼古拉·波波夫（Nikolay Popov）]、捷克共和国[姬里·科塔塞克（Jiří Kotásek），扬·普鲁乔（Jan Průcha），伊莱斯卡·沃尔特（Eliška Walterová）]、匈牙利[塔拉斯·科兹马（Tarrás Kozma）]以及波兰[雷扎德·帕乔辛斯基·约泽夫·库兹马（Ryszard Pachociński Józef Kuzma）]已出现新的征程。最后，如果该学科没有获得大型国际组织给予的持续支持，则不可能达到目前的状态。这些支持主要来自联合国教科文组织及其在巴黎的国际教育规划研究所、日内瓦的国际教育局和汉堡的联合国教科文组织教育研究所（现为终身学习研究所）。这证明了比较教育在各种场合的效用，特别是涉及大会和会议的组织。

学术协会

比较教育在欧洲的进步、成功与生存必须归因于一群活跃的、富有远见的人士的战略努力和工作场所的制度化建设（Cowen，1980）。并且这些宝贵的财产需要通过专业协会得以巩固。该学科的历史展示了各类努力的证据，包含建构、发展和宣传比较教育学以及给"世界其他地区"的竞争对手和同道中人呈现"欧洲成就"。但是从整体上看，就个体的目的和决策而言，这些战略既不平等也不一致。此外，根据统一性和多样性之间的基本二分法，它们都依赖于具体的行动和环境。令人诧异的是，1961年作为跨国协会的欧洲比较教育学会（Comparative Education Society in Europe，CESE）的诞生被视为欧洲比较教育的发端，这是由海外同行尤其是北美同行支持、几个欧洲国家比较学者参与的预备式讨论和活动的结果。个体会员制的原则进一步确定了协会的综合模型，协会反对任何建立在联邦和国家基础上的结构，这可以理解为创始人倾向于该协会独立于政治影响，且是"精英式的"，故对是否向教育实践者开放持犹豫不决的态度。诚然，过去的几十年中，在会员资格与开放性方面，这两个标准已有所松动，已对实践导向的人群（主要来自教育政策和规划领域）和议题开放。虽然得到修正，但这两个标准并没有完全从CESE的政策议程中消失，时至今日或许还是协会的"标志"所在。紧随CESE的基本原则，在英德两国建立的CESE分部后被证明在所持标准上不够坚定，这两个"后辈"正式转变为国家导向的协会。只有意大利的CESE分部一直作为（独立于政治的）组织的幸存者。

此外，CESE需要越来越多地面对竞争协会的章程。无论是类似的大多数国家（保加利亚、英国、希腊、波兰、俄罗斯、西班牙以及最近的土耳其）的独立组织，抑或是教育学协会（捷克共和国、德国、匈牙利）的分部，他们大多数秉持国家原则。"另一种策略"催生了区域性的北欧协会（包括丹麦、芬兰、挪威和瑞典）和在跨国界的下游区内建立的以语言为基础上的协会，如荷兰语区比较教育协会关注他们在比利时和荷兰的母语群体；法语区比较教育协会（Association

Francophone d'éducation comparée，AFEC)关注其欧洲和海外成员。得益于乔瓦尼·潘帕尼尼(Giovanni Pampanini)的杰出创举,地中海比较教育协会(Mediterranean Society of Comparative Education)的建立及其遍及南欧、北非和中东地区的分支的出现,使得近年来区域导向的趋势似乎得到最强表现。伦敦比较教育协会(London Association of Comparative Education，LACE)的"地方"模型在 20 世纪 70 年代中期只是作为临时组织昙花一现,随即便被法国出现的另一种新的类型所替代,即法国比较教育和交流发展协会(Association française pour le développement de l'éducation comparéeet des échanges),该协会强调将比较教育渗透至教育系统的实践领域。

一些个体协会已经正式修改了名称和状态。这些变化与整个教育科学内学科内容和范围界定相联系,并与被英国和德国团体例证的邻近社会科学相关。最后,应该提及由 CESE 和世界比较教育大会中个别的欧洲同行共享的双重会员。需补充的是,这种"重复"并没有带来任何冲突,相反加强了"欧洲"在这个世界组织中的地位。

理论范式的转变

当回首百年中欧洲"真正的"比较教育时,观察者会感知到理论范式的变化,即

——分析和解释教育现实及讨论中的事实和发展时涉及的关键概念

——来自邻近科学和人文学科对该学科的影响

此外,这些范式反映出社会政治发展趋势和研究重点之间特殊的相互关系。就贯穿于单一周期内的间断性和持续性的主导地位而言,各种历史重叠和系统间的参照强调了这种变化的复杂性,更不用说那些被认为已经过时的范式的"生存"了。关于范式的中心,"欧洲地图"引起了我们对一些本土问题的关注。例如,当通过大学的校长、研究机构的理事这些特定人群来搜集大学的信息时会发现,一些与大学相关的问题,体现在学院中。因此,在大多数情况下,这些学院作为国家系统下不同学制和研究方向的独立机构存在,他们往往伴随着领军人物(院长、系主任、部门主管等)的离开而关闭。以下两个例子适于说明这种转变。第一个例子,伦敦大学比较教育学系在理论方面的持续贡献可以被称为"文化主义者",以尼古拉斯·汉斯、约瑟夫·劳韦里斯以及贾尼斯·托米亚克作为主要代表,并且通过伦敦国王学院执教的埃德蒙·金进一步强化。然而,20世纪 60 年代和 20 世纪 80 年代之间,这种关注受到布莱恩·霍姆斯的实证主义理论与方法的挑战(Holmes，1965；Holmes，1981)。我们要提到的第二个例子是位于波鸿的鲁尔大学,这是 20世纪 60 年代至 80 年代由奥斯卡尔·安韦勒(Oskar Anweiler)和他的同事发展起来的苏联(俄罗斯)和东欧研究中心。但这一研究兴趣没有被他的继任者克里斯特尔·阿迪克(Christel Adick)所继续下去,而是将重点转向了全球化和世界系统论对比较教育学的影响上。当下,柏林洪堡大学的尤尔根·施里尔(Jürgen Schriewer)的比较教育概念与整个世界密切相关,并且应用和修改了反映世界体系理论的斯坦福变式以及尼克拉斯·卢曼(Niklas Luhmann)的系统理论(Schriewer，1987；Schriewer，1999),这预示着一个新的起点。另一方面,他的概念证明,将这样的"国立学院"视为唯一中心是错误的。

综合来看,在整个 20 世纪跨国共同性的趋势依旧存在。此外,比较教育的历史证明了"跨大陆"的举措的有效性。在这方面,值得一提的是"欧洲人"影响了美国二战前后该学科的发展。它与一些杰出"移民"的工作密切相关,比如艾萨克·坎德尔(Isaac Kandel)、罗伯特·乌利奇(Robert Ulich)、乔治·布雷迪(George Z. F. Bereday)、哈罗德·诺亚(Harold Noah)、马克斯·埃克斯坦(Max Eckstein)、安德里亚斯·卡扎米亚斯(Andreas Kazamias)及汉斯·韦勒(Hans Weiler)。比较教育发展中的这股移民浪潮,反过来通过各种路径形式推动了横贯大陆的合作,

以此促进对理论和方法论主题的重新思考。在这方面,特别值得关注的是,世界比较教育学会大会的委员会在处理观察评论和理论转变方面的发展上开展的工作。它于 20 世纪 90 年代初由布莱恩·霍姆斯发起的,并由研究"欧洲"的罗伯特·考恩和尤尔根·施瑞尔(Jürgen Schriewer)以及研究"海外"的欧文·爱泼斯坦(Erwin Epstein)和安东尼·韦尔奇(Anthony Welch)大力推动。最后,大西洋两岸的教学和研究工作被视为是这种合作的强化,安德里亚斯·卡扎米亚斯长期在麦迪逊(美国)和雅典(希腊)的教学正体现了这一点。

总体而言,上文提供的这一理论立场的分析——蕴含了接下来把 20 世纪构建成多个阶段的尝试:

20 世纪 20 年代至 50 年代之间以包罗万象的全景为特征,主要以英格兰的尼古拉斯·汉斯和德国的弗里德里希·施耐德为代表,后者明显受到传统天主教思想的影响。尽管二战结束后,在意大利(Flores d'Arcais)和西班牙(Juan Tusquets)出现过相近的方法。但他们展现出作者对普遍性的深刻洞察,尤其是对欧洲范围内的教育历史及其驱动力的洞察。

20 世纪 60 年代至 80 年代,德国社会学中实证主义论争的跨国影响力占主导地位。卡尔·波普尔(Karl Popper)和尤尔根·哈贝马斯(Jürgen Habermas)的追随者对比较教育的内容和方法展开辩论。此外,新马克思主义的各种论点(各种结构)完善了这一谱系。

最近一段时期很难归入某些主流流派,但是这一时期的特征是理论视角会聚和分化之间的竞争,一方面是现代主义和后现代主义之间的普遍张力,另一方面是普遍主义(世界体系理论为代表)和文化多元主义之间的普遍张力。此外,多样化的画面给人足够的洞察力以研究"新"的比较研究领域,如性别研究、教育规划和政治、终身学习、职业教育以及跨文化教育的蓬勃发展,这将在最后一节中进行讨论。

不管欧洲比较教育与传承的人文学科或日益发展的社会研究有何关系,直到 20 世纪末,欧洲比较教育的主流一直被"文化主义"的研究所主导。这一主要特征得到了历史研究的补充,对这一特征的补充始于上述提到的以尼古拉斯·汉斯为例的"宏大全景"的评论:"第一步是研究每个国家在其历史背景下的制度,以及其与民族性格和文化发展之间的紧密结合。"(Hans, 1949)虽然植根于不同的理论根源,但是以罗伯特·考恩、安德里亚斯·卡扎米亚斯、安东尼·诺沃阿(Antonio Nóvoa)和尤尔根·施瑞尔为主要代表的流派,都执着于对"当代遗产"的研究。对比美国长期存在以及不断增长的经验研究趋势,尤其是那些实施定量方法的研究,直至 20 世纪下半叶在欧洲仍处于不明朗的境地。而托斯滕·胡森和内维尔·波斯尔思韦特(T. Neville Postlethwaite)领导下的国际教育成绩评估协会(IEA)开展独立研究时,"文化主义者"和"实证主义者"之间的鸿沟进一步扩大。若真如此,这一鸿沟也只是松动了"已建立的"比较教育中心和协会之间的联系。

空间比较

空间一直在比较教育中发挥着重要作用(参见 Cowen, 1998)。根据马可-安东尼·朱利安和迈克尔·萨德勒呈现的概念,整个 20 世纪的大多数研究是基于民族国家的原则。这意味着,在"纯"理论相关的分析之外,民族国家被定义为主要的、几乎是唯一的比较主体。然而这门学科的参考书目中仍有大量致力于全面细致描述和分析"外国"国民教育系统的研究。直至 20 世纪的最后几十年,涉及两个或几个国家教育系统的综合研究仍不多见。然而,这种明显的不足,被许多"国家研究"中内在的"比较视角"所接受。

在回应关于教育政策宏观层面的发展趋势时,下述三个示范性的方向呈现了与民族相关的

范畴被扩大到区域之间的比较:

第一,比较教育工作者被鼓励通过把国内教育扩张到殖民地及其他属地,以建立"新"的机构并发起研究项目。当比较教育吸引了曾任学校督导或教师的教育家,他们希望通过科学探究来应用他们的经验时,比较教育工作者的责任感大大提升。很明显英国和法国对这一兴趣的关注现已得到蓬勃发展,从殖民主义尾声中幸存下来的解放国家,很大程度上继承了他们前统治者教育系统中的结构和课程方面的特点。然而,对于作为一门学科的比较教育而言,这种扩张被证明是矛盾的,因为很多以实践为导向的"后来者"意识到学科"传统的"机构和管理并不能如他们期望的那样满足他们的愿望。因此,在一些大学,如伦敦大学,出现了新的研究机构,这些机构特别关注发展中国家的教育研究,并从"传统的"比较教育中心分离出来。一些没有任何殖民历史的国家也加入了这一趋势,承担了新的挑战。例如,赫尔曼·罗尔斯(Hermann Röhrs,继任者是沃尔克·伦哈特)建立了以"第三世界"为导向的研究,但是这些研究是在海德堡大学比较教育的体制和课程框架范围内进行的。

第二,从 20 世纪 50 年代到 80 年代,在意识形态对峙和德国分裂的压力下,西德的比较学者大部分都受到东西教育冲突的影响。尽管如此,这种情况下的德国比较学者并没有被孤立。在他们的欧洲同行中,特别值得一提的是伦敦的贾尼斯·托米亚克(Janusz Tomiak),他被视作来自"外国的"重要例证。应该补充的是,一些来自中欧和东欧的杰出代表的继承者进一步强化了这一取向[例如奥斯卡·安韦勒(Oskar Anweiler)、利昂哈德·弗勒泽(Leonhard Froese)、沃尔夫冈·米特(Wolfgang Mitter)、杰纳斯·托米亚克(Janusz Tomiak)],他们的研究涉及与教育系统相关的思想、政治以及行政框架的背景。在东欧剧变后,当这些研究者从(西德)地区的同行处获悉,他们的意见和结论被视为重要的,有时甚至是唯一可用、可靠的来源,因此被仔细阅读时,他们感到惊讶与满意。

第三,除了仅限于共产主义国家历史的比较研究外,还有一些研究记录了交叉区域的项目,包括西欧和东欧的教育体系。在这方面,索尔·罗宾索恩的综合研究项目——社会进程中的学校改革(Robinsohn,1970/75;参见 Glowka/Braun,1975)[由弗兰克·布劳恩(Frank Braun)、德特勒夫·格洛卡(Detlev Glowka)、赫尔加·托马斯(Helga Thomas)实施],可以说达到了开创性成就的水平。不同于在波鸿、法兰克福和马尔堡同时发起的德国项目,其理论范围是从社会学的角度清晰构想出来的,罗宾索恩的项目侧重于比较社会因素及其国家教育系统之间的影响。同时埃蒙德·金在五个西欧国家开展了后义务教育的比较项目,主要探索职业教育新的发展趋势对"年轻人",尤其是对他们进入劳动力市场的影响(King *et al.*,1974)。

政策取向

约瑟夫·劳韦里斯明确察觉到导航与比较教育之间的相似性,因为这两者都旨在为航海家和决策者提供备选策略的信息但并不试图对决策施加影响(Lauwerys,1958)。考虑到整个学科的历史,他的立场与索尔·罗宾索恩的直接咨询功能理念完全相反,索尔·罗宾索恩的这一理念是 20 世纪 70 年代初在德国"大学校改革"项目提案中提到的。这两个激进观点被认为是谱系的两端,中间部分则被折中主义所占据。折中主义明确接受学科的世界改良功能并且愿意为政治考量提供信息,提供替代解决方案,并伴之以可预测的结果,但避免直接影响决策。由于研究人员和政策制定者之间的互动关系以非正式途径为主,对"间接"影响力效果的判断是非常困难的(Husén & Kogan,1984)。相较于其他国家(包括英国),大多数西德的比较学者对直接从事政策咨询持保留态度。较之于罗宾索恩,他们更接近劳韦里斯的立场,就这个分裂国家里的紧张政治局势而言,他们的立场是自相矛盾的。即便对于一个政策导向明显的项目,这种估计也是合理的,例如奥斯卡·安韦勒主持实施的"德意志联邦共和国和德意志民主共和国的教育比较"项目,该项目在东德解体之前迅速结项(Anweiler,1990)。

当前情景似乎表明了一个根本的转变。这是由 IEA 主持的国际大型评估项目,或者更直接地说,是由 PISA 的明显成功的进展引起的。它们在政策制定者、公众中取得的巨大成功是由于 OECD 所大力提倡的、经济为导向的教育政策地位的不断增长。比较教育完全参与此过程中,它对大多数国家政府机构的直接干预不仅较多体现在内容和财政方面,而且对研究项目目标的影响日趋加重。

展 望

如同世界各地一样,欧洲的比较教育也在应对新的挑战。然而,在这一地区,就机构的任务和宗旨,教学人员和监督机构的专业能力方面而言,由于比较教育与这些方面的深刻变化相连,这些领域中的挑战似乎特别艰巨。而且人们必须认识到这些机构均受到外部政治、经济中介机构在国家、国际层面的间接影响,而非直接的干预。国际上的机构主要由欧盟、OECD 以及世界银行为代表。除了这一框架外,该学科的视角取决于全球化过程中所产生的总体趋势,其中以下三点是值得强调的。

首先,就地域分布方面而言,专题领域越来越广泛。我们有必要开展跨洲或不同的大洲主题之间的比较。它有助于团结不同国家和地区的研究人员发起和开展比较项目,也有利于国内人士的专业知识和国外人士因疏离心态产生的"远距离"观点之间的交流。另一方面,这种合作的先决条件是掌握语言和能力,这是由不同国家和文化条件下的学术训练所造成的。现代交通、电子通信和在全球科学和通信系统中使用英语的世界趋势很可能降低这些困难,但是在可预见的未来,这些问题不应该被低估。最后,通过强调引入历史维度,全球化促进了本地范畴(国家和地区)与全球发展趋势的专题比较。

其次,通过把文化结构确定为比较教育重要的对象,比较研究的传统关注点以及比较各国教育系统和问题的项目有了强劲的竞争对手。的确,文化和文化多元主义已经深深吸引了之前提及的该学科的所有"先驱者"们,他们热衷用哲学和历史的视角关注社会化进程中的语言、宗教和种族议题,以及作为人类驱动力的教育。但是最近的趋势却揭示了新的特征,那些引入"跨文化"这一术语作为"国际"或者"比较"的补充的教育学家代表主要致力于政策为导向的目标。他们希望在国内外融合多元文化社会成员方面作出贡献。同时,由于他们的工作旨在改善学校教育与教学,他们的研究直接以实践为导向,如:提供课程和教材以及其他学习辅助工具,并促进跨文化交流项目(在学生,教师以及当地社区等范围内展开)。他们的首要目标解释了他们偏爱"独立型"机构及其协会。然而,最近的证据结果则显示,比较教育的分歧并非不可逆转,这在联合组织和大型项目活动中尤为明显,比如德国在 20 世纪 80 年代分开的"比较学者"与"跨文化学者"的再次联合。总之,比较教育必须继续应对这一挑战,并在比较研究和教学的范围内把"国家和文化之间的相互关系"包括进去。伴随着世界各地跨国家和跨文化的迁移,作为国家的传统观念正在发生重要的变化。为了应对这一挑战,比较教育可以为分析多元文化社会的基本要素作出宝贵贡献,与此同时,这项工作将丰富学科的主题和理论维度。

再次,学术讨论和实践揭示了比较教育中一直存在的基本问题,即如何把比较教育界定为可用于研究、反思的教育和社会科学领域。然而,本文中一再提到的"学科"的构成,集中在制度化方面(以机构、部门或大学教职的形式),因此有必要在结论部分对此加以澄清。就比较教育在整个科学体系中的地位而言,"欧洲地图"显示了不同的形式。在"德国模式"和其他欧洲大部分的国家(特别是中欧和东欧)中,该学科的特点是具有基于"普通教育学"的哲学(之前为神学)血统。尽管存有争议,奥斯卡·安韦勒已经在 20 世纪 60 年代参考其近邻社会学和历史学,将比较教育定义为"交叉领域"(Anweiler,1967)。在这方面,他为该学科开放边界并向跨学科奠基作出了贡献,且没有放弃传统的将"普通教育学"作为其"母体学科"的隶属关系。"英国模式"从不赞成普通教育学的建设,而倾向于个别教育学科的制度化和结构形成,其中比较教育完全可以被放置为"问题式"的辩论。但是日益发展的跨学科研究的全球趋势席卷了全欧甚至全世界的比较教育,使其处于发展状态,且这一趋势会持续存在,故比较教育传统的二元性似乎变得逐渐过时。

最后,未来之路标志了比较教育欧洲维度的复兴。在过去的几十年中,尼古拉斯·汉斯、弗里德里希·施耐德以及博格丹·萨奇多尔斯基(Bogdan Suchodolski)都曾大力倡导过,我们应该记住这三个伟大"欧洲人"的工作。虽然他们的思想植根于唯心主义和历史反思,但是当前的努力反映了实用主义倾向,正如科林·布罗克和维托尔德·图拉塞维茨(Colin Brock & Witold Tulasiewicz,2000)所实践的那样,在欧盟和包含了教育政治领域的欧洲理事会当中以政治辩论为中心。哲学和历史类文章已经让位给比较政治文件和实证调查的再度分析。在最近的 CESE 会议上,这种新的欧洲维度也引起了比较教育工作者的广泛响应。该讨论始于哥本哈根举行的第 16 届会议(1994),结束于格拉纳达的第 22 届会议(2006)(Winther-Jensen,1996;Kazamias & Spillane,1996)。

正是最近的这次"回归欧洲",与上述三个发展趋势相互依存,并打开了比较教育的各种视角。然而,这一估量不应仅限于"光明处"。观察者不应忽视这块"阴影",即意识到"每个人都进行比较,并宣称自己是一个比较学者"时,比较教育可能会失去其"特定的轮廓"而引起担忧。但就学科比较基础的特殊性,以及在界定学科认识论身份上的持续努力而言,这种"宣称"往往缺乏理论和方法上的训练。回首历经两个世纪的比较教育历史——包括整个 19 世纪的起步阶段——已经应对各种挑战,这些挑战似乎证明对未来进展预测的合理性,欧洲比较教育学家有力参与了世界主题和方法的讨论,为其增添了浓重的一笔。

参考文献

Anweiler, O. (1967). Konzeptionen der Vergleichenden Pädagogik. Georg Geißler zum 65. Geburtstag. *Zeitschrift für Pädagogik*, 13, 205 - 318.

Anweiler, O. (1990). *Vergleich von Bildung und Erziehung in der Bundesrepublik Deutschland und in der Deutschen Demokratischen Republik*. Köln: Verlag Wissenschaft und Politik.

Bray, M., Adamson, B. & Mason, M. (Eds.). (2007). *Comparative educational research. approaches and methods*. Hong Kong: Comparative Education Centre, The University of Hong Kong (Springer).

Brock, C. & Tulasiewicz, W. (2000, 2nd ed.). *Education in a single Europe*. London & New York: Routledge.

Cowen, R. (1980). Comparative education in Europe. A note. *Comparative Education Review*, 24, 98 - 108.

Cowen, R. (1998). Thinking comparatively about space, education and time: An approach to the Mediterranean rim. In A. M. Kazamias & M. G. Spillane (Eds.), *Education and the structuring of European space: North-South, centre-periphery, identity-otherness*. Athens: Seirios Editions.

Glowka, D. & Braun, F. (1975). *Schulreform und Gesellschaft: Vergleichende Studien über die gesellschaftlichen Bedingungen von Schulreformen in sieben europäischen Ländern*. Berlin: Max Planck-Institut für Bildungsforschung.

Hans, N. A. (1949). *Comparative education. A study of educational factors and traditions*. London:

Routledge & Kegan Paul.

Higginson, J. H. (1979). *Selections from Michael Sadler: Studies in world citizenship*. Liverpool: Dejall & Meyorre.

Hilker, F. (1962). *Vergleichende Pädagogik. Eine Einführung in ihre Geschichte, Theorie und Praxis*. München: Max Hueber.

Holmes, B. (1965). *Problems in education. A comparative approach*. New York: Humanities Press.

Holmes, B. (1981). *Comparative education. Some considerations of method*. London: George Allen & Unwin.

Husén, T. & Kogan, M. (Eds.) (1984). *Educational research and policy. How do they relate?* Oxford: Pergamon.

Jullien de Paris, M.-A. (1817). *Esquisses d'un ourage sur l'éducation comparée*. Paris: de Frais. Reprinted by Bureau International d'Education, Genève (new reprint 1992).

Kazamias, A. M & Spillane, M. G. (Eds.). (1996). *Education and the structuring of European space: northsouth, centre-periphery, identity-otherness*. Athens: Seirios Editions.

King, E., Moor, H. & Mundy, J. A. (1994). *Post-compulsory education. A new analysis in western Europe*. London/Beverly Hills: Sage.

Lauwerys, J. A. (1958). Methoden der Vergleichenden Erziehungswissenschaft. *Bildung und Erziehung*, 11, 65 - 77. Lê Thàn Khôi (1981). *L'éducation comparée*. Paris: Colin.

Mitter, W. (2005). Akteure und Netzwerke in der Vergleichenden Erziehungswissenschaft. *Pädagogische Rundschau*, 59, 207 - 220.

Mitter, W. (2004). Rise and decline of education systems. A contribution to the history of the modern state. *Compare*, 34, 351 - 369.

Paulston, R. G. (1999). Mapping comparative education after postmodernity. *Comparative Education Review*, 43, 438 - 463.

Robinsohn, S. B. et al. (1970/75, vols. 1 and 2). *Schulreform im gesellschaftlichen Prozess*. Stuttgart: Klett.

Schneider, F. (1961). *Vergleichende Erziehungswissenschaft. Geschichte, Forschung, Lehre*. Heidelberg: Quelle & Meyer.

Schriewer, J. (1987). Vergleich als Methode und Externalisierung von Welt: Vom Umgang mit Alterität und Reflexionsdisziplinen. In D. Baecker, et al. *Theorie als Passion: Niklas Luhmann zum 60. Geburtstag* (pp. 629 - 668), Frankfurt am Main: Suhrkamp.

Schriewer, J. (1999). Vergleich und Erklärung zwischen Kausalität und Komplexität. In H. Kaelble, & Schriewer, J. (Eds.), *Diskurse und Entwicklungspfade. Gesesellschaftsvergleiche in Geschichts- und Sozialwissenschaften*. Frankfurt am Main: Campus.

Vandaele, H. (1993). *L'éducation comparée*. Paris: Presses Universitaires de France.

Watson, K. (1998). Memories, models and mapping: The impact of geopolitical changes on comparative studies in education. *Compare*, 28, 5 - 31.

Wilson, D. (1994). Comparative and International Education. Fraternal or Siamese Twins?. A preliminary genealogy of our twin fields. *Comparative Education Review*, 38, 449 - 486.

Winther-Jensen, T. (Ed.) (1996). *Challenges to European education: Cultural values, national identities and global responsibilities*. Frankfurt am Main: Peter Lang.

8. 全球化时代的世界体系分析与比较教育

罗伯特·阿诺夫(Robert F. Arnove)

本文探讨了世界体系分析(World-systems analysis，WSA)在比较教育研究中的应用,提出两种探索教育跨国趋势的理论研究方法,即政治现实主义和新制度主义。[①] 在探讨了这两种方法的思想起源和基本假设之后,本文转向剖析世界体系分析在全球化研究中的表达。比较和国际教育领域中的典型案例研究说明全球经济、文化影响力与当地环境之间的相互作用。本文特别提到了主要国际政府组织和非政府组织对教育政策制定机构的影响。本文还分析了压缩时空的电子通信技术的发展如何改变工作方式、影响教育体系。倒数第二部分通过比较"自上而下"和"自下而上"的全球化,提出社会抗议运动存在着跨国联系,其目标是追求更平等的教育体系和更公平的社会。结论部分总结了在全球化研究的普遍框架内,世界体系分析的不同理论研究方法如何促进理论建设和更开明的教育政策及实践,这也是比较和国际教育研究领域的基本目标。

不同的方法

在20世纪60年代末到20世纪70年代初的社会科学和历史文献中,世界体系分析(WSA)出现两种主要的流派。一种是以马克思主义为基础的世界资本体系运行分析,始于冈德·弗兰克(Gunder Frank, 1969)提出的依附理论,到费尔南多·恩里克·卡多佐和埃内斯托·佛列托((Fernando Henrique Cardoso & Ernesto Falleto, 1969),再到特奥托尼奥·多斯·桑托斯(Theotonio Dos Santos)(1970a, b)对拉丁美洲的研究,沃尔特·罗德尼(Walter Rodney, 1972, 1974)和萨米尔·阿明(Samir Amin, 1970, 1973)对非洲的研究,并以伊曼纽尔·沃勒斯坦(Emanuel Wallerstein, 1974, 1980, 1989)[②]对世界体系的研究为终结。另一种是斯坦福大学的社会学家约翰·迈耶(John W. Meyer)和他的同事、学生研究的被称为"世界文化"理论和新制度主义方法[③]。迈耶和同事对跨国文化和社会体系的运作采用了更加注重共识的做法,主要是在二战以后,重点在世界各地建立和扩大学校教育,特别是在建立公民和现代政治方面。以冲突为导向的研究人员更多地将关注点放在世界资本主义体系的经济层面,几乎没有关注该体系的文化和教育层面。迈耶早期的学生罗伯特·阿诺夫(Robert Arnove)在他1980年的文章中,极力主张将世界体系分析作为国际与比较教育的研究框架,用以解释世界教育发展趋势:从课程改

[①] 鲍尔斯顿(Paulston, 1977)和金斯伯格等(Ginsburg et al., 1990)将这些主要的理论研究方法称为"均衡"和"冲突",而赫恩(Hurn, 1993)则用术语"共识"和"冲突"来描述教育和社会研究的两种范式。作者更推荐赫恩的术语,并且有时采用他们描述世界体系分析的制度主义和现实主义方法。

[②] 应该指出的是,沃勒斯坦受到法国学派的社会经济历史学家及其期刊《经济与社会史年鉴》的影响,尤其是费尔南·布罗代尔(Fernando Braudel)在其权威的三卷书《十五至十八世纪的物质文明、经济和资本主义》(1981)中呈现的历史形成的长远视角和记录的细节对沃勒斯坦影响颇深。

[③] 维基百科将"新制度主义"定义为"一种社会理论,该理论侧重于发展从社会学角度看待制度、制度与社会的相互作用以及制度对社会的影响。它的意义在于,提供了一种在传统经济学观点之外看待制度的方式。"布鲁斯·福勒(Bruce Fuller, 2004: 328)详细阐述了这个定义:"阿瑟·斯蒂奇科姆(Arthur Stinchcombe)和杰拉尔德·哈格(Jerald Hage)等社会学家提出的旧制度理论认为,正规组织的工作开始于明确的目标与特定技术,并积极履行承诺。相反,新制度主义者强调,国家必须意识到全球社会组织中的参与地位并不总是由他们的经济地位所决定。"根据这篇文章的目的,笔者决定用制度主义的视角。

革到语言教学,再到学校教育扩张影响(Arnove,1980)。

制度主义的视角

斯坦福大学教授约翰·迈耶和他的同事对世界文化与社会的研究始于对全球教育扩张的决定性因素的尝试探究。在迈耶早期的研究中,他首先研究了国家经济增长水平指标、教育的人均投入、政治体制的类型和殖民历史这几个因素,并根据这些因素解释在何种情况下国家倾向于增加教育机会。虽然他的研究结果显示富裕的国家更有可能扩大各级教育,现代化导向的政府倾向于扩大中等教育,政治动员体系(例如,社会主义国家)侧重于初等教育和高等教育的发展。这些国家层面的变量不足以充分解释教育为何在各地快速扩张(Meyer,1971)。

在一本重要的论文集《国家发展与世界体系：教育、经济和政治的变革,1950—1970》(*National Development and the World-System: Educational, Economic, and Political Change, 1950—1970*)中,迈耶和汉南(Hannan)得出这样的结论：适龄学生数量和1950年的教育水平所发挥的作用更好地解释了这段时期学校教育的扩张。然而,对于世界教育体系而言,最重要的是"世界各地教育扩张与以前的经济、政治和社会结构所造成的限制和刺激无关。教育的普遍增长使我们假设教育扩张的成因源自现代世界体系的特性。因为这样的特性能同时影响所有国家。我们将这种假设作为进一步研究的方向"(Mayer & Hannan,1979：53)。

例如,伯里和拉米雷斯(Boli & Ramirez,1992)的进一步研究假设,全世界义务教育的制度化与社会和个人发展的普遍观念和意识形态有关。这种关系的建立可以追溯到拉丁基督教分裂后的启蒙运动。对上帝的赞美被对人本身的彻底解放所代替。到了20世纪晚期,人本身的彻底解放与经济增长被看成是一致的。救赎灵魂被发展人类潜能的观念所代替。伯里和拉米雷斯认为：按照普遍主义的观点,正规的教育系统不仅是国家现代化和经济繁荣的有力工具,还是提升个人才能的必要途径。作为对所有适龄的儿童和青少年接受义务教育的强制性要求和一个由国家管理的机构,学校教育也成了培养拥有平等义务和权利的公民的机构。[①] 根据对1820年至1990年期间六个国家的政治独立或国家形成,以及建立义务教育系统的时间的研究分析,伯里与拉米雷斯发现"大众教育已经成为全世界各地的'规范动作'"(Boli & Ramirez,1992：37)。此外,那些很大程度上吸收了西方社会模式的地区,或在国家现代化进程中避免西方主导的地区(例如,日本1872—1886),也倾向于更早、更广泛地建立正规的学校教育(Boli & Ramirez,1992：38)。

根据新制度主义的理论框架,制度的建立(如学校教育)、民族国家和公民的构成是以人们广泛认同和根深蒂固的观念和期望为基础的。这些观念和期望是体现了世界运行的方式及其如何被管理。迈耶等人(1997)认为由行动者、行动和假定的因果关系构成的传播功能模型(如,正规教育对经济增长的重要性)是世界文化的必要组成。他们提供的示例有力地证明了当代世界社会与文化的运作方式。他们假设存在一个无人知晓、与世隔绝的小岛社会。如果小岛社会被发现,将会发生什么？

显然,我们的小岛社会将成为由民族、个体构成的世界社群的正式成员候选人。人权、受国家保护的公民权和民主形式会成为自然的应享权利。(小岛社会)会出现一个经济体,被合理化的方式界定、测量,并在国家管理下迈向增长。小岛社会将建立正式的国家政体,

---

① 关于这个观点的进一步讨论见本迪克斯(Bendix,1996)。

包括宪法、公民关系、法律、教育结构、参政议政的形式。(Meyer *et al*.，1997：173—174)

个体的普遍权利和义务的基础,以及对社会理性秩序的强调均来自有说服力的现代世界文化,而非由民族国家间不平等的关系而强加的规范。在这一点上,制度主义者认为他们有别于"现实主义者"(例如,沃勒斯坦和其他的冲突理论者)的世界体系视角"流行的社会理论不能很好地解释(在假想的小岛社会上)这些变化的发生。给定一个动态的社会文化体系,现实主义模型可以解释世界上的经济政治融合、不平等和统治。但它不能很好地解释一个拥有形式上平等、自治并拥有大量的国家行动者的世界"(Meyer *et al*.，1997：174)。被现实主义者忽视的、却被制度主义者重视的文化能够解释女性公民权利的扩大,特别是在 1890 至 1990 年间 133 个国家公民权的扩大(Ramirez *et al*.，1997),或者是年轻人地位的提升(斯坦福青少年研究中心,2005),但是基本政治权利和人权取得进展的原因很可能是一无所有的人们努力争取的结果,也可能是以普遍规范为基础建立的友善的世界权利体系的结果。[1] 例如,莱文森研究了墨西哥青少年和中等教育概念的变化,结论显示这种变化不仅是由外部规范所致,还出于墨西哥政府对全球经济和不同政治团体引发的压力的回应。这些政治团体对政府的教育政策提出了质疑,认为它们损害了 1910 年革命的精神(Levinson，1999)。

现实主义的视角

制度主义者假设,在国际体系中自治的民族国家[2]能够同时达到相近的发展水平。而世界系统理论中持依附视角和现实主义视角的学者对此假设提出了质疑。20 世纪 60 年代末,沃勒斯坦和他的同事们对社会科学中流行理论的基础假设和国际援助机构对于整个拉丁美洲、加勒比地区、非洲及亚洲欠发达原因的解释提出了质疑。阻碍这些国家发展的不是资金和技术经验的匮乏,而是因为这些国家处于世界经济的边缘,与处于核心的北美和欧洲的一些工业国家之间存在非常不平等的关系。即使核心国家和边缘国家之间不是剥削的殖民关系,不平等的商品交易时间越长,这些国家或地区也可能越不发达。其中最为典型的就是巴西的东北部地区(Frank，1969；Cardoso & Falleto，1969)和海地的返贫,海地曾是整个拉丁美洲和加勒比最富裕的殖民地,现在变成了这个地区最贫穷的国家。

沃勒斯坦(2000：3)作为一名研究非洲的政治社会学家,在非洲居住了 10 年,撰写了专题论文《自治组织在民族主义运动兴起中的作用:基于两个国家黄金海岸(加纳)和象牙海岸[3]的比较研究》[*Comparing the Gold Coast (Ghana) and the Ivory Coast in terms of the role voluntary associations played in the rise of the nationalist movements in the two countries*]。他力图"对当代现实情况给出一个充足的解释,以便(他)和其他人据此采取行动",最终他得出的结论是"所有的分析都必须同时具有历史性和系统性"(Wallerstein，2000：1—4)。通过这个分析框架,他试图充分描述 20 世纪 60 年代末期发生的世界动荡,并说明在世界资本体系未发生根本的结构性变革时,变革为何容易落空。[4] 同时,他通过缩小社会科学中业已存在的意识形态上的人文主义和抽象科学之间的差距(人类能动性在特定情境下、在社会和自然的规范法则下的分野),以重

---

[1]　例如,见齐恩(2003)等,第 693—688 页。

[2]　此处应为复数,指多个民族国家。——译者注

[3]　Ivory Coast 一般指科特迪瓦。——译者注

[4]　来自沃勒斯坦自传叙述(2000);也可参见蔡斯-杜恩(1999)和邓恩和鲍思韦尔(2000)。

构社会科学的本质。[①]

通过分析从 1450 年至 1600 年间西欧资本主义萌芽时期(漫长的世纪)的漫长历史和世界经济的各种周期,沃勒斯坦建立并完善了依附理论。一些批评认为他的理论与中心边缘关系的理论的区别并不明显。根据克莱顿(Clayton,2004)的研究,随着一些国家在全球经济中地位的起伏,沃勒斯坦在上述分析中增加了历史动态性,并提出世界半边缘国家和地区的概念。由于这些原因,曾拥有最强大的世界霸权的美国,正在步荷兰和大英帝国的后尘,逐渐失去独有的霸权地位。

虽然制度主义者,特别是与迈耶有关的学者,明确将教育制度视作他们研究全球文化和社会运行的基本对象,但斯克莱尔(1999)和其他人曾批评沃勒斯坦的研究过于经济主义,和过分关注国家作为全球经济的主要行动者的地位。[②] 尽管如此,沃勒斯坦将世界体系作为分析单位的研究方法对于理解当代现实情况,尤其是理解跨国经济行动者对国家教育体系的影响具有价值。国际和比较教育学界首次认识到这一方法的价值,或许是在阿诺夫 1980 年发表在《比较教育评论》(*Comparative Education Review*)的论文中。

世界体系分析在比较教育中的应用

阿诺夫的论文观点与制度主义者普遍认同的方法的区别在于,他质疑代理机构促进教育扩张和改革所做的工作和结果。制度主义早期的文章中只简单肯定了西方模型是"西方力量在经济和军事上成功的"产物(Boli & Ramirez,1992:38)。制度主义一开始就不太倾向于关注主要的科技援助工作和金融机构的工作,这些工作包括促进推动(在很多情况下是强制实行)教育政策项目。同时,制度主义对历史上基于各种形式的直接统治(例如殖民主义),或非直接的专横影响(有时指新殖民主义)作用下的国家间的不平等经济政治关系关注不足。制度主义不仅对招生模式缺乏深入分析,对辍学率、毕业率和不平等的社会结构如何决定了谁能够受到最高水平的名校教育也同样如此,而这种学校教育将影响到未来的收入、权力和社会地位。迈耶和汉南(1979)在他们《国家发展和世界体系》(*National Development and the World System*)一书的导言中,简单提到了国家间和国家内部的不平等,之后的研究中,迈耶、伯里、托马斯和拉米雷斯(1997),伯里和托马斯(1997)讨论了联合国机构和非政府组织在强调人权的内涵和外延及推动教育议程方面所作的工作。但是,正如上面所提到的,世界文化理论家与现实主义者有明显的区别。现实主义者更加强调国家之间的权力关系。

政治现实主义者记录了这样一个系统路径:核心国家通过霸权从非核心地区的被压迫或半被压迫的劳动力中榨取剩余劳动力,由此给该地区教育造成不良影响。学校教育不是服务于边缘国家大多数人的利益,而是促进霸权者资本积累的过程。相反,迈耶等人(1997:173)将社会发展的各种模型视作合理化的工具——核心国家科学和专业权威常常超过他们的权力和资源的影响。对迈耶等人来说,世界文化拥护、推动、标准化强者,但又通过文化多少影响国家行为体。

阿诺夫(1980,2003)赞同现实主义者的观点,他认为国际金融和科技的援助机构——特别

---

① 沃勒斯坦(1997:4)谨慎指出"世界体系分析不是一种理论,而是对被忽视的议题和具有欺骗性的认识论的抗议"。他继续指出:"这是对知识变革的呼吁,实际上是对蒙昧的 19 世纪社会科学的抗议。这不仅是智力任务,也是政治任务,因为我坚信,求真与求善是统一的。"

② 克莱顿(2004)反而认为这些批评是不准确的,因为沃勒斯坦认为全球系统中的经济和政治领域是脱钩的,国家作为不同政治形式中的一类,有时与世界资本主义相一致,有时和资本主义经济对立。关于这些分歧另请参见蔡斯-杜恩(2000)。

是世界银行(World Bank，WB)、世界货币基金组织(Internatioal Monetary Fund，IMF)、美国国际开发署(United States Agency for International Development，USAID)、加拿大国际开发署(Canadian International Development Agency，CIDA)、日本国际合作机构(Japanese International Cooperation Agency，JICA)——大型慈善基金会,特别是所谓的"进步的"基金会(卡耐基、洛克菲勒和福特)及受其资助且与之有密切联系的研究机构和发达国家的顶尖大学,这些力量共同推动对受援国无益,但本质上有利于核心国家里身处大都市中心的主导群体的政策和关系。他在论文结论中指出世界系统分析如何将比较和国际教育等领域重新拓展到国际维度,并为理解教育发展和改革提供了一个理论框架——在当时,发展和改革涉及综合高中、教育技术(比如电视大学、开放大学和非正式教育)。他认为将教育政策方案与国际经济秩序的运作联系在一起,有助于"解释为什么教育的扩张和改革通常很难影响教育和社会结构的改变,为什么外部引起的教育创新有助于固化国家内部和国家之间现存的层级系统"。阿诺夫指出,虽然没有贬低制度主义者对跨文化体系运作方式的分析的有用性,但这与沃勒斯坦呼吁建立一种更为综合的、连接抽象和表义的社会科学的号召非常一致。世界体系分析不仅将宏观的分析扩展到现实的国际系统中来思考教育机构的行动,而且加深了我们对发生在学校和教室这样的微观系统中的改变和冲突来源的理解(Arnove，1980：62)。

全球化理论的挑战

　　整个 20 世纪 80 年代,世界体系分析放大了研究焦点,产生了若干联系宏观和微观变量的研究,来解释世界教育体系的运行和影响。到 20 世纪 90 年代,区分世界体系分析的流派逐渐被一个笼统概念"全球化"所取代,库克、海特和爱泼斯坦(Cook，Hite & Epstein，2014：136)最近的研究表明全球化是比较和国际教育领域中最突出的时代主题。[①] 随着计算机和电子通信技术的发展,现在的生产组织方式从一国范围内的大规模生产的福特主义转变为全球范围内的无库存生产的丰田主义,很多人认为资本积累的本质已发生质的改变,沃勒斯坦的世界体系分析、迈耶及其同事的世界文化和政治组织方法等不同的马克思主义理论已不能准确解释资本积累。[②]

　　这个复杂而持久的争论超出了这篇文章的范围。但简而言之,如果全球化和世界体系分析之间有质的不同,那可能是因为时间和空间的动态压缩(Harvey，1989)。科技的巨大进步促使信息和资本跨国流动,以前所未有的方式将"远方"与"当地"密切联系(Held，1991；Held，1991；Giddens，2003)。而其他人认为上述联系范围的扩大和强度的增加,是由于世界资本体系的革命或者是普遍的世界文化带来的变化。[③]

　　这里需要重点指出的是,全球化的时空维度有别于信息流和资金流的内容。在很多研究中,比较教育的全球化,与已在全球范围内实施的新自由主义的经济和教育议程之间的内部联系不断增加。新自由主义的概念源于新古典主义经济理论。决定国家发展政策中占主导地位的机构(例如,世界银行和国际货币基金组织)详细解释了新古典主义经济理论。正如阿诺夫、弗朗茨、莫利斯和托里斯(Torres，2003：324)总结的那样,新自由主义理论是在古典经济学家亚当·斯

---

　　① 在比较教育领域的书中,将全球化作为一个主要专题的有阿诺夫和托雷斯(1999，2003)、波伯勒和托雷斯(2000)、斯特罗姆奎斯特、斯特罗姆奎斯特和蒙克曼(2000)、苏亚雷斯奥罗斯科和秦希利亚德(2004)。

　　② 与 WSA 相比,有着本质区别的,关于全球化的不同方面的更多讨论见麦克迈克尔(2000)和马丁(2000)。

　　③ 进一步讨论见克莱顿(2004)。

密(Adam Smith)和大卫·李嘉图(David Ricardo)的研究基础上形成的。这两位经济学家认为国家的作用在于创造一种环境,让建立在比较优势基础上的市场自由运行、供求关系和自由贸易令所有人都获益。以此观点为基础的政府政策使得国家大幅缩减社会支出,放松经济管制和放宽进口政策。在教育上,相应的政策包括公共教育系统分权和私营化。这套教育改革方案的另一部分是强调选择、问责、标准、测验,国家以此界定目标和重点,评价各类地方行政单位甚至私立学校,以确定它们是否达到了所期望的结果。在高等教育层面,新管理主义用市场的术语和逻辑去监督学术单位的运行和产出(Deem,2003；Hartley,2003；Marginson & Mollis,2001；Arnove,2005)。

在很多方面,上面所提到的发展可用于证明规则和基准的标准化,以及迈耶和同事在国家教育制度方面做出的同构性预测。鉴于普遍影响力和不同民族性存在张力,预测中也蕴含着差异。①

世界体系分析②的例证研究

下文将回顾世界体系中越来越多的共识(制度主义者)和冲突如何与更为综合、但无明晰界限的全球化理论框架融合,进而影响了比较与国际教育的研究。

克莱顿(2004)的一篇重要的评论《全球化：论争的概念》(Competing Conceptions of Globalization)指出世界体系分析如何以历史的维度促进比较教育研究,而大部分全球化的研究则因短期视角不能达此效果。正如他所指出的,我们要问的不仅是今天世界上的教育机构如何影响和促进新自由主义议程,还要问在过去的几个世纪教育机构如何或者是否影响和促进自由主义,以及这些演变的机构或意识形态有何区别(Clayton,2004：294)。正如克莱顿所言,从批判、历史和经济视角获益的其他研究包括了"英语作为世界语言出现""教育文凭和知识的全球标准化""身份的丧失"等研究议题(Clayton,2004：294)。

迈耶等人(1997)在一篇主要论述"世界文化和社会视角"的价值的文章中,提供了丰富的研究线索。其中包括建立现代学校体系的外部压力与阻碍在学校和课堂层面实现有益改革的内部现实之间的张力导致的研究问题；有关平等的分配教育资源的理想与反动政府和统治阶层颁布的政策之间的矛盾,后者将教育系统的民主化和民主观念的教授视作社会控制和政权稳定的对立面；或是教育系统针对不同年龄段形成的学制年限的国际模式(例如,世界教科文组织指定的小学、初中和高中的年限分别为6年、3年、3年)和适合特定国家的学制之间的矛盾。

在国家课程中分配给不同科目的时间这一问题已经引发了很多研究——特别是迈耶、坎门斯和贝纳沃特(Kamens & Benavot,1992)关于《培育大众的学校知识》(School Knowledge for the Masses)的研究——该研究表明,作为现代政治过程的一部分,科学和数学的教学时间量是趋同的,不同地区对这个国际趋势的应用略有不同。贝纳沃特和列什选择以色列的案例表明世界各国课程在普通学科领域的发展趋于相同,但这一趋势却被放权政策趋势所影响,即推行学校自主化的观念促使国家将权力从中央下放到地方。此外,贝纳沃特和列什在研究中注意到,地方在执行国家必修科目教学时的差异表明"诸如学校结构的环境因素、学生的社会经济背景和教学资源的有效流动,将影响学校结构的组成"(Benavot & Rash,2001：505)。

安德森-莱维特(Anderson-levitt,2003)编辑的合集《地方价值,全球教育》(Local Meanings,

①   迪姆(2001)关于高等教育中的"新管理主义"的研究的重点是地方的重要性。
②   根据上下文,原文此处的 WSF 应为 WSA。——译者注

Global Schooling）一书从人类学的视角质疑向单一教育模型会聚的观点。在她的引论章节中，安德森-莱维特提出这样一个问题：存在一种还是多种的学校教育的全球文化？如果不考虑当地的情况和文化的价值，我们是不可能准确地说明何种内容被真正地传授和学习。在她 2004 年发表的《几内亚、法国和美国的阅读课：地方观念还是全球文化？》一文中研究了三个社会中的阅读教学何以同时存在如此显著的相似和不同。在有关特定课堂的案例研究基础上，她得出结论，需要通过多个角度（"双重视角"）分析国际和国家/地方如何互相影响，并如何同时促进或阻碍教学实践。"教学的双重视角导致理解教育改革努力的双重视角。一方面我们不能期待任何自上而下的改革将会在不同的地方产生相同的效果。另一方面，地方改革尝试处于一个广阔并且真实的框架下，即当下的优秀教学的跨国模型。"（Anderson-levitt，2004）

斯泰基（Stacki，1999）在一项由联合国儿童基金会资助的印度北方邦在职教师教育创新计划中，指出当研究教师对国际教育思潮的反应时，应考虑人类主体的重要性。[①]　这个案例研究提供了结构丰富、层次多样的印度教师教育改革的奋斗史；不同机构（国际、国家和地方）在制定和实施这些特定教师赋权项目中所扮演的角色；特别是两位女性教师对这项专业发展计划的反应。

学生和社区成员如何应对"由不平等的世界体系及其身处的边缘地区带来的生活限制"？德门列特（Demerath，1999）在巴布亚新几内亚皮尔村的人种志研究中探讨了这个问题。[②]　他记录了研究对象如何应对由全球的、经济的、文化的影响力所引发的张力，造成的教育文凭主义的增加，工作市场的受限，以及对传统社区生活的威胁。为了应对暗淡的就业前景，许多学生拒绝继续接受教育，甚至轻视继续受教育的同辈。这些不再对教育抱有幻想的年轻人赞美乡村生活。但是，更高的教育背景有助于其在现代经济部门工作并且获得想要的而在城市以外难以获得的商品。村民们自己也同样遇到在旧新生活之间选择的困境（Demerath，1999：102）。

这些研究（Benavot & Resh，Anderson-Levitt，Stacki & Demerath）审视了蒙克曼（Monkman）和贝尔德（Baird）称为全球化的"方式"（how）。他们要么对未被解释的情境赋予意义，要么澄清工作中未加理解的过程。

> 因此，很多关于全球化的案例研究聚焦于国内和地方对于全球化压力的反应。一份有用的反映地方和全球关系的地图将会在全球化过程中引发对国家和地方参与或互动本质的关注。这些概念将充分地揭示全球和地方的相互渗透，以及民族国家和地方社群的媒介作用影响。（Monkman & Baird，2002：498）

蒙克曼和贝尔德除了号召运用多层分析探讨全球化对国家和地方的影响，还对研究"话语"和"参与"的价值给予了肯定。"话语"表现为谁用什么术语定义全球化，"参与"表现为谁参与国际和国家的决策并制定教育的战略和政策。

国际机构和世界体系的再回顾

在《比较教育评论》（*Comparative Education Review*）关于"全球化对于教育改革的意义"（The Meanings of Globalization for Educational Change）的特刊中，卡诺伊和柔顿（Carnoy &

---

①　这个研究在 1999 年获得比较与国际教育社会（CIES）盖尔·柯尔优秀论文奖。斯泰基（2004）总结了案例研究。

②　这个研究在他的学位论文的研究基础上完成，因被评为《比较教育评论》1999 年最佳文章而获得乔治·布雷迪奖。德门列特的研究最有价值的地方在于他提出了教育中理性选择理论和成本效益分析的局限性，也提出当特定社会文化背景没有被考虑在内时，可行特定课程的社会实用价值的局限性。

Rhoten，2002)作为特邀学者，撰文探讨话语和参与的问题。他们唤起人们关注全球化的"意识形态包装"及其对学校教育整体传播的影响，即从跨国模式到国家政策，再到地方政策(Carnoy & Rhoten，2002：2)。正如他们所提出的，"意识形态包装"重视教育系统的经济目标——如何提升国家的国际竞争地位；而非"平等对待国家内部不同族群，促进民族凝聚力"如此重要的目标。

卡诺伊和柔顿(2002：2)认为，这个"意识形态"议程不仅与全球经济影响力的联系日益紧密，还与"传播特定教育改革战略的国际机构有关"(阿诺夫在 1980 年时已提出了这个观点)。关于这些国际机构的话语分析与不同层面、不同类型的教育价值的成本效益和生产功能分析联系在一起。曾任职于世界银行教育部门的海尼曼(Heyneman，2003)认为这个分析框架对制定更为公平和有效的教育政策有非常严重的限制和负面的影响。[1]

芒迪(Mundy，1999，2002)和琼斯(Jones，1992，1993)指出针对主要国际科技和经济援助机构的运行机制和机构内部关系的研究不断增多。例如，芒迪(1999)追溯了在终身学习制度方面，持人文主义导向的联合国教科文组织如何失去在联合国机构中制定教育政策方向的主导地位，而被更看重经济的世界银行所取代(芒迪在 2003 年是重申了这一观点)。芒迪(1999：46)认为联合国教科文组织对于教育的观点到 1996 年时已经发生变化。在一篇题为《学习，财富蕴藏其中》(Learning，The Treasure)的内部报告提出，科技变革和经济全球化正在迅速削弱现有的社会政策、工作结构和全球普遍的平等。在一篇更早的文章中，芒迪(1998)陈述了多边主义(三个或三个以上的国家基于一般行动原则形成的制度化的协调关系)[2]思想的发展，即从包含教育在内的一套价值的有限再分配(1945—1965)，发展到论争阶段，该阶段起始于欠发达国家对国家发展的社会福利模式的需求(从 60 年代末到 70 年代末)；再发展到现在这个阶段，教育合作中出现了新自由主义的防御和规训形式(Mundy，1998：476)。结果是，最近一阶段的发展进一步侵蚀了教育多边主义重新分配模式。

目前，在经济上和在教育上出现的全球治理的结构包括主要的地域性组织，例如欧盟、北美自由贸易协会、亚太经济合作组织(Dale & Robertson，2002)。除了这些地区性组织的出现，世界贸易组织已经获得在教育国际贸易中的支配地位。在众多研究中，戴尔(Dale)和罗伯逊(Robertson)分析了这些组织通过机制和过程塑造了教育系统。戴尔(1999)详细阐释了影响国家政策外部效应的八个非传统的机制及相应的组织特征。[3]

在打开全球化这个"黑盒子"的进一步努力中，罗伯逊、博纳尔和戴尔(Robertson、Bonal、Dale，2002)研究了服务贸易总协定(The Genearl Agreement on Trade in Service，GATS)。他们提供了一个概念框架和"一系列严格的分析类别，这一分析类别使我们意识到在新的千禧年，教育经历着深远的变化"(1999：472)。他们关于"多维教育治理"的模型，可以从三个维度理解：(1)包含超国家、国家、次国家的三个治理规模；(2)包含了国家、市场、社区和家庭的治理机构；(3)包括资助、占有、供给和管制的治理行动(1999：478)。正如他们所指出的，《关税和贸易总协定》(The Genearl Agreement on Trade and Tariffs，GATT)于 1995 年被世界贸易组织(World Trade Organization，WTO)所取代。世界贸易组织已经成了构建一个虚拟的、无边界世界教育

---

[1]　进一步讨论世界银行政策和其影响，参见金(2002)、索迪安(2002)、穆拉·卡斯特罗(2002)、金(2002)和博纳尔(2004)。

[2]　进一步的讨论，见鲁杰(1992：571)。

[3]　两种类型包括借鉴和学习。对两者的区别和两者对比较教育的重要性，参见普利普斯和奥克斯(2003)。同时，斯坦纳-卡姆西也汇编了教育中借鉴和输出的相关文献。

体系的主要(如果不是最重要的)参与者,其做法包括:"教育文凭的国际化或知识生产和消费的潜在全球化,还将影响到曾被各国严格控制的核心领域"……(1999:489)。很重要的一点是,对于很多国家来说,世界贸易组织不仅是一个全球资本的工具,还是很多民族国家热切希望加入的组织,"他们在全球知识经济的背景下寻求增加他们自己国家利益的机会"(1999:495)。

　　克莱顿(1998)在他的文章《为比较教育重新连接世界体系理论》(Reconnecting World-System Theory for Comparative Education)中提出一个相似的观点,应该研究国家对全球化特别是国际教育援助不同形式的反应。这些反应从抗拒到妥协取决于处于边缘地位的国家的学生、教师、行政管理人员和政策制定者对他们行为可能产生的影响的不同程度的认识(1998:496)。克莱顿认为应该从霸权的概念、阶级关系、和个人能动性对这些行为做最好解释。

　　一个有趣的问题是:在应对世界贸易组织的政策和规定时,一个国家在世界经济中的地位、规模、资源和政治战略对这个国家所拥有的自治权有多少显著的影响。因参加(国际)组织,国家对民族攸关、文化敏感的教育领域的控制会作出多大程度的让步?与类似牙买加这样的岛国或如尼加拉瓜一样的贫穷国家相比,对像中国(周和史,2003)这样的国家有什么启示?

　　与此同时,被称为非政府组织的其他行动者也在削弱国家对教育政策和实践的控制。

非政府组织作为国际行动者的支配地位

　　正如芒迪和墨菲(Murphy)等人已指出的那样,国际经济和科技援助机构不断增加与非政府组织的合作,很多非政府组织有国际影响力,可以为那些曾是国家垄断领域的教育提供服务。[①]非政府组织将教育视为一项人权,成为教育普遍扩张的重要跨国支持者。在很多案例中,两个国家和多个国家的捐赠者认为最好能够和非政府组织合作,而不是与被认为腐败和(或)无效率的政府机构合作。这一偏好引发了若干争论,体现在萨顿和阿诺夫(Sutton & Arnove,2004)编辑的《文明社会还是影子国家? 国家与非政府组织在教育上的关系》(Civil Society or Shadow State? State/Ngo Relations in Education)一书中。从巴布亚新几内亚到秘鲁的一组案例探讨了这个问题:作为教育服务提供者和创新者,非政府组织是否减轻了国家提供普遍的基础教育和成人教育与扫盲计划的负担? 反过来,他们是否削弱了国家作为确定目标、内容、文凭和公共教育的教材的主体的合法性,同时也削弱了国家的监管系统管理和融资的关键特征? 当作为国家政府或是国际和多个国家的捐赠机构的立约人时,非政府组织自身是否会失去他们的合法性、道德上的权威、灵活性和对于地方需求的体察,抑或失去了作为代表基层民众的支持者的资格? 此外,他们与这些机构的亲密关系是否导致他们更易于表现出与这些机构相关的潜在消极特征,如党派偏见、任人唯亲和贪腐(Sutton & Arnove,2004:x; Kamat,2004)?

　　克里斯蒂娜(Christina,2001,2006)用案例研究说明了这个问题,她探讨了在约旦河西岸构想和实施幼儿教育项目中政府和非政府组织的关系。这个研究将巴基斯坦置于历史比较情境下,说明了全球社会力量和当地文化、政治背景之间的关系。这个研究比较了一个非政府组织的典范和那些巴基斯坦民族权力机构、国际捐赠机构之间视野和政策导向的不同。大量的数据详细阐释了幼儿教育项目的主要参与者的挣扎,一方面,他们对"尊重本地文化"这一目标保持敏感性;另一方面,他们坚持他们自己的、与国际惯例一致的儿童中心和进步主义教育理念。

---

　　① 例如,伯里和托马斯(1997)讨论了非政府组织作为新兴"世界政体"的主要构成要素。

以太空间和信息流

　　除了援助、贸易、服务的跨国流动,还有信息的流动。即时获取信息是新知识经济的一个必要组成(Castells,2004；Carnoy,2000)。电子通信技术不仅引发了物质资料生产工作组织的变革,还作用于类似教育的服务传递。这些科技的影响在高等教育领域尤为明显。高等教育提供在线课程,有时候甚至提供完整在线学术项目,在北美、欧洲以及世界的其他地方的都市中心的大学之间形成各种伙伴关系或达成特许代理协议。[①] 这些安排面临的问题涉及教学语言和课程的适当性。最极端的形式是虚拟大学。他们提出了关于"谁进入这样的机构学习"的问题,与传统大学的学生相比,这些机构的学生学习成果如何? 再如,大学是否失去了他们在建设国家文化中的地位,抑或成为批判(如果不是反对)腐败、专制政府的中心? 公立学校是否不再是国家建立集体身份和培育公民的所在地?[②]

　　爱德华兹和亚瑟(Edwards & Usher,2000)在《全球化与教育：空间、地点和身份》(*Globalization and Pedagogy: Space, Place and Identity*)一书中提出了上述问题。新的信息和通信技术创造了"离散"空间,在此人们将自我从已经建立的观念的限制中解放出来,创造他们自己的混合身份(正如蒙克曼和贝尔德所总结的那样,2000：501)。这个以太空间的优势在于个人和他们的社会群体可跨越国界与存有相同兴趣的人相连,或了解那些遥远的、未知的"他者"。教育对于创造更多有全球精神和多元文化感知的个人而言,潜力是巨大的。所有年龄层的教师和学生都可以互相交流,分享每日所见以及对美好世界的向往。

　　政治上,致力于社会公正的跨国运动能够彼此巩固、号召国际共同体支持他们的努力。这种情况发生在各种各样的运动中——女权主义者、环境保护主义者、少数族裔、贸易联盟和难民,等等——他们要求他们的成员拥有基本的人权,其中之一就是受到有质量的教育的权利。比如,教育和原住民团体的权利是现在比较教育研究中备受关注的主题之一(参见《比较教育》[*Comparative Education*,2003]特刊,其主题都是关于移民和难民群体的公民地位)。[③] 正如有自上而下的全球化,也存在自下而上的全球化(Brecher *et al.*,2000)。

自下而上的全球化

　　阿诺夫(2005)接受了这个观念,提供一个框架用于研究教育改革方案的轨迹(纵轴表示是自上而下还是自下而上)和改革目标(横轴表示它们是以经济为主还是以政治文化为主)。[④] 一个关于最近的主导政策评论发现它们——私营化、放权、选择计划和在建立在标准化测验基础上的各种问责工具——很大程度上开始于国际和国家机构的顶层,并且如之前所探讨的,它们具有经济目标导向性。正如刚才所提及的,与此同时出现了越来越多的与文化身份运动相关的、致力于

　　① 有关全球化背景下高等教育面临的问题和挑战的更多一般性讨论见阿尔特巴赫、布鲁姆、霍珀、普萨查罗普洛斯和罗斯夫斯基(2004)；马金森和莫利斯(2001)等,第599—600页。
　　② 关于全球化给国家带来的挑战和研究国际教育趋势的理论框架问题,见韦尔奇(2001)。
　　③ 国际机制理论对于不同群体因共同兴趣而聚集的方式,提供了一个不同的理论视角。维普萨(2004)有关哥伦比亚原住民抵挡外国石油公司侵占他们的土地的研究即是对这个理论的应用。与此相关的是关系理论,见罗斯(Ross)在2000年CIES上的主席报告。教育系统在培育边缘群体成为民主公民中的作用是史蒂维克和莱文森共同编辑的一个主题。
　　④ 该框架基于鲍尔斯顿和勒罗伊(1980)最初提出的一个用于研究非正规教育计划的框架。

更加平等的社会和教育体系的大众方案。

各种方案如何与世界体系分析相联系？在文献综述中可以看出，自上而下发起的项目必然与全球经济的动态变化相联系，与一定技术和知识基础上不同类型的劳动力的需求相联系。新信息时代的经济意味着个人将被替代，工会的权利将被跨国企业所威胁，这些公司在他们所在国家和地区之外的地方寻求因不同原因可以获得的巨大利益——在很多情况下因为劳动力更廉价、更容易被剥削（墨西哥、印度尼西亚、关岛、越南），或是因为又廉价又掌握技术（例如印度的班加罗尔），或者同时满足上述三个原因。正如所描述的那样，这种趋势印证了由沃勒斯坦和他的同事构建的世界体系分析中蕴含的预测。由于资本积累方式变化引起的分裂同样有助于解释自下而上的社会抗议运动现象。同时，正如新制度主义者迈耶和他的同事关于世界文化研究中解释的那样，这些运动受到广泛传播的关于人类、文明和政治权利观念的鼓励。

这些分裂证明了，被沃勒斯坦称作在我们所生活的历史系统中的"终极危机"，使世界体系分析有机会走向社会科学中一个更加重要的核心地位，并成为此事业的中心问题（Wallerstein，1997：6）。在这些问题中，社会科学问题是"从一个历史系统到另一个历史系统转变的过程是什么"和"探索真理和追求公平社会之间的理论联系是什么"。对于蔡斯-杜恩（Chase-Dunn，1999：16）来说，现在的这些危机与分裂蕴藏着一个契机，即不同的进步运动结合起来，以实现全球社会民主。

结　论

无论是共识还是冲突，全球化现象的扩散增强了世界体系分析对于比较教育研究领域的重要性。可以说世界体系分析的两条支流已经汇入全球化研究的大海中。系统的、逐渐发展的思潮的汇集带来益处。它促进进一步研究，以提炼、阐释理论与方法，使得学者、政策的制定者和执行者能够更好地理解塑造世界各地教育系统的工作机制和成效的多维、跨国趋势。理解这个世界是改变这个世界，并使它变得更好的关键——这个目标很大程度上与比较教育研究学术领域促进理论建构的使命相一致：启发教育政策和实践，最终获得国际理解与世界和平。

参考文献

Altbach, P., Bloom, D., Hopper, G., Psacharopoulos, G., & Rosovsky, H. (2004). Moderated discussion: The task force on higher education and society. *Comparative Education Review*, 48, 70 - 88.

Amin, S. (1970). *L'accumulation à l'échelle mondiale: critique de la théorie du sous-développement*. Dakar: IFAN.

Amin, S. (1973). *Neo-colonialism in West Africa*. Hamondsworth, UK: Penguin.

Anderson-Levitt, K. M. (Ed.). (2003). *Local meanings, global schooling: Anthropology and world culture theory*. New York: Palgrave MacMillan.

Anderson-Levitt, K. M. (2004). Reading lessons in Guinea, France, and the United States: Local meanings of global culture? *Comparative Education Review*, 48, 229 - 252.

Arnove, R. F. (1980). Comparative education and world-systems analysis. *Comparative Education Review*, 24, 48 - 62.

Arnove, R. F. (2003). Reframing comparative education. In R. F. Arnove & C. A. Torres (Eds.), *Comparative education: The dialectic of the global and the local* (2nd ed., pp. 1 - 23). Lanham, MD: Rowman & Littlefield.

Arnove, R. F. (2005). To what ends: Educational reform around the world. *Indiana Journal of Global*

Legal Studies, 12, 79 - 96.

Arnove, R. F., Franz, S., Mollis, M., & Torres, C. A. (2003). Education in Latin America: Dependency, underdevelopment, and inequality. In R. F. Arnove & C. A. Torres (Eds.), *Comparative education: The dialectic of the global and the local* (2nd ed., pp. 313 - 337). Lanham, MD: Rowman & Littlefield.

Arnove, R. F. and Torres, C. A. (Eds.). (1999). *Comparative education: The dialectic of the global and the local* (1st ed.). Lanham, MD: Rowman & Littlefield.

Benavot, A., & Resh, N. (2001). The social construction of the local school curriculum: Patterns of diversity and uniformity in Israeli junior high schools. *Comparative Education Review*, 45, 504 - 536.

Bendix, R. (1996). *Nation-building and citizenship: Studies of our changing social order*. New Brunswick, NJ: Transaction Publishers.

Boli, J. and Ramirez, F. O. (1992). Compulsory schooling in the Western cultural context. In R. F. Arnove, P. G. Altbach, & G. P. Kelly (Eds.), *Emergent issues in education: Comparative perspectives* (pp. 25 - 38). Albany, NY: State University of New York Press.

Boli, J., Ramirez, F. O., & Thomas, G. M. (1997). World culture in the world polity: A century of institutional non-governmental organization. *American Sociological Review*, 62, 171 - 190.

Bonal, X. (2004). Is the World Bank education policy adequate for fighting poverty? Some evidence from Latin America. *International Journal of Educational Development*, 24, 649 - 666.

Braudel, F. (1981). *Civilization and capitalism, 15th-18th century* (3 vols.). New York: Harper & Row.

Brecher, J., Costello, T., & Smith, B. (2000). *Globalization from below: The power of solidarity*. Brookline, MA: South End Press.

Burbules, N. C. & Torres, C. A. (Eds.). (2000). *Globalization and education: Critical perspectives*. New York: Routledge.

Cardoso, F. H. and Falletto, E. (1969). *Dependencia y desarollo en América Latina*. Mexico City: Siglo Ventiuno.

Carnoy, M. (2000). *Sustaining the new economy: Work, family, and community in the information age*. Cambridge, MA: Harvard University Press.

Carnoy, M. and Rhoten, D. (2002). What does globalization mean for educational change: A comparative approach. *Comparative Education Review*, 46, 1 - 9.

Castells, M. (2004). *The network society: A cross-cultural perspective*. Cheltenham, UK: Edward Elgar Publisher.

Chase-Dunn, C. (1999). Globalization: A world-systems perspective. *Journal of World-Systems Research*, 5(2), 165 - 185.

Chase-Dunn, C. and Boswell, T. (2000). *The spiral of capitalism and socialism: Toward global democracy*. Boulder, CO: Lynne Reinner Publishers.

Christina, R. (2001). NGOs and the negotiation of local control in development initiatives: A case study of Palestinian early childhood programming. Ph. D. dissertation, School of Education, Indiana University, Bloomington, IN. Christina, R. (2006). Tend the olive, water the vine: Globalization and the negotiation of early childhood in Palestine. Stamford, CT: Information Age Publishing.

Clayton, T. (1998). Beyond mystification: Reconnecting world-system theory for comparative education. *Comparative Education Review*, 42, 479 - 496.

Clayton, T. (2004). "Competing conceptions of globalization" revisited: Relocation the tension between world-systems analysis and globalization analyses. *Comparative Education Review*, 48, 274 - 294.

Cook, B. J., Hite, S. J., & Epstein, E. H. (2004). Discerning trends, contours, and boundaries in comparative education: Survey of comparativists and their literature. *Comparative Education Review*, 48, 123 - 149.

Dale, R. (1999). Specifying globalization effects on national policy: A focus on the mechanisms. *Journal of*

Education Policy, 14(1), 1 - 17.

Dale, R. and Robertson, S. L. (2002). The varying effects of regional organization as subjects of globalization of education. *Comparative Education Review*, 46, 10 - 36.

Deem, R. (2001). Globalisation, new managerialism, academic capitalism and entrepreneurialism in universities: Is the local dimension still important? *Comparative Education*, 37(1), 7 - 20.

Demerath, P. (1999). The cultural production of educational utility in Pere Village, Papua New Guinea. *Comparative Education Review*, 43, 162 - 192.

de Moura Castro, C. (2002). The World Bank policies: Damned if you do, damned if you don't. *Comparative Education*, 38(4), 387 - 399.

Dos Santos, T. (1970a). *Dependencia económica y cambio revolucionario*. Caracas: Nueva Izquierda.

Dos Santos, T. (1970b). The structure of dependency. *American Economic Review*, 60(2), 231 - 236.

Edwards, R. and Usher, R. (2000). *Globalisation and pedagogy: Space, place and identity*. London/New York: Routledge.

Frank, G. (1969). *Capitalism and underdevelopment in Latin America*. New York: Monthly Review Press. Fuller, B. (2004). Book review: Local meanings, global schooling: Anthropology and world culture theory. *Comparative Education Review*, 48, 327 - 330.

Giddens, A. (2003). *Runaway world. How globalization is reshaping our lives*. New York: Routledge.

Ginsburg, M., Cooper, S., Raghu, R., & Zegarra, H. (1990). National and world-explanations of educational reform. *Comparative Education Review*, 34, 474 - 499.

Hartley, D. (2004). Education as a global positioning device: Some theoretical considerations. *Comparative Education*, 39(4), 439 - 450.

Harvey. D. (1989). *The condition of postmodernity: An enquiry into the conditions of cultural change*. Oxford, UK: Blackwell.

Held, D. (1991). *Political theory today*. Stanford, CA: Stanford University Press.

Held, D. (1999). *Global transformations: Politics, economics and culture*. Stanford, CA: Stanford University Press.

Heyneman, S. P. (2003). The history and problems in the making of educational policy at the World Bank 1960 - 2000. *International Journal of Educational Development*, 23, 315 - 337.

Hurn, C. J. (1993). *The limits and possibilities of schooling: An introduction to the sociology of education* (3rd ed.). Boston: Allyn & Bacon.

Jones, P. (1992). *World Bank financing of education: Lending, learning and development*. London, UK: Routledge.

Jones, P. (1993). United Nations Agencies. In M. C. Alkin (Ed.), *Encyclopedia of Educational Research* (6th ed., pp. 1450 - 1459). New York: Macmillan Reference.

Kamat, S. (2004). The privatization of public interest: theorizing NGO discourse in a neoliberal era. *Review of International Political Economy*, 11, 155 - 176.

King, K. (2002). Banking on knowledge: The new knowledge projects of the World Bank. *Compare*, 32, 311 - 326.

Levinson, B. (1999). Concepts of adolescence and secondary education in Mexico. *Comparative Education Review*, 43, 129 - 161.

Marginson, S. and Mollis, M. (2001). "The opens and the tiger leaps": Theories and reflexivities of comparative education for a global millennium. *Comparative Education Review*, 45, 581 - 615.

Martin, W. G. (2000). Still partners and still dissident after all these years? Wallerstein, world revolutions and the world-systems perspective. *Journal of World-Systems Research*, 6(2), 234 - 263.

May, S. and Altman, S. (Guest Eds.) (2003). Indigenous education: New possibilities, ongoing constraints.

Comparative Education, *39* (Special Number 27).

McMichael, P. (2000). World-systems analysis, globalization, and incorporated comparison. *Journal of World-Systems Research*, *6*(3), 68–99.

Meyer, J. W. (1971). Economic and political effects on national educational enrollment patterns. *Comparative Education Review*, *15*, 28–43.

Meyer, J. W. and Hannan, M. T. (1979). Introduction. In J. W. Meyer and M. T. Hannan (Eds.), *National development and the world-system: Educational, economic, and political change, 1950–1970* (pp. 3–16). Chicago, IL: University of Chicago Press.

Meyer, J. W., Kamens, D. H., & Benavot, A. (1992). *School knowledge for the masses: World models and national primary curricular categories in the twentieth century*. Washington, DC: Falmer.

Meyer, J. W., Boli, J., Thomas, G. M., & Ramirez, F. O. (1997). World society and the nation-state. *American Journal of Sociology*, *103*, 144–181.

Monkman, K. and Baird, M. (2002). Educational change in the context of globalization. *Comparative Education Review*, *46*, 497–508.

Mundy, K. (1998). Educational multilaterialism and world (dis)order. *Comparative Education Review*, *42*, 448–478.

Mundy, K. (1999). Educational multilaterialism in a changing world order: UNESCO, the limits of the possible. *International Journal of Educational Development*, *19*, 27–52.

Mundy, K. and Murphy, L. (2001). Transnational advocacy, global civil society? Emerging evidence from the field of education. *Comparative Education Review*, *45*, 85–126.

Paulston, R. G. (1977). Social and educational change: Conceptual frameworks. *Comparative Education Review*, *21*, 370–395.

Paulston, R. G. and Leroy, G. (1980). Nonformal education and change from below. In R. G. Paulston (Ed.), *Other dreams, other schools: Folk colleges in social and ethnic movements* (pp. 1–25). Pittsburgh, PA: University Center for International Studies, University of Pittsburgh.

Phillips, D. and Ochs, K. (2003). Processes of policy borrowing in education: Some explanatory and analytical devices. *Comparative Education*, *39*(4), 451–453.

Ramirez, F. O., Soysal, Y., & Shanahan, S. (1997). The changing logic of political citizenship: Cross-national acquisition of women's suffrage rights, 1880–1990. *American Sociological Review*, *61*, 735–745.

Robertson, S. L., Bonal, X., & Dale, R. (2002). GATS and the education service industry: The politics of scale and global re-territorialization. *Comparative Education Review*, *46*, 472–496.

Rodney, W. (1974). (c1972). *How Europe underdeveloped Africa*. Washington, DC: Howard University Press.

Ross, H. (2000). The space between us: The relevance of relational theories to comparative and international education. *Comparative Education Review*, *46*, 407–432.

Ruggie, J. G. (1992). Multilaterialism: The anatomy of an institution. *International Organizations*, *46*(3), 561–597.

Sklair, L. (1999). Competing conceptions of globalization. *Journal of World-Systems Research*, *5*(2), 143–162.

Stromquist, N. P. and Monkman, K. (Eds.) (2000). *Globalization and education: Integration and contestation across cultures*. Lanham, MD: Rowman & Littlefield.

Soudien, C. (2002). Education in the network age: Globalisation, development, and the World Bank. *International Journal of Educational Development*, *22*, 439–450.

Stacki, S. (1999). *Rays of hope for women teachers in India*. Ph. D. dissertation, School of Education, Indiana University, Bloomington, IN. (A revised version of the dissertation is in press at Rowman & Littlefield)

Stanford Center on Adolescence. (2005). *John W. Meyer: Professor of Sociology, Emeritus*. Retrieved December 16, 2005 from the Stanford Center on Adolescence Web site: http://www. stanford. edu/group/ adolescent.ctr/Research/meyer.html

Steiner-Khamsi. (Ed.). (2004). *The Global politics of educational borrowing and lending*. New York: Teachers College Press.

Stevick, D. and Levinson, B. (Eds.). (2006). *The time of the dictators is over: How diverse societies and cultures shape democratic citizens*. Lanham, MD: Rowman & Littlefield.

Suárez-Orozco, M. M. (2004). Building a partnership for teacher empowerment in India. In M. Sutton & R. F. Arnove (Eds.), *Civil society or shadow state? State/NGO relations in education* (pp. 203 – 225). Greenwich, CT: Information Age Publishing.

Suárez-Orozco, M. M. and Qin-Hilliard, D. B. (Eds.). (2004). *Globalization: Culture and education for a new millennium*. Berkeley: University of California Press.

Sutton, M. and Arnove, R. F. (Eds.). (2004). *Civil society or shadow state? State/NGOs relations in Education*. Greenwich, CT: Information Age Publishing.

Wallerstein, I. (1974). *The modern world-system, vol. I: Capitalist agriculture and the origins of the European world-economy in the sixteenth century*. New York: Academic Press.

Wallerstein, I. (1980). *The modern world-system, vol. II: Mercantalism and the consolidation of the European world-economy, 1600 –1750*. New York: Academic Press.

Wallerstein, I. (1989). *The modern world system, vol. III: The second great expansion of the capitalist world- economy 1730 –1840s*. San Diego: Academic Press.

Wallerstein, I. (1997). *The rise and future demise of world-systems analysis*. Paper delivered at the 91st annual meeting of the American Sociological Association, New York. Retrieved December 12, 2005, from http://fbc.binghamton.edu/iwwsa-r&.htm

Wallerstein, I. (2000). *The development of an intellectual position*. Adapted version of the introductory essay to *The essential Wallerstein*. New York: New Press. Retrieved December 16, 2005 from http://yale.edu/ sociology/faculty/pages/wallerstein/

Welch, A. R. (2001). Globalisation, post-modernity and the state: Comparative education facing the third millennium. *Comparative Education*, 47(4), 475 – 492.

Wikipedia, the Free Encyclopedia. (2005). *New institutionalism*. Retrieved December 16, 2005 from the Wikipedia Web site: http://en.wikipedia.org/wiki/New_institutionalism

Wirpsa, L. (2004). *Oil exploitation and indigenous rights: Global regime network conflict in the Andes*. Ph. D. dissertation, Department of International Relations, University of Southern California, Los Angeles, CA.

Zhou, M. and Shi, C. (2003). Trends in international educational services: Implications for China after entering WTO. *Educational Research for Policy and Practice*, 2, 41 – 54.

Zinn, H. (2003). *A people's history of the United States:* 1492-present New York: Perennia Classics.

9. 比较教育发展的反思

瓦尔·拉斯特(Val D. Rust)

布里安·约翰斯顿(Brian Johnstone)

卡琳·阿拉夫(Carine Allaf)

本文介绍了我们对比较教育研究领域的发展所进行的反思。我们提出三个主要的问题：比较教育的开端在哪里？它已经发展到哪一步？它将去向何方？

比较教育的开端

开端往往是模糊的、难以界定的、杂乱的。对故事开端最好的解释方式是结合故事讲述者的想法，而不是事情本身，比较教育开端的记述也是一样。一些人满足于模糊的概括。比较教育开始于古代朦胧的时期，开始于旅行者和碰巧记录下另一种文化中的异国教育或学校情况的比较教育"业余爱好者"将"外国实践中的有效经验"的描述性故事带回本国(Noah & Eckstein，1696)。人们相信比较教育起源于西方，当时古希腊的品达(Pindar)、希罗多德(Herodotus)、色诺芬(Xenophon)、西塞罗(Cicero)和尤里乌斯·恺撒(Julius Caesar)等人都描述了外国的教育家和教育状况(Fraser & Brickman，1968)。

在这个背景下，比较教育的起源是古老的，并且与艺术有很大关系，因为那些练习艺术的人都很关心教与学的实践(Hiker，1962)。斯图尔特·弗雷泽(Stewart E. Fraser)和威廉·布里克曼(William W. Brickman)提醒我们要"提高对与比较和国际教育相关的古代的不朽著作的认识"(Brickman & Fraser，1968)。比较教育者的任务之一就是要将这些著作以某种系统的形式进行分类。

甚至连"比较教育"这个术语的起源也有点混乱。早在 1785 年，托马斯·杰斐逊(Thomas Jefferson)就使用了"和欧洲教育相比，美国教育的比较优势"这一表达，但实际上这个术语可能在 1826 年第一次出现，威廉·罗素(William Russell)在翻译马可-安东尼·朱利安(Marc-Antoine Jullien)写于 1816 年至 1817 年的《比较教育》(*l'éducation comparée*)时，第一次使用了这一术语。故朱利安可能是首次使用了这个术语的人，至少在法语中是第一次。1888 年到 1889 年，威廉·哈里斯(William T. Harris)使用"一种比较教育学的科学"这一表达，表明"比较教育"这个术语在那时还没有被美国人普遍接受(Harris，1889)。德国人对于这个术语应该是"比较教育科学"(*Vergleichende Erziehungswissenschaft*)还是"比较教学法"(*Vegleichende Pädagogik*)这个问题争论不休(Hiker，1962；Schneider，1961)。

马可-安东尼·朱利安在 1816 年至 1817 年间提出了比较教育领域第一个有记载的倡议。他建议民族国家通过他设计的问卷收集数据，并对教育状况进行分类，该问卷将由不同国家专家组成的专门委员会来进行审查。然后，应将这些信息与各国分享，并作为各国制定教育改革政策时的参考的框架。

比较教育与学术

对于大多数学者来说，随着比较教育向专门化和科研化方向发展以及科学投入增加，比较教育开始被现代学术领域所认可。直到教师教育机构和大学开展教育研究时,比较教育才成为教育学的分支。① 随着大学教育项目的开展,大学开始任命专门的人员从事比较教育,开设比较教育的课程,为比较教育的学生编写教科书,在学术期刊登载研究发现以及对该领域的自我反思。因此,比较教育普遍被认为始于 1899 年,在教师学院成为美国哥伦比亚大学的一部分后,该学院开发了第一门比较教育的课程(Bereday,1963)。奇怪的是,乔治·布雷迪(George Bereday)虽然已经出版了詹姆斯·拉塞尔(James Russell)1899 年所开设的首门比较教育课程的教学大纲,但他认为教师学院开展比较和国际教育研究的传统可以追溯到第一次世界大战彼得·桑迪福德(Peter Sandiford,1918)出版第一本比较教育的教科书的时候。这本教科书毫无疑问被命名为《比较教育》(*Comparative Education*)(Bereday,1960)。如桑迪福德编写的这本教材一样,几乎所有给大学生介绍比较教育的早期教材,都将比较教育视作是对这个或那个国家,或世界上某个地区的教育的介绍(Bereday,1963)。

　　弗里德里希·施耐德(Friedrich Schneider)创办了第一本比较教育专业杂志。他是德国科隆大学的教授,他在 1931 年出版了《国际教育科学评论》[*Internationale Zeitschrift für Erziehungswissenschaft*(*International Review of Educational Sciences*)]。施耐德在第一版杂志中列出他认为的比较教育的历史、体系、方法、目的和作用,并且尝试建立一个维持学科运行的术语库(Schneider,1931/32)。

　　一些学者将比较教育专业组织的正式建立视为这个领域的起点。第一个这样的组织一开始被命名为"比较教育学会",并于 1956 年修订了学会的宪章。之后它更名为现在的名字"比较和国际教育学会"(Comparative and International Education Society,CIES)。同年,CIES 创办了第一本正式的期刊《比较教育评论》,旨在为学者研究和评论这个领域的成果提供一个平台。

　　本文的资深作者瓦尔·拉斯特(Val Rust),曾被期望以比较教育专家的身份接受大学的任命,他亲身经历了这个领域招收博士研究生的开端。大学在授予这个领域博士项目之前已经完成了对该项目教授的任命,但所任命的教授并不是比较教育专业出身。比较教育领域基石的建立归功于具有历史和人文主义倾向的学者,包括历史学家艾萨克·坎德尔(Isaac Kandel)、弗里德里希·施耐德、尼古拉斯·汉斯(Nicholas Hans)、罗伯特·乌利奇(Robert Ulich)、安德里亚斯·卡扎米亚斯(Andreas Kazamias)、克劳德·艾格特森(Claude A. Eggertsen)和威廉·布里克曼,也归功于被罗伯特·考恩(Robert Cowen)称为"文化主义主旨"的人,如约瑟夫·劳韦里斯(Joseph Lauwerys)、霍尔斯(W. D. Halls)、弗农·马林森(Vernon Mallinson)和埃德蒙德·金(Edmund King)。当然,早期的优秀比较教育学者也来自社会科学中比较传统的学科,包括社会学领域的阿诺德·安德森(C. Arnold Anderson),经济学领域的菲利普·福斯特(Philip Foster)和哈罗德·诺亚(Harold Noah)。有趣的是,虽然埃克斯坦(Max Eckstein)有人文学科背景,但他经常与诺亚并列,以致他的名字总是与"诺亚取向"联系在一起。

　　瓦尔·拉斯特的博士导师,上面提到的克劳德·艾格特森出生于犹他州一个小的铁路枢纽,这个地方以西班牙福克峡谷的蓟类植物而命名。他的父亲是小镇上的铁路工人,但他却敦促克劳德为进入杨百翰大学做好必要的准备,后来克劳德在杨百翰大学学习历史,然后又去斯坦福大

---

① 1876 年,苏格兰任命了第一批教育学教授。西蒙·萨默维尔·劳里(Simon Somerivlle Laurie)和约翰·米勒·道梅克尔(John Miller Dow Meiklejohn)分别在爱丁堡和圣·安德鲁斯接受任命。1879 年在密歇根大学接受任命的威廉·佩恩(William H. Payne)是美国第一位教授。在任期内时,他一直担任密歇根州阿德里安学区督学。他在密歇根大学第一次讲座是关于学校教育和欧洲的教育系统的,这个讲座意义重大。当然,那时并没有使用"比较教育"这个词(参见 Payne,1887)。

学、明尼苏达大学学习,最后他去到密歇根大学,在那里他成为著名的美国教育史学家。第二次世界大战对他的生活产生了深远影响,当他回到安娜堡市的办公室里,他觉得被这个研究领域约束了,这个研究领域太狭小、太封闭、太有限。他开始研究比较教育领域,从美国学者转变成世界学者(Rust,1987)。

跨文化的影响

不幸的是,对早期比较教育学术进行研究的很多人被局限在一定的学术研究视角下,他们倾向于忽视这一领域的早期研究,或认为它们是初级的或有缺陷的。他们很难看到"非专业"旅行者的故事里的真理和价值。比较教育学者认为 19 世纪比较教育学研究是初级的,原因在于他们认为这一阶段的研究是"功利的",大多是"描述的""缺乏理性分析的""歌功颂德的"(Templeton,1954)。这些学术评论非常准确地说出了 19 世纪比较教育研究成果的本质。他们确实是功利主义的、实用的,致力于学校和教育系统的普遍提升。但这一评论也略显严苛,是因为 19 世纪的比较教育反映了一种现在并不常见的比较研究类型。即他们关注的是当下称之为的"跨文化的影响"。实际上,包括比较文学在内的当代学术研究领域,几乎仅仅依靠这种研究类型。比较文学学者肯定是人文主义取向的,但是他们的基本追求却有强烈的科学内涵,因为他们试图揭示个人和思想流派之间的关系,或超越时空的民族文学之间的关系。在时间上,比较文学的专家试图描绘德国天主教文学如何影响德国古典主义文学,德国的古典主义如何转而影响浪漫主义;莎士比亚如何改变英国文学;现在的欧洲文学如何受到希腊和拉丁文学的影响。在空间上,比较教育学者希望追溯不同地方主题和题材的变化:瑞士的宗教主题如何迁移到荷兰,接着再迁移到美国;托尔斯泰(Tolstoi)、艾默生(Emerson)和梭罗(Thoreau)如何影响南亚的印度作家;非洲如何吸收欧洲的写作风格;唐璜的"原型"如何从一种文化传播到另一种文化(Highet,1992;Weisbuch,1989)。

正如在比较文学领域中一样,"跨文化的影响"无疑是比较教育遗产中精彩的一部分,应受到较之于从前更多的认可和欣赏。比较教育的专家可以通过关注历史和当代的努力来为这个领域作出巨大贡献。很多国家,如挪威,在国家改革的政策形成方面的工作已取得特别显著的成效。例如,在挪威的教育改革传统中,议会或者政府的各部门通常会建立一个委员会来研究重要问题并提供改革的建议。他们的建议从 19 世纪 40 年代开始以白皮书的形式提交。这些委员会总是描述整个斯堪的纳维亚、西欧的其他地方甚至是北美的相关情况,用来作为课程行动的选项和可能采用的模式的参考(Rust,1990)。通过探索外部的教育世界,挪威能够对他们的教育系统做出合适的、有效的改进。

正如挪威对欧洲其他国家的关注一样,美国通过发展与法国、德国和英国的关系,也获得了欧洲的既得利益。美国在普鲁士的参与,是 19 世纪 30 年代及 20 世纪 40 年代整个欧洲普遍关注的一部分。这源于法国学者维克多·库森的一篇报告。1831 年库森被法国教育部派到德国。1834 年,莎拉·奥斯汀(Sarah Austin)在伦敦用英语翻译库森的报告,这份报告传到美国,美国大批教育学家和政治家将其视作自己离乡背井、奔赴欧洲,特别是普鲁士的冲锋号。实际上,布鲁克·欣斯代尔(Bruke A. Hinsdale)最后得出结论:库森的报告所产生的直接或间接影响,远甚于整个国家历史上的任何一本教育学著作(Hinsdale,1906)。

当然这是一份功利主义的、充满描述和赞美的报告。卡尔文·斯托(Calvin E. Stowe)完成欧洲旅行,返回美国。在俄亥俄州立法机关宣布普鲁士的教育系统是"缺乏远见的计划",但却是一份"即便在(美国)最好学区也未被实施"的教学计划(Stowe,1930)。亚历山大·达拉斯·贝奇(Alexander Dallas Bache)在欧洲学校学习两年之后返回美国,汇报普鲁士的初等教育是"最完美的中央集权系统"(Bache,1939)。霍拉斯·曼(Horace Mann)在1837年到1848年期间担任马萨诸塞州教育委员会秘书长,在他的第七份年度报告中指出"在欧洲各国中,普鲁士以它优秀的学校教育久负盛名"(Mann,1844)。康涅狄格州公立学校督学亨利·巴纳德(Henry Barnard)也表达了同样的赞美,他认为普鲁士的学校教育已经"达到了一定优秀的程度,吸引了政治家们的注意,引起了基督教世界的每个地方的开明的教育家的羡慕"(Barnard,1954)。

比较教育学家艾萨克·坎德尔无疑会批评上述有关普鲁士教育的阐释,因为他认为这些阐释中充斥着"对行政机构、组织和实践等的简单描述……完全从教育这个单一视角来写,对教育在国家进步和发展中的作用和意义缺乏严格的原因分析;他们通常并不准备解决他们所面临的特定的美国问题,抑或他们以此为目的,充足的津贴对国家环境的改善也无济于事"(Kandel,1930)。

包括坎德尔在内的类似的批评者,认为这些报告断章取义,并无视美国教育专家对普鲁士所处的状况的精准认识。美国政策制定者并没有广泛采纳这些美国报告当中的建议,他们反对采用普鲁士的学校教育,因为这些学校教育被认为是普鲁士用来维持君主统治的目标,并阻止普鲁士境内日益高涨的革命精神。面对这些质疑,改革者很快承认普鲁士的学校教育和专制统治之间存在着一定联系。卡尔文·斯托公开承认普鲁士的整个教育项目与一直维护专制统治的军事力量相联系,强烈的道德控制凌驾于人们的知识和情感之上(Stowe,1930)。然而对于这些负面的评论,美国的改革者回应:坏的东西自然可以从好的东西里分离出来。霍拉斯·曼坚持认为如果普鲁士的教师能运用美国要求的一半教学时间来读、写、地理和算术,那么美国肯定可以"在不采用它的被动服从政府的观念前提下,复制这些科目的教学模式"(Mann,1844)。他认为教师在哪儿都一样。教师成长和发展的最好方式也都相同,并且好的学校可以用于加强美国的民主与共和精神。当然,对从事比较教育研究的美国学校教育改革者来说,背景和分析至关重要。

比较教育学家一直对教育中的外国影响抱有敏感性;随着比较教育变成一个学术领域,它的创建者敏锐地捕捉到,利用国外模式,实现"通过调整和改变来完善本国教育系统"目的的可能性;而非在分析本国教育系统时嵌入国外的历史影响(Hans,1955)。显然,早期的比较教育研究直接促成美国公共学校运动,导致美国学校教育系统的建立。因此,美国公共学校几乎完全地复制普鲁士的国民学校。奇怪的是,美国教育改革者一直保留库森使用的法国术语。结果,尽管美国用的术语是法语,美国师范学校却是德国教师培训研讨班的复制品。

幸运的是,比较教育中早期的、"前学术"研究的类型并没有从我们现在的学术活动中消失。比较教育领域中很多重要的研究都与追溯教育改革的影响有关。例如,哈里·阿米蒂奇(Harry Armytage)写了四本关于追溯美国、法国、德国和俄国对英国教育的影响的书(Armytage,1967,1968,1969a,b)。在弗里德里希·施耐德从纳粹德国流亡他国期间,他花了大部分时间追溯德国教育对其他国家的影响(Schneider,1943)。虽然他的选题很容易理解,但考虑到他研究时所处的纳粹党人背景,他对"跨文化影响"的贡献依然重大。本文第一作者的许多研究都是聚焦于德国与美国教育的相互影响(Rust,1967,1968,1997)。实际上,拉斯特自己的专题论文代表了一类小众研究:即一个国家的教育历史价值超越国家边界(Rust,1967)。

同样幸运的是,对比较教育的专家来说,重要的当代研究成果均涉及"跨文化的影响",至少也是借鉴术语。近来,在大卫·菲利普斯(David Phillips)的带领下,牛津大学的学者对国家间"借鉴"过程中发生了什么进行概念化的研究,特别是涉及政策的形成与实施(Phillips & Ochs,2003)。牛津的研究框架与拉斯特对挪威教育政策形成与实施过程的研究没有什么不同,它们都包含了这些阶段：启动研究、建立共识、形成法律框架和执行（Rust，1989）。

菲利普斯和他的同事们开展了大量的案例研究，从地理上和历史上描绘了部分或者全部借鉴的过程（Phillips，2004）。加入牛津大学学者研究队伍的，还有哥伦比亚大学教师学院的吉塔·斯坦纳-卡姆西（Gita Steiner-Khamsi），他关心的不仅仅是借鉴的过程，还有"借出"的过程（Steiner-Khamsi，2004）。

只要有独立的行政单元维持它们之间的关系，借鉴过程就一直在进行。全球化提出特定背景和依情况而定的问题，但应该如何应对还不清楚。现代民族国家之间或者教育系统之间的很多借鉴的过程被记录下来。在全球化背景下，随着跨国状态的出现，尚未研究出新的模型来解释教育借鉴或借出的过程，这个问题将在本文的最后一部分进行讨论。

比较教育作为一项科学事业

如果有一个贯穿比较教育历史的共同的主题，至少作为一个学术领域而言，那么它的追求就是成为一门科学。这样的追求也反映在整个教育研究领域。在 1887 年，美国的第一个教育学家威廉·佩恩（William H. Payne）提出了这个问题特有的本质：即教育主要是一种经验的艺术。虽然存在"不科学的教育"，但是高等教育领域的主要目标"是发展教育科学"（Payne，1887）。这不仅是美国才有的问题。我们早先指出，许多德国人更喜欢用"比较教学法"这个术语，因为它反映了在理想主义和现实主义的中间地带，一种教育的艺术，一种经验的艺术，以及"科学的艺术"这个自相矛盾的概念。我们关于比较教育的立场是它从不缺乏科学的推动力。甚至在学术出现之前的比较教育实践中，我们提出的"跨文化的影响"都有明确的科学的维度。

当科学变成学术研究的一部分，比较研究领域出现，比较教育必须被看作众多比较研究领域的成员之一。比较领域的知识出现在公元 17 世纪和 18 世纪的生命科学中，作为解剖学、古生物学和胚胎学的分支，但是它很快拓展到几乎全部现有的领域。事实上，这些领域中的学科，包括社会学，最初被认定为有比较的本质。[①] 在 1905 年，路易斯·亨利·约旦（Louis Henry Jordan）写了一本名为《比较宗教学》（*Comparative Religion*）的巨作，其中他赞美了不少于 26 种比较的领域，认为所有这些领域的共同的特性是它们的独一无二的方法论。那便是都使用了科学的方法并且以"阐释这些关系的基本规则"为目标。根据约旦所言，比较教育是在这些"科学"比较领域中的典范之一，因为"没有一种探究方法能被证明产生了如此丰富的明智建议"。[②]

在约旦给我们提供的例子中，我们看到当比较教育进入学术领域时，它已经被确认为是一种科学。我们需在高等教育的广阔视野及主要是科学的背景下考虑比较教育的方法、方法论和认识论。例如，《哲学大百科全书》（*Encyclopedia of Philosophy*）是在科学方法的大标题下解释"方法"和"方法论"这两个术语的含义（Edwards，1967）。

这些术语不可避免地与学术领域的科学意图相连。伯纳德·菲利普斯（Bernard S. Phiilips）回顾了大量社会科学研究文章，他定义科学方法是："（1）确定问题，以便在有效知识的基础上发展；（2）获得处理这些问题的基本信息；（3）根据明确的界定规则分析和解释这些数据；（4）将上

---

①　奥古斯特·孔德（Auguste Comte），社会学之父，最初命名这个领域为"比较社会学"（参见 Compte，1988）。

②　约旦讨论的领域是比较解剖学、比较语言学、比较语法学、比较教育学、比较哲学、比较心理学、比较历史学、比较地理学、比较古代史、比较艺术学、比较建筑学、比较农业学、比较林业学、比较统计学、比较民族学、比较神话学、比较社会学、比较卫生学、比较生理学、比较动物学、比较法学、比较经济学、比较殖民化、比较公民学和比较政治学（Jordan，1905：35）。

述努力的结果与其他人交流。"(Phillips，1976)罗布森(Robson)也认为研究策略通常包括四个层次：(1)研究设计；(2)数据收集的方法；(3)分析数据；(4)数据分析的解释和启发(Robson，1993)。在我们的研究中方法论和方法这两个术语有重要的区分。就概念而言，菲利普斯和罗布森的第一点和最后一点策略本质上是方法论议题，只有第二点和第三点才是明确的方法。

当我们提到研究方法论，我们指的是方法应用的大背景。此外，方法论通常具有理论意义，因为它为如何或应该怎样开展研究提供理论。比较教育中有悠久的方法论传统。比较教育第一代学人，如艾萨克·坎德尔、尼古拉斯·汉斯、弗里德里希·施耐德均认为需在经济、政治、文化与国家社会力量的大背景下才能理解教育。他们的方法论不仅要求详细描述教育系统，还要求通过阐释界定教育系统的经济、政治、文化和社会条件来理解教育现象的内涵(Hans，1955；Kandel，1933；Schneider，1961)。这意味着教育不是社会的独立面，而是扎根于社会政治、文化和经济条件中。

当教育被席卷入"更为科学"的浪潮中时，方法论的讨论转变为社会科学的一个问题。比较教育学家如布莱恩·霍姆斯和乔治·布雷迪提出的一个主要问题是：比较教育研究是归纳研究还是演绎研究(Bereday，1960；Dewey，1910；Holmes，1965；Popper，1963)。前文提及的著名早期学者理所当然地被认为从事的是归纳研究。他们从广阔的经济、政治、文化和社会背景描述和解释教育系统。布雷迪的"比较方法论"也是归纳的，因为他一开始描述两个或多个国家，并从宽阔的背景解释这些系统；之后，国家之间的数据被并置，最后被比较。显然，这些方法论本质上是归纳的。布莱恩·霍姆斯挑战了这个传统，他以约翰·杜威(John Dewey)和卡尔·波普尔(Karl Popper)的理论为基础，阐释他所谓的用于研究的"假设-演绎方法"。他批评他的同行在研究开始时倾向于描述教育现象，直到最后阶段才获得理论。上述争论没有消亡，而是作为方法论议题，在有关扎根理论(Strauss & Glasser，1967)的辩论中持续存在。

方法论也与研究方法的选择有关。数据收集的选择应建立在理论的基础上，并考虑什么样的数据来源可作为最有说服力的证据。尤其涉及何时或者在多大程度上，应该采用质化研究还是量化研究(Crossley & Vulliamy，1984；Heyam，1979；Masemann，1976)。这些问题聚焦于研究的应用层面。罗伯特·斯塔克(Robert Stake)解释了质化研究，及与之相对的量化研究的不同取向："量化研究者注重解释和控制，质化研究者注重对所有存在事物之间复杂的相互关系的理解。"(Stake，1995)

比较教育方法论的问题也解决研究何种程度上应该是描述的、解释的还是规定的，抑或应为改良主义、富有意识形态的还是严格的中立(Kazamias，1961)，或是哪类研究一定程度上是基于问题的(Holmes，1965)。其他的方法论关注点还包括：行动与研究之间的关系、研究者和研究目标之间的关系[1]，或者是单一视角还是多元视角更合适(Kellner，1988)。

方法与我们如何收集并分析数据有关。当一个研究者确定数据收集的方法，这个研究者应该提出以下问题：需要找到什么样的信息，从什么来源和在什么样的环境下？当一个研究者决定分析数据时，即他对收集到的数据如何解释。

科学在比较教育发展中十分重要，早期的比较教育研究者一致认为他们的领域建立在科学方法应用的基础之上。在更普遍的科学意义上，比较教育研究者检验了关于现象间因果关系的假设。然而，从一开始比较教育研究者就将他们的科学研究限定在两种方式之内。其一，他们检查现象、现象类别之间的异同。其二，尽管科学普遍将实验视为形成分类和检验理论的方法的圭

---

[1] 女权主义者撰写了一些优秀的论文有关他们在国际工作中所面临的困境(例如，参见 Cook 和 Fonow，1991；Wolf，1996)。

桌,但比较教育的研究者几乎将其所有的研究变量置于自然情境中。

我们并没有认为比较教育研究与普通的社会科学研究有本质的区别。实际上,所有的社会科学,至少在所有的思想中,在本质上都有比较,特别是考虑到科学思想的比较本质。比较教育研究的主要难题是它涉及分析"不相同的单位"(不同的社会和文化)(Smelser,1976)。在比较教育中的分析单位通常是两个或者更多国家教育系统或教育系统的子集(Thomas,1998)。我们认为没有一个单一的研究方法或者方法论曾经成为比较教育领域的特征。艾萨克·坎德尔在他的代表作《比较教育》(Comparative Education)中解释了"比较教育的方法论取决于研究希望达成的目标"。换句话说,坎德尔认为不同的问题需要多少有些不同的方法去回答它们。然而,我们在加州大学洛杉矶分校的研究项目认为,如坎德尔等人可用的研究策略类型是非常有限的,因为他们聚焦于历史和人文主义的策略。

比较教育的成熟

自从比较教育进入学术领域,它已经发生很大的变化。总的来说,这种变化代表了这个领域不断增加的复杂性和多样性。我们将讨论和解释这些变化的利与弊。

比较教育的国际化

比较教育作为一个学术领域从美国开始,但很快出现在加拿大、英国、德国和欧洲其他国家。这个领域以欧洲为中心的情况一直持续到 20 世纪最后 25 年,研究项目和教授职务迅速开始扩展到世界的其他地方。

欧文·爱泼斯坦(Erwin Epstein)指出这个过程是比较教育的国际化(Epstein,1981)。世界比较教育学会联合会(World Council of Comparative Education Societies,WCCES)成立于 1970 年,旨在推动这个领域的全球化。它的成长是这个领域发展壮大的最好例证。世界比较教育学会联合会已经举行了 12 次世界大会,最近一次是 2004 年在古巴的哈瓦那举行的。在 2007 年写这篇文章时,有 33 个不同的比较教育学会成为大会成员。[①] 在文献中,发现了对世界特定区域的比较教育的若干论述。美国声称对其协会的起源做了最早的记录(Tempeton,1954)。但是在日本、中国、印度、德国(Rust,1967)、苏联乃至整个欧洲(Cowen,1980)和其他地方也有比较教育的历史说明。加里·萨奇莫奇(Gary Tsuchimochi)认为日本的比较教育是第二次世界大战的直接产物,当时日本希望获得西方提供给他们的教育优势(Tsuchimochi,1982)。瑟尔肖彻德拉·舒克拉(Sureshchandra Shukla)认为印度对比较教育的兴趣来源于他的殖民历史,也来源于理解邻国中国、印度尼西亚和其他地方教育状况的兴趣(Shukla,1983)。中国比较教育学会成立于 1979 年,目的是从其他地区的发展中学习,同时也传播中国教育发展的研究成果(陈,1994)。苏联鼓励在它影响的范围内发展比较教育,但是它与其他国家研究比较教育的目的不同。它将教育视作一种宣传工具,即使这些文章赞美苏联的发展并严厉地批评西方的腐败、资本主义教育政策和项目,西方也愿意出版苏联学者写的文章(Hans,1964)。

研究方法选择范畴的扩大

鉴于没有一种方法独占比较教育领域,早期这个领域的探索者所持的方法论惊人相似。几十年以前虽然数据的收集研究策略仅限于文献评论和历史数据,但它们随着时间迅速增长。我

---

① 参见:http://www.hku.hk/cerc/wcces.html.

们通过文献综述,认为建立在二级文献基础上的研究论述,可以看成是解释性的论文。更加传统的社会科学研究方法,如访谈、人种志、参与/观察,问卷和其他类型的研究方法增长迅速。另外,在比较教育杂志中发现了其他的策略,如项目评论、文本内容分析、人口普查数据的分析和其他大型调查数据库。[①]

数据分析选择范畴的扩大

比较教育的数据分析一开始几乎仅是定性分析。也就是说,因为比较教育数据分析建立在这样的范式上——研究者一直与被研究的主体互动,并且研究者是评价过程的一部分,所以数据分析传统上是建构主义的、解释性的和自然主义的。虽然这个领域的主流更多是实证主义、客观的社会科学导向,但是时至今日数据处理过程依旧停留在简化形式上。事实上,我们在加州大学洛杉矶分校的工作反映了今天的比较教育学者所在的主要研究领域是:社会学、政治科学和经济学(Henrickson *et al.*,2003)。虽然仍有依赖定性数据的普遍趋势,但是从 20 世纪 60 年代中期以来,定量的研究增长迅速。这些定量研究主要使用调查和问卷。

研究在地理方位的扩大

第一个主要的观察是从 20 世纪 60 年代到现在,比较研究的地理关注发生了巨大的变化。在 20 世纪 60 年代大部分比较教育研究都关注发达国家。实际上,在世界上的一些地方,比较教育被认为是理论性很强,且与发展中国家无关的。例如,在伦敦大学,比较教育的项目与传统的"发展中国家教育学系"有明确的区别,"发展中国家教育学系"最初关注殖民问题,接着开始普遍关注英国海外援助计划和训练第三世界国家行政人员和实践者(Altbach,1991)。但这已发生改变,甚至在伦敦大学的这两个系早已合并为"国际和比较教育系"。

学者的地理背景也已发生变化。早期在比较教育研究中心任职的专家几乎全部来自发达国家。因此,布里克曼、艾格特森和安德森都是美国人;汉斯有俄罗斯人和德国人的血统;坎德尔是罗马尼亚人,他先后在英国、美国居住和教学。布雷迪是波兰人,罗塞洛是瑞士人,施耐德和希尔克是德国人;福斯特、诺亚、埃克斯坦、劳韦里斯(出生时是比利时人)、金和霍姆斯是英国人。卡扎米亚斯是希腊人,他先在英国学习,后在美国教学。今天,更多的学者来自世界不同的地方。他们来自各个国家,散落在人类发展的各个领域,尽管来自经济发展程度低的国家的学者,受到的重视不如那些来自其他地方的学者,主要原因是他们没有从事国际研究项目的必需资源。我们依然可以看到一些显著的发展。例如,20 世纪 90 年代,中国就有不少于 7 本的比较教育的专业杂志(Chen,1994)。

比较教育理论

近几十年来,理论上的变化比其他任何地方的变化都大。我们已经注意到:大学里早期的比较教育是自由的、人文主义传统的,但比较教育很快朝科学事业的方向努力。比较教育的理论基础转向社会科学,这个领域被确认有两个密切联系的理论方向:结构功能主义和现代化。卡扎米亚斯和施瓦茨注意到,结构功能强调"社会功能、社会相互依存、社会秩序或共识,并重视科学自由"(Kazamias & Schwartz,1977)。在比较教育方面,他们觉得结构功能主义试图描述教育系统和其他社会机构之间的相互关系。毫无疑问,结构功能主义成为这一时期的普遍的社会学理论导向。它占有绝对的主导地位,以至于任何合适的有关社会力量和因素的研究都理所当

---

① 有关这些策略的具体信息,参见 Rust *et al*. (1999)。

然地基于这个方向。

同时,比较教育开始致力于现代化,或使传统社会变得现代的变革过程。学校和教育被视为这个过程的发生机制,所以比较教育成为任何现代化计划的核心要素(Altbach,1991)。一些特定的理论导向在现代化中出现,包括人力资本理论、结构功能主义和系统理论。比较教育专家很适应他们在现代化进程中的角色,因为这一领域一直有改革主义倾向,比较教育在变革中的实际作用不仅是转变任何社会中的教育,而且用教育来改变社会本身(Kazamias & Schwartz,1977)。这是早期改革派的中心任务,他们迫切希望通过教育改革影响跨文化的其他人。

到 20 世纪 70 年代,由于早期理论导向的支配地位受到挑战,结构功能主义和现代化的主导地位急剧下降。主要的挑战来自大量"新兴的批判性的和解释性的知识社区"(Paulston,1993),他们试图将美国转变成一个更加开放、多元的社会。如果他们没有成功地改造社会,他们肯定成功改变了包括比较教育在内的学术环境。

随着 20 世纪 50 年代和 60 年代的霸权冲动的衰落,比较教育工作者表现出越来越强的理论导向,这在很大程度上是因为比较教育期刊刊登了越来越多的理论。此外,我们在加州大学洛杉矶分校的研究证实,比较教育的作者们具有多维视角。在对这些作者的调查中,我们列出了作者在主要比较教育期刊上发表的论文所依赖的至少 26 种不同的理论导向。[①]

我们必须强调,依赖和发展理论的学者普遍致力于科学。我们发现,几乎所有在比较教育期刊发表文章的学者都忠于理论,只有少数学者否认他们的工作是理论导向,他们将自己的工作看成是描述性和实践导向的。他们受"专业"驱动大于"学术"驱动。

多年来提出的一个主要问题是比较教育缺乏统一性。当然,在比较教育领域进入学术界的时候,就存有统一性的意识,涉及学科领域、地域集中性、早期的比较教育学者来源、方法论和理论取向。随着时间推移,这种统一性已经丧失,并且有一些学者意识到这个领域已经开始失去控制,在上面所提方面表现出碎片化,以至于内在一致性几近荡然无存。

从我们的有利位置看去,我们发现这个领域变得多元化,而非碎片化。多元文化可以看作是一种力量,因为它显示出在理论上和方法上摆脱了 20 世纪五六十年代早期这个领域压抑的正统特征。然而,任何现象的"回旋"都有可能失控,失去维持本领域发展和繁荣的统一性和连贯性。当然,现在的比较教育还不是那种情况;我们将比较教育视作努力健康发展、界限明确的研究领域。

比较教育走向何方?

整体观之,比较教育处于良性发展之中;现在是为那些在这个领域耕耘了几十年的人选择方向,引入一个全新视角的时候。这一点被刚刚进入比较教育领域的学生强调。随着哈罗德·诺亚和马克斯·埃克斯坦的《面向科学的比较教育》(*Toward a Science of Comparative Education*)一书的出版,比较教育在 20 世纪 60 年代末形成坚定而又乐观的观点。这本书的总基调是,这个领域最终会建成符合规范的科学。作者划分了这个领域的不同发展阶段,包括旅行者的故事、教育借鉴、国际教育合作、塑造教育的力量和因素。所有这些都是"现代的比较教育的前身"(Noah & Eckstein,1969)。

---

① 这些理论包括人力资本理论、现代化理论、结构功能主义、系统论、理性选择理论、政治多元主义、组织制度理论、依附理论,马克思主义/新马克思主义、世界系统理论、民族志、现象学、建构主义、符号互动理论,批判理论、文化复兴、女权主义、后结构主义、后现代主义、实用互动主义和新殖民主义(参见 Henrickson *et al.*,2003)。

关于现代比较教育说法本身就包含了全球化的概念。瓦尔·拉斯特在他出版的《外国对教育改革的影响》(*Foreign Influences in Educational Reform*)一书中，阐述了教育和全球化的交叉关系。他提出这样一个问题，比较教育领域的研究是否能够跟上全球化快速发展的步伐。拉斯特列举了教育回应全球化的三种态度——接受、抵制和修复(Rust，2004)。

接受，也被称为"跨国吸引和借鉴"，是这样一个过程：教育社群带着改善自我的目标，通过吸收其他教育系统的一部分积极回应外部影响。自从这个领域出现，它就成为主要的关注焦点。教育社群的第二个反应是抵制。在激进的理论家的倡导下，抵抗运动试图通过齐心协力保持和拥护文化、语言和政治意识形态的差异性来反对压迫，反对新自由主义全球化的资本势力。遍布全球的文化帝国主义是殖民主义和全球化的产物。文化帝国主义应对无数本土语言和文化的减少和消失负责。修复，是教育应对全球化的第三类反应，用于确保维护和发展本土知识。

接受、抵制和修复准确描绘了比较教育的历史焦点。然而，作为这一领域的未来专业人士，这篇文章的作者感到学术界缺乏对下列两个问题的关注：一是强制实行教育项目的压迫性，二是在非共生关系中统治国家对受支配国家的要求。这些问题正是教育抵制和修复的导火索。统治国家和受支配国家之间的关系显然不能等同于拉斯特"接受理论"的描述。我们觉得应该将这种关系置于比较教育领域内的另一种类别进行考量，比如相当于文化再生产理论的类别，该理论认为"学校为统治阶层的利益服务"(Giroux，1983)。"接受"反映了通过有选择性地吸收外部系统以提升教育的内部努力，而"再生产"是由外部占主导地位的社会强制教育系统实施。在这种情况下，"主导社会"是指发达国家或核心国家，通过"隐性课程"促进主导社会的核心文化，维持一种不平等和依附关系。今后比较教育研究者需要充分关注全球化的这个重要后果。

主流的比较教育已将现代化发展作为教育定义的基础。作为这个领域的新的专家，我们挑战这一概念，并敦促进步主义比较教育学者一起考虑，教育的意义是促进人类发展而非现代化。作为这种考虑的一部分，有必要提出这个问题：主流的比较教育促进的是"教育"的自由，还是霸权的新自由主义政治思想？保罗·弗莱雷(Paulo Freire)明确地指出，教育就是政治(Shor & Freire，1987)。通过促进现代化，比较教育支持资本主义的经济模式，弗莱雷认为这是"对存在的伦理维度彻底的麻木"(Freire，1998)。比较教育需要一个共同的话语：即政治力量已经将现代性注入教育的定义中。联合国教科文组织关于全民教育(EFA)的倡议为这一话语助力。

普遍接受的全民教育的目标代表了一个有意义的、全面的和以人为本的教育定义，它强调教育的公平、机会和读写能力。根据教科文组织对全民教育最新的定量评价，整个非洲地区、中东地区(除以色列以外)、加勒比海非英语地区或拉丁美洲的大部分国家曾被迫采用资本主义为基础的教育系统，都还没有达到他们全民教育的目标(UNESCO，2006)。古巴是一个值得注意的例外，它置身于占主导地位的全球资本主义结构之外，却获得成功。令人失望的是，由于古巴未支持占主导地位的资本主义意识形态而不可避免地被边缘化，使得古巴在实现全民教育目标时未获任何"勋章"。考虑到全民教育促进人文主义教育观，我们应该为古巴实现全民教育目标所取得的成就喝彩，应该将古巴被视为其他国家的榜样。

在历史的背景下，比较教育为国际合作、促进"接受"教育的发展提供了坚实的基础。然而，忽视主流比较教育中的"再生产"层面，必然导致"抵制"和"修复"。认识到后两者，就应该警惕这个领域使用的焦点和干预主义方法已导致非共生的国际关系和全球社群中依赖和剥削的增加。作为有志业的比较教育工作者，我们同意阿诺夫的观点，"我们相信比较教育可以，也应该发挥重要作用，以促进下一代在联系日益紧密的世界中用他们的才华支持国际和平与社会正义"(Arnove，1999)。为了发挥这一作用，比较教育将回归它的本源。前面提到的这个领域的先驱艾萨克·坎德尔在1955年写道："因为一个国家寻求通过教育来塑造其国民性，反映其政治、社会、经济和文化的目标。正如这里所定义的，对教育系统的研究恰如对其政治政策的直接研究，有利于充分理解总目标。"(Kandel, 1955)我们可以将比较教育理解为一个致力于研究和"接受"的领域，而不是干预主义和再生产；认可教育人文主义的界定，而不是资本主义的；是解放的实践，而不是统治的。国家和社会有权定义他们自己的教育系统来造福他们的人民、文化、经济和政治。

参考文献

Altbach, P. (1991). Trends in comparative education. *Comparative Education Review*, 35, 491 – 507.

Armytage, W. H. G. (1967). *The American influence on English education*. London: Routledge & Kegan Paul.

Armytage, W. H. G. (1968). *The French influence on English education*. London: Routledge & Kegan Paul.

Armytage, W. H. G. (1969a). *The German influence on English education*. London: Routledge & Kegan Paul.

Armytage, W. H. G. (1969b). *The Russian influence on English education*. London: Routledge & Kegan Paul.

Arnove, R. F. (1999). Introduction: Reframing comparative education: The dialectic of the global and the local. In R. F. Arnove & C. A. Torres (Eds.), *Comparative education: The dialectic of the global and the local*. Boulder: Rowman & Littlefield Publishers.

Bache, A. D. (1839). *Education in Europe*. Philadelphia: Lydia Bailey.

Barnard, H. (1854). *National education in Europe*. Hartford: Case Tiffany & Co.

Bereday, G. Z. F. (1960). Comparative education at Columbia University. *Comparative Education Review*, 4(1), 15 – 17.

Bereday, G. Z. F. (1963). James Russell's syllabus of the first academic course in comparative education. *Comparative Education Review*, 7(2), 189 – 196.

Brickman, W. W., & Fraser, S. E. (Eds.) (1968). *A history of international and comparative education*. Boston: Scott, Foresman & Co.

Chen, S.-C. (1994). Research trends in mainland Chinese comparative education. *Comparative Education Review*, 38(2), 233 – 252.

Compte, A. (1988). *Introduction to positive philosophy* (F. Ferre, Trans.). Indianapolis: Hackett.

Cook, J. A., & Fonow, M. M. (Eds.) (1991). *Beyond methodology: Feminist scholarship as lived research*. Bloomington, IN: Indiana University Press.

Cowen, R. (1980). Comparative education in Europe: A note. *Comparative Education Review*, 24(1), 98 – 108.

Crossley, M., & Vulliamy, G. (1984). Case study research methods and comparative education. *Comparative Education*, 20, 273 – 286.

Dewey, J. (1910). *How we think*. Boston: D. C. Heath.

Edwards, P. (Ed.). (1967). *The encyclopedia of philosophy*. New York: Macmillan/Free Press.

Epstein, E. (1981). *Toward the internationalization of comparative education*: A report on the World Council of Comparative Education Societies. *Comparative Education Review*, 25(2), 261 – 171.

Fraser, S. E. (1964). *Jullien's plan for comparative education: 1816 –1817*. New York: Teachers College, Columbia University.

Fraser, S. E., & Brickman, W. W. (Eds.) (1968). *A history of international and comparative education*. Atlanta: Scott, Foresman & Company.

Freire, P. (1998). Pedagogy of the heart. In A. M. A. Freire & D. Macedo (Eds.), *The Paulo Freire reader* (pp. 263 – 282). New York City: Continuum.

Giroux, H. A. (1983). *Theory and resistance in education: A pedagogy for the opposition*. South Hadley, MA: Bergin & Garvey Publishers.

Hans, N. (1955). *Comparative education: A study of educational factors and traditions*. London: Routledge & Kegan Paul.

Hans, N. (1964). The Soviet approach to comparative education. *Comparative Education Review*, *8*(4), 90 – 93.

Harris, W. T. (1889). *The annual report of the commissioner for 1889*. In U. S. Board of Education (Ed.): US Printing Office.

Henrickson, L., Faisaon, S., & Rust, V. (2003). Theory in comparative education. *World Studies in Education*, *4*(1), 5 – 28.

Heyman, R. (1979). Comparative education from an ethnomethodological perspective. *Comparative Education*, *15*(no. 1), 241 – 249.

Highet, G. (1992). *The classical tradition: Greek and Roman influences on Western literature*. New York: Oxford University Press.

Hilker, F. (1962). *Vegleichende Paedagogik: Eine Einfuehrung in ihre Geschichte, Theorie und Praxis*. Muenchen: Max Hueber Verlag.

Hinsdale, B. A. (1906). *History of the University of Michigan*. Ann Arbor: University of Michigan.
Holmes, B. (1965). *Problems in educaton: A comparative approach*. London: Routledge & Kegan Paul.

Jefferson, T. (1785). The comparative advantages of an American rather than a European education. In S. E. Fraser & W. W. Brickman (Eds.), *A history of international and comparative education*. Glenview, Illinois: Scott, Foresman & Co.

Jordan, L. H. (1905). *Comparative religion*. Edinburgh, Scotland: T. & T. Clark.

Kandel, I. (1930). *Essays in comparative education*. New York: Teachers College, Columbia University.

Kandel, I. (1933). *Comparative education*. Boston: Houghton Mifflin.

Kandel, I. (1955). *The new era in education*. Boston: Houghton Mifflin.

Kazamias, A. (1961). Some old and new approaches to methodology in comparative education. *Comparative Education Review*, *5*(October), 90 – 96.

Kazamias, A., & Schwartz, K. (1977). Intellectual and ideological perspectives in comparative education: An interpretation. *Comparative Education Review*, *21*(3), 153 – 176.

Kellner, D. (1988). Globalization and the postmodern turn. http://www.gseis.ucla.edu/courses/ed253a/dk/GLOBPM. htm

Mann, H. (1844). Mr. Mann's seventh annual report: Education in Europe. *Common School Journal*, *6*, 72.

Masemann, V. (1976). Anthropological approaches to comparative education. *Comparative Education Review*, *20*(October), 368 – 380.

Noah, H., & Eckstein, M. (1969). *Toward a science of comparative education*. London: Collier Macmillan.

Paulston, R. (1993). Comparative education as an intellectual field: Mapping the theoretical landscape. *Comparative Education*, *23*(2), 101 – 114.

Payne, W. H. (1887). *Contributions to the science of education*. New York: Harper & Brothers.

Phillips, B. S. (1976). *Social research: Strategy and tactics*. New York: Macmillan.

Phillips, D. (2004, March 9 – 12). *Educational borrowing policy: Historical and contemporary perspectives*. Paper presented at the Comparative and International Education Society Annual Meeting, Salt Lake

City, Utah.

Phillips, D., & Ochs, K. (2003). Processes of policy borrowing in education: Some explanatory and analytical devices. *Comparative Education*, *39*(4), 451 – 461.

Popper, K. (1963). *Conjectures and refutations: The growth of scientific knowledge*. New York: Harper & Row.

Robson, C. (1993). *Real world research: A resource for social scientists and practitioner-researchers*. Oxford, UK: Blackwell.

Rust, V. D. (1967). *German interest in foreign education since world war i*. Unpublished dissertation, University of Michigan, Ann Arbor, Michigan.

Rust, V. D. (1968). The common school issue-a case of cultural borrowing. In W. Correll & F. Suellwold (Eds.), *Forschung und erziehung*. Germany: Donauwoerth.

Rust, V. D. (1987). Claude a. Eggertsen: His formative years. In R. F. Lawson, V. D. Rust & S. M. Shafer (Eds.), *Education and social concern: An approach to social foundations*. Ann Arbor, Michigan: Prakken Publications.

Rust, V. D. (1989). *The democratic tradition and the evolution of schooling in Norway*. Westport, CT: Greenwood Press.

Rust, V. D. (1990). The policy formation process and educational reform in Norway. *Comparative Education*, *26*(1), 13 – 26.

Rust, V. D. (1997). The German image of American education through the Weimar period. *Paedagogica Historica: International Journal of the History of Education*, *33*(1), 25 – 44.

Rust, V. D. (2004). Foreign influences in educational reform. In H. Ertl (Ed.), *Cross-national attraction in education*. Oxford: Symposium Books.

Rust, V. D., Soumare, A., Pescador, O., & Shibuya, M. (1999). Research strategies in comparative education. *Comparative Education Review*, *41*(1), 86 – 109.

Sandiford, P. (Ed.). (1918). *Comparative education, studies of the educational systems of six modern nations*. London: J. M. Dent & Sons.

Schneider, F. (1931/32). Internationale paedagogik, auslands paedagogik, vergleichende erziehungswissenschaft: Geschichte, wesen, methoden, aufgaben und ergebnisse. *Internationale Zeitschrift fuer Erziehungswissenschaft*, *1*.

Schneider, F. (1943). *Geltung und einfluesse der deutschen paedagogik im ausland*. Muenchen: R. Oldenbourg.

Schneider, F. (1961). *Vergleichende erziehungswissenschaft*. Heidelberg: Quelle & Meyer.

Shor, I., & Freire, P. (1987). *A pedagogy for liberation*. Boston: Bergin & Garvey.

Shukla, S. (1983). Comparative education: An Indian perspective. *Comparative Education Review*, *27*(2), 246 – 258.

Smelser, N. J. (1976). *Comparative methods in the social sciences*. Englewood Cliffs, NJ: Prentice-Hall.

Stake, R. (1995). *The art of case study research*. Thousand Oaks, CA: Sage.

Steiner-Khamsi, G. (2004). *Lessons from elsewhere: The politics of educational borrowing and lending*. New York: Teachers College Press.

Stowe, C. (1930). Report on elementary public instruction in Europe. In E. Knight (Ed.), *Reports on European education*. New York: McGraw Hill. Strauss, B. G., & Glasser, A. L. (1967). *The discovery of grounded theory: Strategies for qualitative research*. Chicago: Aldine. Templeton, R. G. (1954). The study of comparative education in the United States. *Harvard Educational Review*, *24*(3), 141 – 158.

Thomas, R. M. (1998). *Conducting educational research: A comparative view*. Westport, CN: Bergin & Garvey.

Tsuchimochi，G. (1982). Comparative education in japan：A note. *Comparative Education Review*，*26*(3)，435 - 431.

UNESCO (2006). *Strong foundations: Early childhood care and education*. Paris：UNESCO.

Weisbuch，R. (1989). *Atlantic double cross: American literature and British influence in the age of emerson*. Chicago：University of Chicago Press.

Wolf，D. L. (Ed.). (1996). *Feminist dilemmas in fieldwork*. Boulder，CO：Westview Press.

10. 比较教育：历史反思

安德里亚斯·卡扎米亚斯(Andreas M. Kazamias)

现在的时间和过去的时间,也许都存在于未来的时间;而未来的时间又包容于过去的时间(T. S. 艾略特语)。

引　言

比较教育一词不是一个单一维度或单一学科的概念/知识系统。它是跨学科和多学科的"人文科学",这是尼古拉斯·汉斯(Nicholas Hans)对比较教育科学的认识(Hans, 1959：299)。从历史上看,比较教育的起源可追溯到 18 世纪末到 19 世纪初欧洲启蒙运动的"现代主义"时期。从那时起,比较研究透过各种方法论的宏观和微观视角,并使用各种研究方法和技术,从不同的角度对教育系统、问题、现象或过程进行研究、建构和概念化。和希腊神话中的半神普罗透斯(Proteus)一样,比较教育在不同的历史时期有不同的"衣服",这些"衣服"由不同"颜色"的认识论、方法论和意识形态的"线"制作而成。因此,它以不同的形式呈现,这些形式在很大程度上反映了知识、方法论和文化的时代线索和潮流。因此,比较教育被称为千变万化的知识(Kazamias, 2001)。换句话说,本文研究的目的是呈现比较教育作为一种"人文科学"的历史,我将从理论上说明比较教育话语中的"发展阶段"和"类型"。

比较教育话语的"原科学"和行政"向善论"的发展阶段

比较教育作为一种"现代主义"的知识,它的起源可以追溯到 18 世纪末到 19 世纪初欧洲启蒙运动的知识和文化领域。在众多思想的假设和预期中,那些参与启蒙范式构建的或被视作"现代性工程"的内容吸纳了理性、经验主义、科学(包括社会科学)、普遍主义、进步和民族国家。在启蒙时代的知识和制度的模型上,比较教育的现代主义科学要素才有可能获得历史性的追溯。例如,这在比较教育先驱马可-安东尼·朱利安(Marc-Antoine Jullien, 1775—1848)的努力中表现得十分明显。他寻求构建一种以经验主义为基础的"准实证科学"的比较教育,为教育改革与教育发展提供严谨的和规律的知识。朱利安所著的《关于比较教育的研究计划和初步意见》(*Plan and preliminary views for a work on comparative education*)一书于 1817 年在巴黎出版,并在 19 世纪 40 年代闻名世界。朱利安在该书中提出的思想可被称为比较教育的"原科学"范式：

> 教育,和所有其他科学和艺术一样,由事实和观察组成。因此,对这门科学来说,似乎有必要像对其他学科分支所做的那样,形成事实和观察的合集,以分析性图表的形式进行规整,使它们能够相互关联和比较,从中推导出某些原则和确定的规则,从而使教育几乎成为一门实证科学。比较解剖学研究促进了解剖学的发展。同样,比较教育研究必定为完善教育科学提供新的手段。(Fraser, 1964：40—41)

启蒙运动的科学模式和文化让朱利安对其所谓的比较教育原型社会科学计划的构建有了"初步想法"。启蒙运动的科学模式和文化并不限制比较教育学科的范围和意义,即知识的产生是基于理性和经验的。启蒙时代的知识分子认为,社会科学与进步理念密切相连。这些改良主义的意义、社会观念和价值观(例如,社会和道德向善论、自由主义和人道主义)都是所谓的"原始的现代主义比较准则"的组成部分。在本书的另一篇文章中,佩拉·卡洛伊纳基(Pella Kaloyiannaki)和安德里亚斯·卡扎米亚斯更充分地讨论了这个内容。

19 世纪欧洲-法国和美国行政向善论/改革的主题

正如其他比较教育历史回顾所记录的那样,在 19 世纪比较教育话语的"原始的现代主义"或"原科学"的发展阶段中,科学的和普遍的要素并没有完全融入比较教育的知识模式(Kazamias & Massialas, 1965;Fraser;1964;Noah & Eckstein, 1969;Jones, 1971;Tretheway, 1976)。大多数情况下,19 世纪人们观察到的是比较话语的另一发展阶段,其中"国际"多于"比较",因为在研究"外国教育"或其他国家的教育时,如果有的话,比较也仅仅是附带的参考。这种话语的一些重要代表人物是法国的维克多·库森(Victor Cousin),美国的霍拉斯·曼(Horace Mann)、约翰·格里斯科姆(John Griscom)、卡尔文·斯托(Calvin Stowe)、亨利·巴纳德(Henry Barnard)和威廉·哈里斯(W. T. Harris)。这些"国际"的教育家设法收集外国教育各个方面的信息和数据以及问题,这将直接影响他们各自国家或"州"决策者和管理者作用的发挥。他们首要的考虑因素是为改革他们的教育系统借鉴有用的想法和做法。对大多数美国人来说,这种"借来的"想法和信息是达到政治意识形态、改良和改革目标的合法理由。正如我们在其他地方提到的(Kazamias & Massialas, 1965),其中的某些特性(例如向善论,改革,以及我们所补充的民族国家的形成)已出现在上一个发展阶段。事实上,它们与启蒙运动的精神和文化密切相关,也与"现代性工程"密切相关。这些元素融入"准民族志""准历史"和描述性国家报告中,这些报告主要由务实的学校管理者、决策者和政策顾问完成,这里仅举几个比较知名的人,如美国的霍拉斯·曼、亨利·巴纳德、卡尔文·斯托和威廉·哈里斯,法国的维克多·库森和英国的马修·阿诺德(Mathew Arnold)(Holmes, 1965;Kazamias & Massialas, 1965;Noah & Eckstein, 1969)。然而,这些比较教育的学者之中,萨德勒的观点,以及一定程度上的哈里斯的观点,特别说明了话语发展阶段的这种过渡。虽然他们对外国的教育系统研究/报告大部分都是描述性的、"以学校为中心的"(即以学校系统、学校教育和教学法的各个方面为中心、独立于体制和社会文化现象之外)和鼓励性的,但这些学者也为构建新的比较科学话语做出了贡献。

迈克尔·萨德勒(Michael Sadler)被引述最多的是 1900 年 10 月 20 日的牛津演讲,在题为"从国外教育系统研究中我们可以学习多少有实际价值的东西"的演讲中,他构造了新兴的历史向善论和文化准则的概念模型,论述如下:

> 因此,如果我们打算研究外国的教育系统,我们就不能只是看实体的学校,也不能只看教师和学生,而是必须到外面去,走上街头,进入人们家里,尝试找到一种无形的、无法触及的精神的力量,这种力量在任何成功的教育制度中,是事实上支撑学校系统的基础,也是解释实际效果的原因。在研究外国的教育系统时,我们不应忘记学校外部因素,比之于学校内部因素,它们影响更甚,支配和解释着内部因素。一个国家的教育系统是一个生命体……以正确的精神和学术准确性来研究外国的教育系统运行,其实用价值是它能使我们更好地研究和理解自己的教育体系(Sadler, 1900,斜体字部分重印在 Bereday, 1964:309—310)。

在另一种情况下,萨德勒写道:"教育的问题不是教育自身的问题,它是社会问题的一部分。社会问题说到底很大程度上就是一个道德的问题。"(Noah & Eckstein, 1969:47)

在这些话语的陈述中，萨德勒整合了大部分的认识论和方法论的内容，以形成比较教育"历史向善论"的形式，它出现在维多利亚晚期的社会、文化和知识环境中。这个时期也标志着一个时代的衰落和另一个时代的黎明。这些内容可以概括如下：

（1）教育问题并不意味着"以学校为中心"；因此，对学校和学校教育的研究必须置于它们运行的社会背景中进行。

（2）比较研究的主要目的是"以同理心理解国外教育制度的实际运行情况"，而不是评判。

（3）然而，为理解教育系统的运行，必须试着找出历史的、非学校的"无形的、无法触及的精神力量"，这种力量推动教育系统，并赋予它国民性和身份；必须探索"国家生活运行的秘密"。

（4）在比较教育研究中，人们研究外国的教育制度，并且重点是国家制度和国民教育。

（5）其他国家教育系统学术研究的"实际价值"是帮助我们"研究和理解我们自身"。

（6）最后也可以说，研究外国教育的附加价值是帮助我们更好地理解并提高我们的教育系统。

这些内容的一部分在马修·阿诺德的欧洲大陆教育报告中可以找到。马修·阿诺德是维多利亚时代的诗人、散文家、文学、社会和文化批评家、以欧洲为中心的高雅文化的传播者和皇家督学。然而，作为欧洲教育和文化调查报告者、"比较教育家"，阿诺德强调了要么被排除在外，要么隐藏在他的前辈和他同时代人的作品中的话语类型。例如，他用其他欧洲国家（如法国）的经验，作为在自己国家（英国）可能采取的措施的范例，并且将比较作为批评英国政治、社会、文化和教育的辅助手段。上述这点是重要的，并且应将阿诺德视为维多利亚时期的自由主义知识分子，而非讽刺他对后来占主导地位的"放任的自由主义"及其"最小政府"的政治教条的谴责之举。他发现法国的政治和文化比英国更民主，他呼吁国家更多干预本国事务。换言之，阿诺德紧紧抓住"国家主导教育"，更广泛地说是国家主导文化。

这种比较话语的新阶段，我们称之为"历史向善论"和"自由人文主义"的准则，它们应运而生，成为世界的一部分，这一世界（cosmos）在许多方面不同于启蒙运动的世界。这是一个多形态的，充满张力的，社会政治、经济、知识和文化具有不确定性的世界，它由各种各样的人类行动者组成："放任的自由主义者""自由民主人士""激进主义者""保守主义者""福利国家的支持者"，甚至是"集体主义者"、精英主义者和平等主义者，"野蛮人""庸人"和"大众"（根据马修·阿诺德对英国工业资产阶级社会和文化进行的经典社会人类学的描述）；浪漫主义者、人文主义者和理性主义者；宏观历史功能和冲突社会学家；乐观主义者和虚无主义者；基督徒，卫道士和怀疑论者；民族主义者和帝国主义者。

比较话语的历史哲学和自由人文主义的产生

正是在这一崭新的多元文化镶嵌的"现代性工程"中，以迈克尔·萨德勒为代表的修订后的比较教育范式产生并采取了现代主义形式，该形式被描述为"历史哲学"和"自由人文主义"的形式。然而，它留给下一代比较教育工作者的，最重要的就是历史哲学家和自由人文主义者将比较教育视作"历史哲学"和"自由人文主义"的说明/解释的科学，并构建和促进比较教育的制度化。这些历史哲学家和自由人文主义者包括美国的艾萨克·坎德尔（Isaac Kandel）和罗伯特·乌利奇（Robert Ulich），英国的尼古拉斯·汉斯（Nicholas Hans）和德国弗里德里希·施耐德（Friedrich Schneider）。在这里我们将从坎德尔、汉斯和乌利奇著作中得到描绘这个比较教育的发展阶段的独特知识/认识论和方法论轮廓。

（1）汉斯认为比较教育必须识别的"因素"包括社会、政治、经济、文化，这些形成了"不同国家的创建"和不同的"国家教育系统"。这些因素包括：自然因素（种族、语言、环境——主要是地理和经济）、宗教因素（天主教、英国国教和清教主义）和世俗因素（人文主义、社会主义和民族主义）。汉斯补充道："从历史的角度分析研究这些因素和比较问题解决方案是比较教育的主要目的。"（Hans，1949：9—11）坎德尔通过将比较教育设想为对"思想、理想和形式"的历史探寻，为这种方法增添了"唯心主义"的哲学元素。他写道：

> 如果运用适当，比较教育研究主要的贡献是论述基本原则，"促进在分析中获得哲学态度"，从而促进对教育问题更清楚的理解。研究使教育者能够更好地融入他们自己国家教育制度的精神和传统。（Kandel，1955：12；Kandel，1933：xx）

在呼应迈克尔·萨德勒和当代哲学的人文主义者的论述中，坎德尔寻找"在学校事件中隐藏的意义"，并呼吁人们"认识到构成教育制度基础的无形的、无法触及的、精神的、文化的力量"（Kandel，1933：xx—xv，1955：8—12）。

（2）比较教育不是一种实证的社会科学。它是一种解释性的和"向善论"的科学。它不是预测的社会科学，也不是政策导向的社会科学。在上一阶段的话语的传统中，尤其是在坎德尔的研究中，它是"向善论"的，即通过历史—哲学—人文主义的比较方法获得知识、洞见和理解，这将有助于发展一种有助于改善国内外教育的"广泛的哲学态度"，并最终促进国际主义精神（Kandel，1955：12，1933：xx）。正如我们在其他地方已经提到的，作为一个唯心主义者，坎德尔更关心的是教育的"形式"，而不是构成一个国家教育制度的细节。通过研究"历史和传统……影响力和态度……支配着社会组织和决定教育系统发展的政治和经济条件"可以掌握这种"形式"（Kazamias & Schwartz，1977：156；Kazamias & Massialas，1965：3）。

（3）与汉斯和乌利奇一致，坎德尔理解概念的一个重要方面，是人类和教育活动的"国家"或民族国家的背景。他和他们的分析单位都是国民教育系统，包括英国、德国、法国、俄国、美国。他们认为所有这些都清楚说明了学校和教育实践受国家传统、国家的政治意识形态以及当时普遍存在的民族特征的影响（Kandel，1933：xxiv）。

（4）比较教育不仅可以成为提升教育和培养国际主义的积极力量，还可以成为推动"自由民主"和"民主公民"发展的积极力量。坎德尔、乌利奇和汉斯的比较研究充满了"欧洲中心论"和西方的自由民主思想和原则，这些原则和思想是关于政治和经济体系、民族国家和公民社会、个人和国家的作用以及"自由、平等、博爱"的。此外，在"启蒙运动现代性工程"的精神中，他们三人都对进步理念，以及通过启蒙和教育推动进步持有坚定信念。在这方面应当提到，坎德尔是出生在罗马尼亚的犹太人，他憎恶纳粹主义，并认为一切形式的专制和极权主义，尤其是苏联模式，是"亵渎神明的诅咒"；乌利奇是德国人，他于20世纪30年代逃离纳粹德国移民到美国；汉斯也是来自东欧的移民。

（5）最后，这一阶段的比较话语概念框架的显著特点是重视政治因素——学校教育的政治关系——特别是在坎德尔的研究中，重视"国家"的概念。在坎德尔学派的比较教育学中，国家，他所谓的"民族国家"是分类、理解和评价国家教育系统的一个决定性因素。"因为国家如此，所以学校如此。"反过来说，"因为学校如此，所以国家如此"，或者这样说，"每个国家有它想要的教育类型"（Kandel，1933：82，1955：21）。

重塑社会科学标准

在20世纪50年代末到60年代初，比较教育作为上文提到的现代科学的本质、范围、方法论和价值正受到严密的审查和反复评估。一群年轻学者，其中的一些受到欧美且以欧洲为中心的学术传统滋养的杰出人士，质疑占主导地位的历史方法和其他以比较教育名义进行的"国际"活动，即描述性地和直观地解释外国的教育系统。他们呼吁更多系统的，而不是直观的；更多实证分析的，而不是单纯推测和描述的；更多"微观的"，而不是"宏观的"和"超凡的"；更"科学的"，而不是"历史的"或"哲学的"的研究方法。在比较教育理论和方法上出现了前所未有的论文产出，在 1957 年至 1965 年期间，新创立的《比较教育评论》（*Comparative Education Review*）发表了至少 25 篇比较教育理论和方法相关的文章。除了《比较教育评论》，还有总部设在美国的"比较教育学会"的成立，以及在英国和美国所有主要大学里都建立了比较教育部门或单位，所有的这一切都为了促进比较教育研究，提高其地位，使其作为一个受人尊敬的学术学科。

在之后的几年里，关于这个领域的认识论和方法论的轮廓的争论有增无减：比较教育是一门艺术还是一门科学，或两者兼而有之；它是拥有自己知识体系的一门学科，还是由几门学科组成的一个研究领域；它是一种理论科学还是一种应用活动；或它的分析技术应该是经验统计的、历史的，还是哲学的？同时，这场争论围绕着比较教育适应的内容展开，例如重点应该是放在以学校为中心的问题上，还是放在学校和社会的关系的问题上。

在 20 世纪 50 年代中期，我们有可能确定公认的比较教育权威的代言人，也可能确定一些定义比较教育特征、系统化其主要内容的文本。这样的人物和文本也确实存在，如坎德尔和他的著作《比较教育》（*Comparative Education*，1933）以及《新时代的教育》（*The New Era of Education*，1955），汉斯与他的《比较教育：教育因素和传统的研究》（*Comparative Education: A Study of Educational Factors and Traditions*，1949）。20 年后，到了 20 世纪 70 年代中期，这种情况不再可能出现。

1977 年，《比较教育评论》（*Comparative Education Review*）（本文作者是该刊物的编辑），作为"比较和国际教育学会"的官方学术期刊，推出一期关于"艺术的现状"的特刊。这本特刊用一幅漫画做封面，漫画中画着一个坐着思考的矮胖的人，他的短腿耷拉着，头上方是一幅简略的美国地图。矮胖的人盯着写在地图上的字，他不成比例的大脸上露出正在思考的表情，地图上写着：结构功能主义、成本-效益，生产，教学法，发展，人类。这幅漫画生动地象征了美国在 20 世纪 50 年代和 60 年代的"后坎德尔"和"后汉斯"时期，一些占主导地位的主题，这些主题建构了比较教育科学，至少这一知识领域是由一些当代主要学者进行构思和培养的。这些特征反映了与上面描述的那一阶段不同的"这一阶段的比较话语"。人们可以将这种比较话语的"现代主义"的形式解释为重塑朱利安在启蒙时代开创的"科学"传统。笔者认为这一阶段是"科学主义"的时代，其特征表现为通过狂热的行动将比较教育转变为一门"科学"，一门实证的、预测的社会科学。"历史—哲学—人文主义"学派大体上被这个领域的杰出人物评判为"不科学"，因此，它既不能创造客观和可靠的知识，也不能对理论建设的目标，教育政策的形成、发展和现代化的目标，以及教育规划的目标有特定帮助。被坎德尔、汉斯和乌利奇所宣扬的历史的比较教育的全部意义，取决于新的"科学"学派是否让其与人俱亡。

在 20 世纪 60 年代之后的几十年里，在各种认识论和方法论的名义和形式下重塑、重新定义科学的比较"范式"，且遍布理论和实践的比较话语。20 世纪 80 年代及以后，具有多种形式的，被称为"新科学"的比较准则很大程度上扩散到了大部分话语中。

功能主义：功能社会学的芝加哥学派

在盎格鲁-撒克逊人看来，比较话语的"新科学"阶段中最突出、最普遍的形式是功能主义的多维范式（Kazamias & Schwartz，1977；Kazamias & Massialas，1982）。最初可以联想到著名的人类学家马林诺夫斯基(Malinowski)和拉德克里夫-布朗(Radcliffe-Brown)，结构功能主义的权威塔尔科特·帕森斯(Talcott Parsons)将其发展应用于美国社会学。弗拉德(Floud)和哈尔西(Halsey)认为：到 20 世纪 50 年代，它成了美国教育社会学普遍接受的正统观点(Halsey et al.，1961)。芝加哥大学的结构功能学派的创始人阿诺德·安德森受到美国的结构-功能主义社会学派的影响，而芝加哥学派的另一名成员菲利普·福斯特(Philip Foster)在伦敦大学(马林诺夫斯基进行学术研究时生活的地方)学习了经济学、社会学与人类学，并在芝加哥大学安德森教授的指导下完成了他研究生阶段的学习。

可以说比较教育中的功能主义冒着过于简单化的风险，探讨社会、政治、经济功能或学校与教育之间的关系。它强调社会功能的互依性(即教育系统与其他社会子系统之间的相互联系)、"均衡"的转化，社会秩序或共识，以及价值中立的"科学"探究。

从功能主义框架中的一些普遍原则来看，教育不能独自发挥功能；它与其他社会和政治机构相互联系，将教育放在它的社会背景下研究，才能很好地理解它，很多比较教育的学者赞同以上观点。当然这种特征可以在该领域中的许多著名作品中找到，尤其是坎德尔(1933，1955)和汉斯(1949)的经典历史研究。

然而，相较于坎德尔和汉斯的"历史功能主义"，20 世纪六七十年代的比较教育具有如下特征：(1) 努力用科学的、实证的、以定量为主的方法和技术研究教育；(2) 探索"不变"和"永恒"的关系，进而假设发展一种教育理论的可能性；(3) 把重点放在学校教育在社会、政治和经济的过程所起的实际作用上，如社会化(包括政治社会化)、社会选择或社会分化、精英招募、社会或国家的融合、人力资源开发等；(4) 持教育变革本质上是"改革"或"适应"的观点，即教育变革是一个调整教育结构和形式，以促成社会秩序中其他部门或子系统的变化的过程；(5) 社会-教育的发展应追求"精英管理的""民主政治的"和"专家的"现代社会视角(Hurn，1978；Karabel & Halsey，1977)。

比较教育功能主义范式的兴起，与各种其他思想潮流相呼应，如美国社会学的流行学派(Parsons，Merton)，英国社会人类学(Malinowski，Radcliffe-Brown)，人力资本理论及其推论(Schultz，Harbison & Myers)、发展理论及现代化(Levy，Lerner，Rostow，McClelland & Black)，及政治科学思想下的政治文化与制度分析学派(Coleman，1965)。同时，教育变革或现代化的功能主义和社会理论，以及功能主义分析基础上的政策建议，都是对当时的社会经济和政治状况的回应。为增强其自身政治利益，政府、基金会和国际组织对机构或个人的支持加剧了功能主义视角。

在 20 世纪 60 年代的"新科学的"比较教育中，在有关教育的社会、政治和经济的关系/功能的研究中，功能主义范式最富有成效。从功能主义的视角进行调查的主题主要包括：(1) 教育机会和不平等的结构和背景；(2) 教育招生、甄选和歧视的机制；(3) 教育在发展和现代化(社会、政治、经济)中的作用；(4) 教育、政治社会化、政治一体化和国家建设；(5) 教育和经济增长(Kazamias & Massialas，1982)。

这些"教育—发展—现代化"的"问题领域"构成学术殿堂内外的广泛的活动。从这个角度来看，其显著特点是教育的"工具-发展"角色及其在发展战略(政治和规划)变革中的应用。按照这种方法进行科学探究，它不仅可以指导我们了解教育—发展—现代化之间关系的问题；还可以为改革和发展提供解决方案或准则。发展主义者认为，教育是改善人民生活状况的一个决定性的因素。引用一句当代的格言：教育是打开现代化之门的钥匙。功能主义理论范式应被重新强调。大量的文献从现代化和发展的理论视角研究教育，未尝不可增加一些从系统分析的视角研究教育的文献。

经验主义方法论、方法论主义和科学"现代主义"

"科学"比较教育的其他方法或"研究策略"，也被我们称为"经验主义方法论"(Kazamias & Schwartz，1977：173—175)，这也被巴伯称为"方法论主义"(Barber，1972)。两位有影响力的比较学者诺亚(H. Noah)和埃克斯坦(M. Eckstein)经过长时间的探索，在他们的作品中详细阐述了这一知识视角。在许多方面，这种知识视角也遍及著名教育经济学家萨卡罗普洛斯(G. Psacharopouls)的研究成果中。他曾就读于芝加哥大学，随后受到有着"人力资本理论"知识传统的芝加哥学派的熏陶(Psacharopoulos，1987)。这种"科学"方法的核心是科学的"一元论"和假设，用斯蒂芬·图尔明(Stephen Toulmin)的话说，这种"科学方法"是唯一的且万能的(Toulmin，1963：15—17)。诺亚和埃克斯坦呼吁将比较教育转化为"纯粹的社会科学"，与当代其他社会科学中的方法论发展一样，主张符合"现代科学主义"或单一的"科学至上主义"要求的比较科学，即形成假设和检验假设、验证、控制、解释、预测、量化、实证和理论建设。在 1969 年他们出版的影响深远的《走向科学的比较教育》(*Toward a Science of Comparative Education*)一书中，诺亚和埃克斯坦以新建立的国际教育成就评价理事会(Council for the International Evaluation of Educational Achievement)作为他们所说的"比较教育科学"的例证，这个机构后来更名为国际教育成绩评估协会(International Association for the Evaluation of Educational Achievement，IEA)。受到广泛推介和称赞的两卷书《数学成就的国际研究》(*International Study of Achievement in Mathematics*)，是由托斯滕·胡森(Torsten Husén)编辑并于 1967 年出版的，书中描述和例证了新开展的国际教育成绩评估协会(IEA)研究项目的认识论和方法论角度。诺亚和埃克斯坦于 1969 年写道，在 IEA 项目中，与原先社会科学家对教育的比较研究成长所付出的努力不同，跨国研究的促进因素来自具有实证导向社会科学研究技能的教育学家和心理测量学家。故这一阶段的目标，可见于他们详细阐述的"科学的比较教育"的类型：

> 因此，用科学方法论思考在比较研究的最新阶段逐渐成为占有支配地位的主题。采用科学方法的基本要素的意愿和能力越来越强。提升对形成假设和检验的重要性的认识；发展通过仔细选择案例保证调查结果信度的观念；重视变量的精确说明及其可以影响的指标质量。最后，研究者们越来越习惯寻求对不同变量之间关系给出量化解释。(Noah & Eckstein，1969：789)

在几年后对国际教育成绩评估协会比较研究的类型的评论中，马克斯·埃克斯坦指出，"在许多方面(IEA 的贡献)实现了朱利安在一个半世纪以前描绘的比较教育的模样"(Eckstein，1977：350)。

诺亚和埃克斯坦倡导的比较教育的社会科学的范式与到 20 世纪 50 年代中期一直盛行的传统的历史的范式形成鲜明对比。在某些方面，它也不同于功能主义的社会科学方法，至少不同于芝加哥学派的菲利普·福斯特所倡导的功能主义的类型。一方面，诺亚和埃克斯坦的比较教育研究类型是彻底"与历史无关的"，正如福斯特在他的专著《加纳的教育与社会变革》(*Education and Social Change In Ghana*，1965)中举例说明的那样，这并不是功能主义方法。更重要的是，正如诺亚于 1973 年在另一份声明中强调的那样，诺亚和埃克斯坦的比较研究的社会科学类型的最大挑战是，"从特殊到一般，从识别、描述和分类到假设检验、理论建构和预测"。在这样一种努力中，我们试图通过运用"概念(变量)的名称"来替换"系统名称"或可观察到的事实，以此建立类似定理的"跨系统陈述"或概论。这里有两个例子，用以说明社会科学的比较研究应寻求建立的"类似法则"的陈述类型。一个例子是"家庭收入的多少和家庭的子女接受中学后全日制教育的概率关系"的跨国调查：

> 在所有国家，家庭收入的多少与家庭子女接受中学后全日制教育呈正相关，并且家庭收入的差异可以解释至少一半的国家入学率的差异。在收入不平等和非学费支出成本较低的国家中，家庭收入差异的解释力上升至少四分之三。与一部分初中毕业的同龄组进行对照可知，新近中学后系统的增长并未能有力解释除了在苏联式国家以外的任何情况，在苏联式国家里，这些因素似乎是重要的。(Noah，转引自 Marshall，1973：91—94)

另一个重要的说明性例子是诺亚和埃克斯坦所说的比较教育是"纯科学"，指的是很多关于教育改革和发展问题的研究。他们认为，在这种情况下"纯科学"研究者与"应用研究者"的区别是前者较少关心特定的问题，如"印度的教育发展计划为什么失败"或"为什么尼日利亚教师会短缺"，而是关注更一般问题，例如"教育改革成功的条件是什么"和"影响教师的供给和需求的因素是什么"(Noah & Eckstein，1989：104)。

根据巴伯的说法，这种科学的现代主义观点，采用公正的、客观的方式开展研究；它不考虑研究主题的性质，假设"可靠性、精确性和确定性可以通过严格运用特定的方法和技术获得"(Barber，1972：425)；它"将科学视为公理的、精确的，并将科学领域和形式、真、善、美及所有不可测量的领域分开"。

问题的方法：布莱恩·霍姆斯

伦敦教育研究所的布莱恩·霍姆斯(Brian Holmes)在诺亚和埃克斯坦之前和之后许多年里，一直主张另一种"科学的"比较教育方法，他称之为"问题的方法"。这种方法的主要参数和霍姆斯关于比较教育作为一个研究领域的思想重构如下：

(1) 比较教育应该构想和发展成一种预测的社会科学。从卡尔·波普尔(Karl Popper)"假设-演绎"的方法中出发——它应该是"后相对论"社会科学。

(2) 为此，它应当避免相对论前时期的经验主义科学所包含的实证主义、决定论、绝对性和无条件性，以及在对社会的历史分析中形成的社会发展规律的普遍性和不可动摇性(例如，J. S. Mill，Karl Marx & Herbert Spencer)。

(3) 进一步，"后相对论"社会科学"支持科学的相对理论"，以特定的问题为前提，提出假设或"社会学定律"，详细定义决定因素的全部范围，分析/描述初始条件或背景，依靠这些预测解决问题的结果。霍姆斯写道：

> 判断一个好的理论在于其预测的有效性……但没有理论可以用于预测事件，除非它同时进行认真分析和说明可能会影响预测事件的初始条件或情况(Holmes，1958：247)。

(4) 霍姆斯的方法公式重构如下：

$L + I = P$

其中，L=法则("社会学法则")

I=初始条件

P=问题

(5) 预测，科学比较教育的显著特征是必须"试验性的"和"有条件的"，这使它区别于关于教育未来"无条件"的预言。

(6) 从"后相对论"社会科学的角度来看，"预测和验证的过程提供了解释"。与诺亚和埃克斯坦的框架及其他类似的假设-归纳框架相比，这种"假设-演绎"方法框架，对特定事件的预测中包含了解释。霍姆斯写道：

> 假设–演绎的程序，无论是为了解释、预测，抑或检验，其目的都是相同的。确实结果也没有太多不同之处。如果预测某一特定事件，也是在解释事件和检验综述。当预测的事件符合实际的观察时，理论或假设被证实；当预测和观察事件不同时，理论或假设被证伪。(Holmes，1965：30，1981：51)

(7) 比较教育研究必须以问题为中心，并且必须是实用主义的。不仅将其作为一种"纯"科学事业，还应该将其作为旨在解决问题的务实的事业。因此它应发展为一种预测科学以及"改革的工具"。它应该放眼未来，而不是着眼过去(Holmes，1965：32)。

历史、社会科学和比较教育：综合化的追求——一项个人主张

20世纪60年代，在思想活跃的鼎盛时期，明显居于少数的新改革运动的"倡导者"试图修正比较教育的历史方法，并将历史和科学元素相结合，以绘制新的方法论的轨迹。本文的作者卡扎米亚斯就是其中之一。在19世纪60年代早期，笔者批评坎德尔所例证的传统的历史和向善论的方法，反映出当时知识分子的心境。虽然笔者会努力使比较教育成为更具系统性、更具理论性的比较科学，但笔者并没有拒绝承认历史因素的重要性。笔者呼吁一种修正的历史方法，它将历史与社会科学结合起来。笔者认为令元老级的，特别是坎德尔提出的比较教育方法失效的，不是他们的历史取向本身，而是历史倾向之外的其他许多东西，尤其是他们假设历史处理的是"独一无二的"、不同的、不具有普遍性的现象。受当时在学术界关于历史的本质、方法及它与社会科学的异同的论争的影响，笔者认为教育的比较研究的历史方法并不一定排除概念化(概念使用)和普遍化，或甚至被认为是科学范式的基本要素的量化。就功能社会学的方法而言，笔者认为它被局限在"理解"和"解释"教育现象。笔者在1963年时，指出比较教育的历史价值，具体如下：

> 断言历史本质上是处理独特和特定的事件，由此得到它对于比较分析的价值——假定抽象概念、概括和规律性——是可疑的，许多研究者包括历史学家拒绝接受这一点。如比较历史学家克兰·布林顿(Crane Brinto)指出，分类或界定历史现象，并为了普遍化而进行比较是很有可能的。虽然这可能是有限的普遍化，而不具有通用的性质，但反过来它们也可用于工作假设中，以便在其他类似的情况下进行测试，进而阐明这些假设。换句话说，具有历史思维的比较教育学家可从一个具体的、实际的、特定的检验中获得一个普遍性归纳，然后用它去解释另一个特定事件或形式。社会科学和历史都关注一般和特殊，不同之处在于强调的重点和研究的目标，而不是类型或方法。(Kazamias，1963：396)

在国际会议、像《比较教育评论》和《国际教育评论》的国际期刊栏目的激烈的辩论中，笔者批评了科学范式的出现——芝加哥大学的结构功能主义，诺亚、埃克斯坦和萨卡罗普洛斯(Psacharopoulos)的实证主义的方法，布莱恩·霍姆斯的问题方法，以及后来饱受赞誉的IEA国际研究。批评的主要观点之一是他们都没有历史背景。

冲突范式：马克思主义、新马克思主义、韦伯主义和世界体系理论

如上所述，直到进入20世纪70年代，比较教育的"功能主义"和"方法论的经验主义"才占有支配地位。但在"科学"的认识论标题之下，其他的范式在此期间也可以见到；并且其中的一些范式在随后的几年里变得更为突出。笔者将把各种"科学的"比较教育视作"冲突范式话语"。在这一阶段的比较话语中，能看到一个特别重要的激进流派。笔者所说的"激进范式"指的是方法或

理论，即把学校视为国家统治工具和意识形态机构，用以重现和延续特定群体的统治利益，以及学校作为失衡的社会冲突的场所，作为专制的和不平等的机构，作为灌输"单一文化"思想、价值观和态度（基于阶级、种族、民族和性别）的地方。因此，当了解学校与社会关系和学校教育的角色定位（例如，资本主义社会形成）时，必须调查这种现代化社会的权力结构和社会生产关系。或者从另一个概念的角度，即世界体系的角度来看，审视比较教育与社会的相互关系，人们必须探究"国际"或"世界"的背景及其这种关系和变化的动力所在。在此，比较分析的宏观类型"世界体系"与其他范式的不同之处至少有两个方面。首先，它挑战司空见惯的传统方法，以国家作为独有的分析框架，并推而广之，它不会将教育"作为世界任何地方的一种狭隘的国家制度"。如克劳斯·霍夫纳（Klaus Hufner）、约翰·迈耶和延斯·瑙曼（Jens Nauman）在《比较政策研究：从经验中学习》一书写道：

> 简单地说，教育不是世界任何地方的一种狭隘的国家制度；它是技术进步和现代化的合理的组成部分，并且实际上在任何地方现代化都是一个中心目标，也是一个世界合法的目标。这意味着教育本身就是科学的建造物，不是建立在基本的社会传统之上，而是建立在通过全新社会的人口进而取得进步的一种通用技术之上。作为世界范围的技术，它建立在研究和政策比较的基础之上，可在不同情境内快速迁移。

其次，"世界体系"比较教育话语的一类变式是建立在伊曼纽尔·沃勒斯坦（Immanuel Wallerstein）的"现代世界体系"的理论基础之上，不仅探讨了"国际"或"全球"的背景/维度和教育系统动态；也将这种背景或动态视为"核心或中心-边缘"的依附框架内存在或发生的一种等级制的、不平等的和剥削的本质。罗伯特·阿诺夫是这一"世界体系"比较分析变式的倡导者，在《比较教育》(Comparative Education, 1982：454)一书中，他对此作出如下说明：

> 依附理论基本上阐明了一个向下剥削的链条，即从宗主国对边缘国家的霸权，第三世界国家的权力中心区域对边缘区域的霸权。与这种中心和边缘的概念密切相关是沃勒斯坦关于世界体系的趋同与分化的概念。正如迈耶等人总结的那样，由于所有社会受到相同力量支配，世界市场和社会走向趋同；因在世界分层体统中为不同的社会创建不同的角色，它们产生了分化。

这一阶段的比较教育话语的激进主义思想起源可以追溯到冲突理论者（韦伯主义者、马克思主义者和新马克思主义者）、依附论者和所谓新社会主义者等（Kazamias & Massialas，1982）。例如，罗兰德·鲍斯顿（Rolland Paulston）详细阐明了"冲突"范式与"功能均衡"范式相比之下截然不同的特征。罗兰德·鲍斯顿是比较研究的领军人物，在1977年最前沿的刊物《比较教育评论》(Comparative Education Review)中撰写了大量关于比较教育方法论的文章。在那里鲍斯顿定义了如权力、剥削、矛盾、统治阶级，知识控制和文化霸权等这样的核心概念（Paulston，1977：386）。对这个概念集，笔者后来补充了阶级冲突、社会、政治的不平等、再生产、压迫、异化、帝国主义、依附性和资本主义国家（Kazamias，1991）。

激进话语的另一个突出变式的最好代表是马丁·卡诺伊（Martin Carnoy）的研究，卡诺伊是毕业于芝加哥大学的经济学家，后转变为修正主义的、新马克思主义的、比较教育的政治经济学家。卡诺伊作为一位激进的比较教育家而闻名很可能是因为他那本有影响力的著作——《作为文化帝国主义的教育》(1974)，但以笔者的判断，应该更多依靠他对各国教育系统的比较研究中的"以国家为中心"的视角。1993年，欧文·爱泼斯坦(1983)的主席报告引起我们对比较科学的多变本质的反复讨论。马丁·卡诺伊解释他的修正主义的新马克思主义的以国家为中心的方法有别于实证主义，以及更为正统的马克思主义和新马克思主义的方法。具体区别如下：

> 我们都试图了解什么是学校教育，它是如何运行的，并且它如何与对其发挥作用的社会相联系。实证主义者从个人选择的角度探讨这些问题，因为他们认为权力属于个人，并且学校教育的理想组织允许个体权力充分发挥。新马克思主义者普遍认为学校教育服务于客观确定的权力关系集合——在资本主义社会，占统治地位的资本主义管理阶层与控制机构有关……在心里有了这样的论述，我想要促使大家注意到正在进行的新马克思主义关于国家的争论……与通常的新马克思主义作品的观点不同，我们认为资本主义社会的学校不是简单的资本家的工具，而是鲍尔斯和金蒂斯所称之为的"符应"——蕴含再生产（客观生产关系的再生产）的张力，和我们称之为"冲突"——民主权利（个人和集体的表达）互相作用后形成的机构。因此，学校包含再生产和民主的元素，就像在资本主义和在国家官僚社会中，国家作为一个整体也包含这些元素。因此，我们假定无论是在资本主义，还是在国家官僚社会中，国家从根本上再现了阶级制度和不平等的权力关系，但国家及其用于再生产的教育系统，蕴含着严重的冲突(Carnoy, 1983)

在后来名为《第三世界的教育和社会转型》(1990)一文中，卡诺伊和他的合著者乔尔·萨莫夫(Joel Samoff)对第三世界"社会转型"中的教育变化进行了真正的比较研究（例如，中国、古巴、坦桑尼亚、莫桑比克和尼加拉瓜），我们提出了类似的观点。如前面提到过的，在此，对我们来说最重要的信息是，卡诺伊偏离了正统马克思主义者和正统的新马克思主义者的轨道。而且，人们可能会补充，他使自己偏离了马克思主义中著名的依附理论者——当代激进的比较学者的一个分支。卡诺伊和萨莫夫专注于"国家和政治"，试图分析"与第三世界资本主义社会同行相比，从资本主义过渡到社会主义的社会，教育发展是否以及为何不同"。他们的论题说明如下："我们认为国家，而非生产系统，是社会改革的动力；政治，而非生产关系，推动他们社会的发展。"他们继续补充："国家和政治的重要性并不局限于正经历社会转型的社会分析。我们也提出充分的理由增加对国家和它与经济的关系的关注，以理解第三世界资本主义社会如何保持社会结构相对不变。"他们认为"符应、文化再生产和冲突的概念""对教育在社会转型中的作用进行分析"很重要，但他们未能发展出一个经济、意识形态和政治系统（国家）之间关系的合乎逻辑的理论，相应地也未能发展出一个国家与教育系统之间的关系的理论。他们重申可能被称为"以国家为中心"的论点，该理论"对理解当代处于社会转型过程中的转型社会尤为关键，因为转型社会中的政治，是转型发生的主要竞技场"(Carnoy & Samoff, 1990：3—9)。

重新找回失落的遗产：重塑比较教育中历史

在20世纪80年代和90年代，比较教育机构扩大的计划出现了明显缩减。但从广义上而言，跨国教育的学习和研究，以及涉及国际教育的活动在持续增长。比较和国际教育在专业协会成员资格、国际会议的参加和重要期刊出版物上，都表现得非常富有活力。如上所述，随着20世纪后半叶的迅猛发展，比较研究吸纳了认识论和方法论上的新范式，例如女权主义，甚至后现代主义，从某种意义上丰富了反映这个领域特征的概念图景或拼图(Arnove & Torres, 1999; Masemann & Welch, 1997)。如作为《比较教育评论》的编者，在1991年就美国比较教育情况写道：

> 自20世纪70年代以来，比较教育发生了显著变化。那些被认为是不重要的主题，如在教育中性别的作用，已成为研究和分析的对象。新的方法论，如人种志和参与观察法变得重

要。其他意识形态,例如马克思主义已被用于为比较教育分析提供信息。结构功能主义这样的范式的主导地位被打破了。关键是,没有出现一种思想可取代各种思想,成为该领域的主要方向。相反,各种不同的角度已进入比较教育研究……在很多方面,这些发展反映了社会科学的普遍情况(Altbach,1991:504)。

在英国比较教育图景中,显然有若干认识论和方法论上清晰可辨的特点和新方向。首先,重新强调很多年以前我们称之为"比较教学法",也被布罗德福特称为教育的"学习学"(Alexander *et al.*,1999;Broadfoot,1999),是教育过程中一个最重要的方面。第二,笔者在其他地方也提到过这一点,笔者想强调英国的传统,即近来再次被重视的背景和文化,它们在《比较教育》千禧年特刊中占有重要地位。这两种认知重点使英国比美国的比较教育更有人性或更人道,在理解世界的方式方面要少一些机械论和经济动机(Kazamias,2001)。最后,较之美国,英国比较教育话语不容易受思想潮流的影响,及出现认识论和方法论的同类相食。

结　语

但笔者认为,这种发展是以认识论和方法论为代价的,即牺牲或几乎彻底放弃比较教育研究中的历史维度。根据最近的研究,"从 1955 年到 1994 年的比较教育的研究策略显示,《国际教育发展期刊》《比较教育》和《比较教育评论》中近两千篇文章中只有 10.5% 的文章是基于历史学与历史研究"。更令人失望的是"从 1985 年至 1995 年,所有发表的文章中不超过 5% 的文章被标识为历史研究"(Larsen,2001)、比较-历史或历史-比较研究。针对这种状况,一位评论者得出结论:我们的学科患上了"历史失忆症"(Larsen,2001)。

参考文献

Alexander, R., Broadfoot, P. & Phillips, D. (Eds.) (1999). *Learning from Comparing: New directions in comparative educational research*, Vol. 1. Contents, classrooms and outcomes. Oxford: Symposium Books.

Altbach, P. G. (1991). Trends in comparative education. *Comparative Education Review*, 35, 491 - 507.

Arnove, R. & Torres, C. A. (Eds.) (1999). *Comparative Education: The Dialectic of the Global and the Local*. Lahman, MD: Rowan and Littlefield.

Barber, B. R. (1972). Science, salience and social scientific inquiry. *Comparative Education Review*, 16, 424 - 436.

Broadfoot, P. (1999). Stones from other hills may serve to polish the jade of this one: towards a neocomparative "learnology" of education. *Compare*, 29, 217 - 231.

Carnoy, M. & Samoff, J. (1990). *Education and social transformation in the Third World*. Princeton, NJ: Princeton University Press.

Carnoy, M. (1974). *Education as cultural imperialism*. New York: David McKay.

Carnoy, M. (1983). *The state and political theory*. Princeton, NJ: Princeton University Press.

Coleman, J. S. (1965). *Education and Political Development*. Princeton, NJ: Princeton University Press.

Eckstein, M. (1977). Comparative study of educational achievement. *Comparative Education Review*, 21 (2/3), 345 - 357.

Fraser, S. (1964). *Jullien's plan for comparative education 1816 - 1817*. New York: Teachers College, Columbia University.

Halsey, A. J., Floud, J. & Anderson, C. A. (Eds.) (1961). *Education, economy and society*. London: Collier-MacMillan.

Hans, N. (1949). *Comparative Education: a study of educational factors and traditions*. London: Routledge & Kegan Paul.

Hans, N. (1959). The historical approach to comparative education, *International Review of Education*, V (3), 299 – 307.

Holmes, B. (1958). The problem approach in comparative education: Some methodological considerations. *Comparative Education Review*, 2(1).

Holmes, B. (1965). *Problems in education: A comparative approach*. London: Routledge & Kegan Paul.

Holmes, B. (1981). *Comparative education: Some consideration of method*. London: Allen & Unwin.

Hufner, K., Meyer, J. W. & Nauman, J. (1987). Comparative education policy research: a world society perspective. In M. Dierkew, H. N. Weiler & A. B. Antal (Eds.), *Comparative policy research learning from experience*. New York: St. Martin's Press.

Hurn, Ch. J. (1978). *The limits and possibilities of schooling: An introduction to the sociology of education*. Boston: Allyn & Bacon.

Jones, P. E. (1971). *Comparative education: Purpose and method*. Queensland: University of Queensland Press.

Kandel, I. L. (1933). *Comparative education*. Boston: Houghton Mifflin.

Kandel, I. L. (1955). *The new era in education: a comparative study*. Boston: Houghton Mifflin.

Karabel, J. & Halsey, A. H. (1977). *Power and ideology in education*. New York: Oxford University Press. Kazamias, A. M. & Massialas, B. (1965). *Tradition and change in education: A comparative study*. Englewood-Cliffs, NJ: Prentice-Hall.

Kazamias, A. M. & Massialas, B. (1982). Comparative education. In *Encyclopedia of Educational Research*. New York: Free Press.

Kazamias, A. M. & Schwartz, K. (1977). Intellectual and ideological perspectives in comparative education: an interpretation. *Comparative Education Review*, 21, 153 – 176.

Kazamias, A. M. (1963). History, science and comparative education: a study in methodology. *International Review of Education*, 8, 383 – 398.

Kazamias, A. M. (1991) Pangosmia Krisi stin Ekpaideusi — ennoiologikes diasafiniseis kai provlimatismoi [World crisis in education — conceptual clarifications and problematics]. In Y. Pyrgiotakis & Y. Kanakis (Eds.), *Pangosmia Krisi stin Ekpaideusi [World crisis in education]*. Athens: Grigoris.

Kazamias, A. M. (2001). Re-inventing the historical in comparative education: reflections on a protean episteme by a contemporary player. *Comparative Education*. 37(4), 439 – 449.

Larsen, M. (2001). Reinventing the historical in comparative education: Bridging the gap through Foucault. Paper presented at the Comparative and International Conference in San Antonio.

Marshall, P. (1973). Comments on Noah and Eckstein's "Model Hypothesis I". *Comparative Education Review*, 17(1), 91 – 94.

Masemann, V. & Welch, A. (Eds.) (1997). Tradition, Modernity and Post-modernity in Comparative Education. *International Review of Education*, 43(5&6).

Noah, H. & Eckstein, M. (1969). *Toward a Science of Comparative Education*. London: Macmillan.

Paulston, R. (1977). Social and educational change. *Comparative Education Review*, 21, 371 – 395.

Psacharopoulos, G. (Ed.) (1987). *Economics of Education: Research and Studies*. Amsterdam: Elsevier, San Francisco; Jossey Bass. Sadler, M. (1964). How far can we learn anything of practical value from the study of foreign systems of education?. *Comparative Education Review*, 7(3), 307 – 314.

Toulmin, S. (1963). *Foresight and understanding: An enquiry into the aims of science*. London: Hutchinson. Tretheway, A. R. (1976). *Introducing comparative education*. Oxford: Pergamon.

第二部分

政治形成和教育体系

11. 派代亚①和波里德亚②：
比较教育学中的教育与政体/国家

安德里亚斯·卡扎米亚斯(Andreas M. Kazamias)

西方的教育和政治传统一直对教育/**派代亚**中的政治关系，特别是对教育与政体/**波里德亚**或**国家**之间的关系饶有兴趣。这种兴趣在一些颇具影响力的社会思想家的作品中尤为明显，如柏拉图、亚里士多德、让-雅克·卢梭、约翰·洛克、卡尔·马克思、约翰·斯图尔特·密尔、赫伯特·斯宾塞、安东尼奥·葛兰西、路易斯·阿尔都塞、科内利乌斯·卡斯托里亚迪斯、约翰·杜威以及保罗·弗莱雷。例如，作为一名"比较政治哲学家/科学家"，亚里士多德在其最负盛名的政治学专著《政治学》(*Politics*)中这样写道：

> 立法者最应关心的事情是青少年的教育/**派代亚**，对此谁也不会有异议，因为那些没有这样做的城邦的政体都深受其害。应该教育公民适应他生活于其中的政体/**波里德亚**，因为每一政体一开始就形成了其固有的习俗，起着保存该政体自身的作用。例如，平民制的特征之于平民政体，寡头制的特征之于寡头政体，其习惯特征愈优良，由之而来的政体/**波里德亚**也就愈修明。

亚里士多德进一步强调，年轻人的**教育(派代亚)**应该是"公共的"，而不是"私人的"，因为"公共利益事务应该被置于公共监管之下"(Aristotle, 1958, Bk. VIII)。

在比较教育学的历史上，一些有影响力的老前辈，比如艾萨克·坎德尔(Isaac Kandel)和尼古拉斯·汉斯(Nicholas Hans)，在他们对国家教育体系的历史—哲学—人文研究中，都把"政治"视为一个重要的维度、因素或情境性解释变量。正如本手册第一部分中当代作者所做的批判性分析，尤其是坎德尔，将政体视为解释国家教育系统特征的一个决定性变量。在这一点上，他们与亚里士多德的观点遥相呼应。坎德尔自己陈述道："每个国家都有其想要的教育类型"，"国家怎样，学校就是怎样"(Kandel, 1993：274, 275)。

在20世纪60年代和70年代，比较教育学的后坎德尔(post-Kandelian)和后汉斯(post-Hansian)发展时代，大部分比较教育学的研究与著作中所体现的政治视角主要包括两个方面：(1)"教育政治"(education politics)视角，这是罗杰·戴尔(Roger Dale)的术语；(2)"功能主义—现代化政治体制"(Functionalist-Modernisation Political Systems, FMPS)视角。

"教育政治"视角

戴尔将其所称的"教育政治"视角与"教育政治学"(the politics of education)视角相比较，指出：

> 那些将关注点放在教育上的政治学家们把他们的研究限定在教育政治，而不是教育政治学上。通过这一表述我想表明的是，这些政治学家更加关注教育系统以及教育管理形式

---

① 原文为"Paideia"，派代亚是指良好的博雅文艺的教学，强调人文、人性化的教育，在本文中特指教育。——译者注

② 原文为"Politeia"，在本文中特指国家的政治结构或政体。——译者注

在实现其所面临的目标时的有效性,而非目标的产生与实现形式之间的关系。换言之,政治问题被决策过程的问题所取代。政治被简化成管理,关注点主要聚焦于体制本身,而非什么驱动着它,或者它是如何被牵引的以及被引向何方。(Dale,1982:128—129,画线部分为笔者注)

比较教育学中的"教育政治"视角至少在两种广义的研究类型中表现明显。其一,许多主要的描述性和非理论性著作中都反复地提到了政府的政策制定和决策机构的权力、职责与权限及其对教育系统的管理与控制。在这些尝试对治理或管理形式进行分类的著作中,"控制"一词被频繁使用,还常常出现"中央集权"和"去中心化"系统之间的比较(Litt & Parkinson,1979)。第二种研究类型比第一种更具理论性,但仍旧是采用一种相似的认识论视角,包括一些研究将教育与政治的关系概念化,形成了一种被称为"利益集团"或"多元利益集团"的理论框架或范式。教育中这一"政治"流派的例子在有关教育决策与改革的文献中比比皆是。在"利益集团"模型的一种常见变式(即多元主义民主模型)中,教育被概念化为一个政治斗争的场所或竞技场,不同的社会利益群体(比如教师组织或工会、政党派别、宗教团体、商界、劳工以及学生等)为获得权力、影响力和威望而发生激烈的争夺。从这个角度看,教育改革便是这种争斗的结果,或是所有利益集团达成共识,或是某一利益集团或多个利益集团联盟的观点占据上风。改革受挫或失败则是因为在集团争斗中,权力的天平偏向了反对者的一方(Peterson,1973;Heidenheimer,1974;Kazamias,1978;Thomas,1983;Lauglo & McLean,1985)。

笔者在1987年3月华盛顿举办的比较与国际教育学会年会的会议论文中指出,尽管基于利益集团多元主义模型的研究在概念上很有启发性,并且运用了复杂的方法论,但还是存在一定的局限性。在寻求解释时,这些研究没有透过表面的冲突斗争和政策制定,深入更广泛的国内外社会的结构化背景。再回到戴尔的论述,笔者认为利益集团的多元主义分析并没有涉及"教育政治学",例如是什么驱动着教育的管理体制,或者它是如何被牵引的以及被引向何方。换言之,这些研究的解释存在局限性,其方向也并不确切(Kazamias,1987)。与广义上的多元主义一样,用于分析学校教育与教育改革的政治关系的多元主义方法有以下不足之处:

(1)它们假定"权力结构是分散的,没有形成清晰的等级结构",或者换句话说,"权力的结构具有非等级性和竞争性"。

(2)它们对政治权力及其机制只提供有限和零碎的解释。

(3)它们倾向于发展成一种功能均衡理论。

(4)它们假定① 国家是平衡诸多社会利益的一个中立的仲裁者,处于一种"空白状态"中,② 所有利益集团都平等享有"政治流动所需的最少资源",并能顺利地参与竞争(Miliband,1969)。

(5)它们倾向于"关注利益集团与国家/政体的讨价还价",而忽视了与国家相关的"国际条件和压力的背景"(Held,1984:67—68)。

(6)它们大多是"以社会为中心"的,这表现在它们对学校—社会关系的概念化及其解释性策略中。它们将国家仅仅视作一个为取得优势而竞争或斗争的竞技场,或者一个对"社会需求"、社会迫切事宜、"社会紧张"做出回应的"功能性实体"(Skocpol,1979:29)。

"功能主义—现代化政治体制"视角

比较教育学中的功能主义—现代化政治体制(FMPS)视角在20世纪60年代和70年代引人瞩

目，关于政治文化和发展的普林斯顿系列丛书便是最好的例证，这一颇有影响力的系列丛书由社会科学研究理事会比较政治学委员会赞助发行。在比较教育文献中，最好的例证是同系列丛书中由科尔曼(J. S. Coleman)主编的《教育与政治发展》(Education and Political Development，1965)。

与前面所述的多元主义视角一样，FMPS 视角对教育-政体关系的分析也大多是以社会为中心的。确实，关注政治文化与发展的普林斯顿学派避开使用"国家"(state)一词，据其代表人物所说，这是因为：(1) 这个词太过受限；(2) 这个词更适用于西方发达国家；(3) 这个词在使用时常被当作"政府"(government)的同义词；(4) 没有考虑到"政治文化"这个概念；(5) 这个词与政体各个部分"相互依存"的观念不相适应，而这种观念恰恰是"政治体制"和功能主义方法的核心特征。基于这些原因，采取 FMPS 视角的普林斯顿学派用"政治体制"一词取代"国家"，并给出了如下定义：

> 我们提出的"政治体制"是存在于所有独立社会的互动的系统，这个系统通过就业、就业威胁以及在一定程度上合法的物理强制手段，发挥(社会内部以及与其他社会之间的)整合和调整的功能。政治体制是一种合法的、维持秩序或不断改造的社会系统。(Almond & Coleman，1960：7)

在详细谈及政治体制的功能及其与教育的关系时，科尔曼写道："就我们的目的而言……至少可以找到政治体制的三个机制或功能与教育有相当清楚明了的关系。这包括政治社会化、政治录用(political recruitment)以及政治整合(political integration)"(Coleman，1965：17—18)。

在对有关教育与政治这三种关系的重要著作进行综述后，玛歇拉斯(Massialas)在 1977 年总结道：

> 这篇综述表明，很多研究都试图以系统的方式探究学校是如何影响着公民政治态度的形成，如何成为政治领导者录用的代理机构，以及如何有助于现代国家的发展。对于第一个问题，即在政治态度和政治知识的形成上，研究表明学校在总体上不像其他社会机构那样重要。然而，在政治录用方面，学校变得很重要，即使对于很多人来说，这在意识形态上难以接受，即它倾向于促进权力精英的延续。第三个问题涉及国家建设，研究表明学校往往强化了现存的社会分层和不平等。(Massialas，1977：294)

将"国家"重新带回到比较教育学中

在 20 世纪 70 年代，批判政治理论家、政治社会学家和其他社会科学家试图理解当代政体和社会的政府权力结构、政策制定、运作与动力，特别是政治上自由民主、经济上发达的资本主义民族国家，对这些国家的批判性研究与调查主要聚焦于政府的本质、制度结构以及运作机制等方面，这些方面共同构成和塑造了"国家"这一概念。这一时期特别值得一提的是，关于自由资本主义国家的本质、活动和运作，发生了一场引起轩然大波的"左翼分子"的争论，大西洋两岸很多著名的批判社会和政治理论家都参与了这场争论，包括英国的拉尔夫·米利班德(Miliband，1969)和佩里·安德森(Anderson，1979)、法国的尼克斯·普兰查斯(Poulantzas，1978)、德国的克劳斯·奥菲(Offe，1973)、瑞典的戈兰·瑟伯恩(Therborn，1980)以及美国的艾瑞克·怀特(Wright，1985)和马丁·卡诺伊(Carnoy，1984)。

到了 20 世纪 80 年代，用历史社会学家希达·斯科克波(Skocpol，1985)的话来说，"国家"这个概念又重新被"带回"过去的比较研究，其目的是发现社会运行和变革的方式。如大卫·史密斯(D. Smith)所说,历史社会学"是由历史学家和社会学家来书写的,他们研究过去与现在、历史事件与发展历程以及作用与结构化之间的相互贯通性。他们试图将概念阐明、比较归纳以及经验探究相结合"(Smith, 1991：3)。

笔者从斯科克波的建议中得到启示,回到戴尔所做的区分。作为一个带有历史倾向的比较学家,相较于"教育政治",笔者对"教育政治学"及教育在民族国家发展中的作用更感兴趣,几乎与此同时,笔者建议比较教育学者们应该"将'国家'一词重新带回比较教育领域"。是的,"将国家一词重新带回比较教育",但不是回到坎德尔的概念和解释上(Kazamias, 2008)。在上述所提到的华盛顿会议中,笔者曾说:

> 我们所说的"国家"的概念与坎德尔的大为不同。坎德尔将国家类型分为"极权型"和"民主型",这一划分过于笼统和"简单化",他所提出的判断标准也是如此,即：(1)表面上的控制中心,这使得坎德尔将国家分为简单笼统的类别,诸如集权与分权;整体与松散;形而上与经验主义;威权主义、独裁/专制和不平等,自由和平等;垄断与自由放任;(2)个体与国家之间假定的关系,比如就自由的民主国家而言,个体被假定拥有更多的自由,同时,国家的责任是尽力促进每位公民的福祉。(Kazamias, 1987)

之后,笔者又补充道,笔者对国家的看法不是将其看作是一个独立于公民社会的实体化的存在物,这一概念经常浮现在人们脑海中,或许是由于历史上具有影响力的德国黑格尔学派唯心主义的缘故。此外,笔者做出了如下论述:

> 我们关于"国家"的概念不等同于政府(government),我们关于"国家体制"(state system)的观念也不等同于阿尔蒙德和科尔曼或大卫·伊斯顿(David Easton)所说的"政治体制"。正如斯图尔特·霍尔(Stuart Hall)所解释的："国家的复杂特性不能仅仅简化为政府属下机构发挥作用的方式。"如米利班德所言："国家所代表的是若干个特殊的机构,它们共同构建成了一个实体,并作为我们称为'国家体制'的组成部分相互作用"。这些机构包括政府、行政部门、军队和警察、司法部门、次级中央政府以及议会大会等。(Kazamias, 1987)

对于"国家"与"政府"的差异,笔者引用了阿尔弗雷德·斯蒂芬(Alfred Stephan)的话:

> 我们不应该将国家仅仅理解为"政府"。国家是持续的行政、立法、官僚和强制性系统,它不仅试图在公民社会与某一政体的公权力之间建立关系,还尝试在公民社会内部构建诸多重要的关系。(转引自 Skocpol, 1985：7)

在同一会议上,笔者还指出教育是一种重要的功能/活动,或正如路易斯·阿尔都塞所说的,"教育是国家的意识形态机器"(Althusser, 1971)。对此,笔者解释道:

> 今天,教育的公共部门都是由国家来管理、控制或规划,国家主导了教育系统中从最低层次到最高层次的绝大部分教育供给。即使是私立部门也是受国家管制。教育系统中几乎没有一个方面——如组织、管理、课程、教师培训、经费以及考试等——不与国家有着直接或间接的联系。

笔者总结道:

> 鉴于上述观点,我不再需要赘述从"国家"的视角去审视教育的重要性。既不从主流角度,也不从坎德尔的视角,而是从一个结构性的、冲突的、联系的、"国家作为行动者"和国家"相对自治"的视角出发。正如先前的定义,把教育定位在国家的概念性和认识论问题上,可以使我们不仅能够查明和分析其运作方式和社会动力机制,而且能够进一步对以下方面提

供更加完整的解释，如教育模式、政策和改革、造成各系统之间异同的原因，以及引起教育变化和改革的前提条件。(Kazamias，1987)

20 世纪 90 年代，"国家"的概念确实被带回了比较教育学中。而且笔者很高兴地说，这既不是从"主流视角"出发，也不是从坎德尔的视角。一项值得注意的从修正主义的新马克思主义视角出发的比较研究是马汀·卡诺伊(Martin Carnoy)和乔尔·萨摩夫(Joel Samoff)合著的《第三世界的教育和社会变革》(*Education and Social Transformation in the Third World*，1990)。笔者在本手册的第一部分中的一篇文章里讨论了这本书。这里需要指出的是，在这份以国家为中心的研究中，卡诺伊和萨摩夫力求分析"那些试图寻求从资本主义向社会主义过渡的社会中的教育发展是否与同处第三世界的资本主义社会有所差异，以及为什么会出现差异"。他们研究的社会包括中国、古巴、坦桑尼亚、莫桑比克以及尼加拉瓜。他们的观点是，远甚于生产系统，"国家才是推动社会与政治变革的动力源泉；远甚于生产关系，是国家在推动着它们的社会发展"(Carnoy & Samoff，1990)。

20 世纪 90 年代还涌现了另外一些关于教育与政治的关系的研究，其中值得一提的是格林(Green)的《教育与国家的形成：英国、法国和美国教育的崛起》(*Education and state formation: The rise of education systems in England，France and the USA*，1990)和托雷斯(C. A. Torres)的《民主、教育和多元文化：全球化下公民身份的困境》(*Democracy，education and multiculturalism: Dilemmas of citizenship in a global world*，1998)。格林这项开创性的历史—社会比较研究探讨了对于英国、法国和美国这三个现代西方自由民主国家，教育在国家形成以及民族构建过程中的角色：教育作为一种国家机制是如何培养社会凝聚力、公民意识、民族文化以及民族认同感，并且如何培养国家及地方层面的官僚机构和政府机关中的公职人员(Green，1990)。在"国家与教育"这个篇幅非常长的章节中，托雷斯首先尽力解决如何定义"国家"(state)和国家为何重要的问题——其方法聚焦于考察教育政策与实践，或者"公民、民主与多元文化之间的关联"(Torres，1998：14)。在接下来的部分中，托雷斯从批判理论的视角探讨了：(1)从"新自由主义"到"马克思主义"的与国家和教育相关的经典理论；(2)当代"新保守主义"和"新自由主义"的国家和教育；(3)"新马克思主义"的国家理论和对新保守主义和新自由主义的批判；(4)"后现代主义视角下的国家与教育"；(5)"反对父权国家？关于国家的女权主义以及种族主义"(Torres，1998：26—69)。

结　语

马丁·卡诺伊在 2006 年比较与国际教育学会的主席致辞中仍然强调了以国家为中心的比较教育研究的重要意义，尽管他承认国家的影响力日渐式微。卡诺伊对为什么要开展此类研究做出了解释：

> 首先，大多数国家的大部分教育都是由国家提供的。其次，即使当教育是部分"私立"和部分"公立"时，公立和私立教育的含义也是由国家来界定的。绝大多数国家的私立学校教师工资是由国家支付的。再次，因为国家是教育的供应者和定义者，教育系统如何发生变革的方式很大程度取决于国家的全体公民对国家的政治领导力，以及国家在政治上是如何组建教育系统的。(Carnoy，2006：555)

基于这些原因，我们可以认为，在世界上大多数国家中，教育仍旧是国家形成和国家构建过程中的一个重要机制。最后，重申一下本文开篇引用的亚里士多德的话："一个国家的**派代亚**(教育)应该与**波里德亚**(政体)相一致"。

参考文献

Almond, G. A. & Coleman, J. S. (Eds.) (1960). *The politics of the developing areas*. Princeton, NJ: Princeton University Press.

Althusser, L. (1971). *Lenin and philosophy and other essays*. New York: Monthly Review Press.

Anderson, P. (1979). *Lineages of the absolutist state*. London: New Left Books.

Aristotle (1959). *Politics*, with an English translation by H. Rackam. London: William Heinemann.

Carnoy, M. (1984). *The state and political theory*. Princeton, NJ: Princeton University Press.

Carnoy, M. (2006). Rethinking the comparative — and the international. *Comparative Education Review*, 50(4), 551–570.

Carnoy, M. & Samoff, J. (1990). *Education and social transition in the third world*. Princeton, NJ: Princeton University Press.

Coleman, J. S. (Ed.) (1965). *Education and political development*. Princeton, NJ: Princeton University Press.

Dale, R. (1982). Education and the capitalist state: Contributions and contradictions. In M. W. Apple (Ed.), *Cultural and economic reproduction in education: Essays on class, ideology and the state*. London: Routledge & Kegan Paul.

Green, A. (1990). *Education and state formation: The rise of education systems in England, France and the USA*. New York: St. Martin's Press.

Heidenheimer, A. J. (1974). The politics of educational reform: Explaining different outcomes of school comprehensivisation attempts in Sweden and West Germany. *Comparative Education Reviews*, 18(3), 388–410.

Held, D. (1984). Central perspectives in the modern state. In G. McLennan, et al. (Eds.), *The idea of the modern state*. Milton Keynes: Open University Press.

Kazamias, A. M. (1978). The politics of educational reform in Greece: Law 309/1976. *Comparative Education Review*, 22(1), 21–45.

Kazamias, A. M. (1987). Bringing the state back in comparative education: Toward a state-centered conceptual framework in the comparative analysis and explanation of educational systems, policies and reforms. Paper presented at the annual meeting of the Comparative and International Education Society, Washington, DC, March 1–15.

Lauglo, J. & McLean, M. (Eds.) (1985). *The control of education: International perspectives in the centralization-decentralization debate*. London: Heinemann Education Books.

Litt, E. & Parkinson, M. (1979). *U. S. and U. K.educational policy: A decade of reform*. New York: Praeger.

Massialas, B. G. (1977). Education and political development. *Comparative Education Review*, 21(2/3), 274–295.

Miliband, R. (1969). *The state in capitalist society*. New York: Basic Books.

Offe, C. (1973). The capitalist state and the problem of policy formation. In L. Lindberg (Ed.), *Stress and contradiction in modern capitalism*. Lexington, MA: D. C. Heath.

Peterson, P. E. (1973). Politics of educational reform in England and the United States. *Comparative Education Review*, 17(2), 160–179.

Poulantzas, N. (1978). *State, power, socialism*. London: New Left Books.

Skocpol, T. (1979). *States and social revolutions*. Cambridge: Cambridge University Press.

Skocpol, T. (1985). Bringing the state back in: Strategies of analysis of current research. In P. Evans, et al.

(Eds.), *Bringing the state back in*. Cambridge: Cambridge University Press.

Smith, D. (1991). *The rise of historical sociology*. Oxford: Basil Blackwell.

Torres, C. A. (1998). *Democracy, education, and multiculturalism: Dilemmas of citizenship in a global world*. Lanham: Rowman & Littlefield.

Therborn, G. (1980). *The ideology of power and the power of ideology*. London: Verso.

Thomas, R. M. (Ed.). (1983). *Politics and education: Cases from eleven nations*. Oxford: Pergamon.

Wright, E. O. (1985). *Classes*. London: Verso.

12. 帝国和教育：大英帝国

加里·麦卡洛赫（Gary McCulloch）

本文以大英帝国为例分析了帝国和教育之间的相互作用关系。过去的若干年里，对大英帝国的历史及其在现代社会中的贡献和遗产的本质的关注在持续发酵（Louis，1999；Ferguson，2003；Brendon，2007）。然而，很多此类的一般性文献很少具体涉及教育，例如最新的五卷本《牛津大英帝国史》(*Oxford History of the British Empire*)(Louis，1999)。另一方面，也有大量的文献详细阐述了英国的教育思想和实践如何影响大英帝国其他地区的教育特点。此类文献引发了很多有趣的争论，比如文化帝国主义的本质，"中心"与"边缘"之间的关系（参见 McCulloch & Lowe，2003），帝国的影响力在多大程度上是有益的，以及帝国的影响力在不同的国家和地区是如何逐渐枯竭的。最近，从殖民群体和原住民群体的视角研究不同类型的反抗成为新热点。本文将对距英国 12 000 英里之遥的新西兰[毛利人称之为"奥特亚罗瓦"(Aotearou)]进行翔实的考察，以此说明帝国法令的影响程度和特点。

然而，英国与大英帝国之间的教育关系并不只是朝单一方向发展。正如皮特·伯克（Peter Burke）指出的，知识从欧洲扩散到世界其他区域，这种从"中心"到"边缘"的简单模式是很危险的，尤其是在这种方法倾向于充分考虑到"知识从边缘流向中心，也从中心流到边缘"时（Burke，2000：57）。在过去的 10 年里，对相反过程的历史研究兴趣开始萌芽，即大英帝国不同地区的教育思想和实践如何对英国本土施加影响。在一定程度上，受爱德华·萨义德（Edward Said）的《文化与帝国主义》(*Culture and Imperialism*，1994)的激发，此类新文献有很大的潜力进一步研究大英帝国教育动力机制——这个动力机制的本质和影响是极其不稳定和无法预测的。

英格兰教育和大英帝国

曼根（J. A. Mangan）所描述的自 19 世纪起大英帝国内出现的英国教育的"帝国扩散"(imperial diffusion)(Mangan，1978：110)已经成为教育史学中一个常见的特征。更具体地说，正如在曼根和许多其他作品中诠释的那样，英格兰传统在这一过程中占据优势，且与苏格兰、威尔士和爱尔兰的传统大不相同。后三者倾向于附属于英格兰传统，但同时仍然保留本土的支持和权势（Raftery *et al.*，2007）。曼根的研究强调的是英格兰的独立学校或"公学"建立理念的方式，这些理念将在世界各地许多不同的社会和文化背景中占主导地位，同时还强调了这些学校培养出来的人才积极地在英国殖民地传递和践行这些理念。大学也在推动帝国理念方面走在了前列，尤其是牛津大学中对此极为支持的人物，如在 1870 年到 1893 年间担任牛津大学贝利奥尔学院院长的班杰明·乔伊特（Benjamin Jowitt）。追逐在殖民地中培养英格兰传统这一梦想的其他牛津人还包括在 1934 年到 1946 年间担任牛津大学圣约翰学院院长的西里尔·诺伍德爵士（Sir Cyril Norwood）。然而很明显的是，这些巨大影响力的主导地位并不是没有受到挑战。在许多殖民地，本土情况会导致显著的差异性和不同的适应性，甚至经常是对帝国蓝图的积极抵抗。

公学培养出了一种带有明显特征的精英：这群人持有相同的人生观、价值观和荣誉准则，这些品质通过他们相似的童年经历扎根于他们心中。他们的确是要成为一种柏拉图式的"哲学王"，为公众服务和帝国统治做准备（Wilkinson，1964；Honey，1977；McCulloch，1991a）。他们极力主张基督教的崇高理想和博雅教育，以及坚定的道德品质和爱国主义情怀。19 世纪末，公学的理念和实践可以大致这样描述：它代表着一种英格兰传统、合法化的地位以及现有权威之间的关系。

曼根在 20 世纪八九十年代的作品对理解英格兰版的典型的文化帝国主义有非凡的意义。他的主要著作《竞赛伦理与帝国主义》(The Games Ethic and Imperialism, 1986)，非常细致地考察了竞赛和体育运动在帝国教育中的重要性。公学所传播的价值的核心是"竞赛伦理"，不仅传递着进取心和自强性，也灌输着忠诚和服从的理念。在 19 世纪末期和 20 世纪初期，公学的校长十分支持帝国理念，还把他们的学生派送到帝国最偏远的地区践行这些理念。通过这种方式，如曼根所言："一种独特的教育理念——通过竞赛来塑造品格的教育理念——就这样传播到大英帝国的每个角落"(Mangan, 1986：42；另见 Mangan, 1988, 1993)。尤其是橄榄球和板球被选作实现帝国目的的工具。例如在苏丹，1899 年成立的苏丹政治事务部(Sudan Political Service)引进了大批由英格兰公学教育以及牛津大学和剑桥大学培养的人才来组建一支管理的骨干精英力量。这些人中的大多数在他们以前的学校或是大学中都在运动上取得过成功，他们都努力地将使其获得成功的价值观念传递给自己所管辖的部门人员。在尼日利亚，自 1912 年起，弗雷德里克·卢格德爵士(Sir Frederick Lugard)作为地方长官(从 1914 年起担任总督)领导了一场教育改革运动，在课堂和运动场上宣扬顺从和服从的美德。在印度，成立于 1878 年的梅奥学院是一所典型的建基于英格兰公学理念的新式学校，它通过发展板球和其他运动竞赛来传播帝国理念。

对这种帝国影响力的教育来源的详细论述进一步拓展了这一主题。唐纳德·莱恩斯特·麦考(Donald Leinster-Mackay)指出英格兰预科学校作为"帝国的摇篮和诞生地"的重要性，以及它与公学的紧密联系(Leinster-Mackay, 1988)。保罗·瑞奇(Paul Rich)深入研究了公学中的共济会纲领在整个帝国时期对英国文化霸权的贡献，包括绅士俱乐部和共济会的仪式和礼节的发展(Rich, 1988；1989；1991)。作为英国和大英帝国课程的一部分，教科书也同样吸引了越来越多的目光，对教科书的研究有助于我们理解大英帝国向学生传递的信息和固有成见。很多研究描述了当时学校历史和地理教科书中的种族偏见(Marsden, 1990；Castle, 1993；Lilly, 1993；Coolahan, 1993)。

牛津大学与大英帝国之间建立了尤为重要的联系，理查德·西蒙兹(Richard Symonds)对此做了详尽的研究(Symonds, 1986)。这一研究探讨了牛津大学对帝国哲学以及公众态度的影响，尤其是牛津大学通过对经典名著的教学所产生的影响。这一研究还考察了牛津大学支持大英帝国背后的目的和动机，以及那些到帝国不同地区担任行政人员、教师和传教士等职位的牛津大学毕业生们的角色。牛津大学毕业生被派往世界各地输出殖民主义的一个著名例子是塞西尔·罗兹(Cecil Rhodes)，他于 1873 年至 1881 年期间在牛津大学的奥里尔学院学习拉丁语、希腊语、政治经济学和法律。1902 年公开的"罗兹的遗嘱"(Rhodes' Will)成为设立罗兹奖学金的基础，在随后的几十年里资助了来自帝国各地的成千上万的学者。

西里尔·诺伍德也是一位扎根于牛津大学的著名教育家，他于 19 世纪 90 年代在圣约翰学院获得古典文学一等学位。之后，他分别担任布里斯托尔文法学校校长以及马尔伯勒学校校长，此后又任哈罗公学校长，最终在 1934 年重返母校牛津大学担任校长(McCulloch, 2007a)。诺伍德深受其父的影响，他的父亲塞缪尔(Samuel)在担任华里文法学校校长期间并不成功，但对英属印度的好处极尽赞颂之词。在第一次世界大战之前，担任布里斯托尔文法学校校长的诺伍德便强调大英帝国的职责和所继承的理念，并认为如果有必要的话可以诉诸武力予以捍卫。在后来的职业生涯中，诺伍德支持和颂扬英格兰教育传统，这种传统与英格兰公学所培养的品格密切相关，包括通过竞赛灌输共同的价值观(Norwood, 1929)。

关于大英帝国的影响是好是坏一直存在很大的争议。最近的支持者坚持认为，大英帝国对于现代世界的形成起到了积极作用(Ferguson，2003)。这样的颂扬在关于大英帝国和教育的一些历史文献中随处可见。尤其是克莱夫·怀特海(Clive Whitehead)，他为大英帝国的历史辩护，并反对教育是对殖民地人民进行经济和政治控制的手段这样的观点。怀特海强调了英国殖民政策之下的理想主义和目标的混乱，他坚信这并不意味在延续文化和政治霸权："大多数殖民地的教育无疑仿照的是英国的学校教育，但有充分的证据表明，这更多反映的是当地人民自身的需求，而非表明英国任何蓄意殖民化当地知识分子的政策"(Whitehead，1988：215)。怀特海对英属印度和殖民地教育公职机构的研究证明了这一观点，他强调许多男性和女性在建立和维护印度公共设施及服务方面做出的贡献，基于此，他主张："这是对当地人民的福祉真正的关心"(Whitehead，2003：xiv)。

但在帝国影响力的特征和作用之下，若干殖民地区出现了紧张局势，这也是一个事实。在帝国的部分殖民地区，在那些试图寻求更大程度的独立性或维护民族性和地方性的殖民和原住民群体中，这些冲突发展成了公开的挑衅和反抗。以印度为例，据艾伦德(Allender)所述，尽管在19世纪中期便已花费巨额资金对印度人民进行福音传道和改变宗教信仰的计划，然而英国教会学校在中心城市以外的农村地区仍难以招募到学生(Allender，2003：273)。这些学校依然只面向富裕阶层，而很少对普通大众产生影响。相反，敌对的民族主义者和宗教运动在19世纪末之前就已经积极地扩大他们的教育影响力(Allender，2003：288;另见Allender，2007)。

其余的英国殖民地也经历了这样的教育差异和冲突。在殖民地斐济，怀特声称殖民地政府的教育和"本土化"政策加深了教育的不均衡发展，并且降低了斐济的受教育程度(White，2003)。与此同时，位于非洲东南部且在20世纪初的波尔战争后成为受英国保护国的斯威士兰，不仅遭受了宗主国和殖民地之间的冲突，还经历了殖民地民众内部的矛盾(Zoller，2003)。我们可以通过距英国本土12 000英里的英国殖民地新西兰的历史演变过程来更仔细地观察这种冲突。

教化新西兰？

新西兰教育的殖民特征长期以来都是人们热议的话题。英国现代教育的发展及其教育理念和实践的传播对新西兰学校教育的结构特征有至关重要的影响。尽管新西兰是帝国最遥远的疆土，但这种影响力一直持续到20世纪。机构创建的先例、学校和教师的实践以及各种教育安排背后的传统和原理都全部或部分地根源于那个被认为是"家乡"(Home)的地方。这样的理念和实践一直在延续，或者进行了细微的调整：在很多情况下，教师本身就接受英国的教育和培训，使用的教科书通常也来自英国，此外，考试在很大程度上也是基于英国的经验、价值观和文化。之后的教育总司长坎贝尔(A. E. Campbell)在1941年指出："除非你时刻记住新西兰的教育体系是在19世纪英国殖民地时期产生和发展的，否则你将无法理解其当前的状况。"(Campbell，1941：1)他强调殖民者对祖国的思念之情，这促使他们特别想要让身边布满"熟悉的社会制度屏障"：

> 既然他们不能即刻置身于英格兰的花草树木以及幽静的群山之中，那么他们至少可以将自己熟悉的社会生活形式移植过来，他们需要这种社会生活形式来缓解几乎所有殖民者到最后都怀有的乡愁。他们所寻求的仅仅是新的世界，并不意味着他们需要寻求一种新的生活方式。(Campbell，1941：3)

出于这一原因，坎贝尔总结道："在新西兰教育系统的形成过程中，维护文化连续性的历史原则比适应新环境的地理原则发挥了更大的作用。"(Campbell，1941：6)例如，奥克兰文法学校通过模仿和诠释英格兰公学和文法学校的实践与理念，形成了自己的文法学校传统。这些学校映射出来的光芒旨在给奥克兰的学生和赞助者们传达一种文化信息，即它是与"家乡"的一种象征性联系(McCulloch，1988)。与教育系统中可见的结构一样，学校课程也明显地反映了殖民统治遗产的痕迹。艾伦·马尔根(Alan Mulgan)是奥克兰文法学校 19 世纪 90 年代的学生，回顾往昔，他这样评论道："我们的课程使用的是英语，但我们是在殖民统治下的居民，我们能够意识到这一点。"(Mulgan，1958：71)

同样，关于英格兰的理想化且不真实的印象对新西兰的教育也有重要影响。例如，马利姆(F. B. Malim)在 20 世纪 40 年代访问了新西兰，他对一流独立学校中的英格兰特征满怀热情。对克赖斯特彻奇的基督学院，马利姆这样评论道："她灰色的墙壁和榆树显示了一种文明，这种文明比新西兰现今文明的其他可能组成部分更加宁静、稳固。它们提醒着我们，英格兰拥有着一个稳固的根基，即便是内燃机的发明也难以撼动。"(Malim，1948：160)马利姆的评论还强调了英格兰教育者们在传播其文化时所具有的传教士般的热忱。他尤其对怀塔基高中大加赞扬，并将这所高中描述成"对英国历史颇有贡献的博物馆"(Malim，1948：163)。

与此同时，我们很难从英国案例中"读出"新西兰境况中的许多重要特性和差异。确实，有人可能认为，新西兰的教育改革在许多情况下都显然有悖于"英国本土"的趋势。新西兰的教育改革有一个自由和平等的推动力，它与基于阶层的、分化的和等级性的英格兰教育结构形成鲜明的对比。那些赞扬新西兰教育优点的人往往会强调新西兰教育优于按阶层划分的英格兰教育，这一点司空见惯。例如，教育主管斯特朗(T. B. Strong)在 1928 年说道：

> 我得知，英国的教育行业至今仍遭受着昔日敷衍了事的大众教育所带来的耻辱性结果。在英格兰，有些地区的教师仍然没有或者几乎没有社会地位。幸运的是，自治领的趋势是教师逐渐在社会中处于受人尊敬的地位。这个事实无疑是对学校有利的。原因之一，或者说它可能会产生的影响，就是社会对教育的高度关注使我们的"公立学校"得以创办。(Strong，1928：145)

同时，如奥克兰大学的古典学教授布莱克洛克(E. M. Blaiklock)之类的保守主义者(Shaw，1986)倾向于用赞赏的语言来描述英格兰教育系统固有的社会目的和结构性分化，这为右翼观点提供可靠的来源，同时对新西兰教育政策所偏向的平等主义提出质疑(McCulloch，1988，1991b)。

从某种程度上说，新西兰教育所盛行的平等主义趋势与苏格兰类似，后者的发展在某些方面与英格兰传统和准则也是相对立的。正如罗伯特·安德森(Robert Anderson)所指出的，苏格兰拥有"先进且独特的教育传统"，这种传统甚至可以追溯到宗教改革时期——19 世纪的苏格兰人认为，"他们的教育传统比英格兰更为优越，同时也是苏格兰在英联邦内维持社会和文化自治的保障"(Anderson，1983：1)。据安德森所言，苏格兰教育的"民主神话"成为"苏格兰民族认同感和他人对苏格兰的形象塑造"的重要部分(Anderson，1983：1)。然而，潜藏在"神话"背后的是许多悬而未决的问题，以及通常不被承认的根深蒂固的不平等问题(Humes & Paterson，1983；Raftery et al.，2007)。英格兰式的结构和期望也在不断地蚕食着其边境北部地区的教育机构，并逐渐破坏了苏格兰传统的显著特征和独立性。在新西兰，这种侵蚀的威胁虽然似乎遥不可及，但同时却更加隐秘。新西兰教育系统中的英格兰文化根源，以及引进最新思想、实践、教师和课本所带来的持续影响，对新西兰平等主义神话的完整性不断造成威胁。

一位来自苏格兰的访问者威廉·博伊德（William Boyd）博士在 1937 年 7 月于新西兰召开的新教育协会（New Education Fellowship）的主会场上，对新西兰受英格兰影响可能会遭遇的威胁提出了最为清晰的警告。他将新西兰与苏格兰这两个地区的教育系统发展直接联系起来，指出新西兰教育所面临的关键问题就是英格兰传统的影响，它已经在结构层面造成了重要影响。据博伊德所说："英格兰对新西兰教育的影响就是伊甸园里的'蛇'，它使新西兰的教育机构失去道德。"（Boyd，1938：475—476）博伊德继续说道，新西兰教育不是沿"合乎善的苏格兰路线"发展，而是基于"将初等教育与中等教育分离的英格兰模式"。它反过来鼓励中学阶段的分层和选拔："你们的高中更像是英格兰模式，目的是为了培养贵族，一个精挑细选的群体，而原先的小学面向的是普通或一般民众。这种英格兰原则与苏格兰的实践相反，苏格兰的初等教育体系是逐步发展成为中等教育体系的，最终形成一个理想的教育统一体"（Boyd，1938：476）。这个观点直接批判了同一会议发言者西里尔·诺伍德的观点，诺伍德继续推动着一个理想化的"英格兰教育传统"（Norwood，1929；McCulloch，2007a）。为了解决这一问题，博伊德强烈主张中学课程应减少以"以大学为导向"，更多地"为普通生活做准备"（Boyd，1938：484）。

在殖民地新西兰，文化冲突的另一个重要维度是殖民者（白种人）与原住民毛利人（"大地之子"）之间的关系。朱迪斯·纳森（Judith Nathan）认为，新西兰总督乔治·格雷爵士（Sir George Grey）依据《1847 年教育条例》成立了寄宿制工业学校，以此来巩固基督教、推进西方标准、维护种族和谐以及提供同化的手段（Nathan，1973）。《1867 年毛利学校法案》在全国建立了由本土事务部（Department of Native Affairs）领导的世俗化的乡村走读学校体系，其课程是基于英格兰小学的科目设置的（Harker & McConnochie，1985；Simon，1998）。然而，到了 20 世纪末，毛利人对同化政策的抵抗越发高涨，甚至导致他们建立了其他可替代的教育机构（Jesson，1992；Smith，1992）。

新西兰/奥特亚罗瓦的案例研究表明，尽管帝国的遗产对学校和教育的发展产生了重要影响，但是殖民地本身也形成了许多独有的特征，并挑战着文化发源地的主导地位。首先，殖民者们在维护他们自己的民族传统和民族认同的时候，越来越多地采取一种与他们的新家园相适应的方式，而不完全与"家乡"的准则和实践相一致。其次，与之抗衡的其他国际影响不断涌现，例如与英格兰教育价值观截然不同的苏格兰教育价值观，以及来自其他国家的教育理念和实践，如美国和澳大利亚。最后，毛利原住民文化带来了一种特别的挑战，它表明要满足不同民族的教育需求，需要采取不同的方法。这样的冲突以多种形式不断地在大英帝国上演，英国殖民遗产的呈现方式并不总是相似的，但新西兰所经历过的争论的复杂性与其他地方有很多相似和共鸣之处。

小 岛

不同于历史学文献关注英国的教育理念和实践对大英帝国不同地区的外在影响，历史研究对相反过程的关注，即大英帝国反过来对英国教育的影响，时至今日都略显不足。对于后一个主题，其中一位著名的作家是约翰·麦肯齐（John MacKenzie），尽管他的兴趣更多地指向流行文化，但对于教育的特征和作用这一方向仍可以做进一步的研究。

萨义德的著作关注帝国文化的"重叠的领地"和"交织的历史"（Said，1994：1），探讨"后帝国的知识态度是如何会扩大宗主国和原殖民社会之间重叠的社会群体"（Said，1994：19）。他继续研究帝国的形象是如何渗透在西方文化中，例如在重要的小说作品中，"文化文本用各种方式将异域风情带入欧洲，这些方式极其清晰地带有帝国事业的痕迹，以及探险者、人种学者、地质学家和地理学家、商人和士兵们的印记"（Said，1994：229）。这种独到的见解催生了一种新的历史文献,这种文献关注帝国对英国本土的影响。

　　这一新旨趣的早期研究包括历史学家拉斐尔·塞缪尔(Raphael Samuel)和琳达·科莱(Linda Colley)的有趣的著作。塞缪尔的《小岛故事》(*Island Stories*,Samuel,1998)强调帝国和英国本土之间的相互作用,例如建立在英国殖民财富之上的乌托邦式的英格兰生活,反映在20世纪的露天运动和童子军以及女童子军的崛起。科莱强调,英国的不安全感源于其强大的邻国和竞争对手,这是促使其社会和政治发展的一个关键因素。根据科莱的观点,"意识到自身国土面积较小,财富却日益增多,随着欧洲的敌人越来越强大,军事力量越来越可畏,英国人经常如临深渊,时常恐慌遭人侵略,并高度警觉,时刻准备应战"(Colley,2002:11)。在科莱看来,这种情况的结果就是,帝国开始在英国的文化和自我形象中占支配地位(Colley,2002:326)。和塞缪尔一样,科莱也认为英国本土的文化和政治与大英帝国的成长和发展是相互联系的:"英国的历史和它各种海外投机事业的历史不能完全分开来看。不管是好是坏,它们都是相互联系的"(Colley,2002:305)。这样的观点是值得商榷的。例如,许多历史学家和评论家认为,英国从海外侵略中获得的安全感助长了其社会发展中的自满和保守主义,而不是焦虑不安(McCulloch,2007b)。无论如何,这些观点为很多不同领域中更为翔实的历史研究提供了一个出发点。

　　许多其他新近的著作进一步拓展了关于这一主题的新历史文献。有关政治方面,汤普森的《帝国大反击?》(*The Empire Strikes Back?*)(Thompson,2005)就是一个典型的例子,这部作品探讨了大英帝国在19世纪和20世纪的英国政治中的角色。帕里斯(Paris,2000)和波特(Porter,2004)从文化维度方面进行了更深入的探讨。布什也对大英帝国对20世纪早期的性别关系的重要影响进行了评估(Bush,2000)。这一结果正如威尔森(2004)所言的"新帝国历史",即主动意识到大英帝国与英国自身民族认同之间的关系。

　　关于这种新史学趋势对教育产生的影响,迄今为止的追踪研究相对薄弱且不均衡。约翰·麦肯齐在这一领域是引领者,早在20世纪80年代,他就对政治宣传、公共舆论和帝国有所研究,并出版了一本关于帝国主义和大众文化的论文集(Mackenzie,1984,1986),之后也沿着这一脉络继续深入研究(例如,参见Mackenzie 1999a,b)。这些著作强调了帝国是如何通过电影、大众传媒、消费者宣传和流行文学等媒介给英国公众留下深刻印象的。他指出,20世纪20年代的帝国展览会就是这种影响的典范。在1924年的圣乔治日,由英王乔治五世在伦敦温布利主持开幕的首个展览会,在当年吸引了超过1 700万名参观者,次年吸引了近1 000万参观者(MacKenzie,1999b:214—215)。安德里亚·利维(Andrea Levy)最近的一本小说《小岛》(*Small Island*,2004)再次生动地描绘帝国展览会对大众意识和帝国建构的影响。这本小说从主人公奎妮的视角叙述了她及其家人参观帝国展览会的见闻:"全世界,都凑在一天参观它"(Levy,2004:3—4)。麦肯齐指出,社会阶层的显著性、英国地方和城市中心之间的差距以及自20世纪50年代以来的来自前帝国的新移民,都是帝国在20世纪仍被人们认可的因素。这些方面仍值得教育历史学家们做进一步的详细研究,尽管有学者已经进行了一些有趣而重要的工作,例如卡斯尔和西索恩对民族认同和小学课程方面的研究(参见Castle,1996;Heathorn,2000)。

结　语

　　因此,我们可以指出研究大英帝国与教育的关系有两类一般性历史方法。第一种研究类型已有许多积累但仍有挖掘余地,即研究大英帝国对其在世界各地的殖民地的教育发展的影响。这基于独特的英国版本的文化帝国主义,然而通常在不同的地方、国家和地区以不同的方式被重新诠释和挑战。尽管许多殖民地已实现民族独立,大英帝国本身也已经崩塌,但这些影响在许多社会中仍在持续,这反映在特定机构以及课程和实践类型的持续影响和文化权威上。

第二种研究类型最近才有所进展,它致力于研究帝国对英国本土的影响。这涉及在过去的两个世纪,在帝国的不同地区发展起来的理念和实践如何对英国的教育系统以及更广泛的文化与政治产生影响。后一种研究类型对教育的关注到目前为止还处在萌芽时期,预期这方面的研究在未来 10 年将有更多的发展。再次,理解 21 世纪初期的历史变迁以及突出的议题可能具有重大意义。关于民族认同与"英国性"的争论将持续受到大英帝国对英国公众讨论造成的影响(参见 Bunting,2007)。知识和文化显然从"边缘"流向"中心",同时也从"中心"流向"边缘"。

参考文献

Allender, T. (2003). Anglican evangelism in North India and the Punjabi missionary classroom: The failure to educate "the masses", 1860 – 77'. *History of Education*, 32(3), 273 – 288.

Allender, T. (2007). Surrendering a colonial domain: Educating North India, 1854 – 1890. *History of Education*, 36(1), 45 – 63.

Anderson, R. (1983). *Education and opportunity in Victorian Scotland: Schools and universities*. Oxford: Oxford University Press.

Boyd, W. (1938). A Scotsman looks at New Zealand schools. In A. E. Campbell (Ed.), *Modern trends in education*. Wellington: New Zealand Council of Educational Research.

Brendon, P. (2007). *The Decline and fall of the British Empire*. London: Cape.

Bunting, M. (2007). Don't overlook the impact of empire on our identity. *The Guardian*, 1 January, p. 20.

Burke, P. (2000). *A social history of knowledge: From Gutenberg to Diderot*. Cambridge: Polity Press.

Bush, J. (2000). *Edwardian ladies and imperial power*. Leicester: Leicester University Press.

Campbell, A. E. (1941). *Educating New Zealand*. Wellington: Department of Internal Affairs.

Castle, K. (1993). The imperial Indian: India in British history textbooks for schools 1890 – 1914. In J. A. Mangan (Ed.), *The Imperial Curriculum* (pp. 23 – 39). London: Routledge.

Castle, K. (1996). *Britannia's Children: Reading Colonialism through Children's Books and Magazines*. Manchester: Manchester University Press.

Colley, L. (2002). *Captives: Britain, Empire and the World 1600 – 1850*, London: Jonathan Cape.

Coolahan, J. (1993). The Irish and others in Irish nineteenth-century textbooks. In J. A. Mangan (Ed.), *The Imperial Curriculum* (pp. 54 – 63). London: Routledge.

Ferguson, N. (2003). *Empire: How Britain made the modern world*. London: Allen Lane.

Harker, R. & McConnochie, K. (1985). *Education as cultural artifact: Studies in Maori and aboriginal education*. Palmerston North: Dunmore Press.

Heathorn, S. (2000). *For home, country, and race: Constructing gender, class and englishness in the elementary school, 1800 – 1914*. Toronto: University of Toronto Press.

Honey, J. (1977). *Tom Brown's universe: the development of the English public school in the nineteenth century*. London: Millington.

Humes, W. & Paterson, H. (Eds). (1983). *Scottish culture and Scottish education, 1800 – 1980*. Glasgow.

Jesson, J. (1992). Science Aotearoa. In G. McCulloch (Ed.), *The school curriculum in New Zealand: History, theory, policy and practice*. Palmerston North: Dunmore Press.

Leinster-Mackay, D. (1988). The nineteenth-century English preparatory school: Cradle and crèche of Empire? In J. A. Mangan (Ed.), *Benefits bestowed?* (pp. 56 – 75). Manchester: Manchester University Press.

Levy, A. (2004). *Small island*. London: Review.

Lilly, T. (1993). The black African in Southern Africa: Images in British school geography books. In J. A. Mangan (Ed.), *The imperial curriculum* (pp. 40 – 53). London: Routledge.

Louis, W. (Ed.) (1999). *The Oxford history of the British Empire* (5 vols). Oxford: Oxford University Press.

MacKenzie, J. W. (1984). *Propaganda and empire: The manipulation of British public opinion*. Manchester: Manchester University Press.

MacKenzie, J. W. (Ed.) (1986). *Imperialism and popular culture*. Manchester: Manchester University Press.

MacKenzie, J. W. (1999a). Empire and metropolitan cultures. In A. Porter (Ed.), *The Oxford history of the British Empire*, vol. III, The Nineteenth Century (pp. 270 - 293). Oxford: Oxford University Press.

MacKenzie, J. W. (1999b). The popular culture of Empire in Britain. In J. Brown (ed.), *The Oxford History of the British Empire*, vol. IV, The Twentieth Century (pp. 212 - 231). Oxford: Oxford University Press.

McCulloch, G. (1988). Imperial and colonial designs: The case of Auckland Grammar School. *History of Education*, 17(4), 257 - 267.

McCulloch, G. (1991a). *Philosophers and Kings: Education for Leadership in Modern England*. Cambridge: Cambridge University Press.

McCulloch, G. (1991b). "Serpent in the garden": Conservative protest, the "New Right", and New Zealand educational history. *History of Education Review*, 20(1), 75 - 87.

McCulloch, G. (2007a). *Cyril Norwood and the ideal of secondary education*. New York: Palgrave Macmillan.

McCulloch, G. (2007b). National security and the history of education. In D. Crook and G. McCulloch (Eds.), *History, politics and policy-making in education: A festschrift for Richard Aldrich*. London: Institute of Education.

McCulloch, G. & Lowe, R. (Eds.) (2003). *History of Education*, 32(5), special issue, "Centre and periphery: Networks, space and geography in the history of education".

Malim, F. B. (1948). *Almae Matres: Recollections of some schools at home and abroad*. Cambridge: Cambridge University Press.

Mangan, J. A. (1978) Eton in India: The imperial diffusion of a Victorian educational ethic. *History of Education*, 7(2), 105 - 118.

Mangan, J. A. (1986) *The games ethic and imperialism: Aspects of the diffusion of an ideal*. London: Viking.

Mangan, J. A. (Ed). (1988). *"Benefits bestowed"? Education and British imperialism*. Manchester: Manchester University Press.

Mangan, J. A. (Ed.) (1993). *The imperial curriculum: Racial images and education in the British colonial experience*. London: Routledge.

Marsden, W. E. (1990). Rooting racism into the educational experience of childhood and youth in the nineteenth and twentieth centuries. *History of Education*, 19(4), 333 - 353.

Mulgan, A. (1958). *The making of a New Zealander*. Wellington: A. H. & A. W. Reed.

Nathan, J. (1973). An analysis of an industrial boarding school: 1847 - 1860. A phase in Maori education. *New Zealand Journal of History*, 7(1), 47 - 59.

Norwood, C. (1929). *The English tradition of education*. London: John Murray.

Paris, M. (2000). *Warrior nation: Images of war in British popular culture, 1850 - 2000*. London: Reaktion Books.

Porter, B. (2004). *The absent-minded imperialists: Empire, Society and Culture in Britain*. Oxford: Oxford University Press.

Raftery, D., McDermid, J., & Jones, G. E. (2007). Social change and education in Ireland, Scotland and

Wales: historiography on nineteenth-century schooling. *History of Education*, 36(4 – 5), 447 – 463.

Rich, P. (1988). Public-school freemasonry in the empire: "mafia of the mediocre"? In J. A. Mangan (Ed.), *Benefits Bestowed?* (pp. 174 – 192). Manchester: Manchester University Press.

Rich, P. (1989). *Elixir of empire: The english public schools, ritualism, freemasonry, and imperialism*. London: Regency Press.

Rich, P. (1991). *Chains of empire: English public schools, masonic cabalism, historical causality, and imperial clubdom*. London: Regency Press.

Said, E. W. (1994). *Culture and imperialism*. London: Vintage.

Samuel, R. (1998). *Theatres of memory*, vol. II, Island Stories. London: Verso.

Shaw, T. (1986). *E. M. Blaiklock: A Christian scholar*. London: Hodder and Stoughton.

Simon, J. (1998). *Nga Kura Maori: The native schools system, 1867 – 1969*. Auckland: Auckland University Press.

Smith, L. T. (1992). Kura kaupapa Maori and the implications for curriculum. In G. McCulloch (Ed.), *The school curriculum in New Zealand: History, theory, policy and practice*, Palmerston North: Dunmore Press.

Strong, T. B. (1928). Present trend of education in New Zealand. In I. Davey (Ed.), *Fifty years of national educati on in New Zealand, 1877 –1928*. Wellington: New Zealand Education Department.

Symonds, R. (1986). *Oxford and empire: The last lost cause?*. Oxford: Oxford University Press.

Thompson, A. (2005). *The empire strikes back? The impact of imperialism on Britain from the mid-nineteenth century*. Harlow: Pearson Longman.

White, C. (2003). Historicizing educational disparity: colonial policy and Fijian educational attainment. *History of Education*, 32(4), 345 – 365.

Whitehead, C. (1988). British colonial educational policy: A synonym for cultural imperialism? In J. A. Mangan (Ed.), *Benefits Bestowed?*. pp. 211 – 230.

Whitehead, C. (2003). *Colonial educators: The British Indian and colonial education service 1858 –1983*. London: I. B. Tauris.

Wilkinson, R. (1964). *The prefects: British leadership and the public school tradition*. Oxford: Oxford University Press.

Wilson, K. (Ed.) (2004). *A new imperial history: Culture, identity and modernity in Britain and the empire, 1660 –1840*. Cambridge: Cambridge University Press.

Zoller, M. (2003). Settler, missionary, and the State: Contradictions in the formulation of educational policy in colonial Swaziland. *History of Education*, 32(1), 35 – 56.

13. 对法国与葡萄牙的非洲帝国殖民地教育话语的比较：论"杂糅性"

安娜·伊莎贝尔·马德拉(Ana Isabel Madeira)

殖民地话语分析

由于种种原因,非洲背景下殖民地教育的理想化话语和官方版本与当地政府的实际情况是相冲突的,这迫使当地政府对宗主国政府规定的原则和目标进行重新修订,有时甚至是破坏。我们知道,同一"作者"通常会根据他发言和行动时所处的位置和立场来诠释他所观察到的现实,并频繁做出意义完全相反的论证①。通过米歇尔·福柯(Michel Foucault)所言的"国家治理术"(the governmentalisation of the State)实行"远距离治理"(govern at a distance)②意味着大量技术的发明和构建,这些技术将各个政治中心所发展出来的计划和策略联系在一起,而这些政治中心又分布在空间中的数千个点上③。因此,话语分析涉及全球层次与地方层次上产生的话语的重叠,通过这个过程,权力-知识的联系得以建立,并与"远距离治理"的技术遥相呼应。"教育治理"政策文本的非连续性使我们能够理解葡语区(和法语区)中的文化参照与清晰政治立场的共存,即使两者可能完全相悖。另一方面,它们强调了全球性扩散(diffusion)(Ramirez & Rubinson,1979;Ramírez & Boli,1987)与特定的继受(reception)、国际化与本土化、超国家一体化以及国内多元化(Schriewer,1993)之间相互交织的重要性。正如笔者在其他地方所阐述的(Madeira,2005,2006),这样的政策共享会导致不同于教育话语原有的预想的政策运用,有时甚至是完全对立的,我们可以从中理清话语制造是如何被用于合法化规约(inscription)和宰制(domination)的实践活动——这些实践活动所针对的人口和文化情境有非常不同的特征。

本文旨在超越教育改革的"传统"视角,即将教育改革的概念建立在对教育的政治方面的影响因素、推动力或因果关系的分析之上(Wolf,1982;Murray & Postlethwaite,1983;Wesseling,1991)。不同于把殖民地看作同质文化身份,作为殖民者本土观念与实践的延伸,笔者倾向于强调在帝国与其欧洲领土之间发展起来的象征性关系(Said,1993;Cooper,1994;Thomas,1994)。这一立场与视殖民主义为连贯、一致的过程以及把殖民地情况定义为殖民者与被殖民者之间冲突的背景是相矛盾的,也是与这一点相抵触的:与非洲文明相关联的过程的观念和实践可以获得另一种形式的协商和重构(Kumar,1991;Thomas,1994;Bhabha,1997;Cooper &

---

① 关于这一点,无论是在法国还是葡萄牙,都有一些典型的例子:朱尔斯·费里(Jules Ferry)是最为激烈的同化者,但是在对塞内加尔进行的一次调查后,他开始重新思考他的定位;安东尼奥·埃内斯(Antonio Enes)对于教会在教育中所起的作用持批判性态度,而最后在成为莫桑比克总督后,他却开始捍卫传教者在殖民背景下的重要角色;洛波瓦斯·桑帕约-梅洛(Lopo Vaz de Sampaio e Melo)一直支持对宗教团体的迫害,但最后他却认为这种毁灭在殖民地是骇人听闻的。

② 尽管存在权力的策略,但政府的原则意味着在那些试图统治某一领土、人口和国家的人的预计和行为与在微观层次进行微观的权力作用之间存在着复杂和变化的关系,这种微观的权力运作是在某一给定的领土中发展出来的多样化的控制实践。"远距离治理"涉及对不同种类方式进行转化的进程,以此来缔造试图治理的权力机构的目标与服从于权威的各组织、团体和个人的个体性目标之间的联系。参考 N. Rose (1999). *Powers of freedom: Reframing political thought*. Cambridge：Cambridge University Press,19 and 48.

③ Foucault,M. (1991). Governmentality. In G. Burchel & P. Miller (Eds.),*The Foucault effect: Studies in governmentality*. Chicago：University of Chicago Press,103.

Stoler，1999)。因此,笔者在本文所提出的方法突出强调了存在于殖民地话语中的矛盾和冲突(Thomas，1994；Stoler & Cooper，1997)。这意味着对在宗主国与其殖民地之间发展起来的政治和文化关系的理解,并且在这一视角下还将从有关教育的话语领域结构出发对其进行考察,主要是考虑到其在横跨殖民地空间内的一系列其他机制中对历史空间的限制。

这一方法的尝试旨在探索在教育的历史比较研究中科学界一直感兴趣的两种可能性:一方面,去分析有关教育的各种官方意识观念(源自宗主国或者甚至是殖民地当地话语所包含的观念)与在殖民地背景下实行学校扩建战略之间连续性的缺失;另一方面,在殖民地外围地区所进行的教育话语的传播,强调在各殖民地当地的迁移和选择的过程(Nóvoa，et al.，2002；Schriewer & Keiner，1992；Schriewer，2006；Popkewitz，2005；Steiner-Khamsi，2004；Madeira，2006)。

据此,从比较视角审视教育变革意味着去分析殖民地教育话语在跨国层面是如何为人所知和传播的,以及理解这些话语作为一种规范是如何为人所接受,并且如何转化成地方战略和具体的行动项目。从这个意义上看,就很容易理解为什么跨越殖民地空间的教育话语产生了与学校扩建进程、教学模式、课程组织相对应的内部差距,并且与产生于欧洲宗主国并作为地方项目实施的教育政策概念相矛盾。

笔者相信,从这一理论定义起点开始,我们能够质疑殖民地行政管理和核心权力结构之间的其他关系类型,同样能够质疑存在于帝国的各种权力结构中的模糊性和矛盾状态,即关于政府、文明以及殖民地教育的话语(Slemon & Tiffin，1989)。

"国家"类型、政府系统以及教育政策比较

"他者"是比较教育的缘由:"他者"充当一种模式或参考,它赋予行为以合法性,或强制缄默,它是我们模仿或殖民的对象。比较教育构成了权力场域中的一个部分,在这个场域中,中心和边缘形成,建构了赋予意义和定义界限的话语实践。我们对知识的态度受到欧洲(西方)的影响,而所有历史都悄无声息地参考了欧洲(西方)。就像欧洲是唯一一个理论上可认识的范畴,所有其他的历史都只能作为经验存在。(Nóvoa，1998：51—52)①

通过对法国和英国在非洲实施的殖民地行政管理体系异同点的辨别而形成的教育政策特征,已在对这两个欧洲强国政府的比较研究文献里有大量记载(Bets，1961；Deschamps，1963；Crowder，1964；Clignet & Foster，1964；Ipaye，1969)。这些描述——大多源自宗主国并且时常得到官方报告和政治宣传的支持——倾向于反对本质上官僚主义、权力集中以及被英国体系所同化的法国殖民体系(英国体系被认为更加务实、权力下放和自由)。这两种理想类型之间的区别源于这两个国家的"历史"特征以及这两国的"政治"文化。一个是共和制,甚至可称为是雅各宾派(Jacobine),它基于由理论和抽象原则所定义的人文主义,造就了一种普遍的统一和平等主义的倾向。另一个则根植于更"贵族化"的政治文化,受到自由保守主义和自由放任主义的激发,更愿意倾向于尊重地方当局的地位和文化;按照英国绅士贵族的高尚传统,地方当局在一定程度上被认为是"平级"——这种态度或许更为支持某种"间接性政府"的实践。

另外一系列的观念则是与法国和英国政治体系两极化形象的构建有关:例如,相对于从一开始就准备"自我治理"的大不列颠殖民化(和去殖民化)进程,法国实施了一套没有准则和方法的殖民化体系;相对于英国人给予非洲人的自治是为了满足原住民的需求和"福祉",法国体系是

① 原文为法语。——译者注

基于控制－从属原则进行永久性的直接统治。这一论述强化了上述观点，即法国文化政策尤为倾向于行政管理的一致性，更为强调本国领地与海外领地之间的行政管理的统一化；并倾向于构建这样一种教育体系——旨在将非洲同化于法国文化，或者至少使殖民地人的利益屈服于母国的文明化使命。总之，法国本可以按照其道德价值观和文化习惯建立一套培养本地精英的训练体系，这一过程可认为是基于"同化"的准则。至于英格兰，它的殖民地政策话语则倾向于呈现一种基于相反原则的表述，基于对当地条件的适应和对原住权力机构的尊重——"非直接统治"——这体现出了一种旨在训练非洲人"自我治理"的真正的去中心化政策。

不难想象，类似于"国家"和政府的类型，比较研究的风格也倾向于复制一组证据，即非洲的欧洲殖民地的历史主要是围绕法语体系和盎格鲁-撒克逊"体系"的对立，因此使得描述符合这两个国家的教育结果成为可能。这一表述的构思是基于统治的艺术与科学之间补充性的原则，从属于超国家性质的政治利益，往往旨在说明对殖民地人民的"善政"。事实上，尽管在 20 世纪 60 年代和 70 年代，英国和法国批判人种学和社会学所采用的范式出现分歧，但是对殖民地现象的解读却仍在继续，近期激发了对这些激进言论的刻板模式的表述：

> 来自英国的欧洲殖民者……希望把他们的殖民地民众转变为那些已具备中产阶级标准和卫理公会道德观的黑人英国人。来自法国的欧洲殖民者……希望把部落民转型成为会说法语的"共和国和无形的"公民。来自葡萄牙的欧洲殖民们梦想着完成他们国家的卢西塔尼亚使命，设想着类似于巴西的特殊模式下的葡萄牙海外扩展的未来帝国。(Gann & Duignam，1971：216)

例如，对总督报告、当地行政管理和民间团体的分析组成了消解这种刻板模式化观点研究的根本基础；这种观点完全集中在官方文件，允许对相似性的混合，同时相对化或者加强对差异性的强调，构成了在殖民背景下教育话语相矛盾的基础。另一方面，对源于不同空间和时期（法国和葡萄牙的殖民空间）的教育话语研究，使得将以单个民族国家为中心的比较研究扩大至殖民帝国的广泛维度成为可能。扩大比较的范围以及把话语作为结构形态来分析使我们能够去分析概念和教学模式的扩散、转型和适用，以及在知识网络框架内它们在教育融合技术（教学、学校和课程模式）方面的转型。

教育言论和帝国的创建：葡萄牙和法国

葡萄牙

从教条主义观点来看，葡萄牙在非洲的殖民体系是以国际自由主义的基本原则为基础的，这种原则的一般性特征通过法国和英国的双重影响进入葡萄牙；葡萄牙的殖民体系本质上是设立在历史使命和殖民的使命感之上的，这种使命感使其在非洲大陆驻扎的历史、地理和政治需求得以合理化。很明显却不知为何带有救世主的意味，这一话语历经政治周期和政权更替，从君主制末期到"第二共和国"（Estado Novo）几乎没有任何变化。围绕文明化的使命、帝国民族化以及后来的"葡萄牙化"，葡萄牙殖民思想的目的在于建构殖民统一和国家认同之间的联系，并证明国家宏伟的合理性，不仅是内部的民意，同时也有关于外部其他潜在的欧洲殖民地。从这个方面看，葡萄牙的殖民政策显然也被写入国际协定的动态表现中，即将"剥削权利"的关联性调整为"文明化的权利"；这一论点假定众多殖民政权所共同分享的一整套原则[1]。基于这一准则，葡萄牙殖

---

[1]　这里笔者主要指三个有关非洲的会议：柏林会议（1884 年）；布鲁塞尔会议（1891 年）；凡尔赛条约（1919 年）；以及之后的圣日耳曼条约（1919 年）。

民者到 19 世纪末和 20 世纪初为止对教育方面做出的努力，主要是以"同化于宗主国文化"为导向的，虽然在实践中它将"文明"人口（葡萄牙人或者来自欧洲的殖民地白种人以及来自沿岸城市地区的梅斯蒂索混血儿）与"非文明"人口（主要来自农村地区的非洲黑人）区分开来。殖民地的教学从早期开始就建立在这种双重性的框架内，这意味着在学校中教学模式、内容和策略的差异性。然而，其所提供的初级教育类型是基于欧洲宗主国模式启发下的学校类型，具有统一的基础课程和学术知识，但就教授非洲人（初级小学教育）的学校而言会有所简化。

与帝国统治的其他地区类似，相对于法国和英国，葡萄牙对殖民地教育政策的制定和定义较晚，直到 20 世纪 30 年代中期才明确。教育政策定义的缺乏被认为是造成殖民行政管理低效的原因，并因此造成了对殖民地教育项目的反对意见共存的局面。因此，教育管理倾向于集权化的趋势，这主要是一种"直接的"做法：在内部反对教会干预，对外宣传上则是多教派的；对非洲民众融入策略的程度含糊不清以及对殖民地主要行政管理人员的地位持模糊态度。从行政管理和实践方面来看，到 20 世纪 20 年代中期，殖民地地区做出了诸多去集权化的努力，即运用调动手段来干涉总督和特派专员的权力，但从法律角度看，这些努力无法抗衡殖民地同化于宗主国的趋势。相反地，改变的反而是用来证明其新政权合理性的论点。譬如，关于葡萄牙殖民主义特点的话语从"介于欧洲和非洲之间不确定的民族"（Madeira，2003：44—47）转向"热带地混合殖民的单一倾向"，这一变化主要是依据吉尔贝托·费雷尔（Gilberto Freyre）的说法，这一观点通过哈利·约翰斯顿（Harry Johnston）爵士的著作《新世界的黑人》（*The Negro in the New World*）在国际圈广为流传，这本著作是关于整整一代葡萄牙裔非洲人对非洲殖民地上"葡萄牙人的善意"[①]这一主题的证实。

不同于葡萄牙试图在国际上所表现出的家长式的形象，尽管其历届继任政府（君主制和共和制）宣称其文明化使命是一种教导处于他们的政治管辖和道德保护下的人民的权利，这种"教育人"和"拯救灵魂"的使命最终交给了葡萄牙天主教会。在这方面，尽管一直到 20 世纪 30 年代，天主教行动的一致性时常招致争议和控制，但天主教成功地游走在不同立场之间，到第二次世界大战开始时，这些宗主国和殖民地的不同立场通过有分歧的，甚至是相矛盾的概念达成一致。简单地说，葡萄牙天主教会的"文明化"意味着"基督化"，神职人员称之为其历史权利的使命。试图在教育上废止或控制教会行动的反教权概念具有不同的类型。宣称受法国影响的观点以 18 世纪自由主义为代表，捍卫启蒙（Illuminists）文明化行动，其起源是基于对人们之间平等的尊重——这一观点受到法律中人人平等的核心概念的强烈支持。

另一方面，功利主义的观点把教育的努力与殖民地资源剥削联系起来，认为"通过工作习惯的教诲来教育"是最可行的选项，这一视角的观点倾向于引发"文明化职责"和"探索的权利"之间的关联性。最后，第三条路径——直到独立前都将自己强加于殖民地政府的观点和做法并以此告终——捍卫葡萄牙式的"同化"，这种同化雕琢形成于"伟大法国"的形象并将葡萄牙精神的宏伟延伸到海外各个殖民地。这一观点认为，殖民地人口的经济和社会进步取决于一套以道德和精神为特征的原则。相矛盾的是，正是在这一阶段，"第二共和国"（Estado Novo）政权的崛起同时发生，天主教会在殖民化进程中的决定作用得到官方认可，也就是说，教会有助于葡萄牙非洲

---

　　①　参见 Sir Harry H. Johnston（1910）. *The Negro in the New World*. New York：Macmillan；尽管约翰斯顿爵士对非洲殖民过程中葡萄牙采用的殖民进程极尽赞美之词，但我们应该记住，他在伦敦皇家地理学会担任副会长职位，当英国与葡萄牙为南部边界线发生战争时，他作为莫桑比克英国领事的外交职务（1890）。事实上，在之后的出版物中，哈里·约翰斯顿放弃了外交表达，甚至反对这种赞美之词。参见 Johnston, H. H.（1924）. *Race problems in the new Africa*. African Affairs，2(4)．

的"国家化"。

通过在对非洲人民的"同化"过程中将教会福音与国家行动含蓄地有机结合，这一政策近似于英国的融入策略，即很显然将"文明化殖民主义"与"国家殖民主义"长期联系在一起。尽管如此，这种联系的前提与英国的帝国主义仍有不同之处。"探索的权利"这一论点在法律术语中是基于史料记载，而"文明化职责"则由某种道德义务所支持，这清楚地表达了制作一个"葡萄牙产的英式面包"[①]。这一变化是自由主义的（因为它以经济资源剥削的观点为依据），同时还是人文主义的，因为它基于这一同化观点：深色人种从"世俗化的夜晚"融入民族文化精神。

法国的文明化使命："培养"非洲头脑

和英国一样，法国在西非的存在经历了不同的阶段。吉福德和威斯科尔对非洲殖民体系中进行了重要的比较研究，研究了法国殖民化历史的两个尤为重要的阶段（Gifford & Louis, 1978：663—711）。第一阶段为"前殖民"时期（1815—1890）；第二阶段以"殖民统治"的巩固为特征（1894—1945）。在第一阶段，法国殖民者面临两个主要问题。在塞内加尔，由于殖民进程中的缺陷，法国在控制贸易团体的增长上遇到问题，这些团体以快速上升趋势在海岸地区建立并且将其影响力扩大到内陆地区。因此，一些行政管理政策开始得到实施：授权在公立学校用本地语言授课（1816），容许传教活动（1820—1830），并最终把教育转交给天主教会[②]。这一自由放任主义态度被这种观点所证实，即学校教育是一种在传统权威中扩大和维持法国影响力的手段，尤其是在伊斯兰领导者所统治的内陆地区。在象牙海岸和塞内加尔北部伊斯兰地区的绝大多数上沃尔特学校（Haute-Volta schools），法国学校体系的任务是教育那些最终能够担当传统权威角色的个人。在其中一些为部落首领和权威人士的孩子们创办的学校中，课程设置以法语语言和关于本地日常生活的一些补充性课程为主（Gifford & Weiskel, 1978；Gann & Duignam, 1971）。其余的学校以培养翻译工作者和政府工作人员为目标，旨在加强当地人与法国殖民管理者之间的商业关系以及降低彼此间的敌意。

作为一种哲学，"同化"的话语渐进地转型为一种文化帝国主义理论，反映了一种形成"伟大法国"的政治和文化一致性的愿望。教育实际上是作为使海外领土能够融入日益扩张的帝国的一种手段，以及将非洲人转变成为"黑色法国人"的一种策略。法国主张同化的目标在其高度集中的行政管理组织类型中得以显露，这种组织类型把殖民地看作是宗主国领土范围的延伸。但是，不能错误地认为这种同化政策在每一个殖民情境中都属正常规范，或者认为同化政策可转化成对所有殖民地教育事务的有效控制。尽管法国在1894年成立了殖民事务部，但是还远远不能保证对殖民教育体系的严格控制，如提供充足的优良师资以及足够的学校运行资金，一系列因素与不明确的教育政治策略叠加在一起（Gifford & Weiskel, 1978；Kiwanuka, 1993）。事实上，直到20世纪的头几十年，教育规章仍由当地管理部门制定，试图无论从数量还是质量上都能满足每个领地的教育需求（Clignet, 1968）。在19世纪末宗主国同化主义言论的鼎盛时期，法属非洲北部和西部的教育结构发展很大程度上依赖于由私人发起的经费资助，例如法语联盟（Alliance Française），或是由天主传教协会所负责。

另一方面，法国教育政策受到英国教育经验的诸多影响，"间接统治"的原则启发了若干殖民地总督的策略，例如利奥泰（Lyautey）、加列尼（Gallieni）或范瓦伦霍文（Van Vollenhoven）。于

---

① 作者这里用隐喻的方式表示：葡萄牙的殖民政策融入了英国的方式和风格。——译者注

② 参见 Joseph Gaucher (1968). Les Débuts de l'Enseignement en Afrique Francophone: Jean Dart et l'École Mutuelle de Saint-Louis du Sénégal, Paris.

1907 年被任命为摩洛哥高级专员的路易斯·休伯特·利奥泰(Louis-Hubert Lyautey)通过支持当地伊斯兰部落首领以及与伊斯兰政权寻求合作的方式,对保护领地实施管理(1912—1916)。他的管理以尊重当地习俗著称,包括宗教和文化方面。约瑟夫·西蒙·加列尼(Joseph Simon Gallièni)在其任上以"溢油"(oil spill)原则为基础对马达加斯加进行管理(1896—1905),他认为教育对当地民众的发展至关重要。加列尼本人对当地文化感兴趣,支持保护本地语言的主张,为此还发表了大量的著作和评论(Dimier,1998;Clignet & Foster,1964)。最后,于 1916 年被任命为法属西非总督的尤斯特·范瓦伦霍文(Joost Van Vollenhoven)赋予了原有的传统权力机构前所未有的殖民管理权力和责任,他特别关注"进化"的原住民。无疑,范瓦伦霍文试图通过将传统当局看作是同行而非对手来发展法国的实力,这当然可以被视作殖民地控制的一种策略。尽管如此,相比于法国"同化主义者"或"联想论者"的本土政策,这种策略与英国的"间接统治"方式更为接近。

1902 年,法国国会通过了主张西非所有由天主教会管理的学校实现世俗化的法案,加上由德雷福斯事件①(Dreyfus)引发的社会浪潮,使殖民地区学校体系的组织迈入了新的阶段。欧洲学校体系的扩张和控制传教士在教育上的供给,共同引发了公共部门的重组。1903 年由总督欧内斯特·鲁姆(Ernest Roume)通过的两个法令巧妙地顺应了自 1880 年以来日益明显的反教权情绪,朱尔斯·费里(Jules Ferry)(公共教育部)在当时大力推行义务性的、世俗化的以及免费的学校教育体系。在鲁姆的新政下,教育的普及化成为法国在非洲文明化使命的中心目标之一。在明显受到加列尼和利奥泰思想的影响以及在古斯塔夫·勒庞(Gustave le Bon)和利奥波德·索绪尔(Léopold Saussure)的教育学理论支持下,鲁姆认为同化并不是一项能够适用于广阔而多样性地区的政策,如法属西非(Le Bon,1894;Saussure,1899)。鲁姆驳斥了法国化的宗主国政策,认为非洲人应该根据他们自己的轨迹发展,在这一概念下,课程应该"适应殖民地的需要"。此后,一种免费的、世俗化的教育体系被创建,并尤为强调将法语作为教学的语言媒介。为了回应殖民地的实际需求,还重新设立了教育结构,将其分为指定培养翻译工作者的乡村学校(écoles de villages)、旨在培训行政工作人员的地方性学校(écoles régionales)以及培养担任法国殖民地行政管理人员的非洲人的城市学校(écoles urbaines)。城市学校主要针对欧洲人和"被同化"的个人,它在教员以及课程方面都被设计为符合宗主国的路线。乡村和地方性学校是面向本土民众的学校,因此课程也是适应当地人的特殊需求。这两种明显对立的原则(同化/适应)以双重方式使用:一个是指向扩大学校教育机会(在小学阶段),为大多数非洲人而精心创建;另一个则是针对限制被同化的本地人(获得中学层次教育)的机会。

1970 年,欧内斯特·鲁姆退休,威廉姆·梅洛-庞蒂(William Merlaud-Ponty)继任管理法属西非政府。梅洛-庞蒂关于本土教育政策的看法与其前任极为不同,这在其 1909 年出版的以"种族的政治"(Politique des Races)为主题的文章中得以证明。这位新任总督清楚地表达了他对"直接性统治"的偏好,从而表明需减少当地行政部门与村落中传统权威的中间机构。这样一种新的本土政策导向便出现了,即淡化先前法国殖民管理时给予殖民地原有传统权力的作用。在教育方面,梅洛-庞蒂极其了解法国对非洲人的文明化使命,因此原有的"适应教育"路线需要严格地加以修定。1914 年,在第一次世界大战前夕,梅洛-庞蒂任命乔治·哈迪(Georges Hardy)为法属西非的教育总监。虽然从未被颁布,但哈迪的指示性文件加强了欧内斯特·鲁姆自 1903

---

① 德雷福斯事件是指 1894 年法国陆军参谋部的犹太籍上尉军官德雷福斯被诬陷犯有叛国罪,被革职并处终身流放,法国右翼势力乘机掀起反犹浪潮。此后不久即真相大白,但法国政府却坚持不愿承认错误,直至 1906 年,德雷福斯才被判无罪。——译者注

年以来所通过的法律和法令，这标志着又回归到了巩固宗主国学校模式和创建"适应非洲人需求"的学校体系之间的一种模糊的教育政策（Gifford & Weiskel，1978；Gann & Duignam，1971）。然而哈迪的努力显然关注的是这种分类：一方面是适合接受源于宗主国学校体系形象的欧洲教育类型的个人，而另一方面是面向绝大多数的非洲原住民的大众化学校教育模式。

无论哪种情况，殖民地教育政策的不同策略和话语的重合使我们能够质疑这一得到传统史学诸多赞誉的观点：一种旨在将非洲人转型为"黑色法国人"的相似且普遍的学校课程。相反，我们可以察觉到，或许直到 20 世纪 30 年代，法属西非领地所追求的政策准确地说仍是在努力避免土著居民的过度法国化。鉴于此目的，这种二元教育体系的持续盛行——其中一种是为欧洲人和已被同化的原住民服务，而另一种则是针对绝大多数原住民，无论赋予原有传统权威的重要性是多是少——往往是一种控制与殖民管理当局合作的合适性的战略性手段[1]。然而，这并不意味着直接的帝国同化意识形态。正如笔者试图说明的，法属西非的学校课程建设很大程度上受制于总督自身在对巴黎的解读预测下所实行的个人的策略和管理风格。同样，关于"适应教育"的话语虽然是受到英国撒哈拉以南非洲经验的启发，但是对大多数本地人造成的影响更多的是约束限制而不是可能性。这一般意味着强调实践和道德的教育，而忽视更为科学化的课程。

结　语

尼日利亚总督（1914—1919）和两次大战期间伟大的教条主义者罗德·卢格德（Lord Lugard）是英法殖民体系比较研究的先驱者。卢格德对法国殖民主义非常了解，他与殖民地学校（1909—1926）校长莫里斯·达拉夫斯（Maurice Delafosse）以及他的继任者亨利·拉波特（Henri Labouret）保持着密切的联系；亨利和他共同创办和负责位于伦敦的非洲文明语言国际学院。罗德·卢格德重视这样一种观点，即在 19 世纪末之前，法国的殖民主义已经从同化演变为联合，并且越来越接近于"间接统治"的英国政策。另一方面，莫里斯·达拉夫斯不止一次地反对认为"间接统治"是英国殖民体系特有的显著优势的观点：

> 更明智的做法是观察英国人在他们所占有的冈比亚、塞拉利昂、尼日利亚、黄金海岸（加纳）的土地上所做的事情，这些国家类似邻近的法属殖民地。在那里，欧洲元素和本土元素的比例以及后者的演变阶段，与塞内加尔、几内亚、科特迪瓦和苏丹大致相同。我们由此会发现，法国在其殖民管理方式中受到强烈指责的这种集权化，不仅在法国，同样在我们的邻国英国那里得到了加强。[2][3]

理想化的话语和本地实践之间连续性的缺失比我们所认为的更为频繁，这是在任何一个研究过的殖民帝国中都存在的事实。在笔者看来，还应该补充的一点是这种差异主要是与当地或国家之间的偶发因素和约束条件（与历史条件、地理位置和具体的政治争端有关）紧密联系，并不

---

[1]　期刊上的一篇文章所试图表述的，大部分融入法国行政系统的首领并不是"传统"的统治者，而是接受了法国方面的任命和训练。事实上，只有在极少数情况下，在法国殖民前便进行统治的非洲酋长能够获得高级或皇家首领的头衔，并被允许继续统治他们的领土。参见 Ginio, R. (2002). French colonial reading of ethnographic research: The case of the "desertion" of the Abron King and its aftermath.ʺ Cahiers d'études africaines, 166(XLII - 2), 337 - 357.

[2]　Delafosse, M. (1923). "Politique coloniale. Pour ou contre la décentralisation. L'excès en tout est un défaut". Dépêche coloniale, 1er Août.

[3]　原文为法语。——译者注

是与国家-宗主国本质的行动计划（或政府命令）有关的分歧或者甚至是意识形态的对立相关。事实上，当我们集中关注在不同殖民背景内部所传播的话语时，殖民地管理的偶然性和欧洲教育政策的矛盾性更加显露无遗。这表明殖民行动总是经常受到一系列许诺、安排、修正以及支架的支配，它通常倾向于抽象和宽泛的表达喜好，利用话语规则的结构、技巧以及非正式编排，尤其是在教育领域和土著居民教学方面①。

更不用说，直到第一次世界大战前夕，非洲殖民地教育政策的定义比起其他事情来都更为依赖于殖民国的本土政策以及殖民化进程中有关当地人（和欧洲人）角色定位所盛行的观点。这种教育的争论依据来自不同领域的有关生产的理论（本土政策、殖民化学说、经济剥削、劳动力形成等），而不是来自严格的教学或教育领域（教育理论与哲学、学校教育模式、课程类型）。

尽管如此，当我们将葡萄牙和法国殖民主义相比较的时候，我们遇到在教育话语层面也显示出相同的杂糅（hybridizations）类型。二元教育体系的构建（为普通大众设立的教育以及为欧洲人和被同化者准备的教育）是葡萄牙和法国殖民教育结构同时具备的特征。葡萄牙和法国殖民当局使用的"适应教育"概念也具有一定相似性，因为它暗指了在教育体系供给方面意义模糊的一种特殊策略。对葡萄牙殖民当局来说，"适应教育"概念是与针对大众的限制性课程密切联系的，它强调农业、手工技能和家政内容，含有强烈的道德品格导向。在这一方面，法国和葡萄牙一致认为应该在小学就实施这种道德教学类型：一种基于启蒙原则的世俗化道德教育，这与致力于形成深植于福音派新教主义特征的一种真正的宗教社会福音的英国式理解截然不同。这两种通过教育来展望人类发展的互相矛盾的方法在殖民地层面也造成不同的结果。对葡萄牙和法国管理当局来说，教育是每一个公民应该得到保证的一项权利，是一项使国家致力于向大众提供免费的、强制性的以及世俗化的学校教育体系的权利。相反，对于英国殖民管理当局来说，教育是私人获得的一项特权，这使得任何团体、组织或机构都能够站出来提供特殊形式的教育。在英国传统里，教育不是一种既定的事实；它是一个促进个体和集体发展并与经济和社会发展紧密联系的市场。

因此，葡萄牙和法国文明化教育理论中的同化意味着文化同质和庞大标准化的进一步发展，这一事实引起了传播的集权化机制以及学校教育模式和教育理论的使用（在系统组织、课程、教师培训、经费与管理上有着清晰的含义）。有点自相矛盾的是，语言问题是改变教育政治学的关键，因为葡萄牙和法国殖民地使用帝国的语言教学，对本地语作为教学媒介不予重视。相反，英国人更多关注的是习惯、技能以及行为的养成，使之与准备接受个体和集体进步和现代化观念的劳动力的养成相一致。只要大众能领悟这一观点，在这一问题上学徒制的语言是次要的。由于"远距离治理"的难度，用来将非洲同化于欧洲宗主国的风俗习惯的花费要比英国殖民地高得多，英国殖民地的文明化任务尽管接受政府监管，但在具体实施上是下放给私人行为的。

分析这些观点、概念和理论的运用领域，与分析保护某种面向非洲人的特殊教育形式的一系列策略是不同的。这一问题并不是要理解哪些含义（由每个殖民地国家所使用的）是与"直接政府"或"间接"、"殖民化"或"国家化"（同样还有"开化""教导""教育""同化""结合""适应性教育""适应的教学"）等概念相联系的。支持构成学校教育体系的理论构建的过程是很难各自区别开

---

① 这里笔者所指的"修正"和"支架"的概念分别来自在语义学领域 Tomaz Tadeu da Silva 和 Thomas Popkewitz 的阐述。参见 Tomaz Tadeu da Silva (2000). Teoria Cultural e Educação. Um vocabulário crítico. Belo Horizonte：Autêntica，pp. 21 - 22；Thomas S. Popkewitz (1998). Struggling for the soul. The politics of schooling and the construction of the teacher. New York & London：Teachers College/Columbia University, pp. 30 - 31.

来的,这些过程还试图用它们所具有的知识和权力来维持或更改话语的使用(Foucault,1977
[1971])。因此,甄别和组织对构成这些话语的事实的理解就变得不可缺少：找出争辩论点、分
析争议、识别主题和论据;描述复杂事物的结构;最后是对“话语社会”构建的理解,这主要是通过
殖民政府普遍使用的观点、理论和概念,尤其是它们对被殖民者管理的有效性来实现(Foucault,
1966,1969)。尼古拉斯·罗斯(Nikolas Rose)曾写道：“相比这些概念的含义,它们的作用更为
重要”(Rose,1999:9)。对此笔者想补充一点,引用安东尼奥·诺沃亚(António Nóvoa,998)的
话,如果不能做到“在自己思考的时候考虑到他者”,不能对“他者的话语事件是如何产生的”以及
“为了构建‘话语实践’,这些陈述是如何相互关联的”等问题提出疑问,我们就无法理解殖民地话
语(Foucault,2005 [1969]:38—39,68,159)。

参考文献

Bets,R. (1961). *Assimilation and association in French colonial theory*, *1890 –1914*. New York：Columbia
University Press.

Bhabha,H. (1997). Of Mimicry and man：The ambivalence of colonial discourse. In F. Cooper & A. L.
Stoler (Eds.), *Tensions of empire: Colonial cultures in a bourgeois world*. Berkeley/Los Angeles/London：
University of California Press, pp. 152 – 160.

Clignet,R. (1968). The legacy of assimilation in West African educational systems：Its meaning and
ambiguities. *Comparative Education Review*, 12, 57 – 67.

Clignet,R. & Foster,P. (1964). French and British colonial education in Africa. *Comparative Education
Review*, 8, 191 – 198.

Cooper,F. (1994). Conflict and connection：Rethinking colonial African history. *American Historical
Review*, 99(5), 1516 – 1545.

Cooper,F. & Stoler,A. L. (Eds.) (1999). *Tensions of empire: Colonial cultures in a bourgeois world*.
Berkeley/Los Angeles/London：University of California Press.

Crowder,M. (1964). Indirect rule：French and British style. *Africa*, 34(3), 197 – 204.

Delafosse,M. (1923). Politique coloniale. Pour ou contre la décentralisation. L'excès en tout est un défaut.
Dépêche coloniale. 1er Août.

Deschamps,H. (1963). Et maintenaint Lord Lugard? *Africa*, XXXIII(4), 294 – 305.

Dimier,V. (1998). *Le discours idéologique de la méthode coloniale chez les Français et les Britanniques de
l'entre-deux guerres à la décolonisation (1920 – 1960)*. Bordeaux：Centre d'Étude d'Afrique Noire, Institut
d'Études Politiques de Bordeaux.

Foucault,M. (1966). *Les mots et les choses: Une archéologie des sciences humaines*. Paris：Gallimard.

Foucault,M. (1969). *L'archéologie du savoir*. *Bibliothèque des Sciences Humaines*. Paris：Gallimard.

Foucault,M. (1977). *A Ordem do Discurso*. Lisboa：Relógio d'Água [Trad. da Leçon inaugurale au Collège
de France prononcée le 2 décembre 1970. Paris：Gallimard, 1971], pp. 22 – 23.

Foucault,M. (1991). Governmentality. In G. Burchell & P. Miller (Eds.), *The Foucault effect: Studies in
governmentality*. Chicago：The University of Chicago Press, pp. 87 – 104.

Foucault,M. (1998) [1966]. *As Palavras e as Coisas*. Lisboa：Edições 70.

Foucault,M. (2005) [1969]. *A Arqueologia do Saber*. Coimbra：Almedina.

Gann,L. & Duignam,P. (Eds.) (1971). *Burden of empire: An appraisal of western colonialism in
Africa south of the Sahara*. Stanford：Hoover Institution Press.

Gaucher,J. (1968). *Les débuts de l'enseignement en Afrique francophone*：Jean Dard et l'école mutuelle de
Saint-Louis du Sénégal. Paris.

Gifford, P. & Louis, W. R. (Eds.) (1978). *France and Britain in Africa: Imperial rivalry and colonial rule*. New Haven: Yale University Press.

Gifford, P. & Weiskel, T. (1978). African education in a colonial context: French and British styles. In P. Gifford & W. R. Louis (Eds.), *France and Britain in Africa: imperial rivalry and colonial rule*. New Haven: Yale University Press, pp. 663 – 711.

Ginio, R. (2002). French colonial reading of ethnographic research: The case of the "desertion" of the Abron King and its aftermath. *Cahiers d'études africaines*, 166(XLII-2), 337 – 357.

Ipaye, B. (1969). Philosophies of education in colonial West Africa: A comparative study of the British and French systems. *West Africa Journal of Education*, 13, 93 – 97.

Johnston, H. H. (1910). *The Negro in the new world*. New York: Macmillan.

Johnston, H. H. (1924). Race problems in the new Africa. *Foreign Affairs*, 6/15/24, Vol. 2, Issue 4, pp. 598 – 612.

Kiwanuka, M. S. (1993). Colonial policies and administration in Africa: The myths of the contrasts. In G. Maddox & T. Welliver (Eds.), *The colonial epoch in Africa*, vol 2. New York: Garland, pp. 295 – 315.

Kumar, K. (1991). *Political agenda of education: A study of colonialist ideas*. London: Sage.

Le Bon, G. (1894). *Les lois psychologiques de l'évolution des peuples*. Paris.

Madeira, A. I. (2003). *Sons, Sentidos e Silêncios da Lusofonia: Uma reflexão sobre os espaços-tempos da língua portuguesa*. Cadernos Prestige (18). Lisboa: Educa.

Madeira, Ana Isabel (2005). Portuguese, French and British discourses on colonial education: Church-state relations, school expansion and missionary competition in Africa, 1890 – 1930. *Paedagogica Historica*, 41(1/2), 31 – 60.

Madeira, Ana Isabel (2006). Framing concepts in colonial education: A comparative analysis of educational discourses at the turn of the nineteenth to the twentieth century. In J. Sprogøe & T. Winther-Jensen (Eds.), *Identity, education and citizenship — multiple interrelations*. Frankfurt am Main/Berlin/Bern/Bruxelles/New York/Oxford/Wien: Peter Lang, pp. 225 – 238.

Meyer, J., Boli, J., Thomas, G. & Ramírez, F. (1997). World society and the nation-state. *American Journal of Sociology*, 103(1), 144 – 181.

Murray, T. R. & Postlethwaite, T. N. (1983). Describing change and estimating its causes. In T. Murray & T. N. Postlethwaite (Eds.), *Schooling in East Asia: Forces of change*. Oxford: Pergamon.

Nóvoa, A. (1998). *Histoire & comparaison (Essais sur l'Éducation)*. Lisbonne: Educa.

Nóvoa, A., Carvalho, L. M., Correia, A. C., Madeira, A. I. & Jorge, O. (2002). Flows of educational knowledge: The space-time of Portuguese-speaking countries. In M. Caruso (Ed.), *Internationalisation, comparing educational systems and semantics*. Frankfurt am Main /Berlin/Bern/New York/Oxford/Wien: Peter Lang.

Popkewitz, T. S. (1998). *Struggling for the soul. The politics of schooling and the construction of the teacher*. New York & London: Teachers College/Columbia University, pp. 30 – 31.

Popkewitz, T. S. (ed.) (2005). *Inventing the modern self and John Dewey: Modernities and the traveling of pragmatism in education*. New York: Palgrave Macmillan.

Ramírez, F. & Boli, J. (1987). The political construction of mass schooling: European origins and worldwide institutionalization. *Sociology of Education*, 60, 2 – 17.

Ramirez, F. & Rubinson, R. (1979). Creating members: The political incorporation and expansion of public education. In J. Meyer & M. Hannan (Eds.), *National development and the world system* Chicago/London: The University of Chicago Press.

Rose, N. (1999). *Powers of freedom: Reframing political thought*. Cambridge: Cambridge University Press.

Said，E. W. (1993). *Culture and imperialism*. New York：Vintage.

Saussure，L. (1899) *La psychologie de la colonisation française dans ses rapports avec les sociétés indigènes*. Paris.

Schriewer，J. (1993). El Método Comparativo y la Necesidad de Externalización：criterios metodológicos y conceptos sociológicos. In J. Schriewer & F. Pedró (Eds.)，*Manual de Educación Comparada*. Barcelona：PPU，pp. 189 – 251.

Schriewer，J. (2006). Les mondes multiples de l'éducation：rhétoriques éducatives mondialisées et cadres socio-culturels de la réflexion. In J. Sprogøe & T. Winther-Jensen (Eds.)，*Identity，education and citizenship — multiple interrelations*. Frankfurt am Main/Berlin/Bern/Bruxelles/New York/Oxford/Wien：Peter Lang，pp. 139 – 163.

Schriewer，J. & Keiner，E. (1992). Communication patterns and intellectual traditions in educational sciences：France and Germany. *Comparative Education Review*，36(1)，25 – 51.

Silva，T. T. (2000). *Teoria Cultural e Educação：Um vocabulário crítico*. Belo Horizonte：Autêntica，pp. 21 – 22.

Slemon，S. & Tiffin，H. (1989). *After Europe：Critical theory and post-colonial writing*. Sydney：Dangaroo Press.

Steiner-Khamsi，G. (Ed.) (2004). *The global politics of educational borrowing and lending*. New York/London：Teachers College Press，Columbia University.

Stoler，A. L. & Cooper，F. (1997). Between metropole and colony：Rethinking a research agenda. In F. Cooper & A. L. Stoler (Eds.)，*Tensions of empire，colonial cultures in a bourgeois world*. Berkeley/Los Angeles/London：University of California Press，pp. 1 – 56.

Thomas，N. (1994). *Colonialism's culture：Anthropology，travel and government*. Oxford/Cambridge：Polity Press.

Wesseling，H. (1991). História além-mar. In P. Burke (Ed.)，*A Escrita da História*. São Paulo：UNESP.

Wolf，E. R. (1982). *Europe and the people without history*. Los Angeles/Berkeley：University of California Press.

14. 意大利的教育与国家形成

多纳泰拉·帕隆巴(Donatella Palomba)

引 言

在很多方面,意大利统一(1861)以来教育体系的演变可以根据一种国际上关于教育和国家形成的文献中通常采用的解释来研究。然而,从更深层次来看,这些解读并未能充分考虑意大利社会政治局势的鲜明特点,因此或许将妨碍对这一进程本身的理解。

本文旨在表明如下观点:从 1861 年起直到最近几年[①],意大利作为一个国家一直缺乏合法性和完整的主权,这严重地影响了它所有的政治事件,并且对于国家意识的提升和教育在其中可能发挥的作用尤为影响。尽管这一现象出现的原因在不同的时间并不总是相同的,但是对意大利国家主权和合法性的充分认可受限的时间远远多于它被强调的时间,这一点尤为体现在有关意大利教育体系的文献中。

这导致了某种程度上的矛盾局面,一方面是由来已久的民族情结(不必多言 14 世纪但丁的《神曲》或彼特拉克的《歌集》),另一方面是姗姗来迟且动荡不安的国家形成进程,国家主权不断受到挑战,很明显主权完整也从未完全实现。反过来,这对新的民族国家的归属感的发展产生了负面影响——这种归属感的微弱之势从意大利的统一一直至今天都备受指责。

为了弄清这一局面的根源,首先必须考虑国际政策和国际平衡的问题。当意大利统一时,由于其与教皇以及梵蒂冈的关系恶化,这些平衡受到了严重挑战。之后,无论是在 20 世纪初期还是第二次世界大战之后,教皇和梵蒂冈均因不同的原因发挥了关键的作用,在某种程度上,这方面的研究尚显不足,特别是教育方面。

从意大利统一到第二次世界大战期间,意大利国家的合法性首先由于教皇的不承认而受到挑战,在国内和国际方面这都与欧洲天主教力量的联系有关。之后,墨索里尼政府和罗马教廷所签署的协定(1929)在某种程度上解决了这一问题。然而不久后,与其他国家相比,独裁性质的法西斯政权却反过来质疑对意大利国家民主合法性的全面认可。

在第二次世界大战结束后的若干年,一方面,新生的意大利共和国必须证明其民主性质的**诚意**,并且与过去的独裁统治决裂;另一方面,它的主权——意味着意大利能自主选择本国政府的现实可能性——取决于由战胜国为实现战后世界平衡而达成的《雅尔塔协定》所产生的地缘政治形势。

这一状况对意大利民主演变的方式产生了深远的影响,它需要重新建立体制,尤其是还需努力定义教育系统的特征,这种教育系统旨在塑造"新的"民主公民,主要依据由国内和国际因素共同构造的极为复杂的指导方针,其中天主教等势力起到了至关重要的作用。

因此,自 1989 年以来国际平衡秩序的深刻变化对意大利国家的政治和机构产生了非常强烈的影响,使其在恢复更多自治权的同时也破坏了一个持续了近 50 年的参考框架。这就是第二共和国的过渡。这种过渡期实际上仍然存在,并再次深刻地影响了教育系统。

因此,本文将从两个方向进行阐述:一方面,根据类似适用于大多数其他欧洲民族国家的解释来分析意大利教育体系的演变、结构以及特点;另一方面,作为该分析的关键阐释,将继续重点

[①] 本文写作时间为 2006 年前后。——译者注

关注对意大利局势独特性的分析。

问题框架

和其他国家一样,意大利的统一也是通过各区域重新统一的过程实现的,这些区域在过去由不同王朝的统治者治理或直接被外国政府统治[如奥地利帝国时期的伦巴第(Lombardy)和威尼托(Veneto)]。此外,意大利很重要的一部分处于由教皇领导的梵蒂冈领土。

因此,意大利王国的建立伴随着与教皇政权的对立,它在建立之初(1860)便吞并了除拉齐奥和罗马以外曾一度属于教皇的大部分领土。大约 10 年后(1870)发生了著名的"攻破庇亚门"(Breach of Porta Pia)事件,意大利军队进军罗马,宣布罗马为新国家的首都,而此时教皇撤退至梵蒂冈聚集区。随着时间的流逝,冲突变得不再激烈,尽管直到 1929 年法西斯政府签订《拉特兰条约》(Lateran Pacts)后,双方才达成共识,梵蒂冈城国也随之诞生。但是这一共识并没有完全解决争端。

大量的历史和法律文本描写了教会与国家的关系以及国家的世俗化(Veneruso,1972,2003;Lariccia,1971),在此不一一赘述。但是毫无疑问,出于能理解的原因,教育,即学校系统,是教会与国家之间冲突的主要阵地之一。国家教育系统作为公民教育的主要机构——因而涉及公共责任——的观点与教会将教育视为家庭天赋权利,因此必须由直接的信仰启发和引导的观点相冲突:这意味着受家庭托付而照顾他们孩子的教育机构不得不受信仰守护者(譬如天主教会)引导,并对其负责。

这种冲突并不是意大利所独有的。意大利局势的特殊性在于意大利国家的合法性以及它的教育举措在很长一段时间内没有被教会承认,而教皇本人既是国家元首,也是整个宗教权力的领导者。因此,双方在教育方面的矛盾是十分显著的。

尽管上述这一点并不是解释意大利的历史及其教育体系的唯一标准,然而为了理解意大利与其他国家相比在国家形成方面的特殊性,仍应将它视为事件发生的背景和框架。

意大利王国和《卡萨蒂教育法》的诞生

1859 年的前半年,在欧洲政治演变范围内发生了一起令人惊讶的事件:撒丁王国(一个意大利小国)的首相加富尔(Cavour)巧妙地利用了巴黎对意大利局势的失误判断以及维也纳所犯的更明显的外交失误,成功地将两个欧洲最强国法国和奥地利之间百年之久的冲突引向了战争,这场战争也因此奠定了意大利民族国家的根基(Ugolini,2001)。

当普鲁士和奥地利这两大帝国意识到唯一能从战争中获利的国家是撒丁王国时,尽管徒劳,他们仍试图停止这场战争(《维拉弗兰卡停战协定》),转而实施一项不可能的反向提案。

事实上,英国为试图不惜一切代价去阻止这场战争,以免意大利战区泛滥并侵入欧洲和世界领土,接受了加富尔的政策,该政策论点的依据如下:意大利王国的建立是恢复国际均势需要付出的代价,从而弥补巴黎和维也纳做出的草率而有害的政策。

因此,在这种国际背景下,意大利在短短两年时间里便实现了统一,迅速建立起一个拥有2100 万人口的新民族国家。

1861 年 2 月,意大利议会在阴郁的氛围中于都灵召开了首次会议,新国家不得不面临许多严重的问题,其严重性足以说明国际社会对新国家的预期寿命缺乏信心。

第一个重大问题与国家统一的完整性相关:威尼托大区和拉齐奥仍然还在王国边界外,而且最重要的是,罗马被审议通过作为新国家的首都。然而,罗马已经是教皇国的首都,教皇国的最高统治者庇护九世还手握神圣起源的宗教权力和普遍管辖权。

因此,第二个问题是要劝说教皇将他拥有的两种权力——世俗和宗教权力分离开来,并舍弃第一种权力。这一问题已经被国际非宗教界和天主教界争论多年。1860 年春天,当一些前罗马教皇的领地表示愿意承认维托里奥·埃马努埃莱二世(Vittorio Emanuele II)为自己的国王时,庇护九世最终明确地给出了答案。教皇将皮埃蒙特(Piedmontese)国王和所有那些在自己领土上做出这类尝试的首领逐出教会。他不承认这个新国家,并最终下令禁止天主教徒参与意大利王国的世俗体制。这造成了新国家内部的深度割裂,而且在国际方面使得意大利难以被天主教国家所承认。

这种国际上的孤立使得意大利新政府更难解决另一个问题,这对于新的统治阶级而言也许是最为严重的问题:统一前的七个国家的财政预算赤字总额所造成的财政危机。很显然,意大利不得不在国内增加收入和削减支出:如果不能做到这一点,将意味着失去新近获得的独立性。

此外,或许最重要的问题在于:一个国家是由原有的七个国家组成的,因此有必要建立统一的规范(如法律、度量衡)和必要的基础设施(如街道、铁路和邮政服务),这些必要的规范和设施能使这种统一成为现实,并能让人们把它理解为一种有效的现实。这里重复一句著名的格言:"一旦创建了意大利,那么意大利人也就不得不被创造出来。"这是通过许多复杂的方案来实现的,教育也在其中发挥着作用(之后将讨论)。在 1861 年最初的数月里,人们认为国家政治应该是行政分权管理,但与这一假设相关的风险(天主教反对、国际上的孤立)迫使统治阶级做出集权化的决定,以努力减少内部纷争。

为了维护统一,意大利半岛的所有政治力量——自由和保守右翼以及民主和革命左派达成了一项基本共识。由于这一共识,意大利能够在其成立的前 15 年内顺利实现统一(1866 年合并威尼斯,接着在 1870 年合并罗马和拉齐奥)。意大利还完成了国家法律、行政、金融和交通运输方面的统一并获得其他国家的承认。尽管有这些积极的成果,但是天主教的反对以及结构性金融疲软相关的问题仍在加剧。

1870 年后,教皇仍不承认其世俗权力的丧失:他宣称自己是被关押在梵蒂冈的"犯人",并且有组织地煽动天主教徒反对新的国家机构(**不参政**)[①],期望天意相助能恢复原状。新的国家由于存在结构上的弱点,它的经济实力仅仅能够支持已经完成的统一,并没有能力投入足够的经费去实现所期望的从农业经济向工业经济的转型。

19 世纪,意大利的任何改革都必须满足两个主要条件:它必须花费最低需求成本,以及不得不在天主教的反对中夹缝求生。

教育法案便是最先需要满足这些条件的。《卡萨蒂教育法》(Casati Law)就是如此,它于 1859 年 11 月——统一进程的最初阶段——由拥有绝对权力的皮埃蒙特政府颁布。该法案包括 380 项条款,全面规范了教育系统的各个方面。当该法案被通过时,人们既没有热烈欢迎,也没有明确否定:它被认为是为临时的政治局势颁布的一项临时法案。其主要目的是为了表明撒丁王国愿意满足伦巴第地区的要求,伦巴第在当时是被吞并的唯一的新区域。加布里奥·卡萨蒂(Gabrio Casati)是政府中的第一位米兰人,他提出的这一教育法案(在该法案通过的时候)仅面向皮埃蒙特和伦巴第领地。

实际上,《卡萨蒂教育法》对意大利教育的规定一直沿用到 1923 年,直至法西斯政府统治时

---

① 1874 年 9 月 10 日,罗马教廷的法令对意大利天主教徒参与选举和国家政治生活的可能性给予了否定的回答。这一禁令在 1905 年开始松动,并于 1919 年废除。

期，它被詹蒂莱改革(Gentile Reform)所替换。《卡萨蒂教育法》之所以持久是基于这一事实：意大利在统一后，很快就意识到这一法案——它在四个月内起草并生效——完美地回应了1861年新国家创建后脆弱的社会和财务平衡。加布里奥·卡萨蒂是一位保守的天主教徒，他原本是打算让该法案成为非意识形态的、与家庭和社区不太相关的官方指示，而且就国库而言不是一项花费太大的法案。此外，该法案的优势还在于它已经被没有太多保留意见的皮埃蒙特和伦巴第天主教徒所接受。

基于这些特点，《卡萨蒂教育法》随着国家的统一也在整个意大利王国得到逐步推进。从该法案首次实施之日开始，许多学者和教育专家们就指出了它的缺点和矛盾之处，但当人们提出让他们推荐新的法案来取代它时，这些反对的声音就逐渐变弱了，因为专家们不得不担心所要面对的无法逾越的意识形态、政治以及财政问题。

该法案规定实行四年制小学教育，每两年为一个时段。所有6岁到8岁的儿童都须接受前两年的小学教育。在小学阶段之后，还设立了不同分支的中等教育：划分为五年制的初级中学和三年制的高级中学的古典中等教育；初级和高级技术教育(三年制的技术学校，之后是三年制的技术学院)；两年或三年制的培养小学教师的师范学校。

该法案以及于1860年通过的相关实施条例在意大利教育体系的重要概念中留下了印记，并为意大利教育打下了几十年的根基。因此，为了强调与国家形成密切相关的特点，在此对该法案进行适当详述。

《卡萨蒂教育法》在20世纪下半叶一直受到意大利教育史学家的批评，反对者认为它具有选择性，提供具有明显等级性的不同教育分支，并且是"集权化"的，因为它让整个国家实行相同的体系，地方当局拥有的自主权很少。

尽管其中一些批评是在该法案通过之时出现的(Semeraro，1996；Talamo，1960)，但有人可能会认为，20世纪对其强调的重点是基于当时最为热点的问题所得出的**事后解读**，而非基于对19世纪中叶背景的审时度势。

至于集权化方面，就上文所述的情况，当时意大利王国的统一面临着巨大的阻力，同时还存在着与教皇之间悬而未决的问题，因此将其命运与国家统一绑在一起的统治阶级最后选择牢牢把握中央集权也就不足为奇了，尤其是考虑到在许多地区，教会给学校施加了强有力的影响力，即使是在公立学校，大部分教学人员也是由神职人员担任。

然而，对"中央集权"的政策偏好也遇到了一些迟疑与反对，这不仅是因为自由派统治阶级对国家主义的教育观点非常反对(Soldani & Turi，1993：18)，而且如上所述，他们也曾慎重考虑过更为权力下放的方法。因此，政府努力尝试调和不同的需求。在《卡萨蒂教育法》的递送报告中，这一选择还在对各国教育的比较基础下进行了探讨。相对于某些欧洲国家的模式(英国教育中国家的作用非常有限，比利时教育中私立和公立学校相互竞争，德国的国家权威对教育的影响程度最高)，意大利选择了"中等自由程度的制度，该制度是通过那些将其保持在界限内的谨慎行为以及保护其免受来自明暗处可能会摧毁其胜利果实的敌人的攻击的保证人得以支撑的"(*Relazione*，1859，in Talamo，1960：73)。所提及的新国家的反对者们是再清楚不过了。

至于人们对学校系统结构的批评——尤其涉及古典教育和技术教育的相互地位——在铭记该法案确立的历史和比较的双重背景下来解读《卡萨蒂教育法》的一些(少数)评论显得更加具有说服力。

根据巴尔巴格里(Barbagli)的言论：

　　最有意思的是——这一点反而被许多意图证明《卡萨蒂教育法》的保守本质的学者所忽

视——如果比起那些当时在欧洲存在的以及那些随后自 1923 起在意大利实施的教育体系，源自该法案的教育体系相对来说是较为开放的，因为它的内部结构的设置是为了促进相对较高的大学入学率。(Barbagli, 1974：81)

巴尔巴格里继续分析，从那些为自愿追求学业的学生准备的学校和那些为并不打算如此做的学生准备的学校来看，小学教育中并不存在着内部差异化。此外，"比起小学阶段，意大利教育体系的相对开放程度更容易在初级或高级中等教育阶段发现"(Barbagli, 1974：82)。进入高等教育的机会并没有完全限于文理中学毕业的学生：从技术高中物理和数学方向毕业的学生也有机会进入科学和工程系(Barbagli, 1974：82—83)。

总之，《卡萨蒂教育法》的鲜明特征之一是，在整个教育体系中没有学校被认为是"死胡同"。这一特征可以联系意大利统治阶级采取的教育政策来理解，从政治角度看是为了确保新国家的发展。如果这种发展立足于教育，那么它就需要找到一种同时满足选拔和社会化需求的可行方式。这意味着不能太过限制大众对于学校体系的参与，在当时的情况下，学校教育已经被社会经济的落后所阻碍，特别是在国家的某些地区。因此，主要目标就在于中产阶级的教育，通过在中学阶段相对"开放"的渠道，以期促进可能的社会流动。或许对技术教育的关注在拥有最先进的生产力的一些地区看来可能是不充分的，尤其是在意大利北部的某些地区(Semeraro, 1996)，然而，它实际上很可能已经超过意大利在全球经济形势下所要求或允许实行的范围。统治阶级通过教育来控制社会的模式与反动集团的阻力发生冲突，同时在另一方面，即使是在北部地区，社会对教育的需求(特别是在小学阶段)仍然很低。

"可以说，我们的学校制度来源于意大利统治阶级采取的教育政策以及为大众创造充分的教育需求所遭遇的困难。"(Barbagli, 1974：99)教育系统的相对开放性源于这一事实，即在入学率低的情况下，更高的择优化只会取得适得其反的效果。

该法案在促进中产阶级的教育方面是相当成功的：入学率大幅增长——特别是从 1870 年起——尤其是技术院校的。在接下来的 15 年里，政府的关注点逐渐变成使下层阶级同样也能以更直接的方式接受教育，通过促进小学教育，特别是通过加强实施义务教育，来弥补学校层次之间的差距。[①]

1874 年，新成立的意大利王国首次实现了预算均衡。1876 年，首届左翼政府上台后采取的第一项措施便是通过一项旨在让义务教育变得更为现实的《卡本诺法案》(Legge Coppino)，该法案规定对违反法规政策者实施制裁措施，以促进市镇内学校的建立和维护。

《卡本诺法案》也开始更好地界定了小学教学大纲中的"公民形成"。《卡本诺法案》主张进行有关国家历史——尽管主要是有关萨沃亚王朝的历史——国家地理以及有关公民对上帝、家庭和国家的责任方面的"阅读"，而不是设置一门真正的科目(Santerini, 2001：19)。《卡本诺法案》在小学教学大纲科目中囊括了关于**人类和公民职责的首要概念**——鉴于该法案已经在小学必修课程中废除了宗教教学，这项提议具有特殊的意义。

19 世纪最后 20 年的特点是在小学阶段更为强调公民的形成。这一主题被列入 1888 年的课程体系之中——受教育和教学实证主义的启发——这是由著名教育家阿里斯蒂德·加贝利(Aristide Gabelli)所提出的(Santerini, 2001)。在巴切利(Baccelli)1894 年设计的课程体系中，把教育作为"国家教育学"的需要得到进一步的强调。1888 年的课程体系受到批评，因为它过于

---

① 这种差距如此明显，在 1866 年，切萨雷·科伦蒂(Cesare Correnti)谴责意大利在中学数目和学生人数方面与其他国家相比的"不寻常的记录"，尽管民众对大众和初级学校的需求增长率排名最高，然而意大利所拥有的这类学校的数量排名却最为靠后(Barbagli, 1974：1974)。

看重知识内容而不强调通识教育(Ascenzi,2004:98)。对"国家教育学"的强调明确地回应了对"为实现了统一的政治阶层提供新的、更大的合法性"的需要,与此同时社会主义和天主教反对派逐渐壮大。正如巴切利部长本人所强调的,初等教育被认为是实现这一合法化的最佳渠道(Ascenzi,2004:113)。

在这种背景下,通常归功于马西莫·达泽格里奥(Massimo d'Azeglio)的"培养意大利人"的召唤又恢复生机。"我们已经建造了意大利,现在我们必须培养意大利人"这句名言并不是被达泽格里奥公开声明的,相反,它是在 1896 年由前教育部长费迪南多·马提尼(Ferdinando Martini)正式宣告,他用另外一种表达方式回忆并强调了马西莫·达泽格里奥的话语①(Soldani & Turi,1993:17)。不管语言学上的争议,这一事件证实了教育在公民形成中的作用已变得至关重要。

在乔利蒂(Giolitti)执政期间(1903—1914),国家预算处于控制之内,大部分自由派和天主教徒之间的反对形势逐渐减弱;这就为学校结构的重大变革提供了机会。1904 年,《奥兰多法案》(Orlando Law)将义务教育年龄提升至 12 岁,这是一系列旨在拓宽教育中社会性参与的措施之一。

1911 年,《达内奥克-雷达多法案》(Daneo-Credaro Law)将初等教育的责任由受天主教影响极为深厚的地方城镇转向国家。由于天主教的反对,这项措施仅在那些不是省会城市的城镇强制执行。该法案还包括普及大众教育的进一步措施。

因此,在第一次世界大战前夕,与天主教徒之间紧张关系的缓和(特别是**不参政**原则已经变得不那么严格)以及较好的经济状况使得国家将重点放在较低层级的教育系统的发展。政府开始考虑在初级中等教育中引入一个更全面的结构。另一方面,正如许多当代政治家和知识分子所争论的,就在这几十年里,中等学校入学率的快速增长引起了毕业生就业以及教育质量的问题。因此,政府开始讨论出台措施限制中学生的数量,这也获得了非保守派的支持(Canestri & Ricuperati,1976;Semeraro,1996)。唯心主义哲学家乔瓦尼·詹蒂莱(Giovanni Gentile)在法西斯主义兴起后出任教育部长,他回顾了这段争议和这些立场,并制定相应法律以改革教育制度。

詹蒂莱改革

詹蒂莱改革重新修正了整个教育系统,重组了中央和地方行政,明显削减了参与机构的数量,并制定了几乎覆盖意大利教育体制所有关键方面的若干规定。②

在学校系统结构方面,该改革方案所设计的体系在五年制的小学教育之后提供一个差异化结构。它将义务教育阶段的年龄提高到了 14 岁,同时还创建了一种无法升学的渠道,即所谓的补充学校,这类学校为期三年,主要为那些不打算继续求学的学生准备。古典教育仍保持其结构不变:五年制的初级阶段和三年制的高级阶段。此外还创立了一门科学分支:科学高级中学③。技术教育由技术学院提供,而"师范院校"则转变为小学教师培训学校。同时还创建女子高中:

---

① 马西莫·达泽格里奥(Massimo d'Azeglio)《我的回忆》(*Miei Ricordi*)的原始文本在第二次世界大战后的几年里才重新出现。在这里不再详述相关历史和文献学事件,具体可参见 Soldani & Turi(1993:17)。

② 该改革并不是一项文本,实际上它是一系列规定(于 1922 年底至 1922 年中期通过)。然而,它是对一种一致性设计的回应,并通常被认为是整体性的"詹蒂莱改革"。该改革通常被认为始于 1923 年,因大部分规定在 1923 年通过。

③ 强调科学学科的高级中学。

该校的学生没有资格接受高等教育,其旨在(除其他事项外)从教师培训学校中分流一大部分女生,从而减少女教师的供应。

与詹蒂莱的哲学方法一致,学校系统是建立在至高无上的哲学和古典研究之上的。然而,在哲学"之光"并不闪亮的初等教育阶段,宗教重新恢复了它的教育功能。因此,在小学中,"按照天主教传统进行基督教教义的教学被视为是所有初等教育的基石,也是最至高无上的"(Royal Decree 1923,Article 3)。

詹蒂莱的改革法案因此改变了学校系统,尤其是前些年许多政治家和知识分子极为关切的社会化和选拔方式等内容。为了保障教育质量和更好地满足劳动力市场的需求,中学入学率有所减少。然而,另一方面,把太多学生过早地赶出学校系统会造成社会化不足的问题,实际上这是一个很大的风险,尤其是当时新政权正处于创建之时。因此,事实上学生减少的总数远不如在"开放"渠道中所减少的学生数量。这就是在小学阶段后创建一类无法升学的学校的目的所在,是《卡萨蒂教育法》从未设想过的解决方案。三年制的补充学校被认为是教育人民的中坚力量:专为"普通公民"设计(Canestri & Recuperati,1976:141),它在理想意义上旨在提供"全民教育",前提是已经接受了 14 岁前的义务教育。

如果这方面可以根据上述开放性/封闭性问题来进行解释,那么整个改革行动就是一个复杂的阐释性问题(Canestri,1983),在此也难以解决。该解释的复杂性源于各个要素的交织纠缠。一方面,这里涉及的历史背景,即法西斯主义早期[在 1925 年臭名昭著的马泰奥蒂(Matteotti)[①]谋杀案之前,这一谋杀标志了"政权"的转向],是持续性和破裂性要素交织的一段过渡时期,同时之前的局势对政府的行动也有很大影响。另一方面,詹蒂莱是一位有着复杂性格的哲学家和知识分子(Coli,2004),他对法西斯主义和教育的作用持有一种唯心主义和概念性的观点,这与实际的政策需求不一定相吻合。

因此,被墨索里尼称为"最法西斯的改革"的《詹蒂莱改革法案》同时获得了赞赏和批评,它与任何政治团体都没有明确的联系,也没能获得完全的认同。

这无疑是精英主义的选拔性改革,正因为如此,该改革受到社会群体的批判。然而,在詹蒂莱的哲学和知识观点里,必须根据优点来对精英进行严格筛选:这让中产阶级感到失望,但是法西斯主义却寻求他们的支持和认可。另一方面,一种本质上是人文主义精英文化的思想受到新兴工业家的关注,而天主教徒(对改革的某些方面表示满意,比如在小学阶段将天主教义定为必修课程)对詹蒂莱改革中唯心主义的世俗性框架不太认同。应该注意的是,该改革被设计为与一流知识分子,即远离反对派的文化代表人物[包括约瑟佩·隆巴多·雷迪斯(Giuseppe Lombardo Radice),他制定了 1923 年的小学教学大纲[②]]之间的合作。

不满同样也来源于公众舆论,政府反而希望这些舆论能导致詹蒂莱(其于 1924 年在部长职位上卸任)的继任者实行所谓的调整政策。詹蒂莱本人把这些调整视为一种"背叛",特别是一些旨在减轻教育选拔性和严格性的规定方面。

政府采取措施对"不能升学"的学校进行改革,这些学校已经完全无法吸引学生入学。最终,在 1929 年至 1931 年之间,初中教育阶段进行了重组,创造了所谓的职业预备学校(为就业做准备的学校)以取代补充学校,这样至少能让学生有资格进入技术院校和教师培训学校。

---

① 吉亚科莫·马泰奥蒂是贝尼托·墨索里尼的主要政敌,在他被刺杀之后,墨索里尼上台执政。——译者注

② 然而,当法西斯政权清楚地显示它的本质时,许多最初支持它的知识分子选择放弃,比如约瑟佩·隆巴多·雷迪斯自己。

法西斯主义的"复兴"

在詹蒂莱看来,与伦理国家以及与作为一种精神哲学构想的教育相联系的教育体系和国家之间的联系无疑是非常密切的,因为它对学校生活的各个方面都有专制的影响。有鉴于此,墨索里尼将此改革定义为"最法西斯的改革"或许是有根据的。然而在另一方面,詹蒂莱所构想的该系统的发展与维护社会各阶层共识的政治需要是相互冲突的(Canestri & Ricuperati, 1976:142),而且在某些方面,它不足以促成一种深入性的教育"法西斯化",这种法西斯化是随后通过不同的途径所实现的,而并非仅局限于学校之中。

为了达成这一目标,詹蒂莱之后继任的众多部长采取了诸多措施。全国巴利拉联合会(Opera Nazionale Balila)的建立就足以说明这一点,这是一个旨在控制学校体育教育的青年组织,其于 1929 年由国家教育部直接授权成立。1929 年,初等教育阶段的国家统一教科书通过。紧接着,在 20 世纪 30 年代,为了"学校中法西斯主义的复兴",课程和学校生活的许多方面都发生了深刻变化(Pazzaglia & Sani, 2001)。

1929 年,《拉特兰条约》的签署让罗马教廷在 70 年之后终于承认意大利王国,并建立了梵蒂冈城国。该协定标志着意大利历史上的一个重要阶段,其重要性甚至超越法西斯时代。尽管遭到强烈反对,但是事实上这些条约之后被纳入 1948 年生效的意大利共和国新宪法,直到 1984 年才被一项新条约所取代。

根据该条约所达成的微妙交换条件成为一些研究的对象并且有了不同的解释,尤其是关于国家与教会之间建立的新的权力平衡(Spadolini, 1967;Margiotta Broglio, 1969)。毫无疑问,国家确实做出了某些让步:就教育而言,天主教不仅是在小学阶段被认为是"重要的和基石性的",而是覆盖了整个学校体系。同时在另一方面,国家也强行给学生灌输一些观点(在教育中融入"法西斯神秘主义"的观点)。因此,对于年轻人的教育再度面临对公民形成的控制,这也包括在学校外的控制,例如青年运动组织领域(Jemolo, 1955)。

因此,国家为了获得罗马教廷的认可已经做出了相当多的让步,这也意味着国家对非法化的摆脱,这种非法化曾经对意大利的政治生活影响深远。矛盾的是,这一事实(即这些让步并不意味着意大利王国将完全交出其特权)恰恰来自该国的专制性质,虽然从本质上而言这会影响该国本身的民主合法化。

对此更深入的分析可参见由 1936 年担任教育部长的约瑟佩·博塔伊(Giuseppe Bottai)所著的《学校宪章》(*Carta della Scuola*)。这一著作试图成为"有关完整成熟的法西斯主义的文件,以政治/纲领性的方法来解读经济、工作、社会与教育之间的关系"(Bertoni Jovine, 1958:364),这一细致的研究将有助于更好地理解法西斯政权最后时期教育和社会之间关系的普遍概念。然而,由于在战争年代以及之后法西斯主义自身的没落,这一方案的大部分内容并未执行,除了一项有关其本身以及未来发展的措施,即 1940 年通过的法案,规定在中等教育阶段整合初级课程(初级中学、技术学校和教师培训学校),省去职业和技工课程(对后者并未展开进一步研究)。

二战之后

随着第二次世界大战的结束,战败国意大利的重建远不止修复物质上的毁坏:从某种意义上说,它不得不再次面对国家形成的问题。

1946 年 6 月 2 日,意大利的全民公投废除君主制并支持建立共和国。二战后的数年,意大利只有一种重建方式，那就是政府确保所有反法西斯力量的参与，经过长期和复杂的讨论后他们共同起草了新的共和国宪法，该宪法于 1948 年 1 月 1 日生效。宪法充分考虑到制衡各派力量的需求，这些力量可能会导致国家重回过去的局面，无论是近期的还是远期的。为了"抵制"的需要，在那些不同势力（例如天主教、自由派以及受马克思主义影响的团体）之间达成了必要的协议，这些势力由于其思想背景、政治结构和社会代表性的影响立场不同甚至处于敌对状况。

尽管如此，很快若干因素（最为重要的是国际形势的不断恶化）导致了这一团结局面的破裂。取而代之的是那些"分裂的归属感"（Scoppola，1993：32），而不仅仅是对民族精神的认可，即效忠于上述提及的政治和意识形态力量，反过来是指在一个即将分裂的国家中不同的超越国家的力量。

决定性的大事件是于 1948 年举行的首届大选。左翼力量如果胜利将会使国际平衡严重失衡，这些平衡局势来自之前在战胜国的协商下所达成的协定。然而，虽然由天主教民主党支配的温和派占了上风，但是对受马克思主义影响的左翼力量来说，革命的视角仍然是主战场，阻止他们完全赞成"正常"的改革派政策。

另一方面，天主教首次全面参与意大利的政治生活，虽然他们承认这一国家，但他们难以避免受到过去历史的影响，无论是与意大利的关系还是与梵蒂冈的关系。建立国家身份认同所遇到的困境由于"罗马问题（Questione Romana）所付出的高额代价"以及不参政而加剧（Scoppola，1993：27；Rusconi，1993）。

大部分意大利公民对两大势力（这两大势力作为普遍性的"教派"存在）之一的忠心使得意大利很难建立一种基于道德的（即便是非民族主义的）民族感。这两大势力之间达成协定的希望，如果有的话，存在于不同平面。就在 20 世纪 70 年代，当时达成这样一个协议似乎变得可行，但至少一些主要的倡导者对该协议的设想"不是为了在系统中所承认的各派势力之间获得有关意大利民主的某种对立统一，相反，是为了建立天主教徒和共产主义者这两者的世界会合后所产生的新社会"（Scoppola，1997：393）。

然而，在意大利民主发展（想方设法让公民固守各自的信仰）之中更为重要的是不可能存在某种替代政府，这使得意大利民主已经成为一种"停滞的民主"。

事实上，在 1945 年签订《雅尔塔协定》时，意大利发现自己属于西方集团，但它同时又拥有一个强大的共产党组织——这也是西方最为强大的共产党组织。然而，该政党并没有真正的执政机会，也未能拥有推翻政府的机会。

因此，虽然意大利努力恢复其在国际舞台上的地位（意大利于 1955 年加入联合国），但其主权因替代政府的不可能性而受到阻碍，这影响了其民主本质。

随着时间的流逝，20 世纪 60 年代初，执政党的范围不断扩大，已经涵盖社会党在内，但并没有扩展到所有左翼党派。在 70 年代中期，天主教和左翼势力之间的历史性的妥协有了一定探索，同时尽可能地允许共产党（PCI）给予政府"外部支持"，但共产党人更直接参与政治的想法并没有实现。尽管共产党在地方政府的存在感不断加强，但是它进一步全面参与国家政府的想法似乎还是不太可能实现。然而，由于一种部分性合作动态的存在，出现了一种有时被称为"民主联盟"的特殊状况，可以在很多协议中发现这种"民主同盟"，但是从现实角度看并没有替代政府的可能。

这允许意大利在不破坏国际均衡状态的情况下治理国家，这些国际均衡被证明是不可侵犯的，但它们对于民主辩证而言显然是消极的。大多数势力团体并不害怕失去权力或者被移交给反对派，相反，反对派实际上也没有被要求在国家层面上拟定出现实且统一的替代性政策。替代的可能性只有在战后平衡发生变化的时候才是可预见的，直到 20 世纪 80 年代末才出现。在这种明显扭曲的情况所引发的诸多后果之中,有很多重要结果都关乎教育。

教育的作用

签署停战协议后不久(1943),教育在意大利国家重建中将发挥的关键作用引起了盟国管制理事会(Allied Control Commission)的注意和行动,但是该理事会并没有推行过大的行动。卡尔顿·沃什伯恩(Carleton Washburne)和意大利教育家们一起致力于制定基于公民形成的民主概念的小学阶段课程(于1945年通过)。之后,在起草宪法时,学校被赋予相应的角色,但立宪议会的争论主要集中在新共和国应给予私立学校的空间,当时意大利的私立学校几乎全部由天主教所创办。教育问题再次围绕国家与教会之间的关系开展。在经历一系列复杂的讨论之后(Palomba,1985;Ambrosoli,1982),最终达成一项协议。根据这项协议,公民个人和私立组织都可以自由办学,但无权获得国家援助:"组织和公民个人有资格建立学校和教育机构,但不能向国家索要经费"(意大利宪法第33条)。

在立宪会议的工作完成后的近10年中,左翼反对党并没有将教育纳入他们的政治优先事项中(Canestri & Ricuperati,1976;Semeraro,1996;Ventura,1998)。20世纪50年代,意大利学校受控于多数党,即天主教民主党,该党派的部长们对学校的管理并没有实行重大的改革,而是采取连续的行政措施(所谓"leggine",即规章制度),其目的是保持一定程度的平衡,即在确保控制公立学校的同时,也在符合宪法允许的范围之内给予私立学校一定的空间。

在此期间,学校系统迅速发展。在1951年至1961年的10年中,初高中的学生人数和入学率增加了一倍。尽管存在一定的失衡,但是这一增长却符合此时激烈和快速的发展,量的增长本身带来了社会对教育的更多参与,因此也带来了质的提升。然而,15年之后,伴随20世纪60年代初的国际潮流,根据更适合社会的模型来规划发展的需要提出了更为进步的改革主义的问题。

1963年12月,也就是所谓"往左转"的时刻,出现了第一任囊括社会党的政府。社会党人员的加入缓和了制度本身的代表性与社会现实之间的差距,但仍然完全遵循体系的基本特性,即一个自由结构的国家应对着大部分天主教势力的社会伦理,同时共产党没有任何直接参与政府的行为。

从静态的形势转向充满讨论和争论的更为动态的时期涉及诸多领域,当然也包括教育领域——这是从"改革者"的视角来看的。然而,这项计划从来没有十分成功地实现过(CENSIS,1970)。

对于真正的改革派行动的发展来说,更大的障碍之一无疑是清楚明确地解释改革本身概念的困难。在20世纪60年代和70年代,"社会向善论"假说与结构性改革交织在一起,旨在进行激进的制度变革,以克服国家及其社会供给的资产阶级本质。所以,即使这样的"革命"角度也不再出现在左翼势力的议程上,它已经被"结构改革"的呼吁所替换,这种结构性改革往往在意识形态上背负着革命性的意义和意图。

就左翼政党的政治提案和文化定位而言,这被转化为一种参考框架,一方面为了更大的社会正义,教育的重要性开始显现,而另一方面,教育自身所呈现的形式又往往被拒绝。从这个角度来看,教育改革被视为一种"杜绝现有学校阶级组织的工具"(Ventura,1998:193),而学校本身被视为"不同的社会与经济发展的主要战场",这也正如于1972年发表在意大利共产党官方报纸《团结报》(L'Unità)上的一篇文章所指出的(转引自Chiosso,1977:75)。

拒绝承认任何差异化的民主合法性(差异化被看作阶级歧视的原因和影响)是"统一学校"神话(或者说是"左翼的圣杯")出现的主要原因之一(Polesel,2006:550)。这不仅影响到了广大的左翼团体,而且也影响了许多知识分子和教育工作者,他们出于不同的原因也支持这一"综合性方针",尽管在大多数情况下,这种方针往往缺乏多样化。

众所周知,教育在社会中的作用是那些年社会性争论的关键话题之一。正如贝纳杜西(Benadusi,1984)所指出的,教育对社会的积极作用形象[由一些可能被认为是自由功能主义者的社会学家所认可,即使来自不同(激进或保守)的观点]同时也面临着有关教育形象的其他观点,如强调教育是一种国家意识形态机器(阿尔都塞)或者是一种对资本主义社会价值观和结构进行再生产的工具(布迪厄),从而否定了任何"系统内部"改革的意义和效果。然而,在那些从"进步"的观点认可教育积极面的支持者当中,积极的态度也并非针对学校当前的角色,而是指向对"应该成为的学校"的观点(Benadusi,1984:XI)。这一争论在意大利十分活跃,在被采纳的实际政策中也并非毫无影响。在改良主义并没有获得多大成功的情况下,它最终与大多数非保守派知识分子和学者对全面性或"结构性"改革的需求相融合。

在初中教育方面达成了一项政治协议,并于1962年12月①通过法案。该法案在保证宪法规定的八年义务教育的同时,将陈旧的学术导向的初级中学与职业导向的学校进行合并。

初级学校一体化是一个全面且综合的结构,其目的是为了向每位公民提供所需的通用基础教育,无论其是否愿意继续学习。这些年来,这种"综合性"进一步得到改善,主要通过去除一些有可能指向选择性或择优性的因素,即第三年的拉丁语课程,这一课程对于进入古典高中②学习是有要求的。

一旦体制改革通过,似乎对高中教育开始进行重组也是自然而然的。然而,尽管提交过许多法案,但是几十年的时间并不足以在高中阶段实行连贯一致的政策。

这些困难显示了在基础教育以上阶段的社会共识的弱化。在19世纪和20世纪,人们就"全民教育"的一些基本要素达成共识,这几乎已成为有关公民基本形成所需的"社会契约"。在某种程度上,可以说这是公认的人权、社会权利和政治权利的教育内涵。如上文所讨论的,自20世纪早期开始,意大利便对关于差别化程度较小的初中教育是否适宜的问题进行了争论。后来,在1940年,约瑟佩·博塔伊通过了一项统一教育系统的规定(尽管不够全面)。因此,这个国家已经为此打下了基础。统一的义务教育阶段已经获得了庞大而坚实的社会共识,而且所建议的改革也回应了实际的政治和文化层面以及国家的社会经济发展状况,同时也满足了由主要势力认可的团结方式的需求。

能进一步证明为了实施有关教育基本水平的措施而有可能达成一定协议的证据(即使是敏感观点)是1968年国家学前教育学校③的建立,这是在议会中多次争吵后才实现的。事实上,在那一刻之前,国家在教育层面的存在性是缺失的,而私立宗教机构却十分活跃,同时地方当局的广泛参与也更为稀少。公众存在性的增长是渐进而迅速的,推动了参与率的显著改善和最终的普及化(CENSIS)。这些涉及儿童教育的数据(一项具有丰富的文化和情感意义的主题)揭示了20世纪下半叶随着社会和经济的变革,意大利人在生活习惯、态度和行为方面的转变。

当涉及社会中分化方式、社会阶层的衔接和工作种类问题时,往往冲突便会产生,因此也会引发相应的中等教育衔接问题。在20世纪60年代和70年代,人们对学校结构与社会分层的对应关系提出了质疑。人们对高中、技术学校、职业学校和师资培训学校之间的尖锐分化提出了批评,这些学校的组织基本上仍然和詹蒂莱改革时一样(类似"风琴管"结构)。然而,尽管提出了许

---

①　Law 31. XII.1962, n.1859.

②　Law 16. VI.1977, n.348. 古典高中(Liceo classico):重视人文教育的高中。

③　Law 18. IV.1968, n.444.

多法案,但尝试采用不同组织结构的中学的努力并没有成功。

人们发现现实情况并不理想,但是面对不断高涨的批评声,唯一获得认可的答案是废除现有的一些联系,实际上,除实验性措施之外也并没有采取其他"积极"措施。尽管这项政策只是临时性的,但是由于缺乏持久的一致意见,实际上它还是较为长效的,并为中学和大学带来了深刻变化。

在 1969 年,有三项独立的措施被采纳,这三者共同造成了先前根据义务教育阶段之后的选择来制约学生未来教育的管理框架的废除。这三项举措包括:(1)大学入学条件的放宽。根据该项举措,那些已完成五年中学教育的学生都有可能进入任何大学院系,而不考虑他们之前所就读的学校类型[1];(2)修改高中毕业考试程序的法案,将"毕业"资格扩大至所有中学毕业考试[2];(3)引入职业院校的法案(在此之前,职业院校不被认为是真正意义上的中学),一些实验课程可以允许学生获得为期五年的文凭,这也被称为中等教育"毕业"[3],从而使他们有机会进入大学。

所有这一切都为中学教育带来了深刻变革。这三项措施共同造就了不同的学习课程之间的实质等同性,体现在进一步接受教育的机会、课时以及最终文凭的价值方面,从而改变了学校入学率的前景,即使没有对其衔接和内容做出改革。可以注意到的是,在某种程度上,这些措施最大限度地带来了废除学校系统中无法上升的趋势——系统本身去专业化所产生的效果,该趋势在意大利教育历史上周期性地显现。如之前那样,我们能够从这一法案中推测出它的双重意图:一方面是为了满足中产阶级和工人阶级社会文化流动性的愿望,另一方面是为了提供吸纳无业的中学毕业生的方式。

诚然,这些只是暂时的选择,是旧学校系统中的"突破口",注定不会长久。然而,人们所希望的平等框架为接下来要建立的新学校指明了方向,但在这一问题上依然找不到积极的共识,并且仍然很难找到。

然而,尽管未能实现高中的"根本性"改革,但是(有时)相关的创新仍然通过多个局部措施被引入。这里引述一位非意大利作家真知灼见的评论:"意大利的政治局势是这样的,边缘性的发展往往是唯一可能被影响到的,因此,这种变化的意义之大往往可能让外国观察者大为惊讶。"(Polesel,2006:552)

实验性课程也发挥了相应的作用,根据 1974 年通过的一项法律,学校被允许设置此类实验性课程。在高中阶段,这些课程为具体地测试许多新兴的改革假设提供了机会。事实上,他们所表现出的是学校所接受的永久性创新特征,而非"实验"。

在随后的几年,这类学校数量有所增长,这也是由于通过了赞成办学自主权的规定。因此,在一个基本不变的结构框架中,各个学校采取了多种多样的举措(OCSE-MPI,1983)。

在之后的一段时期里,意大利还曾试图自中央层面"在义务教育后的整个周期内推广系统性创新,即便没有立法参照框架"(Niceforo,1990:47)。1989 年,成立了特设委员会[又称"布罗卡委员会"(Commissione Brocca),以委员会主席的名字命名],其任务是为义务教育完成后的头两年制定教育提议和拟定新课程,旨在为古典学校和技术学校创造更灵活的学习途径。这是又一次采用行政方式来促进和管理创新的做法,尽管最终未能完成"系统性"改变,但是在系统中永久纳入了更多的创新"实验"课程。

然而,除了高中教育中令人棘手的问题之外,在这几十年中还通过了各项涉及学校系统不同

---

[1]　Law 11. XII.1969,n.910.

[2]　Law 5. IV.1969,n.119.

[3]　Law 27. X.1969,n.754.

方面的规定。激励这一现象产生的主要原则之一仍然是平等原则，以及社会各级参与教育的强烈趋势。针对这一全面鼓舞人心的主题，政府相对应地实施了几项措施，从将残障者融合进普通学校教育到采用新的评估程序[①]，从高校扩招到社会参与学校管理的扩大化[②]。

大多数措施确实成功应对了高度敏感的问题。它们的主要限制在于，如果解决了具体问题，那么很可能这些措施再次含蓄地指向在一个仍需建设的社会中一所理想学校所应该具备的样子，因此它暗示了教育系统的全面性改革，而在当时这显然是不太现实的。无怪乎最终的结果是令人失望的和零碎的，这是由来自底层的激进态度和缺乏明确的政治决定所导致的。

然而，也必须考虑到，在 20 世纪 70 年代，这种错觉（乌托邦）即对"另一个可能的世界"的幻想仍在意大利存在，有时会影响制度政策，并且在一些戏剧性的时刻会产生颠覆性的假设，幸运的是这些假设到最后总是被事实所揭穿。教育正是发生在这一背景之下。

1989 年之后的意大利

在最近的时期里，平等主义的方式（与激进的教育观点相关联并指向"另一个可能的世界"）被发生在 20 世纪 80 年代的变革深深地影响，尤其是过去 20 年所发生的变革。在此期间，在国际上和欧洲都对效率和竞争力极为强调的背景下，和其他地方一样，意大利的关键词也集中在教育质量以及对教育和培训效果的外部性评价需求。

为了全面理解意大利社会和教育不得不面临的变革的本质和意义，我们需要重新思考在迅速发展的国际环境中意大利的某些特别之处。

和大多数其他西方国家相比，对于柏林墙的倒塌，意大利所受的影响更为深远。两极化状况的结束粉碎了"前沿"国家微妙的平衡，这种平衡很大程度上是基于它的民主辩证关系。正如莱普雷（Lepre）所提到的，"意大利一直处于两个体系之间的模糊地带，而且在边界本身也存在内部横穿的情形"（Lepre，1993：21）。

柏林墙的倒塌和苏联的解体结束了这一状况，战后时期就此结束。因此，意大利不得不根据激烈变革下的大环境来重新安排其政治体制的动态，在这种大环境下，政府的组成并不一定需要预先决定。

20 世纪 90 年代的前半期是政治生活的大动荡时期。一方面，共产党（PCI）重新定义了它的政治纲领和党派名称：在 1990 年命名为意大利左翼民主党（Partito Democratico della Sinistra，PDS），以及之后的左翼民主人士党（Democratici di Sinistra，DS）。这些转变所付出的代价就是左翼的分裂，这种分裂催生了意大利重建共产党（Rifondazione Comunista-Communist Refounding Party）的成立。另一方面，那些已经统治意大利近 50 年的党派也没落了，最重要的是天主教民主党和社会党。这一类党派的统治精英因为与政治筹资相关的腐败丑闻而不堪重负，但实际上动荡的深层次根源是来自欧洲和雅尔塔体系世界的均衡危机，意大利作为两大集团之间的中间地带是这其中最关键的基石之一。

有必要重新界定几乎所有的事情。除其他方面外，选举系统已发生变化，让位于所谓的第二共和。同时，比例代表制被摒弃，而是采用一种接近多数票制的机制，这种机制建立在两个主要的政党联盟的基础上，尽管允许各联盟内部不同党派的存在。

原领导党派的没落似乎为左翼最终的合法化打开了通道。事实上，这段等待的时间比原本

---

① Law 4. X.1977, n.517.

② DPR 31. V.1974, n.416.

预期的要长。作为一个新成立的温和党派,意大利力量党出乎意料地填补了由于近期变动所导致的空缺,并联合其他势力赢得了 1994 年的大选。然而,在很短的时间内,该联盟便关系破裂并让位给一届"技术型政府"。在 1996 年的大选中,左翼联盟获得了执政权。

尽管存在许多困难,并经历了几位总理的更换,但这一联盟完成了 5 年的执政期。2001 年,右翼联盟再次当选;2006 年,左翼又重新执政。意大利似乎终于在政府中找到了它更迭替代的方式。

然而,政治力量的转换仍在继续。无论是左翼还是右翼,新的集合与新的联盟政党仍然在不断形成。

关于学校政策,可以发现一些相关的要点。最重要的一点是对广泛的改革行动的新需求或许并不是像过去一样建立一个新的社会,而是因为认识到在这样一个迅速变革的社会中需要重组它的众多方面,其中也包括教育。因此,从一些改革派的特点可以看出,它们不是为了带来更为平和的变革,而是试图实现重组教育系统的需要,以使其能够面临着不断发生改变和进步的社会。

在过去几年中,对教育系统进行重大改变的需要实际上已引起各方面的注意。意大利的要点在于这个国家再次处在国家形成的关键时刻。从这个角度看,"公民形成的问题"再次出现,并且仍然带有源自过去和近期历史所衍生出的所有困难。

在这种动态中,欧洲一体化起到了最为相关的作用。"参照欧洲"成为一种成功的口令。参照欧洲成为有力的论据,用以支持那些被认为是必要的但会破坏确立已久的均衡状态的改良主义措施。因此"欧洲"可以帮助找到一个共同的参考框架,在这一框架中,"新"的意大利身份能够得以形成。

近 10 年的意大利学校系统

1996 年,左翼联盟首次上台,这一联盟包括意大利左翼民主党(产生于共产党的转型中)在内并得到了意大利重建共产党的外部支持。教育部部长路易吉·贝林格(Luigi Berlinguer)是这一改变的代表。他是恩里科(Enrico)的表弟,恩里科曾在至关重要的 20 世纪 70 年代担任意大利共产党总书记。

路易吉·贝林格对教育系统的各个方面均实行了较大干预,从中学到大学,从教师培训到教育部的结构,从公私立学校之间的关系(在立宪 50 多年后终于以一项立法规章得以确认)到"高中毕业"考试,从学校自主权到地区重组,以及区域性教育研究机构的改革(Niceforo,2001;Berlinguer,2001)。大部分的措施得以实施,其中一些举措甚至在右翼政权执政期间仍然生效,尽管做出了一定修改,而另一些措施则被废止。

左翼没能成功实施的是学校结构的真正变革。学校改革法案(第 30 号法律,2000 年 2 月)在立法机构任期结束的前夕得到批准。在竞选中,反对派明确承诺,一旦获胜,他们将首先废除该法案并将提出不同的新改革方案。结果就这样发生了。2001 年春天,右翼赢得选举并当即暂停该学校改革法案的申请,两年后(即 2003 年 4 月),新政府批准了一项授权法案①来重新安排整个学校和培训体系。该法案的第一项法令与义务教育阶段的学校有关,并于 2004 年的头几个月获批,而涉及中学的法令则于 2005 年通过。但是,这些措施并没有长久实施,新的左翼政府于 2006 年 5 月颁布部长级法令暂停这些措施。

---

①　授权法案(delega-law)是定义普遍标准的法案,授权政府发出有关其实际应用的具体措施。

因此，当前的情形复杂且难以描述，因为具体学校的实际情况是各种措施不可分割地纠缠在一起，这些措施在修订后保留下来，同时还交杂着各类已取消的改革措施，或是新的改革措施，一些已经批准并逐渐生效，而其他的仍然需要详细的界定——所有这些都与系统先前存在的基本特征有所关联[①]。即便不考虑对所提议的措施内容的任何评判，这一过程与大部分改革派行动的典型困难仍有所冲突，它必须处理许多以前的情况，一系列重叠的规定和确立已久的利益，所有需要克服的问题都需要在同一时间做出判断，达成共识，具备政治意愿和能力。

但最重要的是，上述的动态性显示，在政权交替时，这种"分别的归属性"依然十分强大，或者更准确地说，本身就能被感知和察觉到。尤其是首届左翼政府倾向于使用严苛的方式进行结构性改革，这使人回想起过去几十年的革命性精神。左翼政府在方法上(而不是在内容方面)运用了所谓的雅各宾(Jacobin)方式同时对教育系统所有部分进行改革。如前所述，政府每一次更深入的变革都会产生所声称的全面动荡。事实上，各种措施的内容远不如所声明的那般大相径庭(高中教育再次成为最棘手问题)，但这种观点仍然存在：与其说这种政府的交替是两个"系统内的同系化力量"的更替，还不如说是两种完全不同的——或许说甚至是互相排斥的——社会观念的交替。至少它仍然不能被最现实的政治力量所否认，这些力量也不能无视在这么多年的"停滞民主"中所形成的态度。

尤其是，这显示了意大利在这两个集团之间的特有位置一直以来对意大利的政治和体制生活所起的决定性影响，而且了解对这一影响的意识在大多数国际和比较教育研究中是如何缺失的也令人十分好奇。然而，在柏林墙倒塌的15年后，"东方"和"西方"之间存在的最后几堵墙之一才崩塌；这堵墙直到最近还把意大利的戈里齐亚和斯洛文尼亚的新戈里察分离开来。只有斯洛文尼亚加入欧盟才能推倒这堵墙，而同时这座城市仍然被划分给两个不同的国家。这可以象征性地代表我们国家在国际环境转型中的特殊相关性，虽然这一点并不总是能被完全察觉到。

参考文献

Ambrosoli, L. (1982). *La scuola in Italia dal dopoguerra ad oggi*. Bologna：Il Mulino.

Ascenzi, A. (2004). *Tra educazione etico-civile e costruzione dell'identità nazionale. L'insegnamento della storia nelle scuole italiane dell'Ottocento*. Milano：Vita e Pensiero.

Autori Vari, (1978). *La scuola secondaria in Italia (1859-1977)*. Firenze：Vallecchi.

Balduzzi, G. & Telmon, V. (1998). *Storia della scuola e delle istituzioni educative*. Milano：Guerini studio.

Barbagli, M. (1974). *Disoccupazione e sistema scolastico in Italia (1859-1973)*. Bologna：Il Mulino.

Benadusi, L. (1984). *Scuola, riproduzione, mutamento. Sociologie dell'educazione a confronto*. Firenze：La Nuova Italia.

Benadusi, L. (Ed.). (1989). *La non decisione politica. La scuola italiana fra riforma e non riforma*. Firenze：La Nuova Italia.

Berlinguer, L. (2001). *La scuola nuova. Bari*：Editori Laterza.

Bertoni Jovine, D. (1958). *La scuola italiana dal 1870 ai giorni nostri*. Roma：Editori Riuniti.

Canestri, G. (1983). *Centovent'anni di storia della scuola, 1861/1983*. Torino：Loescher.

Canestri, G. & Ricuperati, G. (1976). *La scuola in Italia dalla Legge Casati a oggi*. Torino：Loescher.

[①]   在这种情况下，并不值得尝试对这一系统进行描述，因为在本文出版时，这一描述肯定会是过时和陈旧的。最佳参考资料是欧瑞迪克数据(Eurydice data)(欧瑞迪克数据是一个由欧盟支持的收集欧洲各国教育系统和政策的信息网络——译者注)，尤其是准确和频繁更新的国家总结报告表。

CENSIS (Centro Studi Investimenti Sociali) (1970). *Rapporto sulla situazione sociale del paese*, Rome.

Chiosso, G. (1977). *Scuola e partiti tra contestazione e decreti delegati*. Brescia: Editrice La Scuola.

Coli, D. (2004). *Giovanni Gentile*. Bologna: Il Mulino.

Jemolo, A. C. (1955). *Chiesa e Stato in Italia. Dalla unificazione ai giorni nostri*. Torino: Einaudi.

Lariccia, S. (1971). I rapporti fra Stato e Chiesa in Italia. Saggio bibliografico (1° gennaio 1948 - 1930 *settembre* 1971). Il diritto ecclesiastico. LXXXII: 348 - 500.

Lepre, A. (1993). *Storia della prima Repubblica. L'Italia dal 1945 al 1998*. Bologna: Il Mulino.

Mammarella, G. (2000). *L'Italia contemporanea 1943 -1998*. Bologna: Il Mulino.

Margiotta Broglio, F. (1969). Il tramonto dello Stato liberale e la conciliazione: riflessioni su alcune costanti della politica ecclesiastica italiana. *Chiesa e politica*, 8, 103 - 145.

Niceforo, O. (1990). *L'innovazione difficile. Da Falcucci a Brocca: la scuola italiana tra nuovi programmi e vecchi ordinamenti*. Pisa: Tacci Editore.

Niceforo, O. (2001). *La scuola dell'Ulivo. Cinque anni di speranze e delusioni*. Roma: Casa Editrice Ruggero Risa.

OCSE Ministero della Pubblica Istruzione (1983). *Rapporto sulla politica educativa italiana*. Roma.

Palomba, D. (1985). The non-state sector in the Italian Education System. *European Journal of Education*, 20(4), 361 - 370.

Palomba, D. (1988). *Scuola e società in Italia nel secondo dopoguerra. Analisi di una progressiva convergenza*. Roma: Edizioni dell'Ateneo.

Pazzaglia, L. & Sani, R. (Eds.). (2001). *Scuola e società nell'Italia unita. Dalla Legge Casati al Centro Sinistra*. Brescia: Editrice La Scuola.

Polesel, J. (2006). Reform and reaction: creating new education and training structures in Italy. *Comparative Education*, 42(4), 549 - 562.

Romeo, R. (1984). *Cavour e il suo tempo (1854 -1861)*. Bari: Editori Laterza.

Rusconi, G. E. (Ed.). (1993). *Nazione etnia cittadinanza in Italia e in Europa*. Brescia: Editrice La Scuola.

Santerini, M. (2001). *Educare alla cittadinanza. La pedagogia e le sfi de della globalizzazione*. Roma: Carocci.

Scoppola, P. (1993). "Nazione e storiografia". In G. E. Rusconi (Ed.), *Nazione etnia cittadinanza in Italia e in Europa*. Brescia: Editrice La Scuola.

Scoppola, P. (1997). *La repubblica dei partiti. Evoluzione e crisi di un sistema politico 1945 - 1996*. Bologna: il Mulino.

Semeraro, A. (1996). *Il sistema scolastico italiano. Profilo storico*. Roma: La Nuova Italia Scientifica.

Soldani, S. & Turi, G. (Eds.). (1993). *Fare gli Italiani. Scuola e cultura nell'Italia contemporanea. I. La nascita dello Stato nazionale*. Bologna: Il Mulino.

Spadolini, G. (1967). *Il Tevere più largo. Chiesa e Stato in Italia dal Sillabo a Paolo VI*. Napoli: Morano.

Talamo, G. (1960). *La scuola dalla Legge Casati alla Inchiesta del 1864*. Milano: Giuffrè.

Ugolini, R. (2001). "Equilibri e squilibri nella realtà internazionale". In M. Millozzi (Ed.). *Giano Bifronte. L'eredità storica del Novecento*. Firenze: Centro Editoriale Toscano.

Veneruso, D. (1972), "*Stato e Chiesa*" in Bibliografia dell'Età del Risorgimento in onore di Alberto M. *Ghisalberti*, vol II. Firenze: Leo S. Olschki Editore, 585 - 648.

Veneruso, D. (2003), "*Stato e Chiesa*" in Bibliografia dell'Età del Risorgimento 1970 - 2001, vol III. Firenze: Leo S. Olschki Editore, 1391 - 1434.

Ventura, S. (1998). *La politica scolastica*. Bologna: Il Mulino.

Vertecchi, B. (Ed.). (2001). *La scuola italiana da Casati a Berlinguer*. Milano: Franco Angeli.

15. 社会变迁与修辞形态：当代西班牙教育改革中的学校教育与社会排斥和共融

米格尔·佩雷拉(Miguel A. Pereyra)

J. 卡洛斯·冈萨雷斯·法拉科(J. Carlos González Faraco)

卡洛斯·阿尔贝托·托雷斯(Antonio Luzón, and Mónica Torres)

当代西班牙教育政策形成中的历史和政治

在 20 世纪的最后 25 年,西班牙教育经历了一个完整的历史周期,这与当时西班牙所经历的深刻政治变革息息相关。20 世纪 70 年代见证了佛朗哥将军(General Franco)独裁统治权威的衰落和彻底消亡。1975 年,佛朗哥去世,西班牙开始了一场彻底而又和平的政治过渡进程,这一进程建立在各大相关政党和社会团体的一致协商之上。该进程的第一个成果是于 1978 年普选中通过的新宪法。新宪法建立了与其他一些欧洲国家相似的新的政治制度,即君主议会制。1986 年,西班牙成为欧盟的正式成员。这是该国历史上首次开展的权力下放的雄心勃勃的项目,最终导致国家被划分为多个拥有高度自治的自治区(参见 Judt, 2006, 516—523,对这一时期的事件进行了简略却有力的历史叙述)。

对于这些和其他的政局变动,人们还必须考虑始于 20 世纪 50 年代末的迅速且相对较为成功的西班牙的现代化进程,在经历了最专制的政权时代后,西班牙开始了一个崭新的时代：在 1959 年开展由世界银行监管的"经济稳定计划";在 20 世纪 60 年代开展"经济和社会发展计划"〔这是根据战后法国"指示性"经济规划的模式创建的,在技术上由与天主事工会(Opus Dei)紧密联系的高级别公务人员的领导精英完成〕(Balfour, 2000)。在佛朗哥将军死后,随着民主的到来,现代化进程也加快了步伐,由政党以及工人和企业工会签订的《蒙科拉协定》(Social Pact of La Moncloa)给国家社会生活的各个方面带来了显著影响。20 世纪 90 年代,在经历了出色的经济指标以及社会结构和生活方式的显著转型后,西班牙成功跻身世界最发达的国家行列(参见 Puelles, 2000)。在教育领域,具有不同意识形态取向的历任政府推进了一系列重大改革。显然,这种现象的绝大多数情形与其他西方国家相类似,西班牙的独特之处在于这些进程在该国的历史性**增速**(参见 McNair, 1984; Boyd-Barrett & O'Malley, 1995; Bonal, 1998; Escolano, 2002; Cuesta, 2005)。

本文的目的是分析这一关键时期的教育政治,但我们主要聚焦于 20 世纪最后一项伟大的改革,这项改革方案由工人社会党于 1990 年在其第一任执政时期(1982—1996)提出。这项改革的影响一直持续到今天,在 2004 年 3 月马德里恐怖爆炸事件后,工人社会党人再次掌权。从这个意义上说,我们的"历史性"评论确实很当代。我们的目的与其说是描述已发生的事件,还不如说是要分析不同的社会行动者对这一社会党改革所得结果所采用的各类阐释、形象以及评价。原则上,我们将分析他们针对教育治理变化对社会融合和排斥产生的影响所使用的话语。必须记住的是,从一开始,这项改革就扎根于一种强大的社会性修辞话语之中,这种话语被诸如"平等""民主""参与"和"创新"等言辞所支配(参见 Gramigna 有关当代教育改革"创新的神话"的讨论, 2006)。

但是,让我们简单地回到这一历史周期的开始,回到佛朗哥将军统治的最后阶段。从 20 世纪 60 年代起,反对独裁专制的队伍逐渐壮大,因为在现代欧洲背景下独裁专制被认定是极其不合法和落后的(而且西班牙在 1957 年欧洲经济共同体成立后不久便申请了一系列优惠关系或协议——政权的独裁性质造成了这一问题的复杂性——西班牙在 1970 年以后才被授予这些条件)。这种对独裁的排斥态度蔓延到了大学和劳工社区,这两者都明确意识到西班牙人没有获得最基本的政治权利这一事实。然而,和这两者一起,社会中的其他因素也共同致力于适应佛朗哥政权下的生活,这种情形促成了政治镇压在某种程度上的缓和,最为重要的是还促进了那些年西班牙明显的经济发展,最终使它从一个以农业为主的国家转型成为现代化的工业国家,使它的居民生活标准接近最先进的欧洲国家(西班牙 20 世纪 60 年代的年经济增长率是经济合作与发展组织成员国中排名最高的国家之一)。另一方面,佛朗哥政府在其专制的最后阶段意识到,面对西班牙社会正在经历的变化,许多机构的关联性在逐渐减弱,其中就包括教育机构。因此,政府于 1970 年通过《普通教育法》(*Ley General de Educación*)来促进宏伟的教育改革,这项教育法案作为先前所述的"经济和社会发展计划"的下一步实施方案,是自 19 世纪中叶以来西班牙教育体系所进行的最伟大的转型。同样,由天主事工会领导的新改革显示出西班牙近乎奇迹般的现代化,它试图将一个无缝的、反动的以及天主教反自由主义来源的政体与一个现代的"欧化"的西班牙衔接起来(Saz Campos, 2004;对天主事工会所扮演的角色进行的分析,参见 Casanova, 1982,1983)。当前西班牙教育体制的基本特点便是诞生于佛朗哥政府最后的行政组织所做出的这一策略决定。

20 世纪 60 年代,人力资本理论经由联合国教科文组织、经合组织和世界银行的报告而传播开来(通过该理论,教育在西班牙开始被认为是投资和消费,国家的发展不仅需要熟练的技术工人、中高层技术人员,而且需要全体西班牙人民达到更高的文化水平)。基于该理论,通过对一项技术改革的设想,佛朗哥政权尝试接受一种关于社会变革的进步修辞话语,以此来尽可能地维持和延长其日益岌岌可危的国家和国际信誉以及其政治合法性的明显缺陷,当时的西班牙政权正寻求加入欧洲共同市场。从这个意义上说,这项改革建立于《普通教育法》之上,由大众媒体宣传的先锋项目所推动,并被贴切地定性为"政治奇观"(Edelman,1988),它试图通过社会现代化的一种令人感到迷惑的腔调来传播一种社会变革的新语言(Ortega,1994)。这一过程可以被理解为威勒(Weiler,1983)在其对教育改革的分析中称之为**补偿性合法化**(compensatory legitimation)过程的一个例子(参见 Morgenstern de Finkel,1991,1993)。作为佛朗哥政权的主要部长之一,在其重要的回忆录中,他谈到某位同事递给他的一份备忘录,当时是《普通教育法》颁布前的一年半左右,部长们正在讨论因 1969 年开始在西班牙大学发起的运动所造成的困难局势,他这样写道:"这局势正在按小时沉陷。让我们想想将要做什么……(因为)我们也无法成为占卜师,可以预测到镇压的失败。"(López Rodó,1991:386)

讽刺的是,1970 年改革的政治策略的这一特点并没有在西班牙得到充分的分析与关注。然而,这项改革最终改变了原有的深刻的传统精英制度,通过经合组织和联合国教科文组织建议采取的新兴教育全球化进程,并在斯堪的纳维亚模式的启发下,成功地建立了一个独特而有效的综合性学校体系制度,此外还引发了大范围的课程改革。

佛朗哥去世之后,在所谓的"向民主过渡"的背景下产生了众多教育改革,这暴露出了受到影响的不同政治、社会和专业的选民背后所存在的根本分歧。在解决教育问题时,有关新宪法的议会辩论尤为激烈。一般来说,右翼政治支持天主教会的立场,教会在传统上一直对西班牙公共教育有很大的影响力并且它仍然控制绝大部分的私立教育。左派人士则试图增加国家对学校的控制权。他们也赞成鼓励家长参与教育机构的治理,并且力求通过社会融合的方案来促进教育系统的平等。对于左翼人士而言,将政治民主转化为教育民主是非常必要的。正如发生在 19 世纪和西班牙第二共和国(1931—1936)期间的现象一样,人们开始谈论"学校战争"。这种紧张的教育环境仍然存在于之后的政治舞台中，而且实际上一直持续到今天。

　　1982年，工人社会党压倒性地赢得大选，这成为一个历史性里程碑。曾在20世纪30年代期间起着决定性作用的工人社会党在佛朗哥执政期间被迫长期转入地下秘密活动，却于20世纪70年代再度崛起。由菲利普·冈撒雷兹（Felipe González）领导的新一代年轻社会党人对西班牙的执政一直持续到1996年。上台不久，他们便制定了《教育权组织法》（*Ley Orgánica del Derecho a la Educación*，LODE，1985），延续和发展了1978年宪法中一些关键要点。这一极具争议性的法律将"教育团体成员的参与原则"视为教育政策的一个关键因素，同时国家还制定监管措施来避免出现在私立学校中的歧视性行为。可以预料这项对教育机构的新规定遭到了学校所有者和私营领域中一些家长协会的严厉批评。各类抗议在街头和媒体上频繁出现，该法案在议会程序的审批也缓慢而曲折。私立教育的捍卫者，包括天主教会，认为该法是国家对家庭权利和教学自由的令人无法接受的干涉，而这种权利和自由早已经得到了新宪法的认可。

　　1990年，工人社会党开展了西班牙教育系统新的现代化行动，这也是自1970年教育改革以来的第一次。它通过避免既有的分轨分流策略，将重点放在学校的综合特性上（Bonal，1998；Puelles，2000；Fernández，1999，2003）。这一新的改革在法律上正式成为《教育制度结构与组织基本法》（LOGSE，1990）。义务教育年龄因此延伸到16周岁，在课程方面也实行了大范围的改革。这些变化中最重要的是引入了所谓跨学科研究领域以及有关性别、多元文化和环境的社会学习新领域（参见Boyd-Barrett & O'Malley的英文版概述，1995）。

　　由工人社会党改革设计的课程主要基于认知建构主义理论，并通过发展相应的道德价值观和情感态度来维护建立一种新型的学校文化和新的教育社区［事实上这一改革是由主要的教育心理学教授设计的，而不是来自人们通常所认为的教育学专家。改革完全是在心理化层面进行，改革的话语有意识地充斥着"建构、能力倾向、心理多样化……而不是社会阶级、种族主义、文化偏见、学业失败"。托雷斯（Torres，2007：121）和瓦雷拉（Varela，1991）激烈地将这项改革理解为专为中产阶级设计的改革，这项改革使我们获得了心理学教育学的真正胜利，即专注于学习者和内容的心理意义，教师由课堂监管者转化为动画师、咨询师或教练］。随着学校内冲突的增加，"共同生活"逐渐成为优先关注的焦点，同时由于主要来自非洲、拉丁美洲和东欧地区的移民不断涌入，"多元文化主义"也成为关注点。20世纪90年代下半叶，在西班牙的拉美移民人数增加了一倍，而非洲移民增加了三倍。在这种情况下，"为价值观而教育"以及"跨文化教育"逐渐被人们熟知，并且经常在工人社会党所尝试的"灵活性"的课程背景下展开讨论。

　　然而，在20世纪80年代期间强烈推行改革的最初阶段之后（这一时期左翼旧的意识形态传统的言论占主导地位），工人社会党对最初倡导的一些改革所持有的热情逐渐减退。执政的社会党人逐渐发现他们所着重强调的改革（如社会参与）更为接近20世纪70年代乌托邦式的想法，而不是更接近他们所认为应该代表执政党行为的负责任的现实主义。这类争议有时会被用以证明某种实用主义（这种实用主义后来被视为是必要的），一些工人社会党领导人也重新反思他们最初提出的一些改革建议。不少社会批评家抨击社会党人明显放弃了社会进步的教学改革政治，这原本是他们执政最初几年的特色。而最严厉的批评是认为这一转变体现了其在面对新自由主义潮流时表现出的投降原则，这种自由主义思潮开始在世界其他地区的教育领域或"市场"中泛滥（见Rozada关于过去几十年西班牙的教育改革情况，2002）。

　　1996年，在赢得大选之后，保守的人民党（Popular Party）组建了新政府并立即开始对工人社会党原有教育政策的主要目标进行重新定位（历史上首次开展对教育系统的全国性评价；见García Garrido *et al.*，1998）。在获得2000年大选的绝大多数选票后，人民党推动议会通过《教育质量法》(Ley de Calidad de la Educación，LOCE，2002)，公开质疑先前改革的整体依据，并在义务教育阶段引入一些实质性的改革，但大部分并未得到实施(对这段时期以及这部法律引起的争议所进行的分析见 Rambla，2006)①。在这种对于教育的主要印象是课堂混乱的气氛下，人们迫切要求恢复失去的权威和秩序，因此此政府开始采取一些措施改善这一状况。

　　如上所述，之后的分析仅关注菲利普·冈撒雷兹时期(1982—1996)各个政府下工人社会党改革的应用和发展，尽管《教育制度结构与组织基本法》(LOGSE)在人民党的首届政府时期(1996—2000)在法律上仍然生效。在冈撒雷兹时代，工人社会党试图建立一个全面的综合系统来对抗当时存在于西班牙的社会不平等现象。在这种情况下，正如许多不同的研究(它们主要关注伴随着 20 世纪 90 年代工人社会党改革的"社会救赎"言论修辞的持续影响)所显示的，综合性学校的发展受到严重制约(Peruga & Torres，1997；San Segundo，1998；Carabaña，1999；Echevarría，1999；Rambla & Bonal，2000；Sevilla，2003)。

　　在这一背景下，最终的结果与其说是削弱双轨教育体系，还不如说是的确加固了双轨制，从而为诸如种族、性别或社会边缘化等因素增加了社会排斥现象的另一个不争源头。当然，我们指的是有利于私立机构的学校公共网络的逐渐贬值。目前超过 35% 的学生(在比较发达的地区，如加泰罗尼亚和巴斯克地区，这一总数量接近 50%)就读于直接拨款的私立学校，其中许多学校依靠天主教教会和其宗教规定。公立学校成为社会最边缘化和经济最为贫困的儿童所就读的学校，而中产阶级垄断了直接拨款的学校。这种西班牙教育中传统的平行系统(对此的历史概述见 Boyd，1997)如今正在公共系统自身当中重新出现，同时也是自治原则所带来的一种可能的欺骗性结果。特别是在城市地区，公共教育网络正在以一种反映地理位置、学生的社会出身和学校学时的方式逐步瓦解。很明显，只有生活在附近的家庭才会上边缘化的公立学校。另一方面，那些有声望的公立学校却得到教师和家长的青睐，即使他们住的可能离这些学校有一段距离。实际上，这两种现象代表了完全不同的制度链。一般来说，移民人口居住在郊区或贫困地区，他们只能进入质量较差的学校，从而使他们本已复杂的问题更加雪上加霜(对这一问题开展的实证研究，参见 Fundación Encuentro，1997；最新的讨论和数据参见 Rambla，1998；Olmedo Reinoso，2008 & Abrantes，2008)。在西班牙的教育体制中，这种持续的过程是社会排斥的主要来源之一(关于在过去几十年中推出的新的基于教育选择的改革可能会破坏教育公平甚至是社会凝聚力的总结分析见 McAll，1995；Green，Preston & Janmaat，2006，ch.5)，因为它也处于过于软弱的西班牙教育公平政策的背景之中(参见 Calero，2007)。

表 1　当代西班牙的历史、政治和教育改革

佛朗哥独裁统治(1939—1975)	
向民主过渡(1975—1982)	1970 年《普通教育法》的多元化改革。
佛朗哥政权的第一次变革(1976—1977)	公立学校不再强制性教授天主教宗教。
第一次普选和制宪议会(1977)	在学校中建立起了一种新的管理体系，教育团体一定程度的参与。

――――――――――――――

　　① 2004 年 3 月，工人社会党重新掌权。其计划的优先事项之一是停止《教育质量法》的实施，并在《教育制度结构与组织基本法》(LOGSE)的基本前提下对其进行改革。2006 年 4 月，西班牙议会批准了新的《教育组织法》(Ley Orgánica de la Educación，2006)。保守党反对这项新改革。这项新法案采取的少数重要创新举措之一是发展 3 至 6 岁儿童的免费义务教育。

续　表

批准新宪法和民主的恢复（1978）	大学建立某种程度的自治。
中立派政府（1979—1982）	
工人社会党在选举中获胜（1982）	实验和教育革新的过程
工人社会党政府（1982—1996）	1983 年，《大学改革法》（Ley de Reforma Universitaria）大学自主权的提升。 1985 年，《教育权法》（Ley del Derecho a la Educación）教会与国家之间以及公立和私立教育之间的冲突。 1990 年，《教育制度结构与组织基本法》（Ley de Ordenación General del Sistema Educativo）
保守党政府（1996—2004）	20 世纪学校系统的第二次大改革。 主要原则：全面性、平等、创新。 建立教师培训的常设系统。
保守党赢得选举胜利（1996）	2002 年，《教育质量法》（Ley de Calidad de la Educación） 对工人社会党原有法律的保守改革。 系统的综合性水平降低。 颁布有利于私立教育和宗教教学的措施。
社会党在新的选举中获胜（2004）	2006 年，一项新的全面改革：《教育组织法》 （the Ley Orgánica de Educación） 回归 1990 年的法案。 教会与国家之间的冲突加剧。

　　考虑到这些过程复杂性的不断加深（参见表 1 对此进行的时间顺序排列），我们可以说，社会排斥是不同阶层的社会行动者之间相互作用（以及他们所有的不足和曲解）的结果，而不是一种可以归因于某一特定人群或团体的最终状态或情形。在这个意义上，可以从日益多元化的方式来理解社会排斥，将其看作一个过程性、累积性和多维性的社会现实，它在不同的社会领域中运作，尤其是在教育领域（Littlewood & Herkommer, 1999；Moreno, 2000, ch. 1；Goguel d'Allon dans, 2003）。在本文中，我们分析了在当今西班牙学校建设问题上，不同的教育行动者[①]的话语中有关（"社会排斥"）这一概念以及其他关键概念的出现——他们是如何想象它及其问题的——并将上述我们提到的改革作为参考依据。我们重点分析了在 20 世纪 90 年代由社会党人的改革所形成的教育氛围下，教育行动者对教育、学校和学生的概念和印象。

---

　　① 　为此，我们根据"欧洲教育治理与社会融合与排斥"（EGSIE）的理论类别进行了大量的访谈，EGSIE 是一项在 1998 年到 2002 年间进行的国际比较研究项目，由斯维克·林巴德（Sverker Lindbad）协调的第十二届欧洲委员会综合研究理事会所主导的针对性社会经济研究（TSER）项目，由托马斯·波普科维茨（Thomas S. Popkewitz）担任国际专家。我们对主要来自安达卢西亚地区和加那利群岛的人员进行了 82 场访谈，这两个地点由于其在欧盟内的周边地理位置和西班牙标准下适度的经济发展而具有代表性（参见 Lindblad & Popkewitz, 1999, 2000, 2001；Popkewitz, Lindblad & Strandberg, 1999。也可见其他来自本项目的出版物：Pereyra, 2001；Johannesson et al., 2002；Lindblad et al., 2002；Lundhal, 2002；Rinne et al., 2003；Alves & Canario, 2002, 2004）。最终报告的西班牙语版本详见 Luengo（2005, ch. 7 & 8）。

教育行动者话语中的学校

在新自由主义重建全球资本主义的背景下，欧洲教育系统在 20 世纪最后的几十年里发生了一系列变化。在许多个案中，如西班牙，许多影响深远的教育改革或多或少是在"现代化左翼"政府的指挥下实施的。这些改革试图通过重新开展有关教育公平与效率方面的争论来探索后福特主义经济模式的可能性。在另一些情况下，被称为"新右派"的信条可以在"创建一个学校之间可以互相竞争的准市场"中察觉到（Brown & Lauder, 1997, 176；Calero & Bonal, 1999；Barlett et al., 2002）。

毫无疑问，每一项教育改革的背后都存在着或多或少的修辞化界定的政治计划，这些计划旨在努力构建一种新的公民类型，但这种对于公民的定义只是相对的，同样，其对于婴儿或儿童、教师、学校和教育的模型或形象的界定也是相对的。这些模型和形象也只是相对精确的，并且经受了一个复杂和激烈的言语过程，产生了关于不同教育行动者的具有鲜明对比的看法。尽管改革试图为决策呈现一种可靠模型和明确方向，但它们往往（有时是隐藏的）是分裂、争议和混乱的来源。因此它们的影响是相互矛盾和似是而非的。和对未来的乐观预测一道，对于显然更为安全的过往时日的怀念也会愈发绵长。话语明显不如理论那样统一，反而变得越来越分散。

特别是在西班牙（这个国家源自法西斯式的独裁统治背景，这种独裁统治持续而系统地使用宣传和修辞言论伺机向人们传递上述经济和社会改革），运用修辞来使教育改革话语合法化一直在社会主体形成中发挥传统作用（参见 Bolívar & Rodríguez Diéguez, 2002）。记住，沟通的普遍作用是为了说服，同时设想"修辞，就像话语组织的其他模式一样，不是简单的演讲的组织，[相反]是有说服力的话语组织，同时还是社会'事物'和'社会实践'的组织"（Valverde, 1990：67）。工人社会党政府时期的整体教育改革过程的结束是因为使用建构心理语言来构建太多"华丽的修辞"，夸大了教师所扮演的主角作用。这一改革进程始于 20 世纪 80 年代初，其采用的修辞的发展与一些主要的教育心理学学者在教育部门的掌权相一致（当保守派最终取代工人社会党掌握政权时，人民党最初仍然使用进步但不那么"华丽的"修辞来掩饰自己的改革，即赞同建设一个更具选拔性的教育体系并增加私立教育）。

西班牙最有影响力的教育家之一，同时也是工人社会党第一任政府教育部主要顾问和社会党连任政府的理事顾问，对这一发展做出了意味深长的表述：

> 工人社会党政府的左派话语很快被稀释成一种低空飞行的鹋鸡式政治①……中期和长期的严重政治问题被学校教育的更新术语所取代，其与体制改革关系不大，更多的是作为一种安慰剂。政府没有解决重大的改革问题（提升教师教育、发展教师职业、扩大学校设施、消除不公平等），相反却花费数千万来举办会议并使用那些"解放"的教师填补行政部门的空缺（即离职教师担任行政官职），让他们编写大纲和课程材料，旨在为其他教师翻译改革语言……心理学话语成为有效驱逐其他方式的政策和正统学说。一个真正的政治转变被一块巧妙的华夫饼干所取代，这给予教师改革运动的假象，但事实上这只是一个维护现状的机制。（Gimeno Sacristán, 1999：32—33）

《教育制度结构与组织基本法》（LOGSE, 1990）出现在大部分教育行动者的叙述中，无论是

---

① 鹋鸡是指一类有着圆滚体态，善走不善飞的鸟类。作者在这里是借鹋鸡讽刺政府改革低效臃肿，并未涉及根本，难以落地实施。——译者注

对于那些认为自己是意识形态的组成者还是那些担负着实践运作的人来说，它都是教育历史上的一个转折点。然而对于后者而言，这是一项自上而下强加给他们的改革，在等级制的纵向组织背景下，他们的声音很少会被考虑到。即便他们的观点存在差异，许多教育行动者都一致认为：学校，或者更确切地说，教育代表任何一个国家的未来，尽管在教育政策的制定和有效执行之间不断发生着断裂和分离。他们仍然对学校充满信心和希望，认为学校是实现一个更加公正和多元化社会以及更美好的世界的工具。我们可以观察到"救赎的叙述"的建构，即把个体在学校的自我实现与国家的能力相联系，以实现国家在经济、政治、文化建设等方面的"本质"命运（Meyer et al., 1997；Popkewitz, 1998）。这种来自个体的"普遍化"在一种现存的"世界文明"的历史情境中得以阐释，这种"世界文明"由理性化的广泛进程所主导，通过对一种科学—理性秩序和象征性的行为准则的解释来形成指导和参考（Meyer et al., 1987；Meyer & Jefferson, 2000；Meyer & Ramirez, 2000）。

学校与社会变化：信心与怀疑之间

作为整个社会的映像，学校也一样已经发生改变。从这个意义上说，学校被看作是一个结构性实体（即社会制度）的一部分，并受到经济和政治霸权模式的严格制约。因此学校是一个极具依赖性的社会机构，其显著的变化不是由不同的教育行动者做出的单一的评价，其中一些人会质疑它是否真的发生了改变，也就是说，改革最终是否只是一个幻觉。

然而，学校的社会意义，即其作为社会化的有影响力主体的作用，一直得到强调和认可。就像家庭一样，学校为个人和社会团体的生活提供了建立一定程度的合理性和进步的必要资源。学校的形象与社会密切联系，它的发展并不新颖，但似乎变得更具相关性。甚至在儿童教育中，家庭所具有的传统社会领导地位也已与学校共享，人们期冀学校能成为儿童社会身份构建的重要场所。

连同主要的社会话语，我们或许也可以考虑与其相关的其他叙述，如培养个体性、社会资本的损失或人际信任。正如一些作者所指出的（例如，Putnam, 1995；Torcal & Montero, 2000），今天的民主社会都存在着日益膨胀的个人主义以及社会信任的缺失，这是该类型社会的典型特征。因此，在将学校视为一个社会化或社会机构的观点之外，欧盟还普遍出现了"个性化重生"这类话语（Lindblad & Popkewitz, 2001）。事实上，虽然从社会的角度来说，**全球性**和**个体性**就像一个硬币的两面一样有着密不可分的关系，但是我们注意到，在教育行动者的整个话语中，其对这样一个重大的问题却惊人地保持沉默。他们丝毫没有提及全球化进程，但全球化（连同地方身份一起）可能是决定当代学校和社会的重要方面，比如我们想要的公民类型或者学校所被要求的事物。尽管媒体无处不在，但全球化在这里却出人意料地缺席。

打击不平等：作为社会当务之急的改革

工人社会党在20世纪90年代的教育改革是历史的必然，旨在改变和实现西班牙学校的现代化，以回应重要的社会需求，如机会平等、关注多样化、差异性融合以及减少排斥。绝大多数行动者对此表示一致肯定：作为改革的结果，学校在这些方面确实发生了变化。

教育模式现在由一种综合性概念统治，这种概念遵循如维护平等和尊重多样性等原则。这些原则可以扩展到"超验符号"（transcendental sign）的内涵，正如德里达（Derrida）所说的，即被成功所围绕的想法，不被人质疑或问题化的想法，至少要等到对它的实施进行分析后再确定。对于许多人来说，学校甚至被看作是社会先锋派，激励并领导着那些已超越了它原本所拥有的严格空间的变化。这为学校这一机构注入了新的活力，并通过社会给予它信心和乐观态度，尽管有着来自教学人员和教育管理层的惯性和阻力。当然，这些大有作为的形象与教师和公民社会中一些部门更为怀旧和持怀疑态度的形象形成鲜明反差。

然而，基于不同叙述者各自传达出的不同观点，我们可以得出这一结论：他们都坚定改革的必要性，改革既是一种使学校适应社会变革的工具，也是一种手段，可以用来培养为我们所生活的时代做好准备的一类崭新的、合格的且具有竞争力的公民。主要的行动者再一次把学校，更准确地说是把教育改革视为历史进步或救赎形象在这种新公民身上的体现。令人好奇且自相矛盾的是，这些"救赎的故事"①一般发生在虚构的预测中，往往与神话的起源联系起来，并以怀旧的方式最终被记录下来。我们在后文将会再次回顾这一问题。

学校，不平等的补偿者或主体性的创造者

人们普遍坚持认为，学校应该追求个体的发展，使他们能够独立应对当今社会的复杂性可能会带给他们的挑战。学校所培养出的学生首先应该有自己的主见，具有批判精神，并能够搜索和管理信息。与此同时，学校应该把那些无论出于何种原因（学业失败，需要工作等）而被迫离开学校、没有完成学业或是在双轨系统中被迫选择低层的职业训练的学生们（双轨系统中只有那些能通往大学之路的研究学科才具有社会和学术声望）纳入系统中。20世纪90年代的教育改革标志着一种新的民主化水平线，新的教育系统广纳多元化路径，重新评估职业培训并鼓励新的学习风格。

秩序与纪律，怀旧学派的神话

当然，怀旧是文化加速发展过程中最明显的标志，它会在短时间内经历一个完整的循环，因此，怀旧也意味着某种意义上的回归。自20世纪60年代以来，欧洲学校的确发生了惊人的变化和扩张（西班牙比其他地方稍晚）。这些变化根植于广义的改革修辞中，使人产生我们正在进入新的历史阶段的感觉，重新塑造了教育行动者的身份，并在等待变化逐渐渗透的同时，也将混乱带入这一教育体系。然而，众所周知的是，例如，一大部分中学教师对丢失的"质量"持遗憾的态度，这也是他们对学校阶段所发生的变革的一种抵抗形式。这种怀旧情绪再现了教育传统原有的稳固话语，如质疑个人努力和人民党颁布的《质量法》（*Law of Quality*，2002）中提及的其他类似的价值观。对传统的固守（甚至认为传统的形成是一种文化策略）是晚期现代主义的一种相关特征，同时也是面临变革时的一种困惑症状（参见 Giddens，2000）。在教师们的陈述中，他们甚至还回忆起老学校的仪式和典礼，对学校社区中不同群体的角色分配和行为规则在当时会进行安排和明确规定（González Faraco，2002）。当传统逐渐淡化或受到质疑时（正如在当代教育中所发生的），我们对于自我的理解受到干扰，当这种身份不再稳定时，人们通常诉诸抵抗、逃避现实或者固守传统来使现在变为过去。大量关于教师不满的理论为这种"追溯"的怀旧态度提供了"科学"的论点。无论何种状况，在这种或者其他许多文化进程中，怀旧行为作为一种教化新事物的机制确实存在（Sahlins，2000）。

根据诸多教育行动者所言，纪律、秩序和组织被认为是学校的内在价值，然而如今这些价值的贬低可能是出于以下几个原因：当今社会中所遭受的价值观危机、社会的所有罪恶被转移到学校、教师的权威和社会声誉的丧失以及家庭的参与不足等。在这些归罪背后，我们可以意识到记忆和文化表征在一个融合和排斥的系统建设中所发挥的核心作用（Meyer *et al.*，1997）。学校

---

① 学校改革的政治话语被新时代开始的"千禧年"这一观念所主导（Popkewitz *et al.*，1986）。从这个意义上讲，一名教师在20世纪90年代的工人社会党改革中提到"福音传道"并不是偶然的。

还是社会大厦的基石砖墙，但也必须承认，在学校"共同生活"的问题日益增加，伴随着纪律的缺乏，甚至是暴力的发生。一些中学的管理问题也越来越突出。对于很多行动者而言，义务教育年限扩展至16岁是产生这些问题的一个根源，特别是在高风险的社会区域。

　　大部分行动者的注意力都集中在义务中学教育阶段，主要是因为这一阶段的问题较为突出。教育行动者的叙述把学生划分成两个对立的类别："那些积极主动钻研和学习的学生"和"那些没有学习动机、感到学习无聊并且想退学但被迫留下来的学生"。这种言论导致在教师中产生分歧和矛盾，他们声称不知道如何以不同的方式来对待这些学生，因此批评或拒绝承认改革的融合模式所假定的优势。我们再次发现一种在很大程度上自相矛盾且破碎的话语。一方面，我们面前展现的是一种开放的、全面的并且能弥补不平等的平等主义学校的愿景——这类学校对所有人都热情友好。而另一方面，我们听到的是对宁静的、秩序井然的学校的令人遗憾的话语——这类学校建立在理想的学生模式的基础上，培养能够解决问题的国际化公民，培育在知识和学习型社会中仍具竞争力的公民（对旨在促进当代社会参与的教育改革以及研究中世界主义变化原则的历史转折的探讨，参见Popkewitz，2007）。在这种情况下，教师权威和社会声誉的缺失、教师职业特质的没落或消失，以及由于家庭教育角色（尤其是母亲的角色，主要是因为职业女性日益增多）的转变所导致的家庭教育能力弱化等因素在其中发挥着关键性作用。

　　在这种极为常见的话语中，教育被视为一种策略，通过这一策略可以掌握一套旨在创造适合于当今社会要求的模范公民的"规则"，即我们所谓的"世界公民"。我们已经指出，这些叙事纳入了理由体系，即将个人视为合理的、适应的且积极进取的人。换句话说，他们编制了一份社会图本，用以奖励部分人或是惩罚/排斥其他人。

　　只有设定规则才可能共同生活。家庭社会化的日益疲软已经使得学校成为负责建立一套由规则支配的社会秩序的主要社会机构，其结果的可靠性进一步激励了信心。教师在组织的新模式中被赋予"指导"的角色，这基于教育领域中（包括政策和课程）的效率和控制能力。这一点并不令人惊讶：评价是崇高的，同时如"纪律"和"行为"等旧概念再次回到教育文化的最前沿，它们对学生的成功与失败所具有的决定性影响力也得到了强调。

　　虽然部分行动者总是从一种消极的角度回想起以纪律为导向的、等级制度森严的、专制的、具有阶级意识并使得极度的社会不平等现象合法化的学校的缩影，但他们的话语仍被这种需求所支配，即对想要恢复丢失的秩序、象征性的纪律以及学习的指导者角色的需求。换句话说，想要回到过去的渴望时常隐藏在现代化的外衣下。

企业作为一种高效学校的模式

　　对于教育学和社会科学的理论家而言，将教育世界和商业世界类比、对应和比较是非常有吸引力的。许多人提出将企业原则应用于学校。实际上没有人想回头走旧的以产品为导向的模式，但许多与学校行政和管理相关的行动者，甚至是工人社会党成员或支持者均认为，如果学校想要提高竞争力和效率且不被其他教育机构所代替的话，企业应该是学校参照自身的一面镜子——着眼于商业实践来增强其公共合法性。

　　有些行动者想把"企业效益"的理念运用到学校，因为从他们的角度来看，这将优化管理，提高其成员的责任程度，并对学生的学习产生有利的影响。虽然没有明确表明，但这是寻求一种更有效的学校的概念，致力于通过对人力和财政资源的控制和更为有效的组织来改善结果，不顾及（但也不反对）对基于权力下放和学校自主权的管理模式的接受。这些原则在我们已经分析的改革修辞中时常出现，它转换成形式多样的权力下放和放松管制，作为结构调整的关键机制。这些原则在西班牙工人社会党政府推出的并于1996年人民党上台后得到延续的校本管理系统中表现得尤为明显（对此所做的文本分析，参见 Whitty *et al.*，1998；Lindblad & Popkewitz，2004）。

　　学校的基本功能是培养公民，这应被理解为他们"对社会经济世界的融入"。因此，成为一名好公民意味着成为一名良好的劳动者和一名优秀的专业人才。为了培养这样的人，学校必须提供给学生在劳动力市场上有用的知识和技能。但是，不能说学校的这种管理愿景为教育行动者所广泛接受。引导我们去思考学校与企业之间所期望的同质性的提议也并不经常出现。然而，人们更普遍所持的观点是：即便是在对劳动力市场应该有所了解，甚至是服务于这一市场的教育体系中，学生都应该被认为是学习者。在这种情况下，所谓技术范式［如巴索·伯恩斯坦（Basil Bernstein）所表达的"官方教学法"］在西班牙教学舞台上占据主导地位似乎并不意外，因为实质上，它有助于通过科学使这些以效率为基础的假设合法化。

　　行动者的话语反映了工人社会党改革推出的创新，通过这些创新，确立了西班牙教育新的合法化框架的特点。但是，正如我们上面所看到的，他们也提到了改革进程的不足、劣势或倒退之处，正如他们在自己的专业工作中所经历的。这些批评话语围绕这些特定问题有分歧、交叉，有时还有联合之意：过度官僚作风，公立学校和私立学校之间的不平衡，物质和人力资源的匮乏，其他与教师相关的问题，如超负荷工作、缺乏社会认可、对与行动结果不符的改革派言辞的不满意等。有关理论和实践无休止的争论在此得到了充分体现。

　　学校行动者主张对教育决策的更多参与，但却看不到任何初具形态的结构方案来推进这种参与，他们也无法提供具体的措施来恢复所失去的主导作用。同时，政治行动者把负责解释和贯彻来自改革中的文本的任务传达给教育行政部门。他们声称，为了完成学校组织和运作中的变革，绝对有必要组织专业化的班主任和团队来执行政府的政策。这不会阻止他们接受有关社会各界代表和参与学校管理的观点，甚至也不会阻止关于更为分权的教育管理模式的提议。

　　在学校和政治行动者之间的意见明显分歧的背景下，可能会出现自相矛盾的情况，比如安达卢西亚快速应用了新学校日，从原有的"全天制"学校（上午和下午两个阶段）转变为"半天制"学校（学校学习时间从上午 9 点到下午 2 点）。在这种情况下，学校的自主标准被用于平衡学校（赞成"半天制"学校）和教育管理部门（对这一方案持反对意见，因为该方案可能会对那些来自较差社会阶层的学生不利，同时伴随着使其被排斥的风险）之间的差异（Pereyra，2002）。安达卢西亚的管理部门最终不得不接受由参与每所学校管理的绝大多数参与者所倡议的决定。

　　我们再次发现这一阐述不当的规范化过程，它由不充分的标准、一些不妥当的临时决定以及少有的平和所组成。不同教育行动者的身份空间受到了他们自身特殊视角的限制，他们也没有试图去分析、讨论或反思某一具体措施的采纳可能会造成的广泛后果。只是因为他们宣称他们正在朝着提高教育进程中教育质量的方向前进，决策便得到支持，争议也得到证实。但面对各种改革类型（如权力下放、自治性、效率、进展和质量等话语最后都变成了重复行为）的涌入，他们既没有尝试进行任何更为深入的理论分析，也没有反思自己的实践经验。

融合—排斥作为教育治理的效果：希望、怀疑和矛盾

　　当谈论到治理时，我们并不是描述性地指由社会的迫切需要或者特定的行政措施所强加的规则，而是指构成个人良知和思想的机制、模式和决策的理性建构。换句话说，我们对治理的理解不仅是一套通过体制和个人互动将社会产品进行生产和分配的过程，还把治理视为在社会政策与实践中提出"问题解决"的知识体系。从这个角度来看，姑且不论在这一领域中最常用的修辞言论，关键的问题是学校（在教育行动者的描述中经常被混淆）是否以及在何种程度上建构或保持个体和集体的分级、边缘化以及排斥的标准。说排斥也意味着融合，从概念上而言，这两个术语有同样的语义场（尽管其内涵是完全对立的），但同时也是在谈论两个不同的东西，因为它们

很少呈现规范化的相似水平。

记住这两个概念之间的联系，我们现在试图通过教育行动者自身的话语来观察和分析融合—排斥进程本身是如何在学校表现和运作的。对于大多数人而言，排斥的问题是与学校环境不相关的，相反，学校"注意多样化"，促进"一体化"和公平。

在这种融合形象中，失败仅仅是一个"自然"过程或系统外部原因的影响，这种形象被广泛作为前提共享，但当在具体情境中分析实践时，它却呈现出极为不同的语调。事实上，要理解教育就要了解它的情境。因此，融合—排斥问题呈现出不同的特点，并产生不同的话语。行动者往往讲到两种排斥："学业失败"与"自我排斥"。第一种排斥与有特殊教育需求的学生相关，而"自我排斥"则指向那些具有社会根源问题的学生，如吸毒、酗酒、犯罪等。在任何情况下，他们都被社会边缘化和排斥，而非学校。在这些论点背后存在着一个非常个人主义的话语，使这些差异看起来似乎自然而然，并使系统摆脱所有的过失责任。该系统只能应用理性原则（知识区分、鉴别和分类），这将使个体有或没有资格行动或参与。在其他情况下，存在一些共识，即学校系统会产生排斥，但这种排斥根据惯例是可以理解的，也就是根据个体或团体依照特定社会标准参与社会的程度。

这种有关学校融合或排斥能力的话语打破了围绕系统二元性的问题。在指责私立学校选择性做法的人和那些维护建立自己独立的教育模式的人之间出现了一种螺旋式辩证。这两种人以明显不同的方式解释了教育治理与社会融合—排斥之间的关系，也就是说，他们运用理性的对抗性系统来试图将他们各自的观点合法化。其结果是一个复杂的、分散的且容易引起争论的话语情景。

对于某些人而言，反对排斥的斗争大体上应该要立足于一种以人类和基督教价值观教育为重点的道德和教学项目，并立足于家长和老师之间的对话，他们共同决定着学生的个性化待遇。对于其他人而言，如果我们想处理这一排斥问题，仅仅限制于学校是没有任何意义的，因为这一问题的起源是社会化问题，尤其是社会边缘化，尽管我们不能忘记学校失灵和其他个人情况所引发的排斥性后果。从这个角度来看，对抗排斥最适合的方式应该是学生、家庭和教师之间的对话，发展倾向于接受他人的态度，改善家庭教育以及与其他行政事业单位和社会团体的合作。

虽然他们不乏怀疑态度，但大部分行动者似乎对学校能减少不平等充满信心：毕竟学校是能够接收所有类型学生的开放的多元机构。从这个意义上说，学校在巩固一个更加公正和民主的社会方面发挥着重要作用，学校使那些现在被排除在外的人将来有机会更全面地参与社会各个领域。这种参与可以在学校展开尝试，但要将此变成现实的最终责任还要依靠家庭。然而，就目前而言，家庭的参与度还不充分，比如家庭投票选举校务委员会的指数很低。

在教育行动者的话语中，最持久的争论之一就是学校被赋予的信心日益增加，信心的增加同样产生了要求家长再次承担对子女更多的教育职责的呼吁。然而，在那些声称对学校民主化力量抱有信心的人中，很少有人对教育治理的变革提出任何切实可行的建议，以解决一系列问题，如低收入家庭对子女学校生活的参与、过早退学问题或其他可能引起排斥的潜在情形。话语策略，如沉默、责备他人或诉诸政治正确的言论使得我们去思考，隐藏在学校民主化力量的信心表述的背后还存在着一种隐含的理解，即这样的信心只是一种幻觉。

结语：没有修辞的光线和阴影

作为一个从漫长的法西斯专政中产生的国家，西班牙一直是通过社会变革的修辞和象征幻想进行系统性控制的，并没有引入和实施深刻的政治和社会经济转型。在这样的背景下，通过对行动者话语的分析发现，20 世纪 90 年代的工人社会党变革表现为一种模糊不清的、模棱两可的叙事，这种叙事起因于一些启发性的知识新发现与更晦涩的实践意义之间的沟壑。他们对这 10 年中发生的社会变化所表现出的乐观态度转变为对学校所经历的变化所持的怀疑态度，他们明白这并不完全是由于教育改革。

这些对比或许最能从师资队伍中察觉出。例如，在职教师培训已大大改善，然而，教学的社会声誉有所下降，专业实践也已经恶化（过度的工作负荷，难以迎合社会期望，等等），同时与政府管理部门的关系变得越发紧张。民主化、自主性和官僚化已成为学校行动者意象和叙述的典型因素。尽管事实上教育改革应该意味着管理方面更大的民主化和自主权，但教师不断地抱怨官僚化和教育行政组织机构的不作为。

另一方面，该系统结构的一个重要变化源自《教育制度结构与组织基本法》将义务教育年限延伸到 16 岁，以及之后中等教育新阶段的建立，即大力推进综合性学校。然而，这一决定导致了诸多问题，如一些学生希望在规定年龄前离开学校（反对学校者），或者不同的整合或补偿项目造成学生过度多元化。许多学校行动者认为，这种教学综合周期的日益增加仅仅有利于，或者实际上是为最弱势的学生发明的，并没有考虑那些"优异"学生的特点。这些话语明确表明了综合性（福利国家教育政策的典型选项）与效率（新自由主义政策的优先目标）之间的紧张关系（Simola et al.，2002）。

同样的常量适用于家庭以及它与学校的联系之间的关系。家庭理所当然被认为是一个关键的社会化机构，因此，它对于新的教育系统的发展是至关重要的。然而，它对学校生活的参与（改革对此高度重视）已经低于预期。如果家庭不参与，该系统将开始瓦解——这是所分析的访谈中重复最多的结论之一，特别是当考量的对象是融合和排斥时。对于许多人而言，排斥的原因不在于学校，而在于家庭、社会以及正遭受着排斥的个体。正如我们的"无意识认知"（或指完全且不可逆转地无法接触到的直接意识内省的思维领域，参见 Lakoff & Johnson，1999）所反映的，学校本身很少是排斥性的。

学校免责的这种修辞在叙事中是可以预见存在的，这种叙事赋予了这个机构一种刻于"救赎故事"中的"魔法灵光"，无论他们的出身和条件，所有人都能被召唤。然而，众所周知，这是一种欺骗的策略，并通过许多教师对过往成就的怀旧情绪或对理想型学生（即之前提到的极具竞争力的"世界性"学生）的强烈维护得以证明。

但是，首先我们得承认，将被排斥者容纳其中的结果不一定便是融合。正如古德温（Goodwin，1996）指出的，边缘化的边界和限制是移动且不断变化的。这些教育行动者提出的"调整"解决方案是含糊不清的措施的综合体，例如对话、价值观教育或其他旨在促进教育平等的所谓融合但同样不精确的模式。真正发生的实际上是一个社会政治问题的变质，转变成为一个关乎道德或伦理良知的个人问题。这种转变的叙事效果是一些薄弱和分散的形象［正如西班牙知名社会学家曼纽尔·卡斯特（Manuel Castells）所提到的一种"人道主义浓汤"（humanitarian soup）］，它们不奖励反思，也不会引发新的创新式治理规则的出现——创新的治理规则可以帮助解决深深刻印于学校系统中的等级和规范化空间。

更普遍的看法是，教育领域中的社会包容—排斥会导致不同的、社会性扭曲的校园文化的涌现。普遍盛行的模式（话语和形象）是基于成功和结果来选择学校，其中对于个人的努力和学习的毅力来说没有不可逾越的障碍，以此来反对其他强调社会和经济因素的模式和传统（Silver，1994）。公平问题转变成了一个理性系统，它按照特定的规范化程序来标注、区分和划分教育行动者和机构的主体性。

学校进行教育，也就是说，使学生具备资格和能力，但同时依据他们对这种崭新而包容却也相互矛盾的合法性的理解和接近来使其规范化。这种"新的合法性"受到教育行动者各种方式的质疑,行动者们所勾勒的学校形象与20世纪90年代工人社会党改革乐观呈现的景象是截然不同的。他们中许多人感到疲惫和失望,在所有有关效率和质量的现代化言辞背后,他们看到传统主义模式和价值所引导的创造力不足的学校是如何依旧普遍存在的。未来是不确定的。自由和自治是海市蜃楼,学生成绩水平的持续下降令人担忧(尤其是在中学教育阶段)。教师被教育主管部门、家庭和社会的要求所困,但最重要的是,他们觉得自己的价值被低估并需要独自承担超出他们能力范围的任务。被教育改革、社会及教师想象和期望出来的"理想"学生与真正存在于课堂中"真实的"无心向学的甚至有攻击行为的学生几乎没有相似之处(González Faraco,2003)。学校发生了变化,但它的未来是所有形象中最为模糊的。

这种怀疑态度和不确定性与当今平等主义学校背景下教育团体中绝大多数人所持有的极度信心形成鲜明的反差,而这一点在决定失败与排斥的缘由时却并不正确。对于学生来说,这是根本性的个人进程,而对于其他教育行动者而言,它的起源本质上是社会性的。后者承认自我排斥,但认为这种排斥是一种社会产物(Jamrozik & Nocella,1998),而且只有社会能够解决这一问题,因此最初对学校包容能力的信心现在变得令人怀疑。然而,没有人会怀疑,公立学校和私立学校(西班牙教育系统决定性的二元性)对社会融合与排斥以及诸如"机会均等""关注多样化"和"办学自主权"等其他密切相关的概念的理解是截然不同的。

考虑到这些差异,最普遍的印象仍然是学校不能解决社会原先未能解决的问题,它尚未准备好去接收各种类型的学生,而且它几乎不能帮助那些有困难的、最终把自己排斥在外的学生。因此,它只是证实了对那些已经被社会边缘化的群体的边缘化。因此,对于许多教育行动者而言,文化多样性[不应是文化的多元性,而是文化定义的社区的多元性(Bauman,2000:86)]的进步只不过是一个美丽的梦而已。

这种困惑状态提出了许多疑问,但其中最为重要的一个疑问直接关系到教育以及其与社会包容和排斥的关系,我们发现这一问题尤其令人担忧:如果这一点未被公开意识到,即尽管被掩盖和隐藏于华丽的修辞言语下,但该系统所具有的排斥、分化和分流的能力仍然完整存在,那么学校系统和涉及其中的人将会变成什么样?

参考文献

Abrantes, P. (2008). On the strange habit of reading adversity instead of diversity: Madrid's middle-schools and their Latin-American students. In M. A. Pereyra (ed.), *Changing knowledge and education. Communities, mobilities and new policies in global societes.* Frankfurt a. Main: Peter Lang Verlag.

Alves, N. & Cánario, R. (2002). The new magistracy of influence: changing governance of education in Portugal, *European Educational Research Journal*, 1(4), 656 – 666.

Alves, N. & Canário, R. (2004). Escola e exclusão social: das promessas ás incertezas. *Análise Social*, 169, 981 – 1010.

Balfour, S. (2000). The desarrollo years, 1955 – 1975. In J. Alvarez Junco & A. Shubert (Eds.), *Spanish history since 1808*, London: Arnold.

Bartlett, L. et al. (2002). The marketization of education: Public schools for private ends. *Anthropology & Education Quarterly*, 33(1), 5 – 29.

Bauman, Z. (2000). What it means "to be excluded": Living to stay apart — or together. In P. Askonas & A. Stewart (Eds.), *Social inclusion: Possibilities and tensions*, London: Macmillan.

Bolívar, A. & Rodríguez Diéguez, J. L. (2002). *Reformas y retóricas: La reforma educativa de la LOGSE*, Archidona: Aljibe.

Bonal，X. (1998). La política educativa：Dimensiones de un proceso de transformación (1976 – 1996). In：R. Gomá & J. Subirats (Eds.)，*Políticas públicas en España. Contenidos，redes de actores y niveles de gobierno*，Barcelona：Ariel.

Boyd，C. P. (1997). *Historia Patria：Politics，history and national identity in Spain，1875 – 1975*. Princeton：Princeton University Press.

Boyd-Barrett，O. & O'Malley，P. (Eds.) (1995). *Education reform in democratic Spain*，London：Routledge.

Brown，P. & Lauder，H. (1997). Education，globalization and economic development. In A. H. Halsey，H. Lauder，P. Brown，& A. S. Wells (Eds.)，*Education：Culture，economy and society*，New York：Oxford University Press.

Calero，J. & Bonal，X. (1999). *Política educativa y gasto público en educación*. Barcelona-México：Ediciones Pomares.

Calero，J. (2007). An assessment of educational equity and policy in Spain. In R. Teese，S. Lamb & M. Duru-Bellat (Eds.)，*The influence of genetics in contemporary thinking. International studies in educational inequality*. Dordrecht：Springer.

Carabaña，J. (1999). *Dos estudios sobre movilidad intergeneracional*. Madrid：Argentaria-Visor.

Casanova，J. (1982). The Opus Dei ethic and the modernization of Spain，PhD dissertation of the New School for Social Research，Ann Arbor：University Microfilms International.

Casanova，J. (1983). *The Opus Dei ethic，the technocrats and the modernization of Spain. Social Science Information*，22，27 – 50.

Cuesta，R. (2005). Felices y escolarizados：Crítica de la escuela en la era del capitalismo. Barcelona：Octaedro.

Echevarría，J. (1999). La movilidad social en España. Madrid：Istmo.

Edelman，M. (1988). Constructing the political spectacle，Chicago：University of Chicago.

Escolano，A. (2002). *La educación en la España contemporánea. Políticas educativas，escolarización y culturas pedagógicas*. Madrid：Biblioteca Nueva.

Fernández，M. (1999). Política educativa e igualdad en España：Una perspectiva comparada. In：*Políticas de bienestar y desempleo*，Madrid：Visor.

Fernández，M. (2003). *Igualdad de oportunidades educativas：la experiencia socialdemócrata española y francesa*. Barcelona-México：Ediciones Pomares.

Fundación Encuentro (2001). *Informe España 2001：una interpretación de su realidad social*，Madrid：Fundación Encuentro.

García Garrido，J. L. et al. (1998). *Elementos para un diagnóstico del Sistema Educativo Español. Informe Global*. Madrid：Instituto Nacional de Calidad y Evaluación.

Giddens，A. (2000). *Runaway world：How globalisation is reshaping our lives*. London：Routledge.

Gimeno Sacristán，J. (1999). En defensa de la escuela pública. *Archipiélago*，38，30 – 39.

Goguel d'Allondans，A. (2003). *L'exclusion sociale：Les métamorphoses d'un concept (1960 –2000)*，Paris：L'Esprit Économique.

González Faraco，J. C. (2002). Entre modernization et nostalgie：La fonction enseignante et les réformes scolaires en Espagne. *Revue Internationale d'Education*，30，69 – 83.

González Faraco，J. C. (2003). Paradoxical images of the student in Spanish educational reforms (1990 – 2002). *Mediterranean Journal of Educational Studies*，7(2)，37 - 60.

Goodwin，R. (1996). Inclusion and exclusion. *Archives Européennes de Sociologie*，37(2)，343 – 371.

Gramigna，A. (2006). Innovazione e formazione nel mondo del mercato globale. In：A. Gramigna et al.

(Eds.), *La scienze dell'innovazione: Nuove frontiere educative nel sociale*, Milano: FrancoAngeli.

Green, A. Preston, J. & Germ Janmaat, J. (2006). *Education, equality and social cohesion: a comparative analysis*. Basingstoke: Palgrave MacMillan.

Jamrozik, A. & Nocella, L. (1998). *The sociology of social problems: Theoretical perspectives and methods of intervention*. Cambridge: Cambridge University Press.

Johannesson, I. A., Lindblad, S. & Simola, H. (2002). An inevitable progress? Educational restructuring in Finland, Iceland and Sweden at the turn of the millennium. *Scandinavian Journal of Educational Research*, 46 (3), 325 - 339.

Judt, T. (2006). *Postwar: A history of Europe since 1945*. New York: Penguin.

Lakoff, G. & Johnson, M. (1999). *Philosophy in the flesh: The embodied mind and its challenge to western thought*. New York: HarperCollins.

Lindblad, S. & Popkewitz, T. S. (Eds.) (1999). *Education governance and social integration and exclusion: National cases of educational systems and recent reforms. Uppsala University, Uppsala Reports on Education*, 34.

Lindblad, S. & Popkewitz, T. S. (Eds.) (2000). *Public discourses on education governance and social integration and exclusion. Analyses of policy texts in European contexts. Uppsala University, Uppsala Reports on Education*, 36.

Lindblad, S. & Popkewitz, T. S. (Eds.) (2001). *Education governance and social integration and exclusion: Studies in the powers of reason and the reasons of power, Uppsala Reports on Education*, 39.

Lindblad, S. & Popkewitz, T. S. (2004). Educational restructuring: (Re)thinking the problematic of reform. In S. Lindblad & T. S. Popkewitz (Eds.), *Educational restructuring. International perspectives on travelling policies*. Greenwich, CT: Information Age Publishing.

Lindblad, S., Popkewitz, T. S. & Strandberg, J. (1999). *Review of Research on Education Governance and Social Integration and Exclusion. Uppsala University, Uppsala Reports on Education*, 35.

Lindblad, S. et al. (2002). Educating for the New Sweden? *Scandinavian Journal of Educational Research*, 46(3), 283 - 303.

Littlewood, P. & Herkommer, S. (1999). Identifying social exclusion. In P. Littlewood et al. (Eds.), *Social exclusion in Europe: Problems and paradigms*, Aldershot: Ashgate.

López Rodó, L. (1991). *Memorias: II Años decisivos*, Esplugas de Llobregat: Plaza y Janés.

Lundhal, L. (2002). From centralisation and decentralisation: Governance of education in Sweden. *European Educational Research Journal*, 1(4), 625 - 636.

Luengo, J. (2005). *Paradigmas de gobernación y de exclusión social en la educación. Fundamentos para el análisis de la discriminación escolar contemporánea*, Barcelona-México: Ediciones Pomares.

McAll, Ch. (1995). Les murs de la cite: Territoires d'exclusion et espaces de citoyenneté. *Revue internationale d'action communautaire/International Review of Community Development*, 34(74), 81 - 92.

McNair, J. M. (1984). *Education for a changing Spain*. Manchester: Manchester University Press.

Manzano, J. (1996). *El sistema educativo y las salidas profesionales*. Madrid: Aguilar.

Meyer, J. & Jefferson, R. L. (2000). The "Actors" of Modern Society: The Cultural Construction of Social Agency, Sociological Theory; 18(1), 100 - 120.

Meyer, J. & Ramirez, F. O. (2000). The world institutionalisation of education. In J. Schriewer (Ed.), *Discourse formation in comparative education*. Frankfurt am Main: Peter Lang.

Meyer, J., Boli, J. & Thomas, G. M. (1987). Ontology and rationalization in the western cultural account. In G. M. Thomas et al. (Eds.), *Institutional structure: Constituting state, society, and the individual*, Newbury Park, CA: Sage.

Meyer, J. W. et al. (1997). World society and the nation state. *American Journal of Sociology*, 103(1),

144 - 181.

Moreno, L. (2000). Ciudadanos precarious: La "última red" de protección social. Barcelona: Ariel.

Morgenstern de Finkel, S. (1991). The scenario of Spanish educational reform. In M. Ginsburg (Ed.), *Understanding educational reform in global context*. New York: Garland.

Morgenstern de Finkel, S. (1993). Teacher education in Spain: A postponed reform. In T. S. Popkewitz (Ed.), *Changing patterns of power: Social regulation and teacher education reform*. New York: SUNY Press.

Olmedo Reinoso, A. (2008). Middle-class families and school choice: freedom versus equity in the context of a "local education market", *European Educational Research Journal*, 7(2), 176 - 194.

Ortega, F. (1994). *El mito de la modernización: Las paradojas del cambio social en España*. Barcelona: Anthropos.

Pereyra, M. A. (2001). Changing educational governance in Spain: Decentralisation and control in the autonomous communities. *European Educational Research Journal*, 1(4), 667 - 675.

Pereyra, M. A. (2002). La jornada escolar y su reforma en España. In M. A. Pereyra, J. C. González Faraco & J. M. Coronel (Eds.), *Infancia y escolarización en la modernidad tardía* Madrid: Akal.

Peruga, R. & Torres, J. A. (1997). Desigualdad educativa en la España del siglo XX: un estudio empírico. In J. Calero Martínez et al., *Educación, vivienda e igualdad de oportunidades*. Madrid: Argentaria-Visor.

Popkewitz, T. S. (1998). *Struggling for the soul: The politics of schooling and the construction of the teacher*. New York: Teachers College Press.

Popkewitz, T. S. (2007). *Cosmopolitanism and the age of school reform*. New York: Routledge.

Popkewitz, T. S. & Lindblad, S. (2000). Educational governance and social inclusion and exclusion: A conceptual review of equality and post-modern traditions. *Discourse*, 21(1), 1 - 44.

Popkewitz, T. S., Pitman, A. & Barry, A. (1986). Educational reform and its millennial quality: the 1980s. *Journal of Curriculum Studies*, 18(3), 267 - 283.

Putnam, R. (1995). Bowling alone: America's declining social capital. *Journal of Democracy* 6(1), 65 - 78.

Puelles, M. (2000). La LOGSE en el contexto de las reformas escolares. In: Fundación Hogar del Empleado, *Informe Educativo 2000. Evaluación de la LOGSE*, Madrid, Santillana.

Rambla, X. (1998). Social relations and school choice in Spain. *Mediterranean Journal of Educational Studies*, 3(2), 1 - 17.

Rambla, X. (2006). Marketing academic issues. To what extent does education policy steer education research in Spain. In J. Ozga, T. Seddon, & T. S. Popkewitz (Eds.), *World yearbook of education 2006: Education research and policy. Steering the knowledge-based economy*, London & New York: Routledge.

Rambla, X. & Bonal, X. (2000). La política educativa y la estructura social. In J. Adelantado (Ed.), Cambios en el Estado del Bienestar. *Políticas sociales y desigualdades en España*, Madrid: Icaria.

Rinne, R., Aro, M., Kivirauma, J. & Simola, H. (Eds.) (2003). *Adolescents facing The Educational Politics of The 21st Century: Comparative Survey of Five National Cases and Three Welfare Models*, Turku, Finnish Educational Research Association.

Rozada, J. M. (2002). Las reformas y lo que está pasando (De cómo en la educación la democracia encontró su pareja: el mercado). *ConCiencia Social*, 6, 15 - 57.

San Segundo, M. J. (1998). Igualdad de oportunidades educativas. *Economías*, 40, 82 - 103.

Sahlins, M. (2000). *Culture in practice: Selected essays*. New York: Zone Books.

Saz Campos, I. (2004). Fascism, fascistization and developmentalism in Franco's dictatorship. *Social History*, 29(3), 342 - 357.

Sevilla, D. (2003). La educación comprensiva en España: paradoja, retórica y limitaciones. *Revista de Educación*, 330, 35 - 57.

Silver, H. (1994). Social exclusion and social solidarity: Three paradigms. *International Labour Review*,

133(5 - 6)，531 - 578.

Simola，H.，Rinne，R.，& Kirivauma，J. (2002). Abdication of the education state or just shifting responsibilities? The appearance of a new system of reason in constructing educational governance and social exclusion/inclusion in Finland. *Scandinavian Journal of Educational Research*，46(3)，247 - 264.

Torcal，M. & Montero，J. R. (2000). La formación y las consecuencias del capital social en España. *Revista Española de Ciencia Política*，1(2)，79 - 121.

Torres，J. (2007). Las reformas contribuyeron a la desprofesionalización del profesorado. In J. Varela (Ed.)，*Las reformas educativas a debate (1982 - 2006)*，Madrid：Morata.

Valverde，M. (1990). The rhetoric of reform：Tropes and the moral subject. *International Journal of Sociology of Law*，18，61 - 73.

Varela，J. (1991). Una reforma educativa para las nuevas clases medias. *Archipiélago*，6，65 - 71.

Weiler，H. N. (1983). West Germany：Educational policy as compensatory legitimation. In M. Thomas (Ed.)，*Politics and education*. Oxford：Pergamon Press.

Whitty，G.，Power，S.，& Halpin，D. (1998). *Devolution and choice in education: The school，the state and the market*. Buckingham：Open University Press.

16. 希腊的现代性、国家形成、民族建设与教育

安德里亚斯·卡扎米亚斯(Andreas M. Kazamias)

在欧洲、北美、亚洲和中东的一些国家(如土耳其、黎巴嫩、以色列和塞浦路斯),学校和大学中的制度化教育以及更广义的**派代亚**/教养(paideia/culture)一直被认为是自 18 世纪末和 19 世纪初启蒙运动时期以来现代国家形成和民族建设的重要机制。从这个角度来说,教育既被认为是促进民族/国家建设的因素之一,也被认为是民族/国家建设的功能之一(Green,1990)。通过教育在现代民主政体国家形成和民族建设进程中的作用,人们能清楚了解教育在培养社会凝聚力、公民意识、民族文化和民族认同感上的作用,以及它在为官僚机构和国家及地方政府机关培育人才方面的作用。

本章探讨了希腊现代民族国家的形成以及教育(不仅包括狭义的学校教育,还包括更广义的教化)在民族建设进程中的作用。希腊的例子代表着从帝国到民族国家的转变,即在 19 世纪 20 年代独立战争后,一个现代国家自奥斯曼帝国中产生并建立。希腊民族国家的政治形成以及之后的国家教育制度建立的灵感源于西欧各种制度和启蒙运动,其中包括宪政主义、共和主义、民主、"公民"概念、进步、理性主义、解放/自由、世俗主义、民族主义、民族国家、教会与国家的分离以及全国性的公立/国家教育系统(Harvey,1990)。

本研究的方法可称为"比较历史分析法"。在对传统的前现代奥斯曼帝国背景进行概述后,将探讨希腊民族建设的历史轨迹,尤其将关注教育在现代化和随之而来的民族国家建设进程中的作用。该历史分析的核心概念是帝国、国家、民族、现代性、现代化、西方化、欧洲化、世俗化、教育、民主、教育以及派代亚。

前现代奥斯曼帝国的背景:概述

19 世纪之前奥斯曼帝国的典型形式可以被描述为一个多民族、多宗教和多语言的社会政治形态,以君士坦丁堡(即后来的伊斯坦布尔)为中心的帝国的权力和权威,归属于并源于被神授认可的苏丹—哈里发(Sultan-Caliph),由他及他的王朝集团通过由等级制组织的行政、军事和宗教(穆斯林)官僚机构来统治。苏丹通过米利特制度(millets)(宗教"团体")①对多民族、多宗教的"对象"(穆斯林、基督徒和犹太教徒)进行统治。信奉东正教的希腊人,连同散布在帝国各地的其他东正教民族(塞尔维亚人、罗马尼亚人、保加利亚人、瓦拉几人、东正教阿尔巴尼亚人和阿拉伯人)共同组成了罗马米利特(Milleti Rum)②(希腊东正教米利特)。直到 19 世纪,罗马米利特都是当时最大和最主要的族群。针对这一问题,有权威观点指出,这种米利特制度的安排"一方面在这些(非穆斯林)族群中提供一定程度的宗教、文化和种族持续性,另一方面,也将他们纳入奥斯曼帝国的行政、经济和政治体制"(Karpat,1982:141—142)。

奥斯曼社会阶层是分化的,这种分化是在同一阶层和不同阶层之间按照社会、文化、宗教和

---

① 米利特制度(Millet)是奥斯曼帝国对境内非穆斯林的宗教社团实行的内部自治制度,以宗教归属来区分,而不是依种族来区分。——译者注

② 罗马米利特(Milleti Rum)指奥斯曼帝国统治下的基督教社区;当时,基督教社区被伊斯兰政府管辖,但仍享有一定的内部自治权。——译者注

政治因素展开的。更具体地说，它被分成两个阶层：在政治上和宗教上以穆斯林为主导的享有特权的奥斯曼土耳其统治阶层；以及信仰其他宗教的且被剥夺了政治权利的"臣民阶层"（subject class）。每个阶层都有明确的法律权利、责任/义务和职能：统治者们——负责管理、开拓和保卫帝国的财富，臣民阶层则为帝国提供财富，同时满足他们自己的宗教、社会、文化和教育需求（Vryonis，1976：46，54—55）。

和所有米利特一样，希腊东正教米利特的许多教徒也居住在偏远的农村和自给自足的小山村。另一个特点是，宗教在社会中普遍发挥着重要作用，尤其是在教育方面。虽然那些受过教育的人在社会中更有地位，但大多数希腊人、土耳其人和其他民族-宗教群体都是文盲或半文盲。最后，奥斯曼帝国所有族群的身份认同在本质上都是宗教性的而非"种族"性的。在土耳其统治时期（奥斯曼帝国时期，1453 年至 1821 年），希腊人称自己为"罗马人"（Romioi），这种称谓指的是希腊东正教的"宗教"身份而非"种族"身份。直到 18 世纪下半叶以及十九世纪初的几十年的新希腊（neo-hellenic）启蒙运动时期，希腊人才开始将自己认同为既是东正教徒又是希腊民族。

与奥斯曼的土耳其人不同，相比于奥斯曼帝国的其他民族—宗教群体，生活在城市的希腊人善于培养他们的创业和商业兴趣。在帝国的某些地区，特别是君士坦丁堡/伊斯坦布尔，希腊人实际上掌管着所有的银行、商业和小型企业。最重要的是：尽管当时奥斯曼土耳其人出于宗教、政治和历史原因，认为欧洲的思想、文化和教育是外来且有威胁性的，但更开明且具有一定资质的希腊人认同西方思想和文明，尤其是在欧洲后启蒙运动时期。许多希腊族群遍布欧洲国家的主要首都和城市（如巴黎和维也纳），并且与安纳托利亚、君士坦丁堡和希腊半岛的希腊人保持着联系。在土耳其统治时期（特别是在 19 世纪 20 年代独立战争时期以及 1830 年现代希腊国家建立之前的一个世纪左右），希腊人与西方世界的联系通过所谓的法纳尔人（Phanariotes）进一步得到强化。法纳尔人是希腊奥斯曼帝国的臣民，因为他们的教育和社会经济地位，他们在帝国的政治等级制度中担任高级行政职务（奥斯曼王朝的翻译、驻扎国外的外交使臣以及奥斯曼统治下的地区首长）。此外，欧洲的基督教性质促进了欧洲和希腊之间的文化联系，这种联系也通过二者对穆斯林奥斯曼土耳其人共同的反对态度而得到加强。例如，东正教俄罗斯人借东正教基督教救世主之名不断袭扰苏丹，煽动信奉同一宗教的希腊人，同时在奥斯曼帝国布满间谍人员。

希腊东正教米利特的教育主要由君士坦丁堡大主教为首的希腊东正教会来负责。在君士坦丁堡以及安纳托利亚和希腊半岛的大多数城镇，当地社区和教区通过教会捐款和私人捐款维持"公共"（koina）和/或"希腊"（hellinika）学校。在乡村地区，当地牧师也担任教师。某些隶属于伊斯坦布尔法纳尔区主教管区的学校，尤其是大国立学校（He Megali tou Genous Scholi），则被视为是培养知识分子、宗教领袖以及希腊东正教米利特的学校教师的场所。

伊斯坦布尔的教区学校和高等学校力求通过对希腊东正教信仰中的原则、教义和戒律的教理问答来培养希腊青年的宗教身份而不是民族身份。这里有一点重要的区别：在奥斯曼政府米利特体系下相对自治的教育框架内，我们在其他地方也称之为"受控的宽容"（Kazamias，1991），某些地区的希腊学校还可以教授希腊语言、希腊哲学和希腊文学。鉴于这种特殊因素，我们可以说，希腊东正教米利特的学校教育为希腊儿童开辟了广泛的知识和文化视野（Kazamias，1966；Kazamias，1968）。

欧洲—西方现代性的来临/挑战以及民族/国家建设

社会、政治和思想史学家坚持认为，欧洲启蒙运动以及之后的 18 世纪末、19 世纪初的政治和经济变革引领了欧美历史上的现代时期以及与之相关的现代化/现代活力。提倡自由、民族独立和民族国家建设的欧洲—西方启蒙运动思想对奥斯曼帝国的希腊人产生了强烈而关键的影响,这种影响远远早于它对其他奥斯曼帝国臣民的影响。1830 年,希腊赢得独立,并在不久后建立了历史学家科斯蒂斯(K. P. Kostis)所称的"雏形现代国家"(proto-modern state)(Kostis,2006:57)。另一方面,在 19 世纪,为了巩固帝国政府日益衰弱的权威和政府效能,以增强改革后的伊斯兰帝国的实力,奥斯曼的统治者苏丹将一些西方/现代技术、制度和理念引入帝国。直到 20 世纪的头几十年,国家才开始努力去重新组建帝国而不仅仅是进行改革;直到 1923 年后,和 100 年前希腊的分离一样,在一次内部"革命"之后,奥斯曼帝国彻底分裂并随之瓦解,现代土耳其共和国由此建立。

欧洲—西方现代性与"原现代"希腊民族国家

18 世纪的最后 30 年以及 19 世纪的头 20 年间,在希腊民族中出现了一种引人注目的思想和文化上的"新希腊"民族觉醒,这种觉醒主要来源于帝国边界之外的中欧、巴尔干地区、俄罗斯南部和整个地中海地区的希腊移民以及希腊商业团体或社区(Clogg,1992:23—25)。希腊的知识分子和政治积极分子[如阿达曼提奥斯·科拉伊斯(Adamantios Koraes)和里加斯·维利斯提里斯/菲拉伊奥斯(Rhigas Velestinlis/Pheraios)]在欧洲西方启蒙运动的自由、民族独立的思想和法国雅各宾主义的熏陶下,用言行来激励奥斯曼帝国的希腊人民重拾伟大祖先的精神,奋起反抗奥斯曼帝国的统治,并"复兴"希腊"民族"。面对奥斯曼帝国的衰败以及苏丹对行省统治权力的削弱(尤其是在伯罗奔尼撒半岛以及伊庇鲁斯),希腊起义们在外界的帮助下推翻了奥斯曼帝国的统治,从而为建立一个独立国家开辟了道路(Kitromilides,2000)。

在独立后的第一个 10 年(1833—1843),新成立的国家或政府体系完全是在欧洲列强(英国、法国和俄罗斯)强压下实施的君主制。外来的巴伐利亚奥托王子掌握着国家的绝对权力,他被加冕为国王并由巴伐利亚的"大臣"和官员所组成的摄政团辅佐政务(Svoronos,1976:77ff)。基斯·列格(Keith Legg),这位比较政治学的学生这样写道:"希腊王国在形式上与殖民政府相类似……所有任免和税收仍是国王的特权;希腊没有宪法或者议员代表大会,希腊人民参与王国正式决策的程度微乎其微,几乎可以忽略不计。"(Legg,1969:55)

到 1864 年,新希腊已发展成为西方形式的君主立宪制,"具有自由的议会民主制标志"(Clogg,1992:51)。1862 年,国王奥托被推翻,新的议会也经选举产生,新议会的成员组成各阶级比例失衡,大地主阶级支持下的新兴富裕中产阶级代表众多(Svoronos,1976:96)。1863 年,来自丹麦格吕克斯堡(Glucksburgs)家族的乔治王子即位为希腊乔治一世国王,并于 1864 年颁布新宪法(Clogg,1992:55—56)。

1864 年宪法所构建的希腊国家/政体的特征在于君主立宪制、君权的民主(Svoronos,1976),甚至是议会民主制(Dertilis,2005)。1864 年宪法继续赋予国王相当大的权力:国王被声称为"不需负责任的";可以任命和罢免大臣以及所有的官员和公职人员;还可以暂停议会或让议会休会(Clogg,1992:51;Bickford-Smith,1893:263)。此外,尽管新闻出版被宣称是"自由的","审查制度"也被禁止,但出版物中"假如有出现对基督教或国王本人的侮辱",那么便会遭到查封。虽然声称所有的希腊人民"在法律面前一律平等",但只有希腊公民才被认可担任公职(Kazamias,1974:20)。与此同时,1864 年的宪法也包含清晰的民主成分,即"一切权力均来自民族国家,某些特定的王室特权受到限制,立法权力是普选出的议会的责任,行政权力属于国王并通过相应的大臣来行使这一权力"(Svoronos,1976:76)。

在最近的历史研究中(Dertilis,2005;Kostis,2006),在独立后早期阶段(1833—1864)建立

起来的希腊政治制度被定性为一个"原现代"的自由民主国家。德蒂里斯指出(Dertilis，2005：764—765)：

> 希腊是世界上首个实现男性普选权的国家之一，它建立了一种民主议会政体形式，但这种形式并不完整，存在一定问题，而且是不稳定的，可能还具有不同程度的民主和专制的特征……(该体系)被嵌入一个根深蒂固的庇护性的旧体系下，将上层阶级的庇护人与农民/农业人口相联系。这种嵌入创造了一种特殊/独特的将民主与侍从/庇护混合的均衡体。

除了这种"庇护"和"独裁"的民主缺陷外，用"原现代"而非"现代"的称谓来描述新成立的希腊国家是再恰当不过的，正如历史学家科斯蒂斯指出的那样，希腊政体并非完全是"世俗"性的，因为它没有明确的政教分离，而政教分离通常是"现代民族国家"的特点(Kostis，2006：51)。这里要注意的是，通过1833年颁布的一项皇家法令，原本一直属于君士坦丁堡宗主教区的东正教会宣布独立于宗主教区，成为"独立自治的"希腊民族教会，拥有自己独立的主教和圣议会。出于同样的原因，尽管东正教被认定为新国家的国立宗教，并被授予"相对于其他宗教派别的特权地位"，然而由于1833年的皇家法令，教会承认国王为其首领，这就使得教会"臣服于国家"，实际上是把它"变成某一部门(教育及宗教部)监督下的国家机构"(Koliopoulos & Veremis，2002/2004：141—142)。

尽管教会在政治、社会和文化活动(包括教育)方面的权力被加以限制，但是宗教作为教义和信仰的主体以及作为一个有组织的机构(即教会)，它仍然是宪法和独立民族国家运行的一个重要因素。宗教和教会在教育领域和大众的普遍文化导向中尤为重要。宗教教导和其他宗教活动(如周日和节假日教堂出席)对所有学校的学生都是强制性的。在"原现代"以及后来的"现代"国家的形成过程中，希腊东正教没有放弃其宣扬和维护希腊民族的精神气质或者希腊普通民众的理想、价值观和愿望的传统功能/角色。佩特雷(Patras)主教发出了1821年摩里亚起义运动的信号；神职人员在独立战争中拿起枪奋勇战斗，同时也用圣像和祈祷战斗着。一个扩张的希腊国家的意识形态——伟大理想(Megali Idea)——贯穿了希腊的国民生活并一直延续到20世纪头几十年，这种意识形态一定程度上受到诸多神职人员的支持，他们坚持继续向俄罗斯寻求帮助以重建过去的基督教拜占庭帝国。总之，对教会而言，信仰(pistis)、民族主义(nationalism)、希腊文化(ellinismos)和教育(paideia)密不可分地交织在一起(Kokosalakis，2004：26—39)。

教育与原现代的希腊中心民族-国家

历史学家霍布斯鲍姆(Hobsbaum)写道，在19世纪，教育/学校教育"是国家形成最有力的武器"(Green，1990：35)。上文提到的希腊知识分子也强调教育在希腊民族国家建设中的重要性，他们在1821年独立战争爆发之前就在欧洲居住多年，受到宣扬个人自由、宪政、共和主义、自由主义、法律面前人人平等、民族国家、人民主权、公民意识和国家意识的欧洲启蒙运动思想的熏陶(Petropoulos，1968：140)。如前所述，新希腊启蒙运动的领导人物之一便是阿达曼提奥斯·科拉伊斯(1748—1833)。根据约翰·坎贝尔(John Campbell)和菲利普·谢拉德(Philip Sherrard)这两位牛津学者的观点，生活在巴黎的古典学者科拉伊斯(Koraes)"依据当代西方的世俗自由主义和人文主义启蒙来设想希腊的'解放'"(Campbell & Sherrard，1968：41)。科拉伊斯认为，为了实现真正的自由，大部分未受过教育的奥斯曼帝国希腊东正教人民——臣民阶层——必须得到启蒙以及教育，要让他们了解西方自由主义与古典希腊派代亚(文化)的思想和价值观，并"为学者和国家制定一套正式的[希腊]语言"(Koliopoulos & Veremis，2002：8)。与启蒙运动的政治思想一致，1828 年被革命性的特洛伊西纳（Troezene）议会推选为希腊的第一任"总督"或总统的约翰·卡波季斯第亚斯（John Kapodistrias）伯爵同样也非常重视教育作为政治发展、国家形成和民族建设的工具的重要性。他的传记作者写道："教育的普及和自由的获得构成卡波季斯第亚斯两大共同延伸的意义。"（Koukou，1958：32）卡波季斯第亚斯也对裴斯泰洛齐的现代教学理念有着深刻印象，这一理念由瑞士的费林别尔格（Fellenberg）继承发扬，并由其引入爱奥尼亚群岛，后来进入自由希腊。与此同时，卡波季斯第亚斯还认为，良好的教育必须基于基督教的道德原则和精神价值（Kazamias，1974：II—5）。

卡波季斯第亚斯所关注的教育目标，是在每一个村庄和省份建立初级学校；至于更进一步的发展，他公开宣布的政策是"在全国不同省份建立中心学校"（Kaldis，1959：173）。但是在卡波季斯第亚斯被暗杀之后，"全国教育体系"的建设作为国家形成和希腊民族建设的一项基本的迫切需要，被留给了国王奥托和他的巴伐利亚官僚机构。这项迫切任务在 19 世纪 30 年代通过三项法令的颁布得以实现，这些法令为教育体系的建设打下法律基础：一项是 1834 年关于初等教育组织的法令；另一项是在 1834 年对管理中学教育的规定；第三项是 1837 年有关建立大学的法案。简而言之，所谓建设国家教育体系的巴伐利亚计划（Bavarian Plan）提供了一个中央集权式、分级制的选拔教育制度，包括面向所有 5 岁到 12 岁儿童的初级义务教育，被称为希腊学校（Hellenic schools）的中等教育初级阶段（5—7 年级），选拔性的中等教育高级阶段——也被称为高级中学（Gymnasia）（8—11 年级），以及一所选拔性大学，即奥森大学（Othonian University）。和新国家一样，新建立的教育体系也是集权的、专制的以及官僚化的。相应的法令/法律详细规定了小学、希腊学校和高级中学的课程，还规定了教师的资格、分类和工资。各类教育事项（人事任命、调动、教师辞退、学习课程/方案、学校监督）的权力和责任都归属政府的中央机关管理范围（Dimaras，1973；Bouzakis，1999/2002）。

在体制结构与治理上，"原现代"希腊国家的教育系统是在革命后的多年内才建立的，反映出后启蒙时期欧洲大陆的现代主义模式，即集权化和官僚化；本质上是世俗化的公立义务初级/大众教育；选拔性的中等和大学教育；以及强调非实践性和非科学的"人文经典"的学习课程/计划（古典文学和语言）。在结构和思想上，1834 年的《基础教育法》与 1833 年法国《基佐法案》极其相似；希腊学校和高级中学实际上是德国的拉丁语学校及文理高中的复制品；而且奥森大学（以国王奥托的名字命名）在学习使命、组织、院系和学习课程方面均反映出 19 世纪与威廉·冯·洪堡（Wilhelm von Humbodt）相关的德国新人文主义的"大学理念"（Bouzakis，1999/2002：40—45；Phirippis，2007）。

由此可见，新建成的希腊国家教育体系的一些特征都是从后启蒙运动的欧洲国家（主要是从法国和德国）"迁移"到新兴的原现代希腊国家。这种教育迁移一直受到希腊左翼历史学家的批评，他们认为这是对西方集权式和精英主义的古典教育体系进行不加批判地移植和强加，这样一种教育体系对于奥斯曼帝国的希腊民众来说是陌生的，并且与希腊的当代现实毫无关联（Bouzakis，2002；Katsikas & Therianos，2004）。然而，这样的解释过分地简单化了复杂的历史现象，并且充其量也不过是误导性的。一方面，如上所述，当代希腊知识分子和商业精英本身就倾向于从他们所认为的启蒙的欧洲引进西方的教育理念和制度模式，如中央集权的国家教育和古典人文课程（参见 Dimaras，1973）。另一个必须考虑的因素是，"古典主义"不仅仅在欧洲的中等学校（如法国的公立高中、德国的文理高中以及英国的公学和文法学校）以及欧洲大学的课程中占据中心地位（Butts，1947：429—435），它对于奥斯曼帝国的希腊东正教米利特的学校而言也并不陌生。此外，希腊古典教育在后启蒙运动的欧洲和美国是享有名望的（Winterer，2002）。当希腊独立战争爆发时，欧洲被希腊的独立主义和古典人文主义所席卷。在由威廉·冯·洪堡、费里德里希·沃尔夫（Friedrich Wolf）、戈特利布·费希特（Gottfried Fichte）、费里德里希·冯·席勒（Friedrich von Schiller）以及费里德里希·施莱尔马赫（Friedrich Schleirmacher）所倡导的德国新人文主义以及 19 世纪的希腊热影响下，人们认为对古人以及古希腊的研究将在道德上和政治上重塑被拿破仑挫败的德国人，这将使他们团结和统一来共同建立一个现代化的德意志民族（Bernal，1987：283—295）。考虑到这些内生和外源的因素，我们可以作出合理的假设，在希腊，这种迁移的教育文化形式，尤其是古典主义，是完全可以理解的。事实上，在希腊知识分子的心目中（特别是影响力深远的古典学者科拉伊斯），"古典教育"对于希腊/希腊民族及文化的解放和"复兴"来说是十分必要的，希腊民族文化可追溯到古希腊和中世纪拜占庭时期，尽管这一连续性由于奥斯曼帝国的征服者而中断。因此，新国家的现代性在很大程度上意味着过去的/古老的希腊和拜占庭的基督教价值观、态度和思想状态的复兴。换句话说，希腊国家的现代性意味着通过重塑古典希腊以及拜占庭基督教传统来建立一种现代希腊的民族身份（Koliopoulos & Veremis，2002：242—243）。

教育、希腊国家和民族建设：将臣民阶层——奥斯曼希腊臣民——转变为希腊人民/公民

"民族并不是国家的起因，而是结果。"阿克顿（Acton）勋爵曾这样说过。他进一步提道："是国家创造民族，而不是民族创造国家。"（Emerson，1962：114）铸造民族身份以及建立现代希腊民族国家的机制包括：（1）集权式的国民教育体系——小学、初级和高级中学以及中学后高等教育机构；（2）"构建"一种国家通用语言；（3）"构建"一种历史文化传统。新国家的现代性与民族建设在很大程度上意味着古希腊思想和价值观的复兴，因此在学校里着重强调古希腊的派代亚教育以及拜占庭基督教传统的重塑（Koliopoulos & Veremis，2002：242—243）。希腊民族身份（成为"希腊人"以及东正教徒）的培养及提升是通过明面上的课程来实施的，特别是通过把重点放在古典希腊语言和文化以及希腊东正教教义的教学上，同时还通过"隐性"的课程，如国家法定节假日的庆祝活动、强制出席教堂活动以及其他希腊基督教仪式（Dimaras，1973；Katsikas & Therianos，2004）来实现。此外，奥森大学（后来被更名为雅典国立与卡珀得斯兰大学）被认为是希腊国家形成和民族建设中的一个全国性机构以及重要机制。它的使命包含（a）通过古希腊派代亚教育来建立和培养希腊民族文化认同，（b）为国家和地方机构教育和培训梯队人才（Phirippis，2007）。

建立现代化自由民主国家——1909 年/1910 年至 1935 年——家长式的民主国家？

自 1864 年新宪法颁布后的 60 年间充斥着民族统一的希腊式国家主义、领土扩张、内部动荡、间歇性战争、"中产阶级"的崛起、政治自由主义以及干预性福利国家的预兆。这也是一段关于新希腊文化复兴、教育改革与"非改革"的时期。直到 1923 年，希腊民族建设思想理念中的一个主要要素仍是所谓的**伟大思想**，即创建更强大的古典希腊基督教国家的民族统一的思想意识和政策，以及恢复没落的拜占庭首都君士坦丁堡的地位。这一期间的现代化和民族建设标志着一种民族传统的构建，这种传统将古典希腊、东正教拜占庭、启蒙的欧洲以及国家教育体系发展与相同的组成要素结合起来。在这一期间国家形成的发展中，值得注意的是 1909 年军事联盟（Military League）领导的高迪革命（Revolution of Goudi）的爆发以及埃莱夫塞里奥斯·韦尼泽

洛斯(Eleftherios Venizelos)领导下自由党的崛起,韦尼泽洛斯是克里特岛崛起的一颗政治新星,代表着作为现代化自由政治力量的中产阶级。

1909 年的高迪革命标志着国家形成和民族建设开启了一个新的时代,即建设一个现代自由的民主国家。韦尼泽洛斯和自由党人于 1910 年选举中获取政权,他们设想以当代西欧为原型建立一个中立偏右的现代自由民主国家。1911 年宪法的修订就是朝这个方向迈出的一步。根据修改后的宪法,个人自由得到保障,福利国家的基础也得以奠定。在宪法框架中,与当代西方欧洲发展脉络相一致,韦尼泽洛斯的自由国家是一个"干预主义,而不是放任自由的国家"(Tsoucalas,1981;Tassopoulos,2006)。正如艾瑞克·霍布斯鲍姆(Eric Hobsbawm)写到的,到 1920 年,希腊是位于苏俄边界以西的拥有自由宪政政府的众多欧洲国家之一(Hobsbawm,1995:146—147)。

教育、语言和历史是建设希腊自由国家和培养民族身份认同的主要工具。在 1863 年 4 月至 1923 年期间,国家教育发展之路并不平坦,其特点是行动和回应,以及传统保守主义和自由现代性之间的相互作用(Dimaras,2006)。在 1899 年、1913 年和 1917 年,国家开始努力实现教育体系和学校课程的结构和取向的现代化,使之更符合西欧发展步伐,并作出调整以适应资本主义经济以及资产阶级社会的发展(Bouzakis,2006)。事实上,大多数主张的改革并没有实施,只停留在纸面上。

尽管如此,在此期间,国家发起的改革运动的某些方面以及一些不是由国家发起的现代文化和教育发展的措施还是值得关注的。首先是国家启动的"语言教育改革"(glosso-ekpaideutiki metarrythmisi),其核心是在学校中使用通俗希腊语(demotiki)——希腊语言的口语形式。在这方面应注意的是,自 19 世纪 30 年代建立国家教育体系以来,学校的教学语言和国家的官方语言是纯正希腊语①,它是不同于口语"通俗"形式的现代希腊语的纯正形式,也是新一代希腊文人所使用的语言。

语言改革工作以及当代其他一些重要的非国家性教育行动[如 1908 年由进步通俗文学家达摩佐斯(A. Delmouzos)在沃洛斯建立的女子高等小学,以及 1910 年由当代主要的教育通俗文学家们在雅典成立的教育协会]是新希腊社会文化运动的重要组成部分,这一文化运动也被称为**通俗希腊语文化运动**。通俗希腊语文化运动是一种社会和文化的现代化运动,因为它突破了对希腊口头语言,即通俗希腊语,在学校中教学和使用的限制。因此,它被设想为促进社会融合以及民族建设的媒介。根据新希腊文化复兴以及通俗希腊语文化运动的领军人物塞恰瑞斯(Psycharis)的说法:

> 一个国家需要完成两件事情才能成为一个国家:扩张领土边界和创立自己的文学。当表明人们明白通俗语言的价值是什么并且不以这种语言为耻之时,那么我们将会看到,它已成为一个国家。(Kordatos,1943)

与语言以及希腊国家建设相关的是历史。在希腊国家形成后,有必要把希腊的"臣民阶层",也称为"罗马人"(graekoi/romaioi/romioi),转变为"希腊人/希腊公民"(Hellines polites),这一称谓标志着通过回归到古希腊时期的希腊人,现代希腊国家公民的形成。在这一过程中,民族主义史学家康斯坦丁·帕帕里戈普洛斯(Paparrigopoulos)所构建的历史表明,希腊国家或民族的历史是完整连续的,并分为三个阶段——古希腊时期、拜占庭基督教时期以及现代欧洲时期。以这种方式,正如加伦特(Gallant)所注意到的,帕帕里戈普洛斯"以这种方式创造了希腊历史的统一和同样重要的希腊人民的统一"(Gallant,2001:72—73;Koliopoulos & Veremis,2004:231—

---

① 　纯正希腊语(Katharevousa)是一种依据古希腊语法创造的现代希腊语。——译者注

235；Clogg，1992：2—3)。

除去语言和历史以外，其他用于"希腊化"这一复兴的希腊民族国家的教育机制还包括地理、建筑、文学、民俗学和考古学。按照加伦特所说：

> 因此，通过建筑、教育、文学和艺术，在公众节日和庆典时内化这种新的希腊国家身份，这种身份同时吸收了希腊和罗马(Romeic)——古典世界和东正教基督的遗产。正如赫兹菲尔德(Herzfeld)和其他人所指出的，这一过程如此成功，人们并不认为这是一种"构造"。相反，这种扎根于"历史"的身份成为最初且永恒的。正如这一通俗的表达，"我们一直以来便是希腊人"。(Gallant，2001：74；Koliopoulos & Veremis，2004：243)

韦尼泽洛斯的自由计划于 1911 年至 1916 年期间制定，其中包括教育改革，即塔索普洛斯(Tassopoulos)所称的"包容性(自由的)宪政"(Tassopoulos，2006：252)，但事实上这一自由计划难以实现。各种战争——巴尔干战争、第一次世界大战以及灾难性的希土战争；政变和反政变；政治危机；最为重要的是被称为国家分裂(Ethnikos Dihasmos)的宪法危机共同削弱了韦尼泽洛斯现代化自由宪政的根基。在一段不稳定的中断期后，韦尼泽洛斯和自由党于 1928 年重新执政，并开始努力使希腊实现现代化，在 1928 年至 1932 年韦尼泽洛斯首相任职期间不断巩固共和国政权。在这些现代化的举措中，民主统治体系的某些制度发生了一些变革，如参议院和国家议会(如最高行政法院)的建立，以及通过制定全方位的社会保障体系来实行教育和社会福利方面的改革。史蒂芬尼蒂斯(I. D. Stefanidis)对此写道：

> 社会保障被认为是现代国家的一种较为家长制概念的组成部分。后者应该关心工人阶级的福利和"内心平静"，并提供能够作为"打击暴力武装反动和革命的安全阀门"的机制。尽管《5377 法案》直到 1937 年才完全发挥作用，但它的颁布是希腊成为"福利国家"的敲门砖。(Stefanidis，2006：200—201)

1933 年新的大选中，在多数制选举制度下，反韦尼泽洛斯主义的保守政治势力获得大多数选票并上台执政。但政治动荡仍然持续不断：两次未遂的政变，短暂的康迪利斯(kondylis)专政，君主制的复辟以及 1936 年 8 月 4 日起梅塔克萨斯(Metaxas)的法西斯专政。同年，韦尼泽洛斯在流放中去世。总结韦尼泽洛斯主义自由计划带来的财富，历史学家塔索普洛斯这样总结道：

> 在这种情况下，埃莱夫塞里奥斯·韦尼泽洛斯最初意图通过法律法规的保护和保障来建立一种包容性政治体制的计划被废除，同时他于第一任期内取得的制度性成果也被颠覆和取缔。因此，希腊的宪法制度陷入了长期的动荡和危机之中，这种情形一直持续到 1975 年才结束。(Tassopoulos，2006：265)

尽管韦尼泽洛斯的包容(自由)宪政计划失败了，但人们不应该低估前面所提到过的非国家性现代化教育行动(即使他们没有彻底成功)或者是韦尼泽洛斯第一次执政期间于 1913 年和 1917 年以及第二次执政期间在 1929 年颁布的同样不太成功的国家举措的历史意义。在这两段"经历"中，政府尝试通过改革教育体系的组织结构以及学校教育的内容/课程和教学来改革和重新调整教育体制(Bouzakis，2006：75—78，96—99)。在第二次执政期间(1929)，韦尼泽洛斯本人宣布赞成将古典教育局限在"选定的少数"中，并加强高等职业教育；然而在之后的 20 世纪 60 年代乔治·帕潘德里欧(George Papandreou)担任总理执政期间，在 1964 年至 1965 年间进行了著名的自由主义改革，帕潘德里欧总理明确声明："由于教育属于国家……教育的理想也是国家的理想……我们国民教育的理想就是希腊民主的理想。"(Kazamias，1974：61；另见 Kitromilides，2006)

二战后的自由民主国家：保守右派的政治主导，1952—1963 年

在经历第二次世界大战以及 20 世纪 40 年代后期的内战之后，希腊的政治格局发生了显著的变化。从本章的视角看，这种变化可以解释为希腊继续发展和巩固稳定的西欧自由民主政体（或换句话说，"民主化民主政体"）进程。其中一个变化就是在 20 世纪 50 年代和 60 年代的多党制体系的改革。直到 1963 年为止，希腊都是由一个强大且反动的民族中心主义右派执掌政权，除此以外，自由主义中间派联盟（Liberal Center）悄然复兴，虽然支离破碎，但是在自由派老将乔治·帕潘德里欧的领导下，自由主义中间派联盟在 1963 年成功地取得短暂性的执政统治权。同样重要的是政治左翼的崛起。随着 1967 年至 1974 年间军事独裁政权的解体以及 1974 年民主统治的恢复，这些重建的政治力量——保守右派、自由中间派和左翼（社会主义和共产主义）——在恢复和变革的民主政体中互相争夺政权。在 1974 年举行的选举中，改革后的右翼保守党——新民主党——在康斯坦丁·卡拉曼利斯（K. Karamanlis）的领导下赢得了选举并组建了新政府。然而七年后，新成立的泛希腊社会主义运动（PASOK，简称"泛希社运"）在安德烈亚斯·帕潘德里欧（Andreas Papandreo）的领导下于 1981 年赢得了选举并组建了希腊的第一任社会主义政府。随后的几年里，两个主要政党（泛希社运和新民主党）交替执政新的国家政府。如今，新保守主义右派新民主党当权，而左派的泛希社运和希腊共产党（Kommounistikó Kómma Elládas，KKE）则是主要的反对党。自由主义中间派联盟作为一个有组织的政治力量几乎消失，但是现代希腊可以被合法地定性为一个稳定的自由民主国家。

在此期间，希腊的政体（politeuma），即国家的宪法结构，也同时发生了变化。1952 年正式生效的新宪法重申过去的原则/条文，即希腊政体是"君权的民主"或"君主立宪制"，同时国王还保留着原有的权力。但随着 20 世纪 70 年代民主的复兴，1975 年的新宪法规定，希腊的政体/国家形式变革为总统宪政共和制/民主制，拥有现代自由民主和民主公民的所有权利（包括私人的和社会的）和责任。2001 年修订后的宪法（直到今日仍然有效）基本上重申了 1975 年宪法的原则和规定。当代希腊政体以现代自由民主为特点，这是与欧洲和国际发展相一致的，但是在教会与国家之间的关系上没有限制。

正如本文开头所言，严格来说，独立后所构建的"原现代"希腊国家并不是"世俗化"的，因为它没有明确国家与东正教会之间的分离。东正教被认定为新国家的国教，相比其他宗教，它拥有特权地位。需进一步指出的是，尽管教会的权力受到限制，但宗教仍然是希腊国家建设的一个重要因素。这种比较模糊的政教关系和宗教在民族国家形成中的作用在随后的宪法中得到重申，也包括时至今日依然生效的该部宪法。2001 年宪法第 3 条规定"希腊的国教/占统治地位的宗教是东正教"，同时，第 13 条规定"宗教道德自由"受法律保护。但与此问题相关的是涉及教育/派代亚的第 16 条，指出"派代亚构成国家的基本使命，其目的是（教育/培训）希腊人的道德、智力、精神、职业和身体素质，发展民族和宗教意识，培养自由和负责任的公民"。

在以上所探讨的前几个历史阶段中，国家教育体系的改革是战后国家形成和民族建设现代化/西方化进程的一个重要组成部分。鉴于 20 世纪 60 年代希腊与新成立的欧洲经济共同体开始接触，加之 1975 年以后，在著名口号"我们属于欧洲"（该目标在 1981 年完成）的号召下，希腊渴望成为超国家欧盟的正式成员，因而教育系统的重建和重新定位变得越发重要。

全面的教育改革运动于 20 世纪 50 年代正式开始，并在随后的几十年中持续开展。在这一改革轨迹中，一些重要的改革"事件"包括 1964 年乔治·帕潘德里欧领导下的自由中间派联盟政府、1976 年至 1977 年康斯坦丁·卡拉曼利斯领导的新民主党新保守派政府、1982 年至 1985 年

由安德烈亚斯·帕潘德里欧领导的泛希社运社会主义政府以及 1997 年、1998 年由科斯塔斯·西米蒂斯（Costas Simitis）领导的泛希社运"社会民主"政府等实施的改革。在所有这些"事件"中，改革话语始终围绕着"现代化"和"民主化"的政治社会和社会文化原则。

随着社会主义性质的泛希社运于 1981 年执政，教育改革话语也开始走向更为激进的意识形态轨道。泛希社运的政治"变革"口号中的教育话语主要围绕民主的"政策对话"和"政策实践"、平等主义，国家体系管理/治理中的"分散和分权"、"教育民主计划"，省级和地方层面的公众参与和政府自治、高校重组（废除独裁的教授体制并让更多的学生参与大学治理的决策机构）、加强和提升技术和职业教育以及重组小学和中学教育，其中包括在试验的基础上建立"全面和多边性的"学校（EPLs）（Kazamias & Kassotakis, 1995；Ministry of National Education and Religions, 1985；Kazamias & Roussakis, 2003）。

泛希社会主义运动的教育改革取向与更广泛的社会主义改革思想理念相一致，即所谓的"第三条道路"，其目的是更为广阔的政治、社会和经济改革。很明显，泛希社运首次执政期间（1981—1985）的改革话语带有社会主义左翼的色彩和想法，这一当代意识形态来源于复兴的新马克思主义传统。但正如安德烈亚斯·帕潘德里欧总理所宣称的，这一愿景是"社会主义的第三条道路"，是基于人民主权的参与式和民主化的社会主义道路（Papandreou, 1982）。

20 世纪 80 年代泛希社运政府的改革没有实现改革者的高期望，并未能为它声称的现代希腊国家和社会改革的"第三条社会主义路线"铺平道路。1985 年后，"第三条道路"的社会主义意识形态被废弃。当时泛希社运仍旧掌握政权，但已转变它对希腊亲欧倾向的负面立场（1981 年，希腊成为欧洲经济共同体的正式成员，后来又加入欧盟），并在此后旗帜鲜明地成为亲欧派。同时，它的定位转向发展"新欧洲"的现代化轨道，比起早期"第三条道路"的社会主义民主，这是一条走向现代的"社会自由民主"路径。在 1993 年泛希社运重新上台后，这种取向变得更为明显，尤其是在 1996 年安德烈亚斯·帕潘德里欧去世，科斯塔斯·西米蒂斯当选为总理之后。

泛希社运新的社会自由主义民主政府开始着手另一项野心勃勃的教育改革计划，几乎涵盖了教育系统的所有方面：治理、控制、机构组织、课程、教学、教师、跨文化教育和少数民族教育。西米蒂斯政府的改革话语——政策对话和政策实践——仍然是围绕着"民主"和"现代化"这两大政治-社会-经济的概念/意识形态，当然可能更偏重于后者，因此西米蒂斯和泛希社运的改革者［如教育部长阿森纳（G. Arsenis）］被认为是"现代化主义者"。希腊教育的"危机"被认为是其教育体系积久留滞的病症以及这种教育体制与欧盟和全球秩序（cosmos）的"不同步"，而希腊选择置身于这一正在构建的全球体系之中。希腊教育的持久病症包括：（1）中央集权的、官僚化的、层级化和烦琐的治理体系；（2）非民主的双轨制教育网络（普通和职业教育）造成社会群体的差异化运作以及与社会和职业市场相关的"不同步"；（3）学校教育呈现出形式主义、专制教学和不合时宜的教育内容等特点；（4）高辍学率；（5）城市和农村地区之间以及不同职业群体之间的机会不平等；（6）少数民族和宗教群体的社会排斥。

为了摆脱教育危机、纠正体制中的缺陷之处并使其现代化和民主化，必须进行改革，希腊政府政策文件《教育 2000——面向一种开放视野的派代亚》（1997）中清楚地阐明了这一改革。在现代改革派的话语中，一项引人注目的新内容是教育必须在功能上与国际经济和社会发展，尤其是与欧盟的现代化秩序联系起来。与此同时，改革话语强调了这样的民主原则和政策目标：民主教育；学校校长、地方行政官员和学校辅导员对学校评价的参与；教师参与学生评价；教育规划中一定程度的分权（从中心到区域）；"统一性学校"，即"综合型"高中的制度化；取消入学限制条款并提供更多的高等教育机会；课程的现代化以及对希腊派代亚的"重新定义"，使之较少以种族为中心，而是更多以欧洲为中心；并为宗教和少数民族以及有学习障碍的儿童开设特殊项目

(Ministry of National Education and Religions，1997)。

在近期希腊现代化和民主化轨迹背景下，与本章相关的另一项改革话语是在《法案 2413/ 1996》中涉及的跨文化教育。这是现代希腊国家第一次正式承认希腊社会的多元文化性。对这一现象的认同符合当代欧洲的现代化话语，并引发人们对传统希腊教育体制的种族中心主义产生质疑。这一领域存在两种类型的公共话语。第一种被称为"民主的人道主义话语"，它采用的是仁爱和平等主义观点；强调机会平等、非歧视原则和大众福利。第二类话语则被贴上"排外主义话语"的标签。在这方面，应注意的是"民族中心主义"以及民族身份的再生是希腊教育的传统特性。现今，如赞比塔(E. Zambeta)所言，尽管教育的这些方面受人抨击，但许多教育政治行动家还是经常会陷入民族中心主义的漩涡(Zambeta，2001)。

一个更为强大的"守护者"或"指挥者"国家

以上所呈现的最近的"现代化"和"民主化"改革话语可以解释为决策者们的意图是想以决策过程和体系管理中的"分权"和"分散"为方向来重建国家对希腊教育的领导和控制机制。然而，在对相关改革文本的所有有关规定进行仔细研究后，浮现出的却是一幅不同的画面：即一个"更为强大"且"控制"更为严格的国家。不同于1974年后希腊政体所声称的现代化和民主化原则，实际上出现的却是一个"更强大"且管制更为严格的国家。事实上，在使国家及其治理机制(包括教育)实现"现代化"时，科斯塔斯·西米蒂斯总理及他在政府中的政治意识形态同僚使用了"战略"和"指挥者国家"这样的术语(Kazamias & Roussakis，2003：22)。

参考文献

Bernal，M. (1987). *Black Athena: The Afroasiatic Roots of Classical Civilization*，*Vol.1*，*The Fabrication of Ancient Greece*. New Brunswick，NJ：Rutgers University Press.

Bickford-Smith，R. A. H. (1983). *Greece under King George*. London. Richard Bentley.

Bouzakis，S. (2006). *Neohelliniki Ekpaideusi*，*1821 –1928*（*Modern Greek Education*，*1821 –1928*）. Fifth Edition. Athens：Gutenberg (in Greek).

Bouzakis，S. (1999/2002). *Neohelliniki Expaideusi*，*1821 – 1928*（*Modern Greek Education*，*1821 – 1928*）. Athens：Gutenberg (in Greek).

Butts，R. F. (1947). *A Cultural History of Education: Reassessing Our Educational Traditions*. New York and London：McGraw-Hill.

Campbell，J.，& Sherrard，P. (1968). Modern Greece. London：Ernest-Benn.

Clogg，R. (1992). *A Concise History of Greece*. Cambridge：Cambridge University Press.

Dertilis，G. (2005). *Historia tou Ellinikou Kratous*，*1830 – 1920*（*History of the Greek State*，*1830 – 1920*），Vols. A and B. Athens：Estia，I. D.，& Kollarou & Co. (in Greek).

Dimaras，A. (Ed.) (1973). *He Metarrythmisi pou den Egine*（*The Reform That Never Was*）. Athens：Hermes (in Greek).

Dimaras，A. (2006). Modernization and reaction in Greek education during the Venizelist era. In P. M. Kitromilides (Ed.)，*Eleftherios venizelos: The Trials of Statesmanship*（pp. 319 – 345）. Edinburgh：Edinburgh University Press.

Emerson，R. (1962). *From Empire to Nation: The Rise to Self-Assertion of Asian and African Peoples*. Boston，MA：Beacon Press.

Gallant，T. W. (2001). *Modern Greece*. London：Hodder Arnold.

Green，A. (1990). *Education and State Formation: The Rise of Education Systems in England*，*France and the USA*. New York: St. Martin's Press.

Harvey, D. (1990). *The Condition of Postmodernity: An Enquiry into the Origins of Cultural Change*. Oxford: Blackwell.

Hobsbawm, E. J. (1995). *Nations and Nationalism Since 1780*. Cambridge: Cambridge University Press.

Kaldis, W. (1959). John Kapodistrias and the Modern Greek State. Ph. D. dissertation, University of Wisconsin, Madison.

Katsikas, C., & Therianos, C. N. (2004). *Istoria tis Neoellinikis Ekpaideusis — Apo tin Idrisi tou Ellinikou Kratous Mehri to 2004* (*History of the Neohellenic/Modern Greek Education — From the Establishment of the Greek State Until 2004*). Athens: Savvalas (in Greek).

Kazamias, A. M. (1966). *Education and the Quest for Modernity in Turkey*. Chicago: The University of Chicago Press.

Kazamias, A. M. (1968). Transfer and modernity in Greek and Turkish education. In A. M. Kazamias & E. H. Epstein (Eds.), *Schools in Transition: Essays in Comparative Education* (pp. 7 – 31). Boston: Allyn & Bacon.

Kazamias, A. M. (1974). *Education and Modernization in Greece*. U. S. Department of Health, Education and Welfare, Office of Education, Bureau of Research No. 7 – 1111, Washington, DC.

Kazamias, A. M., & Kassotakis, M. (Eds.) (1995). *Elliniki ekpaideusi: Prooptikes anasyngrotisis kai eksynchro-nismou* (*Greek Education: Perspectives on Reconstruction and Modernization*). Athens: Serios (in Greek).

Kazamias, A. M., & Roussakis, Y. (2003). Crisis and reform in Greek education. *European Education*, 35 (3), 7 – 30.

Kitromilides, P. M. (2000). *Neohellinikos Diafotismos: Oi Politikes kai Koinonikes Idees* (*Neohellenic Enlightenment: The Political and Social Ideas*). Athens: Morfotiko Idrima Ethnikis Trapezas (in Greek).

Kitromilides, P. M. (Ed.) (2006). *Eleftherios Venizelos: The Trials of Statesmanship*. Edinburgh: Edinburgh University Press.

Kokosalakis, N. (2004). He elliniki tautotita kai Evropi: Mia idiomorphic istoriki schesi (Greek identity and Europe: A particular historical relation). In *Ethniki kai Evropaiki Tautotita* (*National and European Identity*) (pp. 21 – 56). Athens: KEKROKOP (in Greek).

Kordatos, J. K. (1943). *Historia tou glossikou mas zitimatos History of our language question*. Athens: G. Loukatos (in Greek).

Koliopoulos, J. S., & Veremis, T. M. (2002/2004). *Greece: The Modern Sequel from 1821 to the Present*. London: Hurst.

Kostis, K. P. (2006). He Sigrotisi tou Kratous stin Ellada, 1830 – 1914 (The formation of the state in Greece, 1830 – 1914). In T. Dragona & F. Birtek (Eds.), *Ellada kai Tourkia: Politis kai Ethnos-Kratos* (*Greece and Turkey: Citizen and Nation-State*). Athens: Alexandreia.

Koukou, H. E. (1958). *Ho Kapodistrias kai he Paideia, 1803 – 1822* (*Kapodistrias and Education*). Athens: H. Koukou (in Greek).

Legg, K. R. (1969). *Politics in Modern Greece*. Stanford: Stanford University Press.

Ministry of National Education and Religions. (1985). *Law Framework, No. 1566/85*. Athens: Organisation of Textbook Publications.

Ministry of National Education and Religions. (1997). *Education 2000 — Toward a Paideia of Open Horizons*. Athens: Government Printing Office.

Papandreou, A. (1982). *On the way to social change. Exormisi*, Athens newspaper.

Petropoulos, J. A. (1968). *Politics and Statecraft in the Kingdom of Greece, 1833 –1843*. Princeton, NJ: Princeton University Press.

Phirippis, E. K. (2007). *To Athinisi Ellinikon Pandidaktirion: Othoneio Panepisiemio (The Athenian Greek Pan-Instructional Institution: The Othonian University)*. Athens: Bibliotechnia (in Greek).

Stefanidis, I. D. (2006). Reconstructing Greece as a European state: Venizelos' last premiership. In P. M. Kitromilides (Ed.), *Eleftherios Venizelos: The Trials of Statesmanship*. Edinburgh: Edinburgh University Press.

Svoronos, N. G. (1976). *Episkopisi tis Neohellinikis Istorias (Review of Modern Greek History)*. Athens: Themelio (in Greek).

Tassopoulos, I. (2006). The experiment of inclusive constitutionalism, 1909 – 1912. In P. M. Kitromilides (Ed.), *Eleftherios Venizelos: The Trials of Statesmanship* (pp. 251 – 272). Edinburgh: Edinburgh University Press.

Tsoucalas, C. (1981). *He Elliniki Tragodia (The Greek Tragedy)*. Athens: Ekdoseis Livanis (in Greek).

Winterer, C. (2002). *The Culture of Classicism: Ancient Greece and Rome in American Intellectual Life: 1780 – 1910*. Baltimore, MD: The Johns Hopkins University Press.

Zambeta, E. (2001). Public discourses on educational governance, social inclusion and exclusion: Political actors in Greek education. In. S. Lindblad & T. Popkewitz (Eds.), *Listening to Education Actors on Governance and Social Integration and Exclusion*. Uppsala: Uppsala University.

17. 发展中国家与教育：非洲

约翰·梅茨勒(John Metzler)

引 言

2007 年 3 月,全世界和非洲共同庆祝加纳独立 50 周年。加纳是撒哈拉以南第一个摆脱殖民统治并获得独立的非洲国家。认识到这一现代非洲历史上的重大事件,以及随后其于 20 世纪 60 年代初开始对整个非洲的后殖民时代的引领作用,对于当前批判性地回顾学校教育(正式教育)在后殖民时代非洲国家中的地位和角色正是一个难得的契机。这种批判性的评论不会采用当代流行的非洲悲观派(Afro-pessimism)或非洲乐观派(Afro-optimism)的观点(Ayittey, 2002；Bayart, 1993；Chabal & Daloz, 1999；Hyden, 2006),相反,我们将试图从广泛的非洲现实主义(Afro-realism)角度来阐述这一批判性评论。

20 世纪 60 年代初,在非洲后殖民时代的早期,人们对正式教育在非洲政治、经济和社会发展以及人类"进步"中所扮演的角色达成了共识。重要的是,这种共识一方面被外部参与者所支持,如前欧洲殖民统治者、提供双边援助项目的美国、联合国(联合国开发计划署、联合国教科文组织和联合国儿童基金会)、世界银行以及西方的学术"专家";另一方面,它也被新生的(后殖民的)民族国家领导人所认同。这种共识声称,正式教育十分重要,甚至对于某些政策主体来说,它在新生的后殖民国家的经济和社会发展、政治团结和能力获取方面是最为强大/有效力的工具；正式教育产生现代化并培养"新人",这类新人与他原始且传统的世界观分离,作为现代人来阐释世界并在后殖民时代行动(Almond & Powell, 1966)。这种观点虽然是出于功利主义的立场而非理论化的视角,但它却不仅仅为国际上和政府中的精英们所独有,还深受绝大多数后殖民地的公民的欢迎。后殖民地的公民们渴望自己和子孙后代能获得正式教育,他们认为学校教育从功能上讲是他们在追求经济繁荣富裕和社会安全的过程中最为重要的工具。

这种教育共识导致在过去的 45 年到 50 年中[①],非洲各国的后殖民政府拨付给教育部门的经费远高于其他部门,除了国防和安全部门(某些国家对教育的拨款甚至超过对国防安全的拨款)。而到了 2007 年,非洲各国为他们的人民努力展现了什么样的成果呢？在各层次正式教育入学率方面,一些非洲国家取得了令人瞩目的成绩,但是与 50 年前非洲后殖民时代伊始对于学校教育所做出的那些承诺相比,结果似乎就没有那么耀眼了。在政治领域,尽管开展了有关民主化和政治革新的运动,但非洲依然是一个为**衰退和失败**、独裁统治、种族冲突、内战和腐败所困扰的地区。

在经济领域,非洲仍然是世界上最贫困的地区,尽管在国家/宏观层面有着令人赞叹的经济增长率,但在撒哈拉以南地区有超过 70% 的人口依靠每天不到两美元的收入生活。在社会方面,非洲是世界上健康状况最为恶劣的地区,除了是全球艾滋病病毒传播中心以外,还有世界上最高的母婴死亡率、营养不良率和慢性疟疾发生率(Barnett & Whiteside, 2006；Poku & Whiteside, 2004)。

尽管有如此糟糕的记录,普通民众、政府和国际行动者对于学校教育的信念却并未因此削弱或动摇。联合国千年发展目标将非洲初等教育的普及列为主要目标,**非洲发展新经济伙伴计划**

---

① 本文写作时间为 2006 年前后。——译者注

(New Economic Partnership for African Development，NEPAD)和非洲联盟(African Union，AU)给予教育和培训至关重要的地位,这都能体现出人们对于非洲学校教育的坚定信念。但是,外部(国际)和内部(国内)的利益相关者都越来越意识到,虽然正式教育在促进发展的过程中扮演着不可或缺的支持角色,但学校教育的功效却并非如 50 年前所预期的那样。

我们该如何弄清楚学校教育"失败"的含义,从而实现学校教育在非洲的发展合理性呢？这一问题并不那么容易回答,它反映了非洲殖民和后殖民时期社会、经济和政治现实的复杂性。然而,认识和了解殖民主义的历史遗产将是必不可少的第一步。

殖民遗产：殖民主义和学校教育的分歧

为了理解非洲后殖民时期教育的进程和实践,对殖民主义遗产的考察有必要做到：(a)从政治、经济、社会和文化方面进行,以及(b)立足于殖民教育体系中。

非洲社会前殖民时期的教育实践各不相同。重要的是我们应该认识到,所有的社会都具有非常复杂的非正式教育系统来进行知识、技能、价值和信仰体系的代际传递,这些系统有助于进行超越时间和空间的社会再制。某些非洲国家拥有复杂的学徒系统,同时还具备其他教授读写和计算的宗教学校体系,例如遍布非洲穆斯林地区的古兰经学校以及位于埃塞俄比亚的教会学校。

在大多数非洲国家,正式教育和学校教育是欧洲人干涉非洲次大陆所带来的结果,尤其是在殖民统治时期(19 世纪 80 年代至 20 世纪 60 年代)。不过,需要注意的是,早在 16 世纪葡萄牙就在西非沿岸建立了自己的势力,包括传教和设立学校,其中最为显著的是在刚果王国。这种以双方主动参与为特征的欧洲和撒哈拉以南非洲的早期接触(Thornton，1992)被 16 世纪兴起的跨大西洋奴隶贸易所取代。在 19 世纪初奴隶制被有效废止之前,奴隶贸易不仅给那些被奴隶战争、捕俘、"运奴途中"以及在美洲为奴所直接影响的人们带来无可估量的个人伤痛,还对非洲社会造成巨大的破坏。

殖民主义的缘由

正如笔者将要指出的,想要了解殖民经历对后殖民时期非洲学校教育的过程、实践和效力的持续性遗留影响,那么对非洲殖民主义的缘由及其实践进行简要的了解将至关重要。

殖民主义的经济缘由

到了 19 世纪晚期,西欧的工业资本主义越来越多地依赖非欧洲市场的工业产品输出。对大多数位于欧洲国家的工业企业来说,可供输出工业产品的可靠的(非竞争性的)新兴市场被认为是其得以生存和保持盈利的关键。与此相关的是,对那些资源贫乏或是自然资源快速枯竭的欧洲工业化国家而言,用以维持工业/资本家持续扩张的可靠的(非竞争性的)原材料来源是至关重要的。

另一个经济缘由则与资本过度积累危机的主张有关。这种与卢森堡和列宁密切相关的马克思主义的观点宣称,资本主义的内在矛盾导致了利润累积不可能在欧洲内部被吸收,而需要通过殖民扩张(帝国主义)来确保用于投资利润累积的安全地点。

殖民主义的政治缘由

非洲的殖民主义与欧洲民族国家的崛起以及 19 世纪随后兴起的民族主义密切相关。更具体来说，德国的统一和意大利的统一、法国的共和主义以及与此相关的欧洲战争都显示了当时欧洲紧张的政治局势。在非洲(和亚洲)的殖民行动与欧洲的政治环境和竞争的民族主义直接相关。国家的威望直接影响到 1885 年至 1910 年之间对非洲的争夺和快速殖民，即瓜分非洲。政治历史学家们，如罗宾逊和加拉赫(Robinson & Gallagher, 1968)指出，欧洲各民族国家之间殖民企业的"和平"竞争，实际上将第一次世界大战推迟到了 1914 年。通过殖民帝国所建立起来的国家声望是巨大的。欧洲殖民强权们以在非洲和亚洲拥有殖民帝国为豪，殖民帝国使它们原有的地理空间和人口规模成倍增长。

殖民主义的社会和文化缘由

社会和文化因素也推动着非洲的殖民形势。西欧和美国在 19 世纪经历了被称为"大觉醒运动"(Great Awakening)的基督教复兴运动，引发了在非洲和亚洲活跃的基督教传教活动。改变遥远土地上的非基督教人群的"伟大使命"鼓舞着"传教团体"在非洲范围内大力建设传教基地。传教团体通常都大力支持殖民行为，他们认为殖民政权的建立将会创造出实现传教计划所需的大环境。

此外也有一些世俗观点为支持殖民行为提供了重要的意识形态。社会达尔文主义为帝国主义提供了一种"科学"的依据：欧洲人作为优秀的种族，具有先天的权利来征服和管理非洲的次等种族。此外，这种权利还被看作是一种职责——"白种人的责任"——来"教化"非洲的社会和个体。

这些经济、政治和社会文化方面的因素虽然具有潜在的矛盾性，却集中提供了一种结构上的推动力，从而导致了瓜分非洲——1885 年(《柏林条约》)至 1910 年之间非洲的殖民化。在这 25 年间，整个非洲大陆被巴尔干化，分成了 51 个欧洲殖民地，只有利比里亚和埃塞俄比亚逃脱了直接的欧洲殖民统治。但是，这些因素是如何与非洲的正式教育和学校教育发生联系的呢？除了基督教传教任务的需要，殖民化的缘由中还有其他因素会导致非洲学校教育的启蒙和发展吗？要系统地回答这个问题，对非洲殖民主义的具体实践和结构进行分析是必不可少的。不过，这些通过殖民活动来实施的结构和实践也受到了殖民主义缘由的影响。

殖民主义的结构和遗产与殖民地国家

要理解非洲的欧洲殖民主义，必须要有这样的观念：虽然迅速生长的欧洲民族国家在 19 世纪末是世界上最具实力的强权，但它们并非拥有无限的政治、经济和军事资源。国家财富被长期的战争耗尽，而欧洲国家往往需要对自己国家公民不断增长的福利需求做出回应，这种需求来源于快速的工业化和城市化。这些经济和政治的现实冲击并制约着非洲殖民实践的结构，由此产生了在非洲[肯尼亚、罗德西亚(津巴布韦)和南非等移民殖民地除外]的欧洲殖民主义的两类重要议题。

首先是创造收入。每一个殖民地都有责任自负盈亏——殖民地国家所有的经费开支必须来自本地，通过对殖民地人民、商业、矿业和农业进行征税来实现。不过，这些后来的收入来源被殖民国家和殖民资本之间的共生关系所限制。这一点对于理解殖民地政府对学校教育支持——或**缺少相关支持**——的本质至关重要。

其次，主权和安全性的建立和维持是殖民地政府的首要事宜，一些历史学家认为这是殖民政权唯一要做的政治事项。殖民国家议程中缺少对殖民地内部国家合法性的关注，如对人民福利问题的解决以及社会和通信基础设施的发展，还包括对学校教育的支持，这些问题对现代欧洲国家来说至关重要。但很明显,这些并不在殖民地国家的考虑范围之内。

由于这些限制性需要,非洲殖民地国家充满了矛盾:在安全和征税方面给了最高程度的关注(相较于其他国家部门,警察和军队更为发达),然而对国家职能中的其他领域的关注度却是最低的,官僚机构极其不健全,尤其是在民生和社会服务方面,如医疗、教育、住房、饮水、环境卫生、交通和通信基础设施,以及对经济发展和多元化的支持等,而所有这些方面正是现代国家(包括资本主义国家)的核心行为特征。而且,由于税收和国家能力的缺乏,加之霸权行为和对安全的考虑,殖民者采取策略以削弱内部潜在的反对声音(分而治之),并借由基于种族和地域性的"传统权威"(间接统治)进行统治。这些固有的殖民实践对于被殖民后的国家有着长期的破坏性影响(Mamdani,1996;Cooper,2005)。

关于现代国家,以地缘政治意义上的北部国家为例,无论其意识形态或政治倾向如何,都把正式教育看作是一种基本的政治工具,这种正式教育的形式为国家资助的学校教育(Allthuser,1971;Bowles & Gintis,1976;Carnoy,1984;Gutman,1987;Katz,1975;Spring,1985)。管理国家所需要的技能和知识都依赖于一个有效的教育系统。此外,国家承诺支持和促进生产率的提高和经济增长,这反过来又特别依赖熟练、灵活和富有创造力的劳动力——这是高效和灵活的教育系统的产物。最终,国家通过学校利用政治社会化来增强国家和政治系统的合法性。

在很大程度上,殖民地国家并不具有现代欧洲国家给予教育大力支持的特点。殖民地国家不完善的国家性质和能力范围导致对训练有素的官僚的需求有限,除了在国家安全和提供基本职能方面。此外,殖民地生产模式(详见后述)的现状对于受过良好教育和训练的劳动力的需求极小。最后,直到政权晚期,合法性问题都没有成为殖民地国家优先考虑的议题(Cooper,2005;Mamdani,1996;Young,1994)。

由于这些因素,在大多数非洲殖民地,政府对于正式教育/学校教育的支持是有限的。因此,直到殖民时代晚期,仍只有非常有限的几个殖民地国家愿意支持学校教育。至于在拓殖型殖民地(settler colony),其国家机器支持的是开拓者的霸权事务,给予教育的国家资助甚至更为吝啬,这也严重影响了非政府机构提供的学校教育,尤其是那些基督教传教机构。

殖民地国家的遗产

后殖民国家在独立时从殖民地国家继承了一份永久的遗产,这使后殖民国家在促进社会、经济和政治发展方面需要国家的积极参与(在殖民时代几乎没有),同时也严重限制了新生政权的选择。这种政治遗产可以按照以下方式进行简要概括。

第一,后殖民政权所继承的国家往往缺少国家的概念。政治能力的不足以及对削弱内部反殖民力量的需要迫使殖民地国家采取多种"分而治之"的方案,这导致了种族上的区分以及殖民地国家的分裂。因此,后殖民国家的领导人往往面临建立国家身份的巨大任务——对于只拥有有限的政治和经济能力的国家而言,这是一项难以完成的任务。所以,种族问题就成为大多数非洲后殖民国家的主要问题。

第二,后殖民政权所继承的国家结构缺乏民主的政治文化和制度。的确,殖民主义就定义和实践而言是反民主的。除了在独立时所建立的正式选举制度,并无可以支撑民主价值的固有遗产。民主政治文化的缺失,尤其是重要的基本人权和对政治反对派的容忍文化的缺失,使得能力低下的后殖民政权在处理内部反对派问题时,几乎本能地诉诸类似殖民主义的独裁主义。

第三,国家能力不足极大地限制了新的后殖民政权满足其公民的正当诉求的能力。在大多数非洲国家,政府缺乏行政和财政能力去发展和管理能够提升社会福利(医疗、教育、住房、环境卫生等)水平的相关项目,同时也难以提高社会生产力和促进经济发展。由于殖民教育系统不发达,后殖民政府所继承到的受到良好教育和培训的、有经验的政务人员极为有限,而这些人才正是新生民族国家实现发展要务所必需的。

第四,后殖民国家继承了与其他国家部门相比格外发达的维护国家安全的能力,主要是以国家警察和军队的形式存在。因此,当早期的一些后殖民政权面对合法性危机时,转而求助于这些国家机构就不会令人感到惊讶了。同样,当国家政权无法有效地管理国家或是满足民众合法诉求与需要时,殖民时代享有特权的军队能够成功发动政变也就不足为奇了(虽然这一点非常不幸)。

殖民生产模式的遗产

如上所示,按照殖民地的法则,他们的开支不能超过通过当地税收所能筹集到的数额,这就严重制约了殖民地国家获得足够的收入去发展社会经济和进行基础设施建设,与此同时,殖民地法则却帮助殖民资本:(1)从殖民地掠夺原材料和榨取利润,却很少或根本不用于对殖民地的再投资;以及(2)通过阻碍本地产业的发展来确保制成品的市场垄断。

更准确地说,殖民地的经济政策导致了对单一(通常只有一种)收入/税收来源的认可,从而形成了经济学家所说的单一经济(mono-economies)。这种单一经济本质上是攫取性的,比如矿业和农业(在一些殖民地实行大规模的商业种植,同时在另一些殖民地强迫农民种植出口作物)。这种出口导向的原材料攫取产业通常在出口之前并不会在殖民地加工矿产品和农产品。因此,从这种采掘产业中很少或根本不可能产生倍增效应,也无法产生出多样化的殖民地内部经济。

作为殖民地经济扭曲属性的结果,除了用于促进初级产品征收的基础设施,殖民地很少或根本没有进行通信、交通以及金融服务方面的基础设施建设。公路和铁路系统的运行线路是从原材料产地(比如矿区位置)通往海岸,而内陆交通的发展极为有限。此外,直到殖民时代晚期,也没有国家愿意为非洲本土企业的发展提供帮助,这些企业很少获得或根本无法得到贷款和其他重要金融服务。的确,在移民国家中,非洲人的创业精神被遏制,以免与欧洲移民形成竞争。

经济遗产

殖民主义的经济遗产与政治遗产相比,如果有什么区别的话,那就是前者的问题要比后者更为严重。非洲绝大多数殖民地以出口为导向的采掘性单一经济,导致了扭曲的资本主义体系的制度化,从而在结构上制约了利用非洲巨大的潜能和机遇(来自与日俱增的世界经济全球化)来发展市场驱动型(或中央计划型)多元产品经济的可能。因此,大多数非洲后殖民政府税收不足,没有足够的资金去扩大极其薄弱的基础设施建设或满足部分民众对社会服务的合理需要。

这种经济遗产直接影响了后殖民非洲的学校教育。最为明显的是,国家收入不足阻碍了正式教育的快速发展,抑制了这样一种普遍假设,即学校教育对于提高生产力和发展经济而言至关重要。但不为人注意的是,也就是笔者将要指出的,学校教育体系的发展和制度化变得有害无益,它已经被扭曲的殖民生产模式的现状所牵引。后殖民非洲的就业机会和殖民时期的非洲一样主要集中在公共服务部门,这形成了一种远离了创造力、问题解决能力和创业精神的学校教育体系。

殖民主义的社会和文化遗产

殖民主义的社会和文化遗产在整个非洲并不统一。在殖民时代后期,一些殖民地的城市化迅速发展。以矿业为支柱产业的国家比如刚果、北罗德西亚(赞比亚)尤其如此。然而,在某些殖民地,绝大多数地区依然是农村。这些殖民地的社会和文化混乱情况不像其他更为城市化的殖民地那么严重。但是,一些以农村为主的殖民地,比如非洲中南部的马拉维和西非的布基纳法索,也经受了严重的社会混乱,因为他们成了为邻近殖民地的采矿业和种植经济服务的廉价劳动力(劳动力迁移)来源地。

正如笔者前面指出的,上述的殖民主义行为是文化的、经济的和政治的行为。殖民主义建立在一种种族和文化优越性的意识形态之上,从而使那些恶劣的种族歧视和政权压迫的行为得以正当化,这不仅仅是针对殖民者(以及大都市的民众)而言,还包括被殖民者。殖民文化机构——包括学校——采取一种双重策略来美化欧洲文化,同时贬低非洲的文化、价值和世界观。这种策略的**成功**被佛朗茨·法农(Franz Fanon)称为"非洲思想的殖民"(colonization of the African mind),而广受争议的是,这也成了殖民主义和殖民教育体系的永久性遗产(Fanon,1963;Carnoy,1974;wa Thiong'o,1986,1993)。

殖民与后殖民时期非洲的学校教育与正式教育

殖民时期的教育政策和实践

有关非洲殖民地教育和学校教育的学术成果非常之多,尽管在研究侧重方面不够均衡。相当多的学术成果聚焦于欧洲和北美的教会在非洲正式教育的建立和扩张过程中所扮演的角色。其中,西比勒·库斯特(Sybille Kuster)(Kuster,1998:330—369)对有关非洲殖民教育的学术研究进行了综合且全面的文献综述。但是,评论甚至试图去总结这份文献已经超出了本文的范围。相反,笔者将试图提供一种关于殖民地学校教育的批判性综述,因为这种殖民地学校教育在多样化的殖民地地区有明显的差异,而它给非洲后殖民国家的制度性遗产也不尽相同。

对殖民教育政策和实践的批评强调两处主要的具有潜在矛盾的缺陷:不作为之过——大部分非洲国家分配给学校教育的资源很少;职权之过——有意利用学校教育(课程、学校组织结构、课程辅助活动)来**殖民化**非洲学生的思想,并**错误地教育**他们。的确,除了个别明显的特例之外,独立后的殖民地所继承的学校教育系统只能满足很少比例的学龄人口。备受质疑的是,学校作为殖民意识形态机构,在功能上远不止培养一位从小接受教育的精英并凭借其教育经历而注定将成为非洲后殖民国家的领导人那么简单。虽然我们应当重视意识形态的继承和内化对非洲教育的长期负面影响,但更为持久的负面遗产则是这种殖民教育系统的制度化和结构化。这种教育系统反映出了殖民政治体系的现实情况:其核心部分是不民主的,并且在结构上与国家对社会和经济发展的干涉是相对立的。杂糅的殖民资本主义阻碍了国家对经济的有意义的干预、市场力量的"解放"和企业家精神的释放。

非洲殖民主义的政治和经济现状产生了一种社会生态,它挑战着各方利益相关者为学校设定的目标和计划,并以此塑造和限制着殖民地的教育实践。然而,殖民地教育实践的实际发展和制度化深受核心利益相关者(当他们力图实现教育目标时)与殖民地政治经济现实制约之间的相互关系的影响。因此,要想理解这种可能会失调的教育体系的结构化,那么了解殖民地主要利益相关者如何参与教育政策和实践将至关重要。这一总结必然是较为笼统的概述,它并未能考虑到非洲殖民地教育经验的多样性。

殖民地国家

殖民地国家对于非洲学校教育的态度主要受两大事宜影响:税收和国家效能。由于严重的税收制约(见上文),学校教育作为国家财政的消耗品在殖民时代晚期之前都不是优先事项。假如税收创造在当时依赖于一种需要技术型劳动力的多元化经济,那么这一趋势或许会面临挑战。

但是，正如上文所提到的，居支配地位的殖民地生产模式是原始的和采掘式的，依靠的是廉价、未经训练且经常流动的劳动力。因此，为发展拥有娴熟技能或**遵守纪律**的劳动力而对学校进行大规模投入对于殖民地计划的实现而言并不是必需的。然而，旨在建立高效政府的殖民地国家机器依赖于小型但在整个殖民时代不断增长的支持性群体，即非洲的国家工作人员或低阶官员：文书、翻译、教师、医疗助理以及对于国家安全至关重要的警察和士兵。由于这些需求受到殖民国家有限的能力的限制，因此对学校教育的需求并不多。移民建立的殖民地国家，比如南非和南罗德西亚（津巴布韦），对教育的投入甚至更为吝啬。重要的是，直到独立前夕，在所有殖民地中，殖民地国家依然是最大的雇主。殖民教育体系反映了这一现实，它以满足政府主导的雇佣经济的需要来引导学校的课程和实践。

殖民资本

在 20 世纪 40 年代末期之前，殖民地的生产模式致使国家对熟练劳动力的需求极其有限。矿产挖掘和农耕活动并不需要具有识字和计算能力的劳动力。因此，有别于欧洲和北美 19 世纪末的工业化情形，由于缺乏对稳定、技术娴熟和训练有素的劳动力的需求，殖民资本并不主张在非洲殖民地开展面向大众的公共教育。第二次世界大战之后，这一情形在许多非洲殖民地发生了变化，因为经济的发展需要更为合理和稳定的劳动力。然而，即便是在发生这一变化的殖民地，就业机会依然集中在国家机关，学校课程也并未进行重大改革以满足潜在的多元化经济的需要。

传教士

在大多数非洲殖民地，学校教育（除了古兰经学校）属于传教士和传教机构掌控的领域。非洲的殖民化与北美和西欧新教圈的"宗教大觉醒"同时发生。基督教传教行为的职责通过"本土异教徒"的皈依得到体现。传教计划可以总结为"三个 C"——基督教（Christianity）、商业（commerce）和文明（civilization），并被新教徒（和天主教徒）认为是使非洲从"异教深渊"中"逃离"出来的重要因素。不同于殖民政权和殖民资本，传教士们认为学校教育对于实现这三个"C"来说至关重要。为了实现这个计划，传教士们采用了一种以"四 R"为中心的基础课程，即读（reading）、写（writing）、算（arithmatic）和宗教（religion）（Metzler，1988）。

然而，由于严重的财政制约，传教教育依然只覆盖了非洲殖民地的少部分学龄人口。虽然传教机构管理着非洲撒哈拉以南的绝大多数学校，但他们仍然依赖于财政困窘的殖民地国家的善意和援助。

非洲人民的反应

非洲人民对于殖民教育计划的反应并不一致，同时随着时空的变化而变化。但总体而言，非洲人民对教会学校仍持怀疑态度，尽管认为它对非洲人民来说存在工具/功能性价值，无论是个人还是特定组织形式。在殖民时代中期，当非洲人被拽进殖民地经济之中，他们认为特定类型的学校教育的价值有助于实现经济的稳定和相对繁荣。他们理性地主张**学习书本知识**（与传教士推动的**适应性**教育截然不同），因为这能为他们提供在国家机关主导的就业市场中找到工作所必需的文凭。非洲人以此方式积极从事和参与了非洲殖民地教育实践的结构化。

因利益间的相互作用而辩证形成的教育政策和实践在各殖民强权（法国、英国、葡萄牙和比利时对于殖民地学校教育的观点并不相同）中并不统一，或者说在不同殖民类型中也不尽相同（移民殖民地、保护国和传统殖民地处理学校教育问题的方式存在差别）。

殖民地教育实践的辩证

从一开始,非洲殖民地教育行动的核心问题和争论点就聚焦于课程,即应该教授什么内容。这一问题并没有统一和简单的答案。法国倾向于采取精英主义的立场——只有一些经过选拔的殖民主体才能接受学校教育,这反映了法国的**同化**政策。葡萄牙仿效了类似的形式,但不及法国大度。英国最初支持一种更为广泛的教育,同时课程以非洲社会的(他们所理解的)现实情况为基础。比利时在刚果(以及卢旺达和布隆迪)支持传教机构在资金允许的情况下为尽可能多的孩子提供初等教育,但他们家长制的政策并不认为非洲人民需要或有能力进行中学或高等教育。因此,在 1960 年刚果独立时,这个面积和西欧一样大的国家却只有不到 50 名大学毕业生。

移民殖民地(南非、罗德西亚、肯尼亚、安哥拉和莫桑比克)则有完全不同的方向。移民们对于非洲人的学校教育存在普遍疑虑,他们认为受过教育的非洲人可能会增加政治上的挑战,并将与白人竞争需要技能和专业的就业机会。因此,针对非洲人的教育在移民殖民地要比在其他殖民地更为受限。

案例研究：适应性教育(英国殖民地)

英国在 20 世纪 20 年代和 30 年代发起**适应性教育**(adaptive education)行动,对这项饱受挫败的教育行动的简要案例研究表明了在发展外来教育系统时遇到的诸多困难,这种外来的教育系统与殖民地政权的现状之间存在着基本矛盾。

传教士(主要是新教徒)希望提供一种能够**适应**非洲社会(当然是他们所理解的)现实/需要的教育。因此他们推广能够促进农村地区社会经济发展的课程。适应性教育本身是美国南北战争后针对南方被解放黑奴的一种教育政策和实践的适应,相关例证可见布克·T.华盛顿(Booker T. Washington)的研究。

出于对传教士鼓动的回应,英国殖民部支持菲尔普斯－斯托克斯委员会(Phelps-Stoke Commissions)前往非洲的英国殖民地(20 世纪 20 年代的 3 处殖民地)。他们的报告是有关**适应性教育**在非洲的设想的最成熟阐述。该委员会的报告主张,课程的开发和实施将促进:

· 品性的发展——反映了传教士的这一认知,即非洲文化是有缺陷的,而适当的学校教育可以帮助他们克服传统非洲文化的影响,并促进为实现非洲社会基督教化、商业化和文明化(即 3 个"C")所必需的性格特征的形成(Jones, 1925：265)。

· 医疗和卫生事业——推动疾病预防行动。

· 与当地社会环境现实相关的生产技能——有关**科学种植**的农业技能和"工业"技能,比如木工、石工、金属锻工、家具制作、裁缝(男性的工作)以及刺绣、营养学和作为母亲的技能(女性的工作)(Jones, 1925：265)。

· 促进家庭生活——照顾和教导孩子,"基督家庭"的建立——在性别角色和关系、建筑、生活空间组织和睡眠安排方面的改变——"基督家庭是文明最基本的组织单位"(Jones, 1925：266)。

· "健康的消遣活动"——对非洲的娱乐活动持严重的怀疑——音乐和舞蹈在最好的情况下也会阻碍性格的发展,而在最坏的情况下甚至会鼓励异教信仰——取而代之的是有组织的体育活动——这与维多利亚时代认为学校体育活动是性格发展的重要工具的观点有关(Jones, 1925：267)。

实践的现实情况

尽管有传教机构和英国殖民部的强力支持,**适应性教育**(如同在非洲其他地方进行的其他传教活动一样)并没有真正得到实施。由于政治经济和教育实践当中存在的结构化/系统化矛盾和分歧,整个非洲殖民地的学校教育难以跟上教育政策的步伐。

由于殖民地财政的实际情况,甚至连最小的教育目标都无法获得资金支持。尽管存在"殖民主义将给非洲带来发展和'文明'"这样的说辞,但殖民地国家和传教机构财政匮乏的经济现实却导致即使在最富裕的殖民地,比如加纳和尼日利亚,建立学校教育依然是过于奢侈的事情。

同样重要的是,诸如适应性教育的教育行动还面临非洲民众的不断抵制。这些反对的声音并不是针对学校教育这一理念本身,实际上,到了 20 世纪 30 年代,学校教育已经被认为是个人发展所必需的工具。相反,反对的声音主要集中在教育机会不足的问题上,同时也聚焦于课程问题。殖民地主体意识到,鉴于殖民地政治经济的现实状况,**适应性教育**并不会产生机会。在农村地区,创业(这是**适应性教育**的重点)的机会极其有限。在殖民地的政治经济中,只有"书本知识学习"或学术教育才能带来经济发展和安全。有保障的工作几乎只集中在政府部门当中,而不是在私营部门,更不用说农业和农村领域了。

总而言之,在非洲建立的殖民地教育体系是外来的。这和 19 世纪晚期欧洲和北美的情况并不一致,由于这些国家的社会、经济和政治环境,面向大众的公共教育在欧洲和北美得到了有组织的发展,虽然这种发展存在巨大争议。然而,殖民地非洲的学校教育是外来输入的,缺乏与当地社会的任何**联系组织**。学校教育被殖民地国家和传教士们看作是帝国事业的一项重要工具。因此,他们制定教育政策,并设想学校教育在更宏大的殖民行动中发挥的具体作用。然而,殖民实践的现实,以及重要的是,非洲民众在实际教育实践中的积极参与,共同塑造和构成了一种杂糅的教育体系,这种教育体系反映了非洲殖民主义的现实,但要对后殖民社会的经济和政治事务做出回应还存在潜在的困难。

后殖民国家、国家建设以及学校教育的必要性

尽管存在殖民地时期令人沮丧的记录,但是当 50 年前非洲国家第一次独立浪潮到来时,人们依然充满了乐观情绪。非洲的正式公民和他们的新生政府期望着殖民统治的正式结束将带来一个拥有真正政治权力的时代,而这反过来又将促进政治经济的发展和繁荣。这种乐观的看法也被世界领袖们和早期的国际发展专家们所认同。

形成这种早期乐观主义的部分原因是出于对正式教育的作用和效力的坚定信念。来自意识形态的不同领域且代表着多元学科和不同理论观点的国际发展与教育领域的专家们却共享了一种被彼此认可的正统观点,即教育是非洲政治、社会和经济发展的至关重要(有人认为是决定性)的组成部分。

这一正统观点基于两种核心主张:学校教育是所有人不可被剥夺的权利,以及受过教育的公民是政治、社会和经济发展的**必要**条件。这一共识得到了所有新独立的国家政权的全面支持,这些政权普遍认为,教育不仅有助于培养经济上有生产力的公民,为经济发展提供必要的人力资本,还能通过提供具备必要专业知识的足够熟练的官僚体系,协助一个极度不发达的国家结构,创造性地应对后殖民国家巨大的发展计划。极为重要的是,这种教育正统观念被新生的后殖民民族国家中高度政治化的公民所广泛接受,他们坚信,提升各层次教育的入学机会对于改善他们自己以及子孙后代的生活水平是至关重要的(Fagerlind & Saha,1989)。

　　诺贝尔经济学奖得主西奥多·舒尔茨(Theodore Schultz)主张在学校教育、人力资本和经济发展之间存在一种明确的因果关系(Schultz, 1961, 1963)，这也得到国际上许多著名经济学家的认同。其他社会科学家则断言，后殖民非洲民族国家的学校教育扩张与高效的政治体系(这种政治体系是民主的，并有能力满足相关公民的正当需求，同时还能够发展和实现有效的社会经济政策与项目)的发展之间也存在这样一种类似的联系。更具体地说，阿尔蒙德和鲍威尔(Almond & Powell, 1966)、科尔曼(Coleman, 1965)、罗斯托(Rostow, 1960)以及佐尔伯格(Zolberg, 1966)等学者们指出，学校教育对于培养摆脱原生纽带和价值观的公民而言是必不可少的，这些公民具有一种主要的身份，这种身份与"部落"或种族群体无关，而与民族国家相联系；这些公民准备积极投身早期后殖民民族国家的计划。学校——就其定义来说是现代化的——是唯一具有潜力能够培养愿意打破与压抑的传统之间联系的现代人的机构。有意思的是，直到20世纪80年代晚期，女童和妇女的教育才被西方的专家和资助者赋予优先权。

　　新生的后殖民非洲政权对于正式教育的扩张也有明确的政治原则。首先，存在维护国家统一的迫切需求。绝大多数非洲后殖民民族国家是多种族、多语言和多宗教国家。殖民政权通过分而治之政策和间接统治来有目的地突出差异性。因此，除了少数国家以外(比如博茨瓦纳、莱索托和斯威士兰)，非洲民族国家对于**国家**身份并没有系统的意识。要想取得政治的发展，并避免政治混乱和崩溃，就必须建立和培养国家主义的观念。在公民社会中没有现成的制度可以产生国家认同感和对国家的忠诚。因此，学校(以及大众传媒，尤其是无线广播和当地语言的报纸)被认为是培养国家认同感和对国家的忠诚这一迫切需要的重要工具。因而在整个非洲，公民教育就成为后殖民学校课程的核心部分。在许多非洲国家，为了更进一步发挥学校的政治功能，学校被强制成为公开主办党派(亲政府的)的政治**俱乐部**，来推动对现任政权的认同和效忠。

　　其次，新政府认识到学校教育对于提升国家能力的重要性。新政府继承的殖民国家严重缺乏能力，尤其是涉及它要面对的大量社会和经济重任的能力。"现代"社会、经济和通信基础设施的发展和维护依赖于受过教育和相应训练的技术型政府行政人员。因此，为了满足对技巧娴熟的国家公务人员的需求，正式教育的快速扩张至关重要。

　　再次，后殖民政权的上台得到了大众的普遍支持。这些政权热衷于维护这种合法性。然而，对政权——政权合法性——的支持建立在满足新公民重要愿望的能力之上。在这些愿望当中，最为普遍的愿望是扩大接受正式教育的机会(原因如上所述)。在教育方面(以及其他社会基础设施建设，如医疗、住房和公共卫生等)无法兑现承诺对新政权的合法性来说将是一场灾难。

　　最后，在政治方面，和那些确信**现代化**的重要性的西方社会学家并无不同，许多第一代的非洲后殖民国家领导人也相信经济和政治目标的实现依赖于在公民当中培养"新人"。有趣的是，这在一些试图奉行准社会主义发展模式的国家当中体现得最淋漓尽致，如几内亚、莫桑比克和坦桑尼亚。学校成为培养"新人"的主要机构，这些"新人"的世界观、价值观和理念与国家的现代化进程保持一致。

文化发展

　　后殖民政权也将学校看作是文化工具。民族主义领导人意识到发展国家文化象征的必要性，例如音乐、舞蹈、表演和艺术。"重新发现"、恢复和积极庆祝传统文化活动被视为重要内容，因为"传统"文化活动通常被殖民政权所诋毁。学校再一次被认为在这些事务中扮演核心角色。

学校教育的扩张

　　由于对正式教育的改善力量抱有坚定信念，许多非洲国家前所未有地(相对于政府给予的其他社会福利和对基础设施的资助）加大了对正式教育的支出。的确，到 20 世纪 80 年代中期（在非洲大多数国家发生严重的经济衰退之前），许多非洲国家都实现了普及初等教育的目标，而且中等教育和高等教育也取得了显著的提升。

在学校教育的发展目标方面，新生的后殖民非洲政权通常遵循一个三重目标：对普及初等教育的承诺，同时保证教育质量；扩大中等教育以满足国家对人力资源的需求，并回应民众的愿望（但没有国家试图普及中等教育）；扩大高等教育：至少建立一所国立大学以及若干专科学院——工程、医疗和教师培训。然而，即使是在 20 世纪 80 年代后期经济停滞和结构调整计划实施（这两者都对学校教育产生了负面影响）之前，这一事实就已经很清楚：正式教育的扩张既没有给经济发展和安全、政治体系的能力、民主化或稳定性带来预期的红利，也没能显著改善多数非洲民众的生活机会。尽管这种观点越来越受到认可，即正式教育虽然十分重要但并不足以实现发展目标，但是这一观点并没有显著降低后殖民国家对教育的承诺，也未能阻碍民众对增加学校教育机会的需求。然而，这些现实情况导致了对政策问题的重新审视，这些问题被纳入随后展开的后独立时期的政策讨论之中。对于后殖民时代的教育政策和实践话语而言，有四个问题至关重要。萨莫夫（Samoff，1992）等人为这些问题提供了更为具体的分析和全面的文献综述。

首先是课程关联性的问题。适应性教育被废弃之后，殖民地课程在很大程度上是"学术性的"（**书本知识学习**），目的在于培养低级别的国家公务人员。因此，这些课程很少强调技术和专业技能（尤其是在高等教育领域，人文学科占据支配地位）。由于这种传统的存在，在后殖民时代，相当多的民众反对改变课程（除了将历史、地理和文学课程非洲化）。在后殖民时代，课程的核心依然具有强烈的学术导向。家长和学生基于殖民政治经济的现实，认为传统型的重视人文学科和非应用型社会与自然科学的"学术性"教育（书本知识学习）对于在政府部门就业来说是必不可少的。这种观点由于后殖民经济的现实情况而得到强化。后殖民经济因为受到殖民遗产的制约，仍然以殖民时期的生产模式为主导，通常无法实现多元化经济，也同样无法在"传统的"政府/公共部门之外（包括个体经营）提供就业机会。

然而，到了 20 世纪 80 年代，一些国内外的教育政策专家提出，为了给年轻人提供成为企业家和/或使经济多元化所必需的技能、态度和经验，一场重要的（并不是激进的）课程改革是必不可少的。

第二个核心问题集中在学费方面。大多数非洲国家独立之后对所有教育层次都给予了巨额补贴，并继续承诺给予所有公民平等的教育机会。但是，鉴于学校教育开支的真实情况，如果没有家长/学生来分担部分的学校教育开支，大多数后殖民国家都难以实现他们的教育目标（包括普及初等教育）。这一观点得到了世界银行和国际货币基金组织的推动，它们在 20 世纪 80 年代中期开始实施外部强加的经济结构调整计划（Economic Structural Adjustment Programs，ESAPs）。在许多实施经济结构调整计划所建议的教育财政改革的国家，参与所有教育层次的学生入学数量均有所减少——同时没有一个非洲国家实现了初等教育的普及，这是 8 个千年挑战目标之一（Birdsall *et al.*，2005）。

第三个问题在于某一层次的教育相较于其他层次的教育享有优先权。在过去的 20 年间，世界银行和其他双边计划（基于它们的研究）推动着优先发展初等教育的教育政策，他们指出，其研究已经非常明显地表明，初等教育的扩张在社会和个人两方面都具有最高的回报率。然而，非洲政府和民众对这种政策趋势并不感到满意。他们认为中等教育和高等教育对发展而言也是必不可少的。此外，非洲的专家们也指出，没有受过大学教育的专门人才，非洲国家将（并将继续）依赖外来的技能和知识。他们声称，非洲的大学是非常有必要的，不仅仅是为了提供受过训练的人力资源来解决非洲的问题，也是为了寻求解决这些问题的内生和关联的方法——这些方法不依赖于或受制于西方或全球有关知识生产的认识论或范式。

第四个主导后殖民教育政策和实践议题的核心问题是性别。从 20 世纪 80 年代开始，人们越来越认识到性别对于处理与后殖民非洲社会经济和政治发展相关的问题的重要性。女性一直在非洲社会经济活动中扮演核心角色，但即便如此，如同在**西方**一样，女性通常被排除在拥有决策权力和声音的政治地位之外。这一现实导致在非洲各层次教育入学机会方面存在性别偏见。因此，目前几乎达成一致的看法是，女童和妇女应该在教育体系所有层次的正式教育上都享有平等的受教育权利。这不仅仅是一个重要的人权和平等问题，社会、经济和政治的发展以及本地社区和国家的福祉都依赖于受教育女性的积极参与。基于这一理解，在过去的 10 年中，几乎所有多边（世界银行、联合国教科文组织、联合国儿童基金会）和双边（美国国际开发署、英国文化委员会、英国教职工与教育发展协会等）资助的教育项目都将性别平等问题置于优先地位（关于非洲学校教育的性别问题的详细分析和综合文献，参见 UNESCO，2003）。

结语：全球化与非洲教育

新千年见证了非洲乐观情绪的高涨。从 20 世纪 90 年代开始，非洲经历了一场重大的民主化浪潮，这被一些学术界评论人士称为**"非洲的第二次独立"**。同样，在过去的 10 年中，整个非洲大陆也保持着稳定的经济增长率。2002 年非洲联盟的成立及其对现实可行的（也可以称为雄心勃勃的）非洲发展新伙伴计划（NEPAD）的接受也增强了这种乐观情绪。

然而，尽管取得了这些进展，非洲在很多方面依然被内部和地区间的政治冲突，以及殖民主义和冷战的长久性遗留影响所困扰。在经济方面，无论增长与否，非洲依然是普遍贫困的大陆，超过三分之二的人口每天依靠不到 2 美元的收入生活。

对全球化给非洲造成的影响进行全面的评价还为时过早。虽然世界的"扁平化"无疑会为某些非洲国家带来经济增长的机遇，但鉴于非洲经济和政治严重欠发达这一历史遗留问题，真正需要关注的是，非洲国家当前的状态无法应对全球体系的竞争，这导致非洲在一些重要的领域进一步被边缘化。

在过去 10 年中[①]，普遍的经济复苏和国际社会的援助使大多数非洲国家的学校教育得以恢复和扩张。的确，一些国家，比如博茨瓦纳、毛里求斯和南非，准备到 2015 年实现普及初等教育的千年挑战计划。然而这些成果依赖于外部资助来支持所有阶段的教育系统，这限制了非洲政策决策者们的自主性。世界银行以及双边援助国在很大程度上都是依据非洲以外的专家所制定的实施政策来提供贷款和补助。因此，应该真正关注的是：（1）考虑到地方自治权较少，关于什么才是好的教育实践的问题越来越受到外界的支配；（2）由于有限的本地投入，关于什么是知识以及它是如何产生、创造、建构、分布和运用的问题也将由非洲之外的势力主导。在知识建构、评价和分配进程中的积极参与取决于在全球社会中拥有的**权力**——而非洲极少拥有这种权力，因此非洲自己的声音在全球教育议题中被消除了，即便它影响着非洲的发展道路。

当全球联系面临资本化，尽管大力培养本土参与的正式教育和知识生产并不像历史所证明的那样足以克服非洲发展的社会、经济和政治结构障碍，但它仍然是必不可少的，是实现发展的**必要条件**。

参考文献

Almond，G.，& G. B. Powell Jr.（1966）. *Comparative Politics: A Development Approach*. Boston：Little

①　本文写作时间为 2006 年前后。——译者注

Brown.

Althusser, L. (1971). *Lenin, Philosophy and Other Essays*. New York: Monthly Review Press.

Ayittey, G. (2002). *Africa Betrayed*. New York: St. Martins Press.

Barnett, T., & A. Whiteside (2006). *AIDS in the Twenty-First Century: Disease of Globalization* (Second edition). London: Palgrave Macmillan.

Bayart, J.-F. (1993). *The State in Africa: The Politics of the Belly*. London: Longman.

Birdsall, N., R. Levine, & A. Ibrahim (2005). *Toward Universal Primary Education: Investments, and Institutions*. London: EarthScan and the Millennium Project.

Bowles, S., & H. Gints (1976). *Schooling in Capitalist America*. New York: Basic Books.

Carnoy, M. (1974). *Education as Cultural Imperialism*. New York and London: Longman.

Carnoy, M. (1984). *The State and Political Theory*. Princeton: Princeton University Press.

Chabal, P., & J.-F. Daloz. (1999). Africa Works: Disorder as a Political Instrument. Oxford: James Curry. Coleman, J. S. (ed). (1965). *Education and Political Development*. Princeton: Princeton University Press.

Cooper, F. (2005). *Colonialism in Question: Theory, Knowledge, History*. New York: Cambridge University Press.

Fagerlind, I., & L. Saha (1989). *Education and National Development* (Second edition). Oxford: Pergamon.

Fanon, F. (1963). *The Wretched of the Earth*. New York: Grove Press.

Gutman, A. (1987). *Democratic Education*. Princeton: Princeton University Press.

Hyden, G. (2006). *African Politics in Comparative Perspective*. New York: Cambridge University Press.

Jones, T. J. (1925). *Education in Africa: A Study of East, Central and South Africa by the Second Educational Commission Under the Auspices of the Phelps-Stokes Fund in Cooperation with the International Education Board*. New York: Phelps-Stokes Fund.

Katz, M. B. (1975). *Class, Bureaucracy, and Schools: The Illusion of Educational Change in America*. New York: Praeger.

Kuster, S. (1998). *African Education in Colonial Zimbabwe, Zambia and Malawi: Government Control, Settler Antagonism and African Agency, 1890 – 1964*. Hamburg: Lit Verlag.

Mamdani, M. (1996). *Citizen and Subject: Contemporary Africa and the Legacy of Late Colonialism*. Princeton: Princeton University Press.

Metzler, J. (1988). S*tate, Settlers, Missionaries and Rural Dwellers: A Comparative Historical Analysis of the Politics, Economics and Sociology of Educational Policy in Colonial Northern and Southern Rhodesia*. Unpublished doctoral dissertation, University of Wisconsin, Madison.

Poku, N., & A. Whiteside (Eds.) (2004). *The Political Economy of AIDS in Africa*. Burlington: Ashgate.

Robinson, R., & J. Gallagher (1968). *Africa and the Victorians: The Climax of Imperialism*. New York: Anchor Books.

Rostow, W. (1960). *The Stages of Economic Growth: A Non-Communist Manifesto*. Cambridge: Cambridge University Press.

Samoff, J., J. Metzler, & T. Salie (1992). Education and Development: Deconstructing a Myth to Construct Reality. In A. Seidman & F. Anang (Eds.), *21st Century Africa: Towards a New Vision of Sustainable Development*. Trenton: Africa World Press.

Schultz, T. (1961). Investment in Human Capital. *American Economic Review* 51(1): 1 – 17.

Schultz, T. (1963). *The Economic Value of Education*. New York: Columbia University Press.

Spring, J. (1985). *American Education: An Introduction to Social and Political Aspects* (Third edition). New York: Longman.

Thornton，J. (1992). *Africa and Africans in the Making of the Atlantic World*. New York：Cambridge University Press.

UNESCO (2003). *Gender and Education for All: The Leap to Equality* (*2003*). Paris：UNESCO.

Wa Thiong'o，N. (1986). *Decolonizing the Mind: The Politics of Language in African Literature*. London：John Currey.

Wa Thiong'o，N. (1993). *Moving the Centre: The Struggle for Cultural Freedoms*. London：John Currey.

Young，C. (1994). *The African Colonial State in Comparative Perspective*. New Haven：Yale University Press.

Zolberg，A. (1966). *Creating Political Order: The Party States of West Africa*. New York：Rand McNally.

18. 教育转型的多样性：中欧、东南欧和苏联中的后社会主义国家

伊维塔·西洛娃（Iveta Silova）

　　中欧、东南欧和苏联的前社会主义国家仍然具有很多共性，尽管就社会政治发展而言，它们形成了越来越多样化的地区。其中最突出的特性在于它们都拥有社会主义的前身，以及自 1989 年之后，它们各自在政治、经济和社会领域规模进行的庞大且意义深远的转型。尽管上述地区各国都声称它们渴望拥有民主、资本主义和市场经济的新价值，但转型进程在整个地区并不均衡。到 2007 年，有 10 个国家成为欧盟的新成员国，分别是保加利亚、捷克、爱沙尼亚、匈牙利、拉脱维亚、立陶宛、波兰、罗马尼亚、斯洛伐克和斯洛文尼亚，这标志着开放、自由的社会在这些地区的出现，至少部分根植于对法治、人权和经济自由的尊重。但是，在东南欧和苏联地区的一些国家，伴随着民主和自由市场还出现了"高度的独裁主义、集团主义、任用亲信和国家对经济生活的干预"（Freedom House，2005）。"很少或根本没有反对派政治组织和独立公民行动的活动空间"（Freedom House，2005）。它们当中大约三分之一的国家在转型期间经历过武装冲突，对各个领域造成了毁灭性的影响。①

　　鉴于这种社会政治背景的多样性，我们很难将中欧、东南欧和苏联的国家看作是一个同质的区域来讨论。不过，这些国家在教育方面存在若干共性，这体现在他们从社会主义政权继承的一些教育遗产，以及他们宣称的对西方教育价值的渴望。其中，具有积极意义的教育遗产包括与教育规章和管理有关的坚实的基础设施、面向所有孩子的免费教育、几乎普及的普通教育以及较高的识字率。在教育质量和综合性方面，集中供给的社会主义教育无疑有助于形成一定程度的社会凝聚力（Heyneman，1997，2000），并对政权提供真正的合法性支持。在社会主义时期，教育形成了一种广泛的公众期待，即对提供低廉或免费的、具有平等主义基础的学校教育的期望（Silova *et al.*，2007）。尽管有上述这些成就，后社会主义国家的教育体制也存在着刻板的官僚化、狭隘且非自愿的职业化特点（Johnson，2004）。它们在制度上是碎片化的——教育系统具有不同层级、教育培训被划分给不同的分支部门，造成效率严重低下。这种教育系统的特点还在于它具有统一且异常严格的教学法和正规的"教学"观念、教师权威和教师中心的学习方式、负担过重的由政府制定的课程以及对学生学习的质量和个性关注不足（Johnson，2004；Silova，2002）。

　　社会主义集团的瓦解为上述地区国家重新思考教育供给的目的，修正教育系统的结构、内容和过程提供了新契机。尽管各个国家的背景不尽相同，但整个区域有关教育转型过程的辞藻却惊人相似，标志着从社会主义教育政策向更西方导向的政策的转变。就像比尔兹（Birzea，1994）指出的，所有的后社会主义国家，至少在官方辞藻上，采用了"这样或那样的西方意识形态"（Birzea，1994：55）。在这种背景下，"向其他地方学习"成了教育转型的中心原则之一。从中欧的后社会主义国家到中亚的后苏联国家，新教育当局的口号已经变成了"民主化""非集权化""自由化""多元化"和"学习的人性化"。教育转型过程涉及教育系统的所有方面，在教育

---

　　① 社会主义集团瓦解后，在高加索（包括 1988 年至 1994 年在亚美尼亚和阿塞拜疆，1990 年至 1994 年在格鲁吉亚）、中亚（包括 1989 年至 1991 年在费尔干纳河谷，1992 年至 1993 年在塔吉克斯坦）、苏联加盟共和国（包括 1992 年至 2001 年在俄罗斯联邦北高加索，1992 年在摩尔多瓦）以及前南斯拉夫共和国（包括 1991 年至 1995 年在前南斯拉夫，1997 年至 1999 年在南斯拉夫联盟共和国，2001 年在前南斯拉夫马其顿）爆发的武装冲突。

财政、管理、课程、教科书、考试和评价系统、教师教育以及教育基础设施建设等方面引发了深刻变化。

虽然他们试图在西方民主化的基础上改变教育，但大多数国家要面临"得意的西方化和绝望的后列宁主义的无能为力"之间的观念分歧（Hanson，1997：228）。一方面，他们有加入西方联盟的强烈愿望，伴随着日益增长的国际压力，要按照多元主义、人权和宽容的西欧价值以及文化和语言的多样性来重新定义国家教育政策。另一方面，转型过程受到社会主义遗产的限制，这表现在"相对脆弱、易变和摇摆的国家定位，在公共事务上缺乏统一认识，以及因不同形式的共产主义或民族主义思想形态中具有的吸引力而导致的社会脆弱性"（Barkey & von Hagen，1997：187）。在这样的环境中，教育转型并不一定反映了"旧的"社会主义政策和实践被"新的"西方的相关内容所替代的情况（Silova，2006），反而卷入了国内外不同团体之间重大的观念纷争和无休止的权力争斗之中，试图对苏联解体之后中欧、东南欧和苏联各国所渴望栖息的新地缘政治教育空间进行重新定义。

本文运用教育借鉴的概念，考察在整个后社会主义地区教育转型过程的多样性，并讨论不同的教育体系是如何应对自1989年以来急速变化的政治、经济和社会环境的。本文探讨中欧、东南欧和苏联地区教育转型过程的源头、维度和走向。通过突出转型过程的政治本质，以及每个具体国家历史、政治、社会和文化背景的独特性，本文指出，后社会主义的教育转型将形成复杂、动态的过程，从而不可避免地导致多元化的结果。

理论视角

在后社会主义的文献中，有关政治、经济和社会转型（或"转型学"）的研究是最为影响政治学家的因素之一，它影响了政治学家对一系列围绕社会主义集团解体而产生的实质性、情景性和方法论问题所交织成的复杂网络的看待方式（Silova & Magno，2004）。"转型"文献的聚焦点包括探讨新出现的民主制度和进程（例如新宪法、选举和立法机构）的角色，精英阶层（例如致力于民主的政府官员）的作用，以及巩固新建立的民主所必需的条件（例如社会经济、种族宗教和文化问题）（Przeworski，1991；Lijphart & Waisman，1996；Diamond et al.，1997；Gerskovits，1998）。比较教育文献普遍聚焦的领域在于，当一个国家的政治和教育系统处在十字路口时，其教育政策在国家范围的转型过程中所占据的位置（Mitter，2003）。实际上，研究政治转型过程中教育角色问题的文献数量如此庞大，以至于考恩（Cowen，1996，2000）建议，创建一个名为"转型学"（transitology）的比较教育新领域。他将"转型学"描述为历史、政治、经济、意识形态和社会转型的复杂混合物，或多或少地反映了国家机构、社会和经济分层体系以及未来政治愿景的同时崩溃和重建。

和大多数主流政治学文献一样，大多数有关教育转型的比较教育研究也强调转型过程的一种线性趋势，也就是说一种从威权主义到"民主"的直接转变（Anweiler，1992；Mitter，1992；Birzea，1994，1997；McLeish，1998；Rado，2001）。例如，麦克利什（McLeish，1998）提供了一个研究教育转型进程的框架，将由独裁主义发展为民主体系的过程概括为五个阶段，包括意识形态的不确定性（阶段 I），国家政策的澄清和制定（阶段 II 和阶段 III），新教育立法的出现（阶段 IV）以及新法律和政策在学校层面的实施（阶段 V）。尽管它提供了一个有用的框架，将转型视为一个阶段性、结构化的过程来考虑，但该模式并不一定会给将出台的教育政策提供重新协商的空间。换句话说，它聚焦在转型的**结果**上，这种结果被假定是一种统一的"民主"结果，而忽视了转型的过程（Silova & Magno，2004）。然而，过程本身也可能对转型的结果产生重要的影响，尤其是当封闭的、不民主的转型过程所造成的结果与真正开放的民主背道而驰时更是如此。

后社会主义中期望与结果之间的日益失调，对转型本身的话语提出了质疑（Silova & Magno，2004）。一些学者认为应该舍弃"转型"这一术语，因为它隐含的意义表明的是社会变化的渐进发展，是一条毫无问题的轨迹，以及一个已知的最终目标（Watson，2000）。其他学者指出，关于"转型"的研究已经成为存在缺陷的现代化理论的"第二版"，这种缺陷体现在理性的矛盾和政治的不足上（Kapustin，2001）。出于对"转型学"是从社会主义向资本主义、民主或市场经济的直接迁移这种天真假设的质疑，维德里（Verdery）提出，20世纪90年代的这10年应该看作是这些国家从社会主义"转型"的时代，这种转型可以产生出"各种各样的形式，其中一些接近西方的资本主义市场经济，但也有许多并非如此"（Verdery，1996：16）。

在比较教育中，一些对"转型学"的批评把这些教育转型的不同结果称为"阻碍"（Mitter，2003）和"变异"（Cerych，1997；Karpov & Lisovskaya，2001）。如同卡尔波夫和利索夫斯卡娅（Karpov & Lisovskaya，2001：11）所描述的，教育"变异"是"现有的教育制度对新环境自发的、适应性的、历史先决的反应"。重要的是，"变异"的概念还意味着文化和教育的特定遗产的持久性、对新理念的本土化再阐释以及本土和全球力量在重塑新的教育空间时相互的动态影响。因此，后社会主义国家的教育转型具有意料之外的轨迹和未知的最终目标就不那么令人惊讶了。

从教育借鉴的视角考察后社会主义转型

教育借鉴的概念为考察中欧、东南欧和苏联地区的教育转型过程提供了一个有用的框架。正如施瑞尔和马丁内斯（Schriewer & Martinez，2004：47）指出，转型过程就相当于某种"关于国际问题、指涉和知识输入的话语重启"。在这种背景下，教育的输入、迁移或借鉴成为教育改革的主要策略之一。教育借鉴描述了"某一国家的政策制定者试图采用来自其他国家的经验"时所涉及的过程（Phillips，2004：54）。根据卢曼（Luhmann，1990）的自我指涉系统理论和施瑞尔（2000）有关在外化目的下应用比较的研究，斯坦纳-卡姆西（Steiner-Khamsi，2000）在此基础上指出，一旦对自我指涉性存疑，教育就会越来越多地借鉴或参考国际经验。尽管教育系统通常依靠内部指涉（比如对传统、信仰和组织的指涉）来进行自我塑成，但是这些指涉通常在社会、经济和政治急速变化的时代难以证明教育改革持续的合法性。就像施瑞尔（1988）和斯坦纳-卡姆西（2000，2004）提出的，恰恰是在那样的时代，通过从其他教育系统中迁移教育模式、实践和话语，外化或者教育借鉴成为从根本上和过去断绝联系的一种有效手段。

有关教育借鉴的比较教育文献（Steiner-Khamsi，2004；Phillips，2004；Schriewer，2000）通过强调对国际现象进行本土化的选择性解读或"筛选"来解释借鉴过程的复杂程度。例如，施瑞尔和马丁内斯（2004）解释道，外化于"外国事例"或外化于"世界情境"包含对涉及教育政策或意识形态合法性问题的国际现象进行的话语解读。同样，他们指出，外化于"传统"则是面对当代迫切关心的问题时对传统的理论化和/或规范化的可能性进行重新解释的一种需求反应（Schriewer & Martinez，2004：32）。因此，两种外化形式——外化于"世界情境"和外化于"历史"——都是"体系内的解读行为，它无法对'真正的历史进程是如何发生的'或'世界正在发生着什么'这些问题提供可靠的信息"（Luhmann，1981：40）。正如施瑞尔和马丁内斯（2004）解释的，外化针对既有的教育系统，根据其变化的内部问题结构，对国际环境的接收和描述进行"筛选"。根据既有系统对"附加意义"（supplementary meaning）的内在需要，他们的选择和阐释将重新调整对国际现象的指涉（Schriewer & Martinez，2004：32）。此外，"附加意义"不仅在不同的国家和社会中有所不同，在同一社会不同的政治时期中也会有所变化（Schriewer & Martinez，2004：32）。

　　"附加意义"的概念指向教育借鉴的话语本质，这在比较教育文献中常常被忽视。例如，大部分有关教育借鉴的比较研究关注具体的教育实践在不同历史、政治和经济环境中的实施。然而，我们应该认识到这种迁移不仅涉及实践，还关系到话语，这一点至关重要。正如斯坦纳-卡姆西（2000）指出的，借鉴性的教育项目没有被实施，并不意味着转型没有发生。相反，所借鉴和迁移的内容并不是教育改革的具体方面，而是与之相关的政治话语。很明显，这一比较教育研究领域的研究依然不足，但是，它仍具有巨大的潜力来推动对不同情境中教育转型过程的研究。它最有意义的贡献在于认识到"文化和政治话语在塑造一系列复杂事件序列时的因果意义"（Emirbayer & Goodwin，1994：1436），因此在话语迁移和与之相关的更广泛的社会、经济和政治转型之间建立起了一种联系。本文试图填补这项理论空白，通过对结构、文化和话语因素的关注，为前社会主义国家的教育转型提供更好的理解和更完整的解释。

　　这些理论视角为后社会主义国家在教育转型过程中的比较反思提供了背景，它们强调被多种假设、多元导向和多种程序所推动的教育转型的复杂性。就像米特（Mitter）准确指出的，对中欧、东南欧和苏联地区教育转型的分析应当建立在承认"'转型'个体（国家或地区）的多样性，以及对共性与差异性之间张力的认识"（Mitter，2003：79）的基础上。由于教育借鉴与每个具体国家独特的历史、政治、社会和文化背景结合在一起，教育转型的结果可能无法像普遍假设的那样清晰和一致。因此，有必要摆脱对于"转型"过程的线性观念，这种线性观念以"旧的"社会主义的政策、实践和价值逐渐被"新的"西方的相关内容所替代为特征。如同本文所阐释的，后社会主义教育转型应该被看作一个复杂的过程，它可能走出意料之外的轨迹，并通往多元化的终点。

　　利用定性和定量数据，本文讨论了三大类国家的多样化的教育转型过程和结果。第一类是新加入欧盟的国家，包括保加利亚、捷克、爱沙尼亚、匈牙利、拉脱维亚、立陶宛、波兰、罗马尼亚、斯洛伐克和斯洛文尼亚。第二类是或许渴望在将来加入欧盟的国家，这些国家包括欧盟候选国［克罗地亚、前南斯拉夫马其顿共和国和土耳其］，潜在的候选国（阿尔巴尼亚、波黑、黑山和塞尔维亚），以及未来加入的可能性较大的国家（乌克兰、摩尔多瓦、俄罗斯、哈萨克斯坦、亚美尼亚、阿塞拜疆和格鲁吉亚）。① 最后，第三类国家包括中亚的后苏联共和国（吉尔吉斯斯坦、塔吉克斯坦、土库曼斯坦和乌兹别克斯坦）以及白俄罗斯——这些国家在1991年独立后并没有按照西方的标准来改革他们的教育体系。虽然在这三大类国家中存在许多差异，但本分类将有条件地被用来考察教育转型过程在不同情境中的多样性。比较的基础包括教育改革启动时的指涉类型（例如内部或外部的指涉），以及外部指涉的潜在逻辑与国家教育政策之间可知的兼容性。

教育转型的终结？新欧盟成员国的教育

　　一些学者指出，前社会主义国家社会的教育转型将随着它们加入欧盟而正式结束（Birzea，转引自 Phillips & Oancea，2005）。在这个过程中，旧的社会主义教育结构、过程和内容被更西方导向的相关内容所替代，以迎合欧盟的标准和规则。新加入欧盟的国家，如保加利亚、捷克、爱沙尼亚、匈牙利、拉脱维亚、立陶宛、波兰、罗马尼亚、斯洛伐克和斯洛文尼亚，是第一批在后社会主义地区中按照欧盟标准成功重组教育体系的国家。这些国家也是后社会主义国家中第一批加

――――――――
　　① 除了哈萨克斯坦，所有国家都是欧洲委员会（CoE）的成员，哈萨克斯坦于1999年申请以观察员身份参加议会。欧洲委员会议会（PACE）的官方回应是哈萨克斯坦可以申请正式的成员资格，因为它部分位于欧洲，但这并不表示议会允诺其在欧洲委员会的任何身份，除非它的民主和人权记录得以改善。

入欧洲委员会(CoE)和博洛尼亚进程的国家。① 相较于其他大多数后社会主义集团的国家，这些新成员国早在 20 世纪 90 年代初就加入了欧洲委员会，并在 1999 年加入了博洛尼亚进程，而前者直到 20 世纪 90 年代末或 21 世纪前 10 年才加入欧洲委员会和博洛尼亚进程（见表 1）。

表 1　欧洲教育进程的参与动态

国　　家	加入欧洲委员会的年份	加入博洛尼亚进程的年份	加入欧盟的年份
欧盟成员国			
捷克共和国	1993	1999	2004
爱沙尼亚	1993	1999	2004
匈牙利	1990	1999	2004
拉脱维亚	1995	1999	2004
立陶宛	1993	1999	2004
波兰	1991	1999	2004
斯洛伐克共和国	1993	1999	2004
斯洛文尼亚	1993	1999	2004
保加利亚	1992	1999	2007
罗马尼亚	1993	1999	2007
渴望加入欧盟的国家			
候选国			
克罗地亚	1996	2001	
马其顿	1993	2003	
潜在候选国			
阿尔巴尼亚	1995	2003	
波黑	2002	2003	
黑山	2003	2003	
未来加入的可能性增大的国家			
亚美尼亚	2001	2005	
阿塞拜疆	2001	2005	
格鲁吉亚	1999	2005	
哈萨克斯坦	—	—	
摩尔多瓦	1995	2005	
俄罗斯	1996	2003	
乌克兰	1995	2005	

① 博洛尼亚进程的目的是通过将学位标准和质量保证标准以及教育发展协调一致，来建立欧洲高等教育领域。它以推进该进程的地点——博洛尼亚大学来命名。1999 年，来自欧洲 29 个国家的教育部长在意大利城市博洛尼亚签署了《博洛尼亚宣言》。它对其他国家也保持开放，进一步的政府会议相继在布拉格（2001 年）、柏林（2003 年）和卑尔根（2005 年）举行。

国　　家	加入欧洲委员会的年份	加入博洛尼亚进程的年份	加入欧盟的年份
非欧洲的中亚国家			
吉尔吉斯斯坦			
塔吉克斯坦			
土库曼斯坦			
乌兹别克斯坦			

　　毫无疑问,加入欧洲教育体系对新成员国的教育政策和实践产生了极大的影响。虽然大部分的欧盟教育措施并没有明显地针对国家教育体系和政策,但通过欧洲教育合作对它们产生了间接的冲击。自 20 世纪 90 年代初以来,新欧盟成员国广泛参与了欧盟资助的教育项目,这些项目是为了帮助这些国家加入欧盟而专门设计的[例如,苏格拉底计划(SOCRATES)、列奥纳多·达·芬奇计划(LEONARDO da VINCI)、田普斯计划(TEMPUS)等][①]。欧盟教育措施的基本逻辑和主要目标,即促进国际合作、提升教育质量、鼓励社会融合以及增强毕业生的就业能力,与这些国家的国家发展目标普遍一致,从而构成了新成员国教育政策的基石。

　　在这些国家中,教育发展最显著的共性之一就是明显参照西欧来建立新的教育体系。例如,通过对立陶宛、波兰和斯洛文尼亚的教育政策文件进行分析,戈登等人(Godon et al., 2004)观察到,这些国家实际的教育改革方向使学校教育系统受到欧洲和西方的影响,这在它们的国家教育政策文件中得到了清楚的体现。这些教育发展的重要组成部分包括对自由民主原则和价值的教育含义的关注(例如与教学方法、对多样性的尊重以及公民教育相关的计划),广泛参与欧盟的教育议程(如国际合作、教育质量和学生流动性)以及缓和教育中过度的国家控制的需要(例如权力下放、对家长和少数民族权利的认识)。此外,戈登等人(Godon et al., 2004)注意到,反映了西方影响的更为具体的关注点还包括与终身学习、学校发展、信息与通信技术(ICT)以及教育管理等相关的一系列教育举措。

　　"采用新盟友的语言"成为所有新欧盟成员国中司空见惯的现象(Silova, 2004)。一般而言,这表明了这些国家并不希望在教育改革中落后于国际标准,这也标志着他们为"重返欧洲"做出的努力(Silova, 2002)。这些努力的结果在教育的定量指标中得以体现,特别是在学校入学率和教育质量方面。比如,欧洲共同体委员会的报告《在教育和培训方面向里斯本目标迈进》(2005)表明,在教育入学方面,新成员国和欧盟平均标准之间不再有明显的差别。在针对学校教育的三个基准领域(也就是早辍生、高中教育、低分学生)中,在削减低分学生比例方面表现最为亮眼的实际上是欧盟新成员国,包括波兰、捷克、斯洛伐克、斯洛文尼亚和立陶宛。再比如,在早辍生比例方面,相对于欧盟平均水平 15.9％,新欧盟成员国的比例为 7.5％。同样,新成员国的高中学业完成率也特别高,相对于欧盟平均水平 76.4％,捷克和斯洛伐克的比率超过了 90％。

---

　　①　比如,苏格拉底计划旨在推广欧洲标准,通过鼓励参与国之间的合作来促进所有层次的教育质量的提升,并推动终身教育;鼓励使所有人获得受教育的机会,并获得相关的证书和技能。列奥纳多·达·芬奇计划是一项实施欧盟职业教育政策的行动计划。田普斯计划协助前社会主义集团的国家进行高等教育重构,以适应市场经济的要求。此外,所有的欧盟新成员国都在 1999 年加入了博洛尼亚进程,这表示了它们愿意协调国家教育政策的承诺:采用具有可比性的学位系统,采用统一的学分单位体系,并促进流动性、质量保证的合作,以及高等教育领域的欧洲维度。

新成员国唯一一项依然落后的领域是终身学习,8 个国家中有 7 个国家的学习表现低于欧盟平均水平。

在教育质量方面,新成员国在数学、科学和阅读上取得的成绩要比国际平均水平优秀。例如,国际数学与科学趋势研究项目(TIMSS)[1]2003 年的结果显示,参与研究[2]的 6 个新成员国的得分都在国际平均水平之上。不过,国际学生评估项目(PISA)[3]的结果却并不占优势。在阅读方面,虽然波兰要比平均水平高,但捷克、匈牙利、斯洛伐克和立陶宛的得分要低于经合组织(OECD)平均水平。在数学方面,除了捷克和斯洛伐克,所有国家的得分都低于 OECD 平均水平(OECD,2004)。虽然学生学业成绩的数据显示出大多数新成员国提供了相对较高质量的教育,但数据也表明,学业成绩在国家内部是多样化的,来自农村和弱势社会经济背景的学生越来越容易受影响(UNESCO,2005;IEA,2004;OECD,2004)。

欧洲价值观与特定的历史、政治和文化背景之间的协调

虽然从 20 世纪 90 年代初开始,欧盟新成员国在靠近欧盟标准方面取得了巨大的进步,但加入欧盟本身并不意味着教育转型过程的结束。事实上,大多数成员国依然在某些欧盟价值与他们自身特殊的历史、政治、文化和教育背景之间努力地进行调和。这些持续的转型过程与众不同的特点之一,就是新教育的话语扎根于国家政策和实践的程度。在某些国家(例如捷克、匈牙利和斯洛伐克),新教育政策虽然被采纳,但并没有得到有效的实际执行。比如,捷克的一些吉卜赛人(Roma)曾把欧盟看作是"一片乐土,在那里,贫困、失业和低劣的教育等问题都将不复存在"(Husova & Puncheva,2005)。然而,在加入欧盟两年之后,捷克的吉卜赛人的生活几乎没有任何变化。正如胡索娃和庞驰娃(Husova & Puncheva,2005)所解释的,国家只是在纸面上吹嘘有许多政府项目和对策来帮助吉卜赛人,但在融合吉卜赛人的政策落实方面却毫无作为。根据捷克政府自己的估算,"大约 75% 的吉卜赛儿童被转移到或直接被送进矫正特殊学校"(PILI,2005)。同样,针对吉卜赛儿童的隔离依然在其他欧盟新成员国中非常普遍,特别是在匈牙利和斯洛伐克(PILI,2005)。在这些国家,各种各样的教育隔离形式继续存在,包括将吉卜赛人安置进为精神障碍者准备的特殊学校,在主流学校采用吉卜赛人专门班级来隔离吉卜赛人,以及在吉卜赛人聚居区维持吉卜赛人聚居学校或从以吉卜赛人为主的学校中撤离非吉卜赛人。虽然欧盟的入盟进程有助于将吉卜赛人的平等问题纳入政治议程,并在新成员国中提高吉卜赛人的保护标准(例如大多数政府同意关键的国际标准,同时许多政府还进行立法改革并宣布对抗歧视的措施和项目),但并不能在实践中确保少数民族保护法律和政策的真正实行。

在其他国家(例如波罗的海国家拉脱维亚和爱沙尼亚),新的教育政策被采纳和颁布,但在实施过程中,这些新政策成为当地政客和教育利益相关者进行广泛的重新解读的主题。比如,拉脱维亚继承了一种双重教育体系,它按照民族语言的划分来隔离学生(也就是分别面对讲俄罗斯语学生的学校和讲拉脱维亚语学生的学校)。尽管这种学校体系结构自苏联解体以来并没有实质

---

[1]　国际数学与科学趋势研究项目(TIMSS)被 IEA 用来测量学生数学和科学学业成就的趋势。通过 1995 年、1999 年、2003 年、2007 年进行的测量,TIMSS 为参与国以四年为常规周期测量学生在数学和科学方面的进步提供了机会。

[2]　2003 年,6 个新欧盟成员国参加了 TIMSS 研究,它们是爱沙尼亚、匈牙利、拉脱维亚、立陶宛、斯洛伐克和斯洛文尼亚。

[3]　国际学生评估项目(PISA)是经合组织(OECD)设计的项目,它提供 15 岁学生在三个素养领域(阅读、数学和科学)中有关技能和知识的政策导向的国际指标。PISA 旨在评价即将结束义务教育的学生在完全参与社会时所必需的技能和知识方面所达到的程度。

上的变化，但针对这种分离俄罗斯语学生和拉脱维亚语学生的学校体系的教育改革话语却经历了重大转型。俄语学校的形象从 20 世纪 90 年代早期与"苏/俄国家机器"和"苏联人的巢穴"相联系，到 10 年之后转变为"多元文化和多元主义的象征"。这些变化发生在 20 世纪 90 年代中期围绕宽容、少数民族语言保护权（俄语）和多元文化主义而产生的一系列不可预见的政治事件之下，这些不可预见的事件被国际组织（欧洲安全与合作组织、欧洲委员会、联合国开发计划署）用来对拉脱维亚政府施压，同时，这些组织还具有把关控制的作用，只要拉脱维亚政府不愿签署（至少在字面上）这些共同的欧洲目标，就不会被允许加入欧盟。拉脱维亚政府坚持认为，这种由讲俄语者和讲拉脱维亚语者出于完全不同的理由加以支持的双重学校体系符合国际组织的相关条件。拉脱维亚政府把这种体系重构为欧洲多元文化未来的指示牌，而不是把它作为过去压迫的苏联历史的遗产。拉脱维亚这种双重体系的变形被看作是话语政策借鉴的实例——仅仅只是语言被采纳，而不是一种多元文化主义的改革。

这些定量和定性的数据说明，入欧进程在新成员国中引发了重要的教育变革（既是在结构上也在话语上），但入欧本身并不意味着教育转型的终结。就像比尔兹（Birzea）（转引自 Phillips & Oancea，2005）指出的，后社会主义的教育转型在官方层面的结束或许是指加入欧盟（EU），即达到教育领域的三个哥本哈根标准。[①] 但是，在加入欧盟之后，这些国家继续转变他们的教育体系，并试图将某些欧洲价值与他们独特的历史、政治、文化和社会经济背景进行调和。虽然转型被相同的哲学价值所驱动，但转型过程却以不同的步伐进行，并导致不同的转型结果。此外，加入欧盟给欧盟新成员国在教育发展方面带来了新的挑战。新成员国不仅必须处理自己的转型过程，还和欧洲其他国家一起进入另一转型进程——共同迈向知识型社会——的一部分。正如哈拉茨（Halasz）（转引自 Phillips & Oancea，2005）指出的，对欧盟成员国和候选国来说，欧盟实际上是一个"动态的目标"。考虑到"目的地"本身并非一成不变，这些国家将可能处于"永久的转型"（Birzea，1994：8）之中。有鉴于此，当考察欧盟新成员国的转型过程时，称之为**持续转型**可能更为适合。

追赶与落后：渴望加入欧盟的后社会主义国家的教育转型

除了在 2004 年加入欧盟的 8 个前社会主义国家，以及于 2007 年加入欧盟的另外 2 个国家，其他一些国家也对加入欧洲教育体系表达了兴趣。这些国家包括欧盟候选国（克罗地亚和前南斯拉夫马其顿共和国）和潜在候选国（阿尔巴尼亚、波黑、黑山和塞尔维亚），以及在未来可能性会增大的东欧和南高加索国家（乌克兰、摩尔多瓦、俄罗斯、哈萨克斯坦、亚美尼亚、阿塞拜疆和格鲁吉亚）。在 20 世纪 90 年代，这些国家开始对它们的教育系统进行根本性的改革。如同阿蒙穆勒等人（Ammermüler et al.，2003）总结的，学校教育的管理被分散化，建立了国立学校以培养民族文化和语言，学校的异质性也在增加，从原本只有单一基础学校的系统转变为更专门化的体系，比如文科中学或者技术和职业学校，以及私立学校。在大部分后冲突社会（例如巴尔干和高加索，这些地区在转型期经历了武装冲突）中，教育改革也强调对人权的尊重，以及对少数民族教育的特别关注（OECD，2001a，b）。在整个区域，教育改革涉及政策发展、教师培训、课程开发，以及财政重整。20 世纪 90 年代中期，大多数国家加入了欧洲委员会，到 21 世纪中期，所有国家

---

① 1993 年 6 月，欧洲委员会哥本哈根会议认可了中欧、东欧国家加入欧盟的权利，但它们必须满足三个标准：（1）政治条件（稳定和民主的制度、法制、人权和对少数民族的尊重）；（2）经济条件（运行良好的市场经济）；（3）加入共同体现有的章典制度（遵守欧盟各类政治、经济和财政目标）。

(哈萨克斯坦除外)都加入了博洛尼亚进程。如同塞里奇(Cerych，1997)指出的，许多教育变革的发生与欧盟的项目密不可分，比如田普斯计划(高等教育)和法尔计划(职业教育)，并和发轫于会议、研讨以及欧洲委员会出版物的信息流动和交流密切相关。

在明确表达了"追赶"欧洲的愿望后，大多数渴望加入欧盟的国家一直在艰难应对改革的缓慢步伐，这些改革因社会主义历史的遗留问题而变得极其复杂和拖延。在某些国家，这些遗产导致了暴力武装冲突(例如高加索和巴尔干)。在另一些国家，社会主义遗产本身具有不同的层面，包括更明显的基础设施、行政官僚体系与更难以捉摸的政策和文化延续性等遗产(Barkey & Von Hagen，1997)。尤其是后冲突社会还必须处理经济衰退、失业、学校建筑的毁损、教育工作者的堕落、孩子的心理创伤以及其他许多阻碍教育改革努力的问题(OECD，2001a，b)。大多数国家在 20 世纪 90 年代处理的是重大的经济衰退问题，俄罗斯的实际教育支出下降了三分之一，阿塞拜疆和格鲁吉亚下降了四分之三或更多(Micklewright，2000，见表 2)。教育公共开支的减少通常意味着教师工资的降低和/或工资拖欠(例如，这是俄罗斯和哈萨克斯坦教育部门的一个主要问题)，学校修缮和维护资金的不足导致一些国家的学校在冬季时有关闭(例如亚美尼亚、格鲁吉亚和摩尔多瓦)，以及通过学校给予的社会支持越来越少(例如哈萨克斯坦和格鲁吉亚)。此外，所有国家都在处理各个领域中越来越严重的腐败问题(包括教育领域)，大部分国家在总分为 10 分的清廉指数中的得分低于 3.0 分(10 分表示程度最小的腐败，0 分表示高度的腐败)。[①]

表 2　公共开支占国内生产总值(GDP)的比例

国　　家	1990	1991	1992	1993	1994	1995	1996	1997	1998	1999	2000	2001	2002	2003
欧盟成员国														
捷克	4.1	4.1	4.5	5.2	5.2	5.1	5.2	4.6	4.0	4.2	4.1	4.2	4.4	4.5
匈牙利	5.8	6.3	6.6	6.5	6.4	5.5	4.9	5.0	4.9	5.2	5.2	5.2	5.6	4.8
波兰	4.8	5.1	5.4	5.4	5.3	5.2	5.4	5.5	5.0	5.1	4.9	5.3	5.3	5.1
斯洛伐克	5.1	5.6	6.0	5.2	4.2	4.8	4.7	4.3	3.9	4.0	3.8	—	4.4	—
斯洛文尼亚	—	4.8	5.5	5.8	5.5	5.8	5.7	—	—	—	—	—	6.1	—
爱沙尼亚	—	—	6.1	7.1	6.6	7.0	7.3	7.1	6.4	6.7	6.3	6.4	5.7	—
拉脱维亚	4.5	4.1	4.5	6.1	6.1	7.0	5.8	5.7	6.3	6.2	5.3	5.8	5.8	5.4
立陶宛	4.5	—	—	4.6	5.6	5.6	5.4	5.8	6.2	6.4	5.9	6.1	6.1	5.9
保加利亚	5.0	5.1	6.1	5.7	4.8	4.0	3.2	3.9	3.9	4.2	4.2	4.0	4.2	4.4
罗马尼亚	2.8	3.6	3.6	3.3	3.1	3.4	3.6	3.3	3.3	3.8	2.9	3.3	3.5	—
渴望加入欧盟的国家														
阿尔巴尼亚	4.2	5.0	4.2	3.3	3.3	3.8	3.7	3.3	3.3	3.4	3.1	3.0	2.6	2.9
波黑	—	—	—	—	—	—	—	—	—	—	—	—	—	—
克罗地亚	—	—	—	—	—	—	—	—	—	—	—	—	4.5	—

　　[①]　5.0 分是国际透明组织用以区分一个国家是否存在严重贪腐问题的临界值。以下几个国家的清廉指数低于 3.0：亚美尼亚(2.9)，波黑(2.9)，摩尔多瓦(2.9)，黑山(2.8)，马其顿(2.7)，哈萨克斯坦(2.6)，乌克兰(2.6)，阿尔巴尼亚(2.4)，俄罗斯(2.4)，格鲁吉亚(2.3)，阿塞拜疆(2.2)。

续　表

国　　家	1990	1991	1992	1993	1994	1995	1996	1997	1998	1999	2000	2001	2002	2003
前南斯拉夫														
马其顿	5.9	6.8	5.4	6.0	5.3	5.2	5.3	4.8	3.8	3.6	3.2	3.1	3.3	3.3
塞尔维亚 & 黑山	—	—	—	—	—	—	5.3	5.7	5.2	4.4	4.6	3.5	—	—
哈萨克斯坦	—	—	2.1	3.9	3.0	3.2	—	4.3	3.9	—	—	—	3.0	—
摩尔多瓦	—	—	7.8	6.0	8.7	7.6	9.0	8.8	6.2	4.2	4.5	5.0	5.8	5.8
俄罗斯	3.7	3.6	3.8	4.3	4.5	3.7	4.0	4.5	3.7	—	—	—	3.8	—
乌克兰	—	—	—	—	5.3	5.4	4.9	5.4	4.4	3.6	4.2	4.7	5.4	5.7
亚美尼亚	—	7.5	8.9	5.2	2.5	2.5	2.0	1.7	1.8	1.9	2.6	2.3	1.9	2.1
阿塞拜疆	—	6.9	6.7	7.6	4.9	3.5	3.7	3.6	3.4	4.2	3.9	3.5	3.2	3.3
格鲁吉亚	6.1	6.4	4.0	0.6	0.5	0.9	1.8	2.0	2.0	2.1	2.2	2.5	2.2	2.1
中亚国家和白俄罗斯														
白俄罗斯	—	4.6	5.3	6.0	5.8	5.5	5.9	6.3	6.2	6.1	6.2	6.5	6.6	6.7
吉尔吉斯斯坦	—	6.0	5.0	4.2	5.5	5.8	4.8	4.9	4.3	3.5	2.9	3.3	3.8	3.9
塔吉克斯坦	—	—	—	—	—	2.4	2.2	2.1	2.2	2.3	2.3	2.4	2.6	2.4
土库曼斯坦	—	—	—	—	3.6	3.2	2.1	4.5	6.1	5.3	—	6.0	5.7	—
乌兹别克斯坦	—	—	—	—	—	—	—	—	—	—	—	—	—	—

来源：联合国儿童基金会 Transmonee 数据库，2005

毋庸置疑，这些遗产以不同的方式阻碍了教育转型的进程，使大多数国家在它们建立或重建欧洲教育体系的努力中处于落后地位。虽然该地区的学生总在校率几乎普遍得到了维持，但在某些国家，绝大部分毕业学生无法达到其政府所定义的最低学业掌握水平。例如，国际阅读素养进步研究项目(PIRLS)[①]2001 年的结果显示，在前南斯拉夫马其顿共和国，大多数四年级学生(9岁到 10 岁)的阅读技能非常有限，超过 40％的学生的得分位于国际阅读素养分值表底部的四分之一位置。在其他国家，低分学生比例在摩尔多瓦共和国的 21％和俄罗斯联邦的 8％之间变动(IEA，2003)。其他证据来自 PISA 测试(2000—2002)，这项测试涵盖了 35 个高/中收入国家。结果显示，尽管在经合组织成员国中只有 18％的 15 岁学生的表现处于或低于五项阅读素养掌握等级中的最低等级，但该等级的学生在阿尔巴尼亚和前南斯拉夫马其顿共和国分别占 71％和63％。同样，TIMSS 的结果(IEA，2004)显示，虽然所有参加研究的新成员国的得分均高于国际平均水平，但大多数渴望加入欧盟的国家在数学和科学上的得分低于国际平均水平。摩尔多瓦和前南斯拉夫马其顿共和国的八年级学生在数学上的得分要低于国际平均水平，此外，摩尔多瓦、塞尔维亚、亚美尼亚和前南斯拉夫马其顿共和国的学生在科学上的得分低于国际平均水平(见表 3)。

---

① 国际阅读素养进步研究项目(PIRLS)是一个五年周期的评价项目的一部分，用来测量儿童的阅读素养水平，以及和此素养有关的政策和实践。PIRLS 为以下方面提供了趋势信息和国际比较：四年级学生的阅读水平；与阅读教育的目标和标准相关的学生能力；家庭环境和家长如何培养阅读素养的影响；在学校学习阅读的组织、时间和材料以及阅读教学的课程和课堂方式。

表3　数学和科学的学业表现

国　　家	四年级		八年级	
	数学平均得分	科学平均得分	数学平均得分	科学平均得分
欧盟成员国				
保加利亚	—	—	476	479
爱沙尼亚	—	—	531	552
匈牙利	529	530	529	543
拉脱维亚	536	532	508	512
立陶宛	534	512	502	519
罗马尼亚	—	—	475	470[a]
斯洛伐克	—	—	508	517
斯洛文尼亚	479[a]	490	493	520
渴望加入欧盟的国家				
马其顿	—	—	435[a]	449[a]
摩尔多瓦	504	496	460[a]	472[a]
俄罗斯	532	526	508	514
塞尔维亚	—	—	477	468[a]
亚美尼亚	456[a]	437[a]	478	461[a]
国际平均得分	495	489	466	473

X[a]表示 X 低于国际平均得分
来源：IEA，2004

西方模式、地方现实与教育"变异"

约翰逊在反思前社会主义国家的教育转型后指出，后社会主义国家和它们的西方盟友都频繁地被理想化的西方模式所引导，而不是出于一种对它们的需要和能力的精确感知(Johnson，1996：119)。结果，许多改革行动发生了"变异"，造成与当初预期截然不同的结果。根据对经历后社会主义教育转型进程的国家中教育机会平等问题的考察，米克尔莱特阐述道，"如果仅从教育供给多样化的积极方面来看待，真实的景象就可能被遮蔽"，这体现在如此普遍地使用诸如"提供更多的选择和更少的同质化"这样的"流行语"(Micklewright，2000：23)。然而，从消极的意义上看，来自许多国家的证据表明出现了更多不公平的教育体系(Micklewright，2000：23)。例如，下面就是 OECD 对经历教育转型最大的国家——俄罗斯的教育政策的分析。它列举了关于优先获得更好教育机会的一系列关注点，并指出：

在"增加选择"的旗帜下，所有关注点却矛盾地造成许多孩子受教育机会的降低，特别是那些乡村的、不富裕的或非名门的孩子——无论他们的资质如何……随着俄罗斯社会越来越按照财富来划分社会阶层，俄罗斯教育也越来越根据教育机会来进行分层。(OECD，1998：79，82)

在其他前社会主义国家，公平和入学机会方面曾经做出的承诺可能也难以兑现。目前，随着当前经济衰退的蔓延趋势,中等教育精英主义(私立学校和公立精英学校)不断增长,并借由支付能力的强弱而得到加强(Zajda,2003)。最近一项在 9 个后社会主义国家[①]进行的关于私人辅导的研究表明,大多数被调查者相信,私人辅导是接受优质教育所必需的(Silova *et al*.,2006)。当来自特权和富裕家庭背景的孩子更有机会获得更多和/或更优质的教育时,这就是一个严重的公平问题了。数据显示,那些家境低于国家平均水平的孩子获得私人辅导的机会要比家境处于平均水平或之上的孩子低。在全部样本中,接受私人辅导课程的孩子中,41％的孩子家庭经济状况高于全国平均水平,相比之下,大约 28％的孩子家庭经济状况要比平均水平低。而在没有接受私人辅导的孩子中,几乎有一半(46％)家庭的经济水平低于全国平均标准,这进一步表明,社会经济弱势群体的家庭获得私人辅导的机会很有限(Silova *et al*.,2006)。

　　缺乏支付能力使很多孩子丧失的不仅仅是优质教育,他们连接受教育的机会都受到了限制。根据托马斯夫斯基(Tomaševski,2005)的说法,在经历后社会主义转型的所有国家中,[②]教育出现了"法律上免费,事实上不免费"的状况。直接收费的情况越来越多,甚至是在义务初等教育阶段。来自贫困家庭的孩子成了牺牲品,他们无法负担课本、学习材料、私人辅导、交通、膳食的费用,甚至还要贴补教师的薪水或学校建筑的维修费用。在对 6 个前社会主义国家进行的一项关于缺课和辍学的近期调查表明,贫困是造成辍学的主要原因[③](Open Society Institute,2007)。该调查认为没有能力支付学校用品和其他针对家庭的直接支出费用是导致学生辍学的影响因素之一。例如,在哈萨克斯坦的调查(Open Society Institute,2007)证实,大部分孩子辍学的家庭(63.8％)每月的收入低于 2 500 哈萨克斯坦坚戈(相当于 150 欧元),并且这些家庭中略高于 50％的比例拥有 3 个或以上的子女。在有些国家(例如阿尔巴尼亚、摩尔多瓦和哈萨克斯坦),许多学龄儿童必须去赚钱来增加家庭收入,同时,虽然国际公约和国家法律都对童工做出了规定,但某些经济部门却严重依赖于此(例如农业)。比如,联合国儿童基金会的一项研究(2000)指出,在阿尔巴尼亚,有 31.7％的 5 岁到 14 岁的儿童工作;仅在都拉斯市,10 岁以上儿童中就有 60％正在工作。同样,随着孩子们辍学参加工作,摩尔多瓦贫困学生的旷课率也在升高。因此,义务教育法已无法确保适龄儿童的实际在校率。在法律(以及关于人权和儿童权利的国际公约)要求和儿童日常生活的现实处境之间存在着巨大的鸿沟(Tomaševski,2005)。

　　总而言之,那些渴望加入欧盟的后社会主义国家,经历了旨在重新被纳入欧洲教育体系的复杂的教育转型历程。虽然在这些国家的教育发展中,欧盟已经成为一个具有特殊影响力的背景因素,但它也强调了在"西方"理念和本地现实之间进行调和的紧张关系。虽然欧盟一体化的努力受到普遍欢迎(例如,体现在"借鉴"欧盟的教育辞藻和参与欧盟各类项目和进程上),但也需要缓解紧张关系,这种紧张关系一方面存在于国家身份和欧洲维度之间,另一方面存在于集权式计划经济的社会遗产与当前主导的市场经济之间(Tjeldvoll,2006)。在这种价值和利益的冲突下,教育系统为了平衡两种主要的功能——保证所有孩子接受免费的义务教育和提供优质教育——而陷入苦苦挣扎中。在这个过程中,当西方教育理念遭遇本土体系时常常会发生"变异",造成教育系统因为收入水平、社会经济地位、地理位置(城市/乡村)、种族和性别的差异而变得越来越不公平。

---

①　参加这项研究的国家包括阿塞拜疆、波黑、克罗地亚、格鲁吉亚、立陶宛、蒙古、波兰、斯洛伐克和乌克兰。

②　所有希望在将来加入欧盟的国家都为免费教育提供了立法保证,但都征收额外的费用。更多信息参见:http://www.right-to-education.org/.

③　参加这项研究的国家包括阿尔巴尼亚、哈萨克斯坦、拉脱维亚、蒙古、斯洛伐克和塔吉克斯坦。

在转型中迷失：后社会主义中亚地区的教育

虽然大多数中欧、东南欧国家热衷于努力抛弃社会主义的过去，并加入欧洲的教育体系，但大部分中亚国家在创建它们自己独特的教育发展模式时，事实上仍坚持保留许多苏联教育的传统和实践。在乌兹别克斯坦、土库曼斯坦和塔吉克斯坦，教育改革的努力主要基于对苏联教育实践的内部参考。实际上，苏联教育实践被更明确地描述为"好的"旧体系，它可以为克服当前的危机提供希望(Belkanov，2000：86)。并且，许多政策制定者对任何西方影响都开始公开表达敌意，特别是在教育领域。例如，在一档乌兹别克斯坦的电视访谈节目中，卡里莫夫总统就抱怨道，外人"越来越试图来到我们的国家并批评我们"，就如同苏联解体之前"莫斯科老大哥"常干的那样(RFE/RL，2003)。

这些中亚国家很可能面临着严重的转型问题，其中一些国家在教育供给的所有领域都经历着巨大退步。在某些国家，局势是如此具有挑战性，一位土库曼斯坦的教育利益相关者谈到，"教育改革"就像是一场"教育畸变"(个人交谈，2005 年 6 月 4 日)。由于失去了传统的经济网络和来自莫斯科的预算补助与支持，中亚国家在 20 世纪 90 年代遭受了严重的经济衰退。由于国家收入的全面下降，对教育部门的投资相较于独立前的水平长期处于低位(Silova *et al.*，2007)。例如，在 2002/2003 学年，相对于吉尔吉斯斯坦的 3.8%、土库曼斯坦的 5.7% 以及 OECD 成员国的 4%—6%，塔吉克斯坦的教育支出只占 GDP 的 2.6%(UNICEF Transmonee，2005)。

可以预见，教育经费的急剧下降将导致整个地区学校设施硬件的严重损耗。在所有这些国家，学校的状况由于资产维护的不足(也就是说，在过去 20 年中没有什么资源可供分配用来维护学校建筑)和学校设施频繁或过度的使用(因为学龄儿童的不断增加，学校采用多班制)而不断恶化。此外，塔吉克斯坦在 20 世纪 90 年代初的内战中遭受了财产损失，21% 的学校被破坏、洗劫或严重损毁(Silova *et al.*，2007)。

学校入学率严重下降的情况在整个地区非常普遍。过去 10 年中，学前教育入学率的下降是灾难性的，这使孩子们无法获得相应的教育服务，从而威胁到他们的健康、营养和入学准备。1999 年，相对于中欧后社会主义国家 73% 的水平，后苏联中亚国家学前教育的总入学率只有 14%。同样，在基础教育领域(1—9 年级)，整个地区的入学率也呈下降趋势，最引人注目的是在塔吉克斯坦，15 岁至 18 岁年龄阶段学生的入学率下降了超过一半，而在乌兹别克斯坦几乎下降了 20%(UNICEF Transmonee，2005)。与苏联其他国家以及东欧和中欧相比，中亚各国的中等教育、职业教育和技术教育的入学率是最低的，仅略高于南高加索的贫困地区。在乌兹别克斯坦和塔吉克斯坦，女性学生受到的影响最为严重。例如，在乌兹别克斯坦，超过 25% 的女孩达到工作年龄后就不再继续接受教育。在当地所有接受高等教育的学生中，女性的比例只有 37.8%(Ministry of Macroeconomics and Statistics & State Department of Statistics of Uzbekistan，2002)。在塔吉克斯坦，高等教育学生中女性的比例大约是 25%，这显示了年轻男性和女性之间日益扩大的鸿沟(State Statistical Agency of the Republic of Tajikistan，1998)。

毫无疑问，教育质量也深受影响，许多学生甚至无法达到最低的教育标准。最近一项在吉尔吉斯斯坦开展的学业成就监测(MLA)研究(Ministry of Education, Science and Youth Policy of the Kyrgyz Republic，2005；Ministry of Public Education of the Republic of Tajikistan，2002)显示，所有接受调查的四年级学生中只有 44.2% 的学生通过了最低读写能力测试，58.5% 的学生通过了数学测试。在塔吉克斯坦，同样的研究显示，占压倒性数量的学生无法通过基本读写能力测试(63%)和数学测试(50%)。在吉尔吉斯斯坦和塔吉克斯坦，来自城市地区学生的得分都是最高的，而来自偏远农村地区的学生得分最低。如同学业成就监测（MLA）的报告说明的,学业成就受到诸如合格教师的不足、合适的教科书和教学材料的缺乏、不恰当的教学方式以及缺少家庭辅助教育等因素的负面影响。在土库曼斯坦和乌兹别克斯坦,教育系统被高度的政治控制进一步破坏。

正是在这种崩塌的教育结构和政治控制日益增强的环境下,"西方"教育理念于 20 世纪 90 年代通过国际金融援助被引进到中亚。主要的国际组织,比如亚洲开发银行、世界银行、欧洲委员会、联合国儿童基金会、联合国教科文组织、阿迦汗经济发展基金会和索罗斯基金会,"来到中亚支持发展、促进民主和维护稳定"（Open Society Institute,2002）。随着国际援助资金的到来,"引进的政策"在整个后苏联中亚地区迅速传播。尽管本土背景以及支持教育改革行动的国际机构各不相同,但为挽救"危机的一代"而提出的建议都普遍强调了诸如权力分散、私有化、增加生师比、促进教师在职培训、课程改革等解决方案（Silova,2005）。短短 10 年,中亚国家的教育话语实际上已经变得和其他那些后社会主义国家一模一样了。①

"引进的政策"、苏联遗产以及苏联传统

虽然中亚教育改革话语呼应了其他后社会主义国家的教育发展趋势,但其教育实践并没有实质性的改变。例如,在塔吉克斯坦,国际上对其解决教育性别平等恶化现象的施压,促使塔吉克斯坦在 20 世纪 90 年代末在高等教育中引入了性别配额制度。② 然而,政策的实施导致了一种混合的结果。例如,在国家项目实施的第一年,可以看到高等院校中女性学生的数量由于某些原因并没有得到充分的增长（Silova & Magno,2004）。首先,提供给年轻女性的经济资助数额非常少,很难应付在高等院校继续学习所必需的开支（比如购买教科书、支付食宿费用等）。其次,来自农村地区的年轻女性由于持续恶化和不安全的住宿条件,而对高等教育望而却步。此外,国际压力一旦减轻（也就是说,随着高等教育性别配额制度的采纳）,就出现了对应该如何管理性别配额的新解释。例如,女学生收到的配额通常是学习那些不太热门的专业,往往是低收入的、传统上被认为是"女性化"的专业（例如护士和教师）,而很少被给予配额去学习那些热门的、高收入的专业（比如法律、经济、商业等）。换句话说,对西方"性别平等"概念的借鉴仅仅在"政策讨论"的层面上还保留着它的原意。而在政策实施的阶段,它们被巧妙地用来促进社会上流行的父权价值观。因此,教育借鉴虽然在很大程度上促进了性别平等和民主化这些国际准则的传递,然而在执行和实施过程中,则主要依靠历史遗产和本土政治因素（Silova,2005）。

虽然中亚国家的教育话语变得和世界上其他地方越来越一致,但教育实践却并没有实质性的改观。"引进的政策"日益与当地教育政策制定者的强烈愿望相冲突,这种强烈愿望试图维护苏联的教育遗产,在某些情况下还试图复兴苏联的教育传统。因此,"引进的教育政策"并不一定能得到实施。相反,国家、区域或地方层级的团体开始和这些"引进的政策"进行互动和协商,并在某些情况下与之竞争和抗衡。通过这种方式,中亚国家的教育转型进程走出了一条截然不同的轨迹,常常和官方声称的教育解决方案完全背道而驰。在"民主化""国际化"和"民主"这些词语背后,一些国家（尤其是土库曼斯坦和乌兹别克斯坦）把教育当成了政治灌输和政治压制的工具。

教育转型的多样性

后社会主义教育转型进程的特色之一,就是整个地区共性和差异性的程度。其中最引人注

---

① 关于中亚"引进政策"更详细的讨论可参见 Silova(2005)。
② 参见《塔吉克斯坦共和国关于女性状况的国家行动计划》。

目的共性就是"后社会主义教育改革一揽子计划"，该计划在前社会主义集团崩塌之后被转移到东南欧、中欧和苏联地区(Silova & Steiner-Khamsi, 2008)。从欧盟新成员国到后苏联中亚国家，教育政策制定者所采用的教育改革话语惊人的一致，它由以下"一揽子计划"组成：将课程扩展到 11 年或 12 年学校教育；引入新的科目（例如英语和计算机）；以学生为中心的学习；高中阶段的选修课；引入基于标准和/或结果的教育；教育财政和管理的非集中化；学校的重组（职员和结构的"合理化"）；高等教育私有化；学生评价标准化；教科书出版自由化；教育管理和信息系统的建立。在这个"后社会主义改革一揽子计划"中补充了一些国别特色的改革，比如在遭受战争破坏的国家中强调后冲突教育，或者在伊斯兰国家中强调性别和教育。可供讨论的是，改革一揽子计划强调的内容和它所省去的内容一样有意思。在每一个案例中，国际机构和金融机构给予教师培训、农村教育和面向具有特殊需要的学生的全纳教育的支持都非常有限(Steiner-Khamsi & Stolpe, 2006: 189)。

后社会主义国家中教育改革的共性可以从若干因素出发来进行解读。除了一些例外，直到 20 世纪 90 年代这些国家的教育体系都几乎完全相同，这反映了苏联在这些地区的影响。此外，这些国家不仅在同一时期（20 世纪 90 年代早期和中期）经历了这些结构性的改革政策，这些政策还被同样的国际资助人（欧洲委员会、世界银行、美国国际开发署以及联合国组织）所掌控。对于欧盟新成员国和那些渴望加入欧盟的国家而言，在影响教育改革的话语中，欧洲的教育援助也许是最具影响力的，这和诸如"全球化""知识社会""问责制"以及"民主化"这样的概念尤其相关(Lawn & Lingard, 2002: 299)。对于中亚国家而言，大部分改革压力来自国际金融机构，特别是世界银行和亚洲开发银行。在整个前社会主义集团，"引进的政策"(Lindblad & Popkewitz, 2004)具有相同的由国际金融机构和组织设计的目标——将苏联的教育系统转变成为一种国际教育模式。这种模式在少数情况下是被强加于某些国家的，但在大多数情况下，为了避免在国际上"落后"，一些国家往往主动借鉴(Steiner-Khamsi & Stolpe, 2006: 189)。

虽然一些学者会认为，前社会主义集团国家教育改革的明显共性，体现了教育系统向着教育结构、组织和内容的同一个"世界标准"的聚合，但本文采取的是与新制度主义或世界文化理论相对立的立场。不可否认，某些教育概念或话语正走向全球化，但它们在不同政治、经济和文化环境中可能有完全不同的演绎(Anderson-Levitt, 2003)，并且在不同的教育体系中由于不同的原因而产生共鸣(Schriewer & Martinez, 2004)。正如本文所揭示的，虽然前社会主义集团国家的教育改革存在一种聚合性，但这仅仅是在"流行术语"和"商标名称"的层面上，也就是说，只停留在教育改革的语言上。一旦某种话语从一种环境中被移植到另一种环境，它的意义就会发生改变。考虑到教育借鉴的政治和经济维度(Steiner-Khamsi & Stolpe, 2006)，全球概念的传递会作为一种迎合自我需要的机制而被本土政府所利用，比如使国内具有争议性的教育改革合法化或为某些国际上的改革运动"发出信号"(Silova, 2002)。对于本土势力如何遭遇全球改革，以及是什么促使它们在国内教育改革中接受、抗拒和削弱外部压力的研究，是一个值得更深入研究的领域。

无论教育领域的全球化是真实的还是想象的，无可争议的是，这是一种"全球化的语义学"(Schriewer, 2000: 300)，它正被越来越多地用来推进后社会主义集团国家的教育改革。然而，尽管它们具有话语上的共性，后社会主义国家的教育改革进程在他们的轨迹、实质和步伐上都不尽相同。在保加利亚、捷克、爱沙尼亚、匈牙利、拉脱维亚、立陶宛、波兰、罗马尼亚、斯洛伐克和斯洛文尼亚，加入欧盟的进程引发了重要的教育变革（既是结构上的也是话语上的），但成为欧盟成员国本身既不意味着教育体系的绝对统一，也不意味着教育转型的终结。所有新欧盟成员国继续进行着教育转型，试图将某些欧盟价值与他们的历史遗产进行调和。如同位于布拉格的查尔斯大学的校长伊凡·维尔海姆(Ivan Wilhelm)指出的，"欧盟维度并不一定意味着统一。过去 10 个世纪的历史发展所产生的国家传统，对于国家身份的定义来说如此宝贵和重要，因而无法被忽视"(2004 年 8 月 23 日的访谈)。此外，新欧盟成员国还和欧洲其他国家一起成为另一转型进程——共同迈向知识型社会——的一部分。

同样，对于那些渴望加入欧盟的国家，欧盟机构有助于它们的教育改革进程。虽然这些国家的教育转型有着共同的最终目标(例如加入欧洲教育体系)，但教育改革的步伐非常缓慢，大多数国家正"被极权主义的经历和结构所拖累，它的残余影响还将持续很长一段时间"(Birzea，1994：10)。此外，从"西方"借鉴的教育改革在实施阶段与社会主义遗产碰撞时往往会发生变异。因此，很多国家中的教育系统在社会经济阶层、地理位置和性别方面变得越来越不公平。

最后，中亚国家的教育转型不仅建立在"外部参考"的基础之上，还建立在苏联和苏联之前教育实践的"内部参考"之中。一方面，国际金融机构引进了过多的"西方"教育解决方案来应对中亚国家教育系统出现的"危机"，另一方面，中亚的教育政策制定者试图维持某些苏联传统，并/或复兴苏联的教育实践。由于"全球"理念和本土实践之间的不协调，教育转型进程在大多数中亚国家具有截然不同的轨迹，常常与官方一系列关于"民主化""国际化"和"平等"的教育目标完全背道而驰。在国际上可接受的正面话语的背后，某些国家(特别是土库曼斯坦和乌兹别克斯坦)却利用教育转型在学校中进行政治灌输和政治压制。

对前社会主义集团国家教育发展的比较反思，突出了教育变革的多样性，其形式可能不同，结果也可能多种多样。不仅在较大的国家群体(也就是，欧盟新成员国、渴望加入欧盟的国家和中亚国家)之间存在有关教育转型过程的步伐、轨迹和结果的显著变化，这些群体的内部也具有重大差异。无疑，"转型目的论"(Verdery，1996：227)再一次为前社会主义集团的国家绘制出了发展路线示意图，但却无法解释教育转型的复杂度。如同斯坦纳-卡姆西和施托尔佩指出的，用一种确定的模式来定位这些历史进程的方式太令人眼熟了，还有其他一些东西也制造了这种似曾相识的感觉："沿着新的'转型'路线，或多或少地按照国际金融机构强加的药方前进数年之后，他们所允诺的理想——这一次被定义为繁荣的市场导向的民主——再一次在许多后社会主义国家中落空了"(Steiner-Khamsi & Stolpe，2006：64)。无疑，我们必须从"转型"过程的线性观念中抽身，它的特点是"旧的"社会主义的政策、实践和价值逐渐被"新"的西方的相关内容所替代。相反，阐述后社会主义转型的复杂度，以及探讨思维方式如何穿越全球和本土的不同层次并在遭遇本土体系时如何发生变异，才是至关重要的。在何种条件下教育借鉴能够混合、替代和加强现有实践是理解教育转型过程的核心问题，因而应该被置于比较教育研究的中心位置。

参考文献：

Ammermüler, A., Heijke, H., & Wößmann, L. (2003). *Schooling Quality in Eastern Europe: Education Production During Transition*. Maastricht：Research Centre for Education and the Labour Market.

Anderson-Levitt, K. (2003). *Local Meanings, Global Schooling*. New York：Palgrave Macmillan.

Anweiler, O. (1992). Some historical aspects of educational change in the former Soviet Union and Eastern Europe. *Oxford Studies in Comparative Education*, 2(1), 29 - 40.

Barkey, K. & von Hagen, M. (Eds.). (1997). *After Empire: Multiethnic Societies and Nation-Building*. Boulder, CO：Westview Press.

Belkanov, N. (2000). Pedagogicheskaya sovetologiya kak nauchny fenomen (Pedagogical Sovietology as a scientific phenomenon). *Pedagogika*, 6(5), 81 - 87.

Birzea, C. (1994). *Educational Policies of the Countries in Transition*. Strasbourg：Council of Europe Press.

Birzea, C. (1997). The Dilemmas of the reform of Romanian Education: Shock Therapy, the Infusion of Innovation or Cultural Decommunization? *Higher Education in Europe*, XXII(3): pp. 71 – 80.

Cerych, L. (1997). Educational reforms in Central and Eastern Europe: Processes and outcomes. *European Journal of Education*, *32*(1), 75 – 97.

Cowen, R. (1996). Last past the post: Comparative education, modernity and perhaps post-modernity. *Comparative Education*, *32*(2), 151 – 170.

Cowen, R. (2000). Comparing futures or comparing pasts? *Comparative Education*, *36*(3), 333 – 342.

Diamond, L., Plattner, F., & Yun-han Chu, Hung-mao Tien (1997). *Consolidating Third-Wave Democracies: Themes and Perspectives*. Baltimore, MD: Johns Hopkins University Press.

Emirbayer, M. & Goodwin, J. (1994). Network analysis, culture, and the problem of agency. *American Journal of Sociology*, *99*(6), 1411 – 1454.

EUMAP (2002). *Monitoring the EU Accession Process: Minority Protection*. Budapest, Hungary: EU Monitoring and Advocacy Program, Open Society Institute.

Freedom House (2005). *Nations in Transit 2005*. [Online] Available: www.freedomhouse.org

Gerskovits, B. (1998). *The Political Economy of Protest and Patience: East European and Latin American Transformations Compared*. Budapest, Hungary: Central European University Press.

Godon, R., Juceviciene, P., & Kodelja, Z. (2004). Philosophy of education in post-Soviet societies of Eastern Europe: Poland, Lithuania and Slovenia. *Comparative Education*, *40*(4), 560 – 569.

Hanson, S. E. (1997). The Leninist legacy, institutional change, and post-Soviet Russia. In B. Crawford & A. Lijphart (Eds.), *Liberalization and Leninist Legacies: Comparative Perspectives on Democratic Institutions* (pp. 228 – 251). Berkley, CA: University of California Press.

Heyneman, S. (1997). Education and social stability: An essay. *Compare*, *27*(1), 5 – 18.

Heyneman, S. (2000). From the party/state to multiethnic democracy: Education and social cohesion in Europe and Central Asia. *Educational Evaluation and Policy Analysis*, *22*(2), 171 – 191.

IEA (2003). Progress in International Reading Literacy Study (PIRLS) 2003. Chestnut Hill, MA: TIMSS and PIRLS International Study Center.

IEA (2004). TIMSS 2003 International Mathematics Report. Chestnut Hill, MA: TIMSS and PIRLS International Study Center.

Interview with Ivan Wilhelm, Rector of Charles University, Prague (August 23, 2004). [Online]. Available: http://www. euractiv. com/en/education/interview-ivan-wilhelm-rector-charles-university-prague/article-128544

Johnson, M. S. (1996). Western Models and Russian Realities in Postcommunist Education. *Tertium Comparationis*, *2*(2), 119 – 132.

Johnson, M. (2004). Trends in secular educational development in Azerbaijan and Central Asia: Implications for social stability and regional security. *National Bureau of Asian Research Analysis*, *15*(4), 7 – 58.

Kapustin, B. (2001). The End of 'Transitology'? *POLIS: The Journal of Political Studies*, *4*. [Online] Available: http://www.politstudies.ru/arch/2001/4/2-e.htm

Karpov, V. & Lisovskaya, E. (2001). *Reforms and Mutations in Russian Schooling: Implications for Theory of Educational Transitions*. Paper presented at the 45th Annual Conference of Comparative and International Education Society. Washington DC, March 14 – 17.

Lawn, M. & Lingard, B. (2002). Constructing a European policy space in educational governance: The role of transnational policy actors. *European Educational Research Journal*, *1*(2), 290 – 307.

Lindblad, S. & Popkewitz, T. (2004). *Educational Restructuring: International Perspectives on Traveling Policies*. Greenwich, CT: Information Age Publishing.

Lijphart, A. & Waisman, C. (1996). *Institutional Design in New Democracies*. Eastern, Europe and Latin

America. Boulder, CO: Westview Press.

Luhmann, N. (1981). *Politische Theorie im Wohlfahrtsstaat* [Political theory in the welfare state] Munich, Germany: Olzog.

Luhmann, N. (1990). *Essays on Self-Reference*. New York: Columbia University Press.

McLeish, E. (1998). Processes of educational transition in countries moving from authoritarian rule to democratic government. *Oxford Studies in Comparative Education*, 8(2), 9–22.

Meyer, J. & Ramirez, F. (2000). The world institutionalization of education — origins and implications. In J. Schriewer (Ed.), *Discourse formation in comparative education* (pp. 111–132). Frankfurt: Peter Lang.

Micklewright, J. (2000). Education, inequality, and transition. *Innocenti Working Papers*, *Economic and Social Policy Series*, *No. 74*. [Online]. Available: http://www.unicef-icdc.org

Ministry of Macroeconomics and Statistics & State Department of Statistics, Republic of Uzbekistan (2002). *Women and Men of Uzbekistan: Statistical Volume*. Tashkent, Uzbekistan: State Department of Statistics.

Ministry of Public Education of the Republic of Tajikistan (2002). *Monitoring of Learning Achievement in elementary schools of Tajikistan and the problem of school non-attendance*. Dushanbe: Ministry of Education.

Ministry of Education, Science and Youth Policy of the Kyrgyz Republic (2005). *Monitoring of Learning Achievement*. Bishkek: Ministry of Education.

Mitter, W. (1992). Education in Eastern Europe and the former Soviet Union in a period of revolutionary change. *Oxford Studies in Comparative Education*, 2(1), 15–28.

Mitter, W. (2003). A decade of transformation: Education policies in Central and Eastern Europe. In M. Bray (Ed.), *Comparative Education: Continuing Traditions, New Challenges, and New Paradigms*. London: Kluwer.

OECD (1998). *Reviews of National Policies for Education: Russian Federation*. Paris, France: OECD.

Organisation for Economic Co-operation and Development (2001a). *Thematic Review of National Policies for Education: Bosnia and Herzegovina*. Paris: Organisation for Economic Co-operation and Development. Available: http://www.see-educoop.net/education_in/pdf/oecd.htm

Organisation for Economic Co-operation and Development (2001b). *Thematic Review of National Policies for Education: Croatia*. Paris: Organisation for Economic Co-operation and Development. Available: http://www.see-educoop.net/education_in/pdf/oecd.htm

Organisation for Economic Co-operation and Development (2004). *Learning for Tomorrow's World: First Results from PISA 2003*. [Online]. Available: http://www.pisa.oecd.org/document/5/0, 2340, en_32252351_32236173_33917573_1_1_1_1, 00.html (Read Ch. 4, which directly deals with the relationship between student performance & socioeconomic background).

Open Society Institute (2002). *Education Development in Kyrgyzstan, Tajikistan, and Uzbekistan: Challenges and Ways Forward*. Budapest, Hungary: Education Support Program, Open Society Institute. [Online] Available: http://www.osi-edu.net/esp/events/materials/final.doc

Open Society Institute (2007). *Monitoring School Dropouts: Albania, Kazakhstan, Latvia, Mongolia, Slovakia, and Tajikistan*. New York: Education Support Program of the Open Society Institute.

Phillips, D. (2004). Toward a theory of policy attraction in education. In G. Steiner-Khamsi (Ed.), *The Global Politics of Educational Borrowing and Lending*. New York: Teachers College Press.

Phillips, D. & Oancea, A. (2005). 15 Years On: Educational Transitions in Central and Eastern Europe. Directions for Educational Research and Policy in the Post-Communist EU Accession and Candidate Countries. [*Scientific Report of the ESF SCSS Exploratory Workshop*, Oxford, United Kingdom, 8–10 July 2005.]

PILI (2005). *Separate and Unequal: Combating Discrimination Against Roma in Education: A Source Book* (Public Interest Law Initiative, Columbia Law School). [Online] Available: http://www.pili.org/2005r/content/view/53/53/

Przeworski, A. (1991). *Democracy and Market: Political and Economic Reforms in Eastern Europe and Latin America*. Cambridge: Cambridge University Press.

Rado, P. (2001). *Education in Transition*. Budapest: Open Society Institute.

RFE/RL (2003. July 11). *Central Asia Report*, 3(24).

Schriewer, J. (1988). The method of comparison and the need for externalization: Methodological criteria and sociological concepts. In J. Schriewer & B. Holmes (Eds.), *Theories and Methods in Comparative Education* (pp. 25 – 86). New York: Peter Lang.

Schriewer, J. (2000). World system and interrelationship networks: The internationalization of education and the role of comparative inquiry. In T. Popkewitz (Ed.), *Educational Knowledge: Changing Relationships Between The State, Civil Society, and the Educational Community* (pp.305 – 349). New York: SUNY Press.

Schriewer, J. & Martinez, C. (2004). Constructions of internationality in education. In G. Steiner-Khamsi (ed.), *The Global Politics of Educational Borrowing and Lending*. New York: TC Press.

Silova, I. (2006). *From Sites of Occupation to Symbols of Multiculturalism: Re-conceptualizing Minority Education in Post-Soviet Latvia*. Greenwich, CT: Information Age Publishing.

Silova, I. (2005). Traveling policies: Hijacked in Central Asia. *European Educational Research Journal*, 4 (1), 50 – 59.

Silova, I. (2004). Adopting the language of the new allies. In G. Steiner-Khamsi (Ed.), *The Global Politics of Educational Borrowing* (pp. 75 – 87). New York: Teachers College Press.

Silova, I. (2002). Returning to Europe: Facts, fiction, and fantasies of post-Soviet education reform. In A. Nóvoa & M. Lawn (Eds.), *Fabricating Europe: The Formation of an Educational Space* (pp. 87 – 109). Dordrecht, The Netherlands: Kluwer.

Silova, I., Budiene, V., & Bray, M. (2006). *Education in a Hidden Marketplace: Monitoring of Private Tutoring*. New York: Open Society Institute.

Silova, I. & Magno, C. (2004). Gender equity unmasked: Revisiting democracy, gender, and education in post-socialist Central/Southeastern Europe and the Former Soviet Union. *Comparative Education Review*, 48 (4), 417 – 442.

Silova, I. & Steiner-Khamsi, F. (2008). *How NGOs React: Globalization and Education Reform in the Caucasus, Central Asia, and Mongolia*. Bloomfield, CT: Kumarian Press.

Steiner-Khamsi, G. (2000). Transferring education, displacing reforms. In Jürgen Schriewer (Ed.), *Discourse Formations in Comparative Education* (pp. 155 – 187). Frankfurt & New York: Peter Lang.

Steiner-Khamsi, G. (Ed.). (2004). *The Global Politics of Educational Borrowing and Lending*. New York: Teachers College Press.

Steiner-Khamsi, G. & Stolpe, I. (2006). *Educational Import in Mongolia: Local Encounters with Global Forces*. New York: Palgrave Macmillan.

Silova, I., Johnson, M., & Heyneman, S. (2007). Education and the Crisis of Social Cohesion in Azerbaijan and Central Asia. *Comparative Education Review*, 51(2), 159 – 180.

State Statistical Agency of the Republic of Tajikistan (1998). *Report on Gender Statistics in Republic of Tajikistan*. [On-line] Available: www.undp. uz/GID/eng/tajikistan/GENERAL/GGA/tj_stat.html

Tjeldvoll, A. (2006). Guest Editor's introduction: Education in the Balkans—challenged to change. *European Education*, 38(1), 5 – 15.

Tomaševski, K. (2005). Globalizing what: Education as a human right or as a traded service? *Indiana Journal of Global Legal Studies*, 12(1), 1 – 78.

UNESCO (2005). *Education for All Global Monitoring Report 2005*: The Quality Imperative. Paris: UNESCO Publishing.

UNICEF (2001). *A decade of transition*. Florence, Italy: UNICEF Innocenti Research Centre.

UNICEF TransMONEE (2005). Database，UNICEF IRC，Florence Transparency International (2005). *The 2005 Corruption Perception Index*. [Online] Available：http：//www.transparency.org/pressreleases_ archive/ 2004/2004.10.20.cpi. en.html

UNICEF (2000). *Multiple Indicator Cluster Survey* (*MICS-2*). [Online]. Available：http：//www.ucw-project.org Verdery，K. (1996). *What was socialism and what comes next*? Princeton，NJ：Princeton Academic Press.

Watson，P. (2000). Re-thinking Transition：Globalism，Gender and Class. *International Feminist Journal of Politics*，2(2)，185 - 213.

Zajda，J. (2003). Educational reform and transformation in Russia：Why education reforms fail. *European Education*，35(1)，58 - 88.

19. 欧盟与西班牙教育

何塞·路易斯·加西亚·加里多(José Luis García Garrido)

　　这篇文章的标题可能会引发多种不同的解读。其中一种解读是,这是关于西班牙教育与欧洲教育政策(即以前的欧洲经济共同体和后来的欧盟自成立以来起草的那些教育政策)在多大程度上相关联的研究。就目前的情形来看,笔者更倾向于一种更具现实意义且更能揭示现实情况的解释。笔者认为,欧盟在教育问题上正是它所有组成部分的总和。换句话说,笔者不认为欧盟成员国已经给予了欧盟实现一种真正共同体教育政策的可能性,笔者也不认为它们将在不远的将来这么做。欧盟成员国小心翼翼地对各自的教育系统保持着排他性的控制,而且看起来似乎各成员国想要继续维持这种方式,但与此同时它们又接受(并不是毫无抵抗)欧盟制定某种共同行动路线的合作努力。

　　因此,本文接下来的内容旨在将当前的西班牙教育置入它本身固有的框架中进行考察,这种框架无疑也属于欧盟的一部分。不过,笔者将更多地思考组成欧盟的各个不同国家和它们各自的教育政策,而不是让笔者感到疑惑的欧盟本身的教育政策。笔者希望从根本上考察西班牙的教育系统在何种意义上与欧盟主要国家的教育体系保持一致。毫无疑问,这是一个雄心勃勃的目标,它与可用篇幅的不足和主题的复杂性形成鲜明对比。鉴于这些局限性,笔者被迫选择一些自认为对于西班牙教育系统在欧盟中的存在而言至关重要的问题来进行考察。笔者将只特别涉及其中的三点。首先是历史本质,笔者希望阐明其与当代比较的众多不同之处。其次,涉及许多西班牙学者和笔者本人都认同,西班牙教育系统所面临的重大问题:作为一个教育系统的自我本质。最后,笔者试图简要列举一些西班牙教育系统的主要缺陷,这些缺陷会在欧盟的框架内对西班牙的教育系统产生影响。

　　接下来的段落中强烈的批评(可能还有自我批评)特色很可能会让读者感到惊讶。如同他们将注意到的,笔者看起来似乎只想呈现笔者本人服务多年的教育系统的消极方面,因而屈从于典型的西班牙倾向(笔者之后将对此进行分析):笔者的反思中存在的忧伤甚至悲观的语调。但这并不是笔者通常给他人的观感,读者可以从笔者的其他著作中加以确认[①]。

西班牙教育政策中的欧洲主义和孤立主义:一个古老的话题

　　最近10年在西班牙出版的大量有关教育的编年史资料从各种不同的方面隐晦或公开地表达了这样一种观点:自启蒙运动以来,西班牙并没有跟上欧洲其他发达国家的步伐,因为它没有能力跟上,不知道如何跟上,或者说根本不想跟上(通常这三个原因都是)。在此之前,这样的情况从未发生过(重要的宗教运动和有影响的教育运动在中世纪和现代初期就已经在西班牙兴起)。但自启蒙运动以来,情况发生了变化。当欧洲大多数国家的政府当局决定为不断发展的教育系统采取一系列措施时,西班牙却开始袖手旁观,对此毫无兴趣,坚决不着手任何措施,这引发了公开的质疑。西班牙的知识分子对此提出警告,但并没有引起足够的重视。曼纽尔·普勒思

---

　　① 笔者最近的一本书中给出了更为平衡的批评观点:*La máquina de la educación. Preguntasy respuestas sobre el sistema educativo*. Barcelona, Ariel, 2006。实际上,本文提出的大多数观点来自这本书,相较而言,书中更多地提到了西班牙教育系统的积极一面。

(Manuel de Puelles)在他最近的书中把这种18世纪最初几十年便具轮廓的教育系统描述为"失意的国家系统"[①]。西班牙也确实做出过一些回应，但往往不合时宜，并总是表现得畏首畏尾。1813年的《昆塔纳报告》(Quintana Report)就是这样一种回应，另一个则是19世纪中期的《莫亚诺法案》(Moyano Act)，该法案在被新立法完全代替之前持续了100年(这项法律在当时或多或少具有重要意义，但它总是带有偏向性，并只适用于某一层面或特定的方面)。在不同时期，总会出现一些令人瞩目的立法尝试和雄心勃勃的立法计划。但它们要么难以取得令人满意的结果，要么在某些情况下由于被广大西班牙人民认为过于大胆，而不得不被取缔。

认为西班牙应该达到大多数先进国家同等水平的说法非常普遍，但是在许多情况下会被这个国家流行已久的孤立主义心态所抵制。如同梅内德斯·皮达尔(Menéndez Pidal)强调的，许多西班牙人对听从国外意见或寻求与国外建立联系的抗拒可以追溯到很久以前。根据韦恩提安·提埃波罗(Venetian Tiépolo)在16世纪就已经给出的证据，梅内德斯·皮达尔承认这种抗拒是一种历史常态，并会一直持续下去。他总结道：

> 孤立主义盛行于西班牙……认为西班牙人没什么可以向他人学习的，这也是原封不动地保留全部传统生活方式以及思想，避免其受任何外来影响所必需的，因为这些外来影响只会削弱和危害他们。费霍(Feijoo)反对这两种成见，他的许多反对理由对今天而言依然很重要。[②]

梅内德斯·皮达尔这里所说的"今天"指的是20世纪中叶的西班牙。自那以后，情况当然发生了巨大的变化。不久，西班牙就果断开始了加入欧洲的进程。在佛朗哥时代后期颁布的1970年《普通教育法》无疑使西班牙的教育系统向外界潮流打开了大门，也正是由于这个原因，它在当时遭到了许多政治和社会权威人士，包括许多知识分子的严重非议。

然而，尽管有许多优点，这项法律还是无法弥补失去的时间。由于大量青少年自14岁起便不断从中学课堂中流失，它不得不和过去一样采用八年制义务教育。而在同一时期，许多欧洲国家已经将义务教育年限提高到九年或十年。不过这项法律大胆地采用了"综合教育原则"，将初等教育和早期中等教育进行整合，这甚至要比欧洲其他国家比如法国、意大利或北欧一些国家还要领先。然而，20年后，在一个并不恰当的时机，该教育法在1970年时具有的无可辩驳的进步和优势被一项新的法案[《教育制度结构与组织基本法》(LOGSE，1990)]重申和夸大。尽管这项新法案将义务教育年限提高到了十年(这是个好主意)，同时将综合教育的年限也提高到了十年，但在当时，大部分欧洲邻国们已经对这项原则(综合教育)的应用进行了修正。笔者之后将再讨论这一点。目前笔者感兴趣的是强调西班牙人在教育问题上总是难以避免地进行拖延的倾向。在实施措施时频繁地拖延，和修正结果时频繁地拖延一样，并不总是具有积极意义。

尽管存在孤立主义的诱惑以及对他人经验的极度漠视，但总是有一些人深信，需要去国外特别是去欧洲找寻一些令人钦佩并有可能被吸收进他们自己的教育习惯中的外部经验。笔者无法在此引述可以证实这种趋势的众多证据，这里引用罗马诺内斯(Romanones)部长于20世纪伊始在至关重要的1901年教育法序言中的一段陈述已经足够：

> 没有人可以否认，我们国家所有的重大教育改革都来自那些与欧洲科学思想深入交流的人们，他们跨越国境再将外国的思想播撒在他们的祖国——一块人杰地灵却在成长中被

---

① Puelles Benítez, M. de: Estado y educación en la España liberal (1809 - 1857): un sistema educativo nacional frustrado. Barcelona, Pomares, 2004.

② R. Menéndez Pidal, *Los españoles en la historia*. Madrid, Espasa-Calpe, 1960：87.

抛弃的土地。在西班牙教育史上，源自蒙特西诺斯(Montesinos)幼儿学校的路易斯·维瓦斯(Luise Vives)人文主义教育潮流就是一个明证①。

在 20 世纪的前几十年，西班牙政坛圈参考国外的现象极为普遍。拓展学习委员会(the Board of Widening Studies)在这方面发挥了决定性的作用，而该机构本身就受到了欧洲理念的启发(尤其是德国)，它的主要工作是派遣西班牙学者到欧洲的中心地带去收集教育经验。西班牙第二共和国标志着这种国际主义渴望的另一个关键时期，并在相关立法方面向国外(从西方国家到苏联)看齐。在佛朗哥统治初期经历了一段对外来经验不信任的时期，趋向于将弊害归咎于外来影响。但即使是在佛朗哥独裁统治时期，在这方面也发生了根本性的变化。就像前面提到的，某些政府部门对 1970 年《普通教育法》的反对之声在国外辉煌的教育成就面前屈服了，并接受了联合国教科文组织的相关国际准则。自此以后，向欧洲和发达国家学习成为教育立法的常态，包括四项从 1982 年到 1995 年在社会主义时期实行的法律，两项在 1996 年和 2004 年之间被保守政府精心设立的法律，最后还包括在 2005 年末由一年前选举获胜的社会主义政府所施行的法律。

但对外来的警惕并没有完全消失。对"舶来主义"的指控贯穿了整个 19 世纪和 20 世纪，在今天依然流行。当那些经历了过往时代的批评者展示报告时，他们似乎在寻求谅解。② 其中一些批评者在表达他们的观点时格外敏感和慎重，正如下文所显示的：

> 所有对外来事物的模仿，不管是德国、法国还是英国，在西班牙都是不适合的，因为我们不是法国人、英国人或德国人。相反，最好是理解和研究我们邻国的事物，研究什么是我们自己所独有的，并将之与我们邻国的事物相比较，留意差异使我们看到的内容以及可以为我们所用的相似或相同之处，这才是对我们最有价值的事情。③

这让我们看到了另外一个有趣的方面：西班牙人倾向于为他们自己的理论寻找国外的证据。对外国经验的"盲目"推崇和想象长期受到指责。历史总是在延续，事事如此。大众媒体，尤其是报纸，将西班牙和外国进行随心所欲的比较，这是我们这个时代的一大发明。西班牙报纸时不时会连篇累牍地报道其他国家(尤其是欧洲国家)关于教育的改革、创新或简单"事件"。通常，撰写这些文章或评论的是在这些国家短期居住过的记者，他们只想传递一些基本信息，并像对待政治选举、健康问题等议题一样，轻松简单地对待教育问题。这些文章的特点是去情境化和过于简单化，但是由于它们被认为对读者有用，所以报纸依然热衷于此。

笔者还将指出另一个特点，这个特点在我们将西班牙已有的关于自身教育系统的观点进行情境化时至关重要。这一古老的特点今天依然存在，它建立在这样一种基础之上，即许多西班牙人所定义的西班牙教育相较于欧洲体系(一般来说即发达国家的体系)"由来已久的落后"。基本的观点是将这种落后解释为这个国家政治难题(过去和现在)的结果。换句话说：在西班牙，不发达的教育过去和现在都是由不发达的政治造成的。

这种主张隐藏在对教育系统的许多批评中，也存在于学术界、政界、工会和行会等领域。一方面，这些批评会对每一项涉及经济和教育投资的事项进行详细研究(每当制定一项教育法案之

---

① Anuario legislativo de Instrucción Pública correspondiente a 1901. Madrid，1902：381.

② 例如，这就是加西亚·纳瓦罗(García Navarro)在 1870 年将他的成果献给福禄贝尔和德国幼儿园时所做的。

③ Fontanals del Castillo, Joaquín：*Necesidad de la instrucción popular en España*. Barcelona，Verdaguer，1865：34.

时,资金短缺就成了司空见惯的事情)。但另一方面,立法本身却又坚持西班牙应具有和周边国家一样的教育水平。绝大多数付诸实施的法律或通过的法案,都要用好几个段落来声明,这是为了让西班牙与其他欧洲国家或发达国家"相类似"而必需的。这等于在尽心尽责地承认,与这些国家相比,西班牙在法律规范或法律履行、效率、人力资源或物质资源等方面都相形见绌。在西班牙,教育比较具有极其可悲的特点。

其他国家是否也是如此呢? 笔者由衷地认为不是。比如,当我们考察其他和我们相似或更发达的国家的主要法律或立法措施时,我们不会发现笔者所指的那种可悲的比较。相反,立法变革的必要性,很明显是根据这些国家自身的发展进程,或是因为原有法规确实存在不足而产生的,而不是因为感觉比其他国家"低人一等"。在笔者看来,西班牙人要特别面对的这个问题,也是其他一些国家的人民(可能在一些拉美国家)所面临的。

笔者希望指出当前西班牙教育历程的另一个特色:无休止地制定和更新教育政策文件。自从 1978 年恢复民主以来,西班牙每次政府更迭都让人民目睹了相同的、反复上演的无聊剧本。执政的新政府坚称旧政府制造了大量的教育问题,并将孩子们悲惨的教育处境归咎于前任国家领导人及其法令。他们急于用不同的方式表达这种看法(要证明它则更为困难……),这样他们就不会因为他人的旧账而被责难。此外,他们还以一种幼稚的观念采取行动,认为他们的政府将有益于处理这些教育问题。如果他们可以,他们就会更改前政府的法律,只是纯粹因为这些法律是别人颁布的。愤怒的批评就会倾泻在前政府身上。年复一年,状况依旧,而没有意识到正是那些执掌政府一年、两年、三年或更长时间的人,正是那些提出批评的人让事情变得更糟糕,而不是更好。而这也鼓励了随后的政府,不管来自哪个党派,都如法炮制。笔者认为,西班牙教育政策的这种不连续性是一种严重的伤害,这与欧盟其他国家的行为产生了强烈的对比。尽管他们的政策可能经历过修改,但从未受困于法律的不断提出和废除,而这种法律的反复恰恰体现了西班牙当代教育的特色。

政治-行政的宏观问题

毫无疑问,当前西班牙教育历程中最引人注目的事件就是将高度集权的教育行政管理体系转变为激烈的分权体系,而且,这种转变是在极短的时间内发生的。短短数年,西班牙教育最牢固、最久远的特色之一就被抹除了。正如人们所料,转变的结果依然前途未卜。目前,包括现有的和即将采用的教育系统,西班牙令人惊讶地存在着 17 种不同的教育系统(每个自治区一种),这完全超出了我们的想象。

西班牙追随的这一进程和其他国家一样吗? 尤其是那些最接近于西班牙文化和经济环境的国家。鉴于这些国家在当今国际教育舞台上发挥的巨大影响,对它们进行简要的考察至关重要。

在此,我们首先要记住的是,分权制在教育政策领域或其他领域经过数十年的鼓吹已经成为一种时尚,这种时尚尤其受到盎格鲁-撒克逊传统的影响。地方分权的体制暗示了这样一种观念,即它可以提高政治行动的效率,特别是通过拉近行政机构与民众的距离以及保证他们参与管理公共利益。不管怎样,地方分权制给人的印象就是民主的天然要求,而"中央集权"则与不恰当的控制有关。对佛朗哥主义的超越,从本质上就意味着(对大多数政治力量和西班牙知识分子而言)对中央集权制度的超越以及对地方分权制度的采纳。西班牙与我们文化背景下的其他国家在教育领域和其他领域的"同系化"似乎首先要做的就是采用地方分权制度。

就像笔者提到的,这种模式尤其与那些盎格鲁-撒克逊的传统有关,具体而言,就是英国和美国的传统。这两个国家在文化问题上所采取的标准都是完全的地方化(以笔者的观点,我们不能称之为"地方分权制"，因为它并非始于一个中央集权国家）。从英国来看，自 19 世纪以来（无疑有着深厚的历史根基），地方化便通过其体系中的"地方行政"理念占据主导地位，同时地方教育当局对教育事务进行控制。美国的地方化则通过州行政机构实施，因为（美国宪法规定）教育的职权归州政府所有。但是，如果我们留意一下这两个国家自 20 世纪中期至我们这个时代的主要趋势，我们可以看到它们中出现的"集中化"趋势，尽管这并未改变过去的地方化核心。在这期间，这两个国家都前所未有地设置了教育部长或教育部，英国是在 1944 年，而美国是在 1979 年。自那以后，这些部门对具体教育事务采取了越来越多的控制措施，尽管在某些情况下受到了地方教育当局和联邦州或多或少的公开抵制。无论如何，目前为止，这种趋势在两个国家没有延缓的迹象，实际上我们可以这么说，这是两国所有政治势力的一种共识。换句话说，这些国家最近几十年的行为，似乎是对过度地方化或地方分权所造成的问题的某种警告，这也正是我们所关注的问题。

在欧洲大陆，在基于联邦制的国家——德国，类似的情况可能也在发生。尽管实际上**联邦州**和它们各自的教育部长在教育问题上拥有最大的职权，但联邦教育部自 1969 年设立以来其重要性正在日益增强。最重要的是，当许多民众和政界人士将教育系统的弊端归咎于教育地方化时，呼吁更多的联邦干预的声音就会不绝于耳。可以预见，这种联邦干预将在今后几年内出现（实际上这种情况已经发生，特别是在高等教育领域）。

确实，权力下放趋势在某些欧洲国家取得了进展。比如，以斯堪的纳维亚国家为例，由于他们的人口规模，按理来说其运作方式本应该建立在明显的集中化基础上，但是他们的运作方式几乎总是地方性的分权体制，而不是区域性的。也就是说，在教育政策问题上，决策权越来越掌握在市镇议会或其他地方当局手中，并不会诉诸省或地区的区域性决定权分配。

一些有着高度集权政治传统的国家，比如法国和意大利，也倾向于加强地方自治，并将更多的职责赋予地方当局，法国的是学院（les Académies），意大利的则是地区（le regioni）。但这两个国家一直是在巴黎和罗马当局的支持之下，由次级的管理者进行相关行政管理。基本上，这意味着地方的决策权只局限于一些具体问题的执行，而很少拥有决策更高级别事务的权力。与西班牙发生的情况截然不同，今天的意大利在教育事务上基本上还是中央集权，法国也是如此。和以前一样，就像他们自己承认的，他们的权力下放（décentralization）更多的是权力分散（déconcentration）。我们可以在一些南欧国家看到同样的情况，比如希腊和葡萄牙，虽然我们不能忽视他们分权化的努力。

总而言之，在欧洲只有一个国家，甚至要比西班牙更早地在国家中实行鲜明的分权体制：比利时。这个小国采取这种体制的动机是由于他们的文化和语言特点以及长久以来的传统，因此从某种程度上来看可以理解；但从政治上和质量上来说，他们的教育现状与期望相去甚远。

在回顾了欧洲教育政策之后，那么毫无疑问，我们所得出的结论就是确认了对这一问题普遍和持续的折中温和立场，这种立场似乎舍弃了过激的观点，并用较正确的态度看待过度的中央集权或地方分权。同时，显而易见的是，全球化运动让国家之间日益接近，也让每一个国家面对相似教育问题时所采取的行动更加接近。当然，反全球化运动也在强调，丰富多彩的本土文化价值正越来越强有力地抵御着全球化，他们认为全球化正在用贫瘠的文化统一来危害丰富的文化资源。

但是，这些运动通常更多地发端于地理意义上的**本地**区域，而不是来自于现在已经过时了的**国家主义**的要求[①]。"全球化"激起的是被称为"全球本土化"（glocalization）的运动，而不是"全球

---

① 尤其和克里克帕特里克·塞尔（Kirkpatrick Sale）的书（写于 20 年前）有关：*Dwellers in the land: The bioregional vision*. San Francisco, Sierra Clubs Books, 1985。他的观点强有力地重现在目前的研究中，例如：Gred Garrad：*Ecocriticism*. London, Routledge, 2004, pp. 118 - 119.

国家化"(glonationalization)。无疑我们最终将恢复"国家"作为出生地(我们每个人出生的小地方)的原始含义。几乎在所有地方,从政治的角度来看,人们近来对国家主义的体验都印象欠佳,尽管它在其他的一些历史时刻可能具有积极意义。

回到西班牙的情况,它的未来正被打造得与这些世界潮流迥然不同。由于来自特定利益团体、政治阶层和部分公众舆论的压力,诞生于 15 世纪末,经过 5 个世纪顽强生长而形成的西班牙**国家**在今天似乎要分裂成为若干个数目不详的**国家单元**(national units)。一些政治人物把这种现象公开称为"散伙"的过程。而另一方面,今后的道路还不甚明朗。在佛朗哥时代向民主时代转型开始时,建立一个西班牙联邦的理念已经出现在一些政党的精神当中,特别是西班牙工人社会党(Spanish Socialist Workers Party,PSOE)。虽然这种理念对西班牙国家的永久性,可能还有各类联邦州加入的情形等进行了深思熟虑,但这种言论仍然脱离了西班牙的历史演变,现在已经被证明是错误的。那些在今天要求一个新政治架构的人们似乎不会满足于仅仅将他们的地区变成联邦州,而是要同时成为州和国家。毫无疑问,这意味着拥有完全主权和完全行政管辖权的设想仅仅是因为想要留在欧盟才暂时缓和。这是国家主义者话语的目的所在,尽管其认可一个渐进的过程,在这个过程中,拥有对他们自己的教育系统(国家系统最原始的含义)的控制权是具有决定性的。给这些(他们自己的)教育系统让路不是要等到明天或后天才要行动的事情,而是必须立即开始着手。这说明了获得法律授权的压力,而这已经在最近的 2006 年《教育组织法》(Ley Orgánica de Educación)中实现。出于不同的原因,大多数政治势力一起加入到了这项西班牙教育系统的"散伙"工程中,尽管不知道它会涉及多广,甚至不知道会带来什么结果。只有人民党(Popular Party)这一个政党表示反对,它代表的不仅是许多选民的观点,也是许多西班牙人民的观点。

不远的未来将会带来什么? 在一个只在理论上存在的西班牙教育系统中,现有的(可能尚未合法)各种**国家**教育系统会被接受吗? 如果是这样的话,这些系统在数量上不会只有寥寥几个,更具体而言,这些系统将会声称其动机是促进其"历史性"领地状态。不过,在事件的常规演化过程中,一开始,情况可能是那些决定追随这种模式的地区便是"历史性"领地,而其他地区则自我约束,随着时间流逝,到最后,它们也将要求同样的特权。也有可能是后者厌倦了不断的争斗,而决定重新建立一个有限的西班牙教育系统,范围缩小到只包括西班牙语地区。这无疑是自我命名的"历史国家主义"者最渴望的解决方案,他们相信伟大诗人安东尼奥·马查多(Antonio Machado)笔下的诗句:"路是人走出来的。"

未来将会是什么样的? 是 4 到 6 个依赖各自语言的教育系统? 还是 17 个各自拥有相同的、最高自治权的教育系统并存? 抑或是带有某些地方特色的、统一的西班牙教育系统? 结果很难预料。在国际层面,国际化运动、不同国家系统的相似性和教育界限的消除受到普遍支持。在西班牙层面,正如我们看到的,受到普遍支持的是国家化运动,各系统之间的差距,教育系统中新的语言、微观文化界限,也许还有社会经济界限,甚至可能包括种族界限的建立。在这种辩证冲突之下,教育系统中是否将产生一些残存的综合体还不得而知。目前唯一可以确定的事情是,一段不安和疑虑的不确定时期将在很多方面削弱西班牙教育的国际竞争力。

更明显的是,笔者提到的"脱离"倾向在教育管理方面引起了强烈的反响。所有国家的行政管理都遭遇过这样或那样的官僚主义蔓延的危害。打开欧洲各国教育部的网页就足以发现,几乎每个国家都建立了拥有众多国家公务员的庞大行政机构。而在地方化和地方分权的国家,如果观察一下分权单位的架构,情况也是如此。而笔者认为西班牙的这种趋势也非常严重,如今它也是拥有最为臃肿的行政管理系统的众多国家之一。

几乎所有发达国家都在考虑缩小行政机构规模,"恢复合理的数量",相反,西班牙却毫无动静，至少目前没有。几年前，法国社会党的教育部长克劳德·阿雷古尔（Claude Allègre）开始提出"猛犸必须减肥"（il faut dégraisser le mammouth）的口号，这里的猛犸无疑就是指庞大的法国教育部门，而西班牙的政客们却对类似的运动避而远之。"福利国家"不负责任的分配比例依然没有引起西班牙的警觉。在西班牙和它的 17 个自治区中，就行政管理而言，这种"肥胖"的趋势依然如故。他们从未扪心自问，就分配的任务而言，这种庞大的行政官僚人员的规模是否合理，尤其是其中的利害关系是否可以接受。工会、协会和团体从未停止对教育资源的需求，却很少怀疑这种资源的扩张是否是过度的，甚至是适得其反的。对建立新教育分支体系的渴望似乎不受限制，尽管这种新分支体系会造成管理上的扭曲和引起并发症，以及产生更多对人力资源的需求。

进一步来看西班牙的情况，可以很明显地看到中央体系和地方体系之间的失调（这也发生在地方体系的内部），而这种失调在其他国家并没有普遍存在。的确，在非集中的行政管理体系中让各个功能协调一致并非易事。几年前，时任德国总理施罗德谴责许多德国地方当局（**联邦州**的部长们）的态度是造成德国教育系统在国际学生评估项目（PISA）中表现糟糕的原因，这便是一个很好的例证。而相较于其他国家，西班牙在这一点上达到了无与伦比的程度。在一些自治区，要想了解如何处理与中央教育部的关系是极其困难的，除非它准备**自我消亡**。

无毋置疑，每个国家的教育质量都取决于（作为基本组成部分）行政管理系统运行能力的优劣。一个有效的行政管理体系对于达成教育目标依然是必需的，即便在今天这一行政管理系统已经不符合现实情况。比如，法国行政管理系统因为中央集权的特点和官僚主义制度而广受批评，但不可否认的是，总体来说这是一个运行良好的行政管理系统。在一些非欧洲国家也可以看到类似的情况，比如日本，尽管它是一种自上而下的体系并常常缺乏弹性，或者美国，尽管它的管理方式变化多样。这些行政管理系统以及其他国家的系统可能或者的确存在很大不足，但它们运行起来却具有良好的连贯性和导向性，而且它们有清晰和明确的目标，并能够为实现目标而充分地运作。在这种系统中，立法机构根据国家的需要制定法律，领导人根据法律进行决策，咨询部门提供真正的建议，调查人员履行监督和控制的职责，而教育和行政人员则根据分配的任务进行工作。这些国家的人民不认可这一点：仅仅因为他们生活在一个民主社会中，这样的职责就应该以某种方式由所有人分担和讨论，并因为实时环境或不同压力而发生传播和改变。如果偶尔有相反的结果出现，社会机制就会立即对错误进行抨击和纠正。对这一点无须过度警惕，笔者认为上述情况在西班牙的教育系统中并不存在。

最后，再讨论一下关于公共部门和私营部门之间长期存在的争议。在此问题上，西班牙也到了必须提上日程并达成一个稳妥的折中方案的时候了。甚至在意大利这个私营部门总是被严重缩减的国家，左翼人士也在为两个部门之间充分的**平等**而进行辩护（贝林格部长在数年前就这样做过）。传统上拥有发达公立部门的国家今天也在热情呼吁与社会力量的合作。与之相反，西班牙拥有古老的非国立学校教育传统，如果没有相互之间的合作，整个教育体系就会是一场灾难（超过 30% 的西班牙学生在非国立机构中学习）。所以我们不能沉浸在 19 世纪末或 20 世纪初的赞扬声中，固执地坚持一个"单一、公立和世俗"的学校教育系统，而反对对社会自营机构的国家财政援助。在西班牙，如果教育行政管理系统想要与时俱进，那么两个部门都彼此需要，相互依存。

关于同化与质量的几个问题

在本文的最后部分，如同笔者一开始所说的，笔者将尽可能清晰地描述西班牙教育制度与欧盟其他国家的普遍情况相比的某些独特性。笔者不打算进行详尽的列举,而是挑选了 5 个笔者认为最重要的相关问题来进行阐述。

中等义务教育的概念缺陷

正如笔者已经提到的,1970 年《普通教育法》在西班牙教育系统的 6 岁到 14 岁年龄段采用了"综合教育原则"。在这个阶段,来自公立或私立学习机构的学生被强制学习单一课程,该课程在所有方面和所有细节上都整齐统一。1990 年的教育法虽然将义务教育年限扩展到了 16 岁,但到这个年龄段为止,所有学生仍然学习完全一致的课程。尽管很多欧洲国家也采用类似的原则,但大多数欧洲国家已经对这项标准进行了修正,寻求特定的多样性规则以满足学生真正的兴趣和能力的需要,特别是 14 岁到 16 岁年龄段的学生。2006 年的教育法几乎没有任何重要的变化,继续沿用这种模式,造成大比例的学生对他们的学习完全失去兴趣(他们被通俗地称为"抗拒学习的学生")。在这个重要的教育阶段(12 岁到 16 岁之间),西班牙教育系统给人一种缺乏现实主义的印象,呈现出一种隐瞒不平等、低效和造成冲突的能力的形象,这与几乎所有其他欧盟国家近年来所实施的教育政策形成了鲜明对比。

明显偏短的高级中学学制

在完成义务中等教育之后,学生可以在职业教育和称为"高中学历教育"(bachillerato)的中等教育形式之间进行选择,后者是进行为期两年的进阶学习(16 岁到 18 岁之间)。大多数学生会选择这种中等教育形式,它分为若干个分支(美术、科学和技术、人文和社会科学),但仍然保持着非常相似的主干内容。考虑到上述关于高中教育的缺陷,几乎一致的看法是,在这短短的期限内,几乎不可能给学生提供大学学习必需的能力以及充分的入学保证。并且,没有哪一个欧盟国家的高中教育年限会如此之短。一些西班牙的政客为此辩解说,英国中学的**第六学级**(sixth form)就是类似的形式,但这样的辩解明显是错误的:英国中学的第六学级是对专门科目的集中进修阶段,但西班牙的"高中学历教育"课程却包含了 10 或 12 门课程。因此,西班牙那些刚开始大学阶段的学生所接受的训练在质量上要低于他们的欧洲同伴。

高比例的学业失败和平庸表现

在西班牙,每四个 14 岁的学生中就有一个处于明显或隐性的学业失败之中,而在 16 岁年龄段,这个比例上升到了三分之一。这些数据在众多国内外的测评中不断出现。这是一个令人担心的事实,但笔者认为以下的事实证据可能更让人担忧:到义务教育结束[①],只有 4% 的西班牙学生的成绩达到了高水平(优秀)。很明显,这种平庸的教育结果可能才是最能说明西班牙教育系统问题的事实。

尽管这样的结果主要归咎于笔者所提到的教育系统的缺陷,但专家、教师和西班牙社会几乎一致确信,这些问题的根源要深刻得多。无论如何,基于上述两项事实(高学业失败率和普遍的平庸),似乎可以确定的是,在欧盟国家中,西班牙是教育水平最低的国家之一,可能只有少数几个国家与其为伍。如果坚持自己的现有规划,西班牙将很难改善其普遍的教育状况。

---

① 为不造成相关评价参考的滥用,笔者希望读者能够参阅最近分别于 2000 年与 2003 年进行的 PISA 测试。通过查询测评机构(隶属于西班牙教育部的组织)的网站,可以获得丰富的参考资料和具体数据。

高度的教师职业倦怠和学校的去专业化倾向

笔者在此指出的第一个问题并不是只独特地或者更严重地影响着西班牙教育系统，它也存在于欧盟其他国家中。然而，当他们从学校开始营造欧洲公民的风气以及提升欧盟指导者所坚持的教育品质时，这种影响所构成的缺陷可能将西班牙和欧盟其他国家之间的教师合作置于危险境地。

笔者所指的西班牙教师职业倦怠的产生具有社会和政治根源，而不是像其他国家那样由经济根源和劳资原因造成。西班牙教师的经济待遇，虽然笔者看来并不是最令人满意的，但却处于欧盟平均水平之上。在教师生活的其他方面，如工作时间、教学时间、生师比、每间教室的学生数量等，西班牙的数据也高于欧盟平均水平（公立机构和私立机构之间显然不具可比性，在这些方面上前者比较有利）。但是，病退、申请提前退休、压力情况的比例，尤其是意气消沉的比例，在过去几年中居高不下（公立机构的比例恰恰要高于私立机构）。问题的根源似乎在于教师社会声望的不足（不仅仅是字面上的评价）。学生（当然还有很多家庭）日益增长的目无纪律及厌学风气，以及明显增加的暴力行为（尤其是语言暴力）使得教师的学校生活即便在最好的情况下也是不合心意的。

除此之外，第二个问题就是过去 20 年管理团队的持续瓦解，这导致西班牙与欧盟其他国家相比在教育管理上彻底的去专业化。对每个人（学生、家长、员工）都参与到教育核心的必要性（对此笔者不怀疑）的坚持，导致出现了教育参与和教育领导的混乱，也就是说，参与取代了领导。

这个问题对大多数公立学校产生了影响，在那里，非教师人员也可以申请管理岗位的情况并不罕见。毋庸置疑，尽管还存在一些值得赞赏的例外，但许多西班牙学校正遭受管理不善的困境。显然，这些问题的主要责任在于教育领域不恰当的人力资源政策，尤其是立法方面，在如此重要的问题上屡犯同样的错误。

大学领域同源性缺陷

笔者于本文开头提到的两个传统潮流——孤立主义和欧洲主义尤其体现在"高等教育"（educación superior）之中，这个术语在西班牙语中的意思是大学教育（实际上，自 1970 年改革以来，除了大学以外没有其他形式的高等教育）。一方面，我们可以看到所有大学都充斥着"欧洲主义者"的话语，另一方面，孤立主义也不断涌现，甚至制定支持这类主张的法律的行动也迎头赶上。就在笔者写下这些文字的时候，西班牙刚刚颁布了一项新法律。这项新法律尽管最初具有欧洲主义的主张和实质性的变化，但现在仅仅是对之前 2002 年法律的简单润饰。而 2002 年法律本身也只不过是 1983 年法律的另一种体现，1983 年法律对于西班牙大学与欧洲大学的接轨没有表现得那么野心勃勃。在给予更高程度自治的借口之下，真正所做的事情一方面就是使大学受制于对相关自治区的高度依赖，另一方面，也证实了大学的管理和研究计划的特性，对众所周知的"博洛尼亚进程"形成了事实上的阻碍，而不是帮助。

这种孤立主义的状况对西班牙可能造成的危险影响不仅仅是针对"欧洲高等教育共同空间"，还针对大学本身。西班牙大学教师的"近亲繁殖"是一个尽人皆知和广受诟病的老问题，但立法似乎并不准备与之开战，而是以新的方式纵容它。不久后，在加泰罗尼亚的大学找到一个不是加泰罗尼亚人的教授，或在安达卢西亚的大学找到一个不是安达卢西亚人的教授，将是非常困难的。这些仅仅是适用于自治区的例子。甚至很可能在这些大学中找到一个英国或德国教授，都要比找到来自西班牙其他地区的教授更加容易。总之，孤立主义的现状不仅仅源自不恰当的教职员选拔政策，还源自其他重要方面，比如研究计划和任职资格等，这些方面也同样具有分离而非聚合效应。

　　当前,尽管许多政客和大学当局表现出了欧洲主义的倾向,但一致的意见是,西班牙将难以适应在 2010 年所谓的欧洲高等教育空间中进行充分竞争。我们浪费了太多的时间。如果我们看一看国际评价,就会发现西班牙大学给人的印象是一片空白,这非常可悲;尽管人们可以对此提出批评,认为如上海交通大学、泰晤士报等机构的评价使西班牙大学的排名非常低,而这无疑形成了一种非常不利的舆论环境。但是,与之相反,西班牙现在却是伊拉斯谟计划中吸引了最多学生的国家。很明显,形成这种吸引力的因素与西班牙大学的声望并不非常相关,而更多的是得益于其他因素:语言、气候、风景名胜、生活成本等。但即便如此,这样的因素也非常具有正面意义,因为这些因素可以被西班牙大学用来当作国际推广的元素。也许最初吸引某些学生的并非是教师、教授和学习质量等因素,但到了最后,这些因素也可以同样具有吸引力。西班牙的学术权威们不应该把这类好消息当成定心丸,而应该借此来提升他们的学术机构。

第二部分

国家、国际和全球

20. 编者按：国家、国际和全球

罗伯特·考恩(Robert Cowen)

笔者曾经建议比较教育学者应该"解读全球"，同时，笔者又将这一永恒的任务与其当代的一般性含义(即"全球化")区分开来。在比较教育领域，"解读全球"是在筛选学术界所关注的议程，是在澄清我们在理解那些作为"研究对象"的其他国家时所遇到的困惑和问题。从这种意义上来说，我们有意地将这些国家放到了我们的视域之内。

正因为如此，每一代学者在进行比较教育研究时其关注点都会有所不同。19世纪末，中国十分关注日本在教育方面的进展，而到了20世纪中期，中国则将目光转向了苏联；托尔斯泰担心西方思想会影响斯拉夫民族，而苏联时代，他们则更关注自己对波罗的海诸国的影响力有多强；马克斯·韦伯(Max Weber)在思考工业化和合理化时，分析了"专家"的兴起——如今，我们不仅有"发展"经济的专家，其他各个领域都有专家。

从专业角度来看，"解读全球"这一任务一直在变化：它是由新一代的比较教育学者提出的一系列首要假设，即在他们尝试改造的社会世界中，什么是最重要的[霍拉斯·曼(Horace Mann)或特瑞·哈里斯(Torrey Harris)]，或者学院派的比较教育学者应该思考什么问题。新一代的学院派比较教育学者或许会以不同的视角来解读"全球"：他们或许会提出国家不是极权主义就是民主主义，或许会说民族性非常重要，或许会认为全球化的进程是线性的并且有前景，又或许会强调帝国是一种仁慈。当上述一个或两个假设出现比较大的变动时，全球研究关注的议程将会再一次迅速发生改变。新的假设和议程将重新界定研究领域：他们会提出国家不是共产主义就是民主主义；民族身份认同并不可靠，因为我们生活在一个"后现代"社会中；帝国主义很邪恶，并且它们演变成了新殖民主义；全球化的进程不会是线性的。随着令人关注和担忧的议程发生改变，学术机构的声望此起彼伏。比较教育变得更像(抑或是更不像)社会学，变得更多(抑或是更少)以政策为导向，并且或多或少都与官方的行动议程紧密相关。

同样地，随着令人关注和担忧的议程发生转变，**知识**(episteme)也在发生转变，即我们在分析和描述时所运用的学术视角也在发生改变(Cowen，2003)。因此，对"各种驱动力和因素"的关注就被精确分析政策建议的努力所取代，尽管前者有助于我们通过19世纪末到20世纪中期欧洲在语言、宗教和政治试验(比如"共产主义"、法西斯主义和"民主主义")上所经历的斗争去理解其教育范式。人们认为世界已经足够稳定，这使我们能够聚焦于渐进式改革和教育系统的微调。

当然世界(或称"全球")并不完全如此。它实际上是暴力的，具有革命性和危险性。在这个时期，世界上发生的主要事件包括匈牙利革命、苏伊士运河事件和古巴革命的兴起。但是，这一时期大多数比较教育学者选择关注的是一个或多个国家(包括被一概而论的"第三世界")如何在教育以及城市重建、医疗、社会政策等领域运用社会科学来获得改善。

无论是"全球"的实际情况，还是"全球"如何被解读都定义了比较教育领域所关注的议程。

因此，比较教育领域最初并没有如他们所说的那样众口一词。争论不是逐渐积累的。旧势力被"噤声"了，继而变得**不合时宜**，因为他们解读的是"错误的世界"。令人关注和担忧的新议程取代了在坚信"科学方法"的力量的年代十分流行的常规问题，比如教育公平、课程改革、教师教育的改善等。新帝国主义的罪恶感将智利、马格里布或巴西的批判性理论带进了比较教育领域。政治世界本身被重新解读：中国变得和苏联一样重要，而印度依然几乎无人关注。在比较教育的舞台上,还有一些群体开始出现在人们的视野中并受到关注:苏格兰人,女性,第三年龄①,"隐身"的少数群体,比如在日本的朝鲜人。**知识**发生了改变:人类学开始发挥作用;出现了一种"语言学转向";对不同群体的"稠密描述"(thick descriptions)会使意义"情境化",从而形成一种比较。

现在可以说,我们在"解读全球"上经历了一个转变。

人们已经开始讨论民族国家的终结,接着,有人稍显忧虑地指出,这宣告了比较教育学科也要随之消亡:"历史终结论"的一种变体——历史研究也将随之终结。伴随所谓"民族国家的终结"而来的将是所谓"比较教育的终结"。这是一种令人震撼的想法,但也是一种古怪的想法,它建立在对全球和比较教育自身的一种异常解读之上。

比较教育学者只研究国家,这只是部分属实而已。大多数学者会选择自己的分析单元以实现其研究目的。他们研究相关性、问题和问题解决、文明以及文化交流。只有少数学者明确地只从国家入手来开展研究,马林森(Mallinson,1966)就是其中一位,他的研究围绕"国民性"(national character)这一概念来展开。那个时代的很多比较教育学者在阐述其核心观点或提出理论问题时,都会把民族国家当作例证,比如在决策的关键时刻,比较教育就变得更加有用。当然,他们对特定国家了如指掌,但**第三者标准**(tertium comparationis)总是存在的。

另外,从这一时期的比较教育学者对他们研究的定位来看,他们分析、讨论的是教育理念、原则、政策、制度和制度实践的迁移。然而,他们从萨德勒(Sadler)的著作中摘取文字来为他们自己辩护,因此很多研究事实上只关注到了某一方面的迁移问题:教育系统的社会情境化,即教育系统如何被嵌入社会之中。

这可以被称为**渗透性问题**(osmotic problem),即教育系统内部与外界之间的关系。在以下这些人的努力下,我们看到这一关系如何发挥作用以及我们如何给它命名——汉斯(Hans)在一系列的著作中努力地尝试将"因素"作为解释工具,金(King)(可能没有多大帮助地)对"整体情境机制"进行了著述,霍姆斯(Holmes)(可能相当笨拙地)阐述了他所谓的三个"环"——规范、制度和环境。这样一来,思考比较教育核心问题的"经典三角"变得不再平衡。

比较教育的经典问题由三个阶段组成。(1)迁移(transfer);(2)移植(translation):双重渗透的问题,即嵌入一个地方的教育理念、原则、政策和实践被移植到另一个地方;(3)当它们在新的地方生根发芽,渗透到社会中时,教育现象的形态转变了(transformation)。

如果比较教育学者的研究以这种方式建构,那么他们就会发现一个环环相扣的问题群,这正是比较教育想要解决的(尽管这些问题的关联性被掩盖了,因为学者们通常花费多年心血聚焦于"三角"中的某一个方面,所以可能忽视了它们是同一个"三角"的互相关联的三个方面这一事实)。

但有人认为,比较教育学者至少在其中一种深层关联性上付出了很大努力。尽管关注的议程和采取的认知方法在摆动,他们一直都在研究罗伯托·艾尔巴雷亚(Roberto Albarea,2006)所言的"两者之间"(The Betweeness)。在"全球化"标签之下,"两者之间"的各个方面得到了很好的研究。

当前,学者们正在努力重新定义用于解释新的国际权力关系与世界体系结构的工具。尽管研究的复杂度和理论敏感度有所不同,每一代的学术研究都包括以下主题:思想和实践在跨国流动时所处的社会空间和时空的关系。什么填满了这些空间? 什么塑造了这些空间? 什么在流动? 它们在本地化的过程中是如何改变其社会形态的?

"迁移"有时候是某些时期某些学者研究的焦点,但支撑着比较教育学的是由"迁移""移植"

---

① 第三年龄段通常用来描述紧随全职工作或主要职业生涯结束之后的生命段。

和"形态转变"构成的"三角"，而不仅仅是对某种迁移形式或对其研究方法的探索。朱利安（Jullien）只为现代比较教育学（和现代主义）提出了这一问题的一小方面，而且（用当今的术语来讲）他强调的是可靠的数据和循证实践，因而他提出问题时关注到的格局是相对较小和琐碎的。这就不难理解为什么比较教育难以扭转其简化主义的立场。在此之后，比较教育学者一直在努力地重新定义其学术问题，提炼这个"三角"的主题并使其稳定化。

也许我们正在走向这个目标。本部分的文章都在关注这些问题：国家、国际和全球之间的关系，以及"两者之间"和形态转变。几乎所有文章都在重新定义"两者之间"的社会空间和时间，几乎所有文章都展示了跨国流动及其新形式和参与者，所有文章都用不同方式解释了"流动"这一问题，所有文章都明确或隐含地提出了"移植"的问题。这一部分谈到的一系列问题及其答案都极其有趣。

参考文献

Albarea，R. & Zoletto，D. (2006). Living the Betweeness — paradoxes and rhtetorics: comparative attitude and educational style. In J. Sprogøe & T. Winther-Jensen (Eds.), *Identity, education and citizenship: multiple interrelations* (pp. 165 – 174). Frankfurt am Main/Oxford: Peter Lang.

Mallinson，V. (1966). *An introduction to the study of comparative education* (3rd Ed.). London: Heinemann.

21. 谁在全球花园中漫步？国际机构和教育迁移

杰森·比奇(Jason Beech)

1900 年,萨德勒(Sadler)提出要警惕教育政策和实践在不同环境中的迁移。他说:"我们不能随意漫游在世界的教育系统中,就像一个小孩漫步于花园,在一株灌木上摘下一朵花,在另一株灌木上摘下一些叶子,然后期待着把花和叶子插在家里的土壤中便能长出一棵活的植物。"(Sadler,1979:49)

在那时,"漫步于花园的孩子"通常是那些被政府任命来发展他们自己的教育系统的人。这些"花园漫步者"和改革者相信,通过研究其他国家的教育系统,例如普鲁士的和法国的(19 世纪两个最受欢迎的"花园"),他们可以在追求理想化教育系统的线性进程中,避免犯其他国家犯过的"错误",当然,他们也会在这些国家的教育系统中找到一些可以在本国实施的政策。

尽管萨德勒的演讲引起了很大关注,并且在比较教育的英语文献中,以上那段话也是最常被引用的语句之一,但人们并不是一直都遵循他的建议。教育迁移是所谓"应用型比较教育学"**存在的理由**(Cowen,2006)。自朱利安(Jullien)、维克多·库森(Victor Cousin)、贺拉斯·曼(Horace Mann)、托尔斯泰、萨米恩托(Sarmiento)所处的时代以来,比较教育的实践者们都提出过关于哪些国外的教育理念、实践或制度可以迁移以解决本国迫切的教育问题的政策性建议。

例如,当"黑船事件"(Black Ship)的发生让日本人意识到其技术发展的落后时,日本人认为教育是西方强大力量的"密钥"之一(Passin,1965)。如果日本想要与西方竞争,就必须借鉴西方教育。日本聘请欧洲教育家管理日本的一些教育机构,日本领导人和知识分子也被派遣到欧洲和北美考察当地的教育实践(Tanaka,2005)。日本的教育管理模式来源于法国,借鉴了美国学制的学校系统、师范学校和职业教育(尤其是农业)的基本单元是男女同校的公立学校(Passin,1965);并以德国大学作为模版创建日本帝国大学(Tanaka,2005)。

同样,20 世纪 50 年代末,在美国两次失败的尝试以后,苏联发射了第一颗人造卫星,这在美国国内引起一片哗然。"人造卫星危机"(Sputnik crisis)被看作是教育的失败。美国学校教育因"压抑儿童"和"不用心"而受到批评(Ravitch,1983)。学者们在英国的幼儿学校里"找到"了一种解决方法。约瑟夫·费瑟斯通(Joseph Featherstone)和莉莲·韦伯(Lillian Weber)等学者是这场运动的倡导者,他们花了近 18 个月的时间(在韦伯的案例中)考察英国小学。1969 年,来自美国 20 个城市的研究团队前往英国,1971 年,美国研究者撰写了 300 多篇有关英国初等教育改革的文章。在 20 世纪 60 年代末期和 70 年代早期,美国自由学校的数量快速增长,1972 年达到了500 所左右(Ravitch,1983)。

这种政策导向的比较教育强调将某一情境下的解决方案迁移到另一情境中。这一类型的比较教育至今仍然存在(Beech,2006a)。然而,本文要说明的是,在当下的教育场域,有新的(或者愈发强大的)行动者参与到教育迁移的实践中。本文也要说明,由于新行动者加入这个场域,教育知识以特定的形式在不同的情境中迁移,比较教育需要新的理论框架来理解这些过程及其实践成效。

本文分为三部分。第一部分将回顾全球教育领域的新形态。第二部分着重分析国际机构以及它们如何推动特定的教育理念和实践的传播。第三部分是结论。

漫步于全球花园的新孩子

在比较教育领域，教育理念、政策和实践从一处传播到另一处被称为"迁移"。对迁移的解释通常聚焦于民族国家之间的关系上（Beech，2006b）。然而，在当前"全球化"的背景下，来自外国的影响变得愈加复杂。吉登斯（Giddens）把"全球社会"称作"无限空间"（indefinite）的社会（1994：107），每个人都处在这个社会里，因为已有的传统而不可避免地与"他者"以及另类的生活方式发生联系。在这一背景下，重要的社会关系不存在于民族国家之间，也不存在于民族国家之外，"而是横越民族国家的边界"（Giddens，1990：66—67）。

因此，为了分析国外教育的影响，我们需要一个更广泛的空间概念。当然，当前关于国外教育影响的理论仍然把民族国家视为一个基本的行动者。不过，这些理论也应该要考虑诸如国际机构、咨询机构、大学、企业、开发机构、区域集团和非政府组织等行动者，它们参与了不同情境间教育理念的迁移。

例如，"魅力型咨询者"造访世界各国，兜售他们的解决方案，促进学校、地区和国家层次上的教育变革。同样地，世界许多地区的大学曾面临（并且仍然面临）巨大的改革压力，其中包括它们需要设法在财政资助之外补充经费（Cowen，1996）。正如不久前利奥塔（Lyotard，1984）所提到的，在我们这个时代，生产知识是为了出售。因此，如果某所大学的教育系形成了让学校（或地区和国家教育系统）更"高效和有效"地运作的知识，它们应该在市场上出售这些知识，以便提升大学的效能。大学参与咨询事务已经有一段时间了。但是，如同 16 世纪以来促使欧洲帝国主义不断开发新市场的重商主义一样，当下英国等国家对大学的资助方式创造出强劲的动力去"殖民"新市场，以"兜售"咨询服务，尤其是在欠"发达"国家。因此，许多大学建立了（或强化了）致力于"国际化发展"的专门单位，它们成为传播受政策导向影响的教育理念的有力参与者。

欧盟也会影响其成员国的教育政策，尽管方式有所不同。《马斯特里赫特条约》（The Treaty of Maastricht）确定了应用于教育的辅助性原则，即欧盟的行动只是其成员国行动的附属和补充。虽然如此，欧洲在其政治权限之内还是做出了很多影响教育政策走向的事情，至少体现在如下三方面：第一，欧盟建议各国的教育管理部门相互交换意见，学习欧盟内部不同教育系统的"最佳实践"，以此促进成员国之间的"合作"，从而对教育政策产生影响（Nóvoa，2002）。例如，《欧洲学校教育质量报告》（European Report on Quality of School Education）称，其目的是营造一种对话的氛围，并"为相互学习打下坚实基础"（Nóvoa，2002）。正如诺沃亚（Nóvoa）所指出的，这些话语听起来与 19 世纪比较教育学者的豪言壮语非常相似。第二，欧盟通过设立特定的指标或基准提供政策导向，并（鉴于辅助性原则）建议各国教育系统遵循这些指标或基准。第三，欧盟希望通过著名的"博洛尼亚进程"（Bologna Process），最终建立"欧盟高等教育区域"。在这种情况下，欧盟明确推行以下理念：欧洲的高等教育机构应该形成相似的课程结构、学分系统、对等学位和质量控制系统，从而趋向标准化（Nóvoa，2002）。

提供教育服务的公司也成为所谓"全球教育市场"中的强劲参与者。[①] 在英国等地，公共部门将其部分教育服务委托给私营部门（从开发项目到运营地方教育局或者开展学校督查、教师培训或提供学校饮食），形成了所谓"公私合作关系"（Cardini，2006）。有些公司参与到为一些国家

①　以下对企业参与全球教育市场的反思受 Stephen Ball 的"私营部门参与公立教育"（La participación del sector privado en la educación pública）研讨会的启发。这次研讨会由英国文化协会在 2005 年布宜诺斯艾利斯举办。

提供教育咨询和教育服务之类的计划中。例如，诺德安达教育股份有限公司(Nord Anglia Education PLC)网页上援引了该公司总裁的一段话：

> 去年，诺德安达公司利用其在英国的人员和服务优势，抓住海外发展机会，促进公司转型。认识到公司业务具备国际发展潜力后，这几年，我们面向一些海外市场加强管理能力建设，并扩大运营范围。(http://www.nordanglia.com/chairman.php)

全球教育管理系统(Global Education Management Systems，GEMS)是另一家面向全球市场的公司，运营着一个遍及七个国家(阿联酋、英国、印度、卡塔尔、德国、利比亚和约旦)65 所学校的"日益壮大的国际网络"。该公司董事长如是说：

> 全球教育管理系统能发展和管理学校，使其满足世界上任何地方、任何群体的需要……三十多年以来，我们为来自世界各地的几十万学生提供了高质量的教育服务。通过持续研究和创新，**以及面向政府机构的咨询能力**，全球教育管理系统已经成为教育领域变革的催化剂。(www.gemseducation.com)

跨国公司经营的国际学校的数量不断增长，这引发了一系列问题，即部分"全球精英"是否会出现以及这些国际学校在其产生的过程中有何作用(Lauder，2007)。然而，对于本文的分析而言，更重要的是，在世界各地，这些公司扮演着学校、地方和国家政府的教育咨询者的角色。当然，这些公司的运营并不等同于巴西对法国"大学校"(Grandes Ecoles)的模仿(Cowen & Figueiredo，1992)，也不等同于美国的学分制度在中国高校的迁移(Steiner-Khamsi，2000)。它们是不一样的过程。但是这恰恰是笔者要表达的观点：由于新的行动者参与到政策导向的教育咨询事务中，这些咨询建议基于"解决方案"在不同情境中的迁移，全球教育空间变得愈加复杂，比较教育作为一个知识领域，需要创造新的概念工具，以便理解教育理念在当今世界的传播，以及理解这种传播如何影响不同情境中的教育实践。

为了与这个主题呼应，下一部分将反思全球教育领域中一个最有力的行动者——国际机构的作用，以及我们如何理解它们通过它们的建议影响教育政策和实践。

全球教育话语：国际机构和知识传播

联合国教科文组织、经济合作与发展组织和世界银行等组织都是二战后为欧洲重建而创立的(Beech，2006b)。20 世纪五六十年代，欧洲重建基本完成，这些机构便将其职能定位为致力于世界的"发展"。值得注意的是，国际机构的新角色与某一时期的比较教育领域相一致，考恩认为那一时期鲜有理论出现："换言之，所谓的理论化是构建一种强有力的方法论话语和方法论流派。"(Cowen，1994：102)"文化"这一主题是关于科学方法的讨论的附属品。因此，"就政治领域而言，除了多元文化问题以外，文化并没有被问题化"(Cowen，1994：102)。在那段时间，比较教育研究曾为"理智的和政治的信心"所主导，即"对于借出方来说，是慈善之举，对于借入方来说，如果能够获得资金和良好的咨询建议，也不是危险之举"(Cowen，1994：102)。而且，几年后，一些分析强化了这种信心，比如诺亚(Noah)和埃克斯坦(Eckstein)在 1969 年所给出的分析，认为国际机构相信它们正走在通往一门科学合理的比较教育学的线性进程中，而它们最初的努力正是为了在由这一种信念创造出来的虚拟尺度上取得领先："这些组织的职能掌握在专家手中。因此，一开始的慈善最终转向专业主义。"(Noah & Eckstein，1969：82)

至少在 20 世纪五六十年代的拉丁美洲，国际机构传播了发展和专家治理的教育观。"规划与发展"是支配性话语。1956 年,联合国教科文组织和美洲国家组织(Organización de Estados Americanos,OEA)在利马组织了一次教育部长会议;美洲整体规划研讨会(Inter-American Seminar of Integral Planning)于 1958 年在华盛顿举行,同年,联合国教科文组织组织了关于教育、经济和社会发展的美洲会议。1964 年,在阿根廷,经济合作与发展组织与 1961 年成立的国家发展委员会(National Council for Development)合作发布了一份题为《教育、人力资源和经济发展》(Education,human resources and economic development)的研究报告(Southwell,1997)。

在传播发展观和专家治理观的同时,国际机构也在提倡使用一系列抽象的通用社会技术(例如教育规划)。在这些机构的逻辑中,这些社会技术可以用来改善多数情境中的教育。这一技术理性催生了诸如"教育规划"之类的社会技术以及"课程"概念,在其影响之下,(至少)在拉丁美洲的教育系统中,官僚化和劳动分工的趋势愈发明显。此外,这一技术理性也影响了国际层面的劳动分工:国际组织将自身定位为能够设计通用教育解决方案的"科学专家"。这些组织通过强调自身的科学身份,从而使它们的提议合法化(UNESCO,1996;Lockheed,1992)。因此,它们的建议被认为是"中立且客观的"(Papadopoulos,1994),可以在大多数情境下加以运用以改善教育。

教育知识的"迁移"目前被视为是联合国教科文组织、世界银行和经济合作与发展组织的主要任务之一。自从 1963 年放出第一笔教育贷款以来,世界银行已经成为"发展中国家"教育外部筹资的最大来源(World Bank,1995:14)。然而,世界银行承认,其投资金额仍然只占"发展中国家"教育总支出的 0.5%。"因此,世界银行的主要贡献肯定是提出建议"(1995:14)。这与世界银行对自身角色的新愿景相一致:

> 成为"知识银行",促进发展中国家的知识革命,成为一种"全球催化剂"去创造、共享、运用减少贫困和促进经济发展所必需的前沿知识。(World Bank,Web page,November 2001)

尽管世界银行在 1996 年才明确提出这样的新愿景,但这份宣言不过是对其先前角色转换的承认。《世界银行评论:教育的重点和策略》(World Bank Review: Priorities and Strategies for Education)在其参考文献中收录了 1996 年以前世界银行出版的 30 多个教育文本(World Bank,1995)。

然而,世界银行并非仅仅通过出版物来发挥其知识的"全球催化剂"的作用。世界银行的贷款程序"鼓励政府"将特定的改革"放在更优先的位置",或者"优先发展"基础教育而非高等教育;"由世界银行支持的项目……更加重视"特定原则,并且通过强调特定政策,它们支持政府参与到特定的实践中(World Bank,1995:15)。

因此,当世界银行宣告其基本的教育目标是"帮助借入方减少贫困和改善生活水平"(1995:xii),这里"借入方"(borrowers)一词并不仅仅意味着资金的借入。在这一陈述中,"借入方"也应该被理解为其在比较教育中的传统用法,即(特定)教育理念的借鉴。换言之,"客户国家"从世界银行那里收到一笔教育贷款,这种行为不只是资金的转移,也是一种教育迁移。"客户国家"不仅有了资金,还接受了特定的教育视角。

教育知识的"迁移"历来是联合国教科文组织的核心议程(Mayor,Sema & UNESCO,1997)。作为一个"知识合作组织",联合国教科文组织没有"直接控制"的职能。但是,它"创造了有利环境,提出了教育理念,促进了知识迁移……并且尽可能提供资源"(UNESCO,1996:1)。

与之类似,经济合作与发展组织最重要的目标之一便是寻找特定的普世价值、规则和政策,并在成员国和非成员国中加以推行。然而,经济合作与发展组织对其成员国并没有成文的强制力(Papadopoulos,1994)。经济合作与发展组织的一部分作用是"通过分析新兴议题并找出有效政策……帮助政策制定者选择战略方向"(OECD，Web page，November 2001)。另外，经济合作与发展组织制定"国际认可的工具、决议和建议以促进游戏规则的生成"(2001)。因此，"前沿"教育知识的"迁移"是联合国教科文组织、世界银行和经济合作与发展组织自我标榜的主要作用之一。

这三个国际机构都提出了不同的教育方案。与本文分析的其他机构相比，世界银行的教育视角的特别之处在于它十分强调经济问题。从这个角度看，教育改革应该与"经济结构"步伐一致(World Bank，1995：3)。因此，教育的两个重点之一是"满足经济发展对高适应性工作者不断增长的需求……"(1995：1)；对于"改革教育系统，使其与经济系统发展相适应，这能够产生什么样的效果"，东亚国家常被看作"杰出范例"(1995：50)。在世界银行的出版物中，国家间的经济不平等被视为教育差距的直接结果。例如，"如果1960年韩国的入学率与巴基斯坦一样低，那么其1985年的人均GDP将比实际低40％"(1995：23)。

世界银行的视角基于人力资本理论，有人声称该理论"在广度和深度上都无与伦比"(1995：21)。世界银行开展的(或发布的)分析有助于树立它在教育中的地位。这些分析通常基于对教育投资的社会回报率的测量。尽管世界银行承认回报率有时很难测量，但也指出这种分析"经受了30多年的严格检验"(1995：20—21)。由于世界银行强调经济问题，大部分分析都从"有效性"的角度入手，"有效性"通常被定义为"成本效益"。例如，黑板、粉笔和教材被认为是"最有效的教学材料"(1995：7)。类似地，对"发展中国家"而言，小组合作学习被看作是一种很有前景的教学法，因为它的"成本效益非常高"(Lockheed，1992：64)。

与世界银行相比，联合国教科文组织的发展理念十分不同。对于把人的发展等同于人力资源开发的这种视角，联合国教科文组织持批判态度(Mayor，Sema & UNESCO，1997)。人类不应该仅仅被看成生产和物质繁荣的工具：

> 这只是说，不要把人类看成是达成经济目标的工具和手段，而要以人类自身为目的，经济目标应该从属于人类的自我实现和福祉。(1997：89)

联合国教科文组织采取的是人文主义的视角，认为人类是发展的核心。从这一观点出发，教育应该指向"人类个性的全面发展，并增进对人权和基本自由的尊重；……教育应该促进所有国家、民族或宗教团体之间的理解、宽容和友谊"(1997：89—90)。

经济合作与发展组织的教育立场介于联合国教科文组织的人文主义视角和世界银行对经济问题的重视之间。帕帕佐普洛斯(Papadopoulos，1994)认为，尽管对经济的关注在经济合作与发展组织的工作中占主导地位，但这种主导"因经济合作与发展组织承认经济增长和发展的社会维度及最终目标而有所缓和"(1994：11)。因此，经济合作与发展组织有一个"隐含的教育角色，不仅是因为教育能促进经济发展，还因为经济发展的最终目标是促进人类的福祉，而教育是实现这一目标的手段"(1994：11)。

因此，这些机构在一些教育议题上观点不一致，甚至为此进行了公开争论(比如，联合国教科文组织批判世界银行使教师成为阻碍很多国家降低教育成本的"反派角色")(Carnoy，1999)。琼斯与科尔曼(Jones & Coleman，2005)揭示了政治在多边机构领域内的角色，展示了合作、竞争以及地缘和知识界线的划分如何显著地影响国际机构处理教育事宜的方式。例如，他们认为，由联合国教科文组织的"21世纪教育和学习国际委员会"(International Commission on Education and Learning for the Twenty-First Century)于1996年发布的著名报告《学习：财富蕴藏其中》(Learning: The Treasure Within)，是"联合国教科文组织在20世纪80年代中期遭遇重大挫折以后力图恢复其政治声誉和影响力的一次公开尝试。由于经济合作与发展组织在发达国家和世界银行在发展中国家的威胁，联合国教科文组织在教育发展上的'领导机构'地位明显下降，'21 世纪教育和学习国际委员会'被认为是以一种新的方式去运作联合国教科文组织的常规事务……"(1996：85)。

然而，尽管联合国教科文组织、世界银行和经济合作与发展组织的提议各不相同，但最近的一项有关 20 世纪 90 年代这些机构对阿根廷和巴西教师教育改革的影响的研究(Beech，2005)从这些机构 1985 年到 1996 年的提议中找出了一系列共同的基本假设，表明似乎有一个普遍的思想体系能够将这些同时出现但看似矛盾的观点融合在一起。

通过分析三大机构的出版物中对未来的假设，我们就会发现它们之间有着惊人的相似性，即它们都将未来解读为"信息时代"。另外，这些机构不仅对未来有相似的解读，还在推进相似的教育原则，以使大部分的教育系统能够适应信息时代。因此，在这些机构的教育提议中，我们看到的是一个通用的教育模型，而非三种不同的教育模型(Beech，2005)。

这一模型被当作是大多数教育情境中的理想模型。我们应该用这一模型来评判大部分教育系统，一旦明确问题所在，便按照这一模型进行改革。这样，国际机构创造了一种"全球教育话语"(Beech，2005)。

这种话语因其空间范围而具有全球性(其对象是全世界的教育)。此外，它是一个以"真正"的知识、"什么是好的教育"为名的理论，从而提供了一个通用的教育模型，作为解决大部分地区的大多数教育问题的全球策略。从这个意义上来说，它也是一种全球话语。

20 世纪 90 年代，全球教育话语传入阿根廷和巴西的教育系统，并促成了这两个教育系统全盘接纳的改革——为特定教育理念和实践的推行创造可行性条件的同时，限制了其他教育思考方式，进而限制了其他行动方式出现的可能性。全球教育话语所包含的理念和实践预示着同阿根廷和巴西传统教育的重大决裂。例如，在 20 世纪八九十年代，国际机构推行基于能力发展的教育。这种教育与阿根廷和巴西教育系统中对"知识"的百科全书式的传统定义有很大差异——在传统之下，教育在很大程度上是以传递学生应该记住的事实和信息为基础。因此，并非仅仅教育系统某些方面的低效造成了这种差异，整个教育系统都必须变革，而且应该采纳这些机构所推行的信息化时代的通用教育模型，并遵循地方分权、学校自治、教师专业化、基于能力的课程以及建立中央控制的评价系统等原则(Beech，2005，2006b)。

这一抽象的通用模型被用作衡量特定情境中现有教育实践适切性的标准。国际机构通过界定特定教育情境中的"问题"，制定议程去讨论如何"改善"教育。接着，一旦明确"问题"所在，那么讨论的主题就会减少，可以用于解决这些问题的政策选择也是有限的。通用模型提供了可能的解决方案。因此，通过界定某个教育情境中的问题，同时提供这些问题的解决方案，国际机构推广的模型缩窄了其所到之处的可能性的话语空间。

然而，在 20 世纪 90 年代，阿根廷和巴西在官方言论层面上出现了显著变化，但并未付诸实践。相反，如受访的教育者描述的那样，国际机构推行的通用教育模型在阿根廷和巴西的实施并不顺利，其面临着抵制、重新解读以及一些意料之外的实践问题。

比奇(Beech，2005)解释了国际机构如何影响教育改革，他暗示国际机构"创造"了一种全球教育话语。然而，尚不清楚这种话语从何而来。国际机构是否通过它们的提议对其创造的话语进行再生产？还是国家机构将产生于其他地方的话语再生产为一种更广泛的话语？

为了探索这些问题，我们需要将国际机构和"全球教育话语"置于全球教育场域话语传播的一般理论中。建立这样一个理论，可以分解为以下三个任务：

- 明确全球教育场域内部的不同立场。

- 确定不同立场之间的关系，或换言之，理解话语如何在不同立场之间迁移。
- 理解话语在不同立场之间迁移时如何发生转变。

我们可以对伯恩斯坦(Bernstein)的理论加以调整以完成上述的第一个任务，即主体"在某一话语中"的不同立场如何影响其阐释教育话语并将之付诸行动的方式(Bernstein，1990)。然而，为了表达清晰，我会稍微改变一下伯恩斯坦的用词，我会用"场域中的立场"替代"话语中的立场"。

有必要强调的是，教育场域中的不同立场是话语产生、再语境化以及/或再生产的情境。在教育场域内，个体可同时持不同立场，或者可在不同时间改变其立场。尽管如此，正是主体在教育场域中的立场决定了其运用某一教育话语并付出行动的资源和可能性(Bernstein，1990)。

我将确定五大立场：全球学术空间、国际机构、民族国家、地方学术空间和教育机构。我会先描述这些立场，然后再考察它们之间的关系。

全球学术空间是一个有选择性地创造和改变"新"理念的地方，专业的学术话语也在此形成。从我所说的"全球学术话语"的产生中出现了一系列立场、关系和实践，从而创造出这样一种情境。对"可以想象"或"不可想象"的控制主要存在于这一层次：

> 现今对"不可想象"的控制基本上——但并非完全——都直接或间接地处于教育场域的上游，处于关注话语产生而非话语再生产的部分。而"可以想象"处在教育场域下游，是一种不同的力量调控的再情境化，即更多是在再生产层面，而非产生层面(1990：181)。（我插入"场域"这个词，替代伯恩斯坦原文中的"系统"，以契合本文的用词。——作者注）

全球学术空间由贯穿社会、学术和政治网络的思想流动构成。卡斯特(Castells，2000：408)认为，信息时代存在一种新的空间逻辑，他将其称为"流动的空间"(space of flows)。这种空间形态是主导和塑造他所称的"网络社会"的"社会实践"的特征。卡斯特用这种"流动"去理解"物理上分离的地点之间的有目的的、重复的、可程序化的交流和互动次序，这种次序是由社会的经济、政治和符号结构中的社会行动者所主导的"(2000：442)。通信网络（主要是电子网络）是界定该空间的基本物质支撑。"流动的空间"是社会的主要空间逻辑，因为组织和机构的空间逻辑通常在整个社会中发挥着塑造社会实践和社会意识的战略性作用。这是由"技术—管理—金融(和学术)精英"所占据的空间(2000：443)。

构成全球学术空间的思想流动通过不同的物质支撑实现，例如国际学术期刊和书籍、国际会议、高校教职工和学生的流动以及国际研究项目。

处于这一立场的人是那些来自不同文化背景的个体，他们参与思想交流，为此他们需要学会两种语言：他们必须掌握自己的文化，也要掌握一种在这种场合下使用的世界性的"全球学术文化"。尽管不同文化对"全球学术文化"的形成都做出了贡献，但这并不一定意味着所有文化拥有平等的对话权。在全球学术空间中，处于主导地位的是西欧和北美文化。

我所界定的第二个立场是国际机构的立场。基于迫切的实用主义问题和改良主义行动，国际机构对自身的定位是能够诠释"全球学术话语"并能(通过过度简化的过程)将其转化为可行的通用教育方案的专家。

因此，国际机构可以被视为一个"全球学术话语"再生产的场所。然而，国际机构在再生产这种话语时，它们的提议基于一系列相似的假设。它们不会质疑那些不证自明的假设。它们对迫切实用主义问题的关注使它们无法明辨其实践是基于何种假设或熟悉的观念、何种已有却未经检验的思维方式之上。以这样的方式，国际机构限定了自身的话语空间。因此，当它们通过一种过度简化的过程提出建议时，它们正在生产一种不同的话语，即本文所称的"全球教育话语"。

　　前文提到的第三个立场是民族国家。总的来说，民族国家是特定的类型话语的生产场所，我将其称为"政策话语"。因而，民族国家所持的立场是通过协商的过程将其他话语转化为教育政策。哪些话语？这一基本问题在不同地点、不同历史时期有不同的答案。就这一意义上而言，民族国家是政治斗争的主体。

　　另一确定的立场是"地方学术空间"。这种情境是从"地方学术话语"的生产中出现的立场、关系和实践中创造出来的。这种话语有一部分是通过诠释和转化全球学术话语而产生的。然而，该立场也反过来向"全球学术话语"提供"地方话语"。在不同的社会中，该立场的发展程度差异巨大。在不同地方和不同时期，它与其他立场的关系也存在显著差异。

　　最后，我认为，教育机构大体上是由从其他所有或部分立场的话语的再生产中出现的一系列立场、关系和实践创造的。理论上，在大多数社会中，民族国家生产的政策话语对教育机构的影响最为强烈。然而，在一些社会中，地方学术话语也会对教育机构有重大影响。在一些社会中，高校会参与到研究中，不同类型的教育机构之间有很大的差异。在这种情况下，大学也参与地方学术话语的生产，一些大学甚至还参与全球学术话语的生产。因此，处于大学中的主体拥有资源和可能性去参与再生产他们所期望的话语。

　　在界定了不同立场之后，接下来需要考虑的最重要的议题不同立场之间确立的关系（或话语如何在它们之间流动），并理解话语在不同立场间流动时如何发生转变。

　　总的来说，在 20 世纪八九十年代，全球学术话语向国际机构的流动导致其通过过度简化的过程转化成本文所称的"全球教育话语"。

　　当国际机构占有某些概念或思想时，它们会将其转化为过度简化的通用版本，作为适用于大多数情境的教育解决方案。它们的建议不是根据特定情境制定的，因此不可避免地，它们必须简化它们的理念，使其有足够的可塑性适应每一种情境，但同时能保持一定的稳定性。这样，全球教育话语就产生了。对于一些民族国家来说，这种话语因其简明性而变得特别有吸引力（Ball，1998）。

　　这一话语带来了一种划分和思考教育的语言或方式。这些话语和概念如其所述地建构社会现实，塑造着理解和思考教育的方式。举例来说，我们很难摆脱"教育系统"的概念或者初等、中等和高等教育的分类。这些观念框定了人们多年来思考教育的方式，在很多情况下，它们是由国际机构传播开来的（Cowen，2000）。

　　"终身学习"的概念与"教育系统"的概念一样，很可能不是由国际机构创造出来的。但这并不是重点。原始的概念非常复杂和具体。通过上文描述的简化过程，这些概念发展成了全球教育话语的一部分。

　　此外，由于国际机构界定社会空间的方式主要是将世界划分成发达国家和发展中国家，过度简化的过程是不可避免的。这种思考社会空间的方式可能有助于分配预算和决定在每个国家或区域中"投资"多少。然而，如果这种空间定义被用作政策诊断或政策倡导，它必然会发展成一种危险的一般化。换言之，如果国际机构的特定角色是占有教育话语，然后将其转化为在全世界（或一个区域）大部分情境中都能加以应用的政策建议，那么这个过程将必然导致对原始概念的过度简化和一般化。

　　这是一个危险的过程，因为阿根廷和巴西的例子已经证明（Beech，2005），将全球教育话语地方化，落实到实践中，其效果是无法预测的。由于国际机构在教育场域中的特定立场，它们推广的通用教育模型并未考虑到特定的情境，但特定的情境必将影响到政策如何被诠释和付诸实践（Ball，2000）。因此，我们无法从国际机构的提议或者政策话语中看到将全球教育话语应用到某一教育系统的实际效果。

相反，有研究表明(Beech，2005)，在国际机构提倡的抽象简化的通用教育模型转化为受情境约束的、互动的实践的过程中存在着大量问题，尽管模型是通用的(并未考虑到其迁移到的每一种情境的特殊性)，但是采纳和调整模型的方式依然取决于接受该模型的情境的特点。可见主要问题不是没有达到"预期的"效果，而是全球教育话语在地方化时产生了意料之外的效果。因此，国际机构也许应该改变其推广抽象的全球战略以解决地方具体问题的路径。

国际机构和民族国家之间的关系，以及这里考虑到的所有关系，都不能被抽象地分析。换言之，在原则上，前文提到的全球教育场域中的立场可用于分析不同社会之间及不同社会内部的话语传播。因此，笔者只会在本文余下部分对 20 世纪 90 年代阿根廷和巴西的叙述中对不同立场之间的关系进行分析。

民族国家使用哪一种话语来生产其政策话语？对于这个问题，在 20 世纪 90 年代的阿根廷和巴西有清晰的答案：在这两个国家中，全球教育话语取代了民族国家的可能话语(Beech，2005)。此外，全球教育话语在转化为政策的过程中并没有发生重大变化，并且阿根廷和巴西的转化没有明显区别(Beech，2005)。

那么阿根廷和巴西的地方学术空间发生了什么变化？基本问题是，在 20 世纪 90 年代的阿根廷和巴西，地方学术话语如何与民族国家相联系。最直接的答案是，在民族国家和地方学术空间之间存在隔阂。显然，全球教育话语遍布民族国家并未给地方学术留下空间。然而，我们可以看到 20 世纪八九十年代阿根廷和巴西的学术话语中的主题一致性(Beech，2002)，这表明，在 20世纪 90 年代的阿根廷和巴西，全球教育话语和地方学术话语之间也有很强的关联性。

因此，阿根廷和巴西的地方学术话语似乎存在两个主要的问题。第一个问题是地方学术话语的发展程度。第二个问题是在这两个国家中，地方学术话语在多大程度上独立于民族国家和国际机构。

笔者的观点是，在 20 世纪 90 年代的阿根廷和巴西，三个不同立场(国际机构、民族国家和地方学术空间)之间的界限是模糊的。阿根廷的大部分"精英"学者(在巴西至少也有一部分)，随着在学术的"等级体系"中的升迁，他们被国际机构或民族国家所聘用。此外，在这些国家，国际机构(以及在一定程度上，民族国家)是研究经费的基本来源，它们提供经费的同时决定了研究的议程。

同一个体占据着三个不同立场的结果是产生了一类"看门人"，在这三种立场上，话语空间都被封闭了。这类看门人掌控着教育系统与全球学术空间的关系。这些看门人还控制了地方学术空间，因此也就控制了知识的生产，最终控制了教育系统与"可以想象"或"不可想象"之间的关系。

如果国际机构通过全球教育话语关闭了民族国家和地方学术空间的话语空间，那么就很难发展出思考教育的其他方式。理论上，地方学术空间所生产的话语应该不同于全球教育话语，并与试图占据民族国家话语空间的国际机构竞争。然而，20 世纪 90 年代的阿根廷和巴西并未发生这种情况。

最后，用这一理论分析 20 世纪 90 年代的阿根廷和巴西，结果表明，全球教育话语(和政策话语)与教育机构之间出现了严重的断裂。在这一层面上，全球教育话语在遇到地方话语和特定情境时，发生了显著转变。这种转变引起了抵抗、重新诠释和一些意料之外的效果。

以阿根廷课程规程改革的实际效果为例，在 20 世纪 90 年代的改革以前，阿根廷教师无权参与到其所教授内容的决策中(Gvirtz & Beech，2004)。在国际机构的影响下，阿根廷的改革强调教师的自主性和创造力，在尊重国家中央机构制定的一般准则以外，教师应该能够根据当地情况和学生特点自由选择课堂所要教授的内容。然而，对教师和教师培训者的一系列访谈表明，因为许多阿根廷教师对突如其来的自主性并没有做好准备,他们开始使用出版公司面向学生出版的手册索引来组织授课(Beech,2005)。由于新的课程文件并未就课程内容提供详细的指引,(一些)教师开始寻找可以替代旧课程规程的其他指南。他们从出版公司为学生编制的手册中找到了这样的指南。因此,当一种理念被视为一个抽象理想(教师应该有决定授课内容的自主权),它在转化为地方实践和再情境化的过程中就可能导致意料之外的结果。

此外,类似政策在不同的情境中的结果也迥然不同。例如,国际机构提倡学校中基于实践的培训应该成为教师培训的主要部分。阿根廷和巴西的教师教育政策均采纳了这一理念,但两国对该理念的诠释却各不相同。在巴西,教师教育的主导概念是未来教师应该以真实的课堂做实验,建构他们自己的教学知识。因此,受训教师已经参与了大量的实践教学活动。由此,受访的教师培训者认为延长教师的实践教学培训时间是"妄想",是无法管理的。在阿根廷,从教师培训者的角度来看,受训教师参与的实践教学活动较少,因此,延长学校教师的实践教学培训时间是有积极意义的改革,这也是对教师教育者的过去需求的回应(Beech,2005)。由于国际机构的抽象提议在不同的情境中被地方化,各地的实践效果有十分显著的差异。

因而,尽管国际机构提出了理论上几乎适用于每个情境的通用提议,其效果很大程度取决于情境的具体特点,这些特点决定了它们是否能够转化为互相影响和可持续的实践。最终,这些过程导致了全球教育话语(与政策话语)和教育机构之间出现严重的断裂。

考虑到拉丁美洲在教育改革和地方学术话语中存在一致性,这些结论似乎适用于很多拉美国家。然而,我们应该将这个理论放在不同的社会中加以检验。在结语中,笔者会谈及如何进一步发展这一理论的一些想法。

结　语

本文已提到,基于教育理念和实践在不同环境中的迁移,不同类型的行动者越来越多地参与到向政府提供政策建议的事务中,全球教育空间也因此变得愈加复杂。

随后,本文关注特定的一类行动者:国际机构。本文提出的理论模型表明,国际机构的内在逻辑为其参与和影响教育话语提供了资源和可能性。有必要(再次)强调,这一理论模型将国际机构视为国际教育场域内的一种特定立场进行分析。那些为国际机构工作的个体同时也可能出现在其他立场上,比如如果他们在大学或研究中心做研究,那么他们还在地方学术空间占有一席之地。然而,尽管个体的资源很重要,但他们在某一特定时刻的立场也会对其参与教育话语的可能性产生影响。例如,对于一个在大学中从事研究工作的学者而言,从研究设计到研究成果发表可能会耗费他/她3年的时间。如果国际机构聘请该学者展开一项有关学校不公平现象的研究,可能他/她会被要求在一年内进行田野调查、数据分析,并提交与实践相关的报告。显然,作为一名研究者,他/她所接受的训练将会在两种情况下影响其生产的知识类型,但同样相当明显的是,他/她在两种情况下参与教育话语生产的可能性是不同的,这就导致同一学者在两种情况下会产出两份提供不同类型的话语的文本。当然,由于学者不得不通过合同型研究为其所在机构或自身带来收入,基础研究和学术空间的逻辑可能正在发生改变(参见 Ball,2001)。

尽管如此,回到本文的主要论点,问题在于前文提到的其他行动者(公司、欧盟、非政府组织、咨询者)作为全球教育场域的积极参与者,能否被涵盖在这个模型当中。要将这些类型的行动者作为全球教育场域的特定立场涵盖在内,有必要找到一种内在逻辑,从这种逻辑中可以推导出它们参与和影响教育话语所拥有的资源以及可能性的某些规律。因此,也许公司的营利性逻辑影响了这些组织推广某些教育实践的方式,并且尽管有很多不同类型的公司参与了推广教育理念和实践的事务中，但在公司将教育话语转化为对政府和机构的建议的方式中，仍然能找到某些规律。类似地，如果将这个理论模型运用在欧洲空间中，那么欧盟应该被视为一个重要的角色。作为全球教育场域的立场之一，欧盟的内在逻辑并不能从本文所确定的国际机构的逻辑中直接推导出来。欧盟可能有自身的逻辑，有其特定的资源和可能性去生产教育话语和将其付诸行动。

　　另一个需要考虑的问题是再情境化，或教育话语在不同立场之间迁移的过程中如何发生转变。我们需要理解教育机构如何将其他行动者的抽象建议转化为相互作用和可持续的实践。正是在大中小学校、教师培训学院和其他实践机构的层面上，我们可以看到全球教育场域中话语传播的实际影响。或许，正如萨德勒指出的，聚成一团的插枝被植入新的土壤，不会转变为"活的植物"，但这并不意味着它们没有效果。作为比较教育学者，我们需要理解"漫步在全球花园中的新孩子"是如何对我们产生影响的。

参考文献

Ball，S. J. (1998). Big policies/small world：An introduction to international perspectives in education policy. *Comparative Education*，*34*(2)，119－130.

Ball，S. J. (2000). What is policy? Texts，trajectories and toolboxes. In S. J. Ball (Ed.)，*Sociology of education：Major themes*，Vol. IV. London：Routledge Falmer.

Ball，S. J. (2001) 'You've been NERFed!' Dumbing down the academy：National Educational Research Forum：'a national strategy — consultation paper'：a brief and bilious response. *Journal of Education Policy*，*16*(3)，265－268.

Beech，J. (2002) Latin American education：Perception of linearities and the construction of discursive space. *Comparative Education*，*38*(4)，415－427.

Beech，J. (2005) International agencies，educational discourse，and the reform of teacher education in Argentina and Brazil (1985－2002)：A comparative analysis. Unpublished PhD Thesis，Institute of Education，University of London.

Beech，J. (2006a) The theme of educational transfer in comparative education：A view over time. *Research in Comparative and International Education*，*1*(1)，2－13.

Beech，J. (2006b) Redefining educational transfer：International agencies and the (re)production of educational ideas. In J. Sprogøe & T. Winther-Jensen (Eds.)，*Identity，education and citizenship — multiple interrelations*. Frankfurt am Main：Peter Lang.

Bernstein，B. (1990) *The structuring of pedagogic discourse*. London：Routledge.

Cardini，A. (2006) An analysis of the rhetoric and practice of educational partnerships in the UK：an arena of complexities，tensions and power. *Journal of Education Policy*，*21*(4)，393－415.

Carnoy，M. (1999) *Globalization and Educational Reform：What Planners Need to Know*. Paris：UNESCO，International Institute for Educational Planning.

Castells，M. (2000). *The rise of the network society*，2nd ed. Oxford：Blackwell.

Cowen，R. (1994) Schools and selected aspects of culture from the perspective of comparative education：Neither a borrower nor a lender be. In E. Thomas (Ed.)，*International perspectives on culture and schooling：A symposium proceedings*. London：Department of International and Comparative Education，Institute of Education，University of London.

Cowen，R. (1996). Performativity，post-modernity and the university. *Comparative Education*，*32*(2)，245－258.

Cowen，R. (2000). Introducción Al Dossier Nuevas Tendencias En Educación Comparada [Introduction to the Dossier New Trends in Comparative Education]. *Propuesta Educativa*，*10*(23)，4－7.

Cowen，R. (2006). Acting comparatively upon the educational world：puzzles and possibilities. *Oxford*

Review of Education，32(5)，561–573

　　Cowen，R. &. Figueiredo，M. (1992). Brazil. In P. W. Cookson Jr.，A. R. Sadovnik，&. S. F. Semel (Eds.)，*International handbook of educational reform*. London：Greenwood Press.

　　Giddens，A. (1990). *The Consequences of Modernity*. Cambridge：Polity in association with Blackwell.

　　Giddens A. (1994). Living in post-traditional society. In U. Beck，A. Giddens，&. S. Lash (Eds.)，*Reflexive modernization: Politics，tradition and aesthetics in modern social order*. Cambridge：Polity Press.

　　Gvirtz，S. &. Beech，J. (2004). From the intended to the implemented curriculum in Argentina：exploring the relation between regulation and practice. *Prospects*，34(3)，371–382.

　　Jones，P. &. Coleman，D. (2005). *The United Nations and Education: Multilateralism，development and globalisation*. London：Routledge Falmer/Taylor &. Francis Group.

　　Lauder，H. (2007) International schools，education and globalization：Towards a research Agenda. In M. Hayden，J. Levy &. J. Thompson (Eds.)，*Handbook of research in international education*. Sage：London.

　　Lyotard，J. F. (1984). *The Postmodern Condition: A Report on Knowledge*. Manchester：Manchester University Press.

　　Noah，H. &. Eckstein，M. (1969). *Toward a science of comparative education*. London：Macmillan.

　　Lockheed，M. E. (1992). *Improving primary education in developing countries*. Oxford：Oxford University Press for World Bank.

　　Mayor，F.，Sema T.，&. UNESCO. (1997). *UNESCO — an ideal in action: The continuing relevance of a visionary text*. Paris：UNESCO.

　　Nóvoa，A. (2002) Ways of thinking about education in Europe. In A. Nóvoa &. M. Lawn (Eds.)，*Fabricating Europe: The formation of and education space*. Dordrecht：Kluwer.

　　OECD. Web page. www.oecd.org

　　Papadopoulos，G. (1994). *Education 1960 –1990: The OECD perspective*. Paris：OECD.

　　Passin，H. (1965). *Society and education in Japan*. New York：Columbia University/Teachers College and East-Asian Institute.

　　Ravitch，D. (1983). *The troubled crusade: American education，1945 –1980*. New York：Basic Books.

　　Sadler，M. (1979). How far can we learn anything of practical value from the study of foreign systems of education? Address given at the Guildford educational conference on Saturday 20 October 1900. In J. H. Higginson (Ed.)，*Selections from Michael Sadler: Studies in world citizenship* (pp. 48–51). Liverpool：Dejall &. Meyorre.

　　Southwell，M. (1997). Algunas Características de la Formación Docente en la Historia Educativa Reciente. El Legado del Espiritualismo y el Tecnocratismo (1955–76) [Some Characteristics of Teacher Education in Recent History of Education. The Legacy of Spiritualism and Tecnocratism]. In A. Puiggros (Ed.)，*Dictaduras Y Utopías En La Historia Reciente De La Educación Argentina (1955–1983)* [*Dictatorships and Utopies in Recent History of Education in Argentina*]. Buenos Aires：Editorial Galerna.

　　Steiner-Khamsi，G. (2000). Transferring education，displacing reforms. In J. Schriewer (Ed.)，*Discourse formation in comparative education*. Frankfurt am Main：Peter Lang.

　　Tanaka，M. (2005). *The cross-cultural transfer of educational concepts and practices: A comparative study*. United Kingdom：Symposium Books.

　　UNESCO. (1996). *Medium-term strategy 1996 –2001*. Paris：UNESCO.

　　World Bank. Web page. www.worldbank.org

　　World Bank (1995). *Priorities and strategies for education: A World Bank sector review*. Washington，DC：World Bank.

22. 教育中的流动、迁移和少数族裔

诺亚·索比(Noah W. Sobe)

梅莉莎·费希尔(Melissa G. Fischer)

近年来,空间和空间性日益被视为国际与比较教育中的重要研究课题。通过关注作为一种文化实践领域的空间,研究者也可以分析迁移的限制、诱因以及相关的边界、流动和封闭,这些都对教育政策和教育实践的落实、改革和争议产生深远影响。本文将介绍几个全球性教育议题,这些议题都能从空间实践的分析视角中获益。我们建议国际与比较教育的研究者对如何将空间和迁移"问题化"的方式保持高度兴趣,或者,换言之,将它们视为值得政治和社会科学的关注的"问题"。这本身会对全球范围内如何研究学校教育、如何设想和实施教育改革产生相当大的影响。特定群体/"类型"的个体如何受到不同的影响、如何在学校教育机构中获得不同的经历,空间和迁移的概念都发挥着至关重要的作用。本文首先讨论多个学术领域对空间性的兴趣。然后讨论学生的流动和移民学生的教育,这是两个能够从空间性的分析视角中获益的教育议题。在结论部分,我们会指出国际与比较教育研究者能够卓有成效地运用此处讨论的概念的其他主题和领域。

历史与当代视野中的空间

自 20 世纪 70 年代以来,越来越多不同学科领域的学者将空间和空间性的相关问题放在其分析的核心(例如 Cosgrove, 1998;Gupta & Ferguson, 1997;Poovey, 1995;Soja, 1996)。亨利·列斐伏尔(Henri Lefebvre)的研究(参见 Lefebvre, 1991)以及他的建议——将空间理解为一个社会产物——为这样的一种论证提供了有力的基础,即"空间维度"对于全面理解社会形态、身份乃至日常生活实践都是至关重要的(de Certeau, 1984)。这种学术趋势甚至催生了"空间转向"的概念——类似于"文化转向"和"语言学转向"的论断。保罗·吉尔罗伊(Paul Gilrioy)对"黑大西洋"(Black Atlantic)的研究(参见 Gilrioy, 1993)是一个绝佳的例子,让我们看到从社会和文化角度思考空间问题,而不仅仅依赖于自然和领土标准的好处。这一现实越来越多地出现在国际与比较教育学界,比如已故的罗兰·鲍尔斯顿(Roland Paulston)的社会制图工作(参见 Paulston, 1997/2000),而且一些学者将其作为一种视角和工具加以利用(如 Beech, 2002;Dussel *et al*., 2000;English, 2004;Epstein, 2006;Gordon & Lahelma, 1996;Ninnes & Burnett, 2003;Nóvoa & Lawn, 2002)。然而,一些学者对空间性问题的关注不应该仅仅被视为一时的学术风尚,或者被简单地视为学术实践中的一种进步性改革。相反,关键的是要将其设定在欧美思想的主要流派背景之下,特别是自启蒙运动以来,学术界呈现出以时间审视空间的趋势。

空间的时间化使自 17 世纪以来环游地球的欧洲人认为自己是"时间旅行者",即他们的旅行能够使他们观察到文明进步的不同阶段(Leed, 1991)。从土著/原住民身上,有可能窥见古希腊人、古罗马人以及野蛮人(Sayre, 1997)。因此,我们有可能用"原始"这一时间范畴去描述特定的族群以及它们的礼仪与习俗。这里刻画的自我标榜的、同义反复的、线性进化的轨迹是如此熟悉,以至于根本不值一提,除了以下这一点:我们将少数族裔和边缘群体放置在一个至今依然以缺乏文明规范和亟须"发展"为特征的空间里(Popkewitz, 1998)。然而,在强调哲学、历史以及社会科学思想由欧洲文艺复兴塑造时,我们倾向于认为时间比空间更重要,但这并不是在否定空

间实际上拥有的历史重要性。在相同的时间跨度里,空间性作为一种"治理"(government)策略,有深刻的重要性,远远超出了它在人类进步的叙述中发挥的作用。(本文中的"government"不是"国家"的同义词,而是在更广泛的古典政治理论意义上的一个范畴,包括个体如何被管理与自我管理的单一和多重方式[①])

尼古拉斯·罗斯(Nikolas Rose)提出,自 19 世纪早期以来,我们看到治理思想的空间化有三条值得关注的轴线。第一,你可以看看辖域化(territorialization),即空间的边界划分,比如"国民经济""人口",以及"课堂""学校""家庭""社区"。一旦这些对象被认为是离散的空间,那么我们就有可能管理它们,以及阻止或促使某些个体(无论是概念上,还是物理上)进入或跨越这些空间。第二,你可以通过地图、调查、图表、表格"将治理者的视线空间化",从而指出权力关系的印记(Rose, 1999: 36)。这捕捉到了使治理主体和对象的行为、习性和"存在"可见对于治理的重要性。詹姆斯·凯·舒特沃斯(James Kay-Shuttleworth)对曼彻斯特贫困群体的研究(参见 Kay-Shuttleworth, 1832/1970)是一个绝佳的例子,它表明了统计调查如何使治理对象变得可见,从而使其能够被操纵(比如,构建"生活水平"的概念,用来指代个体经验的集合)。正是通过将这些对象视为可以减轻或管理的问题,规范和价值被赋予其中。第三,你可以看看研究者如何从治理的角度理解空间的"纹理"(即特征),或"建立空间的模型"。通过均质的概念化(即到处都一样),空间使自身适合于重复行为、可再生的产品、标准化和统一性(Poovey, 1995)。然而,在现代,我们有时也会将其概念化为拥有厚度和深度的空间,特别是它被用于区分人类经验与"背后的"规律和原则时(Foucault, 1971; Rose, 1999)。当空间没有被概念化为一个光滑的平面,而是不规则的、深浅不一的、不均匀的,那么我们就可以使用差异原则。例如,一些地区适合自由和民主参与的政治,另外一些地方则更加适合武力、权威和习惯灌输式的统治。尽管"光滑"或"不均匀"空间概念会带来十分不同的治理策略,但我们可以将它们同时运用在我们要分析的社会现象的某个维度上,或某种类型的个体上。

理解空间如何成为现代治理的舞台和工具,使我们能够将学校视为人口管理的一个封闭空间,视为个体(以及某种能够类型的个体)被证明有资格或没有资格参与其他社会空间的场所。正如下面我们将会看到的,流动的形式和迁移的行为会与学校教育的运作发生互动,并在教育政策和教育研究中被问题化,这些问题对少数族裔和边缘群体而言有十分重要的意义。

流　动

与空间的社会生产紧密相关的是迁移的社会生产。在过去的 20 年间,学术界对"流动"的人口或物体的兴趣极为高涨。正因为如此,如何看待流动和迁移的争论随之而来,因为它有时候是一种特殊的状态,有时候(或许更多时候)是一种常见的、普遍的人类经验。正如詹姆斯·克利福德(James Clifford, 1997)指出的那样,传统范式将迁移和由占据多个位置的能力带来的优势视为文化精英、学术研究人员特有的(参见 Riles, 2000)。定居、稳定以及保持现状(这些概念大多可被涵盖在备受批判的"文化作为静止不变的存在物"的古典人类学概念之内)被编码为一种"落后"的残存之物,需要由各种"力量"从外部"介入"加以改革/改变。与此相关的是一种分析的文化范式,认为"真正的"流动只存在于主体的自由(并且是畅通无阻的)迁移,旅行或者移居对他们而言是一种自由选择。如果迁移是由经济需求或"个体无法掌控"的力量迫使的,那么这是一种不太理想的流动形式(Bartkowski, 1995)。这种分歧直接体现在当代教育研究的文献之中,我

们可以在大量被归类到"学生流动"的标签之下的迥然不同的研究中看到这一点。

纵观和比较全球范围内针对"学生流动"的教育研究,我们会发现一个深层的矛盾:在某些环境下,学生流动被视为教育政策的一个有价值的目标或要达成的迫切愿望;在另一种环境中,则被视为亟须解决和处理的糟糕问题。事实上,我们很难找到介于以上积极和消极的视角之间的任何立场。前一种"学生流动"以欧盟的倡议为例,比如伊拉斯谟计划(ERASMUS)、苏格拉底计划(SOCRATES)和田普斯计划(TEMPUS)。后一种"学生流动"体现在美国"学校成绩单"上——布什总统 2001 年"不让一个儿童掉队"(NCLB)教育改革法案所要求的问责相关程序之一。在第二种情况下,参考指标是在特定学年之中进入或离开学校的学生人数,这可以成为一所学校学生特点的几个关键指标之一,而且是一个可以用于满足问责相关绩效目标的调节因素(Offenberg,2004)。尽管有巨大的分歧,这两者使用的"学生流动"的概念说明了教育的空间性与治理策略相关联,通过对空间以及那些进入(和那些没有进入)与跨越这些空间的人进行管理,从而刻画出社会规范和规范性理想。

安东尼奥·诺沃亚(António Nóvoa)认为,流动性已经成为以欧盟为导向的欧洲身份形成的关键基石。这个概念成为一种构想欧洲公民身份的手段,因为它"包含一种对过去旅程和文化迁移的想象,并表现出一种对未来的自由感和开放包容"(Nóvoa,2002:146)。欧盟流动计划,如伊拉斯谟计划,发挥着象征的作用,它在"每一个公民身上"塑造一种集体的、统一的"欧洲经验"(p.147),同时这种经验又是与多元化、多重身份和复杂的欧洲形象相兼容的。2007 年,伊拉斯谟计划迎来了项目启动的 20 周年,到目前为止,它为大约 150 万名欧洲大学生前往本国以外的欧洲教育机构学习提供奖学金支持。该计划已被并入欧盟新的终身学习项目之中,并将至少持续到 2013 年。除了提高流动性和透明度,以及促进学分互换,伊拉斯谟计划的目标还包括强化高等教育的"欧洲维度"。正如诺沃亚所言,该项目还强化了欧洲人自己的"欧洲维度"。作为一种形成集体身份认同的方式,游学是塑造国家想象的一种经典技术(Sobe,2006;Vari,2006)。然而,由于欧盟不仅采取传统的国家建设战略(国旗/国歌/教科书),还尝试以基于知识和能力的战略,勾画出隶属关系的新疆界以及"欧洲性"的理想(Schissler & Soysal,2005;Soysal,2002),流动和迁移被重塑以强调参与网络,这些网络将人们聚集到一个临时的集合体或"共同的"事业中(Papatsiba,2006;Reed-Danahay,2003)。这个社会环境中的学生流动可被视为一种个性化的教育实践,这项实践赋予个体新的责任,并以就业相关的能力为中心,尽管这些能力的定义被修正,而将公民和政治理性涵盖在内(Papatsiba,2005)。田普斯流动计划的目标是促进欧盟及其在东欧、巴尔干、中东和北非的合作国家的高等教育流动性,它扩展了现代化计划,推进了互相学习,可以说有助于进一步巩固流动与围绕参与构建一种欧洲社会想象之间的联系。但这很难证明田普斯计划不会产生任何形式的排斥(Lawson et al.,2003;Walsh et al.,2005),而是在强调"学生流动"(目前在欧洲似乎是一个教育政策问题)与身份认同工作的联系——这种身份认同将个人迁移、灵活性和多元文化能力规范为拥有权利的公民应有的品质。

与之形成鲜明对比的是美国教育政策问题中的"学生流动性"。这种形式的流动性,即学生半学年就从一个教育机构移动到另一个机构,是城市地区特别常见的问题之一,尽管该问题也被标注为农村地区的问题(Schafft,2005)。学生运动的方式是在美国环境中被社会编码且在文化上被建构的,政策和研究语言有时从谈论"流动性"转变为将其作为一种"无常"(transiency)的形式展开探讨,而后者是与贫穷和个体表现出几乎病态而不能过一种适当的定居生活的感知紧密相连的,这是相当有启迪性的。换句话说,流动性不被视为一种优势,而是作为一种进步与稳定的障碍。我们可以确定一个与之类似的不同运动编码,以便有时在"流亡"和"逃难"之间做出区别(Clifford,1997)。虽然这两者有很大的相似处,都是以某种方式被迫从原籍国移民,但"流亡者"往往被视为一个自主的能动体,而"难民"则常常在依赖性方面被污名化(Mosselson,2007)。如前所述,2001 年的"不让一个儿童掉队"教育改革法案(No Child Left Behind Act, NCLB)使人们重新关注"学生流动"的问题,自此这已经成为定义学校的关键特点之一。这里的流动性与作为治理对象的家庭和社区的空间化相关,而且拉美裔被标注为特别关注群体,在接下来的内容中我们将看到移民学生的教育问题。这种问题化的学生流动是多层面的,而且其关联无家可归、抚养照顾、儿童监护权等问题。当然我们也不应该忽视流动性也可能是由学校中的纪律政策或管理不到位引起的。拉赛尔·隆伯格(Russell Rumberger,2003)认为,虽然住宅搬迁是促使美国的中小学生在学年期间转入或离开学校(通常约占学生流动的 60%)的最大因素,但是这并不是唯一的原因。特别是考虑到大部分的住宅搬迁是在本地范围内,因而学生不一定必须转学。一些研究人员开始认为,学生的流动性也需要被看作是一种有目的的战略行动,部分学生和家庭可能是基于他们自身对安全、教师素质和学术机会的关注而转学的(Kerbow et al.,2003)。然而,作为"不让一个儿童掉队"教育改革法案的学校成绩单中的条目,"学生流动性"是作为学校内部群体异常行为的一个指标,即那些坚决拒绝留在该空间的个体的异常行为,应该对其限制、规范和提升。

这些指向"学生流动性"的截然不同的方向,部分的解释——但不完全——是通过考量教育水平间的差异展开的。当然,欧洲的教育研究者关注小学生的流动性和成绩之间的关系(Demie et al.,2005;Strand & Demie,2006),正如美国的研究人员对高中后教育的学生流动性感兴趣一样。然而,在美国,总体而言,在高中后教育阶段,整体的问题与我们在中小学阶段所见的并无不同:学生的流动性变成了"多个机构的参与",同时其被视为一个复杂的因素,通常对学业完成程度和部门的效率产生不利影响(Pusser & Turner,2004)。在大学阶段,留学海外似乎是个例外,除了美国通常更将其构建为"国际交流"问题而不是"学生流动性"问题。显然,留学国外必然要求学生方面的移动和旅行,尽管如此,似乎显而易见的是,在美国,这种流动性方面并没有如欧洲高等教育的改革论述一样以一种社会救助的叙事刻画。

比较欧洲和美国关于"教师流动性"的论述就会出现类似的对照。包括教师流动的职业性流动是一种政策需要,慢慢开始为欧洲所意识到(Sayer,2006)。在美国环境中,这种流动往往是从劳动力流失的角度进行解读,并通过一种公平视角来看待,该视角揭示有能力的教师离开少数族裔学生人口聚集的城市学校(Elfers et al.,2006;Scafidi et al.,2007)。在一定程度上,把关注"流动性"一词的不同意义作为一种研究描述的方式强化了错误的对立。毕竟在美国,教师资格的流动性受到极大的关注。同样,在欧洲,教师流失和城市教师留任是非常严峻的问题。然而,我们希望的是,本节中的比较能够有效揭露围绕"移动"的教育政策中的矛盾性质,即事物拥有的"正当"和"不正当"形式。个人流动与否的调控是空间实践中的一个关键维度,因为现代学校教育正处于其中并凭借其来运作。

迁　移

现有的比较教育文献权威指出,人口流动正改变世界各地的社会团体和政治团体的组成。由此带来了新的文化形态(Appadurai,1990,2000)和新的教育压力(Burbules & Torres,2000;Suárez-Orozco,2001)。本节将迁移作为流动性的子集展开研究,关注从一个地方搬到另一个地方的人们。虽然不一定,但是学术研究人员和公共决策者经常会发现区分"自愿"和"被迫"的迁移是有用的。尽管这种区分令人联想到上述讨论的不同风格的人类流动的文化编码(并且虽然这方面的一些分析似乎是被要求的),但是军事冲突与战争正日益将与被迫迁移相关的问题推向教育研究议程之中(Burde，2005；Pinson ＆ Arnot，2007；Talbot，2005)，而且迫使学者面临那些在此情况下被迫迁移的人所面临的各种正当且独特的问题集(遣返、补偿、协调、恢复等)。以下对迁移的讨论将只关注"自愿迁移"这一类及其通常与经济/就业驱动有关的迁移，而非处理移民和移民学生教育这一宏大主题(关于美国移民教育的优秀综合研究，详见 Olneck，2004)，我们将继续关注空间和流动并具体针对移民学生的教育。这些学生被学校管理者认为是处于"中转"状态的(尽管学生自己可能有不同理解)。我们可以通过简要回顾几个国家的案例来说明移民教育的若干基本结构和轮廓，这几个国家包括西班牙、美国、英国、印度。

在美国，1982 年的普莱勒案(Plyler v. Doe)美国联邦最高法院的判决表明[1]，宪法的平等保护条款授予非法外国人的子女有自由接受公共教育的权利。虽然并不是所有的在美移民学生都是"无证状态"，但是这一决定在为移民学生提供教育的合法化方面是至关重要的。联邦教育局下属一个移民教育办公室，用来组织区域网络和管理多项资助计划。除了这一点，值得一提的是美国拥有一个试图解决移民学生的特殊教育需求的研究人员和教育工作者的广泛组织网络(Garza et al.，2004，Green，2003)。当孩子们进入这个群体的时候，他们会分享某些作为"移民儿童"流动性的经验，虽然很多都是墨西哥人的后裔，但是这一群体还包括来自海地、波多黎各、非洲、越南、柬埔寨和东欧的学生(Branz-Spall et al.，2003)。他们在美国学校系统中面临着类似的挑战，包括由于有限的英语熟练程度和/或其移民地位带来的种族隔离，教育机会的普遍不一致(Brunn，1999)以及家庭与学校的冲突(Lopez，1999)。正如所提到的，尽管我们关注移民教育，但只有一小部分服务于这一群体的美国教育工作者曾经接受过教育移民学生的专业性培训。这强调了学校是对流动性进行管理的场所，这种管理依赖于创建可控制的群体。

在过去的几十年中，西班牙经历了一场快速的逆转，即从移民生产国转为移民接收国。目前约 9％的人口被列为外国人，其中 14 岁以下的儿童数量为 2002 年至 2006 年的两倍之多。数据表明居住在西班牙的外国人结构极度分化。大部分西班牙的外国工人不再来自北非。尽管来自摩洛哥的工人一派独大，但从区域上看，拉丁美洲和东欧提供了最多的移民(Isusi ＆ Corral，2007)。还有一部分来自欧盟国家的欧洲人也开始居住在西班牙，这进一步加深了其指向的长期趋势或模式的不确定性。我们甚至还不清楚这些人中的哪些人可被称为"流动人口"，哪些人应该被称为"移民"。教育者面对的挑战是要在不同族裔组成的班级中开展教学，其中包括西班牙语熟练度不够的学生(Harry，2005)。一些研究人员强调，西班牙为此采取了"跨文化策略"，旨在认识、接受和重视在西班牙学校的不同文化群体(Garcia ＆ Molina，2001；Santos，1999)。各种移民群体与西班牙学校系统互动的不同方式还有待进一步观察。然而，当把美国和西班牙放在一起时，西班牙的情况就能够有益地提醒我们，移民教育的空间政治并不是固定为一个统一模式的。个人与机构的布局以及适当/不适当的流动总是在一定程度上形成的。

在英国，"旅行者"儿童的教育一直是教育工作者长期关注的问题(Bhopal et al.，2000)。近年来，来自东欧和东南欧的移民罗姆人(Romani)群体已经为这一多层的异类社会/少数民族增加了新的复杂性，该群体有时也会被贴上"吉卜赛人"的标签。特别是在英国，"旅行者"团体内部有着显著的多样性，一些人流动而另一些人定居下来，虽然他们仍然被冠以"流浪者"的社会性恶名(Acton，2006)。近来的学术研究(Derrington ＆ Kendall，2004)详述了旅行者/吉卜赛儿童

① 普莱勒非法移民子女免费教育案涉及的是居住在得克萨斯州史密斯郡的墨西哥籍学龄孩子的入学问题，这些孩子都没有得到美国的合法承认。从 1977 年始，该郡要求"没有合法身份"的孩子为了进入学校学习，必须交纳"足够的学费"。原告(墨西哥籍学龄孩子)因不能进入公立学校读书而向法院提起诉讼。美国联邦最高法院终审判决认为不让这些孩子接受公立免费教育，违反了平等保护条款。——译者注

在学校中所面临的持续性障碍,尽管这些研究也承认所取得的教育成功与进步。通过对这些事实上是流动人口的人的研究,研究人员马丁·莱文森(Martin Levinson)和安德鲁·斯帕克斯(Andrew Sparkes)发现学生面临的问题是适应学校内部利用空间的方式,尤其是"高度结构化的空间利用"(Levinson & Sparkes, 2005: 764)产生的文化不协调。这种不匹配破坏了这一政策目标,即培养这些儿童参与到更大的社会之中,同时让他们认识到本国文化,并使这些人继续保持某种间距。英国的案例展示了跨文化互动是如何为流动学生的教育增加复杂维度的,特别是对于教育工作者和决策者而言,需要对多元文化教育中的问题保持敏感,在努力适应某一流动群体文化特殊性的同时,给他们提供学术机会并试图缓解社会排斥。

印度西部的游牧民族是该国最边缘化的群体之一(Dyer, 2001)。直到最近,对于吉卜赛游牧民族而言,选择学校教育仍然是相当有限的。吉卜赛游牧民族是生活在古吉拉特邦省的一个群体,而其迁徙放牧的习俗已逐渐被国家的发展举措所打乱。对于游牧民族来说,正规教育常被视为国家发起的定居生活运动的核心(参见 Steiner-Khamsi & Stolpe, 2006)。然而,学校教育也可以为移民群体所利用去为自身谋福祉。研究人员卡罗琳·戴尔(Caroline Dyer1)认为,虽然教育机会是不均衡的,但是其越来越被视作建设社会资本的路径。尤其是读写能力,人们视其为"消除当前消极依赖他人来提供信息"的重要能力(Dyer, 2001: 319)。游牧家庭通常会让一个儿子上学,以作为一种"保险"的形式,与其说是为了有另一种经济选择还不如说是为了更好地放牧。这个游牧移民教育的特别例子并不能说明整个游牧群体都有着一致的普遍现象——比如在伊朗或尼日利亚(Umar & Tahir, 2000)——但它确实说明了移民群体对教育以及他们自身流动性的能动作用,即使面对着与国家有关的实质性局限和限制。

本节中讨论的五个案例用不同的方式显示了学校的空间范围产生或限制其他社会空间中的参与性。正如我们之前在"学生流动性"中看到的,不存在教育的空间和流动性的单一经验,但是我们需要根据具体情境并从历史方面理解存在的"移民教育"的多种形式。

结　论

本文通过对流动性、移民和教育中的少数群体的讨论揭示,带着对学校和教育政策运作的空间维度的兴趣,我们有必要思考它们运作的空间实践。就前者而言,人们可以把劳动力市场流动、教育服务中的国际贸易以及青年文化中的新媒体传播,视为主要负责塑造教育的"地带"和"领土"的现象。从后者的角度看,这提醒我们,至少自 19 世纪初以来,学校已经成为使个人和群体接受规划和管理的方案之中的一个中心点。可以被研究、评估和管理的空间是这种治理形式的主要技术之一。虽然在两个世纪内,各种成分相互联系的方式已经经历了相当大的变化,但是教育政策仍然从本质上依赖于对可管理空间如"教室""学校""家庭"和"社区"的创生。即使是一个试图认识和重视吉卜赛文化或保护游牧民族生计的多元文化教育项目,也一直依赖于这样的可管理空间。我们已经提出需要结合流动和停滞对空间性实践展开分析,流动和停滞即加快和限制人和物体进入和跨越特定空间的运动。这可能是一个有用的框架,该框架可以分析有时被称为教育借鉴的内容,并将其用于全球范围内更广泛和更细致的移民教育研究中。它也为课程与教学实践中的跨文化比较创造了一个非常有成效的基点。

本文建议研究者应该加大对学校教育中空间组织的关注,无论是涉及教室和走廊的物理结构,还是思考特定"群体"的空间概念。波普科维茨和林德布拉德(Popkewitz & Lindblad, 2000)建议,我们认为教育融合和教育排斥的问题既涉及知识问题,也涉及公平参与问题。后者描述了一个问题集,其将教育和其他社会实践中个人和群体的参与与代表权当作重要关注点,并且强调国家作为一种利益驱动因素的结构化作用。前者关注理性和文化实践的系统，当它们确定合理和不合理或者什么是良好的和有缺陷的时候，可以明确这些系统是否合格。将这两个问题结合起来是一个巨大的分析性挑战，然而，我们建议，展开这类研究的有效方式是通过研究学校运营的空间实践。对于国际与比较教育领域的学者而言，这种调查途径绝对是卓有成效的。

参考文献

Acton, T. (2006). Book review: Traveller education. *Journal of Multilingual and Multicultural Development*, *27*(4), 353 - 355.

Appadurai, A. (1990). Disjuncture and difference in the global cultural economy. In M. Featherstone (Ed.), *Global culture: Nationalism, globalization and modernity* (pp. 295 - 310). London: Sage.

Appadurai, A. (2000). Grassroots globalization. *Public Culture*, *12*(1), 1 - 19.

Bartkowski, F. (1995). *Travelers, immigrants, and inmates: Essays in estrangement*. Minneapolis: University of Minnesota Press.

Beech, J. (2002). Latin American education: Perceptions of linearities and the construction of discursive space. *Comparative Education*, *38*(4), 415 - 427.

Bhopal, K., Gundara, J., Jones, C., & Owen, C. (2000). *Working towards inclusive education: Aspects of good practice for gypsy traveller pupils*. London: International Centre for Intercultural Studies Institute of Education, University of London.

Branz-Spall, A. M., Rosenthal, R., & Wright, A. (2003). Children of the road: Migrant students, our nation's most mobile population. *Journal of Negro Education*, *72*(2), 55 - 61.

Brunn, M. (1999). The absence of language policy and its effects on the education of Mexican migrant children. *Bilingual Research Journal*, *23*(4), 319 - 344.

Burbules, N. C. & Torres, C. A. (2000). Globalization and education: An introduction. In N. C. Burbules & C. A. Torres (Eds.), *Globalization and education: Critical perspectives* (pp. 1 - 26). New York: Routledge.

Burde, D. (2005). Promoting stable post-conflict education. *Forced Migration Review*, *22* ("Education in Emergencies Special Issue"), 41.

Clifford, J. (1997). *Routes: Travel and translation in the late twentieth century*. Cambridge, MA: Harvard University Press.

Cosgrove, D. E. (1998). *Social formation and symbolic landscape* ([Pbk.] ed.). Madison: University of Wisconsin Press.

de Certeau, M. (1984). *The practice of everyday life*. Berkeley: University of California Press.

Demie, F., Lewis, K., & Taplin, A. (2005). Pupil mobility in schools and implications for raising achievement. *Educational Studies*, *31*(2), 131 - 147.

Derrington, C. & Kendall, S. (2004). *Gypsy traveller students in secondary schools: Culture identity and achievement*. Stoke-on-Trent: Trentham Books.

Dussel, I., Tiramonti, G., & Birgin, A. (2000). Towards a new cartography of curriculum reform: reflections on educational decentralization in Argentina. *Journal of Curriculum Studies*, *32*(4), 537 - 559.

Dyer, C. (2001). Nomads and education for all: Education for development or domestication? *Comparative Education*, *37*(3), 315 - 327.

Elfers, A. M., Plecki, M. L., & Knapp, M. S. (2006). Teacher mobility: Looking more closely at "the movers" within a state system. *Peabody Journal of Education*, *81*(3), 94 - 127.

English, L. M. (2004). Third space/identity montage and international adult educators. In P. Ninnes & S. Mehta (Eds.), *Re-imagining comparative education: Postfoundational ideas and applications for critical times* (pp. 225 - 240). New York: Routledge.

Epstein, I. (2006). Introduction. In I. Epstein (Ed.), *Recapturing the personal: Education, embodied knowledge and comparative inquiry* (pp. 1 - 22). Greenwich, CT: Information Age Publishing.

Foucault, M. (1971). *The order of things: an archaeology of the human sciences*. New York: Pantheon Books.

French, H. W. (2007, January 25). China strains to fit migrants into mainstream classes. *New York Times*, 3.

Garcia, B. L. & Molina, L. M. (2001). Moroccan children and Arabic in Spanish schools. In G. Extra & D. Gorter (Eds.), *The other languages of Europe: Demographic, sociolinguistic, and educational perspectives* (pp. 279 - 292). Clevedon, UK/Buffalo, NY: Multilingual Matters.

Garza, E., Reyes, P., & Trueba, E. T. (2004). *Resiliency and success: Migrant children in the United States*. Boulder, CO: Paradigm Publishers.

Gilroy, P. (1993). *The black Atlantic: Modernity and double consciousness*. Cambridge: Harvard University Press.

Gordon, T., & Lahelma, E. (1996). "School is like an Ant's Nest": Spatiality and embodiment in schools. *Gender and Education*, 8(3), 301 - 310.

Green, P. (2003). The undocumented: Educating the children of migrant workers in America. *Bilingual Research Journal*, 27(1), 51 - 73.

Gupta, A. & Ferguson, J. (1997). *Culture, power, place: Explorations in critical anthropology*. Durham [N. C.]: Duke University Press.

Harry, B. (2005). Equality, excellence and diversity in a rural secondary school in Spain: 'Integration is very nice, but ...'. *European Journal of Special Needs*, 20(1), 89 - 106.

Isusi, I. & Corral, A. (May 30, 2007). *Employment and working conditions of migrant workers — Spain*. Retrieved June 22, 2007, from http://www.eurofound.europa.eu/ewco/studies/tn0701038s/es0701039q.htm

Jianhua, F. (2006). Equal education. *Beijing Review*, 49(12), 28 - 29.

Kay-Shuttleworth, J. (1832/1970). *The moral and physical condition of the working classes employed in the cotton manufacture in Manchester*. New York: A. M. Kelly.

Kerbow, D., Azcoitia, C., & Buell, B. (2003). Student mobility and local school improvement in Chicago. *Journal of Negro Education*, 72(1), 158 - 164.

Kwong, J. (2004). Educating migrant children: Negotiations between the state and civil society. *China Quarterly*, 180, 1073 - 1088.

Lawson, T., Livingston, K., & Mistrik, E. (2003). Teacher training and multiculturalism in a transitional society: the case of the Slovak Republic. *Intercultural Education*, 14(4), 409 - 421.

Leed, E. (1991). *The mind of the traveler: From Gilgamesh to global tourism*. New York: Basic Books.

Lefebvre, H. (1991). *The production of space*. Oxford/Cambridge, MA: Blackwell.

Levinson, M. P. & Sparkes, A. C. (2005). Gypsy children, space, and the school environment. *International Journal of Qualitative Studies in Education*, 18(6), 751 - 772.

Liang, Z. & Chen, Y. P. (2007). The educational consequences of migration for children in China. *Social Science Research*, 36, 28 - 47.

Lopez, M. E. (1999). *When discourses collide: An ethnography of migrant children at home and in school*. New York: P.

Lang. Mosselson, J. (2007). Masks of achievement: An experiential study of Bosnian female refugees in New York city school. *Comparative Education Review*, 51(1), 95 - 115.

Ninnes, P. & Burnett, G. (2003). Comparative education research: Poststructuralist possibilities. *Comparative Education*, 39(3), 279 - 297.

Nóvoa, A. (2002). Ways of thinking about education in Europe. In A. Nóvoa & M. Lawn (Eds.),

Fabricating Europe: The formation of an education space (pp. 131 – 155). Dordrecht/Boston: Kluwer.

Nóvoa, A. & Lawn, M. (2002). *Fabricating Europe: The formation of an education space*. Dordrecht/Boston: Kluwer.

Offenberg, R. M. (2004). Inferring adequate yearly progress of schools from student achievement in highly mobile communities. *Journal of Education for Students Placed at Risk*, *9*(4), 337 – 355.

Olneck, M. (2004). Immigrants and education in the United States. In J. A. Banks & A. M. Banks (Eds.), *Handbook of research on multicultural education* (Second ed., pp. 381 – 403). New York: Macmillan.

Papatsiba, V. (2005). Political and individual rationalities of student mobility: A case-study of ERASMUS and a French regional scheme for studies abroad. *European Journal of Education*, *40*(2), 173 – 188.

Papatsiba, V. (2006). Making higher education more European through student mobility? Revisiting EU initiatives in the context of the Bologna process. *Comparative Education*, *41*(1), 93 – 111.

Paulston, R. (1997). Mapping visual culture in comparative education discourse. *Compare*, *27*(2), 217 – 252.

Paulston, R. (2000). A spatial turn in comparative education? Constructing a social cartography of difference. In J. Schriewer (Ed.), *Discourse formation in comparative education* (pp. 297 – 357). Frankfurt am Main: Peter Lang.

Pinson, H. & Arnot, M. (2007). Sociology of education and the wasteland of refugee education research. *British Journal of Sociology of Education*, *28*(3), 399 – 407.

Poovey, M. (1995). *Making a social body: British cultural formation*, *1830 –1864*. Chicago: University of Chicago Press.

Popkewitz, T. S. (1998). *Struggling for the soul: the politics of schooling and the construction of the teacher*. New York: Teachers College Press.

Popkewitz, T. S. & Lindblad, S. (2000). Educational Governance and Social Inclusion and Exclusion: some conceptual difficulties and problematics in policy and research. *Discourse: Studies in the Cultural Politics of Education*, *21*(1), 5 – 44.

Pusser, B. & Turner, J. K. (2004). Student mobility: Changing patterns challenging policymakers. *Change*, *36*(2), 36 – 44.

Reed-Danahay, D. (2003). Europeanization and French primary education: Local implications of supranational policies. In K. M. Anderson-Levitt (Ed.), *Local meanings*, *global schooling: Anthropology and world culture theory* (pp. 201 – 218). New York: Palgrave.

Riles, A. (2000). *The network inside Out*. Ann Arbor: University of Michigan Press.

Rose, N. S. (1999). *Powers of freedom: Reframing political thought*. Cambridge/New York: Cambridge University Press.

Rumberger, R. W. (2003). The causes and consequences of student mobility. *Journal of Negro Education*, *72*(1), 6 – 21.

Santos, M. (1999). Cultural diversity: Equal opportunities? *Journal of Education*, *34*(4), 437 – 447.

Sayer, J. (2006). European perspectives of teacher education and training. *Comparative Education*, *42*(1), 63 – 75.

Sayre, G. M. (1997). *Les Sauvages Américains: Representations of Native Americans in French and English colonial literature*. Chapel Hill: University of North Carolina Press.

Scafidi, B., Sjoquist, D. L., & Stinebrickner, T. R. (2007). Race, Poverty, and Teacher Mobility. *Economics of Education Review*, *26*(2), 145 – 159.

Schafft, K. A. (2005). The incidence and impacts of student transiency in upstate New York's rural school districts. *Journal of Research in Rural Education*, *20*(15), 1 – 13.

Schissler, H. & Soysal, Y. N. (2005). *The nation*, *Europe*, *and the world: Textbooks and curricula in transition*.

New York: Berghahn Books.

Shaoqing, L. & Shouli, Z. (2004). Urban/ruraldisparityandmigrantchildren'seducation. *Chinese Education and Society*, 37(5), 56 – 83.

Sobe, N. W. (2006). Embodied knowledge and the nation: The school field trip. In I. Epstein (Ed.), *Recapturing the personal: Education, embodied knowledge and comparative inquiry* (pp. 143 – 162). Greenwich, Connecticut: Information Age Publishing.

Soja, E. W. (1996). *Thirdspace: Journeys to Los Angeles and other real-and-imagined places*. Cambridge, MA: Blackwell.

Soysal, Y. N. (2002). Locating Europe. *European Societies*, 4(3), 265 – 284.

Steiner-Khamsi, G., & Stolpe, I. (2006). *Educational import: Local encounters with global forces in Mongolia* (1st Edn.). New York: Palgrave Macmillan.

Strand, S. & Demie, F. (2006). Pupil mobility, attainment and progress in primary school. *British Educational Research Journal*, 32(4), 551 – 568.

Suárez-Orozco, M. M. (2001). Globalization, immigration, and education: The research agenda. *Harvard Educational Review*, 71(3), 345 – 365.

Talbot, C. (2005). Recent research and current research gaps. *Forced Migration Review*, 22 ("Education in Emergencies Special Issue"), 5 – 7.

Umar, A. & Tahir, G. (2000). Researching nomadic education: A Nigerian perspective. *International Journal of Educational Research*, 33, 231 – 240.

Vari, A. (2006). From friends of nature to tourist-soldiers: Nation building and tourism in Hungary 1873-1914. In A. E. Gorsuch & D. P. Koenker (Eds.), *Turizm: The Russian and East European tourist under capitalism and socialism* (pp. 64 – 81). Ithaca: Cornell University Press.

Walsh, T., Friffiths, W. H., McColgan, M., & Ross, J. (2005). Trans-national curriculum development: Reflecting on experiences in Romania. *Social Work Education*, 24(1), 19 – 36.

Yan, F. (2005). Education problems with urban migratory children in China. *Journal of Sociology and Social Welfare*, 32(3), 3 – 10.

Yuankai, T. (2006). The fight for education. *Beijing Review*, 49(5), 18 – 19.

23. 世界主义的双重姿态和教育的比较研究[①]

托马斯·波普科维茨(Thomas S. Popkewitz)

前　言

　　笔者说自己对比较教育的思考是在全球化的背景下进行的,这似乎是当今时代的陈腔滥调。直观地看,除了在一个更广阔的并将跨国家和"全球"的变化都考虑在内的领域进行,比较教育研究还能是其他什么东西? 当笔者这样说的时候,笔者承认自己犹疑了,因为借用安东尼奥·诺沃亚(António Nóvoa)的著作所言,"全球化"含有"普适化话语"(planetspeak)的意味(Nóvoa,2000)。它是一个似乎可以出现在任何地方,用来解释任何事情,并且找不到出处的词语。但是,通过深入了解世界系统研究和将现代学校的诞生与 19 世纪到现在的国家制度发展联系起来的新制度理论,这些历史打消了笔者一部分的疑虑(Meyer *et al*.,1992,1997)。

　　然而,笔者对学校教育比较研究的兴趣来自一个截然不同的知识领域。本章聚焦在培养和管理学校教育的客体——儿童、家人和教师——的理性系统上。或者说,学校是有历史意义的场所,它通过改造人而去变革社会。那正是教育学所做的。现代教育学是儿童被教会如何去思考和解决问题,进而成为"理性之人"的主要社会/文化场所。笔者认为,教与学的原则通过生成关于生活模式的文化议题(cultural thesis)从而影响到"理性之人"的培养。这些文化议题不仅仅是诸如现代化或全球化之类的单一议题的变体。只要稍微观察一下 1919 年中国五四运动掀起的学校改革、美国的进步主义教育,或当今关于学习型社会和终身学习者的论述,就会发现它们都是关于儿童和教师"是谁"和"应该是谁"这样的文化议题在不同文化和制度上的糅合和联系。因此,以比较的方法去理解学校,即是用历史的方法去思考那由不断变化的原则所衍生出来的关于儿童"是谁"和"应该是谁"的文化议题。

　　笔者的方法是通过"世界主义"的概念去对学校教育的理性系统的性质进行比较研究。笔者认为世界主义是学校教育的核心(Popkewitz,2008)。在北欧的启蒙传统中,世界主义是一个关于人类能动性、参与和科学的激进议题,是一项人性解放的工程。那个得到启蒙的地方相信运用理性和合理性能够指引变革,使社会在尊重多样性上获得自我改善和进步,使人们友好、热情地对待"他者"。学校教育,或者至少是现代的学校教育,关注的是将儿童塑造成拥有世界主义特质的未来国家公民。更深一层,非常奇怪的是,世界主义者之所以具有包容性,是因为他们具有对现象和人进行排序的比较思维。现代欧洲的"理性"辨别并异化着"他者"。当这套思维被用在学校教育中,教育实践关于人性和解放的普适化原则就会产生出相反的效果,那些"不适应"的儿童因而被认为不具有世界主义者应有的特质。

　　然而,学校教育的世界主义并不仅仅是指启蒙概念在世界系统的传播。相反,它包含不同的糅合、联系和分离,进而生成世界主义关于儿童和集体归属感的文化议题。在教育上,理性和"理性之人"的概念与集体归属感和家的原则有密切联系。这可能听起来很讽刺,因为欧洲的世界主义就是要去打破国家的地方主义。但在教育上不是那样,教育的特殊性植根于学校教育的现状。"得到启蒙"的个体与构成巴西、比利时、日本或英国的"人"并不是同一个概念。

---

　　① 世界主义和改革的论点主要来自波普科维茨(2008)。

本文第一部分将学校教育置于 19 世纪至今的全球化进程中去思考。[①] 从美国和欧洲教育改革中有关重构教学和教师教育的科学和政策着手分析。笔者认为现代学校教育通过重塑将要成为未来公民的儿童去改造社会。[②] 教育学体现了关于世界主义生活模式的文化议题。但在教育学上体现的是辨别和区分"文明"和"不文明"的世界主义的相对差异。本文第二部分将杜威实用主义的传播作为关于世界主义文化议题的一个历史例子进行探索，并探讨它在 20 世纪初社会改革中的"他者"。本文最后将目光放在现今学校改革中文化议题实例的比较之上。它会检视那些被笔者称为"未竟的世界主义者"，他们是终身学习者，并以不断抉择和创新的方式生活着，而其"他者"——那些处于不利、危险地位的学生、移民和"被落下的学生"，他们需要被接纳，却给稳定和共识带来了不同的潜在危险。最后一部分会分析世界主义作为学校教育比较研究的文化议题的理论意义。

笔者对"世界主义者"这个词的使用是试探性的，而不是规范性的。用现在改革常用的话语来说，这是为了思考差异和分化在培养儿童的认知能力、问题解决能力和学习社群中的协作能力上是如何影响人们的情绪。世界主义的"主旨"是关注那些使理性和理性之人的原则得以产生的不同思想的糅合和联系，而不是将这个词当作是独一无二的教条。

在全球化进程历史背景下的现代学校教育

在前言中，笔者讨论了四个要点。第一，现代学校教育是建立在最晚始于 19 世纪并持续至今的全球化进程之上。第二，世界主义的概念是思考关于学校教育生活模式的文化议题的变化的一种策略。第三，学校教育科学决定着在儿童身上建立世界主义秩序的理性原则。第四，世界主义儿童共有的超越差异性的品质体现着一种比较的方法，关于世界主义儿童的文化议题以及在接纳过程中出现的区分、驱逐和排斥"其他"特殊儿童的贱斥（abject）过程都运用了这种比较的方法。

1. 现代教育建立在与 19 世纪以来的变革相关的全球化进程之上。正如大卫·汉密尔顿（David Hamilton，1989）的历史研究一直在论证的，这并不意味着它与以前的教育没有继承和重合之处。反而是由于教育学及其关于儿童的理论发生变化，当时学校教育的特定结构变得透明。

现代学校教育的目的是**通过改造儿童去改造社会**。美国和法国的建立者意识到了这一点。公民不是天生的，而是造就的。民主参与是"一件需要去给予帮助、鼓励、指引和导向的事情"（Cruikshank，1999：97）。国家的长治久安有赖于使公民自治并参与到社会事务当中。

现代执政有赖于个体的参与，而教育是造就个体的关键。有人可能会说，通过学校教育去建构和重构社会的问题被抛到了儿童的脚下。在培养超越国家概念的个体时，学校教育大众化被视为是不可缺少的。例如，巴西、墨西哥、哥伦比亚和中国在 20 世纪早期的学校改革，都包含着关于儿童的自省和参与的文化议题，这些文化议题将个体救赎的概念与国家联系起来（Buenfil Burgos，2005；Warde，2005；Qi，2005；Sáenze-Obegón，2005）。瑞典人托尔斯滕·鲁伦施尔

---

① 我用漫长的 19 世纪来思考自 18 世纪末到 20 世纪初的不平衡的历史运动，在现代学校及其教学法的形成过程中，不平衡的历史运动汇集到了一起。

② 公民的概念在历史上被认为是"负责任的"个人，是国家政治共同体变革的推动者。如今，很少有国家的政府（至少在官方层面上）是以人民为基础，并由人民负责选举其代表。与国家主体的概念相比，这种参与的概念不一定受到理想的共和政府类型及其公民美德概念的限制。例如，虽然瑞典和澳大利亚以前不是共和政体，但公民美德和民主思想确实盛行，从这个意义上讲，使用公民的概念是恰当的。这种历史上对公民的利用与学校教育在培养一个参与国家事务并对国家产生"归属感"的儿童方面的作用相关。

德(Torsten Rudenschöld)在 19 世纪就提出了一种世界主义，他认为学校应该培养社会中"个体的自由意志"(转引自 Hultqvist，2006)。中国 1919 年五四运动之后推广白话文，也可以被视为建立一种不同的人际关系和集体归属感，虽然与欧洲和北美的学校教育有差异(Qi，2005)。

2. 学校教育学的核心是关于儿童世界主义的文化议题。在西方和西方以外，世界主义的概念都是与国家救亡有关的救赎议题一起出现在强调个人能动和进步的世俗化进程当中，这有些讽刺。北欧和北美的启蒙运动将世界主义当作是一种普遍的生活模式，理性和合理性被赋予一个更加进步的自由和解放的世界。那样的世界主义世界很快被引用在一些关于国家的叙述和意象当中。例如，20 世纪在约翰·杜威(John Dewey)、斯坦尼·霍尔(G. Stanley Hall)、爱德华·桑代克(Edward L. Thorndike)、乔治·康茨(George Counts)身上表现出来的不尽相同的进步主义教育思想，都包含着关于儿童和学校规划的世界主义原则。这些原则体现着"美国优越主义"的文化论述——将他们的国家看作是人类进步发展的全部总和，体现着世界主义关于人类价值观和进步的至高理想。

3. 世界主义与理性的科学一起影响着人自身的生命以及社群。正如物理科学可以掌控自然世界，科学被视为一种操纵和人为干预自然秩序的方法，进而引发变革和人类进步。

然而，人文科学的概念在引发变革上有着不同的方式。比如，它提供关于规划(planning)的知识，这些知识能创设出追求幸福和自由的环境。城市规划：现代福利国家的形成，是探求真正知识的科学和社会发展策略相结合的例子。改革成为一项持续的活动。并且，社会的改革产生了通过规划生活方式去治理世界主义社会的原则。比如，教育科学将儿童的内心当作实施干预之处。杜威的"问题解决"模式和霍尔的儿童发展和成长论，通过设计"思维"的过程和步骤为生命建立秩序，而这种思维为未来和行动的准则定下共识并赋予其稳定性。

心理学是教育学的核心。当笔者聚焦于欧洲和北美洲，这些地方的学者认为心理学能打开儿童的内心，将其变成教育运作和实施干预的地方。从俄罗斯、德国到美国，推理性和分析性的心理学都被实验心理学所取代。欧(Ó，2003)认为，现代学校教育、教育学和教育科学最初的目的都是去影响儿童和青少年的精神和身体。欧检视 20 世纪之初法国和葡萄牙的教育学时，以教育科学的方法对隐藏的身体和道德生活进行观察并使之可见，以此去了解受过教育的对象("人类心灵")的精神状态。法国教育家加布里埃尔·康贝尔(Gabriel Compayré)在 1885 年断言，教育学是一门应用心理学，一切科学之源头"都与人的道德能力相关；教育学涉及心灵的所有部分，必须一直运用心理学"(转引自 do Ó，2003：106)。然而其目的并不是要寻找上帝，而是提供知识助自由之民通往理性之路。

世界主义理性和科学的论述体现着拯救和救赎的议题，这些议题随着合理化的实践得以传播。几乎与直觉相反，如果不理解宗教改革和反宗教改革运动，我们就无法充分理解西方教育大众化。个体救赎的议题被世俗化成进步和日常生活的安排等世俗事务(Weber，1904—1905/1958)，逐渐成为建构现代教育学的根基(McKnight，2003；McMahan，2001)。土耳其 20 世纪凯末尔主义改革的世俗化和现代化进程，包含着将欧洲启蒙方案和那些存在于奥斯曼帝国及其伊斯兰传统中的方案糅合在一起的现代化进程。将日本的现代化进程与 19 世纪中期的明治维新到二战以后国家和学校建设联系起来，也可以做出类似的论证(Shibata，2005)。

4. **世界主义的初衷是包容的，然而其理性系统却显示出另一种排斥的姿态。**世界主义催生出一种比较的方法以辨别和区分两种人的性质和特点，即那些得到启蒙和文明开化的人，以及那些威胁到共识和稳定的人——"未经文明开化的"人，在 19 世纪被称为"懦夫""野人""蛮族"，而今天被称为处境危险和行为不良的儿童。

由世界主义理性产生的比较方法是一种有不同发展轨迹的特定历史活动。现代科学和医学的分析特性正是通过事物之间的以及部分与整体关系之间的比较才得以进行。比较方法同时也进入了社会和文化实践当中,通过分类和辨别形成了一个价值的连续体和等级结构,而"人"被放置在这个"看似"从发达向不发达和不文明逐渐变化的人与文明的连续体当中。比如在 19 世纪,现代历史主义作为连接过去、现在和未来的叙述方式诞生了。它提供了追溯历史的方式去谈论国家,即追溯从古希腊和古罗马始直至现在的"文明"的逐步发展,同时,它也提供了为殖民地辩护的不同方式。

世界主义的合理性和理性通过对差异划分的承认而使文明人以及他们对他者的友善变得可见。对性质的比较能用于辨别和区分出那些因拥有世界主义"理性"而被认为是文明的人和那些处于其他文化空间的个体——他们的生活品质被归类为"没有那么先进"。这种差异化和划分植根于现代哲学、人类科学和学校教育中(Rancière, 1983/2004)。人类科学的理论使差异从主观任意变成了必要和必然。对差异的承认将这些群体定在常态之外,"使他们从未能喜欢上哲学家的思想——甚至无法理解那些解释他们喜欢之事的语言"(Rancière, 1983:204)。

因此,世界主义提供一套历史的策略,将理性视为学校教育跨越不同历史阶段和不同的社会政治空间的区分异己(inclusion and exclusion)的共时系统。学校改革中普及和接纳的实践将大谈"所有儿童"作为一种联合全人类的姿态,笔者认为这是一个贱斥的过程,它造成了划分,将某些特质和人驱逐到接纳的范围之外。① 今天的改革谈论着,一个包容的社会终将变成无法生存之地,充斥着弱势群体、城市儿童和家庭、贫民、移民,还有笔者认为的在美国语境中的"被落下的"儿童。②

世界主义的"理性"和 20 世纪之交的全球化:以杜威为概念人物

在这个部分,笔者尝试从历史的角度将世界主义当作一种知识"工具",去思考那些由教育学及其贱斥的系统产生的文化议题。笔者将精力集中在杜威实用主义的传播上,因为这不只是一个仅仅激活了杜威自己的世界主义生活方式的文化议题。③ 杜威是作为一个**概念人物**在发挥作用(Deleuze & Guattari, 1991/1994),他为众多社会和文化实践中的行动提供适当的解决方案和计划,使这些"理念"为人所理解。正当学校教育大众化在众多文化和政治领域中得以制度化,杜威成为美国实用主义的国际代言人时,对实用主义的接触和抵制最先提供了一种比较的策略去思考那些限制着和决定着儿童"是谁"和"应该是谁"的原则。

实用主义和世界主义"自我"的计划

杜威的实用主义体现着,世界主义将个体预设成在充满不确定的世界中的一个有明确目标的改革的能动主体。这个能动主体将科学的概念当作一套持续和不断变化的问题解决方案,将其运用在掌控生活秩序的过程中。杜威谈及的科学并不是物理学家或生物学家眼中的科学。它是这样的一个文化议题,即将具有理性和进步的超验力量的启蒙概念变成了一种反思和行动的习惯。杜威曾说,因为"我们文明的未来有赖于对思维的科学习惯的广泛传播和坚持不懈,因此我们教育问题的重中之重是去探索如何使这种科学习惯变得成熟和有效"(转引自 Diggins,

---

① 这一术语出现在我与杰米·科瓦尔奇克(例如,参见 Kowalczyk & Popkewitz, 2005)合作的作品中,并与克里斯特夫(Kristeve, 1982)相关,尽管我们对于该术语的使用没有像克里斯特夫一样借鉴精神分析的传统。

② 在波普科维茨(1998b)的这一作品中讨论了与城市教育差异的产生问题。

③ 以下内容摘自波普科维茨(2005),特别是摘自导言部分。

1994：227)。

"思维习惯"体现着20世纪之初北欧和北美的一种改革的新教主义。杜威认为,基督价值观中的一个普遍观念——个体善行(good works)与国家民主的概念并无二致。这是对城市因工业化和移民陷入道德和肉体上混乱无序的双重回应。杜威和他同时代的人一样关心着将基督价值观重新铸刻到社会思想上,因为当时的社会思想早已迷失在以卡耐基、梅隆、洛克菲勒等敛财大亨为标志的毫无节制的资本主义当中。基督价值观都与个体"善行"的社会责任相关,而"善行"关系到社会的整体福利。

在与政治、社会和个体变迁相关的改革中,杜威的实用主义进入了国际领域(Popkewitz,2005)。在书籍传播的过程中,杜威著作中关于能动主体(agency)、智识行动(intelligent action)、问题解决和社区的概念所起的作用是将不同类型的思想融合在一起,从而产生出关于生活模式的文化议题。比如说,正当各国改革者们寻求创立"新教育"时——这个名字代表了通过科学原则进行学校改革的各种努力,杜威的思想和概念被融合在瑞士教育家克拉帕雷德(Claparède)和南美的比利时人德克雷利(Decroly)的思想中。

当克拉帕雷德、德克雷利和杜威的思想在很多地方相汇时,在建构儿童"是谁"和"应该是谁"的文化议题上出现了不同的融合式陈述。德克雷利将杜威的著作翻译成比利时语时采用了一种传教式、福音式和宣讲式的教育学语言风格(DeCoster et al.,2005)。教育学的目的是要使基督教义通过掌控儿童的生活去保障进步的秩序。相较之下,在哥伦比亚,杜威的著作经过了德克雷利和"本地"作家之手,却成为一门反对变革的保守教育学(Sáenze-Obegón,2005)。在南斯拉夫,杜威、德克雷利与德国人凯兴斯泰纳(Kerschensteiner)、克拉帕雷德一道被列为认为教育工作能创造出一种以儿童活动为中心的社会救赎的哲学家。在葡萄牙,杜威与凯兴斯泰纳、阿道夫·利马(Adolfo Lima)一同影响了对所谓"新教育"的接纳、建构和重启。

这些不同的文本并不是产生关于儿童作为未来国家公民的世界主义议题上的单一主题的变体。20世纪初,墨西哥革命对学校教育的讨论将杜威的实用主义、天主教信仰的象征和传统与从启蒙运动得出的理性主义、实用主义、民主、社会主义和共和主义等概念结合在一起(Buenfil Burgos,2005)。相反,中国的五四运动中有人尝试以杜威的哲学和教育学概念去代替原来儒家传统的等级制度,并将其概念当作推广白话文、看重作家独立个体的文学改革和以儿童为中心的教育的核心,通过确定个体在群体中的位置去肯定个体的权利(Qi,2005)。新的教育学没有摒弃社会和政治的等级制度,而是建立在一种新的等级秩序和作为"中国人"意味着什么的集体归属感的概念之上。

实用主义的传播同样也会催生出与杜威的世界主义相反的议题。受制于路德教的传统和将自己民族看作文明和人性的化身的狭隘视野,德国的教育家将杜威和实用主义视为精神的缺失和对国家意志的违背。巴西天主教反启蒙的改革者将杜威的实用主义贬斥为"市井的"世俗主义,缺乏天主教义的普遍性和精神性。

笔者尝试将杜威作为一个在思想流传的过程中被融合、联结和分离的概念人物,从而去重新认识在漫长的19世纪中体现着不同文化议题的现代学派。此外,"普遍人性"(universal humanity)这个词往往影射着个体性,但在产生归属感和"家"的概念上,个体性和社会性有着特殊的联系。杜威作为一个概念人物事实上的确与其他核心人物相遇过[比如,比利时的德克雷利、德国的凯兴斯泰纳、瑞士的克拉帕雷德、土耳其的约瑟(Yücel)、巴西的特谢拉(Teixeira)和中国的胡适等人]。社会和文化实践的变革是全球性的,但正是由于这些不同的世界主义图景以及对儿童和社会的叙述,我们才有可能去掌握使生活有序的理性和合理性原则。

双重姿态的愿景和担忧：贱斥（abject）的过程

对童年"永恒的承诺"——这种日益高涨的乐观主义可以在实用主义中看到，在教育改革运动中更是稀松平常，但这种乐观并不仅仅关于儿童能在应许之地成为未来的公民。由规划燃起的热切希望是一种贱斥的过程。"智识行为"、问题解决和社区（或共同体）诸如此类的救赎叙述对那些未获得良好生活保障的人给予承认，承认他们被接纳但却依然视之为异类。

这种承认去接纳却贱斥为异类的行为在关于**社会质疑**（Social Question）的跨大西洋新教改革运动中得到了体现。这个运动使人们察觉到了城市中的移民、劳工阶层和少数族裔引起的道德混乱。新教改革的政治诉求可以见诸英国的费边社、德国社会福音会、法国博物会、美国进步主义政治和跨大西洋新教徒安居运动，以寻求改善城市的条件和城市新人口的素质（Rodgers，1998）。例如，这使人们更深刻地意识到市场资本主义和城市规划在对抗工业化所产生的负面影响上的局限。世界主义者构想的不同社会图景中都视酗酒、犯罪、卖淫、贫穷和家庭破裂为威胁。文质彬彬的世界主义者将重点放在了城市！

社会和教育的新科学是对"社会质疑"的回应的一部分。它体现着一个世界主义未来的愿景，也表现出对部分人不参与、不以变革为己任的担忧。社会科学是要去寻找和发现众多城市问题的解决方案。比如在美国的城市社会学中，"社区"和"初级群体"（primary group）这样的概念是为了克服城市现代化所带来的削弱作用。从德国关于异化和城市日常生活抽象性质的社会理论中得到启发的理论和研究，抹去了那种通过面对面交流建立起来的田园牧歌式的信任和社区关系。社区的概念"被城市化"去适应社会模式，归属感、依恋感和日常生活的道德基础通过这种方式都在城市生活中得到了表达。例如，杜威的"思维习惯"和乔治·赫伯特·米德（George Herbert Mead）的**自我**概念是从社交中有象征性意义的姿态和互动中产生的，它们都体现出一种对抗现代城市环境削弱作用的方法，即在具体的社会情境中重新思考社区的概念。

笔者从这段社会和教育科学的历史中看到的不仅仅是国家的项目，还是一种通过科学对社会和人进行规划的全球化趋势。这样的叙述和图景都是世界主义的，即个体性在理性和科学的引导下对人类的能动性和社会进步产生影响，个体性在其目的性上被赋予了一种普遍主义，尽管从历史的角度看，其目的都是明确的。在科学的推动下，学校教育成为一项打着世界主义社会旗号的文明开化工程，尽管当我们检视不同的国家和文化时会发现社会与个体性都有差异。

正如笔者前面所讲，"社会质疑"也体现出一种对差异的比较。这些差异和区分是由那些承认接纳诉求的理论和研究决定的。比较的"思维"包含着一种群体的理性过程，即通过对个体的性质和特点进行分类，进而区分出个体的生活模式这样的概率性理论去建立群体秩序（Hacking，1990）。例如，群体的理性过程将人的某些性质和特点集合在一起，作为一个可干预对象的统一整体。比较的特征也使种族和阶级的现代理论成为可能。比如，优生学根据不同人口和种族在生理和心理上的特征来形成差异和区分。

20 世纪与 21 世纪之交的世界主义和贱斥：终身学习者与"他者"的文化议题

如果我们把目光放在 20 世纪与 21 世纪之交，世界主义和贱斥的过程包含着不同思想的糅合和联系。今天的世界主义谈论的是终身学习者和学习型社会。在这样的世界主义当中，杜威依然陪伴着我们，但却是随着心理建构主义一起在全球传播，包括俄罗斯心理学家维果茨基（Lev Vygotsky）（Popkewitz，1998a）。从历史的角度看，两者在教育学上的结合是一种讽刺。杜威的写作力图将新教改革的道德伦理带进自由共和国的社会政策中；维果茨基有着犹太血统，却在寻找一种能够表达新苏维埃政权的道德承诺的心理学。这两个人都已过世。借用瓦尔特·本雅明(Walter Benjamin)的话来说，他们的"历史"被清空了(Benjamin，1955/1985)。这两个"作者"在当今的南非、西班牙、斯堪的纳维亚和美国以及很多其他国家和地区的"新"改革教育学中成为共同的英雄。

"个体成为终身学习者"这种观念的全球化引人注目。谷歌搜索(这在 20 世纪初当然是不可能实现的)在"终身学习者"的关键字下有 109 万个页面。这个短语跨越了广阔的社会政治领域和地理位置(Fejes & Nicoll，2007；Popkewitz & Lindblad，2004；Lawn，2001；Álvarez-Mendiola，2006)。欧洲、美国和中国台湾的学校和教师教育改革、美国的基督教学校、患者在用药上的权利以及其他很多事情，都激发了人们将**终身学习者**这个术语作为一个人"是谁"和"应该是谁"的象征。比如，美国过敏、哮喘和免疫学学会(AAAAI)的终身学习者权利宣言，认为患者应该成为"一名终身学习者，他会选择继续接受教育以发现和弥补知识、技能和行为上的差距"(*Academy News*，July 2005，http://www.aaaai.org)。20 世纪 80 年代中期以来，对欧盟的认同感在公民作为终身学习者的世界主义中得以建立。例如，欧洲教师教育草案认为教师应该对儿童未来的发展产生关键作用——使其成为终身学习者。

笔者对终身学习者的关注，并不是将它赞颂为当今 21 世纪救赎的故事，而是通过挖掘其关于世界主义的文化议题和那些与理性和"理性之人"概念不相符的比较实例，去思考学校教育的比较研究。另外，终身学习者的文化议题在中国台湾、墨西哥、北欧和北美等地存在着差异，但笔者的分析主要以美国以及欧洲的文献为该问题研究的例子，其中还包括比较研究。

"未竟的世界主义者"有什么样的文化议题？

终身学习者给我们的启示是以问题解决者的身份去生活。比如，现今终身学习者的问题解决，让我们想起了杜威，但却是一个不同的知识、权力关系和机构的集合。芬兰的"生活即学习研究项目"(Life as Learning Research Project)，认为终身学习者是一个复杂和不断变化的个体，能够灵活应对各种需求(www.aka.fi)。

问题解决的过程体现着对儿童的道德责任，它需要经过慎重计划的干预和换位思考的思维。问题解决的规则和标准控制着儿童的个人发展、自我反思和儿童内在自我导向的道德成长。但这种控制是有益的，能造就出更加自律、健康和幸福的个体。

终身学习者的救赎主题是通过合作和参与实现的。对行为的管理是通过课程改革的信息交流系统和网络(话语共同体)实现的。我们能在心理学上"问题解决"的概念、政治上通过社区参与和合作进行发声(evocation of voice)以及"赋权增能"(empowerment)的概念看到这种中介作用。

教师现在扮演的是伙伴和合作者的角色，他通过信息交流系统和网络(话语共同体)去主导个人知识的构建过程。教师的文化议题是与社区和父母建立合作关系，成为"拥有权力"和"能够发声"的决策者。教师对学习和问题解决的过程进行评估，从而规划和管控着"自我"与儿童生命史的塑造和重塑过程。教师以建构主义视角去观察儿童解决问题的过程，在这种视角下，有多条道路能通往答案。在教学工作中，教学过程和教学方法的选择是极为重要的。教师同时也是行动研究者，透过对个人生命历程的不断建构去重塑自己和学生。

归属感不再仅仅指向一个单一的公共领域，还指向多元化的社区和个体，并最终构成一种普遍的善。情感纽带和自我责任感被人际网络中的其他个体——家庭和社区所限制。一个人积极地参与"学习共同体"或"话语共同体"，将生命看作是自我负责以及自我管理个人危机和命运的一个持续进程。

　　对社区的叙述表达了这样一种普遍的价值观,即为**所有**个体取得社会和经济上的进步和民主的复兴创造条件。很少有人谈论儿童要遵循的一般社会价值观,而是更多地去谈论儿童建构知识,以及教师作为伙伴和合作者。

　　终身学习者可以被视为是一个未竟的世界主义者(unfinished cosmopolitan)。他是将抉择和创新作为一个永无止境的生命过程并为之负责的个体。未来和进步都与选择相关,我们唯一无法选择的是选择本身。例如,在美国和瑞典的环境、健康和预防犯罪的教育,其中的故事都告诉我们个体的生活模式必须与瞬息万变的社会保持一致(Popkewitz *et al.*,2005)。又例如,现代学校教育反复地向个体传递社会或经济进步和民主兴盛能给个人带来提升之类的观点。这些观点将个体看作是终身学习者,在其一生中不断地解决问题、做出选择以及与社区的其他学习者开展合作。

　　国家没有消失,却以很多不同的方式缩小了。终身学习成为建立跨国政府和欧盟一体化进程的一个特殊项目(Lawn,2003:330)。以问题解决为核心的生活世界是一种超越国家边界的不可阻挡的进程,它使人们重新思考教育在理想的欧洲共同体中的定位——在那里,知识成为工业竞争和就业关键。欧洲的图景有着一种超越国家的性质,即世界主义的同质性。与国家身份的范畴不同,它的合法性并不是源于历史、古文化和疆域。终身学习者的欧洲是面向未来的,他们的话语有着关于人权、民主、进步和平等等抽象价值的普遍原则,并将这些价值观视为每个人的现代性。

　　我们忽略的是冲突和分歧,它们使共识与和平弥少而恒贵。终身学习者未竟的世界主义被放置在一个等级秩序中,国家拥有道德的普遍之善这样的憧憬被放置在欧盟身上。比如,索伊萨尔(Soysal)发现,在欧盟中不同国家体制的背景下,行动者的目标和能动性都有相似之处。重点在于,这样的欧洲是由对话、化解冲突、包容、人权和跨文化理解构成的。这样的欧洲被看作是理所当然的,而且其计划的推进从未受过质疑(Soysal,2002:272)。除了德国的教科书将重点放在一种与国家无涉的世界主义的普遍主义以外,其他教科书的核心结构都将个体和集体的认同感与文化同质性联系起来,而后者正是民族国家合法性的来源(Pereyra & Luzón,2005:179)。与其边缘相比,欧洲的中部更像是真正的欧洲,以土耳其和希腊为例,它们依然以其国家和历史优先作为教育的内容。

　　然而,社会归属感和依恋感并没有丧失。作为学习社区的学校和教室,是按照社区新的集合体,即**社会**(the social),去重新调整个人的政治抱负的场所。阻碍不同群体间合作的“障碍”,与个体能动性一起推动着社会的普遍发展。

　　更深一层地看,未竟的世界主义体现出一种宿命论。这种宿命论就在于面对全球化时表现出来的不断选择、创新和适应的个体化。全球化被看作是随处发生的事情,这使得个体需要做出负责任的回应,以求为“自我”创造一个更好的地方,确保其进步。这种宿命论在很多政策和研究中透露出来,它们都认为“信息社会”和“全球化”这些词语找不到出处,却规定着我们“是谁”和“应该是谁”,而学校需要做出回应,使学习型社会(learning social)成为信息社会和全球化不可缺少的一部分。

以比较思维去思考理性:驱逐那些不是未竟的世界主义者的人

　　如果世界主义提供了一种思考未来希望的方法,那么从其文化议题就能推演出某些原则,去掌控那些威胁未来之人的性质和特点。对儿童的希望和担忧在很多改革和研究中都有所体现,它们主张建立一个均等的社会,**所有**儿童都能学习,**所有**儿童都能取得好成绩,等等。**所有**表达出一个空泛的政治承诺,即将社会和学校联合为一个正面的社会机构,为实现各层面的社会平等服务。改革为所有儿童着想，并不是为了整体的统一。非常讽刺的是，"**所有儿童都能学习**"的愿望，却辨别并区分着未竟的世界主义者和"他者"。

学校改革中挽救"他者"的努力使我们对承认和差异产生了两种感受：一方面担忧无法实现学校教育使社会更加公平的愿望，另一方面担忧未来的危险和造成危险的那部分人。对于如何设定接纳的标准，基本上处于内忧外患的状态。比如，现代工业国家的学校教育使人们产生了"忧虑"，担忧他们的教育能否向那些在学术和社交上处于危险处境的儿童提供足够的帮助。

担忧那些特殊的儿童无法一同获得成功，不仅是认可对"被落下"儿童实施的挽救措施。**差异是在承认特殊人群的过程中建立起来的**。这些差异具有危险和危险之人的性质和特点——处境危险的儿童、功能失常的家庭、离异和单身父母、青少年犯罪、滥用毒品、性滥交等。在某些国家中，关于移民儿童、贫穷人口的话语也透露出来这种忧虑，他们在学校的表现不佳，他们的价值观和行为需要学校实施补救的项目。这种忧虑可以在一些与差异相关的心理学词汇中得到印证，比如缺乏自尊、家庭道德的瓦解、儿童得不到充分发展而需要挽救、补救和咨询等(关于这种现代思维的性质与欧盟一项关于教育管理和社会排斥的研究的更多讨论，详见 Popkewitz & Lindblad，2000)。

欧洲统计系统(European Statistic System，ESS)这个新的统计机构同样对创造一个包容的社会表示忧虑。这个特殊的工作团队组建于 2001 年，最初由五个国家的代表(德国、荷兰、葡萄牙、芬兰和英国)、欧洲机构以及两名丹麦和瑞士专家组成(Lawn，2003：334)。这个工作团队的任务是从欧洲关于终身学习者和儿童补救的项目中获取数据信息和指标。

他们建立的成功指标对儿童的类别范畴进行了划分："贫困学生""危险学生""不良青年"(Popkewitz & Lindblad，2000)。在欧洲的语境下，那些不是未竟的世界主义者的儿童在统计报告中都是上瘾青年、未成年妈妈和单亲儿童。这些特质与民族、种族及其他个体类别范畴放在一起，这些差异使他们无法成为"一般人"。对于社会政策来说，这些类别范畴本身具有一种挽救的性质，但是同时它们也造成了划分，并且产生出对"理性之人"和"异类"进行区分的原则。这种划分的作用是区分个体是否拥有行动和参与的资格。

教师教育改革也表现出类似的接纳和排斥过程。例如，全美教学和美国未来委员会(NCTAF)的《梦想不会黯灭：对所有美国儿童的诺言》(*No Dream Denied：A Pledge to America's Children*，2003)，通过一种世界主义的价值观强调了国家统一的重要性，即所有儿童都拥有不可剥夺的"与生俱来的教育权利"，这项权利与宪法赋予公民的其他权利同等重要。这种与生俱来的权利就是终身学习，在这种持续学习的文化中，教师会解开并且释放儿童身上的人类理性和合理性的普遍特质。

保障儿童"与生俱来的权利"是一种双重姿态的表现，它体现着对那些不进行理性思考和不按理性行事的人的担忧。学校成为"**所有儿童都能学习**"的地方，是出于这种担忧而强制消除比较的差异性。这是在担忧人们不参与到接纳的改革中，使得国家的梦想无法实现。对不同学习者的接纳，是为了"使他们能够习得那些能让他们获得成功的知识、技能和气质"(Hammerness *et al.*，2005：390)。

一份关于中学教学的报告同样是这种双重姿态的表现，它辨别和区分着个体是否拥有参与的资格，而参与性是个体心理健康发展的一部分。教学计划应该与青少年的生理、心理和认知发展相适应，使青少年意识到那些对他们道德秩序造成影响的威胁，比如他们在尝试吸烟上面临越来越大的同伴压力，他们的性活动会更活跃但同时需要面对更多性传播疾病的风险，他们还可能面临青少年怀孕、酒精、非法药品和犯罪等一系列威胁(Manning，2002：50—51)。

尽管城市没有激起像之前"社会质疑"之类的政治运动，但道德混乱的问题依然是改革的重要议题。"社会质疑"运动后来被彻底扭曲成一种乐观主义,转而求之于辨别和区分"特定群体"的改革当中,以为这些改革可以挽救和修正"失败"。这些特定群体没有获得与**所有**儿童同等的位置,他们得到了接纳却又被当作是危险而被驱逐在外。

迈向学校教育的比较研究:将其视为一个关系到现在的历史问题

笔者将世界主义用作一种"知识工具",从历史和比较的角度去思考学校教育,学校教育事实上是将个体与集体归属感、"家"联系起来的场所。笔者讲过将世界主义视为文化议题,去思考生活模式在教育政策、改革、研究和教学上所产生的原则。比如,笔者认为将儿童定义为一个活跃在社区中,积极展开合作的问题解决者,这不仅仅是反映政策意图的概念,或是学校教育利他主义的目标,即儿童的赋权增能或自我实现。这样的概念是多种历史观念的糅合,经过改造和更新,才成为一种规范行为的执政实践。更深一层,对这种执政实践的思考和行动又与集体归属感的原则联系起来,因为对未来公民来说,与以前相比,国家正在以各种不同的方式缩小。个体在国家中的公民身份及其在欧盟中的欧洲人身份的关系正是国家正在缩小的一个例证。

笔者在"文化议题"(Cultural Theses)这个词上用了复数,这是出于两种考虑。

第一,这种多元性与世界主义和贱斥的过程相关。世界主义推演出来的原则,必然导致"他者"的出现,即那些因不具有"理性"的特质而不能成为"理性之人"的儿童。有些人不享有主体的地位,他们的生活模式为世界主义者所接纳,但他们有问题、有差异和有区别的特质却依然受到排斥,这也是学校教育中一再发生的现象。"所有儿童"这个词语正是一个从统一的整体中建立差异的比较的实例。关于学校改革的政策声明中不断重申"所有儿童都能学习",或者说学校开展的项目能满足"**所有**学生",这些表述似乎创造了一个神秘的空间,在这个空间里,每个人参与普遍之善,但实际上却是在辨别和区分异己。因此,笔者的观点是,学校改革中培养世界主义儿童的实践,按照其接纳的原则,其实是在激起和强迫"他者"。

第二,世界主义所体现的个体性不仅仅是单一文化议题的变体,还通过不同的糅合、联系和分离而产生。比如,笔者把焦点放在未竟的世界主义者和贱斥的过程这两个文化议题上,这主要是在对北欧新教和北美的启蒙运动产生和变化而来的原则进行历史思考(historicize)的基础上总结出来的。这种策略是为了保证历史的精确性,但在不同的地方可能会有不同的、多元的文化议题,比如杜威作为一个概念人物其思想的传播。因此,世界主义不是一种常规的方法,而是一种历史的方法,它使我们能够在一个更广阔的历史领域中进行比较研究,探究那些关于生活模式的原则的生成过程。

将世界主义看作是不断生成的文化议题,这是为了去思考学校教育的政治学。权力分配的传统概念主导着政治科学文献和关于谁支配、谁的知识和谁被支配的学校问题,但学校教育的政治学与这些传统概念不同。笔者这里所讲的政治学是在这些概念之前的理性系统,它对儿童的特质进行辨识、分类和区别,进而判断出他们是否拥有参与的资格。关于儿童世界主义的文化议题所展现出来的普遍主义提供了一套似乎很具超越性的价值体系,打破了地域和时间的限制。这种超越性在现代欧洲和北美的政策和研究中可以看到,为了建立一个包容的社会,这些研究和政策都鼓吹学校教育是为了"所有儿童"。这个"所有"是为了凸显出一种启蒙以后的超越人类差异性的联合。然而,"所有"的人性表现出来的姿态,却不是普遍的,而是历史的和特定的。它体现着拒斥:贱斥的过程将拥有某些特质的人驱逐到理性和"接纳"的空间之外。它还体现着一种对民主本身的不信任,因为参与和合作都需要"牧羊人"去维持秩序。

因此,世界主义是一种对现实进行历史思考,对生活模式的文化议题和现代学校中不断变化的权力机制进行探索的策略。问题不在于人们是否有善的意图，或者人们能否恰当地进行理性思考。笔者认为每个人都有善的意图，但他们会采取不同的方式去创造幸福，去承认、去改造那些被归类为不能参与、被边缘化和被排斥的人。但是，接纳的实践包含着贱斥的过程，因此不能将其视为康德所讲的理性的"绝对命令"。接纳和贱斥的过程都体现在理性系统之中，意图和目的在这种复杂性中摇摆不定：既接纳在内，又排斥在外；既去挽救，又视其为对世界主义的威胁，认为他们会使社会变成无法生存之地，而将其驱逐出去。

现在笔者想将注意力放在这些对学校教育的考量中出现的一些问题。

首先，与过去设想的未来国家相比，今天执政的并不是一个更弱或者更强的国家。国家并没有衰弱。在不同的文化和历史空间里，新的自我治理方式已经形成了。

其次，对文化议题的讨论与 19 世纪和 20 世纪早期的理论传统之间会产生一定的张力。那些理论往往会将社会和个体、私人和公共对立起来。笔者认为，对世界主义的讨论指出了在学校教育和教育学的问题上这种简单划分的历史局限性。

再次，将重点放在文化议题上是为了看清学校教育中文化、社会、政治和经济差异的重叠之处。现在很流行将学校教育简化成一个经济范畴，但对学校教育改革的解读中却没有发现这样的事情。没有证据表明学校教育与工作能力之间存在任何关系，除了它们都与个体习性的一般品质相关以外(Meyer & Jepperson，2000)。尽管人们经常讲到经济对教育政策和儿童理论有决定的作用，但工作中的经济理论却往往是关于工作者道德和习性的心理学理论，而工业理论是关于生活模式的文化理论，即将个体与休闲和工作积极性联系起来。有迹象表明，教育理论也被移植到商业理论和实践中，工作被工具化。

最后，这个观点包含着一个悖论。将重点放在学校教育中世界主义的文化议题上，这是一种对理性系统进行分析的、历史的和比较的"工具"，而理性系统产生对儿童进行辨识和区分的原则(Popkewitz，1991，2008)。矛盾的是，我们一直在质疑学校教育中比较的理性系统，却又在主张一种比较的研究方法。总之，本章所要阐述的是，启蒙对理性的承诺如何绑架了我们，甚至启蒙这个论点本身都在反对这种现代的教条主义(参见 Foucault，1984)。

参考文献

Álvarez-Mendiola, G. (2006). Lifelong learning policies in Mexico: Context, challenges, and comparisons. *Compare*, 36(3), 379 - 399.

Benjamin, W. (1955/1985). Theses on the philosophy of history (H. Zohn, trans.). In H. Arendt (Ed.), *Illuminations: Essays and reflections* (pp. 253 - 264). New York: Schocken Books.

Buenfifi l Burgos, R. (2005). Discursive inscriptions in the fabrication of a modern self: Mexican educational appropriations of Dewey's writings. In T. S. Popkewitz (Ed.), *Modernities, inventing the modern self, and education: The traveling of pragmatism and John Dewey* (pp. 181 - 202). New York: PalgraveMacmillan.

Cruikshank, B. (1999). *The will to empower: Democratic citizens and the other subjects.* Ithaca, NY: Cornell University.

DeCoster, T., Depaepe, M., Simon, F., & Van Gorp, A. (2005). Dewey in Belgium: A libation for modernity? In T. S. Popkewitz (Ed.), *Modernities, inventing the modern self, and education: The traveling of pragmatism and John Dewey* (pp. 85 - 110). New York: PalgraveMacmillan.

Deleuze, G. & Guattari, F. (1991/1994). Conceptual personae. Introduction: The question then. ... (H. Tomlinson & G. Burchell, trans.). In G. Deleuze (Ed.), *What is philosophy?* (pp. 61 - 84). New York: Columbia University Press.

Diggins, J. P. (1994). *The promise of pragmatism: Modernism and the crisis of knowledge and authority.*

Chicago: The University of Chicago Press.

do Ó, J. R. (2003). The disciplinary terrains of soul and self-government in the first map of the Educational Sciences (1879 – 1911). In Paul Smeyers & Marc Depaepe (Eds.), *Beyond empiricism: On criteria for educational research*, *Studia Paedoagogica* 34. (pp. 105 – 16), Leuven, Belgium: Leuven University Press.

European Commission. (2006). *Draft common European principles for teacher and trainer competences and qualififications*. Brussels: European Commission, Directorate-General for Education and Culture.

Fejes, A., & Nicoll, K. (2007). *Foucault and lifelong learning: Governing the subject*. London: Routledge.

Foucault, M. (1984). What is the enlightenment? Was ist Auflärlung? In P. Rabinow (Ed.), *The Foucault Reader* (pp. 32 – 51). New York: Pantheon Books.

Hacking, I. (1990). *The taming of chance*. Cambridge, MA: Cambridge University Press.

Hamilton, D. (1989). *Towards a theory of schooling*. London: Falmer.

Hammerness, K., Darling-Hammon, L., Grossman, P., Rust, F., & Shulman, L. (2005). The design of teacher education programs. In L. Darling-Hammond, J. Bransford, i. c. with, P. LePage, K. Hammerness & H. Duffy (Eds.), *Preparing teachers for a changing world. What teachers should learn and be able to do* (pp. 390 – 441). San Francisco: Jossey-Bass.

Hultqvist, K. (2006). The future is already here — as it always has been. The new teacher subject, the pupil, and the technologies of the soul. T. Popkewitz, K, Petersson, U. Olsson, & J. Kowalczyk. (Eds.), *The future is not what it appears to be' Pedagogy, Geneaology and Political Epistemology. In Honor and in Memory to Kenneth Hultqvist* (pp. 20 – 61). Stockholm: Stockholm Institute of Education Press.

Kowalczyk, J. & Popkewitz, T. S. (2005). Multiculturalism, recognition, and abjection: (Re)-Mapping Italian identity. *Policy Futures in Education*, *3*(4), 432 – 435.

Lawn, M. (2003). The "usefulness" of learning: The struggle over governance, meaning, and the European education space. *Discourse*, *24*(3), 325 – 336.

Lawn, M. (2001). Borderless education: Imagining a European education space in a time of brans and networks. *Discourse: Studies in the Cultural Politics of Education*, *22*(2), 173 – 184.

Manning, M. L. (2002). /Developmentally appropriate middle schools, 2nd ed.. Olney, MD: Association for Childhood Education International.

McKnight, D. (2003). *Schooling, the Puritan imperative, and the molding of an American national identity. Education's "errand into the wilderness"*. Mahwah, NJ: Lawrence Erlbaum.

McMahan, D. (2001). *Enemies of the enlightenment. The French counter: Enlightenment and the making of modernity*. Oxford: Oxford University Press.

Meyer, J., Boli, J., Thomas, G., & Ramirez, F. (1997). World society and the nation-state. *American Journal of Sociology*, *103*(1), 144 – 181.

Meyer, J. & Jepperson, R. (2000). The "actors" of modern society: The cultural construction of social agency. *Sociological Theory*, *18*(1), 100 – 120.

Meyer, J. W., Kamens, D. H., Benavot, A., Cha, Y.-K., & Wong, S.-Y. (1992). *School knowledge for the masses and national primary curriculum categories in the twentieth century*. Washington, DC: Falmer.

National Commission on Teaching & America's Future. (2003). *No dream denied: A pledge to America's children*. Washington, DC: Author.

Nóvoa, A. (2002). Ways of thinking about education in Europe. In A. Nóvoa & M. Lawn (Eds.), *Fabricating Europe: The formation of an education space* (pp. 131 – 156). Dordrecht: Kluwer Academic Publishers.

Pereyra, M. A. & Luzón, A. (2005). Europe in Spanish textbooks: A vague image in the space of memory. In H. Schissler & Y. N. Soyal (Eds.), *The nation, Europe, and the world: Textbooks and curricula in transition* (pp. 163 – 190). New York: Berghahn Books.

Popkewitz, T. (1998a). Dewey, Vygotsky, and the social administration of the individual: Constructivist pedagogy as systems of ideas in historical spaces. *American Educational Research Journal*, 35(4), 535 – 570.

Popkewitz, T. (1998b). *Struggling for the soul: The politics of education and the construction of the teacher*. New York: Teachers College Press.

Popkewitz, T. (1991). *A political sociology of educational reform: Power/Knowledge in teaching, teacher education, and research*. New York: Teachers College Press.

Popkewitz, T. (Ed.). (2005). *Inventing the modern self and John Dewey: Modernities and the traveling of pragmatism in education*. New York: PalgraveMacMillan.

Popkewitz, T. (2008). *Cosmopolitanism and the age of school reform: Science, education, and making society by making the child*. New York: Routledge.

Popkewitz, T. & Lindblad, S. (2004). Historicizing the future: Educational reform, systems of reason, and the making of children who are the future citizens. *Journal of Educational Change*, 5(3), 229 – 247.

Popkewitz, T. S. & Lindblad, S. (2000). Educational governance and social inclusion and exclusion: Some conceptual difficulties and problematics in policy and research. *Discourse*, 21(1), 5 – 54.

Popkewitz, T. S., Olsson, U., & Petersson, K. (2005). The learning society, the unfinished cosmopolitan, and governing education, public health, and crime prevention at the beginning of the twenty-first century. *Educational Philosophy and Theory*, 38(4), 431 – 449.

Qi, J. (2005). A history of the present on Chinese intellectuals: Confucianism and pragmatism. In T. S. Popkewitz (Ed.), *Modernities, inventing the modern self, and education: The traveling of pragmatism and John Dewey* (pp. 255 – 278). New York: PalgraveMacMillan.

Rancière, J. (1983/2004). *The philosopher and his poor* (J. Drury, C. Oster, & A. Parker, trans.). Durham, NC: Duke University.

Rodgers, D. T. (1998). *Atlantic crossings: Social politics in a progressive age*. Cambridge, MA: Belknap Press of Harvard University Press.

Sáenze-Obegón, Javier (2005). The appropriation of Dewey's pedagogy in Colombia as a cultural event. In T. S. Popkewitz (Ed.), *Modernities, inventing the modern self, and education: The traveling of pragmatism and John Dewey* (pp. 231 – 254). New York: PalgraveMacMillan.

Shibata, M. (2005). *Japan and Germany under the US occupation: A comparative analysis of the post-war education reform*: Lexington Books.

Soysal, Y. N. (2002). Locating Europe. *European Societies*, 4(3), 265 – 284.

Warde, M. (2005). Childhood, school, and family: Continuity and displacement in recent researchers. In K. Hultqvist & G. Dahlberg (Eds.), *The reinvention of childhood: Governing the child in the new millennium*. New York: Routledge.

Weber, M. (1904 – 1905/1958). *The Protestant ethic and the spirit of capitalism* (T. Parsons, trans.). New York: Charles Scribner & Sons.

24. 全球化背景下的多元文化教育：关注不同的视角与主题

卡尔·格兰特(Carl A. Grant)

阿伊沙·胡尔希德(Ayesha Khurshid)

我们生活在地球村中,而使其成形的科技让我们能够实时看到各种事件的展开,即使它们发生于数千公里以外。经济市场力量正在以多种方式重塑我们的世界,改变我们的生活方式与生活住所。自"二战"结束以来,随着政治界限的各种转变,民族国家的兴起与消亡,我们物理世界的版图发生了巨大变化。人口地图随着人数的增长和减少而继续变化和发展。这是由出生率、战争、政治和经济移民,还有诸如年龄、种族、宗教信仰、社会经济状态、种族转变之类的人口特征所引起的。

作为研究多元文化教育的教育工作者,我们认识到存在于这一地球村中的各种身份和文化的多样性,并且我们承认它们往往是冲突的来源或争论的焦点。我们相信每个人都应该享有基本的自由,而不论其种族、性别、语言或宗教;但我们承认在世界上还有一些地方连最基本的人权都不存在。我们也知道我们用来描述目标的这些语句以及用来实现目标的工具仍然存在争议:在不同的国家,多元文化主义和多元文化教育有着不同的含义,并且推动承认和倡导它们的动力来源往往各不相同。

在一些国家,多元文化教育是作为一种帮助学生在全球化的社会中获得就业技能并教育公民接受和肯定人类/文化多样性的手段而被加以推广的。在另一些国家,多元文化教育(和多元文化主义)的观点被视作一种解决平等问题的方式。还有一些国家对此是毁誉参半或因各种原因将之拒绝,其中包括将其视为国家"团结"的一种威胁(Kanpol & McLaren,1995;Parekh,2000)。

多元文化教育的发展、传播或得到认可或遭受争议的原因,在不同国家中也各不相同。在一些国家,它是对由移民引起的人口变化的回应,或与原住民群体的排斥有关(Bullivant,1981;Kivisto,2002;Parekh,2000)。在另一些国家,它产生于被边缘化群体为实现平等和公平的行动之中。

多元文化教育常常被视作一个有争议的领域,这一领域之中的多样性、权力、压迫和反抗问题成形于公民身份的背景之下,并受到全球化的影响。多元文化教育的比较研究揭示了不同国家中的一些类似主题。然而,对这些主题的批判性分析表明它们是多层次、多方面的建构(Banks & Banks,2004;Kivisto,2002;May,1999;Parekh,2000)。因此,如果不首先仔细审视多元文化教育所处的历史和社会背景的话,就很难理解它的意义与影响。

本文的目的是关注不同国家之中运转的多元文化教育的各种视角和主题。通过识别部分性质相同的主题特点,我们发现多元文化教育并不是一个简单的概念(例如主要关于宽容),而是复杂的、多层次的和不断变化的。此外,我们还要解决学生和教师为了获得更好的教育机会而努力的过程中的相似性。我们的策略是识别并且并列对照主题,以及讨论政府、个人、组织和活动是如何影响对多元文化教育的态度和政策的。

本文的大部分内容是基于对来自不同国家和地区的教育工作者和研究人员的著作分析,这些著作产生于1977年在中国台湾师范大学举办的以"理论与实践"为主题的多元文化教育国际研讨会。紧随其后的是于1998年美国教育研究协会(AERA)举办的一场研讨会,之后,研讨会中的内容汇编成书并于 2001 年出版,由卡尔·格兰特和乔伊·雷(Joy L. Lei)编辑,题为《多元文化教育的全球建设:理论与现实》(*Global Constructions of Multicultural Education: Theories and Realities*)。我们对来自澳大利亚、印度、法国、阿根廷、中国台湾、斯堪的纳维亚半岛北部、巴西、巴基斯坦、加拿大、美国、西班牙、南非、纳米比亚、英国、拉丁美洲和智利的多元文化教育研究展开了分析。

　　本文依据一种批判性的多元文化理论框架(Grant & Sleeter, 1985; Sleeter & Bernal, 2004; Sleeter & Grant, 2007)。本文主要关注的是国家层面政府政策的作用,而不是群体、运动或组织层面。这是因为国家政策及其资源对多元文化教育起到了主要影响作用,甚至包括那些在联邦体系下运转的国家。也就是说,我们讨论了教师、学生、家长和其他社会角色为多元文化教育而作的奋斗和影响。

　　本文使用以下结构来说明不同国家中运转的多元文化教育的各种观点和主题:(1)多元文化教育被视为一种问题而不是一个目标或解决方案;(2)多元文化教育和"他者";(3)多元文化教育的推动与反对;(4)不同国家之中多元文化教育的关注点;(5)实施多元文化教育政策;(6)教师在多元文化教育中的角色与参与;(7)全球化与多元文化教育。本文并非追求详尽甚至全面。相反,我们希望这里的分析能引起教育工作者对该主题更多的关注以及促进更多深入的学术研究和讨论。

多元文化教育被视为一个问题而不是一个目标或解决方案

　　在大多数国家中,多元文化教育被认为是一个问题。它往往被视为一个国家中公民的社会与经济负担,因为其呈现方式是作为一种教育那些拥有不同文化传统和语言的移民儿童的工具(Glenn, 1996; Pitkanen *et al.*, 2002; United State Accounting Office, GAO, 2004)。澳大利亚和加拿大是多元文化教育政策与移民关联的两个国家。然而在美国,多元文化教育被视作 20 世纪 60 年代民权运动的产物(Banks, 2004; Grant & Ladson-Billings, 1999)。尽管如此,美国的多元文化教育通常被视为一种教育中的不实用的陪衬,在制定预算时常常遇到资助不足或被忽视的情况。

　　在法国,多元文化是一个不是问题的问题。它被认为是平等、启蒙和自由的共和原则的对立面。法国没有关于多元文化教育的政策,因为法国的官方同化政策要求每个人都采用并遵循传统的法国规范和思想。法国是一个特例,当其他国家在使用同化思想来指导它们的多元文化教育政策时,法国明确声明多元身份必须融入法国文化之中(Dussel, 2001; Glenn, 1996; Seijuq, 1997)。

多元文化教育和"他者"

　　在一些国家,多元文化教育的重要特征之一是关注那些因种族、民族、出生地和语言而被排除在主流社会之外的边缘化群体(Kivisto, 2002; Moodley, 2004; Parekh, 2000)。阶级通常也在被考虑的因素之列,而性别则往往因国家意识形态而被边缘化。

　　有这样一个被申明或没被申明的观点——取决于各自国家,即多元文化教育关乎他者,且他者在绝大多数情况下是少数族裔中的一员,无论他/她是来自一个原住民群体或是来自移民人口的一部分。一个著名的例子就是萨米(Sámi)人的"他者化"。萨米族的边界与瑞典、挪威和芬兰的国界重叠。瑞典为萨米人建立了单独的学校以保护他们远离"文明的罪恶"。相比之下,挪威和芬兰制定了同化政策让萨米学生能够进入混合学校,但禁止在学校使用萨米语。在制定多元文化教育和移民政策时,根据文化传统或语言将不同的群体一概而论地人为构造为他者的行为,忽视了群体本身和不同群体之间所具有的多层次且多面的多样性(Kivisto,2002；Parekh,2000)。

推动与反对多元文化教育的事件

在任何国家,关于多元文化教育的政策存在与否本质上都与该国的历史和社会关系有内在联系(Seijuq,1997)。这些历史和关系可能为多元文化教育创造出自上而下或自下而上的举措。例如在澳大利亚,语言和出生地等移民问题促成了多元文化政策的建立和采用(Smolicz & Secombe,2003；Sturman,1985)。在美国,多元文化教育是由自下而上的斗争中发展而来的。其主要是 20 世纪 60 年代为获得种族平等而发起的民权运动的一个产物(Smolicz & Secombe,2003；Sturman,1985)。自下而上和自上而下的特性强化了将多元文化教育的目标和实施与其起源相关联的重要性。

对多元文化教育的反对则是基于不同的原因,且通常来自不同的行动者群体。例如在美国,最近大量的反对意见来自这样一些人:他们认为关注社会中的种族平等、性别平等以及对同性恋的接受等方面的平等问题已经在 20 世纪六七十年代的民权运动中得以解决。相反,批判学者认为多元文化教育在影响社会公正方面是一种无力的措施,例如消除结构性不平等方面。他们认为在美国仍然存在这种不平等现象(Sleeter,1995)。

在法国,对于多元文化教育的反对出自官方政府层面。法国并没有将自己视为一个多元文化社会,尽管其存在着数量相当可观的少数族裔人口。法国国家意识的基本前提是民族国家是最为强大的集团归属。官方意识形态认为学校是一个特殊的地方,平等的目标能在学校通过集中化和同质化的体系得以实现(Dussel,2001；Glenn,1996,Seijuq,1997)。这种意识形态一直没有受到大规模的质疑(Dussel,2001；Giry,2006)。

在阿根廷,多元文化教育的反对者将其视为一种北美话语。然而,这一反对的性质和内容与法国的截然不同。在阿根廷,对多元文化教育的反对得到了基层大众的支持并由工人阶级的学生和教师领导(Glenn,1996；Dussel,2001)。这场运动的出现是世界银行支持下的教育改革的结果(Dussel,2001)。这些改革通过向贫穷儿童提供午餐和特别援助的补偿项目取代了学校中社会公正的早期观点。阿根廷的这类补偿项目依据儿童父母获得资源的能力对学生加以区分。这些改革不仅引发了学校间对稀缺资源的竞争,还导致了许多学校因资金不足而面临关闭的局面。因此,工人阶级的教师和学生发起抵抗运动来抗议自己被排除在学校之外(Dussel,2001)。

多元文化教育的关注点

正如我们所指出的,在任何国家,历史背景在确定多元文化教育与“他者”的关注点方面起着核心作用。但是,在许多国家尤其是西方国家,似乎存在一种开展多元文化教育的共同方式。例如,美国和澳大利亚的多元文化教育产生于不同的环境,然而,这两个国家都以一种相似的方式来实施多元文化教育。为了说明这一点,我们将不同国家的多元文化教育历史划分为三大类或三大阶段。这些阶段并不能详尽报告发生在每个国家中的方式,但让我们看到大多数国家所奉行的一般模式与趋势。

第一阶段：第一阶段包括在学校中采用同化政策,该政策鼓励并/或坚持让移民和少数民族群体的成员采用主流的习俗、习惯、思考方式等。在我们研究的多数国家中，多元文化教育是对这些同化政策的支持，以控制民族和种族差异。例子包括美国对有色人种学生坚持白人中产阶级的教学思想，以及芬兰和挪威禁止在混合学校中使用萨米语。这两个国家的同化政策都是无效的，因为他们没能消除对少数民族学生的种族偏见和歧视。这类政策也没有提高少数民族学生的学业成绩。

　　第二阶段：第二阶段的标志是采用弱势的多元文化教育实践，例如承认少数民族群体文化的符号与象征，并通过举办食品博览会和节日庆典来庆祝他们的文化。一些重新组织的多元化课程被纳入学校课程，而且一些教师可能会赞同使用与文化相关的教学法，但这类努力大多是浮于表面的（Sleeter & Grant，2007）。尤其是在澳大利亚、英国、加拿大和智利，情况更是如此（Grant & Lei，2001）。这个阶段的指导思想基于的理念是少数民族应该有一个值得庆祝的合法文化。这一阶段有一个有趣的现象是这些国家中的一些新自由主义者认可这一信念，其明确表述于戈登·奥尔波特（Gordon Allport）的接触理论中，即与"他者"接触将会减轻种族主义、歧视、民族优越感以及仇外问题。

　　我们对于这一阶段的评价来自大多数国家的官方的（和非官方的）多元文化教育政策，包括英国、智利、加拿大和澳大利亚。这些国家依然停留在承认多元文化的层面上，而没有肯定多样性并将权力问题思考进去。尽管其指导思想承认少数民族和种族拥有合法的文化，但它仍然是为了促进同化，并且主要是为了提倡群体间的宽容。例如卡尔·詹姆斯（Carl E. James，2001）指出加拿大的政策制定者认为多元文化教育仅仅是"差异"，他们将教育政策建立在一个"文化民主"的理念之上，该理念假设所有规范、传统、制度、法律和政策都是文化中立的，且每个公民都能毫无障碍地平等受益。

　　詹姆斯接着指出，尽管多元文化教育项目包括了用英语与法语之外的语言进行教学，对不同群体的"外国"文化、历史遗迹以及文学作品进行研究，但这些政策和项目既没有解决也没有承认盎格鲁-凯尔特（Anglo-Celtic）加拿大人作为一个种族群体的主导地位，也没有确立将英国和法国后裔视作"真正的"加拿大人的观念。此外，他还认为在这些政策中"文化他者"被构建为异国情调，且差异被塑造成是"外来的"。他断言，这些政策忽视了影响学生课堂生活与现实的殖民、权力和反抗问题。

　　第三阶段：多元文化教育运动第三阶段的标志是反种族主义/批判性多元文化主义的倡导者与传统多元文化教育倡导者间的张力。批判性多元文化主义的倡导者认为传统多元文化教育没有解决学校和社会中的结构性不平等（Sleeter，1995）。哈里·汤姆林森（Harry Tomlinson，2001）认为传统多元文化主义只关注文化并假设每个人都起始于平等的基础之上。他认为尽管这些政策的出发点是好的，但在英国，这类政策将诸如黑人学生这样的少数族裔学生置于一个更加不利的地位上。许多来自不同国家的教育工作者和研究人员认为反种族主义/批判性多元文化主义是传统多元文化教育的一种替代。反种族主义/批判性多元文化的观点旨在为学生提供一种对社会地位和经历的批判性理解，这种理解受学校和社会中不平等社会关系的结构性影响。这种观点与社会公正、平等和经济民主的理念和可能性密切相关。同样它也确定了"差异"这一概念中的固有挑战，以及差异概念与资本主义剥削、利润、个人收益间的密切关联性。因此，反种族主义/批判性多元文化主义明确表示在支持文化活动时批判性地审视权力和种族问题是有可能的。多元文化运动中的冲突反映在南非有关于这一问题的争论上。杰里米·萨金（Jeremy Sarkin，2001）解释道：

　　　　黑人觉醒运动通过指出在后种族隔离的南非，多元文化教育是通过具体思考人和文化的方式而不是创造民族团结来促进差异的这一点来支持这种反种族主义的方式。他们断言文化不能形成教育政策的基础，因为它已经被种族主义和资本主义扭曲。另一方面，多元文化教育观点的拥护者主张多元文化主义产生于人们为获取平等和废止种族隔离学校的斗争之中。他们还认为多元文化教育可以通过实施一种注重多样性、宽容和欣赏文化差异的课程从而导向国家和谐。他们认为这种做法能帮助学生有效地处理文化差异而不诉诸暴力或孤立主义。

乔伊·雷和卡尔·格兰特(Joy Lei & Carl Grant，2001)就公平和平等的目标阐明了美国多元文化教育运动中的冲突。其公平观点提倡以积极的战斗来解决美国的种族危机和其他形式的压迫，而平等观点则注重承认和重视各种文化，且较少关注种族、种族主义和其他形式的压迫。

第三阶段的一个附加特征呼吁大家不仅要关注多元文化教育的不同方式之争，还要关注多元文化教育的理论构想和实际实施间的差距。雷和格兰特认为多元文化教育的实施要比其界定难得多。此外，他们还认为通过致力实现有色人种、女性和残障人士平等公平公正的代表权来支持平等观点要易于支持公平观点，因为后者要求在整个教育领域制定实质性的政策并贯彻改变，以消除种族主义、性别主义、欧洲中心主义、阶级主义、异性恋主义和能力主义的政策和实践。

这一观点引出了下一部分，其概述了有关多元文化教育政策实施中存在的问题，这些问题通常集中在平等方面。我们认为仅仅是多元文化教育政策的存在并不能为公平与社会公正确保一个积极的结果。

实施多元文化教育政策

尽管并不是所有国家都如此，多元文化教育的引入和实施在绝大多数国家中都面临着挑战。一些挑战与只注重多元文化教育直接相关，例如加拿大的原住民认为多元文化教育政策与他们无关，因为该政策并没有提及他们的语言和文化。然而，还存在其他实施方面的挑战，例如学校的二元化以及学校在实施多元文化教育政策时缺乏结构性支持（如资金）等。

学校的二元化：斯维塔·戴夫·查克拉瓦蒂(Sveta Dave Chakravarty，2001)认为印度多元文化教育的主要目标是实现有效教育，即所有参加普通学校体系的人都可以获得这种教育。尽管印度宪法为不同的少数群体提供了保护，但是印度的教育系统依然延续了在这个国家中长期存在的不平等现象。古老的种姓制度将教育限制在高等种姓之内，英国殖民体系则只鼓励社会的一小部分人获得教育，而这种体系仍在运转。印度是一个多层次的教育体系，拥有私立学校、英语中等学校和公立学校。

大部分来自社会特权阶层的儿童上私立学校或英语中等学校，这类学校的目标是培养社会精英。来自社会最弱势群体的孩子只能就读公立学校，在那里他们得到的教育是死记硬背，而非分析与批判(Chakravarty，2001；Sinha，1997)。

查克拉瓦蒂(Chakravarty，2001)认为尽管印度政府已经采取了若干重要举措以达到平等的就业机会，然而由于管理不善和/或中央集权官僚体系的运作方式，大多数举措都失败了。政策的实施伴随着这样一种假设，即如果用同样的方法教授相同的内容，全国各地的学生将获得相同水平的成就。政府的一项举措包括扩大中小学的数量和提升入学率，另一项举措是政府为来自边缘化群体的学生在高等教育机构和精英公务员岗位预留席位。然而这些以及其他一些举措并没有解决许多来自边缘化群体的学生所面临的获取高质量初等教育以及接受和完成高等教育的问题。查克拉瓦蒂认为诸如高辍学率和印度的多层次教育体系等因素导致了印度的学校问题。

总之,她认为尽管高等教育层面存在积极的行动政策,但教育体系在确保社会各阶层平等入学的问题方面很大程度上是不成功的。查克拉瓦蒂认为印度多元文化教育的主要目标不仅是要吸引和留住来自不同背景的孩子,还要为他们提供高质量的教育。

卡洛斯·阿尔贝托·托雷斯(Carlos Alberto Torres, 2001)则呈现了拉丁美洲的一个类似案例。托雷斯认为学校培养了两类公民。第一类由有特权的学生组成,因为他们不仅可以通过投票还可以通过网络的力量来行使政治和社会权利。这些学生通常都来自社会的特权阶层。第二类学生则被认为是"可有可无的"。这类学生面临着政治上的孤立、分裂和经济上的差异。他们通常是来自边缘化背景的公民,并且他们的边缘化部分是来自他们在媒体中被构建的方式。新自由主义认为人们可以通过投票自由行使自己的代表权,从而获得在学校和其他社会机构的平等,然而这种观点被两类学生所接受的教育质量和取得教育成果之间的显著差距所驳斥。嵌入社会和政治结构中的性别、种族和阶级层次不允许这些"可有可无的"公民用教育来提高他们在这个社会中的社会和政治地位。

在南非,萨金(Sarkin, 2001)提出,1994年的后种族隔离立法结束了官方的学校隔离并承诺为所有人提供免费义务教育,以使他们能够克服过去存在于学校和社会中的种族不平等。然而,这项立法并未成功落实,因为只有白人学校得到了整合。黑人学校仍然面临着过度拥挤、教学人员资质欠佳和资金不足的问题。

实施多元文化教育政策的结构性支持

一些国家官方承认引入政策和项目以支持来自边缘化群体的学生取得学术和社会成功的重要性。然而,支持多元文化教育需求的官方教育政策与学校内部的程序和实践之间往往存在差距。这有时是政府对政策实施力度的缺乏或力度不够的结果。

英国呈现的一个实例表明,虽然在课程中对有关种族不平等的问题给予了一定的关注,但该问题在整体的教育改革方案中没有得到全面的解决,因为在某种程度上,教育部门很少执行直接处理种族平等问题的政策和实践。相反,有时教育部门提供他们认为能更好地帮助学生找到工作的方案,而不关注种族不平等问题。哈里·汤姆林森(Harry Tomlinson, 2001)认为许多提倡与社区和家长建立关系的教育改革在实践中通过引入新课程、国家评价程序、学校的本地化管理以及开放入学等措施,转移了人们对种族问题的关注。他认为虽然这些改革明确认可了多元文化教育,但改革措施并没有为处理和解决种族不平等问题建立结构性支持。

德国、意大利和瑞士是原则上支持少数族裔保留其文化和语言权利的欧洲国家,但这些国家并没有出台有效的方案和实施机制去将教育政策转化为实践,或鼓励教师支持多元文化教育。克里斯蒂娜·阿尔曼·吉翁达(Cristina Alleman-Ghionda, 2001)认为在支持少数族裔权利的官方声明和学校中反而遵循同化原则的方案和实践之间存在差距。阿尔曼·吉翁达认为多元文化/跨文化政策实施的挑战与说服教师认真看待多元文化教育有关。她认为如果没有教师的同意和积极参与,就不可能将官方政策转化为实践。此外,阿尔曼·吉翁达还认为多元文化和/或跨文化政策在挑战"一个地区,一种文化,一种语言"的主流思想的影响方面是失败的。

多元文化教育：教师的角色与参与

师资培养和参与是多元文化教育的关键维度。教育学者认为师资培养是多元文化教育的关键,也是与来自不同社会文化和少数族裔群体的学生合作的关键(Cochran-Smith, 1991; Grant & Gillette, 2006; Grant & Sleeter, 2007; Ladson-Billings, 2000; Nieto, 2000; Sleeter, 2001)。

这些学者主张师资培养应该实施批判性的教学法,这种教学法应该培养教师立足于学生的文化差异,并教会他们如何与其他教师、家长和团体成员之间发展并建立积极的关系。

此外,这些学者目前认为大多数教师教育项目并没有培养教师成为批判性教育工作者。米格尔·桑托斯-雷戈和塞尔兰多·佩雷斯-多明格斯(Miguel Santos-Rego & Servando Perez-Dominguez, 2001)认为西班牙的师资培养项目因为缺乏具体的规定所以是孤立且分散的。他们认为根据大学的经济自治权,应该赋予大学培养师资的自治权力。米格尔·桑托斯-雷戈和塞尔兰多·佩雷斯-多明格斯的意思是说如果大学有资金可以引入多元文化教育,并且有愿意在多元文化教育领域工作的教授,那他们就可以继续开展这方面的工作,如果没有,那他们就无法继续。

个体教师和教师群体并没有权力(且并没有表现出获取权力的欲望)去要求开展多元文化教育的员工发展培训。教师在政策制定中的有限集体参与成为他们缺少实施多元文化教育项目意愿的一个重要因素(Ladson-Billings, 2000)。在巴西,官方的意识形态是"种族民主",学校课程既不承认种族群体的多样性,也不承认社会中种族不平等的存在。在这里,尽管公立学校中存在种族偏见和歧视的现象,教师拒绝承认他们会留意学生的种族。但是学校和教师都认为深色和黑色人种学生应该将自己"白化",以便在学校获得成功(Hypolito, 2001)。

在阿根廷,教师带头发起反对多元文化教育的运动,并将其描述为一种"北美话语"。但值得注意的是,这些教师反对教育改革,因为这类改革将学生和老师推出了学校,而且由于资金短缺导致学校关闭,他们还质疑得到世界银行支持的学校课程与其目标。这个运动的前提是当前的教育改革已经用区分的补偿方案取代了社会公平的理念。此外,教师和学生抵制在公共部门支持学校私有化和学校缩减的新自由主义政策。

全球化与多元文化教育

一些国家的教育改革以市场竞争的名义将学校变成了民营企业(Edwards & Usher, 2000)。许多国家越来越关注由于国际市场竞争而造成的失业问题,并将重点放在培养学生为全球化的市场经济做准备的需求上。全球化的影响对"第三世界"的低收入人群来说尤为惊人。例如,巴基斯坦的教育体系是私有化的,其希望培养具备全球经济所需技能的学生。然而,相较于私有化前穷人与富人间的收入差距,私有化导致了两者间的收入差距变得更大。

这是因为尽管过去的教育体系在服务社会边缘化群体方面不是特别成功,但所有层次的国家资助教育确实为来自低收入群体的学生提供了进入专业院校的机会,并且国立高等教育机构也为来自社会不同阶层的学生提供了名额。然而,这些规定和其他机会因为教育改革的名义正在被全面去除(Khurshid, 2007)。

汤姆林森(Tomlinson, 2011)认为英国学校的市场化导致了地方层面从学校拿权并将这些权力交给家长的双重过程。而相较于社会问题,家长往往对考试成绩更感兴趣。

卡希尔(Cahill, 2001)认为一直以来,澳大利亚支持全球化的教育政策特征是对移民和原著群体的种族政策的普遍支持。他解释说,这些种族政策为城市和农村环境中的向下流动的团体和中产阶级所支持。这是因为城市和农村中由于全球化的影响失去工作的工人阶级不愿意与移民和原住民群体为现有的工作而竞争。中产阶级支持这些种族政策是因为他们害怕因为移民失去工作。卡希尔指出这些种族政策中有很多已经削减了对移民的服务,同时也对学校中的多元文化教育产生了负面影响,包括下调教育体系中对 ESL(以英语为第二语言)的重视。

当我们看向不同的国家时,很明显全球化在一定程度上已经导致了学校中许多少数族裔学生的进一步边缘化。由于学校私有化等改革举措,国家政府在教育中的作用下降不仅导致了对弱势群体的支持有限,且进一步危及了这类群体的福祉。此外,全球化的影响还增加了对稀有资源的竞争,在某些情况下导致了反移民运动的兴起。

结　论

　　本文是对不同民族国家多元文化教育研究的一种解读和讨论。我们用这一文献来确定共同的主题。我们的结论是在全球背景下,多元文化教育是多方面的,且往往是建立在一个权力关系非常活跃的不平等格局之上。在不同国家有一些主题是共通的,例如用多元文化教育来支持同化政策。此外,我们还得出了是为公平和平等而斗争的群体力量推动了不同国家引入和实施多元文化教育政策这一结论。与此同时,我们认为从关于多元文化教育的文献来看,为了实现平等和公平的目标,我们要做的还有很多。

　　最后,很明显,虽然学习不同国家中多元文化教育运动的历史和经验是有利的,但把一个国家的多元文化教育模式照搬到另一个国家是非常危险的做法。也就是说,了解并分析相似的主题有助于在地球村中建立学者和教育工作者之间的国际联系。

参考文献

Alleman-Ghionda, C. (2001). Sociocultural and linguistic diversity, educational theory, and the consequences for teacher education: A comparative perspective. In Carl A. Grant & Joy L. Lei (Eds.), *Global constructions of multicultural education: Theories and realities* (pp.1 - 26). Mahwah, NJ: Lawrence Erlbaum.

Banks, J. (2004). Multicultural education: Historical development, dimensions, and practice. In James A. Banks & Cheery A. McGee Banks (Eds.), *Handbook of research on multicultural education* (pp. 3 - 19). San Francisco: Wiley.

Banks, J. A. & Banks, C. A. (Eds.). (2004). *Handbook of research on multicultural education*. San Francisco: Wiley.

Bullivant, B. (1981). *The pluralist dilemma in education*. Sydney: George Allen & Unwin.

Cahill, D. (2001). The rise and fall of multicultural education in the Australian schooling system. In Carl A. Grant & Joy L. Lei (Eds.), *Global constructions of multicultural education: Theories and realities* (pp. 27 - 60). Mahwah, NJ: Lawrence Erlbaum.

Chakravarty, S. D. (2001). Multicultural education in India. In Carl A. Grant & Joy L. Lei (Eds.), *Global constructions of multicultural education: Theories and realities* (pp. 61 - 92). Mahwah, NJ: Lawrence Erlbaum.

Cochran-Smith, M. (1991). Learning to teach against the grain. *Harvard Educational Review*, 51(3), 279 - 310.

Dussel, I. (2001). What can multiculturalism tell us about difference? The reception of multicultural discourses in France and Argentina. In Carl A. Grant & Joy L. Lei (Eds.), *Global constructions of multicultural education: Theories and realities* (pp. 93 - 114). Mahwah, NJ: Lawrence Erlbaum.

Edwards, R. & Usher, R. (2000). *Globalisation and pedagogy: Space, place and identity*. London: Routledge.

Glenn, C. (1996). *Educating immigrant children: School and language minorities in twelve nations*. New York: Garland Publishing.

Giry, S. (2006). France and its Muslims. *Foreign Affairs*. September/October. Retrieved July 18, 2007. http://www.foreignaffairs.org/20060901faessay85508/stephanie-giry/france-and-it.

Grant, C. A. & Gillette M. (2006). *Learning to teacher everyone's children: Equity, empowerment, and education that is multicultural*. Belmont, CA: Thompson.

Grant，C. A. & Joy L. Lei (Eds.) (2001)，*Global constructions of multicultural education: Theories and realities* (pp. 135 – 158). Mahwah, NJ: Lawrence Erlbaum.

Grant，C. A. & Ladson-Billings，G. (1999). *Introduction，dictionary of multicultural education*. Phoenix: Oryx.

Grant，C. A. & Sleeter，C. E. (1985). The literature on multicultural education: Review and analysis. *Education Review*，37(2)，97 – 118.

Grant C. A. & Sleeter，C. E. (1995). *Turning on Learning: Five approaches for multicultural teaching plans for race，class，gender and disability* (4ᵗʰ ed.). Hoboken, NJ: Wiley.

Grant，C. A. & Sleeter，C. E. (2007). Turning on Learning: Five Approaches for Multicultural Teaching Plan for Race, Clars, Gender and Disability. 4th Edition. Hoboken, NJ: Wiley.

Hypolito，A. M. (2001). Multiracial reality，white data: The hidden relations of the racial democracy and education in Brazil. In Carl A. Grant & Joy L. Lei (Eds.)，*Global constructions of multicultural education: Theories and realities* (pp.159 – 174). Mahwah, NJ: Lawrence Erlbaum.

James，C. E. (2001). Multiculturalism, diversity, and education in the Canadian context: The search for an inclusive pedagogy. In Carl A. Grant & Joy L. Lei (Eds.)，*Global constructions of multicultural education: Theories and realities* (pp.175 – 204). Mahwah, NJ: Lawrence Erlbaum.

Kanpol，B. & McLaren P. (1995). *Critical multiculturalism: Uncommon voices in a common struggle*. Westport, CT: Bergin & Garvey.

Khurshid，A. (2007). Unpublished paper. Madison, WI: University Wisconsin Madison. Kivisto，P. (2002). *Multiculturalism in a Global Society*. Oxford, UK: Blackwell Publishing.

Ladson-Billings，G. (2000). Fighting for our lives: Preparing teachers to teach African American students. *Journal of Teacher Education*，51(3)，206 – 214.

Lei，J. L. & Grant，C. A. (2001). Multicultural education in the United States: A case of paradoxical equality. In Carl A. Grant & Joy L. Lei (Eds.)，*Global constructions of multicultural education: Theories and realities* (pp. 205 – 238). Mahwah, NJ: Lawrence Erlbaum.

May，S. (1999). *Critical multiculturalism*. London: Falmer.

Moodley，K. A. (2004). Challenges for post-apartheid South Africa: Decolonizing education. In James A. Banks & Cheery A. McGee Banks (Eds.)，*Handbook of research on multicultural education* (pp. 1027- 1040). San Francisco: Wiley.

Nieto，S. (2000). Placing equity front and center: Some thoughts on the future of public education. *Equity and Excellence in Education*，34(1)，6 – 15.

Parekh，B. (2000). *Rethinking multiculturalism: Cultural diversity and political theory*. Cambridge, MA: Harvard University Press.

Pitkanen，P.，Kalekin-Fishman，& Verman，G. K. (Eds.). (2002). *Education and immigration: Settlement policies and current challenges*. London/New York: Routledge Falmer.

Santos-Rego，M A. & Perez-Dominguez，S. (2001). Intercultural education in the European Union: The Spanish case. In Carl A. Grant & Joy L. Lei (Eds.)，*Global constructions of multicultural education: Theories and realities* (pp. 239 – 270). Mahwah, NJ: Lawrence Erlbaum.

Sarkin，J. (2001). Post-apartheid education in South Africa: Toward multiculturalism or anti-racism. In Carl A. Grant & Joy L. Lei (Eds.)，*Global constructions of multicultural education: Theories and realities* (pp. 271 – 290). Mahwah, NJ: Lawrence Erlbaum.

Seijuq，A. (1997). Cultural conflicts: North African immigrants in France. *The International Journal of Peace Studies*，2. Retrieved July 12. http://www.gmu.edu/academic/ijps/vol2_2/seljuq.htm

Sinha，R. P. (1997). *Inequality in Indian education*. New Delhi: Vakas.

Sleeter，C. E. (1995). An analysis of the critiques of multicultural education. In James A. Banks & Cheery

A. McGee Banks (Eds.), *Handbook of research on multicultural education*, 1st ed. (pp. 81 – 96). New York: Macmillian.

Sleeter, C. E. (2001). Preparing teachers for culturally diverse school: Research and the overwhelming presence of Whiteness. *Journal of Teacher Education*, 52(2), 94 – 106.

Sleeter, C. E. & Bernal, D. D. (2004). Critical pedagogy, critical race theory, and antiracist education: Implication for multicultural education. In James A. Banks & Cheery A. McGee Banks (Eds.), *Handbook of research on multicultural education* (pp. 240 – 238). San Francisco: Jossey-Bass.

Sleeter, C. E. & Grant, C. A. (2007). *Making choices for multicultural education*. Hoboken, NJ: Wiley.

Smolicz, J. J. & Secombe, M. J. (2003). Assimilation or pluralism? Changing policies for minority languages education in Australia. *Language Policy*, 2(1), April, 3 – 25.

Sturman, A. (1985). Immigrant Australians and education: A review of research. *Australian Education Review* Number 22. Victoria: The Australian Council for Educational Research.

Tomlinson, H. (2001). International perspectives in Education: The response of the mother country. In Carl A. Grant & Joy L. Lei (Eds.), *Global constructions of multicultural education: Theories and realities* (pp. 317 – 336). Mahwah, NJ: Lawrence Erlbaum.

Torres, C. A. (2001). Education, social class, and dual citizenship: The travails of multiculturalism in Latin America. In Carl A. Grant & Joy L. Lei (Eds.), *Global constructions of multicultural education: Theories and realities* (pp. 337 – 354). Mahwah, NJ: Lawrence Erlbaum.

United State Accounting Office, GAO. (2004). *Illegal alien schoolchildren: Issues in estimating state-by-state cost*. Retrieved July 24. http:wwwgao.gov/new.items/do4733.pdf

25. 国际发展教育

南希·肯德尔（Nancy Kendall）

从道德角度呼吁结束(Esteva，1992)，到批评它的话语和实践(Samoff，1999)，再到最近的观点认为它有继续存在的潜在必要性(Ferguson，2002)，国际发展(教育)领域有何影响以及它是否符合善，这样的讨论已经持续多年。尽管饱受批评和争议，国际发展教育在过去的15年里呈现出复兴的态势。本文将要回顾国际发展教育领域的历史，审视现在的实践和未来的趋势，并且对这个领域浮现出的各种问题进行讨论。笔者得出的结论是，我们对国际发展教育影响的担忧是合理的，但也有理由对现在的实践保持乐观，特别是那些将过去的批评考虑在内并力图重塑以发展教育为名的各种关系和活动的实践。然而，国际发展教育仍然依靠着那些过时的话语、理论依据和划分世界的方法。如果不以一种包容的态度去回应这些问题，国家发展教育的基金、政策和项目将很难带来积极的变化，在某些情况下甚至使事情更糟糕，因此失去实质意义和广泛支持。在继续行文之前，笔者简要地讨论一下"国际""发展"和"教育"这几个术语。

发 展

国际发展领域里运用的词汇和概念是非常有争议的，因为它们反映和体现，有些论证甚至挑起权力和权威之间潜在的紧张关系。这个领域中第一个有争议的词是"发展"本身，正如格里洛和斯特拉特(Grillo & Stirrat，1997)指出，这个词常常被研究者打上双引号，强调其存在的多种问题。国际发展通常被理解为发达(工业，"现代")国家为提高穷困(农业，"落后"或"原始")国家人民的生活水平做出的善意的努力。这个一般定义暗含着西方历史中的众多概念(线性进步观、民族国家、个人主义、国家资助的大众教育)，这成为很多批评文章的核心关注点，比如假设存在一条统一的线性"发展"路径，所有人和国家都必须沿着这条道路发展才能过上好生活(Kothari，2005)。其他批评的核心观点是发达国家的建设过程同时也是不发达和欠发达民族和地域产生的过程(Escobar，1995)。还有一些批评将焦点放在发展过程中话语和实践产生的不同权力和权威之间的不对称关系。

这些批评中很多都强调国际发展教育的一个核心悖论：国际发展的概念在表面上似乎无可指责，但在实践中，国际发展的努力由于种种原因往往被定性为失败。尽管如此，它们还是继续作为一种官方应对平等、进步和人类的同伴关系等问题的主要的全球措施。那么，我们应该如何去理解发展的话语、实践和资源对全世界人民和地域造成的影响？我们如何去评判它们是起了推动还是阻碍的作用？正如李斯特(Rist，1997：1)所讲：

> "发展"话语的力量完全来自它迷惑引诱的能力……它提供了一种消除贫困的方法，这如何让一个为贫困而苦恼的人拒绝它？同时，谁又会想到这种疗法可能会使他想去对抗的疾病更加严重？……我们如何去解释整个现象，它不仅拨动着无数人的心弦，同时也牵涉可观的财政资源，当你以为你在靠近它的时候，它却像地平线一样往后退？

"发展"这个概念由来已久(Fagerlind & Saha，1989)，它被用来表示与"国际发展"这个术语相关的活动、理念和关系，这仅仅是过去60年里出现的。现在这个定义首先在二战后的一些所谓现代国家(主要是西欧国家和美国，以及后来的加拿大和日本)的实践中形成，它们成立机构

（比如国际发展协会和联合国教科文组织）、发表理念声明（比如联合国的人权宣言）、组织专门的会议和团体（比如联合国教科文组织的区域教育会议和美国的比较教育协会），来支持旨在了解发展中国家、提供帮助和提高其生活质量的一系列活动，其中就包括教育。

这个术语的历史是理解它现在的用法的关键。或许对现在国际发展（教育）的概念体系影响最深远的东西可以追溯到 19 世纪启蒙运动时期，以及在那时候在欧洲和美国形成的关于现代性、文明、启蒙、进步和学校教育的特殊模型，这些模型被理所当然地认为是善的（Meyer *et al*., 1977；Meyer, 2000）。而且它们将继续深刻地影响着国际发展和发展教育的概念体系，从什么样的行为主体和机构才被视为合法的（比如国家），到比较和排名的概念，都在增强其概念化的迫切性并最终促使其产生（Chabbott, 2003；Manzo, 1991）。

李斯特在《发展的历史：从西方源头到全球信仰》（*The history of development: From Western orgins to global faith*, 1997）中对历史和现在的发展范式做出了精彩的综述，并且指出了现在定义的一些重要问题。第一，很多定义都是自我指涉的，即它们是建立在进步、公正、理想生活方式的定义之上，而且是单个个体提出的，因此将其当作一个所有人都认同的定义是有问题的（Rist, 1997）。波尔克森（Poerksen, 1985）提出的"可塑性词汇"（plastic words）的概念可以很好地理解现在发展概念的力量和弱点。所谓"可塑性词汇"最初是一些有明确意思的常规用词，然后被转换成更笼统的科学话语，最后完全采用空泛和技术官僚的语言，使得个体说话者对这些定义有很大的诠释空间。"发展"就是这样的一个词，在某种程度上，个体和组织能赋予他们想要的意思，它的优点和弱点均在于此。

第二，这些发展教育的定义成为主流，反映的不是单一的现实，而是权力和权威的关系，它们改变我们听到的声音，塑造我们对发展的构想。现在的定义大体上是根源自一个道德问题，即如何去理解和消除整个世界的财富和生活际遇的不平等以及贫穷人民和国家所经受的苦难。致力减少贫困的国际发展援助是发达国家对这个问题给出的答案（Collier & Dollar, 2000）。尽管还有很多问题都是悬而未决的，比如贫穷是怎么造成的，多大程度上的不平等才可以被接受，发展援助的可接受程度是什么。这些问题都极具争议，需要发达国家去解答以使其能够发挥作用。比如，现在很多国际发展组织对极端贫穷的定义是每人日均生活费用低于一美元，经济合作与发展组织成员国设定了目标，每个国家提供它们年度经费的 0.7％作为国际发展基金。

第三，大多数有影响力的行动者和机构对国际发展领域的定义都以关于进步、生存、平等和公正的经济学话语和指标为中心。发展、贫穷和平等依然是最先被测量和最重要的经济学条目（比如人均 GDP 的增长，正规劳动力市场职位的增长，医院或电力等"现代"资源的普及程度）。在国际发展这个领域中，经济学是一个非常重要的因素，它能解释为什么其他方面的发展构想（比如政治、文化、社会、宗教等）无法在国际发展领域产生太大的吸引力（Easton & Klees, 1992）。尽管教育系统在历史中的角色不仅仅是创造或再造高效的劳动力，同时也是政治、文化、社会关系和代际传承的（再）生产者，在发展教育领域中确实也是如此。早期的著作，比如 1953 年舒尔茨（Schultz）的《教育的经济价值》（*The Economic Value of Education*）和 1966 年巴洛（Balogh）的《贫穷经济学》（*The Economics of Poverty*），以及后来关于回报率的研究（比如 Psacharopoulos, 1985），重新定位了教育与经济增长和发展模式之间的关系（Schultz, 1953；Balogh, 1966）。

虽然这种以经济主义为中心去衡量发展的方式受到了很多挑战（比如，不丹的总体幸福指数，意图向人们展现一种不同的、由佛教哲学产生的人类发展模式），但是这些不同的模式很少能对主流发展定义的前提预设造成重大威胁。它们没有对以想要的结果去定义发展的方式提出异议（因而忽略了发展实践和关系的有问题的"黑盒子"），也没有回应这样一个重要问题，即其他发展模式和衡量方式产生的过程在总体上并没有显著扩大那些有能力决定什么是不同发展模式的人和机构的范围。

因此,"发展"这个术语的相对稳定性,反映出世界上有影响力的行动者和机构对国际发展领域状况和范畴的一些持续性共识:

- 它的基础是 19 世纪的现代化理论(Manzo,1991);
- 它是一种以经济主义为中心的模式,"理性经济人"、国家和最近的市场都是教育理论和过程上的核心行动者(Resnik,2006);
- 国家应该在教育上做出何种努力(学校为本的初等教育大众化,而不是启蒙仪式)(United Nations,2005);
- 何种类型的行动者和机构应该参与现在这个领域当中(比如,国家和非政府组织)(Federal Ministry for Economic Cooperation and Development,2007);
- 什么样的资金、物资、服务和其他资源的交换可以被称为有效的"发展"援助(向欠发达政府提供贷款、补助、产品和技术支持以换取有益于发达国家的特定政策条件、雇佣和购买的行为,但不是像贿赂公共和私人机构之类的"腐败"行为)(Walliser,2004)。

那些用来形容在发展领域中的行动者和机构之间关系的术语引起了更激烈的争论和不稳定。在发达国家的双边(美国国际开发署、英国国际发展部、加拿大国际开发署、北美防空联合司令部、日本国际协力机构和德国技术合作协会)或多边(联合国、世界银行、国际货币基金组织和世界贸易组织)组织发布的官方文件中,这些组织被称为"对外援助"或"海外发展援助"的"捐赠者"。接受发展资金的国家被称为"欠发达""不发达""发展中"国家和"受赠者"。这些术语创造出这样的一种表象,即特定的国家和组织(大多数是欧洲国家、美国和日本)正在向欠发达的、更需要接受援助的国家捐赠物资,对此已经出现了很多值得深思的严肃批评。可能最简单的批评是大部分国际对外援助资金直接回到了"捐赠国"。比如,很多国家的援助是限制性援助,即接受援助的国家必须将这些资金用于购买"捐赠国"的产品。因此,比如,加拿大国际开发署向教育部提供资源,为某个国家的所有公办学校印刷和派发课本,但这个印刷的工作只能由加拿大的出版社承办。

更严重的是,"捐赠"的概念通常意味着一个人为慈善事业做贡献。相比之下,很多人认为国际发展资金的援助通常是为了获取地缘政治利益、维持和扶植新殖民主义关系,或者是没有考虑所谓受赠者的需要,胡乱地浪费所谓捐赠者组织的资金(Tilak,1988;Schraeder et al.,1998;Lumsdaine,1993)。同样,有充分的证据证明它对贫穷人口和最低程度的欠发展地区造成了伤害,使得很多贫穷国家被迫使用浮动汇率,将教育重构成一种可交易的商品,将国家的印刷出版行业等工业私有化,降低行政人员的职位和工资(Alderman et al.,1992)。然而,这些国际发展教育的新殖民主义的条款和改革依然很受欢迎。

有证据表明,很多改革的最终结果是那些所谓接受援助的发展中国家开放了它们的经济,面临着来自"捐赠者"更大的剥削,比如降低它们出口产品的价格或工资水平,这引起了对捐赠者/受赠者话语的另外一种批评(Sagasti & Alcalde,1999;Rankin,2001)。这也造成了这样一种局面,即,所谓捐赠国成为所谓受赠国的民众、商品以及其他资源的受赠者。从这种角度看,那些表面上要对外援助的国家和机构成了名副其实的受赠者。

最后,由于很多发展资金从捐助变成了贷款,"捐赠"国和"援助"机构从"受赠"国身上获取的利息比"受赠"国得到的本金还要多(Jubilee USA Network,2005)。从这个意义上看,"捐赠者"和"受赠者"这两个词语再次有悖于对它们的传统理解,或者说它们肯定有别于平常的用法。

尽管这些令人信服的观点动摇了国际发展关系和话语中对捐赠者/受赠者的二元假设,这些术语依然正常地使用,一方面是因为它们在平常用法中成为一种约定俗成,另一方面则因为它们反映的是一种代表大多数有影响力的行动者和机构利益的发展构想,还可能是因为其他一些可代替的术语(北、南,工业化、正在工业化,富裕、贫穷)本身也会引起类似争议。比如,地理的二元概念"北/南"可以用来讨论世界上的国家和非政府机构哪些比较贫穷,哪些比较富裕。然而这种地理上的区分是相当不准确的,比如澳大利亚是在南半球,而加勒比地区是在北半球,还有很多国家比如印度和科威特在传统意义上可以既被视为"北方"国家又被视为"南方"国家。所有这些二元的标签都将发展主义的争议集中在国家之间,但事实上,与国家之间的差距相比,国家内部贫与富、"北"和"南"之间的差距一样很大,甚至更大,因此掩盖了这样的问题:不平等和贫穷如何影响地理空间上的"北方"和"南方",人、组织和类似发展的资源如何在国家内部和国家之间流动。因此,实际上没有任何二元的术语能公平地描述这些复杂的关系和资源流动,但可以将这些术语作为一种缩略语,可能在实际上还原出发展领域中的核心问题。

教　育

与"发展"这个术语的可塑性和争议性相比,"教育"这个概念在国际发展教育领域发端的时候已经稳定下来了,在过去的 15 年更是如此。尽管其他教育模式在世界历史中占支配地位,但我们还是可以认为在 21 世纪里这样的一种理解和信念近乎成为一种霸权,即正式的、西方的、国家提供的大众学校教育构成了(发展)"教育"。这种霸权式的理念源于普鲁士的大众教育系统,欧洲和美国在 19 世纪和 20 世纪中陆续接受了这种理念,该理念也在很多独立后的前殖民地中得到推广(Ramirez & Boli, 1987)。在 1990 年世界全民教育大会(World Conference on Education for All, WCEFA)召开以后,这种正式教育的模式成为国际发展教育资源分配的重点,并被写进了像《联合国千年发展目标》(Millennium Development Goals)之类的国际发展框架文件中,改变了欠发达国家通过国际发展教育途径获取资源的范围和状况。

一般来说,这种教育模式需要一种能支持标准化的、国家提供的、正式的大众学校教育的恰当形式,即儿童(主要向成人)学习"高利害关系"的学术性学科(阅读、写作、算术、科学),有一个固定的时间表,在一个带有某种特征的室内环境(桌椅、粉笔黑板、书面的教学材料)中学习。与国际发展教育的模式一样,人们对教育也有一种线性发展的假设,从非正式的、家庭提供的、关于日常生活任务的教育(比如狩猎者的儿童向他们的父母学习生存技能),发展到一种由更大的主体举办的、更加正式的教育(比如启蒙仪式,或者商会的学徒制系统),最后成为"现代"的学校教育系统。

教育的国际发展模式认为国家资助的大众学校教育:(1)对"现代"民族国家的诞生起重要作用;(2)对"现代"劳动者和家庭的发展起重要作用;(3)对国家的"现代"经济增长和国际认可起重要作用。"教育"和"发展"这种普遍的概念自从产生以来就受到批判和关注,但尚未受到重大挑战。

国　际

在国际发展教育领域,"国际"这个术语与"发展"和"教育"一样,在不同的历史时期有着不同的特定含义。上面阐述的"发展"和"大众教育"的概念是建立在 18 世纪欧洲出现的以民族国家为核心的模式之上,这种模式至今依然占据着大部分版图,束缚着我们的想象(Meyer, 2000;

Ferguson，2002）。考虑到本文的目标，笔者非常有必要指出，"国际"这个术语传统上指的是国际之间的事务和关系。大量国际发展资源持续地流向国家政府，尽管从 20 世纪 80 年代后期开始出现了非政府组织（non-governmental Organizations，NGOs）的资金在增多的趋势。二战后，主权国家获得了控制其边界以内的自然资源和人力资源的权利，同时也必须承担起保障公民的普遍权利（比如教育）的责任。因此，国家有权利通过教育向公民灌输它的价值观，但同时负责向他们提供那些联合国及其成员国认为必须普及的最基本的服务。全世界的国家边界反映着很多事情：从战争、种族屠杀到殖民关系，再到地形的阻隔和历史的妥协。不同国家向其所有公民提供平等资源的兴趣和能力，就像地图上边界的历史基础，都是千差万别的。但在 20 世纪 60 年代末，尽管世界的大部分都被分割成不同的国家，但不管某个国家的面积、资源和习性如何，在全球共同体的眼中与其他国家是一律平等的。

随着全球经济、政治和社会关系的转变，将世界看作由不同主权国家构成的整体的这种理解也发生了变化。从区域性经济组织到巨大的内部差距，从非政府组织到跨国社群，从控制大片土地的叛乱组织到能使一个国家的经济在数天内崩溃的跨国投资者，从艾滋病病毒到全球气候变化，这些主体和力量支配着人们的日常行动，并在他们的流动、生存和繁盛上扮演着重要角色。在过去的 60 年里，这些主体和力量在其形态、范围和假想上都发生了变化。尽管如此，除了更多地谈论到非政府组织和私人组织在普及教育上的角色以外（Archer，1994；Mundy & Murphy，2001），国际发展教育领域并没有很好地回应这些变化。现在的"国家划分"和"国家主权"等国际概念从根本上影响了国际发展领域辨识和回应全球性、区域性和"地方性"不平等的能力。然而，如果不动摇这些关于国家问题与跨国问题、国际问题的假设，国际发展领域将无法对那些被认为是国家内部发展问题的不平等做出回应。

下面，笔者将回顾国际发展教育领域自 20 世纪 50 年代以来的历史，重点关注这个领域中的行动者和机构，不断变化的、关于什么是好的发展教育实践的理念，以及对这些实践的评论。我们将会注意到，发展话语和实践带有一种周期循环和捉摸不定的特性：如果某个理念，比如普及基础教育，获得动力开始发展，一旦得到了广泛的支持，这个理念发展的势头很可能会消失，然后在 10 年或 20 年后以略加修正的形式重新出现，并被人们视为拯救不断被遏制的发展教育的全新的"万灵药"。把教育放在一个更广阔的国家发展领域，我们能看到类似的周期循环。

20 世纪五六十年代

20 世纪五六十年代，国际发展的行动者假设，从狩猎者到一个由高效率的生产者（和高智商、被操控的再生产者）组成的"高度发达的""现代的"工业化民族国家，这个过程存在着一种线性的发展路径。这些个体活动的累积效应促进了民族国家的发展。现代化和发展的概念体系都建立在这种线性发展阶段的模式之上，这通常是由自然科学启发而来。这种理性、发展的模式是启蒙思想和古典经济学理论家如亚当·斯密等人提出的，在这种模式之下，个体的行为创造出更大的善。尽管这个时期在社会、政治、心理和其他形式的发展上都出现了一些重要的著作，但这个领域的重心普遍都放在了经济发展上，取决于不同的作者，他们认为经济发展是人类和国家发展形式的全部（或部分）。

这些早期的著作为现在国际发展主流的概念体系打下基础。这些著作认为所有国家都能获得发展，只要它们跟随西方国家曾经走过的道路——通过工业化、城市化和控制人口来实现现代化。在这种框架中，教育在国家发展模式中占有重要地位，因为教育是提高个体生产效率（productivity）的基本手段。值得一提的是，这种发展教育模式的源头可以在大多数贫穷国家的传教活动中看到，因而也被视为"教化"非白种人和非基督徒的关键。

西方学校的课程向学生反复灌输一种厌恶农业（和手工业）劳动力的思想，并激发学生搬进城市"现代"空间的渴望(Corby，1981)。因此，学校教育推进了那些被视为发展和现代化的核心的经济和社会文化实践。在20世纪50年代和60年代，国际发展教育资金达到了2000年之前的最高水平，占到所有国际发展资金的6%—7%。

蓬勃发展的发展经济学领域提出了发展教育的主要理由：国家中每个成员的生产效率提高才能促使国家发展，因此国家发展最好的途径是增加每位成员的人力资本，进而提高生产效率。在这些模式中，教育是纯粹功能主义的，只有当它转化为增长的劳动生产效率时（之后进一步转化成其他容易量化的成果，比如健康、公民参与、生活方式改变——如生育率下降等），教育才是有价值的投资。生产效率最初是通过正规市场劳动者的工资来衡量的，因此只有当劳动力市场能够吸纳毕业生的时候，教育部门的增长才能提高生产效率。随着时间的推移，我们用更多元的方式去衡量生产效率的增长，比如农业产量的增长。

这种对教育的强调使得在20世纪五六十年代，国家发展教育领域的中等教育特别是高等教育非常受到重视(Buchert，1995)，这两种教育培养了发展和现代化所需的专业人才（医生、经济学家、规划家），同样也为"现代"劳动力市场进行规划。双边组织（比如德国技术合作协会、美国国际开发署），多边组织（比如联合国教科文组织）以及基金会（比如洛克菲勒基金会、卡耐基基金会）都扮演着重要的角色，它们最初将贫穷和新近独立的国家的人送往欧洲和美国进行培训，后来在这些国家建立中等和高等的教育机构。

在新近独立的国家，独立的领导者也常常会采取与发展教育一致的态度。他们强调为了真正获得独立，他们的国家需要人才去为他们的官僚体制和专业机构工作。尽管如此，将重点放在中等和高等教育的发展教育模式通过使教育机会大众化，逐渐淡化了独立前时代重点关注殖民活动的不平等的模式。比如1964年马拉维独立后不久，新的政府没有履行独立前对全民教育的承诺，而是将大部分的教育经费用于建设马拉维大学——这个新国家的第一所高等教育机构。它在这方面所做的努力得到了国际发展的支持。在一些社会主义国家，比如坦桑尼亚，教育发展的重心依然放在普及基础教育上。学校教育的作用依然被理解为提高人类生产效率，但管理和规划如何使用这种提高的能力是国家的责任，而不是市场的责任。

在过去的数十年中，对于这种方法的批评不尽相同。早期的批评包括用于论证教育的"生产效率"的经济模式有理论上的缺陷，比如巴洛(Balogh，1964)猛烈地抨击了用于衡量教育效应的刻板的经济模式；有人指出线性的进步和发展的概念存在谬误；有人认为教育经验不是一律平等的，需要建立课堂实践和教育过程的"黑盒子"模式；有人担忧发展教育实践是在培植新殖民主义关系。

在20世纪60年代末和70年代初，批评家们谈论的是，发展教育投资在很多贫穷国家并有产生预期的经济发展的结果；他们对所谓发展"捐赠者"和"受赠者"之间关系的质疑越来越多(Altbach，1971)；他们用马克思主义和依附理论去论证以教育去促进公平和增加生命机遇之所以失败，原因之一就是发展教育专家们鼓吹的教育模式并不是一个功能主义的"黑盒子"，而是一个意在再现阶级（和其他）不平等的系统(Carnoy，1977)。

20世纪70年代

20世纪70年代，很多发展教育资助的国家都出现了反对运动。他们认为应重点关注基本需求，反对精英式的教育，反对在国际发展的争论中以全球和国家不平等为核心议题。学校教育是在培植新殖民主义的关系，而不是自由解放的关系——在这个主题上也有了新的讨论(Keith，1978)。依附理论提供了一个新的框架去理解"发达"与"发展中"国家之间的关系，以及解释为何发展的贷款和援助没有达到预期效果(Carnoy,1977;Altbach & Kelly,1978;Lewin & Little,1984;Little,2000)。

如何提高正规教育系统在穷人生活中的实质作用,教育领域在这个问题上展开了丰富的讨论,并且在非正式教育和成人教育作为正式教育的替代方案这个话题上出现了一些有趣的著作和评论(Sheffield,1972)。普及基础教育(现在被认为是一种基本的需要)的国际援助出现了新的需求,同时期的很多经济研究宣称它们发现很多得到改善的国家重新回归到对基础教育的投资上,而不是对中等和高等教育的投资。同时,很多批评家指出用于衡量发展和教育效益的经济理论无法"计算"教育对女性或女性的工作(Kelly & Elliott,1982)、农业,或者说所有非正式经济的影响。

在另一方面,国家和国际发展组织的教育投资仍以中等和高等教育为对象,而且对过去10年的教育扩张无法促进经济增长的悲观情绪日益加剧,因而发展教育的资源开始减少(Weiler,1978)。这种不投资教育和质疑教育的趋势在石油危机中进一步扩大。随着"发达"经济体陷入不稳定,国际债务被要求偿还,新的贷款被减缓发放,这使新近独立的和较贫穷的国家债台高筑(Frieden,1992)。这场危机使得发展援助对象国家的反对运动很快地沉寂下来。

20 世纪 80 年代

20 世纪 80 年代,结构调整政策或项目(Structural Adjustment Policies or Programs,SAPs)风靡全球,改变了国际发展教育的资助方式以及教育在国际发展中作用的概念体系。SAPs 是由国际货币基金组织和世界银行制定和实施,意在重构陷入危机的国家的宏观经济政策。SAPs 包括国家自然资源私有化、国家货币实施浮动汇率、取消对农业和食品的国家补贴、消除贸易壁垒、实行紧缩的财政政策等改革措施。SAPs 的基础是新自由主义,这种市场永远比国家高效的概念在欧洲和美国越来越受到欢迎(Carnoy,1995;Arnove et al.,1996;Torres,2002)。

特别是在早期,SAPs 认为国家应该对诸如教育之类的公共服务负次要责任,因为如果是由国家提供,它们很可能是低效率、低产值的。国家取消对教育、健康和其他公共服务的财政支持并将它们私有化,当以前的发展贷款到期时,这些国家至少能部分地偿还给"捐赠国"(Reimers & Tiburcio,1993)。比如,马拉维在 1981 年实施 SAP,教育经费占财政支出的比重从 13.7% 降到了 8.9%,同时,1977 年到 1986 年间,债务偿还能力从 17% 提高到了 36%(Kaluwa,1992)。伴随着整体教育经费下降的是,公务员的薪酬和雇佣也受到国际条款的限制,从长期来看,这将削弱实施 SAP 国家的政府机构提供服务和培养新一代行政领导者的能力。

纵观这个时期,国际发展教育主流的话语都在于国家需要提高教育系统的效率,以更少的资源获取更大的利益(Fuller & Habte,1992)。世界银行发起了一场运动,将成本分摊(cost sharing)引入教育,这种政策认为个人和家庭应该承担起更多的学校教育费用,即便是基础学校教育(Tan et al.,1984),并且将留级和辍学看作是系统性的缺陷问题。私人部门在提供教育方面恰当的角色是什么,在这个问题上出现了一些早期的讨论(Colclough,1991)。

对 SAP 干预教育的方式出现了一些重要的评论,包括对完全取消穷人的经费援助和服务的抗议;对新自由主义和它重塑"国家—市场—社会"关系的批评;女性主义者对以男性为主宰的发展模式和实践的批评;人类学家和后现代主义者对大多数发展教育模型中关于西方进步观的基本假设的批评(Masemann,1982);发展的决策过程缺乏广泛参与,引起越来越多的担忧。进步主义者有志于促进公平,经济学家宣称有证据表明对贫穷国家的基础教育进行投资能获得高回报,这些人支持基础教育的新言论的出现促进了其发展。

20 世纪 90 年代

1990 年,世界全民教育大会(World Conference on Education for All,WCEFA)的举办,预示着国际发展教育进入了一个新的话语阶段。世界全民教育大会是多年以来国际组织(特别是多边和非政府组织)和贫穷国家之间关于经济学和人权争论的顶峰,这是对日益扩大的全球和国家不平等的回应,体现出让个体和国家掌握自身发展的愿望。大会的重点是将基础教育视为一项基本人权,国家是负责提供基础教育的主体。它以教育效益和功用的经济学模型为核心,认为基础教育,特别是向女童提供基础教育,是一个国家促进经济增长的最佳投资(Lockheed & Verspoor,1991)。这引起了一股意在扩大基础学校教育普及程度的国际发展教育热潮,然而有些人质疑这是以牺牲教育质量为代价。

鉴于世界全民教育大会和越来越多的证据表明 SAPs 没有促进经济增长,反而使无数穷人陷入更卑贱的生活中,国际发展组织宣告了一个新的理念:"人性化"的结构调整。它们重新开始了为社会服务部门筹集资金援助的艰难过程,而不久前它们还在设法断绝这些援助。社会服务的资源有所增加,教育的资源则更加集中在基础教育上,基础教育的收费被废止,但教育经费在整体上并没有净增加(Bennell & Furlong,1997)。强调教育支出和系统效率的规划和政策仍在继续,尽管在有关人权的言论铺天盖地而来时,对基础教育的现实意义和功用效益的谈论已经逐渐消退,从人权的角度看,所有儿童都有接受基础教育的权利,都能学会读写和计算——这两项任务被视为基础教育最基本的目标。

世界全民教育大会是第一个有非政府组织参与的全球教育会议,无论这些非政府组织是否起到重要作用(Mundy & Murphy,2001),它们的参与反映出,发展教育实践的新殖民主义性质引起越来越多的质疑之声,部分国家和国际政府组织开始愿意承认"民间"组织和参与性方法(participatory approaches)有可能在改进发展教育的实践和效益上做出贡献。这也是国际发展教育中性别问题凸显的十年。全球数据显示很多地方在入学率上都存在着很大的性别差距(Hill & King,1995),诸如美国国际开发署(USAID)等组织提供大量资源,发起多方面倡议去改善女性的教育状况。比如,在马拉维,美国国际开发署资助了"女童基本素养和教育的达成"计划(Girls' Attainment in Basic Literacy and Education,GABLE),这包括支持国家政策的改革、设计适当的性别课程单元、开展关于性别意识的教师培训、发起旨在增强女童教育的社区支持的社会定员运动、为非留级女性学生设立女性的奖学金项目。

在这 10 年里,全方位的援助方式(sector-wide funding approaches)同样得到越来越多的关注(Harrold,1995)。发展专家认为传统的基于项目的援助方式创造出一个与政府官方教育结构平行的管理层次结构,这种努力是短期的、不可持续的和不协调的。全方位的援助方式,即国际组织承诺向国家预算提供援助,作为交换,政府必须承诺达成特定条件,这看似是一种可以避免多种批评的机制(Ratcliffe & Macrae,1999)。援助的问责制度在不同国家中得以广泛实施,以回应使用援助的效益问题。这些措施几乎都是以援助接受者为对象,而不是援助提供者,尽管有证据表明两者均存在腐败和管理不作为的现象。

21 世纪

在 20 世纪 90 年代末,市场(新)自由主义这剂"苦药"并没有促进经济的增长,也没有实现提高贫穷国家人民生活质量的承诺。事实上,从预期寿命、教育完成率、人均国民生产总值和其他一些发展指标来看,过去的 25 年导致大部分非洲地区人民的生活水平陷入了彻底的倒退中(Ferguson,1999;Arrighi,2002)。最近,世界银行和国际货币基金组织承认了 SAPs 的失败

（尽管它们还在继续推动类似的改革）（SAPRIN，2004）。这些事实令很多人如梦初醒，使得原本反对国家提供社会服务的国际言论发生了重大改变。减轻贫困（poverty alleviation）的计划和项目，包括那些基础社会服务由公共提供的计划和项目开始覆盖早期的新自由主义国家改革形式。甚至一些欧洲国家现在也呼吁支持实施 SAPs 的贫穷国家承担基础社会服务的责任，比如教育。

　　这种转变引起了国际发展教育经费在整体上的增长，重新回到了 20 世纪五六十年代全盛期的水平。不仅仅是教育的国际资源有所增加，在世界全民教育大会过后，很多国家（比如马拉维、乌干达和肯尼亚等）建立起全民教育式的免费基础教育系统（通常是作为官方的政治民主化进程的一部分），现在它们年度财政预算的四分之一以上被投入在教育上。非政府组织在这些贫穷国家的发展教育活动中的参与度迅速上升，不同组织之间的合作交流更加频繁（Mundy & Murphy，2001）。社区也向儿童教育投放大量的资源（在某些情况下，投入更多的资源），部分原因是他们认为在一个日益全球化的环境中，教育能为他们的儿童提供更多向上流动的机会。

　　这些援助资金的增加反映出人们对正式教育越来越多的信任和要求。正如很多作者所说，教育再次被视为发展的"灵丹妙药"（Vavrus，2003），人们期望正式教育能完成所有事情，包括促进经济增长、预防新的艾滋病病毒感染、创造小而健康的家庭、培养有民主意识的公民等。尽管在所有社会服务领域中，越来越多的压力迫使人们将教育部门视为市场，将教育服务视为一种可交易的商品，但是教育依然是一种社会服务，其中国家扮演着最为可行的、能得到国际支持的、公共的角色。这在一定程度上是因为国家提供教育的做法在美国和欧洲有一段很长的历史，还因为很多历史模型将学校教育看作民族国家公民的（再）生产者，以及人们一直将基础教育直接理解成人力资本的发展。

　　随着教育发展领域的行动者和资源增多且变得多元化，出现了基础教育的毕业生叫嚷着要进入中等学校这样的政治现实，以及投资基础教育的变革作用被证实低于预期，人们需要一种更加"均衡"的教育资助机制。在教育领域中，这被转化成对促进基础教育公平、降低中等和高等教育门槛的支持，以及不断增长的对幼儿教育和成人教育的话语支持。至于落实的机构，主流的新自由主义理性继续动摇着政府在国际发展中作为核心发展伙伴（central development partner）的地位。非政府组织继续被很多国际政府组织视为比各国中央政府更具代表性和更为高效的发展伙伴，越来越大比例的国际发展资金援助通过非政府组织而不是国家的渠道实现（Hearn，1998；Makoba，2002）。类似地，随着去中心化改革（decentralization reforms）的不断推进——这通常由国际组织"激发"的，中央政府和非政府组织在筹集资金上面临新的来自地方政府的竞争。

　　发展实践的批评家在 20 世纪八九十年代呼吁的"参与式方法"，现在至少在话语上完全融入了大部分发展规划的实践中（World Bank，1996）。部分批评家将这视为对激进批评的一种妥协和拉拢（co-opting），另外一些批评家则认为这是发展组织为改善它们实践所做出的真诚努力（Kendall，2007）。从更广泛的范围来看，国际发展教育被整合到发展变革的全球计划（比如"联合国千年发展目标"）和减轻贫困的框架文件中，现在已经影响到大部分双边和多边组织对新的发展活动的资金援助。在这两种情况下，教育通常以两种方式结合在其中：一是呼吁所有人都能接受基础教育，二是呼吁正规教育中的两性平等，进而促进在发展和机会上的平等（Mundy，2006）。减轻贫困的方法与全方位的援助方式、共同财务预算（Walliser，2002）一起使发展资源集中和聚拢在少数的国家中。

　　发展教育领域中新的行动主体，比如家族基金会、个人捐赠者、地方政府、私人组织、社区组织和大学，以及这个领域的新问题，比如艾滋病病毒和艾滋病、幼儿教育、教育质量、儿童中心的教育方法，受到越来越多的关注（Tabulawa，2003）。或许最重要的新关注点是改善课堂内的资源和实践，即影响传统教育"黑盒子"的变革。在这方面的大部分努力中，学生的学习是衡量教育成功的最终标准(通常是通过标准化测试来衡量),比如,美国国际开发署最近的一个教育项目——马拉维教师培训活动(Malawi Teacher's Training Activity, MTTA)提供岗前和在职的培训,对英语、科学、数学、生活技能等教育领域提供支持,同时也力图实现课堂中的性别平等。它通过向岗前教育提供培训资料、培训学校人员运用当地资源去开发自己的在职培训课程和教学/学习材料,利用教师发展中心(Teacher Development Centres)的国际资源提供课本以使教师能更新他们的学科知识,组建一支流动的教育培训队伍,通过跨校区交流创新的实践和理念为改善教学提供支持。这个项目的效果主要通过学生和教师在针对学科知识进行的标准化测试中所获得的分数的增长来衡量。

讨　论

在全球化的利益驱使下,特别是教育在创造和传播信息、机会,国家和劳动者的竞争力及个体特质(比如灵活性)上所扮演的角色,使得国际发展教育得以复兴(Crossley, 2000)。但它们也动摇了这个领域在过去50年的理论根基。这其中最重要的可能是对个体和民族国家的持续关注,并将它们当作国际发展教育中分析和行动的核心单位。鉴于全球化在经济、政治和社会凝聚力方面对国家和人民的实际影响,这似乎是非常短视的。关于非政府组织、私营企业、次级和地区性行动者和机构、地方和/或国际劳动市场应该扮演何种角色的讨论指出,多样化的日常教育和生活不再由国家组织或在国家以内组织,传统发展问题——进步、改善生活和平等——不再能在一国之内得到有意义的讨论(如果它们曾经可以的话)。越来越多关于全球化和教育的文献(Carnoy & Rhoten, 2005; Welmond, 2005; Suarez-Orozco & Qin-Hilliard, 2004; Burbules & Torres, 2000; Stromquist & Monkman, 2000; King & Buchert, 1999)强调教育实践中所涉及的决定在本质上是全球性的(尽管这些教育实践有所差异),同时一篇关于全球想象(global imaginaries)的文献(参见Ferguson, 2002)指出人们对归属感和机会的理解发生了转变,发展教育的研究者和项目很少会提到这一点。

这些变化将会动摇经济和人权的理论根基,它们从一开始就主导着发展教育领域,不过这或许是一件好事。广义的发展、狭义的发展教育,对这两者的批评一直以来都忽略了一个真正的必须得到解答的问题,即发展教育应该是什么以及它对人们的生活有何种意义。很显然,这样的讨论不可能再像过去对西欧和美国所做的那样,对任何一个国家或地区提出的问题做出回应并满足其需求。同样也不会有单一的想象,并且现在那些被看作理所当然的教育模式和目标,教育与国家、市场、社会的关系,以及权力、权威、生存的国际关系,都处于不断的变动当中。用于发展教育的资金在增长,有理由相信这些资金能(通过"国际"和社区的渠道)对人们的生活甚至是那些贫穷国家的贫苦大众,产生积极的影响。比如上面提到过的马拉维教师培训活动,已经深深地影响了一些目标学校的课堂体验以及教师和学生的教育结果,它积极地转变了学生、教师、父母和地方官员之间的权力与权威关系,通过这种方式既使教师愿意以多种方式进行学习(包括教师之间的学习和向学生学习),也提高了社区对教师和学校的支持。这些转变继而影响到课堂,使学生获取到非常不一样的关于学习、权威、知识和成功的信息,而这些信息有可能赋予学生力量。比如,教师在课堂上创造机会让学生去体验学习领导者的角色,去观察在创造知识的过程中教师之间、教师与其他社区成员间的共同合作。

当援助"接受者"参与到发展教育实践每个阶段的设计过程(规划、实施、监督、评估),特别是他们能在制定活动的预期目标的过程中起到作用,这时候最有可能产生这样的积极效果。当创新萌芽时给予它足够的时间去发展和改善,提供足够的资金和再给一段足够长的时间让它制度化,在这样的情况下,积极效果也很有可能出现。这个资金援助和理论化的周期通常需要 3—5 年,在国际发展领域很少出现。

同样在支持国际发展教育上,我们有理由保持谨慎。首先,即使按照发展的标准,很多发展教育的项目和计划也都是失败的。从整个发展领域看,失败可能比成功还多,这些失败实际上还可能对其目标群体的生活直接(比如将更多儿童送进了不健康的教育环境)或间接(比如使国家更加依赖国际资金去履行资助教育的承诺,将更多的国内经费用在偿还债务上)地造成负面影响。甚至很多成功的发展教育也只是表面上的。比如,一份关于美国国际开发署对马拉维教育援助的报告表明,这些项目虽然达成了它们的官方目标(比如改善教师培训),但却难以产生更广泛的影响,因为很多学生甚至无法按照常规的时间安排运用基本的教学材料在教室中上课 (Anzar *et al.*, 2004)。

其次,教育是一项至关重要的人权还是改变穷人生活的经济投资,这是值得我们去认真思考的问题。当贫穷国家将四分之一的预算花在了教育上,它们国民的生活体验却没有发生重要改变,我们需要质疑继续对教育投资进行国际援助背后的假设。

再次,在现在的模式中,西方教育对于个体来说,就是个体成功地取得进步(或者更常见的是失败),以此作为他们正式教育经验的一种结果。因此,正如马克思主义理论家在 20 世纪 70 年代所说,这可能成为一个束缚人的系统,而不是一个解放的过程。发展教育资源并没有回应全球不平等的问题,它们再次将个体和国家视为进步与否的分析单位。

居住在欠发达国家的人民关心的很多问题,比如如何同心协力生存下去,如何保持健康和治疗疾病,如何获得日益私有化的资源,如水和土地,如何将道德、文化、信仰的实践传递给下一代,都没有进入国际发展教育的关注范围。

欠发达国家以非常理性的方式去回应这种现实。对于少数族裔来说,教育对地域迁移至关重要,进而关系到个体和家族的生存问题。对于他们来说,持续的教育投资是合情合理的。然而对于其他人来说,无论学校教育能不能提供对日常生存和繁衍有用的技能和课程,学校教育都只是一个短暂的过程。在一些国家,既没有正式的劳动市场,也没有农业以外的发展机会,且没有迁移到发达国家的更多机会,学校教育与日常生活需要和未来机会的联系似乎断裂了。世界上一些贫穷国家的入学率在不断降低,另一些国家的辍学率也在不断攀升,这就不足为奇了。

国际发展界一直在寻找另外一种“灵丹妙药”:可持续的环境? 全球健康? 未来社区、国家和国际行动者在教育上能提供多少的援助资源,取决于这个领域有多大能力为各式各样的行动者和机构创造一个想象的空间去重构关于教育、平等、个体和族群的生存与繁盛的全球关系。这至少需要我们积极地探索那些超越现在盛行的新古典主义正统经济学(neoclassical economic orthodoxy)(Harriss, 2001)和人权理论的理念,去回应人们在不断变化的生活、生存策略和梦想上各不相同的现实。从这些可以看出,国际发展教育实践在形态和范围上有可能成为赋权增能的教育实践的一部分。

参考文献

Adams, D. (1977). Development education. *Comparitive Education Review*, 21(2/3), 296 - 310.

Alderman, H., Canagarajah, S. & Younger, S. (1992). *Consequences of permanent lay-off from the civil service: Results from a survey of retrenched workers in Ghana*. Cornell Food and Nutrition Policy Program Working Paper, Ithaca: Cornell University.

Altbach, P. (1971). Education and neocolonialism. *Teachers College Record*, 72(4), 543 - 558.

Altbach, P. & Kelly, C. (Eds.) (1978). *Education and colonialism*. London: Longman.

Anzar, U., Harping, S., Cohen, J. & E. Leu. (2004). *Retrospective pilot study of USAID-funded education projects in Malawi*. EQUIP 1 publication. Washington, DC: Academy for Educational Development.

Archer, D. (1994). The changing roles of non-governmental organisations in the field of education (in the context of changing relationships with the state). *International Journal of Educational Development*, 14(3), 223-232.

Arnove, R., Torres, A., Franz, S., & Morse, K. (1996). A political sociology of education and development in Latin America: the conditioned state, neoliberalism and educational policy. *International Journal of Comparative Sociology*, 37(1-2), 140-159.

Arrighi, G. (2002). The African crisis. *New Left Review*, 15, 5-36.

Balogh, T. (1964). The economics of educational planning: Sense and nonsense. *Comparative Education*, 1(1), 5-17.

Balogh, T. (1966). *The economics of poverty*. London: Weidenfield & Nicolson.

Beneria, L. & Sen, G. (1981). Accumulation, reproduction, and "women's role in economic development": Boserup revisited. *Signs*, 7(2), 279-298.

Bennell, P. & Furlong, D. (1997). *Has Jomtien made any difference? Trends in donor funding for education and basic education since the late 1980s*. Brighton: University of Sussex Institute for Development Studies.

Buchert, L. (1995). *Recent trends in education aid: Towards a classification of policies*. Paris: UNESCO/International Institute for Educational Planning.

Burbules, N. & Torres, C. (Eds.) (2000). *Globalization and education: Critical perspectives*. New York/London: Routledge.

Carnoy, M. (1977). *Education as cultural imperialism*. New York: David McKay.

Carnoy, M. (1995). Structural adjustment and the changing face of education. *International Labour Review*, 134.

Carnoy, M. & Rhoten, D. (2005). What does globalization mean for educational change? A comparative approach. *Comparative Education Review*, 46(1), 1-10.

Chabbott, C. (2003). *Constructing education for development: International organizations and education for all*. London: RoutledgeFalmer.

Colclough, C. (1991). Who should learn to pay? An assessment of neo-liberal approaches to education policy. In C. Colclough & J. Manor (Eds.), *States or markets? Neo-liberalism and the development policy debate*. Oxford: Clarendon.

Collier, P. & Dollar, D. (2000). *Can the world cut poverty in half? How policy reform and effective aid can meet the international development goals*. Development Research Group. Washington, DC: The World Bank.

Corby, R. (1981). Bo school and its graduates in colonial Sierra Leone. *Canadian Journal of African Studies*, 15(2), 323-333.

Cornia, A., Jolly, R. & Stewart, F. (Eds.) (1987). *Adjustment with a human face*, Vol. 2. Oxford: Clarendon.

Crossley, M. (2000). Bridging cultures and traditions in the reconceptualisation of comparative and international education. *Comparative Education*, 36(3), 319-332.

Easton, P. & Klees, S. (1992). Conceptualizing the role of education in the economy. In R. Arnove, P. Altbach, and Kelly, G. (Eds.), *Emergent issues in education: Comparative perspectives*. Albany: State University of New York Press.

Escobar, A. (1995). *Encountering development: The making and unmaking of the third world*. Princeton, NJ: Princeton University Press.

Esteva, G. (1992). Development. In W. Sachs (Ed.), *The development dictionary: A guide to knowledge as power*. London: Zed Books.

Fagerlind, I. & Saha, L. (1989). *Education and national development: A comparative perspective*, *2nd ed*. Oxford: Pergamon.

Federal Ministry for Economic Cooperation and Development (2007, August 18). *Approaches and players: bilateral development: The direct approach to the partner*. Retrieved August 18, 2007 from: http://www.bmz. de/en/approaches/bilateral_development_cooperation/index.html

Ferguson, J. (1999). *Expectations of modernity: Myths and meanings of urban life on the Zambian copperbelt*. Berkeley: University of California Press.

Ferguson, J. (2002). Of mimicry and membership: Africans and the new world society. *Cultural Anthropology*, *17*(4), 551 – 569.

Ferguson, J. (2006). *Global shadows: Africa in the neoliberal world order*. Durham: Duke University Press.

Frieden, J. (1992). *Debt, development, and democracy: Modern political economy and Latin America, 1965 – 1985*. Princeton, NJ: Princeton University Press.

Fuller, B. & Habte, A. (Eds.) (1992). *Adjusting education policies: Conserving resources while raising school quality*. World Bank Discussion Paper No. 132. Washington, DC: World Bank.

Grillo, R. & Stirrat, R. (Eds.) (1997). *Discourses of development: Anthropological perspectives*. Oxford: Berg.

Harriss, J. (2001). The case for cross-disciplinary approaches in international development. *Feminist Economics*, *1*(2), 21 – 46.

Harrold, P. (1995). *The broad sector approach to investment lending: Sector investment programs*. World Bank Discussion Papers, Africa Technical Department Series No. 302. Washington, DC: World Bank.

Hearn, J. (1998). The 'NGO-isation' of Kenyan society: USAID & the restructuring of health care. *Review of African Political Economy*, *25*(75), 89 – 101.

Hill, A. & E. King. (1995). Women's education and well-being. *Feminist Economics*, *1*(2), 21 – 46.

Jubilee USA Network. (2005). *Why drop the debt?* Washington, DC: Jubilee USA Network.

Kaluwa, B. (Ed.) (1992). *The structural adjustment programme in Malawi: A case of successful adjustment?* SAPES Books Monograph Series 3. Harare: SAPES Books.

Keith, S. (1978). An historical overview of the state and educational policy in Jamaica. *Latin American Perspectives*, *5*(2), 37 – 52.

Kelly, G. & Elliott, C. (1982). *Women's education in the third world: Comparative perspectives*. Buffalo: SUNY Press.

Kendall, N. (2007). Parent and community participation in improving educational quality in Africa: Current practices and future possibilities. *International Review of Education*, *53*, 701 – 708.

Kendall, N. (2007). Education for All meets political democratization: Free primary education and the neoliberalization of the Malawian school and state. *Comparitive Education Review*, *51*(3), 281 – 305.

King, K. & Buchert, L. (1999). *Changing international aid to education: Global patterns and national contexts*. Paris: UNESCO.

Kothari, U. (2005). Authority and expertise: The professionalisation of international development and the ordering of dissent. In N. Laurie and L. Bondi (Eds.), *Working the spaces of neoliberalism: Activism, professionalization, and incorporation* (pp. 32 – 53). Oxford: Blackwell.

Lewin, K. & Little, A. (1984). Examination reform and educational change in Sri Lanka, 1972 – 1982: Modernisation or dependent underdevelopment? In K. Watson (Ed.), *Dependence and interdependence in education: International perspectives*. Beckenham: Croom Helm.

Little, A. (2000). Development studies and comparative education: Context, content, comparison and contributors. *Comparative Education*, 36(3), 279－296.

Lockheed, M. & Verspoor, A. (1991). *Improving primary education in developing countries*. Washington, DC: Oxford University Press, for the World Bank.

Lumsdaine, D. (1993). *Moral vision in international politics: The foreign aid regime, 1949－1989*. Princeton, NJ: Princeton University Press.

Makoba, J. (2002). Nongovernmental organizations (NGOS) and third world development: An alternative approach to development. *Journal of Third World Development*, 19(1), 53－64.

Manzo, K. (1991). Modernist discourse and the crisis of development theory. *Studies in Comparative International Development*, 26(2), 3－37.

Masemann, V. (1982). Critical ethnography in the study of comparative education. *Comparative Education Review*, 1, 1－15.

Meyer, J. (2000). Globalization: Sources and effects on national states and societies. *International Sociology*, 15, 233－248.

Meyer, J., Ramirez, F., Rubinson, R. & Boli-Bennett, J. (1977). The world educational revolution, 1950－1970. *Sociology of Education*, 50(4), 242－258.

Mundy, K. (2006). Education for all and the new development compact. *Review of Education*, 52, 23－48.

Mundy, K. & Murphy, L. (2001). Transnational advocacy, global civil society? Emerging evidence from the fifi eld of education. *Comparative Education Review*, 45(1), 85－126.

Poerksen, U. (1985). *Plastic words: The tyranny of a modular language*. University Park: Pennsylvania State University Press.

Psacharopoulos, G. (1985). Returns to education: A further international update and implications. *Journal of Human Resources*, 20(4), 583－604.

Psacharopoulos, G. (Ed.) (1987). *Economics of education: Research and studies*. Oxford: Pergamon.

Ramirez, F. & Boli, J. (1987). The political construction of mass schooling: European origins and worldwide institutionalization. *Sociology of Education*, 60(1), 2－17.

Rankin, K. (2001). Governing development: Neoliberalism, microcredit, and rational economic woman. *Economy and Society*, 30(1), 18－37.

Ratcliffe, M. & Macrae, M. (1999). *Sector wide approaches to education: A strategic analysis*. London: Department for International Development.

Reimers, F. & Tiburcio, L. (1993). *Education, adjustment, and reconstruction: Options for change*. Paris: UNESCO.

Resnik, J. (2006). International organizations, the "education-economic growth" black box, and the development of world education culture. *Comparative Education Review*, 50(2), 173－195.

Rist, G. (1997). *The history of development: From Western origins to global faith*. London: Zed Books.

Sagasti, F. & Alcalde, G. (1999). *Development cooperation in a fractured global order: An arduous transition*. Ottawa: International Development Research Centre.

Samoff, J. (1999). Education sector analysis in Africa: Limited national control and even less national ownership. *International Journal of Educational Development*, 19, 249－272.

Schraeder, P., Hook, S. & Taylor, B. (1998). Clarifying the foreign aid puzzle: A comparison of American, Japanese, French, and Swedish aid flows. *World Politics*, 50(2), 294－323.

Schultz, T. (1953). *The economic value of education*. New York: Columbia University Press.

Sheffield, J. (1972). Nonformal education in Africa: Micro-solutions to macro-problems? *African Studies Review*, 15(2), 241－254.

Sparr, P. (Ed.). (1994). *Mortgaging women's lives: Feminist critiques of structural adjustment*. New York: St. Martin's Press.

Stromquist, N. & Monkman, K. (Eds.) (2000). *Globalization and education: Integration and contestation across cultures*. Boulder/New York/Oxford: Rowman & Littlefifield.

Structural Adjustment Participatory Review International Network (SAPRIN). (2004). *Structural adjustment report: The policy roots of economic crisis, poverty and inequality*. London/New York: Zed Books.

Suarez-Orozco, M. & Qin-Hilliard, D. (Eds.) (2004). *Globalization, culture and education in the new millennium*. Berkeley/London: University of California Press.

Tan, J., Lee, K. & A. Mingat. (1984). *User charges for education: The ability and willingness to pay in Malawi*. World Bank Staff Working Papers No. 661. Washington, DC: World Bank.

Tabulawa, R. (2003). International aid agencies, learner-centered pedagogy, and political democratisation: A critique. *Comparative Education, 39*(1), 7-26.

Therkildsen, O. (2001). *Efficiency, accountability and implementation: Public sector reform in East and Southern Africa*. Geneva: UNRISD.

Tilak, J. (1988). Foreign aid for education. *International Review of Education, 34*(3), 315-335.

Torres, C. (2002). The state, privatisation and educational policy: A critique of neo-liberalism in Latin America and some ethical and political implications. *Comparative Education, 38*(4), 365-385.

United Nations. (2005). *Millennium development goals*. New York: United Nations.

Vavrus, F. (2003). *Desire and decline: Schooling amid crisis in Tanzania*. New York: Peter Lang.

Walliser, J. (2002). *Technical cooperation in joint budget financing arrangements: Requirements, experience, and perspectives*. InWEnt speeches and issues notes series. Presented at the InWEnt Conference, 2004. Retrieved September 15, 2007 from: http://www.inwent.org/ef-texte/challenges/walliser.htm

Weiler, H. (1978). Education and development: From the age of innocence to the age of scepticism. *Comparative Education, 14*(3), 179-198.

Welmond, M. (2005). Globalization viewed from the periphery: The dynamics of teacher identity in the Republic of Benin. *Comparative Education Review, 46*(1), 37-66.

World Bank. (1996). *World Bank Participation Sourcebook*. Washington, DC: World Bank.

26. 经济合作与发展组织及教育政策的全球转变[①]

法扎尔·里兹维(Fazal Rizvi)

鲍勃·林嘉德(Bob Lingard)

引　言

　　1994 年,经济合作与发展组织(OECD,以下简称"经合组织")发表了一份非常重要的教育工作报告。这份报告的作者不是别人,正是一直以来受到高度评价,分管教育的时任社会事务部副部长乔治·帕帕佐普洛斯(George Papadopoulos)。报告的基调虽然是庆功性质的,但帕帕佐普洛斯还是仔细考察了从 1960 年到 1990 年经合组织在教育行动方面的规划和实施情况,并将其置于经合组织对经济政策更广泛关注的大背景之下。他提出,这一时期的教育工作以争议不断和政策焦点的多次转变为特征。例如,在 20 世纪 60 年代,教育质量和人力资源开发是教育工作的主要问题,而到了 70 年代,这一问题则被教育机会均等和教育民主化的关注所取代(Papadopoulos,1994：202)。

　　然而到了 80 年代末期,帕帕佐普洛斯注意到,经合组织内部正在发生着进一步的变化,教育政策再次更加密切地与经济的绝对命令结合起来了。他指出,知识的指数性增长和快速的科技变革,经济重建和劳动力市场的变化,对于政府在公共政策的制定和拨款中所起作用的看法所发生的改变,新产生的对于社会平等和凝聚力的关注,由市场驱动、消费取向的社会,以及各国之间政治、经济和文化间日益增长的相互依赖性,等等,都不可避免地要求经合组织的教育政策工作做出改变。

　　但是,在 1994 年,帕帕佐普洛斯并未意识到这些转变的影响将会如此广泛和深远,从而既改变着经合组织所工作的大背景,也改变着经合组织对这个背景进行解释和回应的方式。例如,"全球化"的问题并不是帕帕佐普洛斯分析中的重点,而他认为的当代文化中必不可少的一部分——"新人文主义"甚至根本没有出现在经合组织当前的议程中。1960—1990 年,经合组织教育工作的重心如教育平等和社会凝聚力,虽然并没有被抛弃,但被彻底地重新阐释而赋予新的意义,成为与新词汇"知识经济"相联系的经济政策的工具。此外,尽管经合组织依旧关注教育改革、问责制和社会效率等议题,但再也不把它们当作哲学争论,而当作可以应用其日益增加的专业技术的议题。

　　值得一提的是,经合组织的工作如今扎根于新的多边体系中,这个体系由各种国际政策网络组成,其中还包括经合组织成员国以外的其他国家和地区。

　　在本文中,我们试图解决两个问题:第一,理解当代的全球化进程如何影响经合组织的教育政策工作。第二,反过来,经合组织在意识形态上如何命名和指称这些进程,并且如何运用一种改革的意识形态性的新词汇——按照泰勒(Taylor,2004)的说法,我们称之为"社会想象"(social

　　①　本篇文章是对受澳大利亚研究理事会资助、由 Miriam Henry、Sandra Taylor、Fazal Rizvi 和 Bob Lingard 进行的项目和研究成果《经济合作与发展组织,全球化和教育政策》(The OECD, Globalisation and Education Policy, Henry et al.,2001)的扩展和延伸。有关 PISA 的一节还借鉴了欧洲科学基金会(ESF)的欧洲合作研究项目(Eurocores)的成果,该项目的英国部分是由英国经济与社会研究委员会(ESCR)资助的(RES‐00‐23‐1385)。Bob Lingard 对同事 Sotiria Grek 所做出的贡献表示感谢。

imaginary)——来引导其成员国和非成员国迈向它所偏爱的教育观念,转向它在监测教育表现方面日益发展的专业技术。

历史背景

经合组织的前身是欧洲经济合作组织(the Organization for European Economic Cooperation, OEEC),成立于 1961 年,受到致力于欧洲经济重建的马歇尔计划的资助。经合组织有各种各样的甚至同时拥有的代称:一个智囊团,一个地理性实体,一个组织架构,一个政策制定的论坛,一种政策制定者、研究人员和顾问组成的联络网,一种影响力的范围,等等(Henry et al.,2001: 1)。正式来说,经合组织把自己看作是一个由世界上 30 多个最发达的国家所构成的政府间组织,这些国家生产和提供了全球三分之二的商品和服务,并且坚持市场经济和多元民主的原则(OECD,1997)。经合组织公约的第一款要求其成员国推行组织所制定的政策,促进并发展建立在多边的和非歧视的基础上的世界经济和贸易。

虽然经合组织主要是一个经济组织,但是在它创立之初就强调教育在经济和社会发展中必须起到的作用。然而,在经合组织内部,关于经济政策和教育政策以何种方式相联系的问题一直争议较多。尤其是在 20 世纪七八十年代,欧洲国家试图"调和"处于主导地位的美国的市场自由主义理论,用其独特的社会民主议程来取代后者,拒绝使教育和社会政策从属于经济政策,或者把其当作经济政策工具。哈斯(Haas,1990:159)提出最好把经合组织看作是"美国和欧洲国家之间相当不一致的妥协",尤其是在教育在总体政治中所起到的作用方面。

确实,正如帕帕佐普洛斯指出的(1994:11),经合组织最初的纲领中并没有从结构上给教育一个独立的地位,尽管教育一直被认为具有"某种推断性的作用"(inferred role)。这种作用产生于将经济生产力和教育投资结合起来的早期人力资本的表述,接着又局限到提高科学和技术人员的能力,再延伸开来,就涉及了学校中科学及数学教育的完善和拓展。因此,有关教育的活动最初是在经合组织科学和技术人才办公室的名义下主持的,而办公室的创建又源自欧洲经济合作组织之前的关键工作,即在当时与冷战相关的地缘政治问题的背景之下,研究北美和欧洲之间的技术差距。

直到 1968 年,经合组织才成立了教育研究及创新中心(Centre for Research and Innovation, CERI),这一方面是由于经合组织内部对经济增长"质的"方面的逐渐认可——将其视为"创造更加美好的生活条件的工具",同时也因为对教育的多元目的有了更全面的理解。到 1970 年,经合组织认可了一种范围更加广泛的教育目的,正如帕帕佐普洛斯所说,认可了一种对教育政策不那么"经济主义"的观点,从而能够给教育的社会和文化目的赋予同等的重要性。此后,20 世纪 70年代和 80 年代,通过对经济增长与发展的社会维度和目的的承认,经合组织内部主导性的经济关注有所减弱。

从经合组织的教育工作中可以很明显地看出这一点,它主要分布在四个项目之下:其中两项由教育委员会和教育研究及创新中心理事会主持,另外两项则更专业,分别是教育建设项目(Programmes of Educational Buildings)和高等教育的制度管理(Institutional Management in Higher Education)。在 20 世纪七八十年代经合组织倡导的项目中包括了对下列问题的分析:学校教学和课程、教育劣势、多元文化教育、女孩教育、语言多样性、替代性教育、早期教育、学校和工作的联系、学校和社区的关系、青年就业、边缘青少年(youth at risk)、残疾学生、教师教育、教育和表现指标、教育经济学、教育技术、回流教育、终身学习和成人素养。

这些主题基本上支持了成员国向经合组织提出的国家议程。它们显示出经合组织在决策制定过程中所遵循的双方自愿的原则——成员国有极大的自主性，可以决定以何种方式利用经合组织所提供的资源进行主题审查或国家审查。这些评述表明经合组织是一个博大的意识形态教堂，它尊重意识形态立场的多样性。帕帕佐普洛斯(Papadopolos，1994)认为，如果把经合组织看作纲领狭隘且一成不变的同类联盟，就无法认识到它实现的教育成就，也无法理解充斥在各种论坛中的争论，以及支撑其经济发展和社会发展纲领的多种意识形态层次。

这并非否认在经合组织内部有深刻的意识形态冲突。20 世纪 90 年代中期以前的任何一篇对经合组织委员会或其秘书处内部争论的分析都可以反映社会民主主义和新自由主义政策立场之间的意识形态裂痕。然而，这些冲突都通过经合组织独特的工作方式得以解决：经合组织没有任何规定的授权功能，其运作方式体现它"透明的传统：为政策提供解释和辩护，进行批判式的自我评价"(OECD 1998)。正如马腾斯等人(Martens，*et al.*，2004：15)所说，经合组织既无对其成员有法律约束力的授权，也没有财政来源来推行政策的实施。"各国政府的互相检查、多方监督和同伴压力来促进遵守约定和进行改革"，经合组织正是通过这样的途径来发挥其影响力。

最近的转变

20 世纪 90 年代以前，经合组织教育工作的特征可以被总结为一场促进经济效率、加速经济增长和扩大教育社会目的之间的斗争，对此，帕帕佐普洛斯给出了令人信服的历史解释。然而，我们想说明的是，从 90 年代中期开始，这一冲突就不那么明显了，因为教育再次并且越来越多地被从工具的层面来看待，被当作经合组织的首要兴趣——经济的女仆。教育越发关注变化了的环境，并且有了全球化和知识经济话语的武装，如今经济效率的视角主宰着经合组织的教育工作，使其日益受到技术和数据的驱动，这些变化取代了先前关于教育多元目的的规范性争论。

同样地，经合组织运作的方式及与其成员相联系的方式也发生了改变。从经合组织的声明中可以明显地看出这一点：

> 经合组织在世界经济全球化的过程中获得了巨大的发展，它通过接受新成员和对话活动实现了自身的全球化……此外，随着全球化的挑战和机遇成为经合组织成员政策制定者的头等大事，分析全球化进程中的各个方面及其政策含义已经成为经合组织工作的核心主题。(OECD，1996a：15)

准确地讲，经合组织现在断言，"对于不断全球化的世界经济而言，其政策要求的许多方面都存在着广泛的共识"。这样，经合组织在重新定义其政策项目与重构自身及其成员关系的过程中，充分运用了"全球化"的概念，并且指示和规定了其成员如何诠释和回应"全球化"压力，以及如何利用全球经济所提供的机会。

然而，经合组织用这种方式表述"全球化"的逻辑时，似乎要把所谓的"全球化""实体化"为一种经济关系，并将其看作是不证自明的和必然的。这就会掩盖"全球化"概念背后的一些规范性假设，将其视为超越了政治的分歧与争端。然而，"全球化"是一个极具争议的词语，它指的是一系列的社会进程。确实，用各种对立的方式诠释"全球化"是完全有可能的(Held & McGrew，2005)。经合组织对"全球化"的看法似乎从概念上把市场关系冠以首位，并用以指称这样一套意味着市场、民族国家和技术将不可阻挡地一体化的社会进程。它正确地将"全球化"与交通、通信和数据处理领域的技术革命联系起来，但却仅仅探索它们的经济含义，对其所引发的文化转型则置之不理。

　　不过,到目前为止,经合组织关注到了全球经济的政治方面,认为它具有信息化、网络化、基于知识、后工业化和服务导向的特点。这表明经合组织对国家功能和责任的认识进行了激进的修正(OECD,1995)。它认为过去中央集权的国家官僚机构运行缓慢而且僵化,无法与对跨国资本的新生需求"相同步",因此倡导更加依赖市场的极简主义政府。它力主新的下放权力的治理形式,认为这样才能与全球经济所谓的需求相适应。它认识到不同国家和种族共同体间的文化互动在日益加深,但它认为对于经济增长和发展所必需的社会凝聚力来说,这既是机会也是挑战。

　　经合组织的这种表述有一个问题:它把全球化看作一个客观的不可阻挡的社会进程。这种表述的焦点忽视了一个事实,即全球化同时也是一个主观的现象,它牵涉到对这种关联性的条件做出解释的不同的实际代理人和力量。经合组织不允许这种可能性,即全球化也许是一个蓄意的经济自由化的意识形态计划,以引导人们适应更强的市场力量(Bourdieu,2003);同时,它是建立在这样一种政治学基础之上,即试图引导人们理所当然地接受全球经济运作的方式,理所当然地接受文化、危机、资源和权力形成都要经过其普遍逻辑的过滤的方式。因此,经合组织"本体化"了其所描述的进程,试图培养出这样的主体,使他们透过由其假设的逻辑所形成的概念棱镜来看待政策选项。施拉托和韦伯(Schrato & Webb,2003:1)指出,通过这些术语来呈现的"全球化",界定和确定了特定的权力关系、实践和技术,并"在组织和破译世界意义的过程中扮演着霸权的角色"。

　　鉴于这样的表述,经合组织似乎再也没有兴趣对教育目的进行更为广泛的哲学讨论,而是投身于其所假设的全球化意识形态的规范承诺,用新自由主义市场逻辑的术语来表述教育目的。教育问题的这种去政治化促使经合组织主要用技术性的术语来重新界定其政策工作,关注这样的问题:如何更好地理解所谓"全球化的绝对命令";教育如何成为经济发展更有效的工具;教育体系中的问责制能保证到何种程度;教育如何能培养出这样的社会主体:他们把世界看作是一个相互关联的空间,且信息网络在维持市场活动中扮演着关键作用。

　　确实,在新自由主义经济逻辑下,经合组织如今对教育的重视达到了前所未有的程度,甚至打破多年来所捍卫的传统(Papadopoulos,1994),于2002年专门成立了单独的教育理事会。在创建该理事会的时候,经合组织秘书长强调:"教育是经合组织成员国的优先事务,并且经合组织在这一领域扮演着越来越重要的角色。社会最重要的投资就是对其人民的教育的投资。"(OECD,2004)这种论述显然是基于经合组织对全球经济需求的诠释,其中知识被当作关键因素,而创新和知识的商业化被视为经济发展的主要推动力。

　　经合组织持有这些规范信条,因此,它所探讨的大多数教育政策都聚焦于技术问题也就不足为奇了。这在它2005—2006年的工作计划中表现得尤为明显。该计划建议,经合组织的大多数教育工作必须强调国际可比性的统计和指标,且政策建议的最终结果必须能够同时被用来提高教育体系的质量和公正。经合组织列出的主要关注点有教育机会和结果的公平、质量、择校、公共和私人资助、对学习投资的个人和社会回报,等等。这份清单背后的承诺是,教育是人力资本形成和经济增长的主要因素,因此有关教育的政策研究也应该导向这个最终目的。

工作模式的改变

　　有了如此坚定的信念,经合组织的工作模式发生了实质性的转变。帕帕佐普洛斯指出,1960年到1990年,经合组织的教育工作主要基于国际合作(Papadopolous,1994:14)。经合组织教育委员会也会参与确定那些使这种合作有意义的教育问题。国别教育政策评述则建立在自愿的基础上，从其调查的方法、范围和周期来看，也遵从一种"独特的模式"。秘书处会轮流向教育委员会提出最新的政策焦点，然后委员会被授权围绕这些焦点撰写相关的主题评述。虽然这些评述会给出建议，但是除了提出鼓励和忠告以外，经合组织并没有相应的机制确保这些建议的落实。

近些年来，经合组织虽然保留这种国际合作的修辞表述，但教育委员会的政治工作与由秘书处执行的技术任务之间的平衡已然发生改变。随着对组织的意识形态立场的认识日趋一致，委员会内部的争论不再如往常那般激烈，取而代之的是设置优先的工作重点，关注协调和监控的行政议题。为获取具有可比性的教育表现数据（comparative performance data），经合组织前所未有地投入了更多资源和资金。同样，国别报告也退出了舞台中心，经合组织如今致力围绕表现数据来探究教育公正和结果问题。正如之前提到的，多方监督和同伴压力的理念依然存在于经合组织之中，但在当前的背景下，经合组织坚持认为，政策的有效性需要相互的适应，而对于其成员变得更加透明，能够接受解释、辩护和自我批判来说，"同伴压力"体系是非常必要和重要的（OECD，1998：2）。

经合组织传统上将自己定位成一个独一无二的论坛，以使其成员能够在经济和社会领域检验和形成它们特有的政策。然而，近些年来，通过它与"非成员经济体"（Non-member Economies，NME，经合组织用以指称非成员的专用词汇）的合作，以及在比较表现评价（comparative performance assessment）的专业技术方面所获取的全球性认可，经合组织的影响力和影响范围都极大地扩展了。例如，它的教育理事会与非成员经济体建立了合作联盟。理事会之所以对非成员这么感兴趣是基于这样的认识，即在全球经济活动一体化的背景下，如果不聚焦于比较性问题，不监测转型经济体，尤其是那些如今高度发展的经济体向它提出的挑战，那么经合组织将不可能理解自己成员的经济竞争力。

因此，像中国和印度这类正在转型和快速发展的经济体受到了经合组织的特别关注。之所以发起"全球关系"项目，是因为它认识到在全球一体化的经济环境中，对这些经济体的理解以及与它们的战略性合作对于经合组织成员国的持续性发展有着至关重要的作用。因此经合组织与中国和印度，还有其他非成员经济体都建立了广泛的政策对话和能力建设活动。通过"国家项目"和"区域化路径和全球论坛"等类似的项目，经合组织与非成员经济体分享与其政策争论相关的最佳的政策实践。经合组织还主持关于政策主题的常规国际论坛，涉及知识经济、治理、国际投资、竞争、农业与教育等，但这里的假设是，"在与世界其余部分的关系中，经合组织已经从其传统意义上的'外展服务'转向实现双向交流，即在新的模式下，允许非成员经济体参与经合组织的核心工作，变得与传播经合组织最佳的实践经验变得同等重要"（OECD，2007：4）。根本上，经合组织坚持认为，其全球关系项目的目的是促成全球经济和谐运转，促进共同繁荣，鼓励为制定出更好的公共政策而进行知识共享。

经合组织对全球化的看法促使它与很多其他国际组织建立了正式关系，并声明其目的是向非成员经济体传授经合组织在制度和政策方面的专业知识和技术。例如，它与世界银行和联合国教科文组织共同发起了一项名为"世界教育指标"的项目，旨在提供一系列关于转型经济体的比较教育数据。经合组织在这个项目中的作用是根据它长期以来在表现指标领域的工作实践来提供技术建议。但是鲁特科夫斯基（Rutkowski，2007）指出，经合组织在这个项目中所起的作用是基于其新自由主义理念的，很难把它的专业技术与其关于教育必须在全球经济发展中所起作用的规范性假设割裂开来。

这些规范性假设如今形成了一种全球性的意识形态，充斥在经合组织的教育政策工作中，成为它与非成员经济体和其他国际组织的关系的核心。当然，这发生在一个更加广阔的背景下——如今民族国家之间的联系和工作方式发生了改变。传统意义上的国家，作为世界秩序的基本单元，其特点是相对同质化且目的单一，而如今它已被分离的政策竞技场所取代，并为跨国网络和国内代理及势力所渗透。赫尔德和麦格鲁（Held ＆ McGrew，2005：11）认为，"当今时代见证了治理层次在政治界限内外的扩展和蔓延"，使国家主权转化成了共享的权力。随着新型政治关联模式的出现，"各个政府可选择的政策的范围，以及许多传统政策工具的效用会趋向缩减和减弱"（Held ＆ McGrew，2005：11）。

　　然而，这种多边合作并不是出现在政治中立的领域，而是在以不对等权力关系为特点的空间中发生。信息流和政策理念是偏向最有权势的国家及其政治利益的。然而，国际组织作为信息流和政策对话的促成者在此过程中获得了比先前更大的权力和影响力。过去，经合组织把自己看作是与其成员进行开放对话的一个论坛，而现在它很明显已经成为代表其自身利益的政策主体（Henry *et al.*，2001）。凭借其政策对话议程的建立和数据技术工作，经合组织表现出对某些优先政策的偏爱，这种偏爱现在还被带到它的多边工作中。经合组织围绕知识经济话语提出新的社会想象的举措很明显地反映出了这一点。

对知识经济的社会想象

　　近些年来，泰勒（Taylor，2004）和阿帕杜赖（Appadurai，2000）等学者曾用"社会想象"这个概念来展示"社会想象"如何通过一种看起来像是自然的不证自明的方式来促进和推进意识形态。一种"社会想象"（Taylor，2004）代表一种话语，或是一系列重叠的话语，它同时描述和规范了实践如何围绕政策进行最好的组织这一概念。"社会想象"指向某种特定结果，并围绕一系列规范来加以组织。泰勒认为，社会想象是一个复杂、松散、带有偶然性、由经验和情感因素混合而成的概念，而并不意味着"非常清晰地理解我们这个有着明显特征的世界的整体情况"（Taylor，2004：21）。

　　因此，重要的是，社会想象对我们来说并不仅仅是继承来的已经确定的东西，相反，它长期处于不断的变动中。正是通过这种集体的想象力，话语和制度实践才被创造，被给予某种一致性，从而获取一种理所当然的共通感的特性。阿帕杜赖（1996）分析了社会想象在我们所处的全球化背景下主体性形成过程中所起的作用。在他看来，全球化背景的特征是不同的社会想象、观念和意识形态在全世界、在不同社区间的流动和扩散，电子媒体、大规模人口迁移与资本和劳动力的流动促进了这种扩散和传播。

　　在这种背景下，国际组织在引导人们从主导性的国家叙事转向共享的跨国想象，通过特定政策理念和意识形态的全球性传播，把"不同国家联系起来，把主权转化为共享的权力"的过程中，扮演着非常重要的作用（Held ＆ McGrew，2005：11）。正如布迪厄（Bourdieu，2003）所指出，存在着一种从对全球化的描述性用法向规范性、表现性用法的转化，从而忽略了"知识经济"等概念的政治意义。肯韦等人（Kenway *et al.*，2006：4）指出，"当代知识经济的政策话语以及与之交织的关于知识、信息、学习、经济和社会的观念，其影响力之大以至于攫取了真理的地位，主导着政策词汇，排斥其他类型的经济，甚至拒绝承认它们的存在"。社会想象已然变成了霸权，很难再想象会有别的选择。

　　没有任何组织像经合组织一样在促进知识经济的社会想象方面有如此大的国际影响力。这种想象表明，面对国际竞争和全球压力的情况，教育对于国家经济是至关重要的。在一个日益全球化的经济背景下，知识被认为是经济生产和活动的固有成分。经合组织一直以来在阐述和传播针对知识经济的政策话语，以及教育、创新和研究在其中所应发挥的作用方面发挥着主导作用。确实，它发表于 1996 年的文件《基于知识的经济》(*The Knowledge Based Economy*)奠定了今天描述知识经济的基调。世界银行、联合国教科文组织和欧盟等国际组织和很多国家政府都跟随它的步伐，大量地运用与知识经济话语有关的概念来开发自己的政策建议。

知识经济的话语把有关知识、信息、学习、经济和社会的各种观念融合为一个单一的想象。其主张的权威性既存在于所设想的全球化的事实的最新发展，也存在于新近的经济理论，尤其是新增长理论的进展。新增长理论家，例如罗默(Romer，1986)和豪伊特(Howitt，2000)就曾表示，在全球化时代，经济增长很大程度上依靠技术进步和创新驱动，其中包括将现存知识和人力资本转化为新的改善了的知识产品。区别于早期的知识理论，新增长理论认为知识内生于经济活动，这种理论要求改进知识工作者和资源的利用方式。新增长理论把知识放在经济政策的中心，并且将对研究和教育等知识生产部门的投资作为政策干预的核心。

因此，人力资本发展成为经济增长和竞争力的关键性因素。正如经合组织认为，"要给政府更多压力促使其完善获得各种技能尤其是学习能力的渠道，提升和升级人力资本"(DECD，1996c)。这表明，知识经济需要更多能胜任高技能工作的劳动力，他们要能够有效运用新技术，对变化与创新形成和保持有利的文化态度。在瞬息万变的世界中，这些能力表现为某些行为特点，例如适应性，对组织的忠诚和正直，沟通、信息处理和解决问题的能力，在压力下独立工作的能力，为所做的决策负责，在多元文化背景下工作的能力，利用知识的商业潜力的能力，团体合作能力和具有领导力等。

在知识经济时代，理解社会关系的世界，理解把知识转化为创新和商业上可行的产品的网络，被认为比了解事实和理论更加重要，比正式的、典籍化的、明确的知识更加重要。针对这些假设，福雷和伦德瓦尔(Foray & Lundvall，1996)等新增长理论家认为，一个国家利用知识经济的能力取决于它能以多快的速度变成"学习型经济体"。他们认为，学习不应该局限于利用新技术获取全球知识，还意味着运用技术就如何提高生产力与其他人进行交流。这意味着个人、公司和国家所创造的财富与其学习能力和共享创新能力是成正比的。如此一来，学习必须是持续的，不能仅限制在正规的学校教育中，而应该是终身学习。

所有这些想法构成了一个现在被经合组织大力推广的新社会想象。它将学习的重点从"知道"转向"知道如何"，同时提出主要根据市场来定义、安排、评价和利用学习的新的理解方式。这代表了从社会民主主义到新自由主义取向转变的普遍深化，显示了教育的经济目的优先于其社会和文化目的。如果新自由主义认为自己拥有坚实的几乎无可争议的智力基础，那么它就不会允许提出任何其他价值问题。正如肯韦等人(2006：2)指出，知识经济的话语并没有质疑它所提倡的价值观。此外，他们还认为"知识经济被其他种类经济的幽灵所纠缠"，因为它自己没有检讨其特定的价值观如何获取相对于其他价值观的特权，并认为自己所倡导的优先性、排斥性、矛盾和盲点理所当然。

在其流行的形式中，知识经济的社会想象设想所有人类行为都是以在自由竞争市场内追求经济利益的个体为基础。它假设，经济增长和竞争优势是对人力资本发展的不同程度投资水平的直接结果。它认为，在全球经济中，表现(performance)越来越紧密地与人的知识储备、技能水平、学习能力和文化适应性相关联。因此，它要求用政策干预来提升和加强劳动力的灵活性，不仅要放松对市场的管制，还要改革教育和培训体系，使它们与经济活动变化着的性质相一致。它提出这样一种社会构想，其中，经济关注不仅建构着主体性和社会关系，同时还塑造着治理结构。它鼓励对问责制和监督，以及基于比较表现测量的政策协调模式提出更高的要求，以此来提供有关国际竞争力水平的信息。

国际学生评估项目的蓬勃发展

只有置于知识经济的社会想象这个更大背景之下，我们才能充分理解经合组织主持的国际学生评估项目（Programme for International Student Assessment，PISA）所取得的巨大成功。PISA 测评的基本假设，即一个国家经济的国际竞争力建立在"根据国际标准来判断的国家教育和培训系统的质量"（Brown et al., 1997：7-8）之上。经合组织在使 PISA 成为测量比较表现最准确、合法的手段方面获得了巨大的成功。确实，凭借在教育表现评价领域无可匹敌的专业技术，经合组织已经为自己在国际组织中建立了新的政策专营市场。在年度报告《教育一览：经济合作与发展组织指标》（Education at a Glance: OECD Indicators）和其他报告中，PISA 不仅在其成员还在其他国家和地区确定教育政策优先性的能力日益增强，从而显示了经合组织如今作为政策的行动者和知识的中介者所发挥的重要作用（Henry et al., 2001）。

例如上文提到的，联合国教科文组织和世界银行极大地利用了经合组织为转型经济体的教育体系开发世界教育指标方面的专业能力。经合组织还与欧盟委员会密切合作，为选择和分析包括指标在内的各种类型的数据而开发技术性的基础设施，同时还为许多国家体系提供技术建议。就这样，经合组织成为教育统计领域专业技术方面的主要国际资源。然而，这种专业技能偏爱一种也许可以被称为"数字途径"的政策工作，排除了对教育目的的更为广阔的哲学讨论，相反，只是聚焦于一个输入/输出系统，试图在国家教育体系的效率和效益方面给出政策见解。

在追求和实施这种技术性政策研究的过程中，经合组织不仅成功地把教育的目标转向了知识经济的社会想象，而且对教育提出一个独特的概念——"良好治理"，这一表达掩盖了教育意识形态的根本转变。我们知道，新公共管理理念非常重视通过比较表现的测量来实现"远距离引导"的机制。经合组织在这种理念定位下有效地把教育治理的焦点从教育目的问题转移到了这样一些议题：决策过程中的透明、权力下放的形式、测量教育表现的技术、国际基准、质量保障机制、恰当的问责制度、教育资助来源、有效利用公共资源，等等。从这短短的清单就足以看出大多数议题涉及经济效率，关系到教育体系究竟在何种程度上回应全球经济的劳动力市场需求。

在世界各地，越来越多的国家对照 PISA 所提供的表现数据来评价其教育体系的有效性。测试参与国非常慎重地对待 PISA 结果，把它视为对本国教育体系和人力资本当下和潜在质量的测量。例如，2000 年，德国因其在第一次 PISA 测试中的糟糕表现而经历着明显的教育政策恐慌。而另一方面，芬兰学生迄今为止在所有 PISA 测试的全部科目中的出色表现让芬兰仿佛变成了一个实验室，教育工作者们希望从这里能找到改善自身教育体系的启发。虽然情形不同，但 PISA 实施所围绕的范畴已经很少成为政治争论的主题，因为比较表现和相对排名已经占据了舞台的中心。

PISA 开发于 20 世纪 90 年代，以 1999 年的经合组织报告《测量学生的知识和技能——一个新的评估框架》（Measuring Student Knowledge and Skills — A New Framework for Assessment）为基础。PISA 测评每 3 年进行一次，针对 15 岁将要结束义务教育的学生，主要考察应用性的知识和技能。PISA 考察的是学生在义务教育阶段即将结束时，应用他们所学的知识和技能应对真实生活中挑战的能力。因此，测试并不是基于课程的，而是为一个特定目的而打造的，它跟许多专业机构签约结成联盟，并且受到技术咨询委员会的支持。为了尽可能确保测试的文化公平性和准确的翻译，还进行了很多复杂的测试开发。就这样，PISA 创造了自己的数据，而不是使用各个国家提供的数据来进行国际比较。PISA 认为它对可比性的要求极为关键，要有相称的国际比较空间——统一的测量空间，或者如德斯罗西耶雷斯（Desrosieres，1998）所说的"等效空间"。

在国家框架下，人们总是更关注国家可公度①空间的创建，而不是结构的有效性，更关注可靠性和比较问题，而不是本体论。PISA 也不例外，它声称它已经创建了一个全球可公度空间来测量学校教育体系的有效性，即考察在义务教育结束时学生"把知识应用到实际生活中"的能力。它的设计者表示，PISA 是以一种政策相关的方法来加以建构，它关注的是查明在结束义务教育时学生终身学习的性向。就这一点来看，虽然仍旧可能有一些关于这种测评本质的技术争论，但大多数国内媒体和国际媒体或政府对待 PISA 结果的反应都是更关注表现排行榜和具有可比性的国家排名。通过这种方式，技术问题超越了政治问题，而知识经济这一流行的社会想象也得到了保持。罗斯认为，基于数据的政策就是这样，数据的力量就在于它们"使得进入一个测量、一个量表和一个数字的一系列复杂的判断和决策看不见了，因此也就无可争辩了"(Rose，1999：208)。可以说，如果没有知识经济的社会想象作为其基本主张的补充，那么 PISA 的持续崛起是不可能实现的。

对社会因素的重新表述

PISA 在主要考察阅读、数学、科学和问题解决能力(只在 2003 年)的同时，还要求学生完成一份关于自身背景和学习习惯的问卷，学校的背景如资源配置、规模和课程组织方面的信息也会被收集。这有助于产生对政策非常有用的变量间的相关性数据，例如社会经济背景与成绩表现的关系。社会经济背景与成绩表现之间的关系还帮助在经合组织成员国和其他国家和地区重新点燃关于公平的争论。然而，正如贝利内(Berliner, 2007)指出，PISA 的技术性焦点意味着它本身对公平问题的分析是根植于其对教育的狭隘定义之中，作为进入教育机构的正式途径。但 PISA 的技术性焦点在国内或国际层面都回避了有关教育公平的更为广泛的政治问题。

这大体上反映了经合组织制定教育政策的一般路径。事实上，认为经合组织对与教育相关的社会和伦理问题不感兴趣的看法是不正确的，但是考虑到它对知识经济的社会想象，同样真实的是，它把这些问题都放置在教育的经济目的这个大框架下。因此，它对这些问题的探索是建立在乔治·索罗斯(Soros, 1998)所说的"经济原教旨主义"(economic fundamentalism)的基础上的。经合组织不仅用这种经济原教旨主义的概念棱镜去考察平等问题，甚至会用它来考察道德概念，而那时，这些概念的意义已经被重新表述了。例如，平等已经不再被解释为一种内在的道德目的，而是与人力资本发展和经济利益的自我最大化的工具性目的联系起来。尽管经合组织继续使用这些所谓道德概念，但这项工作越来越多地借助机会、社会资本和社会凝聚力之类的措辞，把这些道德观念视为参与知识经济的必要条件，并重新加以表述。

然而，这种经济原教旨主义没能认识到受教育机会是一个复杂的概念问题，对其特性的纯粹的经济分析永远不足以认识到教育的潜力。因此，虽然正式进入教育机构的承诺与经济效率的概念完全一致，但这不足以实现社会公正。社会公正的概念更广泛，涉及人类社会多元且复杂的运作方式。这或许从男孩、女孩教育的相关问题中可以得到证实。近些年来，包括经合组织在内的很多组织一再强调教育中性别平等的重要性。确实，在为女孩提供更多教育机会方面已经做了很多工作，入学女孩的人数在历史上达到最多，而 PISA 测试的结果反映了男孩在阅读方面普遍较差的现象。对女孩的关注还涉及学校教育的经济成果，即在收入和生涯机会方面同男孩进行比较。

然而，经合组织所提出的性别平等揭示了它偏好那种主要从经济效率和知识经济的需求来加以建构的社会想象。经合组织认为，"对女性投资(包括教育、健康、计划生育、土地获取权等)不仅

---

① 可公度性亦可称为可通度性或可通约性，可公度性是指如果两个量可合并计算，那么它们可被用同一个单位来衡量。——译者注

直接降低了贫困程度,还能带来更高的生产力和更有效的资源利用"(OECD,2006)。这种论断把对性别平等的关注简化成单纯的经济逻辑。可以说这也是性别歧视,因为它把女性当作了实现某种经济目的的手段,而没有认为女性受教育是出于很多原因,包括经济、社会和文化的原因。

另一方面,对教育中的性别平等问题更有力的主张要求,不仅要解决女性接受正规教育的问题,同时还要关注其教育的社会结果问题,以及关于性别关系的更广泛的文化问题。在这里,性别平等的图景产生了决定性的变化。最近的数据显示,虽然接受教育的女孩的数量比过去任何时候都多,但她们所获得的收益却与付出不成正比。例如,近些年来,女性有了更多的机会利用自己的教育经历获得有偿工作。然而这些工作主要集中在全球信息业、全球通信业、全球零售业和全球融资业等服务型经济领域(Scholte,2000:251)。这些领域的工作特点是劳动条件"灵活",而事业前景暗淡,这延续甚至是加深了性别等级。

上述分析表明,超越机会平等的性别平等需要对延续性别不平等的教育进程和社会进程进行一次彻底革新。这种愿望显然只能被比经合组织所提议的教育目的更大的教育目的所激发。因为,经合组织的知识经济的社会想象尽管要求对女性所代表的人力资本进行更好的利用,却并不寻求一种可以重新改变性别关系的社会变革。为了这种变革,需要强调的不仅仅是受教育权和社会的包容,还应强调重新考虑"包容"这个词的重要性。只有这样,我们才会想象那种可能在经济、政治和社会方面针对性别问题进行改变的社会。这种想象不仅要求改变教育的行政管理方式,还要求改变课程与教学,尤其是在全球化背景下,利用其潜力重塑经济和社会关系的模式。

很明显,经合组织对社会问题的兴趣很大程度上是由它对知识经济社会想象的承诺所激发的。例如,经合组织如今推进社会凝聚力工作,不再是因为它在道义上值得去做,而是因为它对经济的可持续性和发展具有必要性。相似的逻辑在经合组织使用"社会资本"这个概念的方式上也很明显。在帕特南(Putnam,2000)的影响下,社会资本近些年来在经合组织界内获得了大量关注。但是汤姆森(Thomson,1999)认为这种兴趣源于三种推动力:第一,回应为了国家竞争力的而巩固人力资本发展的占主导地位的个人主义;第二,承认经济成功需要一定程度的社会凝聚力、稳定和信任;第三,逐渐认识到很多人把经济上的成功与幸福感剥离开来的这种现象。

如此一来,社会资本作为一种处理经济边缘化、社会排斥和社会中逐渐增加的文化差异的政策,似乎就是为了推进经济活动所必需的社会凝聚力。但是这种社会凝聚力观点认为经济效率是首要价值,社会政策和教育政策就是在这种框架下被表述和定位的。这就有效地把平等和社会凝聚力之类的社会概念进行了保留,而不再从道德层面,或是对文化可持续性至关重要的层面考虑问题,认为它们仅对于经济生产力是重要的。因此,在这些概念下表述的教育政策把教育视为管理经济变革的战略工具。社会排斥被解释为参与知识经济的失败结果——原因或是缺乏恰当的经验,或是缺乏有效的治理——而不是更大的社会和文化形态的问题。

结 论

在本文中,我们已经说明了教育政策的两种竞争性观点之间的根本冲突一直存在于经合组织内部。第一种观点从教育的多元目的角度出发,不仅把教育看作经济发展的工具,还把它看作促进民主平等和社会流动的手段。帕帕佐普洛斯非常准确和深刻地描述了这种冲突。帕帕佐普洛斯在经合组织工作的大部分时间以及在他的书中所讨论的,是从社会民主主义的视角来认识教育,关心民主公民的发展,认为他们会以一种批判的明智的方式参与他们的社会。教育被视为一种公共的善,这意味着只有当每一个社会成员都能平等地通过教育充分实现其潜力,社会才能从教育中获得最大的益处。因此,教育的首要目的是培养富有创造力的公民。那时,教育的经济产出也曾得到认可,但这种经济产出是根植于教育在发展一个有凝聚力的民主社会中起着更大作用的框架之中。

我们已经指出,近十几年来,这种教育的观点在经合组织内部已经逐渐让位于另外一种观点,一种强调在日益全球化的市场中教育对于确保经济效率的作用的观点。这种观点要求教育在培养能够为国家和公司的经济生产力做出贡献的工人方面,发挥工具性的作用。它不仅关注个人的需求和发展,还关注教育体系运作的效率问题。其关注重点是放在这个体系是否具有使投资获取足够回报的能力之上,而这个能力是根据教育在培养具备可以提高生产率的知识、技能和态度的工人所做出的贡献来加以评估的。因此,教育既被当作公共的善,也被当作私人的善:说它是公共的,是因为它有助于社会的经济发展;说它是私人的,是因为它在一个竞争性的劳动力市场中服务于个人利益。

我们曾指出,这种教育观点在经合组织内部占优势与全球化的新话语及其对教育政策的影响密切相关的。经合组织从需要反映变化着的全球现实的角度来捍卫了其教育政策工作定位的这一转变。在此过程中,全球化被片面地实体化了,它被视为是必然的,不证自明的,尽管存在着各种形式的全球化。经合组织不仅在自身的政策工作方面按照这种观点进行了相应改革,而且,对于在全球范围内推进和扩展这种观点也起到了重要作用。这是通过发展一种知识经济的社会想象来实现的。这种社会想象是基于这样一种意识形态信念,即社会和经济的"进步"只能通过让教育系统更多地转向满足市场需求来实现,因为在这种市场中,知识比以往任何时候都更加重要。

从工具的角度来如此定义教育的目的,教育便被分配了生产这样的工人的首要任务:他要有基本的识字和计算能力,要灵活、有创意、有企业家精神和多重技能,要了解新信息技术和通信技术,并且能在多元文化环境中工作。与教育有关的社会政策问题例如公平和社会凝聚力问题依然受到经合组织的重视,但其意义已经被重新表述为对培养这些特性以及在全球知识经济中经济的可持续性和发展所必要的社会条件的一种考量。

这种意识形态的转变导致经合组织对其教育政策工作的观点产生彻底的改变。如今,它很少关注有关教育目的的哲学问题的争论,很少关注教育可以发挥其多种作用的社会条件,它更关心的是有关表现管理的技术问题,在教育指标项目中最有代表性的例子就是 PISA。最终,经合组织从帕帕佐普洛斯时代能让其成员就教育问题进行争辩的独特论坛,已经开始变成有其自身利益的政策行动者。它根据自己的意识形态和技术工作,推崇一种特定的更关心经济效率而非社会和文化形态的教育观。

参考文献

Appadurai, A. (1996). *Modernity at large*. Minneapolis：University of Minnesota Press.

Appadurai, A. (Ed.) (2000). *Globalization*. Durham, NC：Duke University Press.

Berliner, D. (2007) Our impoverished view of educational reform. In A. R. Sadovnik (Ed.), *Sociology of education: A critical reader* (pp. 487－516). New York：Routledge.

Bourdieu, P. (2003). *Firing back against the tyranny of the market*. London：Verso.

Brown, P., Halsey, A. H., Lauder, H. & Stuart Wells, A. (1997). The transformation of education and society：An introduction. In A. H. Halsey, Lauder, H., Brown, P & A. Stuart Wells (Eds.), *Education: Culture, economy and society*. Oxford：Oxford University Press.

CERI (2003a). *Knowledge management: New challenges for educational research*. Paris：OECD.

CERI (2003b). *Schooling for tomorrow — Networks of innovation*. Paris：OECD.

CERI (2004a). *Innovation in the knowledge economy: Implications for education and learning*. Paris：OECD.

CERI (2004b). *Measuring knowledge management in the business sector: First steps*. Paris: OECD.

Desrosieres, A. (1998). *The politics of large numbers: A history of statistical reasoning*. Cambridge: Harvard University Press.

Foray, D. and Lundvall, B. A. (eds) 1996. *Education and growth in the knowledge-based economy*. Paris: OECD.

Haas, E. (1990). *When knowledge is power: Three models of change in international organizations*. Berkeley: University of California Press.

Held, D. & A. McGrew (Eds.) (2005). *The Global transformation reader: An introduction to the globalization debate*, *3rd ed.* Cambridge: Polity Press.

Henry, M., Lingard, B., Rizvi, F. & Taylor, S. (2001). *The OECD, globalisation and education policy*. Oxford: Pergamon.

Howitt, P. (2000). *Endogenous growth theory and cross-country income differences*, *American Economic Record*, 90, 829 – 846.

Kenway, J., Bullen, E., Fahey, J. & Robb, S. (2006). *Haunting the knowledge economy*. London: Routledge.

Martens, K., Balzer, C., Sackmann, R. & Waymann, A (2004). *Comparing governance of international organizations: The EU, The OECD and educational policy*. Breman: Unveristat Breman.

OECD (1995). *Governance in transition: Public management reforms in OECD countries*. Paris: OECD.

OECD (1996a). *Globalisation and linkages to 2030: Challenges and opportunities for OECD countries*. Paris: OECD.

OECD (1996c). *The knowledge based economy*. Paris: OECD.

OECD (1997). *Education at a glance: OECD indicators*. Paris: OECD.

OECD (1998). *Annual Report 1997*. Paris: OECD.

OECD (2004). *OECD work on education*. Paris: OECD.

OECD (2005). *OECD work on education 2005 – 2006*. (OECD website).

OECD (2006). *Gender and economic development: The work of Diane Elson. Summary and Comments, Introduction: women and development*. Retrieved in Jan 2006 from: http://www.oecd.org/LongAbstract/0, 2546,en_2649_37419_2755271_1_1_1_37419,00.html

OECD (2007). *The OECD's Global Relations Programme 2007 – 2008*. Paris: OECD.

Papadopoulos, G. S. (1994). *Education 1960 – 1990: The OECD perspective*. Paris: OECD.

Putnam, R. D. (2000). *Bowling alone: The collapse and revival of American community*. New York: Simon & Shuster.

Romer, P. (1986). *Increasing returns and long-run growth*, *Journal of Political Economy*, 94 (5), 1002 – 1037.

Rose, N. (1999). *Powers of freedom reframing political thought*. Cambridge: Cambridge University Press.

Rutkowski, D. (2007). *Towards a new multilateralism: The development of world education indicators*, unpublished PhD Thesis, University of Illinois at Urbana-Champaign.

Schirato. A. and Webb, J. (2003). *Understanding globalization*. London: Sage.

Scholte, J. A. (2000). *Globalization: A critical view*. London: St Martin's Press.

Soros, G. (1998). *The crisis of global capitalism*. Boston: Little, Brown.

Taylor, C. (2004). *Modern social imaginaries*. Durham, NC: Duke University Press.

Thomson, P. (1999). Towards a just future: Schools working in partnership with neighbourhoods made poor. Paper present to UNESCO Conference, *Reforming Learning, Curriculum and Pedagogy: Innovative Visions for the Next Century*. Bangkok, Thailand, 13 – 16 December.

27. 多边银行能否教育世界？

克劳迪奥·德莫拉·卡斯特罗（Claudio de Moura Castro）[1]

这篇论文可以看作是教育者的一份入门读物，因为大多数教育者对世界银行（World Bank，WB）和美洲开发银行（Inter-American Development Bank，IDB）知之甚少。[2] 这篇文章尝试去描绘这些有点神秘又令人敬畏的组织的大致图景。

这两个银行都向很多不同领域发放借贷，且规则和制度大同小异，而本文关注的是教育贷款。缩窄关注点的其中一个结果是免去了一场痛苦的无定论的讨论，即这些银行应该选择哪些领域发放信贷。

这篇论文不是通过阅读书籍和论文得出来的——尽管有些著作有助于将这些问题更好地概念化。[3] 作者曾经是这两家银行的官员，同样也担任过银行外部的观察员。这使得叙述能采取亲身体验的直接视角，并尝试以内部人员的个人经验对其进行解读。本文将尽量避免个人利益和视角对作者的观点造成影响。然而，声称对这些事情保持中立不过是一种天真的想法罢了。

开发银行如何运作

我们需要对多边开发银行背后的逻辑有一个清楚的认识。它们既不是商业银行，也不是由发达国家提供资金和进行管理的机构（尽管这些国家在重要决策上拥有相当大的权力）。

它们的目标是促进经济和社会发展。二战后，它帮助过那些饱受战争摧残的国家。20 世纪 50 年代以后，它主要向发展中国家发放信贷。或许在历史中的某些时刻，经济学家们认为他们知道如何去促进发展。但历史往往证明他们是错误的。如今，任何发展的良方都失去确定性。因而，这样的质疑促使我们更进一步探索他们的努力是否获得成功。

对于这篇文章，我们应该清楚意识到没有任何极端的意见是可以确证的。银行既不是灾难也不是完美无瑕的成功，既不是魔鬼也不是圣人。它们会失败，也会成功。本文的主旨是指明我们观察到的一些共通点。

经济学原理：低息借贷

我们先从一个简单的问题谈起。开发银行在耍着什么样的金融魔术？换言之，纯粹从金融的角度看，它们存在的价值是什么？

数十年前，若干个国家聚在一起决定建立一家属于它们自己的银行，这样它们中的某些国家能以更低的利率借款。但更重要的是，借贷的宽限期可以很长，比如 15—30 年。因此，从一开始它们就是属于政府所有的银行。一些肤浅的评论认为银行不可能是"民主机构"，这是完全不着

① 本文作者 2000—2009 年期间是毕达哥拉斯系统（Pitágoras System）咨询委员会主席，但他一直是世界银行和美洲开发银行的正式工作人员。作者非常感谢里卡多·圣地亚哥（Ricardo Santiago），他也是美洲开发银行的前官员，他阅读了手稿并提出了有用的建议。然而，他并不一定赞同这里提出的所有观点。

② 虽然其他多边银行也类似，但作者对他们并不熟悉。

③ 一些来源是内部备忘录和不打算发表的论文。

调的。在某种意义上它们是民主的，因为它们是由其成员选举出来的委员会行使管理权的。可能有些成员的权力更大，但这是另外一个问题了。

从技术层面来说，它们不是银行。它们更像是信用合作社（credit cooperatives）——只有会员可以借款。或者更确切地说，是参与者的信用合作社。

它们如何运作？如果美国决定借款，它会以最低的利率向市场发行债券。为什么？因为美国在金融市场上是"3A"评级，它的违约风险很小。欠发达国家或地区的金融评级要低很多。因此，如果它们决定发行债券，它们支付的利息要比美国高得多，很多债权人害怕这些国家或地区会发生债务违约。

现在如果拉丁美洲的一般国家想要借款，它支付的利息包含相当大的价差，以弥补违约风险。当世界银行或美洲开发银行在金融市场发行债券时，它们能以市场最低的利率进行。因此，整个"开发银行"的概念不过是一个市场的把戏，使贫穷国家能以更低的利率借款，甚至能比它们依靠自身借款的利率低一半，并且有更长的宽限期。但为了维持收支平衡，开发银行必须额外提高利率，以给员工支付薪水。因为这是一个相当复杂的业务，所以需要众多员工。但多边银行并不以营利为目的，这进一步降低了它的利率。[①]

因此，这个把戏就是建立一个银行，然后把想要借款的贫穷国家和想要展示声誉和可靠性的发达国家拉拢进来。大国——美国、德国、日本和英国——以其信用价值对这个银行进行担保，使其拥有"3A"评级。这个评级使银行能以世界上最低的利率进行借贷。

与大多数人的想法相反，银行并不借出自己的钱。它们把借来的钱借出去。事实上，开发银行借出的甚至不是发达国家的钱。它们借出的钱是从金融市场借来的。因此，美国或者其他任何国家都不会对世界银行的贷款进行补贴。美洲开发银行以及其他开发银行也是这样。美国以及其他一些国家，在一开始提供一笔少量的资金以建立原始的资金储备。银行家知道只要些许资金就可以对金融市场的借贷造成重大的影响。

因此，从这方面看，开发银行就像是商业运作，没有其他的补贴在里面。它们通过发行债券借入资金，然后再以一个能保持收支平衡的利率借出这些资金。

银行这种运作方式的缺点是它们用于捐助的资金非常少。事实上，它们借出 2 亿美元比捐助 2 万美金简单。为什么？因为这些银行获得资金的唯一渠道是在市场上借款。如果它们借款，就必须归还。准确来说，它们还会收到发达国家捐助的少量资金（日本最近成为最慷慨的捐赠者），用于选择性地支持某些项目。但捐助的资金总量只占它们借出资金的很小一部分。

优点是银行的资金非常充足。它们能使很多国家发生改变。它们能为公共预算的可用经费增加一笔资金，如果没有它们的话，国家就不可能获得这笔资金。如果没有贷款，这部分资金就必须通过削减公务员的工资或基础服务的预算来筹集。

无论如何，国家必须偿还贷款

很有意思的是，银行里大部分的专业人员都不太了解银行的业务。如果你问美洲开发银行或世界银行里的任何一个人关于利率的问题，很有可能他并不清楚。这是有原因的。

银行从来不会担心这些贷款的偿还问题。因为如果一个国家不还款的话，它会被国际货币基金组织列入"黑名单"。而被列入这个名单，是一个国家可能会遇到的最痛苦的情况之一。它

[①] 为了简化讨论内容，本文略过了面向该地区最贫穷国家开展的国际开发协会业务。这些贷款使用捐助国直接提供的资金。在使用这些贷款时，捐助国有更大的发言权。

意味着这个国家不能从任何多边或私人银行借款。可能更重要的是，这些国家依然有能力以国际货币基金组织和世界银行作为它们最后的资金来源，也就是说，即使最坏的情况发生了，它们仍然能使用来自这两个机构的资金。

这种严厉的惩罚使得银行能够完全专注于借贷的目的，或者说发展运作的目标。银行官员操心的是发展和实施的计划。简单地说，他们不需要担心信用风险。因此，他们的运作并不像真正意义上的银行。他们不需要知道利率、偿还贷款之类的事情。

从很多方面来看，项目人员并不是四处发钱的好心人，也不是只考虑利息回报、只想赚取他人钱财的银行家。银行官员处理的是发展项目。他们之所以被录用，是因为他们的专业背景使他们能够胜任那些任务。

贷款的准备阶段需要很长时间

在开发银行借出资金之前，它们必须确保这些资金用于明确的项目中，无论是在概念还是实施计划上必须十分清晰。这也是有理由的。

这样能避免对资金的随意乱用，同时也对实施的最佳条件进行规划，包括所有预防腐败的措施。借贷前的第一步是对使用资金的部门进行认真审查。

这种做法的缺点与银行官员的恐惧有关，他们试图保护自己不受松懈和失控影响。在很多情况下，官僚主义的需求远超看似合理的预防措施。

无论什么原因，协商贷款及拟定相关的条款和文件至少需要一年的时间。如果华盛顿拟定贷款条款的人与受援国的代表之间意见不合，则需要更长时间。如果贷款出现问题，或者国家的政府部门效率低下，可能需要数年才能得到批准。

严格的合约防止贷款受到政治变动的影响

所有这些烦琐的办事手续，其优点在于能使贷款资助的项目稳定和持续地进行下去。这一任部长可以宣布从明天起实施一个项目，如向儿童提供牛奶或建设学校，三个月以后，他可能被下任部长所取代，然后新部长又宣布了另一个项目。资金从何而来？当然是从前任部长在五六个月前实施的那个项目上要钱。

但是要变更开发银行资助的项目并不是一件简单的事情。国家做出了承诺，签订了合约，换言之，如果双方完成了所有的麻烦事，准备并签订了项目文件，这时候要取消这个项目也需要一系列的重要程序。这不是一个好主意。除了丢脸以外，贷款的资金也无法用作其他用途，因为这个操作会将资金冻结起来。

数十年来，每使用一美元贷款，国家财富(country treasure)必须相应支付一美元(具体的比例取决于借入国的收入水平)。这是配套资金(counterpart funds)。其中清楚的一点是，贷款合约不仅对发放的资金具有约束作用，还会冻结另外一部分等额的资金。

这种惯例(inertia)使得银行贷款资助的项目，与普通的政府项目相比，更加稳定而可持续。这些项目更加稳健，很少会出现由于部长的变动或管理层一时的政治冲动而被否决的情况。于是，持续性、结构性、自律性和技术支持才有更大的机会展现出来。

贷款的制度设计反映着其他国家在类似的贷款制度上的丰富经验。鉴于技术员工广阔的视野和知识基础，它代表着世界上在贷款方面已知的最好的实践。

另外一个好处是贷款留出的一部分资金，使得国家能够聘用世界上最优秀的人才，而这些人才是非常昂贵的。通常一个国家在政治上是很难聘用如此昂贵的顾问，特别是当地工资水平非常低的时候。但是一个经过精心挑选的专家能发挥很大的作用。

然而，这种惯例也存在缺点，即很难去更改一个不好的计划。不断变化的条件和状况也需要新的策略，而这很难实行。无论好坏，贷款有较高的惰性。

为什么指责开发银行犯下最严重的罪过？

世界银行自顾自地制定政策，然后借出资金而不引起争议，这样的光辉岁月已一去不复返了。今天，有些人指责它成为"新自由主义"邪恶的工具，另外一些人则抱怨它毫无作用。银行官员们很疑惑他们如何同时做到这两件事。现在，作为一家多边银行就意味着你会受到批评，无论你做什么或不做什么。"50年就够了"（fifty years is enough），那些批评家在世界银行成立50周年的时候评论道。

由于害怕惹怒其成员，联合国专门机构已经基本处于瘫痪的状态。相反，世界银行几乎在所有问题上，从结构性调整到避孕措施，都提出强硬的观点和直率的训诫。这相当于从联合国那种模棱两可的立场上解脱出来，与政府和独立批评家的碰撞是不可避免的。

这种思想上的拒斥会是一种意外吗？开发银行的确是奇怪的生物。作为这些机构的前雇员，我们不知道我们是上帝、恶魔、布道者、银行家、带着博士头衔的傲慢的公务人员，或者只是一群无望的可怜的官僚。事实上，我们很可能是这些身份的混合体。

价值和信仰

对世界银行的指责——对美洲开发银行要少一些——一直都在持续，如果有什么不一样的话，那只是得到很多的新闻报道。它们骄傲地宣布扫除贫穷和落后的目标的日子已经不复存在了。很大程度上，它们现在正在为过去的傲慢和狂妄埋单，很显然，它们的承诺超出了它们的能力范围。但并不意味着批评家们是对的。

这些银行通常被指责是"新自由主义的"——形容左派的最有侮辱性质的词。当然，认为在如此重要和微妙的领域中运作的机构要完全与意识形态无涉，是一种天真的想法。完全中立和不可知论都不是它们可以选择的。政策要有意义的话，就必须接受、否定或者承认那些包罗万象的理念，比如自由市场、私有财产、公共干预。因此，无论是隐含还是明示，银行都有自己的意识形态。问题在于这种意识形态在多大程度上能被借款国和批评家们接受。

世界银行和美洲开发银行依然相信温和版本的"华盛顿共识"（Washington Consensus）。但值得一提的是，"华盛顿共识"是一个不断变化的概念。另外，两个银行对它的信仰程度有很大的差异。真正的信仰者在世界银行里，而美洲开发银行则没有那么虔诚，而是更加务实。然而，剥离那些由朋友和敌人强加给这个概念的东西，诸如平衡预算、按时还账、控制通货膨胀之类的原则现在已经是为大多数国家所接受的目标。值得注意的是，约翰·威廉姆森（John Williamson）"华盛顿共识"的原始版本也不过如此（Kuczinski & Williamson, Ch. 10）。

下面列出的是世界银行现有的原则，它们以这样或那样的方式影响着教育贷款（美洲开发银行也是一样，不过是弱化的版本）。

以证据为驱动的政策（对照性证据是现实检验）
成本核算（必须了解成本是多少）

量化(定量越精确越好)

高效(以更少的资源完成更多的工作是一个永恒的目标)

竞争(相信"看不见的手")

市场激励(奖励和惩罚是最有力量的刺激因素)

不补贴(价格反映真正的成本)

私有化(私有制提高效率)

大多数项目文件都将这些原则的某些版本作为必须遵循的义务,这是为了贷款文件能够顺利地通过世界银行的内部审核。同时,美洲开发银行也受这些原则支配,但他们的坚守没有那么激烈。

无论如何,这只是故事的开头。这两家银行内部的思想远远称不上统一,遵从的强加的意识形态更多的是形式上的,而不是实际。很多贷款官员一瞬间把所有"咒语"写进了他们的提议中,他们早就知道它们根本得不到落实。为什么要去对抗那些永远不会从纸上消失的理念?权宜之计就是快点让项目得到批准,然后付诸实施,这是现实主义占上风的地方。

银行专业人员组成了一支纪律严明的军队,以相似的思维去执行官方政策——这种想法是很天真的。这不可能发生在这些机构身上,因为它们聘用的都是世界上最好的大学的最顶尖的毕业生,这些毕业生都拥有在无数争辩和论战中打磨出来的分析技能。事实上,如果参加过世界银行的技术会议,你就无法否认这样的结论,这些专业人员喜欢在理论和政策上炫耀和互相攻击,甚于其他事情。这些专业人员有着广泛的意见和政策取向,激烈的争论随时都会发生。但在一些严肃的问题上,就远远不止知识上的诡辩了。事实上,在海尼曼(Heyneman)的报告中,在20世纪90年代前半段,作者目睹的教育专家、管理部门和银行高管之间脱离实际的冲突简直令人生畏(Heyneman, 2003)。

决策：世界如何影响银行？

为了理解多边银行的逻辑,对其决策过程进行简短的讨论是非常有效的。银行的政策是在三类行动者的共同影响下产生的：(1) 管理部门和员工；(2) 委员会；(3) 在这些事务上有话语权的外部政治力量。

值得一提的是,银行在各个层次的员工都是十分齐备的。人们一再重申,在发展的事宜上,世界上没有任何其他机构能有如此智识超群、经验丰富的员工。事实上,在这个领域没有其他竞争者能与之对抗。银行的思维模式是其员工学术根基的一个自然结果。他们大部分都来自最出色的大学,其中很多都是盎格鲁-撒克逊的名牌大学的毕业生。因此,银行的理念能自发地反映出主流的经济传统。毫不惊奇,智识上的傲慢和狂妄也源于此。意识形态和理论上的信仰直接来源于这些学术根基。银行实践需要有他们自己的风格,但他们却很少与古典经济学的信条相冲突。

银行在政治世界运作,并且无法忽略政治世界。世界银行的成员包括世界上所有的国家和地区。美洲开发银行的成员包括拉丁美洲和多数富裕的大国——如前文所述,这些大国是为了保证银行借入资金后,能以低风险和低利率的方式向其成员提供借贷。

实际上,美国(通过财政部)拥有异常大的权力。在银行的构成上,美国作为最大的股东,拥有更多的投票权力。银行行长和副行长都是默认由美国指派的。在过去,对于这些职位还出现过美国与其他国家的争夺战。而现在,在绝大多数情况下,美国的立场很少会违背大多数成员国的意愿。但也有例外。例如,美国能够间接地阻止古巴加入世界银行和美洲开发银行,但当保罗·沃尔福威茨(Paul Wolfowitz)任人唯亲的丑闻浮出水面时,美国试图保住他银行行长的职位却失败了。

北欧国家在维护环境、少数族裔、印第安人和贫穷人民等方面上采取十分坚定的立场,它们不时会与在这些问题上有所疏忽的借款国产生冲突。另外,借款国有时会发现它们太穷以至于无法施行北欧的严格标准。它们可能是对的。

非政府组织的诉求与北欧人相似,甚至更加强硬和激进。一开始,它们的揭发告密似乎很有作用。但当银行在那些问题上与它们开展合作行动后,它们似乎做得过火了。另外,越来越多的人猜测这些危言耸听的故事并不是真的,特别是当世界银行和非政府组织施加压力,以获取在借款事务上更多话语权的时候。事实上,有些人已经明确反对这些银行的存在。"50年就够了"的抗议给世界银行造成了极大的困扰,使得世界银行50周年的庆祝活动大为削减。华盛顿是非政府组织的传声筒,它们能够制造出很多的"噪声"。这是一个充满争议的场景,数百个这样的机构发出的"噪声",却给银行带来了很多负面的新闻。

最后,借款国也有权发表意见。为什么没有?一开始,主要理由为这是"白人肩负的责任"。贫穷国家被认为秩序混乱,政府低效腐败,无法准确判断什么对他们有利。但渐渐地,继续这一路线似乎变得政治不正确。另外,很多国家对它们的需求和偏好都有一个明确合理的想法。近些年,它们在决定它们的贷款时有更多的话语权。当借款人能获得项目的所有权时,成功的概率会更高,但这仍需时日才能实现。

不同的政治利益群体对银行的政策造成摇摆的影响。例如,实行解决发展某一方面问题的特定项目,还是采取广泛的、全方位的发展政策?

在这些利益群体的相互影响下,银行形成了自己的政策和风格。

左翼教育家与"新自由主义"价值的纷争

超国家机构,比如国际货币基金组织和世界银行……就像是跨国资本的经济和政治部门……它们是世界的领主,或者说是这个世界名副其实的掌权者。(Frigotto,1995,82)

……所有这些(教育发展)都在世界银行的精心策划下进行,它认为教育系统关系到职业化,教育的目的是培养个体,使他们能够满足生产活动与市场流通的要求……(Ianni,1996)

越来越多的外部经济机构,如世界银行和美洲开发银行,以及当地的企业参与发展教育。(Monteiro,2000,48)

世界银行的区域分析报告,反映出对教育和这个领域多年的研究积累缺乏认识和理解……教育部的撤销,在很大程度上是世界银行和国际货币基金组织的政策直接或间接造成的。世界银行的政策表现出巨大的缺陷……它没有促使变革朝着既定的方向发展,反而加重了教育系统中的低效率、低质量和不平等问题。(Torres)

上述的引文表现的是多边银行遇到的一些反对意见。它们大多数有一个共同特征:反映出对这些机构的一知半解,并深受理想主义研究的影响。

让我们看一下这个发人深省的案例。一个知名的巴西研究者在其著作中猛烈地谴责世界银行,认为它通过对教育部的贷款,完全控制技术教育的改革。她进一步描述了这个外国机构如何干预国内的教育政策(Kuenzer,2000)。然而人们最后才发现,她没有花时间去核实贷款的来源,其实贷款是来自美洲开发银行,而非世界银行!事实上,世界银行从未向巴西的技术教育提供借贷。再深挖一下，本文的作者所谴责的政策最初是他本人提出来的，尽管他现在住在巴西，但10年前他曾加入过世界银行和美洲开发银行。结果，在规划巴西的贷款项目时，将这种想法引入到贷款中，恰恰是作者所在的项目组提出的。因此，这种假想的外国势力对巴西的干预，不过是一个巴西员工提出的一个巴西的旧理念。

非政府组织争取对决策的影响力

从20世纪90年代起，非政府组织在影响和否决对发展中国家的贷款上获得了越来越大的权力，特别是在那些环境问题严峻的国家的贷款上。

有文件记载，世界银行提议建设的水坝是环境的灾难。正是归功于非政府组织的监督，这些不计后果的项目才得以被谴责。从20世纪90年代早期开始，由于这种批评，也由于对环境问题总体意识的提高，银行委员会做出了回应，从而实施更加严格的环境审查。

尽管如此，非政府组织放大这种批评。整个事情变得有些混乱，非政府组织一直在重复地对旧项目进行批评，因为近期的项目几乎无可指责。这导致在银行项目更加严守保护环境的方针后，非政府组织与银行之间的对峙更为激烈了。事实上，一些贷款为了避免某些细微问题（比如，在巴西，保护小猴子不受公路建设影响），强制性地增加项目某方面的经费。最终，在决定大额贷款的命运时，愤怒的活动家们甚至能够行使比大国更多的权力。

整个事情似乎已经变得矫枉过正了。一个可笑的例子是，笔者在10个拉丁美洲国家实施学生学业成就考试的项目，这个项目的筹划被延迟，因为其中一位参加者在清洁黑板的环境问题上提出了诉求。这个人希望进一步确保组织几千名学生进行考试时不会对自然造成不利影响。

开发银行如何规划和协商贷款

为了了解开发银行的运作和逻辑，对贷款筹划和协商的过程进行审视是非常有益的。

政府之所欲，国家之所需，以及银行到底想推销什么

当银行派出项目官员去协商贷款时，这个举动牵涉几类行动者，引发复杂的讨论，有时会得出互相矛盾的目标。尝试去理解这些典型的情境是非常有益的。

银行官员心中有发展的目标。通常，他们会真诚地分析情况，并努力起草对那些国家最有帮助的政策。批评家可能会否认如此崇高的目标。伪善？虚假的理想主义？

在这两家银行10年的工作经验令笔者相信，笔者的同事们是善意的，他们清楚自己做事的底线。他们尝试去设计能满足国家合理需求的项目。当然，最后他们可能大错特错，但那是另一回事。在某些情况下，他们可能会随意地采用"饼干模子"（cookie-cutter projects），即重复地使用别处尝试过的解决办法。但这不是普遍情况。

实际上，专业人员很可能会被力求寻找最好政策的责任感所打动。原则上，他们应该对国家面临的问题提出他们眼中最理想的解决方法。他们最大的罪过是忽略了实施过程的制度障碍，比如项目的某些方面遇到的极大的政治阻力。在这个意义上，有些项目可能会不现实，因为它想要实现的超出了政治允许的最大限度。但是他们的本意是善的。

项目官员的对手不是"国家"。相反，他们与部长以及那些代表他们的人打交道。部长可能轻易就被说服：银行所提议的就是国家所需要的。从下往上看，部长们都将保住他们的职位作为第一要务。正如法国教育部长吕克·费希（Luc Ferry）所说，很多新上任的部长都以为他们要

去某个地方，马匹已经备好，但很快他们就会意识到他们参加的是一项完全不同的运动。他们在竞技场当中，目标是不要从脱缰的野马上掉下来。

因此，有益于国家之事可能恰恰是政治上不可为之事，可能会让他丢掉职位，或者会损害他的政治资本。在很多讨论贷款的取向和内容的任务中，笔者印象最深的是这样一个荒唐场景：代表银行的一个外国人为借贷国的真正利益辩护，而该国部长计较的却是权力的得失。但部长的行为并没有错。这只是政治的游戏。

如果能进行一场直率的对话，部长可能会坦白他的困境。在共同的协商下，政治手段能使项目更加完美，因为它的缺点可能会被发现。大家通常都会认为，将这项或那项条款列入项目中的罪责都应该归咎到银行头上，部长只是一个被动的受害者。

经济合理性还是政治可行性？

在实践中，经济学家和银行官员常常会面临一个非常重要的权衡，即在一个特定情况下，选择最经济的解决方案还是政治上可行的解决方案。为了理解这一点，我们需要了解银行决策方式在历史中的变化。

欧洲在二战中遭受极大的破坏，世界银行诞生之初是一个为重建欧洲提供资金的机构。它是一个负责砖块和砂浆的银行，它不需要更多的东西了。欧洲的全部需要是重建它的基础设施。

完成了这件事以后，世界银行继续向全世界的欠发达国家提供贷款。这些国家迟早会清楚它们需要更多的建筑和公路。它们的机构处于一种严重的失修状态。

在20世纪70年代，世界银行将体制改革的成分加入贷款项目中。这个主意听起来是非常好的。但最终，它在实施的过程中遇到比想象中更多的问题。结果并不是非常好。世界银行与客户们的关系变得十分对立，在很多情况下几乎没有实现什么改革。

与此同时，美洲开发银行继续进行基建和设备之类的简单贷款项目，很少涉及体制改革。这些贷款远比世界银行的成功。它们更容易实施，尽管有些严重问题——多数是机构设置功能失常——依然没有被触及。

在20世纪90年代，美洲开发银行变得现代化，更加关心改革。同时，在众多项目被搁置之后，世界银行对体制改革的要求有所减弱。这两家银行在运作上渐渐地趋于一致。在一些极端的例子中，美洲开发银行甚至比世界银行更加以改革为导向。但整体上，它们仍是不同的银行。让我们审视一下这个略带夸张的画面。

世界银行与各个国家接触，为这些国家的问题提供精心设计的解决方案。它做足功课，撰写复杂的论文去分析这些问题，提出具有创造性和清晰明了的方案。到了协商的时刻，以及它倾向于展现出命令的姿态，坚持自己高贵的意见。这些项目官员通常不是很了解这个国家，以及它的政治、官僚体制和权力结构。

这些国家无力捍卫自己的想法，迫于世界银行的压力，按照其提议接受贷款。这可能会出现几种结果。其中一种情况是贷款项目没有实施。另外的情况是，尽管双方都花费了大量精力，改革却很少发生。

另外一种情况是，银行人员在另一边遇到的是准备充分、坚定自信的政府人员，接踵而来的是尖锐的分歧。这样的国家对他们想要的东西有所期待，并坚持自己的想法。一旦达成协议，发放和接收过程完成以后，项目的实施更有可能获得成功。

美洲开发银行的风格则有所不同。它到一个国家询问其部长需要什么。它的人员更加了解这些国家以及机构，并且他们能用这些国家的语言进行沟通。有几种可能的结果。一种情况是，提出了一项简单的贷款项目,放弃体制改革上的其他目标。更理想的情况是,与部长协商政治上可行的改革。

上述是对两家银行简单而略带夸张的描述,但这能帮助我们理解协商的特点和两家银行的区别。

但是除了这些考虑以外,纯粹个人的因素和际遇——两边都是——产生的影响比我们愿意承认的还要大。项目官员最后在协商中有很大的选择余地。无论是对项目进行优化调整,还是犯下错误,他们都是相对自由的。

一个熟练的官员拥有一种精准的理解力,使他能够在坚持项目应该包含这项或那项特征上走得尽量远,但并不是更远。他知道应该相信谁,他知道谁掌握着实权。

一个愚钝或傲慢的官员可能会与他的对手发生冲突,并且坚持那些政治上不可能的事情,可能会做出糟糕的选择。

同样的道理,当地人能产生非常大的影响。这是一个例子:美洲开发银行和世界银行为教育者准备了两份类似的教育贷款。美洲开发银行往乡村地区跑,而世界银行往城市边缘的学校跑。世界银行取得很大的成功,美洲开发银行的项目从未正常地运作过。原因是其中一份贷款遇到的是一个出色的地方管理者,而另一项目则不幸遇到一个非常平庸的管理者。

贷款条件：非常有力,可能有用,但是危险

让我们检视一下开发银行最微妙的部分——贷款条件(conditionalities)。它让我们想起西奥多·罗斯福(Teddy Roosevelt),他建议我们轻声细语,手持大棒。

贷款可能会有附带条件。贷款条件意味着国家为了获得贷款必须满足特定的要求。例如,改革教师法律条文、削减赤字、公共事业收取全额费用、保护环境或者在当时流行的任何要求。在大部分情况下,贷款条件有两个关键特征:(1)它们有利于国家,至少从长期来看;(2)它们给实施改革的在任者带来政治风险。

在理想中,贷款条件利用银行的影响力和大数额的资金,去推动大部分有智识的公民都赞同的改革,这是受欢迎的,却需要很大的政治成本。因此,如果没有银行压力的支撑,它们很可能不会被执行。

这无异于将一件极其危险的武器放在了银行手里,但它也是推动改革的最强大的武器。它使一个部长能战胜政治上的反对或保守力量。贷款条件使银行有力量成为改革的催化剂。

然而,过去贷款条件的经验给了我们惨痛的教训。第一,事情可能会变糟糕。第二,坦白说,银行无法强迫别国进行改革。这是世界银行在 20 世纪 80 年代受到的惨痛教训,那时候其三分之一的方案是表现不佳的。

为什么?因为银行尝试用暴力的方式去强迫执行贷款和改革的方案。我们需要清楚一点:银行无法进行改革,它们在这方面弱得可怜。"赶猫"(herding cats)这个生动的词语常常被用来形容这些失败的努力。

然而,银行可以是那些将要发生的改革的催化剂。为了达成这一点,它们必须有敏锐的触觉去寻找改革正在酝酿的地方。按照这种思路,银行最好的做法是在合适的时机选择合适的人选,支持他们的努力,使改革得以发生。20 世纪 80 年代,(巴西)米纳斯吉拉斯州的教育改革是这种策略获得成功的范例。一个有丰富教育经验的强势的领导者成为州教育部长,并开始推行改革。世界银行的贷款使改革的实施更为容易。

被实施(或放弃?)的贷款条件

因为贷款条件是贷款项目中最容易受到批评和争议的一部分,值得举出几个具体例子去对其进行说明。笔者根据其熟悉程度挑选了一些例子,然后解释有可能出现的不同结果。

我们先从最坏的情况谈起。改革付出了过高的政治代价,银行的建议也考虑不周。玻利维亚接受了对教师进行考核、取消用于资助教师联盟的税种的条款。当政府尝试实施这些政策时,引发了一场严重的政治动乱,使得全国进入了戒严的状态。这是一个十分糟糕的贷款条件。

巴拉圭为了改革和扶持职业教育,与美洲开发银行签订了一个十分复杂的贷款合约。这个贷款包括两部分。一部分流向一个执行机构,为小公司培训员工设立一项竞争性的教育资助。公司收到它们员工的培训券,这些培训券可以用在任何获得许可的私立学校。这部分的贷款取得巨大的成功。更大的另一部分贷款流向国家的培训机构。但这个机构处于严重的危机中,一些结构性改革可能会发生。多年过去了,第二部分却从未实施过。

摩洛哥接受了世界银行的贷款,用于设立技术学校和对教育系统进行一些结构性改革。技术学校很快建立起来,取得立竿见影的成功。但贷款同时也规定职业训练局(Office de la Formation Professionele)将部分经费用于设立一个基金,以向私人培训机构竞争性招标。一年年过去,世界银行的官员每次拜访摩洛哥都会与财政部部长会面,并问及基金的创立问题。不出所料,财政部部长总是闪烁其词。当然,从公务人员的经费中抽取一部分去资助私人学校,这显然违背了他们的意愿。这个强制性条件的执行是不现实的。

巴西想要贷款去发展技术学校。但这些学校处于尴尬的处境:相对于职业培训,它们能提供最高水平的学术教育,结果在技术学校的入学竞争中,上等阶层学生占据更大的比例。但当毕业时,只要学生感兴趣,他们都可以得到竞争最激烈的高等教育考试的认可。其他对所教职业感兴趣的学生则被忽视了,实际上就是昂贵的职业培训完全浪费了。美洲开发银行对贷款附加了一个条件,即技术学校需要分离成两个独立的部分:中等职业学历教育和职业培训。因此,上层学生不会对职业培训有太大的兴趣。他们有充分的理由只选择学术型项目,而为那些真正想接受职业教育的学生腾出空间。部长非常欢迎这个条件。对他个人来说,那是应该去做的事情,并且他有能力去面对政治上的反对。然而,当一位美洲开发银行的执行官提议取消对中等教育进行分流,这就不了了之了。部长直接拒绝了。对技术学校进行分层是一个部长同意美洲开发银行提出的条件,并满足这个条件的例子。而拒绝对中等教育进行分流是一个美洲开发银行提出的条件不被接受且在协商过程中就被放弃的例子。

贷款有效吗?

判断多边银行所起作用的最终标准是检验这些贷款的结果。这才是结局,其他所有都是途径而已。

谁得益?

通过观察使用这些贷款的效果,我们能够归纳出哪些国家受益最大,哪些国家几乎没有从中获益。

有一个非常有趣的现象值得我们注意,尽管银行发布数量惊人的论文和文件,其中却很少会去评估贷款的有效性以及它们对发展的最终影响。在过去的5年间,这种情况有了很大的改善。

但现在的情况并不完全令人满意。

随后的贷款程序是按部就班、清晰明了的执行阶段，包括筹备和管理，不会有任何疏漏的机会。也就是说，在这两个阶段，这些极为复杂和严苛的工作给公共官僚机构带来了十分沉重的负担。事实上，第一手的经验可以表明，它们提供的服务是多么缓慢和不足，让人苦不堪言。考虑到公共官僚机构的种种缺陷，我们深知这些要求带来的负担有多痛苦。因此毫不意外，行政部门越弱，它们的运作就越是慢得令人痛苦。随之而来的是，贷款的执行阶段受到损害。

必须指出的是，即便是同一个国家，有些部长非常果断和高效，有些却慢条斯理，无法提供服务。因此，银行官员必须对每个机构进行评估，判断它是否有能力处理这些贷款。

贷款能出现何种差错？

社会领域的项目可能会以多种不同的方式出错。除非它们仅仅是基础设施的运营，否则社会项目是非常复杂的，有赖于多个不受直接控制的行为者的良好表现。但从本论文的视角，我们会检视以下几个典型的问题。

延迟放贷（disbursement delays）是最明显的难题，也是最容易理解和衡量的。银行的会计业务自动监测资金的流动，及时察觉一个项目可能面临的困难和缺陷。换言之，很多时候出错都是延迟放贷的问题。这可能是在等待缓慢滞后的国会给予批准。直到几年前，配套资金的延迟依然是一个最常发生的问题（近期的贷款项目已经不再规定配套资金）。或者，执行团队的效率非常低。这些问题很多纯粹是行政上的问题，它们常常在不同项目中重复出现，却有很多相同点。

所有这些障碍都会转化成一个结果：钱没有得到发放，也没有遵照时间表。贷款项目越复杂，实施起来就越困难。笔者不了解这个主题上任何系统的研究，但他亲身的观察表明，那些官僚机构较弱的国家更容易出现贷款没有被执行或者被延迟的情况。

同样的洞见亦可以用在不同的部门上。如果贷款能在一个部门得到良好运作，那么这个部门的其他贷款也能获得成功。

当然，双方都可能会出现意外，比如负责贷款的重要官员离职了。反过来，出现问题的贷款经过修正和调整也能非常出色地运转。一个极端的例子是，巴西东北部的一项教育贷款10年后才能正常运作起来。

涉及深层改革的贷款项目是最脆弱的。在基建方面，即使是在贫穷的国家，银行也能做得很好。为了克服官僚机构的缺点，它们雇用精于桥梁和铁路建设业务的国际公司。学校和医院的建设工程通常由私人部门承包。但当银行尝试解决更复杂的发展问题时，比如那些将要改变人们和公共机构的工作方式的改革，问题就出现了。

让银行跳过大规模基础设施建设投资而直接去帮助贫穷国家的穷人，这似乎是不可能的。这样的项目需要贷款接受方有非常稳健的官僚机构，但很少会出现——即使曾经出现过——这样的情况。帮助穷人的项目，必须将资源分拆成很小的包裹，然后发放到众多小型机构。要管理这个复杂的交易网络，是一场"噩梦"。乡村学校、保健站、牛奶的分发，或者任何需要接触到社会底层的项目，都面临着同样的问题。

有时，银行人员甚至无法筹备贷款，因为另一方的官僚机构在管理上很薄弱，无法提供背景资料和统计数据。在这种情况下制定的贷款项目常常以失败告终。

总之，银行能帮助较贫穷的中等收入国家。但在尝试帮助最贫穷的国家时，它们常常会遭遇失败。这是非常不幸的意外情况。

近年来，这两家银行收敛起傲慢，变得更加谦虚，学会更加谨慎地使项目与各国的基本情况相适应。

世界银行曾再次尝试向各国推销改革的时间表,特别是 20 世纪 80 年代,但往往是不起作用的。在过去,设计现代改革方案对银行职员来说是一个挑战。现在,两家银行的职员都懂得如何准备这样的方案。真正的挑战是理解这个国家,知道它在机构改革上能坚持多久。

总之,即使是对更贫穷的国家,开发银行也能提供一些东西,但必须根据不同的情况制定不同的方案。好消息是它们已经在吸取过去的教训。

但是,银行依然无法逃脱一个严峻的困境。国家状况越好,贷款的使用越是高效和以改革为导向。越穷的国家,越需要进行改革,却越难去帮助它们。例如,让我们想一下,有些接受援助的国家拥有的手机数量甚至少于世界银行办公室的,或者有些国家将以马耕犁当作是科技创新(Mallaby,2004:342)。换言之,那些最需要帮助的国家恰恰是从多边银行上得益最少的国家——至少以银行现在的组织方式来看。更糟糕的是,甚至在项目的规划阶段,都没有找到更好的解决方法来为这些更贫穷国家的发展提供资金。

最后,这些项目都过于依赖国家的内部推动力,而银行无法使其产生较大的改变。如果国家无法齐心协力,这些贷款很可能表现不佳,对发展的影响很小。

管理贷款:文书工作的噩梦

银行不像其宿敌所谴责的那样邪恶和无能。然而,那并不是重要的问题所在。事实上,很多指责都没有言中要害。它们将重点放在政策及其争议上,而没有注意到多边银行最大的弱点:实施阶段。

银行外部的作家,无论是右翼还是左翼,都将他们评论的重点放在政策、政策争论和银行提议之事的内在价值。但据笔者的理解,这不是问题的真正所在。如果一个国家能实施的全部事情只是建设学校,那么对改革教师法规的建议的意识形态合理性进行无尽的讨论,有多大的意义?

过去的经验给了银行非常惨痛的经验。首先,所有事情都可能会出错,然后真的出错了。银行不会声张它们在实施阶段的失败。很多项目在筹划阶段就宣告失败了,因为国家工作组无法按要求提供信息,或者因为在项目的具体细节上无法达成共识。有些项目获得批准,却由于法律的障碍或官僚机构的惰性而从未发放过贷款。大多数贷款确实会发放,却比预期要慢。实际上,贷款很少能在原来的时间表之内发放完毕。由于种种原因,大部分贷款项目会在中途遇到阻碍,其中一个主要原因是配套资金延迟了。15 年的周期并不少见。

实际情况是贷款有非常复杂的发放和结算机制,因为银行和地方政府共同分担费用和责任。为了避免被腐败和挪用公款的官僚控制,所有事情都减缓下来。

评估对规划和程序的影响不明

平心而论,银行设有以评估它们过去贷款的表现作为主要任务的部门。有些论文经过精心准备,如实地进行评估。然而,银行并不是很想去散播统计数据,因为它们显示出很多项目受困于前面所述的各种问题。

实际情况是,那些查找和告发运行不良的贷款的内部刺激措施是非常弱的。各相关方都可能蒙受损失。或许这是整个系统中最薄弱的环节。

最终,我们想要知道贷款是否达成其目标。当然这是一个棘手的问题,在银行管理层并不是非常盛行。不仅如此,就贷款的目标达成共识也同样微妙。衡量成果的方式有几种。当今银行较为青睐的方式是衡量贷款的发放额。对于银行职员来说,贷款的发放额不足是唯一真正的尴尬。

以不将所有资金用于贷款来测算的失败率是相对较低的。美洲开发银行过去的失败率是10%。尽管大部分的项目将所有资金发放完毕,但很多都反复出现较为严重的延迟。执行项目所用的时间是计划的两倍多,这并不少见。

一旦资金发放了,银行员工就松了一口气,很少会继续追踪下去。下一步是考查这些资金是否用在该用的地方,这也被规范化为银行的标准程序。换言之,预计建设多少所学校?目标教师是否全部都参与培训并购买了书籍?这是合约的一部分,由会计师和审计师定时核查。但这相当于以投入的资金去衡量成果。

问题不在于教师是否参加课程,而是他们是否学到了一些东西,学生是否从他们技能的提高中得益。通常我们知道购买的书籍发放了,或许我们也能知道这些书是否得到使用。但学生是否因此学到更多的东西?

贷款官员和银行管理层很少问这些问题,但它们是真正有价值的问题。否则,如果学生不能从中得益,为什么要贷款?

公道地说,银行评估部门的一些专题研究的确会提出这些问题,而且他们做得越来越好,询问的频率也越来越高。

我们看到,结果尽管不是悲剧,也不会是非常讨喜的。管理层注意到这些论文,参与到评估部门组织的研讨会中。他们很有礼貌地承认这些结果,认同它们很重要,但却不做任何事。根据现有的规则,做这样的事情没有任何好处。承认这些贷款的实际影响远不如以标准规则进行评估的结果,没有任何人会得益。并且,寻找未知之罪的罪魁祸首,也不是同事间友好相处的方式。

对实施过程的现实进行更深一层的探讨,观察者们——常常来自银行内部——不断提及这样的一个结论,即项目的要求越是缺乏物质的具体性,实施的机会就越是渺茫。典型的例子是,所有的学校都能建起来,大多数教师都会参加培训,计算机都会被购置,而涉及改革的部分却没有实施。

银行是学习型组织吗?

经过这么多年的项目执行,我们有理由去问,银行是否会从它们的经验和错误中汲取教训。换言之,它们是不是学习型组织?

笔者和一位合作者(来自美洲开发银行)对美洲开发银行的教育项目档案进行了分析,要问的正是这个问题。这篇论文没有公开发表,考虑到材料的敏感性,这是可以理解的。令人担忧但也在意料之内的是,它从未得到银行管理层的关注(尽管很多银行职员都需要并阅读了这篇文章)(Castro & Verdisco,2000)。

结论在很多方面都出乎意料。首先,它们非常清晰,这在这种分析中并不常见。其次,那些基本问题的答案显示出一种鲜明的二分法。

当问及一个项目是否反映出之前类似项目的经验教训时,答案显然是肯定的。每一个项目都会汲取先前项目的经验教训。美洲开发银行往往会复制以前的成功故事,并尝试修正先前类似项目的问题。因此,在这个意义上,美洲开发银行是一个学习型组织。

然而当我们把目光放在实施过程上时,答案却恰好相反。实施的措施相当复杂烦琐,而且几乎没有改善。在先前项目的管理和控制中不起作用的东西不断出现在下一个项目中。同样的错误犯了又犯。项目不断陷入同样的泥淖中（缺乏配套资金、管理不善、缺乏领导力、官僚体制上的障碍以及其他不断重现的问题）。

提供管理培训项目，常常被天真地视为是行政的革新或改进。地方的监控程序过于复杂。对腐败的恐惧困扰着小官员们，他们宁愿减缓项目进程，甚至令其停滞，也不愿承担丝毫违规的风险。监管完全是出于会计的角度，无法注意到一直以来判断的明显错误。

令人担忧的是，这些弱点没有激起任何反对力量去修正系统。整个系统有强大的惰性。在实施方面，银行算不上学习型组织。它们受困于不起作用的措施，无法发现问题所在，无法改正问题，无法产生任何有意义的学习动机，并利用这种学习去改善规划。

理念还是资金？

在 20 世纪 90 年代后期，世界银行的管理层泛滥着这样一种理论，即它应该在理念、论文、政策建议方面去帮助那些国家，而不是借钱。除了贷款业务外，它成为一家庞大的咨询公司。毕竟，世界银行的技术能力是无可匹敌的。

这项提议似乎是讨论贷款改革内容的良好开端。银行能向国家提供什么样的好理念？国家会为它们买单吗？

我们的理念无法超越猜测和主观感知。但就其价值而言，对本文作者而言，这些理念永远都不会成功。政府部门似乎不会很有动力地与昂贵的顾问签约，让他们为那些在政治上举步维艰的改革提供建议。而大部分的改革都是十分艰难的。

我们不要忘记其他国际机构，比如联合国教科文组织，耗费了大量的精力给成员国提供建议。但很显然，那些国家并没有把它们的建议放在心上，尽管这些建议是免费的。

过去经验似乎表明，使国家参与到改革中的一个强大和真正的动力是贷款而来的大笔资金。因此，使银行区别于其他国际机构的一点正是贷款提供的资金在某种程度上迫使政府部门重视它们的政策建议。事实上，前面谈到的贷款条件正是使建议的政策得以落实的机制。

小国——或者是那些十分着急得到贷款的国家，为了使它们的经费更宽裕——是最可能认真听取建议的国家，特别是当那些建议成为贷款的条件时。

更富裕的国家则处于更有利的位置，它们能拒绝需要承担较大政治风险的贷款条件。以巴西为例，国家开发银行向巴西提供的贷款是世界银行向全世界发放贷款的三倍。实际上，世界银行不可能用钱去换取巴西进行一次必要但政治上不舒服的改革。如果一个国家进行了一次改革，那是因为时机已经成熟，而不是因为与银行签订了贷款合约。

话虽如此，还是有必要承认，银行是强大而富有创造力的有价值的新理念和政策的支持者。数百位专家甚至更多的著名学者参与到银行贷款支持的大多数领域的研究之中。与学术界的紧密联系使得世界银行推广的理念相当可靠，而美洲开发银行则相对较弱。

事实上，很多得以流行和获得合法性的理念都是由它们最先提出来的。例如，安排学生考试，并用考试结果来评估教育效果。对高质量的课本和教学材料以及计算机的重视也是一样。医疗和社会保障改革的理念也是源于世界银行。这些理念一开始都被拒绝，但最终得以成功实施。

在这方面，我们注意到一个有趣的现象：新理念需要很长的时间才能趋于成熟。关于医疗改革的第一篇论文出来十多年后，才被第一个国家——哥伦比亚采纳。

这场游戏的另一个变数是理念变迁。愤世嫉俗的人认为它们就像是女性的时尚一样反复无常。世界银行和美洲开发银行大力推动高等教育的发展。后来，它们又断言对大学投资过度了，真正的危机在基础教育。接下来十多年不再对高等教育发放贷款,并且有一大堆论文指责向大学投入资金的错误——尽管那些资金都是来自银行。而现在,高等教育再次时兴起来。

我们不可避免会产生这样的疑问:从长期来看,新理念的影响大还是贷款的影响大?有些人认为好理念最终会被接受和实施,而贷款只能把学校建起来或者是改善他们的硬件设施。虽然这是一个很重要的问题,但似乎我们并没有太多证据将它解释清楚。

理念还是金钱这个问题已经得到很多的讨论,特别是在世界银行内部。在某种程度上,那些倾向于夸大多边银行力量的外部批评家推动了这样的讨论。但有些观察者持有更加清醒甚至是悲观的看法。例如:

> 世界银行的援助对社会政策的影响微乎其微……世界银行高度集中的援助方式几乎不会影响到基础教育所获得的教育资源的份额……尽管世界银行拥有大量金融资源和技术官僚型的盟友支持其理念的传播,官僚和政治的力量往往成为阻碍……说到底,世界银行可以施压但却无法强迫巴西政府采纳其建议……在再分配性社会政治体制的建设中,国内的政治力量压倒了国际技术官僚的联盟。(Hunter & Browne, 2000)

尽管如此,长期来看,新理念和对问题更好的理解很可能会成为开发银行最重要的贡献。但它们需要很长时间才能趋于成熟。

教训?

越来越多批评的矛头指向银行(世界银行一如既往地成为主要的目标)。大多数批评都带有严重的意识形态色彩,有些直接反映了利益集团试图影响银行的贷款和政策。

我们的核心观点是大部分批评都指向了错误的方向。银行最大的弱点是,即使有好理念,在实施过程中也不得不做出让步。那些国家就是无法实施贷款资助的项目。但银行也有过错,因为它们误判了贷款项目的可行性。

最初,银行的日子过得轻松,因为那些国家急需贷款,并不打算采取对立的姿态。但越来越多来自左翼的尖锐批评开始指向银行,无论是在发达国家还是欠发达国家。银行被指责为帝国主义向外扩张的左膀右臂,将它们的意识形态强加给借贷国。这些指控通常有一点儿真实性,但大部分都试图否定银行所做的全部事情,这是毫无根据的。本文并不认为银行完全是无辜的。银行有过错,但批评家们也没有击中要害。

银行贷款背后的意识形态反映着西方主流经济学的信条。当然,这存在两难的选择。比如,是以更大的赤字和通货膨胀换取更快的经济增长,还是实施更保守的财政政策?更多的改革,还是更多的砖块和泥浆?

尽管如此,只有少部分银行贷款存在争议。似乎少数理性的批评家对大部分贷款都没找到可抱怨之处。当那些国家真的需要公路和医院时,谁又能反对它们的建设?

如果一个人与那些规划和实施贷款项目的官员有亲密接触的话,那么大部分官员给他的印象应该是非常有能力的,有丰富的工作经验,有良善的初衷。可能这种理想化太过绝对,但只有一小部分官员是愤世嫉俗的或是对他们的工作感到疲倦。他们尝试去了解跟他们打交道的国家,做出非常有说服力的分析,制定他们认为最合适的政策方针。当然在这个过程中,他们也会出现很多错误。但他们在尽其所能,因为没有人真正知道如何去促进一个国家的发展。在德国这很简单,他们会将赌注压在重建工厂和公路上。但在乍得或者海地,他们又该如何做呢?

他们工作的最重要之处与政策和机构改革相关。在这些事务上,世界上没有其他机构能产生出如此之多的创新，并且在大多数情况下，这些创新都以可靠的实证研究为支撑。事实上，没有其他任何机构能有数千名训练有素、经验丰富的专业人员作为其员工。

联合国教科文组织在开拓新教育理念方面扮演领导者角色的日子已经过去很久了。世界银行诚心地承担起这个工作。值得铭记的是，1990 年泰国中天（Jomtiem）的全民教育大会就是在世界银行强有力的领导下举行。联合国教科文组织在理念和组织上都不能发出很强的声音，但它没有其他选择，只能参加。

单在教育上，银行就倡导了对学生进行评估、谨慎选用课本、项目和机构实行问责制、教师绩效工资、培训合同的公开招标、职业学校的新方案、学生贷款、教育券以及很多其他政策。

值得注意的是，其中有些理念最初引起了强烈的反对，但在这么多年以后，它们都变成了可接受的实践。一个恰当的例子是，学生评估越来越被视为监督教育的最佳工具。

主要的问题在于，新理念被接受的速度常常与贷款的时长不一致。一个理念要为人所接受需要更长的时间，而贷款是带有时间表和资金预算的官僚程序。理念也有自己的生命周期，四处传播，可能会遭到强烈的抗拒，甚至比贷款持续的时间还长。

政策和意识形态问题成为讨论的对象，有时候引起了外界批评家的激烈争论。然而，本文的观点是大多数猛烈抨击都没有抓住要点。

整个借贷过程的阿喀琉斯之踵不是意识形态或者帝国主义。真正的问题是贷款有没有带来它想要带来的东西，归根结底就是发展。正如前文提到的，实施是一个大问题。银行职员和规则在实施上不如想象中那么开明。银行在执行贷款的程序时相当缓慢和僵化。

更糟糕的是，并没有强大的力量去修正这些似乎表现不佳的项目。因为告密者没有任何奖赏。事实上，如果项目表现不佳，可能是因为每个人都在规划和执行的环节犯下某些错误。单凭这个原因就没有人特别愿意指责较差的表现，然后对程序进行纠正。接受贷款的部门也是同样的情况。它们最不情愿做的事情就是承认那些错误，然后采取措施。

贷款一拖再拖，资金发放由于官僚的阻碍而陷入停滞，猝不及防的人事变动，这些都打乱了项目执行的进程。总之，那些需要付出较大政治代价的涉及改革的部分总是落在后面，可能永远都不会实施。

这并不是说所有或大部分贷款最终都是低效率的。事实并非如此。然而，尽管评估部门付出了很大的努力，我们都知道它们对发展的影响十分微弱。

新场景

世界瞬息万变，变化的速度可能比我们预期或者喜欢得更快。多边银行如今的境况与 10 年前相比大不相同。

本文展现的实施过程中的种种问题，反映的正是反复出现在银行面前的问题。然而在大多数问题依然悬而未决的同时，新的问题也在不断浮现。

银行在筹集资本上毫无问题。它们所需的只是在世界金融市场上发行股票。然而，很多潜在的借贷国对贷款的谈判越来越提不起兴趣。

20 世纪 90 年代，很多国家在继续向开发银行借款上遭遇困难。有几个国家甚至超出了国际货币基金组织协定的负债限度，它们不能借入更多资金了。

近些年，银行另一个同样严重的问题浮出水面。这与一些国家的信誉度提高（在拉丁美洲，巴西、智利和墨西哥是典型的例子），以及大量私有资本流向"新兴市场"有关。其影响是显而易见的，现在这些国家能够以理想的利率向私有银行系统借贷。从私有银行借贷大大减少了筹备贷款和执行项目过程中的麻烦。私有银行不会太多地过问资金如何使用。一旦确定客户会还款,剩下的都不是它们的问题。因此,以前需要经过多边银行的部分业务被转移到私有银行上。

这已经成为多边银行的重大挫折,而且未来可能会变得更糟糕。拉丁美洲的大国成为这些可用基金的主要借入国,已经减少了与世界银行和美洲开发银行的合作。在更小的国家,即使它们被允许去借款,它们能运作的全部资金也只占银行预留借出资金的很小一部分。另外,筹备贷款的固定成本很难与借出总额相称。

在最近几年,世界银行和美洲开发银行都启动了向客户国家的私人部门提供借贷的项目。这些业务在增多,这是可能会快速得到扩张的领域。

但认为它们能扩张到这样一种程度,即能够弥补由于向需要更多借贷的国家强加条件而带来的业务损失,这是不太理智的想法。毕竟,考虑到多边银行冗长而耗时的官僚程序,拥有同样充裕资金的私人信贷使得多边银行的竞争力大减。

面对这些新的困境,银行最有前景的回应或许是开发新的金融产品。尽管这两家银行通常都会提供多种不同的贷款方式,但资助一系列明确的项目的传统贷款方式依然占据主导地位。

新趋势是拓展这样的贷款方式,即国家在总体的目标上与银行达成共识,然后获得一小部分资金去实现这些目标。这是结果导向的贷款。由于国家能够自由选择项目,它们因而能获得更多的“自主权”。

但传统的贷款方式依然有很多变体。其中一种有趣的方式是协商一个“多步”贷款项目(step by step loan)。传统的贷款方式是执行一个贷款项目,然后以同样的程序重复全部的官僚手续才能执行下一个。与之不同的是,“多步”贷款达成这样的协议,即一旦第一个贷款项目成功完成,它自动进入下一个贷款项目。

综合考虑所有因素,多边银行并没有处于舒适安逸的位置上。在买家市场中,它们的处境更是举步维艰。在很长的一段时间里,国家变化的速度不足以达成它们改革的目标。而如今,世界变化的速度似乎又让它们望尘莫及。

参考文献

Barbosa de Araujo, A. (1991). *O Governo Brasileiro, o BIRD e o BID: Cooperação e Confronto*. Brasília: IPEA.

Castro, Claudio de Moura. (2002). The World Bank Policies: Damned if you do, damned if you don't. *Comparative Education* 38(4).

Castro, Claudio de Moura & Verdisco, A. (2000). *Philogenetic approach to portfolio monitoring*. Working Paper IDB.

Costa Couto, R. (2000). *A história viva do BID e o Brasil*. Edição BID.

Frigotto, G. (1995). Os delírios da razão. In P. Gentili (Ed.), *Pedagogia da exclusão*. Petrópolis: Editora Vozes.

Heyneman, S. (2003). The history and problems in the making of education policy at the World Bank: 1960-2000. In D. Baker & D. Gustafson (Eds.), *International perspectives on education and society* (pp. 315-337). Oxford: Elsevier Science.

Hunter, W. & Browne, D. (2000) World Bank directives, domestic interest and the politics of human capital investment in Latin America. *Comparative Political Studies*, 33(1).

Ianni, O. (1996). Teorias da globalização, *cadernos de problemas Brasileiros*, No 318.

Jones, P. W. (1992). *World bank financing of education*. London and New York: Routledge.

Kuenzer, A. (2000). *Ensino médio e profissional*. São Paulo: Cortez Editores.

Mallaby, S. (2004). *The world banker*. Penguin Books. Washington: The Penguin Press.

Moisés Naim (April 1994). *The World Bank: Its role, governance and organizational culture*. Washington: Carnegie.

Monteiro, M. A. (2000). Aprender a aprender: Garantia de uma educação de qualidade?, *Presença Pedagógica*, 6.

Torres, R. M. (1996). Melhorar a qualidade da educação básica? As estratégias do Banco Mundial. In: Tommasi, L. De. Warde, J. M., Hadded, S. (orgs.) *O Banco Mundial e as políticas educacionais* (pp. 125 – 194). São Paulo: Cortez Ed.

Williamson, J. (2004). Nossa Agenda e o Consenso de Washington. In Kuczynski, P. & J. Williamson (orgs). *Depois do Consenso de Washington* (pp. 283 – 291). São Paulo: Editora Saraiva.

28. 走向欧洲的全景敞视主义：欧盟在教育与培训上的话语和政策(1992—2007)

乔治·帕西亚斯(George Pasias)

亚尼斯·鲁萨基斯(Yannis Roussakis)

简 介

20 世纪 90 年代以经济、地缘政治、社会和技术层面上的不同挑战、变革和转型为特征(Held & McGrew，2000；Adam，Beck & van Loon 2000；Reich，1991)，在有些例子中，它们影响着欧盟正在进行的蜕变之旅。挑战常常与这些因素相关，比如经济全球化、信息与通信技术(ICTs，Information and Communication Technologies)的发展、"技术性科学"(techno-science)的迅速发展和涌入欧洲的移民潮。特别是工业和企业的新技术产生的广泛影响以及经济和贸易自由化的国际协议[比如世界贸易组织的服务贸易总协定(the World Trade Organisation General Agreement on Trade in Services，WTO/GATS)]主导着经济层面的变革，这改变了生产要素的相对重要性和国际劳动分工(Aglietta，1998)。这种新经济秩序带来的挑战隐含在新"人力和社会资本"理论当中(Baron *et al.*，2000)，这个理论主张一种以知识为基础的全新的劳动分工，灵活多变的生产方式和生产关系，高度专业化、具有执行力和流动性的劳动力水平(Lyotard，1984；Burton-Jones，1999；Hargreaves，2003)。在 20 世纪 90 年代早期，这些经济和技术变革造成的结构和社会方面的结果在欧盟层面上得到确认，欧盟将其描述为"技术/竞争差距"，成员国间的"区域不平等"，欧盟社会的"人口问题""失业"和"社会排斥"(Maravegias & Tsinisizelis，1995)。这些转变促使欧盟做出关于机构、政治和经济现状的决定，这些决定引起了多个维度的变革，即经济维度[比如 2001 年欧洲货币联盟(European Monetary Union，EMU)和欧元区(Euro zone)的成立]、地缘政治维度(比如 2004 年欧盟在东欧和中欧的扩张)、政治维度(比如欧盟宪法条约在 2004 年与 2006 年间的修订过程)和社会维度(比如人口老龄化的评估、养老金制度和就业的现代化)。

所有这些发展都将新的意义赋予诸如"欧盟""欧洲公民""经济和社会凝聚力""欧洲治理"之类的重要概念，提出了"竞争力""质量""就业能力""表现""趋同"(convergence)等新的话语，并使其渗透在欧盟的政治和政策之中(Bonal 2003；Marglhaes & Soter，2003；Pasias，2006b：63—70)。它们也为教育的运作创造了一个新背景，教育逐渐成为欧洲社会政治和政策优先考虑的一个领域。教育与培训直接关系到欧盟在经济、社会凝聚力、科学研究和创新等领域的政策选择，这用"里斯本战略"(Lisbon Strategy)的话来说，就是使"欧洲成为世界上最具竞争力的知识经济体"(European Council，2000a)。同时，教育成为政治行动的一部分，旨在丰富欧洲一体化的符号性和"想象"的内涵(比如欧洲治理、欧洲公民、欧洲认同)，使欧洲向"知识社会和经济体"转型，建立一个欧洲政体。

《索邦宣言》(*Sorbonne Declaration*，1999)为欧洲高等教育的"博洛尼亚进程"(Bologna process)奠定基础，欧盟当时的四个核心成员法国、德国、意大利和英国的教育部长在文件中声明：

　　欧洲进程最近向前迈出了极其重要的几步。尽管这几步很重要，但它们不应该使我们忘记欧洲不仅是关于欧元、银行和经济的，它还必须是知识的欧洲。我们必须在智识、文化、

社会和技术的维度上增进和建设我们的大陆。(Sorbonne Declaration，1999：1)

"知识的欧洲"这个概念最早出现在 20 世纪 90 年代，在当前欧盟对它的定义中，它被用来描述发生在"知识"领域的根本性变革，同时也被用于区分现代社会和后工业经济，后者被认为是以知识为基础的、信息化、开放、创新和沟通性的(Stehr，1994；Delanty，2001；Stone，2000；Castells，1998)。作为一种教育方式，"知识的欧洲"有时被用来指代一种特定的社会经济、文化和教育"范式"，即对欧洲教育现实的一种特定的建构。在这个意义上，欧盟提出的"知识的欧洲"是作为一张"路线图"或欧盟中的一个"权力—知识"关系的"范式"而产生作用的，体现了旨在建立欧洲教育领域的话语和实践的紧密联结。

本文的目的是批评性地检视欧洲在 1992 年《马斯特里赫特条约》(Treaty of Maastricht)得到制度化以来的教育话语和政策，以及它们建构的"知识的欧洲"的概念。本文认为欧盟的教育政策与其政治和经济目标紧密相关，而且教育政策常常被迫以一种不加批判的方式服务于这些目标。笔者认为欧盟的教育话语和实践常被用作如福柯所说的"真理制度"(regimes of truth)(Foucault，1980：133)。它们指出了可接受的知识系统，进而将其用于知识政治的控制和教育改革的合法化，无论是在国家层面还是欧洲层面。本文也认为欧盟的教育政治和政策是由市场化、规范化、竞争力和表现等相互联系的话语所主导，这些话语从"技术官僚"(technocracy)的意识形态中产生并深受其影响，同时也受到如经济合作与发展组织、世界银行和国际货币基金组织等以经济为导向的国际组织所提出的理念和实践的影响。本文最后指出，诸如"质量""可持续性""就业能力""竞争力""问责制""经济和社会凝聚力"之类的言辞，实际上是一种"治理术"的形式(governmentality)。本文同样会指出，欧盟在或隐蔽或公然地施行"监视"(surveillance)和"控制"国家教育政策和规划的政治，换言之，它在欧洲的教育领域建立了一个现代的"全景敞视建筑"(Panopticon)。

《马斯特里赫特条约》以后欧盟的教育

教育和培训作为欧盟的"职能"(competences)，在《马斯特里赫特条约》(European Council，1993)中第一次被制度化。相关的条款建立在辅助性原则(principle of subsidiarity)之上，将教育和培训的权力分别授予成员国和欧盟。文本的措辞表明欧盟的行动范围和目标在教育与培训上有着明显差别：在教育上，欧盟致力发展优质教育(条款 126)；在培训上，欧盟"实施职业培训政策"(条款 127)。这两个政策领域在决策程序上得到进一步的区分，两者采用不同的决策程序。教育常常采用条款 189B 的程序(共同决策程序，co-decision procedure)进行决策，而培训事务的决策大多数采用条款 189C 的程序(协调程序，the cooperation procedure)。欧盟条约中的教育制度化也规定了对欧洲委员会中负责教育和培训的行政结构进行更新，促使欧盟在 1995 建立了总司制度(General Directorate)。

通过考察欧盟自 1992 年以来参与教育与培训的行动，我们可以划分出三个不同阶段，这些阶段以教育与培训在欧盟中的角色变化以及话语和政策实践的差异为特征。这三个阶段分别是 1993 年到 1996 年，1997 年到 1999 年，2000 年至今。

政策巩固阶段(1993—1996)

第一阶段的特点是欧洲委员会试图巩固教育在欧盟机构中的地位，从 1993 年延续到 1996 年。

这个阶段以激烈的争论和活动为特征,引起了在欧盟背景下理解教育的方式的转变,包括话语和实践。这阶段也增强了欧盟在教育上间接和隐含的权力。与此同时,范围更广的法制化程序得以启动,目标在于增进教育和训练与欧盟其他政策领域(特别是社会、技术和文化领域)的互补关系。

教育被认为是一个更宏伟的战略的重要组成部分,这个战略旨在巩固欧盟作为一个政治和经济实体以及世界玩家的地位,按照本尼迪克·安德森(Benedict Anderson)的意思,也巩固欧盟作为一个"想象的共同体"(imagined community)的地位(Anderson,1983)。考虑到《马斯特里赫特条约》批准过程中遭遇的种种困难,第二项任务在当时似乎很迫切。欧洲选民的反应显然表明了欧洲一体化方案需要在国家公民社会中建立意识形态和符号性的深度认同。有人认为欧盟的观点对欧洲社会是无关紧要或者是敌对的,为了回应这些声音,欧洲委员会发布了一些政策文件,提及了这些对欧洲人有显著影响的问题。这些问题包括"社会连带"(social Solidarity)(EC,23-12-1992)、"社会政策"(EC,17-11-1993)、"公民"(EC,21-12-1993)、"民主赤字"(democratic deficit)(EC,5-5-1993)、欧盟治理的"透明度"(EC,2-6-1993)。他们提议的所有文件和政策都以这样或那样的方式服务于这样的一种意图,即提升欧洲一体化在符号、想象和意识形态上的意义,并创造出"欧洲家园""欧洲公民""欧洲治理""削减民主赤字"之类的词汇。

为了利用教育作为一种促进"欧洲化"的因素,并在与国际竞争对手(比如美国和日本)的对抗中,将欧洲巨大的知识和人力资源的潜力作为一种"竞争优势",欧盟必须尽其所能巩固教育与培训在其宏伟计划中的地位。因此,它试图在很短的时间内建构一种话语,极大地改变欧洲人对教育作用的理解。《马斯特里赫特条约》中关于教育的制度框架,使得这个意图比在共同体历史中的任何时刻都更容易实现。在20世纪80年代,特别是从1986年到1992年,欧洲委员会利用共同体的政治和经济目标(比如欧洲统一、共同市场和欧洲公民的出现)为其通过行动项目对教育进行干涉提供正当理由,使在欧洲层面上的教育倡议得到合法化(Pollack,2000:520)。在《马斯特里赫特条约》以后,教育的目标被用于支持和促进欧盟政治、经济和社会目标的实现(比如趋同、适应、交流、凝聚)。在90年代末,主要在"欧洲就业和社会凝聚力战略"(European Strategy for Employment and Social Cohesion)出台的背景下,对教育在话语层面的作用形成了截然不同的看法。教育以前被很多欧洲国家的政府当作社会福利制度危机的一部分,而现在逐渐转变成帮助欧洲人解决这个危机的或许是最重要的制度因素(Pasias,2006a:373—374)。

在《90年代教育指南》(*Guidelines for education in the '90s'*,European Commission,1993c)这份总结了欧洲委员会多项倡议的文件中,我们很清楚地看到它通过共同商定的重要文件(主要是绿皮书和白皮书)已经形成了自己的教育话语。这些文件是政治干预的强力工具,无论是在欧洲层面——通过向教育组织、劳动力市场和社会伙伴的合作网络提供支持,还是在国家层面——通过影响国家教育规划和改革。这些文件展现出来的话语将教育与培训的政策和欧盟关于竞争力、就业和社会凝聚力的政策联系起来了。

白皮书《增长、竞争力和就业:通往21世纪的道路和挑战》(*Growth*,*Competitiveness*,*Employment: The Challenges and Ways Forward into the 21st Century*,1993)描述和分析了欧盟在不断变化的国际环境中可能遇到的挑战,里面写道:

> 共同体应该明确而清晰地为教育与培训的措施和政策设定基本要求和长期目标,这是为了使其形成一种关于增长、竞争力和就业的新模式,而教育和培训在这种模式中扮演着关键的角色,这也是为了保证欧洲教育和培训系统在三个维度(教育、培训和文化)上的必要的机会平等和持续发展。(European Commission,1993a:122)

它也提议,这应该通过"发展终身学习和继续学习,使其普遍化和系统化"来实现这些目标。

根据白皮书,这意味着"为了满足不断增长和在未来必将继续增长的需求,教育和培训的系统必须被改造"(European Commission,1993a:120)。

同样的原则在欧洲委员会的白皮书《教与学——迈向学习型社会》(*Teaching and Learning — Towards the Learning Society*,1995)中得到了进一步的阐述。这份文件尝试根据"全球化""信息社会""技术科学"这三个假定的"颠覆性因素",确定教育在即将来临的欧洲知识社会和知识经济中的作用。考虑到欧盟在欧洲"知识社会"中的转型,它也尝试制定一个人力资源的发展战略。它从一开篇就写道:"知识的投资在就业、竞争力和社会凝聚力上扮演着重要角色。""个体在他们的同胞当中的位置越来越取决于他们学习和掌握基础知识的能力。"(European Commission,1995b:1—2)

在这两份文本中,欧洲委员会实际上为教育建构了一种"以市场为导向的话语"。有人认为这种话语是从经济合作与发展组织、世界银行和国际货币基金组织等国际经济机构的新自由主义观念中产生并与之一脉相承的,因为这些国际组织预示了教育和培训系统在后工业社会中的未来发展(Kazamias,1995;Field,1998;Spring,1998)。为了确定劳动力市场的关系和未来"知识社会和经济"的就业条件,上述的白皮书创造了一些关键概念,比如"竞争力"(competitiveness)、"适应力"(adaptability)、"伸缩性"(elasticity)、"灵活性"(flexibility)、"质量"(quality)、"认证"(certification)和"评估"(evaluation)等。它在政策上主张的目标主要是发展适应性技能、降低继续教育培训的门槛、实行正式和非正式的资格认证、建立教育机构与商业企业的紧密联系(European Commission,1995b:44—47)。在另一个争论不休的教育经费问题上,白皮书质疑"教育是公共产品"的观点,主张降低公共开支,促进教育和培训接受者的联合筹资和自筹经费过程(European Commission,1995b:48)。白皮书提议建立一个以结果为导向、以可测量标准为基础(比如质量、生产效率、表现、有效性)的教育评估系统,并根据结果对教育和培训系统进行拨款,这进一步增强了市场导向话语的影响(European Commission,1995b:46—49)。在这个意义上,这些白皮书呈现出来的教育规划产生的是对"欧洲的知识"的一种狭隘的理解,为世界经济的新自由主义观念所主导。

为了平衡这种"经济主义"的教育观念,欧洲委员会在上述两份文件以及《教育的欧洲维度》(*European dimension in education*)这份绿皮书中提到了欧洲教育系统的文化传统。在绿皮书中,欧洲委员会指出,使教育过程与欧洲统一的新的经济、社会和文化背景相适应,这种要求的目标主要是建立欧洲的认同感、提高教育质量、使年轻人能适应更深层的社会和专业整合、进一步促进成员国教育机构间的合作等(European Commission,1993a:9—13)。

此阶段的欧盟教育话语在三份绿皮书中得到阐述,即《创新》(*Innovation*)、《信息社会的生活与工作》(*Life and Work in the Information Society*)、《流动性障碍》(*Obstacles of Mobility*)。欧洲委员会在这些文本中:(1)指出阻碍创新的一个因素是"教育与培训系统不能充分地与瞬息万变的现实世界相适应,以及它们的结构和发展规则缺乏灵活性"(European Commission,1995a:36—37);(2)建议对教育和培训系统进行彻底的改革,将信息与通信技术融入它们的未来发展中,"因为欧洲的基本需要是通过终身学习和专业培训构建一种全新的架构"(European Commission,1996a:26)。流动性被认为是"通过国内市场的形成过程应对经济挑战,对抗全球化的社会影响特别是就业问题"的答案(European Commission,1996b:1)。

笼罩在结构和就业政策阴影下的教育(1997—1999)

欧盟参与教育的第二阶段是从1997年到1999年。在这期间,教育被直接与共同体的结构和就业政策联系起来,其目的在于促进成员国对相关政策进行重新调整,实现教育、培训和就业系统的现代化。根据卢森堡欧洲理事会总结出来的四个不同政策支柱，即"就业能力"(employability)、"企业家精神"(entrepreneurship)、"适应力"(adaptability)、"平等的机会"(equal opportunities)，欧盟建立了新的结构性基金管理法规(Structural Funds Regulation，1999)和欧洲就业战略(European Strategy for Employment，1997—1999)(European Council，1997)。

欧盟将两个不同的教育"政策网络"建设也纳入了其教育政策的版图中：

(1) 一个"官方"/"正式"的政策网络，以欧盟条约的条款 126 和 127 为依据，以"欧盟理事会的决议和指示"(EU Council Decisions and Directives)为框架。这个网络包括共同体行动方案(SOCRATES，LEONARDO and TEMPUS)以及资格互认机制(ECTS，Europass and EQF)。它由欧洲委员会第 22 个新总司[①]负责拨款，按照共同体的方法运作。它的核心目标是开展合作、增强流动性、促进资格认证和交流，以开启并进一步推动教育系统的整合。

(2) "非正式"的教育网络，建立在欧盟其他方面的能力要求(比如就业、流动性和社会凝聚力)之上，并关系到其他政策领域(比如结构调整、就业、社会、研究和文化等领域)。它以"欧洲理事会的决议"(Decisions of the European Council)为框架，对欧洲的结构调整政策、欧洲就业战略和里斯本战略做出规定，其目标是控制国家的教育规划。它是按照共同体的方法(通过结构调整基金法规)以及开放协调法(Open Method of Coordination，OMC)的早期形式来实施的。这种方法的目标在于促进成员国的经济趋同和社会融合，这也反映在追求"协商一致"(commonly agreed)的教育目标上。在国家实施就业和教育的行动规划上，成员国能够通过"共同体支持框架"(Community Support Frameworks，也被称为 Delors I，Delors II and Santer packages)来获得共同体的资源补贴，正是这种方法的实例。(Addison & Siebert，1994；Christodoulakis & Kalyvitis，2004)

在 20 世纪 90 年代后期，欧盟主要的教育政策有以下特征：

(1) 经济主义、技术官僚主义和工具主义的认知占据了主导地位，这与下列因素相关并受其控制：新"话语"的出现，新"真理制度"的加强和"规范化进程"(regulatory processes)新模式的设计和实施，比如全球化、市场化、风险社会、信息与通信技术社会、治理术和表现。(Pasias，2006a；Kazamias & Roussakis，2007)

(2) 优先发展"新的能力框架"，包括专业能力和社会能力，这是基于"新的人力和社会资本理论"。新的能力框架旨在使欧洲劳动力能够适应就业市场的要求，以知识为基础的新的劳动分工，并减少欧洲范围内的流动障碍。(European Commission，2005b，d)

(3) 强调推行"优质的通识教育"(high-quality general education)，强调促进创新的终身学习架构，强调发展有预见性的能力，比如"学会学习""文化意识""外语能力""企业家精神"，这些都被认为是企业发展和合作的必要条件。(European Commission，2001，2005d)

这些特征是欧盟教育话语转变的显著标志，现在被认为是欧盟达成其政治目标的工具。这种"知识政治"的转向在《2000 年议程》(Agenda 2000，European Commission，1997a)中首次得到讨论。欧洲委员会在该文本中指出，经济全球化和信息与通信技术有利于新的"非物质商品"(immaterial goods)的产生、发展、传播和利用，这将影响到欧盟的经济扩张、竞争力和就业。从某种程度上看，"技术研究、教育与培训必然包含着非物质的投资，'知识政治'(创新、研究、教育

---

① 欧洲委员会是欧盟的行政团体，负责公式化与实施欧洲立法，其下划分为多个"总司"(Directorates-General)的管辖机关。——译者注

与培训)对欧洲的未来有决定性的影响"(European Commission，1997a：12—13)。

"知识政治"在《迈向知识化的欧洲》(*Towards a Europe of Knowledge*，European Commission，1997b)中得到进一步的阐述。在这里，欧洲委员会用一种比较的方式去呈现欧盟的教育视角，即有效的框架、可察觉的重要因素、需要发展的维度和理应追求的目标。欧洲委员会认为，共同体的教育政治是被一个基本取向所激发：逐渐创造一个开放和进取的欧洲教育空间，终身学习的原则将在这个空间里的教育和培训中得到施行。欧洲委员会同样强调，建立欧洲教育空间遇到的挑战预示了教育与培训领域的一体化，它需要通过"预期目标的精心设计""措施的制约和行动的推广""共同体、成员国和其他相关机构之间共同职权框架的建立"，实现成员国教育政策的理性化(European Commission，1997b：5—7)。

"知识的欧洲"以更开阔的视角包含了共同体在经济和就业上大部分的话语和实践，如表 1 所示。在这份文件中，知识政治成为 1997 年以后主导核心政策言论和政策实践的基本内容。可以这样认为，它们构成目标、实践和技术的矩阵，成为里斯本战略的核心内容，在 2000 年以后被采纳，同时在下一阶段得到了讨论。

表 1 知识的欧洲和教育的全景敞视主义

欧洲教育空间	三个基本维度 知识、公民、就业
知识	四个基本领域 创新、研究、教育、培训
欧洲的知识社会	五个主轴/目标 (1) 发展终身学习和继续培训 (2) 维持欧盟的社会模式 (3) 保存欧洲的认同感 (4) 缩小社会差距 (5) 增强就业能力
欧洲的知识经济	用于形容教育—就业关系的关键词 创新、竞争力、遵从 就业能力、灵活性、适应力 质量、评估、认证
知识政治	工具理性的技术官僚话语 科学合法性的合法化重构 自愿参与、合作、凝聚力
教育的里斯本战略	具体的未来目标 优质、可达成、开放(通过终身学习的过程)
教育的全景敞视主义	知识的技术 参与、代表、咨询、讨论、共同学习、治理、管理、监督、评估、问责、控制、表现、监察 持续的评估和监察 开放协调法、基准、监护原则、规格、指标、标准、严格的时间表、监控、共同学习、关于最佳实践的交流、同行评审

从上面讨论的内容可以看出，欧盟的教育政策似乎建立在"趋同""合作""凝聚""展望"这条关键的概念轴线上。到了 20 世纪 90 年代后期，欧洲委员会和成员国都接受了这样的观点，即在严格遵守"行动项目方法"(action program-approach)的同时，推动旨在增强教育与培训的趋同性和连贯性而开展更广泛的教育合作的可能性很小。

欧洲委员会受到了猛烈的批评,被认为是行动项目的"低效的管理者""比例失调的官僚机构"(disproportionate bureaucracy)(Ertl,2006:14)。在欧盟层面,很显然,由于辅助性原则产生的制度障碍,欧洲委员会不能在成员国的教育改革中主张和推行干预性的政策,以实现趋同和欧洲各国教育系统的现代化/欧洲化。有人持强硬的观点(参见 Berggreen-Merkel,1999:3—4),认为从中长期的角度来看,教育合作在日程设置和欧盟的运作中急需新的工作程序。在这种背景下,欧洲理事会在《滚动的日程》(*Rolling Agenda*,1999)中首次提出了解决方案,这被认为是朝向确保更大的连贯性和促进成员国之间更有效的信息、经验和实践的交流迈出了清晰的一步(Hingel,2001:9)。

新千年的教育话语和政策(2000 年至今)

面对经济全球化和 2001 年"9·11"事件引起的国际层面的地缘政治变化所带来的挑战,欧洲一体化进程由于关系到欧盟在新世界秩序中的角色和地位,而在语用层面和符号/想象层面上得到了特别的关注。欧洲货币联盟的建立、向欧洲东部和中部国家的扩张以及试图建立"宪法条约"(Constitutional Treaty)的雄心计划,都是为了将欧盟进一步概念化,使其成为一个独特而广泛的单一地缘政治整体,并且每个成员国对未来有着共同的目标和愿景。结果是在新千年里,欧盟政治和政策的背景和内容都变得前所未有的复杂,并被彻底地重构。

在 21 世纪早期,成员国和欧洲委员会都认为需要在辅助性原则之上进一步发展连贯的欧洲教育政策,以促进教育系统的趋同性和建立一个以终身教育为特征的欧洲教育领域。这种观点深受以下因素的影响:(1)欧洲货币联盟和采用共同货币建立欧元区所造成的效应;(2)共同商定的欧洲就业战略;(3)可察觉的、为知识社会所需的能力;(4)向更加开放和透明的欧洲治理发展,赋予欧洲公民身份意义。在教育与培训的"联盟化"/欧洲化的复兴进程中,欧洲委员会自 20 世纪 90 年代后期以来所提出的主要目标可以在欧盟对知识、竞争力和就业的观点中总结出来,这些目标都直接与特定的欧盟政策、进程和战略相关。

在 2000 年以后,欧洲委员会的官方/正式行动项目与非正式的国家行动计划以及欧洲委员会的教育政治和政策之间的分歧越发严重。通过政府间活动和协议的深度推进,成员国的倡议能对未来教育政策的规划产生决定性作用。这些政府间活动和协议包括主要以普通教育为目标的里斯本进程(Lisbon process)、处理职业教育和培训相关问题的哥本哈根进程(Copenhagen process),以及旨在建立欧洲高等教育区(European Area of Higher Education)的博洛尼亚进程。前两者直接缘起于里斯本峰会的总结报告(Lisbon Summit Conclusions,European Council,2000a),而博洛尼亚进程开始时是一个独立的政府间倡议,欧洲委员会虽然最初对其持怀疑态度,但后来也选择了积极参与其中。所有这些进程都采用了开放协调法的某些形式,正如下面要阐述的,这成为欧盟掌控教育与培训方式的主要突破。这些进程所产生的对教育与培训影响最大的倡议包括:

(1)教育与培训致力建立"一个对所有人开放、所有人均可进入的欧洲劳动力市场"(European Commission,2001),致力实现欧洲就业战略和发展知识经济(European Commission,1997b)。欧盟通过终身教育、教育与培训政策去支持这种发展,比如"技能和流动的行动计划 2002—2004"(Action Plan for skills and mobility 2002—2004)和"终身学习计划(2007—2013)"(Lifelong Learning Programme)。

(2)各级教育与培训的现代化和质量提升,与旨在促进信息社会中的创新和竞争的政策相一致。这个倡议包括促进趋同性、建立更加中央集权的国家教育规划等，得到了"教育与培训 2010 方案"的支持(Council of the EC，2002，2003)。

（3）构建欧洲高等教育区，一方面有利于增强学生、研究者、学术与教育服务的流动性，另一方面有利于促进资格和学习期限的互认。

（4）"欧洲能力通行证"(European Competences Passport，Europass)、欧洲资格认证(European certification of qualifications，EQF)、欧洲学习期限认证(European recognition of periods of study)的认可，促进了欧洲职业教育与培训领域的形成。

（5）增强欧洲认同感、欧洲公民身份和社会凝聚力，与维持独特的欧洲社会模式，实现可达成性、开放性和机会平等的目标并行(European Council，2002)。

显而易见的是，从 20 世纪 90 年代后期起，终身学习逐渐变成了迈向知识社会的教育和培训政策的核心概念和战略性目标(European Council，2000a，2000：1)。欧洲委员会强调"欧洲出现的经济和社会的巨大变革需要一种新的教育和培训模式……它必须与终身学习的框架保持一致……它直接与年轻人、就业、社会接纳和积极的社会参与相关"(European Commission，2001：3)。

尽管欧洲委员会意识到"行动项目方法"的局限性，但它重新开始实施苏格拉底教育交流计划(SOCRATES)、达·芬奇职业培训计划(LEONARDO)和跨欧洲大学学习流动计划(TEMPUS)方案，以及诸如"电子学习""技能和流动性"之类的倡议。欧洲委员会通过实施全新整合的"终身学习计划(2007—2013)"对这种方法进行重构。同时，它强调"教育与培训 2010 方案"的重要性，这直接来源于里斯本战略。此外，欧洲委员会的角色和地位在这两个领域继续增强：(1)话语/政策言论的形成(比如"知识的欧洲""欧洲治理""积极公民")；(2)教育政策措施的实施，主要通过欧洲就业战略和结构调整基金的分配政策产生影响(Pasias，2006b：91—94)。

教育的里斯本进程和开放协调法

里斯本教育进程、哥本哈根职业教育与培训进程和博洛尼亚高等教育进程，是对欧洲教育图景进行建构、解构和重构的话语的组成部分。在终身学习、欧洲知识社会和知识经济等话语的恰当修辞之下，这些进程在欧盟和其成员国层面上发起并要求对教育与培训的决策过程和政策选择进行创新并提出根本性挑战。它们挑战了早已建立的"共同体方法"，通过实施共同体的倡议、项目和行动计划进行运作，偏向于一种"共同利益/共同目标"的方式。这种"共同目标"的方法正是教育与培训所需的"以结果为导向"(steering by results)的方法，它将引发在话语和政治/管理层面的更广泛的变化。

通过这种新的教育"标准"(cannon)所感知到的"知识的欧洲"反映的是对欧洲现实的特定建构，直接与教育中"技术官僚"的言论相关。这些言论通过"新知识""新技能"和"新能力"等关键概念表达出来，它们描述了以知识为基础的经济和社会的需要(OECD，2000；European Commission，2005b，d)。在这种意义上，欧洲教育领域的形成与新的政治—技术官僚精英的出现和占据主导密切相关，这些教育的"欧盟官员"(eurocrats)由国家和欧盟层面上的众多"专家"(技术官僚—政府官员—管理者)构成。这些精英更多地根据技术统治原则去行动和决策，而不是根据民主原则(Radaelli，1999)。

在里斯本峰会这个新千年的第一次欧洲理事会峰会中，欧洲的领导者们尝试去回应现今全球话语给欧盟带来的挑战。具体来说，这些挑战包括：（1）外部挑战，比如全球化和市场化；（2）"联盟化/欧洲化"进程的未来步伐(扩张、趋同、融合和统一)；（3）成员国开展必要的改革时所面临的主要问题。

如上所述,欧洲的战略全局目标在里斯本峰会总结报告中有所阐述,即使欧盟"成为世界上最具竞争力和活力、以知识为基础的经济体"。为此,欧盟采用开放协调法作为其政策选择和实施的做事方法,也将其作为推广最好的实践和实现更大的趋同性等欧盟主要目标的方法。开发协调法使得欧盟委员会能够完成以下事务:

(1)协调政府间机构在设计欧洲的指导方针和将其应用到国家和地方性政策的过程中的运作。

(2)在共同商定的总目标之下,制定可测量的具体目标。

(3)采取措施和制定执行时间计划,运用指标和基准对其表现与非欧洲的全球竞争者进行比较。

(4)通过定期监控和同行审议评估进展。

教育的里斯本进程的提议引起了欧盟教育政策的许多变动,包括以下:

(1)从欧盟委员会的"行动项目方法"向欧洲理事会的"以能力为基础的模式"转变。这种方法将共同商定的中短期目标放在优先位置,并包含用指标和基准对欧盟的教育措施进行持续的评估。

(2)淡化"共同体方法"的共同决策,同时也淡化欧盟干预教育的辅助性原则,主张无限制和自愿的开放协调法。

(3)逐渐放弃成员国教育系统"非协调统一"(non-harmonisation)的信条,对国家的教育规划和政策选择实施更多的"欧洲化"控制。

欧盟在教育观点上的转变,可以被视为欧盟政策程序更广泛的变化的一个结果。在2000年以后,欧盟逐渐从20世纪90年代中立型/防御型的政府间主义(neutral/defensive intergovernmentalism)转向两个完全相反的方向,即以辅助性控制作为欧盟的活动范围。它采取了强力型/进取型的政府间主义(emphatic/aggressive intergovernmetnalism),包括成员国的自愿参与,以及"新功能主义"(neofunctionalism)概念的复兴,强调教育对经济和就业的溢出效应。

上述的变化在里斯本欧洲理事会对欧盟教育委员会的授权中可见一斑,欧洲委员会"负责对教育系统未来的具体目标进行反思,重点关注共同问题和优先事项,同时尊重国家差异"。一年之后,教育委员会为欧洲的教育与培训系统确立了三个战略性目标:

提高欧盟教育与培训系统的质量和效率;使所有人都能进入教育与培训系统;教育与培训系统向更广泛的世界开放。(Council of the EU,2001:7)

这三个目标成为2002年制定的"教育与培训2010方案"的基础,该方案是教育与培训领域开展合作的唯一的综合框架。这个方案将三个目标转化成为特定的政策领域,同时由专业的工作团队以特定的指标和基准对其进行密切监控和评审(European Commission,2003a)。

里斯本战略启动6年以后,研究发现及官方的进展报告都显示,里斯本进程对教育的影响似乎"言过其实"(Ertl,2006:22)。事实发现,加入较早的欧盟核心成员国,比如英国、法国、德国和南欧地区(希腊、西班牙和葡萄牙),与欧盟在中欧和东欧的新成员国之间在达成共同商定的目标上出现严重的差距(Ertl & Phillips,2006;European Commission,2005a)。欧洲委员会和欧洲理事会在其报告中将这些缺陷归结于里斯本战略目标的表述过于模糊,他们认为里斯本战略横跨了广泛的政策领域,不同领域之间难以协调,并且缺乏对优先性的清晰陈述(European Commission,2003b,2003c)。他们承认开放协调法并没有带来预期的效果,因为它很大程度上取决于成员国是否愿意或者是否有能力找到欧洲趋同的目标和国家特异性之间的折中方案。另一方面,教育政策方面的学者认为,造成明显的差距和无法实现里斯本目标的主要原因在于不同国家的教育在历史背景上的差异。在里斯本进程和哥本哈根进程的实施上,不同的成员国常常以不同的甚至是相反的方式去诠释和履行共同体的指导方针、倡议和行动计划(Ertl & Phillips, 2006:86；European Commission, 2005c)。

尽管里斯本进程存在显而易见的缺陷,但事实依然是,通过里斯本战略,欧盟的政策话语和实践成为控制成员国教育政策的机制。这个过程的目标是,通过一种持续监控、测量和监督的机制实现教育与培训系统的趋同(Hodson & Maher, 2001；Hostens, 2003；Pasias, 2005)。一些学者认为,这样的方式与世界银行、经济合作与发展组织和国际货币基金组织等国际机构释放的话语不谋而合,这些话语强调教育与培训系统的控制、评估和表现(Spring, 1998；Borg & Mayo, 2005；Ball, 2003；Ilon, 2002)。这些话语运用"竞争力""生产效率""适应力""灵活性""就业能力""可训练性""有效性"和"可达成性"等术语去描述现代教育系统必须具备的主要的基本特征,以适应全球化的、竞争激烈的和不断变化的经济环境(OECD/CERI, 1994)。它同样主张控制、监控、问责、全面质量管理、标准、指标和基准等程序作为教育系统必须使用的基本工具,以满足以知识为基础的经济的要求(OECD, 2002)。这种方式极大地改变了教育与培训系统所追求的知识的本质。它强调结果、学习产品和资格,并将其放在优先位置。可接受的知识是有用的、可测量的知识。在以技术官僚知识为基础的经济环境中,知识是一种可交易的商业产品,它成为一种"消耗品",但同时又在不断再生。整个终身学习的论点都建立在知识是"消耗品"的假设之上。然而,在终身学习的情景中,"可消耗的"不仅是知识本身,还是知识的对象和主体,无论是个体的还是集体的。

在这种背景下,开放协调法,一个直接从跨国教育公司的评估程序衍生出来的过程(Arrowsmith *et al.*, 2004),需要创造出"监视的技术"(technologies of surveillance),用于测量通往特定目标的进展,比如发明"表现的技术"(technologies of performance),用于实现最好实践的交流；采用"凝视的技术"(technologies of theasis),用于记录和描述结果,如指标、表格、图表、统计学；运用"治理的技术"(technologies of governance),用于互相学习,以引发政治对话(Haahr, 2004；Nóvoa & Yariv-Mashal, 2003；Pasias, 2005)。由于成员国决定采用共同的标准去制定评估过程,它们接受政策规划的外部控制。这样做以后,它们将监视和遵守的机制融入了社会和教育政策最敏感和关键的部分(Hostens, 2003；Badham, 2003)。

里斯本议程的订立虚构出一个严峻的形势,使欧盟能对教育领域乃至整个社会进行符号、话语和政治/行政的控制。它以符合成员国的共同利益的方式获取合法性,与新自由主义的技术官僚范式密切相关,并通过基准化的实践和开放协调法的技术迅速从经济领域迁移到教育与培训领域。因此,欧洲的教育图景逐渐被"真理体制"和"知识系统"支配,它们引入技术官僚的合理性,对其进行改造,将其合法化,通过运用治理、监视和控制的技术,建立起一个现代欧洲的"圆形监狱"。

参考文献

Adam, B., Beck, U. & van Loon, J. (Eds.) (2000). *The risk society and beyond*. London: Sage.

Addison, J. T. & Siebert, S. W. (1994). Vocational training and the European community. *Oxford Economic Papers*, New Series, *46*(4), 696 - 724.

Aglietta, M. (1998). Capitalism at the turn of the century: regulation theory and the challenge of social change. *New Left Review*, *232*, 41 - 90.

Arrowsmith, J., Sisson, K. & Marginson, P. (2004). What can 'benchmarking' offer the open method of co-ordination? *Journal of European Public Policy*, 11(2), pp. 311 – 328.

Anderson, B. (1983). *Imagined communities: Reflections on the origin and spread of nationalism*. New York: Verso.

Ball, S. J., (2003). The teacher's soul and the terrors of Performativity. *Journal of Education Policy*, vol. 18, no.2, pp. 215 – 228.

Baron, S., Field, J. & Schuller, T. (Eds.) (2000). *Social capital: Critical perspectives*. Oxford: Oxford University Press.

Badham, L. (2003). Benchmarking for European community countries — a critical analysis, in *Educational ambitions for Europe*, CIDREE/SLO, Netherlands Institute for Curriculum Development, Enschede, pp. 153 – 162.

Berggreen-Merkel, I. (1999). Towards a European educational area. *European Journal for Education Law and Policy*, 3, 1 – 7.

Bonal, X. (2003). The neoliberal educational agenda and the legitimation crisis: Old and new state strategies, *British Journal of Sociology of Education*, 24(2), 159 – 175.

Borg, C. & Mayo, P. (2005). The EU Memorandum on lifelong learning. Old wine in new bottles?, *Globalisation, Societies and Education*, 3(2), 203 – 225.

Burton-Jones, A. (1999). *Knowledge capitalism: Business, work and learning in the new economy*. Oxford: Oxford University Press.

Castells, M. (1998). *The Information Age: Economy, society and culture. Vol. I: The rise of the network society*. Oxford: Blackwell.

Christodoulakis, N. & Kalyvitis, S. (2004). The second CSF (Delors' II Package) for Greece and its impact on the Greek economy. *Economics of Planning*, 31(1), 57 – 80.

Council of the European Communities (2002). *Detailed work programme on the follow-up of the objectives of the education and training systems in Europe*. OJ C 142, 14/06/2002, Brussels: Office for Official Publications.

Council of the European Communities (2003). *Council Conclusions on reference levels of European average performance in education and training*. OJ C 134, 07.06.2003, Brussels.

Council of the European Union (2001). *The concrete future objectives of education and training systems*. 5680/01 EDUC 18, 14 February 2001, Brussels.

Delanty, G. (2001). *Challenging knowledge: The university in the knowledge society*. Buckingham: Open University Press.

Ertl, H. (2006). European Union policies in education and training: The Lisbon agenda as a turning point? *Comparative Education*, 42(1), 5 – 27.

Ertl, H. & Phillips, D. (2006). Standardization in EU education and training policy: fifi ndings from a European research network. *Comparative Education*, 42(1), 77 – 91.

European Commission (1993a). *Green Paper 'European dimension in education'*, COM (93) 457 fifinal, 29 – 9 – 1993, Brussels.

European Commission (1993b). *White Paper 'Growth, competitiveness, and employment: The challenges and ways forward into the twenty-first century'*. COM, (93) 700 final, Brussels.

European Commission (1995a). *Green Paper 'Innovation'*. COM (95) 688, Brussels.

European Commission (1995b). *White Paper 'Teaching and learning: Towards the learning society'*, COM (95) 590, Brussels.

European Commission (1996a). *Green Paper 'Education, training, research: The obstacles to transnational mobility'*. COM (96) 462, Brussels.

European Commission (1996b). *Green Paper 'Life and work in the information society. People first'.* COM (96) 389, Brussels.

European Council (1997). *Presidency conclusions.* Luxemburg (20 - 21/11/1997), Brussels.

European Commission (1997a). *Action Program 2000 (Agenda 2000).* COM (97) 2000, Brussels.

European Commission (1997b). *Towards the Europe of knowledge.* COM (97) 563, Brussels.

European Commission (2001). *Making a European area of lifelong learning a reality.* COM (2001) 678 final, Brussels.

European Commission (2003a). *Standing group for indicators and benchmarks, final list of indicators to support the implementation of the work programme on the future objectives of the education and training systems,* Brussels.

European Commission (2003b). *Investing efficiently in education and training: an imperative for Europe.* COM (2002) 779 final, Brussels.

European Commission (2003c). *Education and training 2010. The success of the Lisbon strategy hinges on urgent reforms.* COM (2003) 685 final, Brussels.

European Commission (2005a). *Commission staff working paper: Progress towards the Lisbon objectives in education and training.* SEC (2005) 419, Brussels.

European Commission (2005b). Commission staff working document *Towards a European qualifications framework for lifelong learning.* SEC (2005) 957, Brussels.

European Commission (2005c). *Modernising education and training: A vital contribution to prosperity and social cohesion in Europe.* COM (2005) 549 final, Brussels.

European Commission (2005d). *The new competences for lifelong learning.* COM (2005) 548 final, Brussels.

European Council (1993). *The Treaty of the European Union.* Brussels: Office for Official Publications.

European Council (2000a). *Presidency conclusions.* Lisbon (23 - 24/3/2000), Brussels.

European Council (2002). *Presidency conclusions.* Barcelona (15 - 16/3/2002).

Field, J. (1998). *European dimensions: education, training and the European Union.* London: Jessica Kingsley.

Foucault, M. (1980). Truth and power. In C. Gordon (Ed.), *Power/Knowledge* (pp. 109 - 133). Brighton: Harvester.

Haahr, J. H. (2004). Open co-ordination as advanced liberal government', *Journal of European Public Policy*, 11(2), pp. 209 - 230.

Hargreaves, A. (2003). *Teaching in the knowledge society: Education in the age of insecurity.* Buckingham: Open University Press.

Held, D. & McGrew, A. (2000). *The global transformations reader: an introduction to the globalisation debate.* Cambridge: Polity Press.

Hingel, A. J. (2001). Education policies and European governance — contribution to the interservice groups on European governance. *European Journal for Education Law and Policy*, 5, 7 - 16.

Hodson, D.-Maher, I. (2001). The Open Method as a New Mode of Governance: The Case of Soft Economic Policy Co-ordination, *Journal of Common Market Studies*, November, 39(4), pp. 719 - 46.

Hostens, G. (2003). Educational policymaking in Europe: a new game, in *Educational ambitions for Europe*, CIDREE/SLO, Netherlands Institute for Curriculum Development, Enschede, pp. 21 - 45.

Ilon, L. (2002). Agent of global markets or agent of the poor? The World Bank's education sector strategy paper, *International Journal of Educational Development*, No. 22, pp. 475 - 482.

Kazamias, A. & Roussakis, Y. (2007). Education for and beyond the knowledge society: A critical analysis of the European discourse on education. *Comparative and International Education Review*, 8, 71 - 91 [in

Greek].

Kazamias, A. (1995). Neo-European modernization and education: discourses and policies in an 'imagined Europe'. In A. Kazamias & M. Kassotakis (Eds.), *Greek education: Prospects for restructuring and modernization* (pp. 550 - 586). Athens: Seirios editions [in Greek].

Lyotard, J. F. (1984). *The postmodern condition: A report to knowledge.* Manchester: Manchester University Press.

Magalhaes, A. M. & Stoer, S. R. (2003). Performance, citizenship and the knowledge society: A new mandate for European education policy. *Globalisation, Societies and Education*, *1*(1), 41 - 66.

Nóvoa, A. & Yariv-Mashal, T. (2003). Comparative Research in Education: a mode of governance or a historical journey? *Comparative Education*, 39(4), 423 - 438.

Maravegjas, N. & Tsinisizelis, M. (Eds.) (1995). *The integration of the European Union.* Athens: Themelio [in Greek].

OECD/CERI (1994). *Markets for Learning and Educational Services*, CD (94) 9, Paris: OECD.

OECD (2000). *Knowledge management in the learning society.* Paris: OECD.

OECD, (2002). *Peer Review: A Tool for Cooperation and Change. An Analysis of an OECD Working Method.* Paris: Mimeo.

Pasias, G. (2005). OMC as a policy of 'learning', as a practice of 'theasis' (spectation) and as a technology of 'surveillance' (custody), *Comparative and International Education Review*, 5, Athens: Patakis [in Greek].

Pasias, G. (2006a). *European Union and education. Vol. I: Institutional discourses and educational policy (1957 -1999).* Athens: Gutenberg.

Pasias, G. (2006b). *European Union and education. Vol. II: Educational discourses and policies (2000- 2006).* Athens: Gutenberg.

Pollack, M. A. (2000). The end of creeping competence? EU policy-making since Maastricht. *Journal of Common Market Studies*, *38*(3), 519 - 538.

Radaelli, C. (1999). *Technocracy in the European Union.* London: Longman.

Reich, R. B. (1991). *The work of nations: Preparing ourselves for the 21st century.* London: Simon & Schuster.

Spring, J. (1998). *Education and the rise of the global economy*, Mahwah, NJ: Lawrence Erlbaum.

Stehr, N. (1994). *Knowledge societies.* London: Sage.

Stone, D. (Ed.). (2000). *Banking on knowledge: The genesis of the Global Development.* London: Routledge.

第四部分

工业化、知识经济和教育

29. 编者按：工业化、知识社会与教育

罗伯特·考恩(Robert Cowen)

职场和教育之间的关系是什么呢？一位丹麦人的回答可能是，人们辛勤工作是为了提高他在"盾墙"之内的地位，而一名日本武士的回答则是，由于从新"老师"那里获得了新的理解力，现在对手轻易地倒在了他的"刀"之下。

对草率回答这一合理问题感到恼怒是我们"比较教育"现代性的一种标志。

我们假设比较教育必须研究职场，但是我们对历史以及对比较教育中社会结构的认知是如此有限（除了要注意农业经济仍然存在），以至于我们认为，就现代性的两种系统或象征——教育系统和工业系统来说，思考职场和教育之间关系的这一问题是有意义的。我们在这里谈论的职场(world of work)并未囊括所有工人、士兵和农民，而是仅涉及工人。

因此，我们对"职场和教育之间的关系是什么"这一问题的回答迅速缩短了历史时间，并快速将我们带入社会流动的研究——似乎所有时期的社会都是被有意识地围绕着一种伦理道德组织起来的，即向上的社会流动，然后紧接着我们开始思考教育体制和职场究竟有多少关联。

因此，核心的研究议题和回答很快锁定在：（1）社会分层以及封闭或开放的社会流动性；（2）教育系统对某种生产系统的社会与认知基础的匹配度。一旦这一假设的开端获得接受，那么很快核心战略问题将变为：

（1）教育能够对社会的经济发展起作用吗？

（2）获得某些教育资质证书，能提高个人收入吗？

（3）经济体系需要什么样的教育体制？

第一个问题催生了一部重要著作，该著作涵盖了关于"发展"的传统文献，并且揭示了投资教育将会促进经济增长。当答案涉及 1868 年之后的日本，或者暗示中国发展如此缓慢的原因在于孔子时，这个问题就变得比较有趣了[①]。

第二个问题的答案只有在学校教育作为社会发明占有一席之地后才可得出，而且该问题主要是针对"资本主义"社会提出的。这个问题需要技术性的答案，这些答案不容易通过一系列社会历史、政治以及社会学解释获得比较性理解。对这个问题的回答在很大程度上属于经济学的范畴。这类文献涉及广泛，但却不像比较文献那样复杂，因为它不需要特别费力地理解那些具有文化内涵的数据。

第三个问题让人眼前一亮，它实际反映了我们如何看待这个世界以及教育是为了什么。"经济体系需要什么样的教育体制？"这显然不是一个普遍适用的问题。某些社会（例如英国）中的专业人士正在通过实践解决这一问题，而其当地的做法（强制极端的新自由主义）却在健康、社会服务和教育系统的影响方面导致了人民不断攀升的震惊与愤怒。

这个问题还有一种提问方式，即经济体系会产出怎样的教育体制？在这一问题上大家各执一词。如果我们将内含在这个问题中的决定论者假设暂时搁置一边，会得出以下四种答案。

第一种回答是"不会产出什么教育体制"，因为在波尔布特(Pol Pot)在任的柬埔寨，或在斯巴达，或

---

① 中国近代五四运动以来曾出现过类似的反儒家思潮，即认为孔子的思想维护封建伦理，束缚了科学进步，导致中国社会长期处于停滞或循环往复状态。

在雅典，"教育体制"的概念需要一个重要的诠释，这些地方所提供的那些教育形式是基于第一性原理[①]，而非经济。

第二种回答是一种在工业时代以职业为导向的答案。在一些国家体现在政策层面，且实施各种工业教育，如阿尔巴尼亚、保加利亚、匈牙利、波兰、苏联和中国、越南。

第三种回答反映了在相对简单的教育机构分层中，经济体系分层的简单性，例如1929年至1970年西欧的学校体制，或者1890年至1990年大多数拉美国家的学校体制。

第四种则是一个多因素决定的答案：一种教育体制，其结构性机会、课程内容、教学和评价模式都是从当前被称作"知识经济"的一项基本原理中得出的。这是经济学的首要原理，当中正确的（社会学上正确的、历史需要的、文化上有前景的）教育形式是通过一种演绎合理性来解释的（Cowen，2005）。大学及其治理变得至关重要，并且必须重新定义国家的角色。

马克斯·韦伯在一篇关于中国文人学士的经典解释和比较笔记中，说明了"合理性"、经济体系、教育模式以及受教育者的身份（特别是精英的身份）之间的关系，尤其是他描绘了普通大众的教育和"专家"的教育之间的差异性（Gerth & Mills，1967）。按照赖特·米尔斯（C. Wright Mills）的说法，比较教育应该着眼于理解的多样形式，捕捉社会结构、历史性作用力以及个体身份之间的相互关联与解释，这一命题在这里得到了恰如其分的体现。

由此我们又面临一个新的挑战：经济体系、教育体制和受教育者的身份之间的关系是什么？从教育系统和经济的角度入手探究输入与输出关系时，这一问题并不特别复杂，但是在追问政治经济身份时，追问政府、学校和经济之间的关系时，追问有关这三者的管理方式时，还有追问它们运转时所处的空间领域（包含区域国家及其管理模式的概念）时，这一问题却相当复杂。

关于职场和教育还包含着这类问题，即工作场所是如何被意识形态化地呈现为一种对教育的挑战——一种知识社会的概念，以及围绕它产生的各种国际话语（在跨国层面、区域层面以及国家层面上）。这些复杂的问题包括相对决定论，其推演了来自首要原理——知识经济下的教育体制的形成，以及它们的教学内容、教学模式和评价方式，并且提出问题：如果这些过程被省略或遭到抵制，教育的替代方案是什么呢？

当然我们可以说，作为一类特殊的政治顾问，比较教育专家的主要职责是，通过收集关于究竟哪个技能形成系统才是最好的等诸如此类的国际证据信息，来协助建立技能系统；但是这并不是一个问题或者质问。它仅仅代表比较教育作为一门应用科学来服务资助者的一种定位。

对于涂尔干（Durkheim）、马克思（Marx）和韦伯（Weber）而言，这一问题仍然存在：经济体系、教育过程以及身份认同之间关系（包含受教育者的身份、选择以及社会化过程）的历史轨迹是什么？这对人类想象、社群的概念、权威和合法化以及神圣感的意义是什么？

当前该问题是非常尖锐的，因为我们将要面对一个非常清晰的演绎推理（即一种合计原则）：所有的教育系统以及它们的大部分细节必须是从一个特定的经济未来下推断出的。

很明显，如同所有的演绎推理一样，这种通过"解读"一个经济体系来定义教育系统的方法是清晰的，获得极大支持的，但也是不明智的。对于经济、教育、大学、区域以及它们之间的重要关系概念的一些意识建构过程，以及由此产生的后果，我们将在这一部分接下来的文章中继续探索。

参考文献

Cowen, R. (2005). Extreme political systems, deductive rationalities, and comparative education: Education

---

[①]　第一性原理（First-principles）在本文中，指看透事物的本质，要把事物分解成最基本的组成，从源头解决问题。——译者注

as politics. In D. Halpin and P. Walsh（Eds.），*Educational commonplaces: Essays to honour Denis Lawton*. London：Institute of Education University of London.

　　Gerth，H. H.，& Mills，C. W.（1967）. *From Max Weber: Essays in sociology*. London：Routledge and Kegan Paul.

30. 工业化与公共教育：社会融合与社会分层

吉姆·卡尔(Jim Carl)

公立教育的扩张与工业化的壮大是齐头并进的。毕竟,自由市场资本主义的哲学先锋亚当·斯密(Adam Smith)不是在工业革命开始时就预见到了各国教化其人民的好处了吗? 他说: "他们受教育越多,越难被狂热和迷信的幻想蒙蔽。""一个受过教育的聪明人总是比无礼且愚蠢的人更加得体和守序。"(Kandel, 1933:51)在工业革命时期之前,几乎所有地方都缺乏正规教育——依靠收取学费、自愿原则,并且常常仅限于男性。在封建欧洲,教育隶属于教堂,每十个工人里面有七个从事的工作与农业相关,岗位的稀缺导致只有少部分人可以通过书写文字来谋生(Bloch, 1963;Cipolla, 1993)。尽管一些国家,尤其是新教地区,要求乡镇保留学校,但这样的法令也常受制于本地的需求和有限资源,因而收效甚微。随着工业的扩张,人们对公立教育的支持逐渐增长,使得原本限制性提供的学校教育逐渐普及,并且进入分层教育体系。

然而对于工业化和公立教育的兴起这二者间的关系是很难定论的。如果我们分析漫长的19世纪,从工业革命的开端直到第一次世界大战前夕,我们会观察到工业扩张和大众教育兴起之间存在广泛的一致性。工业革命导致生产力持续不断地上升,首先是在英国的经济体中,然后扩展到欧洲大陆、美国北部和加拿大(Madrick, 2002)。随着教育的普及,女性受教育的情况改善了,对古典课程的研究也减少了,到20世纪,学校教育对于国家经济发展和个人流动的重要性占据了一种"教育福音"式的地位(Grubb & Lazerson, 2004:1—2)。工业时期收入和财富的增长让人们有可能享受更多的公共福利,所有的政府都在他们的社会预算中考虑了学校教育。

但是征税的目的是什么? 这是一个政治和文化问题。是国内改善? 贫民救济? 养老金? 大众教育? 虽然工业革命带来的利益刺激了横跨大西洋世界的教育扩张的需求,但促进该进程的原因不止这一个,还包括社会、文化以及政治层面的原因,它们决定着教育扩张的前进步伐(Muller *et al.*, 1987)。例如,亚当·斯密并没有因为教育的直接经济效用而鼓吹教育,而是因为其具有稳定社会的潜能才推崇教育。在这种新的教育体制的兴起中,社会融合是面向每个孩童的学校教育的核心,然而学校教育的择优性确保了随着社会的分层,教育的分层也在形成。

因此,当我们将国家层面和地区层面公立教育的发展视为分析的单元,把工业化当作一个起因时,其发挥的作用就变得不那么明显了。众所周知,在工业化时代,学校教授的知识和工作中实际需要的技能之间长期存在巨大的断层。(Easton & Klees, 1992)此外,在漫长的19世纪,工业和教育的发展速度并非保持一致。英国是第一个实现工业化的国家,但是国会直到19世纪的下半叶才让英格兰和威尔士地区同步普及小学教育。相反,普鲁士作为一个比较大的农耕社会,在几乎整个18—19世纪用它的小学扩展体制引领了这个世界,尽管相比英格兰它在工业发展上相对落后。在美国的东北部和中西部农村地区,在19世纪上半叶,儿童入学率达到了峰值(Reese, 2005)。在大西洋世界,许多古老的中学、学院和大学在19世纪普遍强调古典课程,拒绝科学。菲利普·艾瑞斯(Philippe Aries, 1962)提醒我们,在早期的现代欧洲,随着新的家庭生活的建设,学校的重要性开始凸显。工业化为新兴市场社会中设定好的学校教育模式注入了活力,并且在有限的情况下——比如说,工程学校的建立,或者说短期的工厂学校的出现——学校教育才真正体现工业化。

由于这种时间顺序的不匹配以及工业教育形式的缺乏,对公立教育来源的比较历史研究并没有将工业化当作直接的导致原因。在不断变化的经济秩序中，国家公民身份和社会控制，才是最该强调的连续统一体（Nóvoa，2000）。近几年的比较研究在解释公立教育的兴起时主要持四种观点：国家形成、西方文化框架的出现、地位的获得以及民主化（Carl，2000）。第一种观点主要是着眼于正在发展中的工业化国家，通过其在教育改革中的领导作用，构建国家的身份以及使经济秩序合法化。许多作者采用了这种观点，比如马丁·卡诺努瓦（Martin Carnoy，1992）、布鲁斯·柯蒂斯（Bruce Curtis，1992）、黄庭康（Ting-Hong Wong，2002）和安迪·格林（Andy Green，1990，1997）。格林将这种不均衡的教育发展和占统治地位的阶级利用国家来保持霸权的行为联系起来。他还声称，教育发展是随着不同国家的不同模式而变化的（Green，1990：x）。

　　第二种观点强调文艺复兴、宗教改革和启蒙运动在社会、政治和知识方面的发展创造了一种新形式的社会组织。这种观点在约翰·博利（John Boli）、弗朗西斯科·拉米雷斯（Francisco Ramirez）和约翰·迈耶（John Meyer）的作品中得到了体现（Boli *et al.*，2000）。其中的两名作者认为，通过主要强调理性的个人、人性化的宗教信仰、平等主义以及公民权的西方文化的培养，公立教育发展促进了"民族统一"和"国家的成功"（Ramirez & Boli，1987：3；Boli & Ramirez，1992）。最近，史蒂芬·普罗瓦斯尼克（Stephen Provasnik，2001：23）同样把学校教育当作"西方社会形成的建设性因素"。

　　如果前两种观点主要分别归功于安东尼奥·葛兰西（Antonio Gramsci）和埃米尔·涂尔干（Emile Durkheim），那么获取地位和文凭市场的观点则来自马克斯·韦伯（Max Weber）。玛格丽特·阿切尔（Margaret Archer，1979）指出欧洲的资本家集团和宗教组织相互竞争，以保护他们作为教育者的角色。有时候新的"教育主导集团"强迫国家去限制教会学校，有时候他们会用自己的学校去代替这些学校，而在另外一些情况下，如果这些学校的改革满足了权力集团的需求，他们会和教会权威合作（Archer，1979：143）。兰德尔·柯林斯（Randall Collins，2000）声称，文凭市场驱动教育的扩张与衰落，例如大学文凭的过度供给导致了中世纪和文艺复兴时期欧洲教育的衰落，在过去的两百多年中对稀有文凭的竞争推动了中等教育甚至大学的扩张。同样关注中等教育和高等教育的弗里茨·林格（Fritz Ringer）等引入了皮埃尔·布迪厄（Pierre Bourdieu）的社会再生产理论，强调社会差异再生产中的学校阶层（Muller *et al.*，1987）。

　　用民主化来解释不均衡的教育发展的新近例子是经济学家彼得·林德特（Peter Lindert）。他把教育视为社会支出的一种形式，他更大的目的在于探求这种社会支出和经济增长之间的关系。他认为学校教育的大量兴起和男性选举的扩展是有关联的，在其发展的初级阶段，又和当地的控制有关。在美国北部，教育发展迅速是因为良好的投票体制和本地的灵活性。林德特同样把这种观点放在看起来不太民主的德国，他认为，分散的教育控制使得德国表现得"当谈及小学教育时，就像一系列的地方民主主义一样"（Lindert，2004：122）。

　　本文使用这些比较历史和单国研究去探索工业化在欧洲和北美对公立教育的影响。新的生产系统给工人和他们的家庭带来了诸多改变，但是就我们的目的而言，最突出的一点是这种新的生产系统在为大部分人创造了以新的控制规则和形式为特点的工作场所的同时，也培养了少数人的创造力和高复杂技能（Berg，1979：25）。这种新的工业秩序以及由此产生的社会混乱和政治动荡，促进了一个表面上对所有人开放的教育系统的形成，一方面这个系统以扩大入学规模和提高标准来增加人民的凝聚力，另一方面也提供了分段教育经验来帮助年轻人在一个日益复杂和分层的劳动力市场中获得自己应有的位置。笔者将讨论英国工业进程是如何影响教育发展的，然后大致上顺着区域工业发展的历史梯度，还要考虑法国和德国的教育转型，再继续谈到美国（Pollard，1988）。

英　国

工业化的孵化器是从封建主义向资本主义过渡的,具体的原因一直备受争论,但我们关心的是社会和组织的变革,例如创造雇佣劳动和商品生产比作为工业发展的先决条件的技术发明或者广泛的识字率更为重要,尤其是在 1870 年之前(Aston & Philpin,1990;Madrick,2002)。18世纪末的英国纺织业是工业革命的摇篮,这不仅与学校无关,而且工业化对识字率和上学率也有负面影响(Stephens,1998)。无论是家庭内的"分包制"生产,还是随后出现的工厂制度,雇主和父母都需要儿童劳动力,而且在这两个领域中,识字能力都不是先决条件。事实上,对于童工而言,唯一必要的教育就是在现场对重复性工作过程进行简短的培训(Berg,1986;Wardle,1976)。

在 18 世纪晚期和 19 世纪早期,学校教育同样和企业家、资本家以及早期工厂经理的技能和原工业操作不太相关。通过学徒制获得的技能和通过不断试错磨炼的技术,以及将资本家和企业家团结起来的社会资本,学校里需要的是这些,而非技能和文凭。按照斯蒂芬斯(W. B. Stephens)的话说:"即使是一些工业革命的领导者……他们技艺娴熟,但也几乎没有受过教育。"对于大部分英国发明家和创新者来说,思想的传播是通过公众演说以及成为科学社团的会员进行,而不是在技术学校和大学中进行的(Mokyr,2002)。在英国的制造业地区,虽然许多资本家和工人鼓吹扩大正规学校教育,但是对童工的需求,以及工业化的英格兰北部尚有大量未接受正规学校教育的群体的事实,甚至在 19 世纪之交这个世界上经济最发达的地区,也为反驳扩展学校教育提供了有力的论据。

如果第一次工业革命的技术发展是中庸的,那么由新的生产系统带来的社会变革则是巨大的,尤其是对劳动力而言。埃里克·霍布斯鲍姆(Eric Hobsbawm,1990:87)说,对工资的依赖、工作的单调性以及爆炸性的城市增长使他们脱离了"前工业时代的经验、传统、智慧以及道德"。在当代观察者的眼中,新的无产阶级的孩童所面对的贫困和混乱并没有消失,他们正在从教育中寻求解决问题的办法(Simon,1960)。中产阶级改革者试图建立一个大众教育的网络,在工业化的最初几年里,他们中的一些人甚至主张为所有阶级的人提供相同的普及教育。然而,根据哈罗德·西尔弗(Harold Silver)的说法,"工业化导致了比工业发展前的英国更深刻以及更明显的阶级分层","就像社会的许多方面一样,教育的概念和规定也受到不同视角的影响"(Silver,1975:23)。19 世纪 30 年代,国家曾将投票权延伸至有财产的男性,阶级分层在提议的教育改革中扩大,工人们强烈支持他们所能够掌控的小学教育和成人教育,而中产阶级改革者集中精力为他们的下一代扩展中学和大学教育,并支持他们认为适合大众的小学教育。这种改革者常常将他们对大众教育的支持与他们对工厂的喜爱混在一起。例如在 19 世纪早期,改革者寻求一种监督体制,以极少的花费教育大量贫困儿童。约瑟夫·兰卡斯特(Joseph Lancaster)和其他支持者声称已经完善了一种方法,即通过"适应智力过程的劳动力分工",可以使不同年纪和能力的儿童都能坐在同一个教室受教育(Kaestle,1973:12)。

然而,中产阶级对工厂的赞赏、对高效低成本学校的承诺都不足以将小学教育带给英国普罗大众。自由放任主义政治立场在国家精英中仍然很流行。大部分但不是所有的历史学家都赞同唯意志论——宗教的或其他的——不足以促使大规模学校教育的形成(Green,1991;West,1975)。自愿制度直到 19 世纪 70 年代才开始盛行。工人阶级努力去教育自我,整个英格兰各类学校的入学率都在大幅提升(Lacqueur,1976)。国家在逐渐涉及小学教育领域,最初是在 19 世纪上半叶颁布了一系列"工厂法案",鼓励为工厂中劳作的儿童开展教育,然后是 1870 年教育法案,该法案建立了公立学校董事会,并授权他们去那些没有小学的地方建立小学,接着是 1880 年的义务教育法案,最后是 1891 年的免除学费(Simon,1965)。这些进展与 19 世纪 60 年代和 80 年代的男性选举权延伸大致平行(Lindert,2004)。

在关于英国工业化和学校教育的文献中,教育发展的滞后常常成为解释英国相对于工业化世界其他地方的经济衰退的重要因素之一。事实上,19 世纪的一些科学家和实业家出身自发展更为良好的苏格兰教育体制,他们感叹和欧洲其他地区相比技术教育的缺乏。英国大部分时候都在依靠制造业中的学徒制度,而业余技术学校在扩展这种制度(Green,1997)。随着英国进入弗里茨·林格所言的"现代欧洲教育的高级工业阶段"(Fritz Ringer,2000:47),从 19 世纪 60 年代到 20 世纪 20 年代,欧洲的古老学校"发现他们正面临年轻的竞争对手,这些对手的课程相当'现代'和'实际'"。为了应对德国的经济快速增长,英国放弃了其自由放任主义的主张,在 19 世纪末开始认真地建立技术学校。与高等教育一起,中等教育的三元制包括专门的"公立"学校、文法学校、扩展的高年级小学开始缓慢地将学生和制造业的技术工作联系起来,但是欢迎大部分毕业生(包括一些女性)的是商业部门、政府部门以及业务部门(Lowe,1987)。甚至贵族公立学校也将招生范围扩大到专业人士和实业家的儿子,几乎没有证据能够证明贵族公立学校的绅士风气劝阻学生追随父亲从事类似的职业(Rubenstein,1993;Honey,1987)。工人阶级和中产阶级要求学校教育和快速工业化、官僚化的经济系统保持一致,这一要求已经渗透到了中等和高等教育领域,但是在这个系统中,公立学校、文法学校和古老的大学保持了它们的排他性以及古典课程(Kazamias,1966)。

法　国

在法国旧政权的末期,英国的制造业实力超过法国并不是那么明显。在巴黎的北部和西部,一个向比利时和德国延伸的区域,得益于充足的煤炭和铁矿石储量,正经历着原始制造业和纺织业工厂系统的类似转型(Pollard,1988)。而且法国人虽然不如 18 世纪英国人的文化水平高,但是他们受到的教育既有教会学校的课程又有北部地区随处可见的世俗课程。除了法国内陆最小的和最孤立的社区以外,村庄至少会为每个老师提供一定的资金,而在较大的城镇,这一资金则由私立学校和教会学校来提供(Maynes,1985)。对于小学水平以下的学校教育,君主政体建立了一系列的军事、采矿和土木工程学校,这是具有开创性的,并且尽管在 18 世纪 60 年代受到驱除耶稣会的影响,中学和大学也还是为精英提供了类似其他西欧社会的教育(Artz,1966;Barnard,1969)。

1815 年发生的革命和由此引发的战争推迟了法国的工业进程,然而,在教育方面,这一时期在大众教育和精英学校教育制度建设方面出现了错误的开端。这个时代的教育遗产是世俗国家掌控教会的原则,它中断了大众学校教育的普及,并加速了技术教育和中等教育、高等教育的发展。塔列朗(Talleyrand)和孔多塞(Condorcet)在巴黎的议会推动产生了两个著名的计划,那就是要求实现所有人,无论男女的小学教育,但不断加深的权力危机阻止了这两项计划的实施(Bailey,1988)。18 世纪末反教权政策打乱了教师的供应,减少了教会的收入,因此使得小学数量锐减。尽管平等的革命精神仍在,而且拿破仑与教会取得和解,但他并未做出多少补救措施。另一方面,随着 1794 年巴黎综合理工学院和其他学校的建立,技术教育也在扩展。拿破仑帝国通过 1802 年公立高中网络的建立和将等级教育体制编入法典支持中等教育,该体系将所有学校,无论是世俗学校还是宗教学校都置于中央集权的国家监督下(Green,1990)。

法国分别在 19 世纪 30 年代、60 年代和 80 年代颁布法律条文对大众教育进行规范,随后教育部长朱尔斯·费里（Jules Ferry）颁布了法令，小学教育成为义务教育并免除学费。在这一扩展过程中，其中一些趋势和工业发展相关。相比那些独立于新生市场的部门，在一些商业化和工业活动相对活跃的部门，国家和教会提供了更多的学校，并且招收了更多的小学生。然而，因为一些儿童在工厂工作，工业地区的学校上学率常常比附近商业城镇和农庄的低。尽管法国在 1841 年通过了唯一的《工业学校法》，要求进行行业余教学，但是并未广泛强制执行，一些雇主将本就有限的教学时间压缩至每天一小时。在 19 世纪下半叶，随着国家的要求逐渐渗透到乡村地区，法国不同部门之间学校规定的差别在不断减小（Grew & Harrigan，1991；Anderson，1975）。经济发展为教育扩张奠定了货币基础，国家强制的法令开始在教育发展的中期显现。建校速度的峰值出现在 19 世纪的波旁王朝复辟和七月革命期间，但是 1833 年的《基佐法案》规定每一个社区有一所学校，并增加国家和地方对教育的税收支持（Grew & Harrigan，1991；Lindert，2004）。

19 世纪晚期，法国的小学教育已经成为常态，入学率和资金支持快要接近德国和美国北部的水平。在法国的乡村地区，越来越多的家长意识到将他们的孩子送到学校的好处，尤其是在有机会获得政府工作，并且在进行简单事务和通讯的时候可以独立于中介机构方面（Weber，1976）。小学教育扩张的目的在 19 世纪中期开始转变，工业正当性开始替代公民的、道德的、宗教的和尊重等教育目的。由于中产阶级倾向于"为了自由职业抛弃工业"，改革者开始为"工人的孩子"提供职业技术中最底层的教育（Anderson，1975）。男生和越来越多的女生并没有接受高中教育，或者进入预备学校，1833 年后在更大的城镇上这也是很普遍的，这为商科学习匀出了空间，之后贸易和工业实践学校同样开始从小学教育拓展，为技工和商务人员提供职业培训（Green，1997）。

小学教育和中学教育之间的巨大阶级差异仍然存在于更小的学生中，针对法国学前儿童的普通学校直到 20 世纪 20 年代才出现。在接下来的一个世纪中，中等教育和高等教育继续走精英道路，强调最基础的通识艺术以及顶尖的技术和商业知识。法国的公立中学仍然保持着较高的地位，即使大学增加了对自然科学的研究，以至于在 19 世纪 80 年代三分之一的学生都在科学课程中做好了准备。然而，法语、拉丁语、数学和哲学仍然保持着优势地位。法国的与众不同之处是，19 世纪"大学校"（或高等专业学院，grandes écoles）的蓬勃发展，逐渐取代了几乎停滞不前的大学。"大学校"是高度选拔性的机构，主要招收的是专业人士、实业家和官僚子弟，同时也以自由与技术相融合的独特方式来办学。入学方面，学术准备和入学考试粗暴地集中在通识课上，但一旦被录取，大部分高校就会强调工程、应用科学、商业和公共管理（Ringer，1979；Bourdieu，1996）。在 20 世纪早期，尽管法国经济和政治领域的大部分重要人士都接受了商业和技术课程方面的学校教育，但这种学习内容的选择仍然和资产阶级成员及传统学科相结合，而非行业的实际需要。

德　国

正如英国和法国一样，18 世纪晚期，德国的乡村在向市场经济的转型中经历了动荡，即使其水力和蒸汽动力工厂的发展远远落后英国一代甚至两代。在一些经历过纺织原工业化的地区，若干学校将阅读和宗教结合作为白天教育的一部分，而剩下的时间被用来织作羊毛和亚麻纺纱。与此同时，东部的庄园进行了整合以便更加有效地收获谷物用于出口。这种劳动分工的变化在联邦中出现是极其重要的，尤其是在普鲁士，那里的领导者已经开始鼓励实行农民和工人的小学教育。在英国，反对国家大众教育的精英在整个工业化的第一阶段拥有更高的话语权，然而普鲁士和德国其他联邦赞成"下层社会"的义务教育，只要它"灌输的是服从和勤奋"而不是离开农业和原工业劳动力的期望（Melton，1988：114）。拿破仑战争中的军事失败进一步推动了教育的发展，小学系统不断扩展,一个旨在发展国家建设的普鲁士的教育机构建立起来了(Green,1990)。

此外,德国提倡小学教育是继承了虔信派教徒的传统,这个可能不同于统治者和他们的高级神职人员的观点,但是却符合大部分普通群众的想法。在第一次世界大战期间,学校及校内的师生仍然按照忏悔路线进行组织(Melton,2001;Lamberti,1989;Kennedy,2005)。结合更大程度的地方控制,教会和国家的团结或许可以解释为什么工人和农民相比英国的同行更大程度上同意出资送他们的孩子去国家资助的小学,也可以解释为什么在19世纪早期,德国拥有世界上最广泛的小学教育体制。

然而直到19世纪50年代到70年代,真正大规模的工业化扩张才开始发生,鲁尔、萨克森和西里西亚是领头的地区。这和德意志帝国的崛起也是大致相一致的。所以在19世纪中期之前,小学教育的发展很容易被高估:普鲁士的弗雷德里克二世于1763年宣布了他著名的针对农村地区的义务学校教育法令,但是有效交通网络和社会必要财政开支的双重缺乏意味着学校教育难以真正普及(Melton,1988)。当地政府通过他们自己的学校董事会而非依靠帝国来增加税收,这使一些地区(尤其是在都市化和工业化的西部)建立了广泛的小学网络,然而东部大庄园农业地区的小学教育由于资金和入学率的不足而滞后,这反映出当地精英并不愿意让学校中断劳动供应,尽管普鲁士希望在波兰地区推行德国化教育(Lindert,2004)。西部地区则通过限制童工以及要求年轻工人业余时间上学来帮助提高学校的入学率(Lamberti,1989)。

德国的中等教育同样受益于政府的支持,其努力将学校和社会结构紧密联系起来。例如,冯·洪堡(Von Humboldt)使九年制文理高中成为一个国家机构,通过考试认证学生是否有资格进入大学学习和国家官僚机构工作。相比英国公立学校,后来的课程改革使自然科学在这些古典学校中获得了更多的学习空间(Green,1990)。文理高中主要招收资深专家和高级公务员的孩子,但是中学教育的新形式在19世纪中期开始出现,尤其是实科学校,将文理高中的学术文化与用更多科学课程来协助以更好地培育商业人才和工业人才的学校之间在模仿文理高中的高雅艺术文化的同时,也注重为对商业和工业领域有兴趣的学生提供更注重科学的课程。对那些很早就离开学校的孩子和那些坚持下来直到毕业甚至上大学的孩子来说,这种新兴的中等教育体制和劳动力市场是紧密相连的,并不是在所学的内容上,而是在于和职业排名一致的教育文凭首先是公务员队伍,然后再延伸到商业和工业机构(Muller,1987)。

其他小学以上的学校形式和改革方案都与工业应用更加紧密地联系在一起,因为对于技术、商业以及管理工作而言,学习内容和教育文凭一样重要。例如,在针对公立学校的男性毕业生的业余继续学校里,大部分课程都集中在“未来的农业、工业和商业工作中的职业训练”(Albisetti,1996)。在1897年《手工艺保护法》的推动下,德国建立了一个以学校和公司为中心的职业教育系统和证书认证系统(Hansen,1997)。这种针对蓝领职业的完善的职业教育网络是和学术性的中学同时出现的。在高等教育方面,德意志建立了一个理工学院(Technische Hochschulem)网络(尤其是理工大学),而在旧有的大学里,对工业应用的科学研究也开始萌芽,例如实业家承诺为哥根廷应用物理和数学进步协会提供经济担保。但是对工程和科学专业知识的需求仅靠高等教育是满足不了的,19世纪八九十年代出现的一些私人技术学校和工业支持的商业学院将学校学到的管理技术技能和前沿的化学电力工业紧密地联系起来(Albisetti,1996;Mokyr,2002;Gispen,1989)。

美　国

在美国,内战后的工业和教育发展都在以一个让欧洲黯然失色的速度前进。从资本发展的逻辑看,其教育系统保有自治权,但与欧洲大陆上的教育系统相比,它的独立程度较低。美国的初等、中等、高等教育制度水平基本相当于或者超过大部分欧洲教育发达国家,包括德国。美国教育改革在19世纪30年代初期是寻求模仿,以至于到第一次世界大战,连初中教育都逐渐成为大部分青少年的成人礼(Jeismann,1995;Reese,2005;Lindert,2004)。

　　暂时抛开美国总体的巨大地区差异,什么因素才能解释急剧的教育增长呢?众所周知,美国和许多革命后的欧洲国家在很多方面是不同的,如他们没有世袭贵族和王室,有新教的身份但是没有建好的教堂,缺乏独立的和认定的官僚阶级,高度分权的政府体制,相对高水平的男性选举权,高度依赖移民,不断扩展边界:这些和大众教育都是相违背的(Green,1990)。然而,市场革命几乎从一开始就渗入了这个新的国家,并且加强了个人自我改善的意识形态,这在大众面前十分流行。这不仅进一步刺激了普罗大众对学校的需求,也帮助建立了一种普遍的信念,那就是学校教育应该和工作的环境紧密相关(Sellers,1991;Cohen,1999;Finkelstein,1991)。这些特征帮助塑造了一套广泛传播的大众教育体制,相比英国吸引了更多的精英并且对大众也有感召力,而且在这一体系中,获得教育的机会更多地取决于文化而非阶级。换句话说,由于一个不断成长着的国家里包含来自欧洲、非洲、亚洲和北美的不同语言、宗教和种族的族群,教育改革者在"受到争议的民主"中寻求"公民凝聚力",即使他们是以种族和文化层次来塑造系统的(Tyack,2003:3)。

　　尽管很难找到美国小学教育中工业化和教育发展联系的无可争辩的例子,这两者之间还是有着紧密的联系。在工业革命之前的美国北部,虔诚的清教徒成为主流,初步的学校教育已经开始普遍发展(Axtell,1974;Cremin,1970)。美国内战的前30年见证了棉纺织工厂的诞生以及在更大工作场所中其他商品制造业的集中和系统化;依赖不断壮大的城市中的移民劳动力,运河和铁路急速发展;市场对北部农民的诱惑力增大。同时,学区学校受到当地税收和学费的支持,变成教育改革者的目标,城市学校也是如此,而且相比乡村地区,其有更大的阶级、文化和性别差异。具有影响力的社会领袖在这些年中寻求小学教育的标准化和集中化,例如马萨诸塞州的霍拉斯·曼(Horace Mann)获得了工厂主和商人的普遍支持,即使城市学校的入学率开始落后于乡村地区学校的入学率(Bowles & Gintis,1976;Kaestle & Vinovskis,1980)。

　　相反,在南部地区,工业革命将农业集中在单一的奴隶种植的出口作物上。南方的立法者将大众教育看作是不利于北部地区对社会稳定的,因为南部农业经济最富有活力的部门是建立在不自由的劳动力群体之上的。尽管19世纪60年代的"自由民教育运动"让南部各州向大众教育迈进(Williams,2005:6),但南部精英对"雇佣劳动和市场生产"的多元商业体系中的教育需求的反应导致了学校教育是建立在一种种族隔离的高度不平等的基础之上(Lelou-dis,1996:xii)。不过相比北部各州,这里的学校改革步伐较小,这里的工业化也伴随着种族隔离(Douglas,2005)。

　　东北部和中西部的普通学校改革者成功地将乡村和城市学校转化为带有一点中央集权的连贯教育体制。尽管这一"普通学校的复兴"没有带来入学率方面或者学校建设的激增,但如果增长要超过仅凭地方自愿努力所能达到的程度,那么州的集权化是必要的。而且公立学校运动横扫了北部州标准化的小学教育,改革者倡导教室分年级、成绩记录细致化以及教师教育规范化(Kaestle,1983;Katz,1987)。对于住在美国北部的白人清教徒的孩子而言,到19世纪中叶,普通学校教育已经非常普遍。尽管这个体系的巩固与资本主义的发展在时间上相对应,但教育者将阅读、写作和算术的基本知识包装成纪律、宗教虔诚和对国家的尊重,而不是为了工厂和市场的准备。

　　在19世纪早期,中等和高等教育包含一小部分拉丁语法学校,通常是充满生机的男女共校的院校以及根据教派来组织的男生学院。机构上，接下来几百年中最显著的改变就是公立高中的兴起和现代研究型大学的诞生。教育系统中的独特性备受讨论，美国的中等教育是从普通学校演变而来，而不是通过贵族和专家阶级垄断的学校发展而来（Golden & Katz，1999）。在工业革命的几十年中，中学的拉丁语教学已经逐渐衰落，大部分家庭不再让自己孩子工作，而是让他们开始学习实用课程和学术课程，这意味着除了古典学研究，英语和科学也有了一席之地（Reese，1995；Nash，2005）。学院通常从中产阶级的各个层面招收学生（Beadie & Tolley，2002），但公立学校的支持者将他们描绘成精英主义者，试图吸纳他们，并把高中建成"人民学院"——公立教育系统的顶峰（Reese，1995：57）。

许多资产阶级家庭适应了普通学校改革者的中等教育日程安排。一部分支持归结于拥有大额捐助院校的缺乏（稳定的税收支持确保了中学部门的机构稳定性，而这个部门一直被更富有企业家精神的学院所主导），一部分是归结于高中倡导者精英主义修辞的说服力（建立在学术成就上的选择性招生在杰克逊民主时期运行良好，同时也注定了中产阶级的子女在学术上更具竞争力），还有一部分是当时教会支持中学的传统也相对有限（Reese，1995；Terzian & Beadie，2002）。到1900年第二次工业革命的时候，综合高中的基础已经基本奠定。在20世纪的前20年，青少年劳动力的下降促进了高中入学率的增长。学校领导在同一机构内采用了一种差异化课程设置，包括职业、家政、商业和大学预备课程，加上普遍的投票权和管理与劳资之间的尖锐关系，往往削弱了为美国青少年建立独立的、税收支持的学术和职业学校的努力。

在19世纪中期，高中和学术机构、师范学校及文理学院争夺生源，但是文理学院和大学在19世纪末开始代替高中站到金字塔尖。由于经济发展让许多商人和农民认为他们的经济地位岌岌可危，父母开始通过教育文凭来保护他们的后代。首先，中等教育像是制造业和商业部门中高薪职位的入场券。其次，在20世纪初期，当越来越多工人阶级的孩子进入高中，中产阶级家庭开始寄希望于通过高等教育找到更好的专业出路，以获得更多的益处（Labaree，1997；Brown，1995）。工业发展为院校满足日益增长的需求提供了必要基础。财富的集中为院校提供了大量新的资金，从而扩展了课程内容，并为这个新的体制带来秩序。联邦政府推进了在农业、工程和采矿方面的应用研究支持，并在内战中开始了一系列的土地授权，但是其极大的扩张是在19世纪90年代。这些顶尖院校将职业学校纳入其势力范围，并通过他们在高中招生方面的热心参与，成为中等教育改革中的重要参与者。在技术教育上，虽然相比欧洲大陆的领先学校，美国的后起之秀还不在同一水平上，但是它却促进了美国新大学和大型公司之间的专业交流。（Thelin，2004）

结　语

工业发展使欧洲和美国北部的大众教育变成可能；经济剩余让国家实现了早期启蒙运动的目标，那就是塑造包括边界地区在内的人民的国家身份。然而要关注工业化在公立教育发展中的作用，就要避免跳入经济功能主义的陷阱。尽管在整个19世纪和20世纪早期，学校教育显示了它在个人社会经济酬劳和地区国家工业发展上的重要性，但是学校教授的知识和经济发展或者说与工人在工作中所做的之间并没有绝对牢不可破的关系（Bills，2004）。既不是劳动力分工的复杂性的增长，也不是增长的经济生产力引起了教育体制质和量的改变。

在教育系统和经济体制之间有两个缓冲区，让它们之间的关系复杂而分散。第一，学校系统是国家的事务，无论是在中世纪的教会国家、早期的现代欧洲，还是自18世纪以来崛起中的公民国家。在工业时代，精英和大众的相互妥协要求扩大国家的视野，用调停者的合法性赋予他们权力。生产关系的斗争逐渐通过国家官僚机制得以缓冲，包括通过学校机构塑造知识（Apple，1996；Carnoy，1984）。第二，教育机构有它自己的自治权和内在逻辑。学校是一种古老的机构形式，并非因为资本主义的发展而存在，因此学校具备自治权。作为继承过去的学术传统，逻辑是作为一种针对学生的职业发展需求和雇佣者要求的强有力的制衡。即使在过去一个世纪中，中等和高等教育已经标志了在技术、专业和职业方面的转变，通识课程也仍然保有它们在课程中的地位。（Labaree，2006）

正是这两个缓冲带——国家形成和机构自治权——使得比较教育家更加关注历史，因为只有在不同地区和国家教育系统发展的历史比较研究中才能发现变化与不同。研究一个单一起因，例如工业化，只能阐明普遍的、长期的趋势。而对于一个细致的研究来说，在整个大环境下进行仔细的历史研究——文化的、政治的、经济的——将有更加丰富的发现。例如，西方文化框架的论点作为自文艺复兴以来教育发展的基本力量，对于理解全球教育趋势有极大价值。这是由斯坦福大学的社会学家约翰·迈耶(John W. Meyer)等人发展的观点。然而，将学校教育强调为一个新的西方社会组织顶峰，却掩盖了重要的地区和国家变化。这里有一些变化的暗示，例如英格兰和日耳曼在职业教育上的差异，还有法国和美国在职业学校和大学之间关系上的差异。再次重申，强调国家形成和教育形式的比较作品承继了封建主义到资本主义转型之前的观点，它在解释公立教育的比较历史方面的同异上是很有前途的。

社会分层和社会融合是工业时代形成的公立教育系统的两大特征。在经过连续学习的中小学课程进行过滤后，进入教育体制的最高层次，获取最高地位的知识，在那里系统性进行职业和技术教育准备。然而教育系统的领导者还努力使每一个儿童适应重新组织大西洋地区国家的新经济、社会和政治模式。在漫长的 19 世纪中，其结果就是公立教育系统对国家的融合做出了贡献，在这个正在发生急速工业改变的社会中，它们的出现甚至决定了新的社会分层形式并使其合法化。

参考文献

Albisetti, J. (1996). Education. In R. Chickering (Ed.), *Imperial Germany: A historiographical companion* (pp. 244 - 271). Westport, CT: Greenwood Press.

Anderson, R. D. (1975). *Education in France 1848 - 1870*. Oxford: Clarendon Press.

Apple, M. (1996). *Cultural politics and education*. New York: Teachers College Press.

Archer, M. (1979). *The social origins of educational systems*. Beverly Hills, CA: Sage.

Aries, P. (1962). *Centuries of childhood: A social history of family life*. (R. Baldick, Trans.). New York: Vintage (Original work published 1960).

Artz, F. D. (1966). *The development of technical education in France, 1500 - 1850*. Cleveland, OH: Society for the History of Technology.

Aston, T. H. & Philpin, C. H. E. (Eds.) (1990). *The Brenner debate*. Cambridge: Cambridge University Press.

Axtell, J. (1974). *The school upon a hill*. New Haven, CT: Yale University Press.

Bailey, C. (1988). Municipal government and secondary education during the early French Revolution: Did decentralization work? *French History*, 12, 25 - 42.

Barnard, H. C. (1969). *Education and the French Revolution*. Cambridge: Cambridge University Press.

Berg, M. (Ed.) (1979). *Technology and toil in nineteenth century Britain*. CSE Books: London.

Berg, M. (1986). *The age of manufactures, 1700 - 1820*. New York: Oxford University Press.

Bills, D. (2004). *The sociology of education and work*. Oxford: Blackwell.

Bloch, M. (1963). *Feudal society*. (L. A. Manyon, Trans.). Chicago: University of Chicago Press (Original work published 1939).

Boli, J., Ramirez, F., & Meyer, J. (2000). Explaining the origins and expansion of mass education. In S. Sanderson (Ed.), *Sociological worlds: Comparative and historical readings on society* (pp. 346 – 354). Chicago, IL: Fitzroy Dearborn.

Bourdieu, P. (1996). *The state nobility*. (L. C. Clough, Trans.). Stanford, CA: Stanford University Press (Original work published 1989).

Bowles, S. & Gintis, H. (1976). *Schooling in capitalist America*. New York: Basic Books.

Brown, D. (1995). *Degrees of control: A sociology of educational expansion and educational credentialism*. New York: Teachers College Press.

Carl, J. (2000). *Le rouge et le noir*: Approaches to the origins of mass schooling. In J. Bouzakis (Ed.), *Historical-Comparative Perspectives* (pp. 333 – 347). Athens: Gutenberg Press.

Carnoy, M. (1984). *The state and political theory*. Princeton, NJ: Princeton University Press.

Carnoy, M. (1992). Education and the state: From Adam Smith to Perestroika. In R. Arnove, P. Altbach, & G. Kelly (Eds.), *Emergent issues in education: Comparative perspectives* (pp. 143 – 159). Albany, NY: State University of New York Press.

Cipolla, C. (1993). *Before the industrial revolution: European society and economy, 1000 –1700*. London: Routledge.

Cohen, P. (1999). *A calculating people: The spread of numeracy in early America*. New York: Routledge.

Collins, R. (2000). Comparative and historical patterns of education. In M. Hallinan & H. Kaplan, (Eds.), *Handbook of the sociology of education* (pp. 213 – 240). New York: Plenum Publishers.

Cremin, L. (1970). *American education: The colonial experience, 1607 –1783*. New York: Harper & Row.

Curtis, B. (1992). *True government by choice men? Inspection, education, and state formation in Canada west*. Toronto: University of Toronto Press, 1992.

Douglas, D. (2005). *Jim Crow moves north: The battle over northern school desegregation 1965 –1954*. NewYork: Cambridge University Press.

Easton, P. & Klees, S. (1992). Conceptualizing the role of education in the economy. In R. Arnove, P. Altbach, & G. Kelly, (Eds.), *Emergent issues in education: Comparative perspectives* (pp. 123 – 142). Albany, NY: State University of New York Press.

Finkelstein, B. (1991). Dollars and dreams: Classrooms as fictitious message systems, 1790 –1930. *History of Education Quarterly*, *31*, 462 – 487.

Gispen, K. (1989). *New profession, old order: Engineers and German society, 1815 –1914*. Cambridge: Cambridge University Press.

Goldin, C. & Katz, L. (1999). Human capital and social capital: The rise of seconday schooling in America, 1910 –1940. *Journal of Interdisciplinary history*, *29*, 683 – 723.

Green, A. (1990). *Education and state formation: The rise of educational systems in England, France, and the USA*. London: The Macmillan Press.

Green, A. (1991). The peculiarities of English education. In Department of Cultural Studies, (Eds.), *Education limited: Schooling and training and the New Right since 1979* (pp. 6 – 30). London: Unwin Hyman.

Green, A. (1997). *Education, globalization and the nation state*. New York: St. Martin's Press.

Grew, R. & Harrigan, P. (1991). *School, state, and society: The growth of elementary schooling in nineteenth-century France — A quantitative analysis*. Ann Arbor, MI: University of Michigan Press.

Grubb, W. & Lazerson, M. (2004). *The education gospel: The economic power of schooling*. Cambridge, MA: Harvard University Press.

Hansen, H. (1997). *Caps and gowns: Historical reflections on the institutions that shaped learning for and at work in Germany and the United States*. Unpublished doctoral dissertation, University of Wisconsin-Madison.

Hobsbawm, E. (1990). *Industry and empire: From 1750 to the present day*. London: Penguin.

Honey, J. (1987). The sinews of society: The public schools as a "system." In D. Muller, F. Ringer, &. B. Simon, *The rise of the modern educational system: Structural change and social reproduction, 1870 - 1920* (pp. 151 - 162). Cambridge: Cambridge University Press.

Jeismann, K. (1995). American observations concerning the Prussian educational system in the nineteenth century. In H. Geitz, J. Heideking, &. J. Herbst (Eds.), *German influences on education in the United States to 1917* (pp. 21 - 41). Cambridge: Cambridge University Press.

Kaestle, C. (1973). *Joseph Lancaster and the monitorial school movement: A documentary history*. New York: Teachers College Press.

Kaestle, C. (1976). Between the Scylla of brutal ignorance and the Charybdis of a literary education: Elite attitudes toward mass schooling in early industrial England and America. In L. Stone (Ed.), *Schooling and society: Studies in the history of education* (pp. 177 - 191). Baltimore, MD: JohnsHopkins University Press.

Kaestle, C. (1983). *Pillars of the republic: Common schools and American society, 1780 - 1860*. New York: Hill and Wang.

Kaestle, C. &. Vinovskis, M. (1980). *Education and social change in Massachusetts*. Cambridge: Cambridge University Press.

Kandel, I. (1933). *Comparative education*. New York: Houghton Mifflin.

Katz, M. (1987). *Reconstructing American education*. Cambridge, MA: Harvard University Press.

Kazamias, A. (1966). *Politics, society and secondary education in England*. Philadelphia, PA: University of Pennsylvania Press.

Kennedy, K. (2005). The persistence of religion in Germany's modernizing schools, from empire to republic. *Paedagogica Historica*, *41*, 119 - 130.

Labaree, D. (1997). *How to succeed in school without really learning: The credentials race in American education*. New Haven, CT: Yale University Press.

Labaree, D. (2006). Mutual subversion: A short history of the liberal and the professional in American higher education. *History of Education Quarterly*, *46*, 1 - 15.

Lacqueur, T. (1976). Working-class demand and the growth of English elementary education, 1750 - 1850. In L. Stone (Ed.), *Schooling and society: Studies in the history of education* (pp. 192 - 205). Baltimore, MD: Johns Hopkins University Press.

Lamberti, M. (1989). *State, society, and the elementary school in imperial Germany*. New York: Oxford University Press.

Leloudis, J. (1996). *Schooling in the new South: Pedagogy, self, and society in North Carolina, 1880 - 1920*. Chapel Hill, NC: University of North Carolina Press.

Lindert, P. (2004). *Growing public: Social spending and economic growth since the eighteenth century*. Cambridge: Cambridge University Press.

Lowe, R. (1987). Structural change in English higher education, 1870 - 1920. In D. Muller, F. Ringer, &. B. Simon (Eds.), *The rise of the modern educational system: Structural change and social reproduction, 1870 - 1920* (pp. 163 - 178). Cambridge: Cambridge University Press.

Madrick, J. (2002). *Why economies grow: The forces that shape productivity and how we can get them working again*. New York: Basic Books.

Maynes, M. J. (1985). *Schooling for the people: Comparative local studies of schooling history in France and Germany, 1750 - 1850*. New York: Holmes &. Meier.

Melton, J. (1988). *Absolutism and the eighteenth century origins of compulsory schooling in Prussia and*

Austria. Cambridge: Cambridge University Press.

Melton, J. (2001). Pietism, politics, and the public sphere in Germany. In J. Bradley & D. Van Kley (Eds.), *Religion and politics in enlightenment Europe* (pp. 294 – 333). South Bend, IN: University of Notre Dame Press.

Mokyr, J. (2002). *The gifts of Athena: Historical origins of the knowledge economy*. Princeton, NJ: Princeton University Press.

Muller, D., Ringer, F., & Simon, B. (Eds.) (1987). *The rise of the modern educational system: Structural change and social reproduction, 1870 –1920*. Cambridge: Cambridge University Press.

Muller, D. (1987). The process of systematization: The case of German secondary education. In D. Muller, F. Ringer, & B. Simon (Eds.), *The rise of the modern educational system: Structural change and social reproduction, 1870 –1920* (pp. 15 – 52). Cambridge: Cambridge University Press.

Nash, M. (2005). *Women's education in the United States, 1780 –1840*. New York: Palgrave Macmillan.

Nóvoa, A. (2000). Europe and education: Historical and comparative approaches. In J. Bouzakis (Ed.), *Historical-comparative perspectives* (pp. 47 – 69). Athens: Gutenberg Press.

Pollard, S. (1988). *Peaceful conquest: The industrialization of Europe 1760 – 1970*. Oxford: Oxford University Press.

Provasnik, S. (2001, October). *Seeing the rise of universal schooling in the making of modern western society: A synthesis of scholarship*. Paper presented at the History of Education Society Annual Meeting, New Haven, CN.

Ramirez, F. & Boli, J. (1987, January). The political construction of mass schooling: European origins and worldwide institutionalization. *Sociology of Education, 60*, 2 – 17.

Reese, W. (1995). *The origins of the American high school*. New Haven, CN: Yale University Press.

Reese, W. (2005). *America's public schools: From the common school to "No child left behind"*. Baltimore, MD: The Johns Hopkins University Press.

Ringer, F. (1979). *Education and society in modern Europe*. Bloomington, IA: Indiana University Press.

Ringer, F. (2000). *Towards a social history of knowledge: Collected essays*. New York: Berghahn Books.

Rubenstein, W. D. (1993). *Capitalism, culture, and decline in Britain, 1750 –1990*. London: Routledge.

Rury, J. (2005). *Education and social change: Themes in the history of American Schooling*. Mahwah, NJ: Erlbaum.

Schama, S. (1989). *Citizens: A chronicle of the French Revolution*. New York: Knopf.

Sellers, C. (1991). *The market revolution: Jacksonian America, 1815 –1846*. Oxford: Oxford University Press.

Silver, H. (1975). *English education and the radicals 1780 –1850*. London: Routledge & Kegan Paul.

Simon, B. (1960). *Studies in the history of education, 1780 –1870*. London: Lawrence & Wishart.

Simon, B. (1965). *Education and the labor movement, 1870 –1920*. London: Lawrence & Wishart.

Stephens, W. B. (1998). *Education in Britain, 1750 –1914*. New York: St. Martin's Press.

Terzian, S. & Beadie, N. (2002). "Let the people remember it": Academies and the rise of the public high schools, 1865 –1890. In N. Beadie & K. Tolley (Eds.), *Chartered schools: Two hundred years of independent academies in the United States, 1727 –1925* (pp. 251 –283). New York: RoutledgeFalmer.

Thelin, J. (2004). *A history of American higher education*. Baltimore, MD: Johns Hopkins University Press.

Tyack, D. (2003). *Seeking common ground: Public schools in a diverse society*. Cambridge, MA: Harvard University Press.

Wardle, D. (1976). *English popular education 1780 –1975*. New York: Cambridge University Press.

Weber, E. (1976). *Peasants into Frenchmen: The modernization of rural France, 1870 –1914*. Stanford,

CA：Stanford University Press.

West，E. (1975). *Education and the industrial revolution*. New York：Barnes & Noble.

Williams，H. (2005). *Self-taught: African American education in slavery and freedom*. Chapel Hill，NC：University of North Carolina Press.

Wong，T. (2002). *Hegemonies compared: State formation and Chinese school politics in postwar Singapore and Hong Kong*. London：RoutledgeFalmer.

31. 工业化、知识经济和教育改革：也谈巴西与阿根廷发展

马西娅·克里斯蒂娜·帕索斯·费雷拉（Marcia Cristina Passos Ferreira）

本文将通过描述 1950 年到 1990 年这段时期的巴西与阿根廷,讨论经济思想、意识形态和社会系统如何与教育系统联系起来。

广义上来说,本文的主题是巴西和阿根廷教育系统的一个难题：两国的教育模式能否从两种话语体系中直接推断出来——其中一种与"工业社会"的本质相关,另一种则与"知识经济"的本质相关。虽然两种话语体系根植于国际性讨论,但正如本文指出的,它们同时也都因本土化和情境化而变得不同。换言之,它们在巴西和阿根廷都以不同的方式"本土化"了。

显然,"工业社会"和"知识经济"这两个术语有普通的意义,即学术意义。它们不仅仅是政治口号或政策标签。所以在继续阐释之前,有必要确定这两个术语的常规学术概念。我们可以从主流(以及知名的)的学术文献中找到这些含义。

"工业社会"的概念在 20 世纪 60 年代的一个经典文本中得到了很好的解释：

> 现代工业社会,与其他类似的复杂体系相比,在结构和发展方面有着显著的区别,这主要表现在制度的创新方面——也就是说,公共组织或私人组织为了经济和军事发展而开展的科学研究,其规模越来越大。(Halsey *et al.*, 1961：2)

换言之,社会学家所使用的学术概念反映了工业经济体由手工到技术与科学技能的转变。这个变化对学生进入就业市场所需技能有深远影响。由熟练工匠、助理或学徒在领班的监督下工作,这样的传统教育形式逐渐被更复杂的结构取代,并为现代经济的新目标服务。

因此,从这一学术和社会学的角度来看,教育系统可能因为工业化而有类似的改变。这里隐含着"趋同"(convergence)内涵,甚至有决定论者提出阿根廷和巴西进而会有"趋同"的改革。从历史上来看,两者都经历了相似的从以农业为基础向工业化经济转变的过程。

显然,在这一理论框架下,"教育"从社会学角度看,也以一种更具体的方式被重新定位。教育本身作为技术创新的源泉,在经济发展中发挥着至关重要的作用。同时,教育系统日益成为提供劳动力和作为职业招聘和培训职能的机构。

同样,约 20 年后,经济体有了其他定义。学术界认为,20 世纪 80 年代,全球化带来了一种新经济秩序。这个新经济世界获得了一个新的专门术语：知识经济。

"知识经济"

吉登斯(Giddens)定义的"知识经济"指出,在知识经济中,大量的劳动力不是在物质生产或原料物资分配环节,而是在设计、开发、技术、营销、销售和服务领域。这是一种在思想、信息、知识支撑下进行创新和发展的经济(Giddens, 2001：378)。

从分析角度来说,这意味着现代经济是由"符号分析家"的工作而非由体力工作所驱动,"符号分析家"主要分布在设计、营销或服务等需要知识而非身体技能的领域。符号分析需要信息技术知识和计算机技能,但更重要的是具有抽象思维、分析和总结的能力。

相似地,"趋同"的议题由此形成：正是这种经济的性质使人们认定教育更加重要而且成为

某种必需品。因此,我们有两个历史时期分别定义了经济(例如,"工业社会"):一个是学术上的定义,另一个是作为一种话语,成了教育系统的塑造者。这个在巴西和阿根廷实现了吗?

"工业社会"与教育发展

因此,本文的分析试图阐述一个相当清晰的学术思想(工业社会,知识经济)是如何成为一种国际观念和一种对各国产生影响的话语体系。这种话语体系,因在政治和制度化方面不同程度地消化吸收,而对各国产生"不同的结果"。

换句话说,本文分析了"本土化"的这些进程:在这两个国家的改革中,在特定的历史时期以不同方式对同一话语体系的吸收与塑造。接着,本文界定教育改革的模式,包括职业技术教育改革。

巴西经济与工业发展

巴西大规模工业化兴起于第一次世界大战时期(1914—1918),其目标是"进口替代"。这一时期,重工业急速扩张(Baran,1957:8)。20 世纪 50 年代以后,急速的工业扩张和大型跨国公司的迅速增长破坏了当地社会经济结构。然而,巴西的经济发展依赖于外国投资和建立在巴西的大型公司,这又对公共服务提出了新的要求(Barnett et al.,1975:35—37)。

然而,这些变化并不仅仅是经济上的。巴尼特等人(Barnett, et al.,1975:35)指出工业化导致出现了新的社会联盟以及对国家和政治运动的需求,如民粹主义。这是日益壮大的城市中产阶级和工人阶级的影响之一。

一般而言,教育政策的设计旨在重建教育系统,使其适应于"工业社会"(和现代社会)所带来的经济和社会变化。

教育和经济发展之间的潜在联系在 20 世纪 60 年代初联合国教科文组织区域会议上起草的决议中也有清楚的表达。比如,1962 年在圣地亚哥召开的教育与经济发展会议建议在拉美各国采用中学入学人数作为衡量每个社会和经济进步的标准(Gimeno,1983)。巴西是第一组中入学情况最差的一个,中学入学人数不到学龄学生的 13%。第三组中的阿根廷入学人数高于 25%(Gimeno,1983:31)。

巴西的数据反映了改革教育的需求,而中学教育改革则强调开展与职业相关的培训以应对区域经济发展的要求(Gimeno,1983)。扬尼(Ianni,1975)认为 20 世纪 50 年代和 60 年代巴西发展创造工业经济面临巨大挑战,从而导致经济发展主义的产生,这是一种当时为了支持一个强大的工业化国民经济发展的政治理想状态,直到 1964 年的军事政变,"本土化"过程才因此中断。

1964 年军事政变后的巴西政治形势：本土化发展

1964 年军事政变后,出现了一种由工业精英、军事政要以及来自跨国公司和国企的中产阶级共同支撑的新经济模式(Cardoso,1975)。这一时期,日益加剧的独裁主义限制了决策过程。当技术专家制定经济政策时,只有强大的经济利益集团能够影响技术专家。卡多索(Cardoso,1975:196)认为 1964 年后,巴西国家被重组为一种由寡头政治利益集团(跨国公司)、强大的国有公司和独裁政府组成的混合体系。

这一联盟影响了教育改革以及受经济工业化模式强烈影响的职业教育发展。另外,社会政策和改革措施被认为是弥补经济发展过程中非直接受益团体的一种方式。在专家们看来(Cardoso,1975:127),这些政策的制定是为了不阻碍经济发展速度而创造稳定的社会环境。

政府发起了大规模的意识形态运动，以效率作为所有政策的主要标准（Fiechter，1975）。教育法案 5692/71 引入了职业教育。通过这个教育法，当局试图证明他们在政治停滞和压制时期对解决社会需求的关切（Black，1977），虽然当时的背景是巴西每年的国民生产总值增长 10％。这个快速增长或"经济奇迹"源于消费和扩大出口，以及对工人工资的冻结（Saviani，1987：23）。当时政府的特点是实行独裁主义并坚信依赖国际资本有助于经济发展。巴西政府也试图通过社会措施创造合法的条件将社会底层容纳进来。

正是在这种背景下，"工业化"的话语体系及与之相关的职业教育在巴西得到"本土化"发展。与此相对的是，国际话语是如何进入阿根廷的呢？之后又发生了什么呢？

阿根廷的经济和工业发展

阿根廷工业领域发展依赖于"工业社会"的话语、教育发展、工业技术的需求和政治之间的相互关系。这个国家自 20 世纪 20 年代以来经历了经济快速下滑，并伴随着高移民率的出现和对新的国家身份的寻求。庇隆主义政治学解释了"工业化"的话语体系如何在阿根廷本土化并应用于教育改革之中。这个主题之后又出现在 20 世纪 60 年代和 70 年代的民族主义军事独裁中。

庇隆主义时期（1945—1955）加强技术和职业教育的目的是鼓励工业发展，使阿根廷"经济独立"。

赖因（Rein，1998：16）认为庇隆主义的正义信条（Justicialismo）由社会公正、政治独立和经济主权三个方面组成。这一信条旨在让阿根廷放弃单一依靠农产品出口，促进工业发展，以此来改变其经济基础设施（Di Tella，1999：1999）。赖因（Rein，1998：17）认为，与农产品出口相结合的工业发展能确保经济的增长。

紧接着出台的五年计划（Quinquenal）旨在促进地方产业和农产品出口。20 世纪 40 年代，农产品的市场价格很高，因此可以为现代技术进口提供资金。技术进步、提高能源供应和现代的交通工具将会加速工业发展。该计划还包括为支持发展地方产业的保护主义政策（Romero，1994：143）。迪特拉（Di Tella，1999：268）指出了地方产业的增长方式以及工业生产总量是如何在 20 世纪 40 年代从 1939 年的 61％上升到 1945 年的 76％，再上升到 1948 年的 100％。然而，由于第二次世界大战期间国家之间的孤立，庇隆主义时期的工业增长模式延续了 20 世纪 40 年代的早期模式（Di Tella，1999：264）。来自美国的出口产品价值已经从 1941 年的 1.09 亿美元下降到 1943 年的 3 100 万美元（Rosa，1992：307）。

这种历史背景深刻影响了阿根廷的工业发展。正如罗梅罗（Romero，1994：143）指出的，大多数产业都是临时工作坊。尽管由于原材料和技术设备的匮乏导致产能低下（Rosa，1992：307），但是工业仍然迅速扩张，部分原因在于阻碍外来竞争的保护主义政策。

然而，工业领域的相对发展大部分来自小企业的扩张，如纺织领域（拥有 62 000 名工人的 200 家小企业）。纺织业处于工业领域的主导地位，1946 年雇佣工人人数比 20 世纪 30 年代的工人人数多了 50％，这些工人中大部分是没有技术的妇女和年轻人（Rosa，1992：167）。然而，工业发展是不均衡的，因为一些领域（钢铁业和造纸业）并非只依赖于没有技术的劳动力，而且国家能源供应和交通系统没有得到改善（Luna，1984：78—80）。

因此，这一时期工业的发展主要依赖于劳动力而非技术。赖因认为（1998：20），到 20 世纪 40 年代末，阿根廷的经济发展恶化。人们意识到工业化和现代化项目从来没有真正得到实现；国家的外汇储备已经被掏空，而通货膨胀正在加剧。

可能还有一个令人意外之处是，农业领域也未在改革中受益。到 1946 年，卡斯蒂略（Castillo）1942 年实施的冻结农村租金的措施（Luna，1984：175）带来的结果是很多小农场需要靠政府支持或信贷来发展(Lumerman，1994：188)。

投资和现代技术的匮乏导致了农业生产力的持续下降。农产品不足导致国家无法满足战后对农产品的大量需求。结果，到20世纪40年代末，阿根廷很难在满足国内需求的同时增加出口，更别说为工业现代化提供资金了。

阿根廷的工业发展在庇隆时期也没有带来技术进步。正如卢纳(Luna，1993：56)所言，这一时期阿根廷对劳动力有极大需求，工人工资增长了30%，这导致轻型、劳动力密集型工业的发展(Romero，1994：147)，工业发展迟缓意味着对受过教育的劳动力的需求不大(Donghi，1994：123)。

然而，对技术工人的有限需求却无法解释这一时期教育的巨大发展。教育改革的目标是政治性的，也反映了庇隆主义中的一个期望：让穷人阶层融入社会。赖因(1998：16—20)认为第一个五年计划呼应了庇隆的"社会正义国家"的愿望，试图实行一种新的社会政策使人们更平等，给人们提供更加平等的机会。

工人权力项目(The Derechos del Trabajador，1949)批准了1947年国家引进保护工人权利的改革。该改革项目包含增加工资，改善工作条件和食物补贴(Rein，1998：24)。因此，通过庇隆主义，庇隆尝试赢得工人阶级的支持，并且无论人们的经济地位怎样，学校要对所有阿根廷人开放。

总之，20世纪50年代至20世纪60年代早期的巴西和1945年至1955年的阿根廷，人们就有关于创造工业社会并走向现代化之间展开争论。接受这一愿景的逻辑和话语导致人们想变革教育系统并想让教育系统适应经济发展的需求。这也伴随着外国资本对两国教育改革的帮助，这是遵循教育有助于工业发展的基本原理。

然而，在这一部分所描述的"工业社会"话语的概念表明教育危机反映了整个社会体系的危机，而教育改革是克服这一危机的一种方式。

最后，采用这些政策之后，受到来自改革中越来越多的压力的情况下，1970年巴西和阿根廷开始面对"知识经济"的世界。这时又发生了什么呢？

知识经济和教育

广义上来说，这些过程是相似的，"新思想"开始影响教育既定的方式，并且在新思想被框定为一种话语时，也会影响教育改革范围。原则上，新话语本应该导致两国采用相同的改革模式来革新包括职业技术教育在内的教育体系。

本文下一部分主要涉及两国如何采用教育改革模式，以及为什么没有采用相同的改革模式，并介绍20世纪80年代和20世纪90年代早期两国的经济系统。

德穆拉·卡斯特罗(De Moura Castro，1998：9—10)认为巴西和阿根廷发现自己处于新的世界格局中。在这一世界格局中，知识已经成为主要的生产要素，国家获得竞争优势以打败其对手成为最重要的事务。菲尔穆斯(Filmus，1994)将这一变化归因于科技的快速发展、经济的全球化以及生产和劳动力组织新思想的出现。

有人认为，这种现象影响了教育，因为人们缺乏专业资质将加剧现有的不平等。在巴西，帕斯托雷(Pastore，1995：31—38)预测，职场对受过大学教育的人员的需求将会增加，而对那些没有接受正规教育的人员的需求将会减少。在五个拉丁美洲国家开展的有关现代化技术的研究表明，新界定的"合格"和"不合格"人员之间的差距在显著扩大(Ascelrad 1995：50—62)。

世界经济全球化和新的国际分工严重破坏了巴西某些地区的经济和生产部门(Rattner，

1995：19—22)，而有些部门又在引进技术和组织新生事物(Gallart，1997：15)。有人认为，这将导致更大的社会两极分化，即少数人拥有很高的收入，过着富裕的生活，而大部分人无法获得基本生活需求的满足(Rattner，1995：25—28)。其中一个原因是，正在生产高科技产品或者提供复杂服务的"大公司"需要的是熟练劳动力。

理性来说，知识可以被看作是生产和教育的主要因素，因为它是经济竞争力和就业能力的关键。例如，失业问题被认为是缺乏任职资格的问题。霍普金斯(Hopkins，1987：15)提出了一个"不确定未来"的前景。德洛尔(1998：48)认为在"不确定未来"的前景中唯一可以预测的是"迅速变化的世界"。因此在这种情境下，终身学习和职业教育是补救措施。这些措施不涉及"实践"教育，而是基于"能力"传授的普通教育。

在这种情境下，教育变革的需求主要诉诸经济范畴，特别是有关培养劳动力以及与他国的竞争力方面。如经济合作与发展组织(OECD)文本的摘要所示："只有训练有素、高度灵活的劳动力才能适应结构性变化，抓住技术进步所创造的新就业机会。在许多情况下，实现这一目标需要对人力资源和教育经济待遇重新进行审视，也许是根本性地反思。"(OECD，1993：9)

"知识经济"的话语体系把学校当作国民经济的一部分，而不是仅仅属于"福利社会"，其作用在于创建投入生产并转化利润的"人力资本"。以巴西和阿根廷为例，"知识经济"话语已经预设了一组参数，把教育思想和教育行动限定在有限的思想实践中，而且它们已经被本土化，成为社会斗争和政治策略的一部分。

国内和国际讨论

国内讨论既担心未来，又受到国际"讨论"的强烈影响。世界银行(World Bank)很清楚什么是"知识经济"：

> 基于知识的经济主要依赖于思想的运用而不是体格上的能力，依赖于技术的应用而不是原材料的转化或对廉价劳动力的剥削。这便是经济即知识被创造、获取、传播，并被个人、企业、组织和社区更有效地运用，从而促进经济和社会发展。(World Bank，1998d：1)

经合组织也意识到发生了什么(广义上来讲是应该发生什么)：

> 知识经济正在改变整个世界经济劳动力市场的要求。在工业国家，以知识为基础的行业迅速扩张，劳动力市场需求也相应发生改变。新技术的引入，提升了对高技能工人的需求，特别是对信息和通信技术(ICT)高技能工人的需求。与此同时，对低技能工人的需求下降了。(OECD，2001：1)

这为经济竞争和教育改革传达了出一些明确的信息。另外，为了在这个持续变化的环境中有效地竞争，工人们必须不断提升自己的技能。

相比之下，巴西和阿根廷国内讨论的焦点在于社会问题和智力抵抗。在巴西，20 世纪 90 年代，新的生产方式被认为是导致失业的原因。尽管这个问题在很大程度上被视作劳动力资质的匮乏，但是阿斯克拉德(Ascelrad)等人认为巴西的竞争性话语被用来为"增加工作强度的生产的合理化"提供借口(Ascelrad，1995：1995)。"劳动力"被描绘成效率提升的一种障碍，对工人的社会进步的关注被视为竞争力的阻碍。用工人培训的不足去合法化公司大规模裁员行为，工人们成为企业失去竞争优势的借口(Ascelrad，1995：50—53)。

例如，戈尔(Gore，1996：108—110)认为，20 世纪 90 年代的阿根廷虽然需要大量的合格工人,但是很多人"没有受过良好训练"。因此,大街上有大量的失业人员,而公司却无法填补职位空缺,因为他们找不到他们需要的人(Gore,1996:108)。事实上,正如加拉特(Gallart,1997:3)和菲尔穆斯(1994:9)所指出的,只有极少数人参与新技术过程。因此,大部分民众要么贫困,要么被迫从事非法的地下经济活动(Gallart,1997:4)。

　　然而,阿根廷的失业,尤其是那些入职门槛不高的岗位,加速了创造其他工作岗位的进程(Filmus,1994:9)。因此就有了需要更高的教育水平和更好专业资质的要求。

　　埃切弗里(Etcheverry,2001:36)强调了花时间接受正规教育和个体的收入之间关系的重要性。美洲开发银行(Inter-American Development Bank)在布宜诺斯艾利斯及其郊区展开的一项研究表明,20世纪90年代那些完成了6年教育的人的个体收入比那些没有接受过正规教育的人高35%。此外,那些完成了12年学习的人的个体收入比那些没有接受正规教育的人高80%。最后,那些接受17年的教育(包括大学)的人的个体收入比那些没有接受任何正规教育的人高160%(Etcheverry,2001:35—37)。

　　在巴西,教育水平低与收入低有着"广泛"联系(Birdsall et al.,1996:11)。巴罗斯和拉莫斯(Barros & Ramos,1996:193)指出,教育可以解释国家一半以上的收入不平等情况。伯索尔等人(1996:35)指出,收入分配不均由提供给"贫穷孩子和富有孩子的教育质量差距"导致。因此,人们认为高水准的基础教育可以培养更有能力的劳动者,促进经济更快增长和减少不平等现象(Birdsall et al.,1996:35)。教育改革的问题只能放在两个国家经济和教育不平等的背景中去理解。

"知识经济"对教育的影响

　　在20世纪90年代的阿根廷和巴西工业领域中,人们对社会创造就业的能力产生了怀疑。尽管制造业生产率提高了,但这个领域雇佣工人的人数却呈现下降趋势(Gallart 1997:3)。因为低成本、劳动力密集型行业是不可行的,低成本劳动力不再为一个国家提供竞争优势(De Moura Castro,1998:10)。

　　因此,到20世纪90年代末,巴西和阿根廷的政策中倡导一种基于知识和科技进步的发展模式和一种新的教育系统。换句话说,一种新的话语开始出现了。菲尔穆斯(1994:5)强调提供具有竞争优势技能的重要性。斯拉洛和赖希(Thrurow & Reich,1994:5)认为21世纪最重要的生产资源——资本和新技术——将迅速在全球蔓延。当然,人也需要对自身再次做出定位,只不过速度要慢于其他"生产要素"。新世纪重要产业的分配(微电子、生物科技、电信和信息科学)将取决于现有的人力资源(Filmus,1994:5)。

　　提升"人力资本"对于阿根廷和巴西参与全球知识经济的竞争十分重要。未能改善人民的技能可能会导致这些国家与国际经济网络的断离。菲尔穆斯(1994:11—12)指出,在阿根廷,知识已成为可持续发展的最主要诉求。他认为"处在知识的边缘意味着个体被排除在参与积极成长的所有可能性之外"(Filmus,1994:15)。在巴西,德穆拉·卡斯特罗(De Moura Castro,1998:13)引用总统卡多索的话说,拉丁美洲的教育系统要么"大力投资研发并经受'信息经济'的蜕变,要么变得不重要和无从解释"。

　　这说明人们不仅需要更多的教育,而且需要一种不同类型的教育。例如,据说读写能力的概念在新情境下发生了变化:在工业社会期间,可以读写基本文本的人被认为是有文化的。但在新"知识经济"时代,只有一个人能够理解说明书,他才会被视为是有文化的(Pastore,1995:38)。

　　正是在这种背景下,巴西和阿根廷的相关文献见证了"教育"定义的巨大转变,特别是关于"能力"的概念。这些能力被定义为组织和行动之间的过渡状态,而且是一组不断变化的属性,当具体问题出现在不确定的复杂技术工作情境中时，这些属性才能被检验(Gallart，1997：10)。这些能力不容易传递，因为它们是理论知识和真实世界具体经验的综合体。因此，这些能力的定义和传播需要教育和劳动力部门的通力合作(Gallart，1997：10)。

从新的话语视角来看，新的劳动力需要扎实的通用培训，需要发展抽象思维能力和对生产过程的国际理解。此外，工人必须是多面手，灵活并有适应能力，这样他们能够适应不同的日益灵活的工作情境和公司(Filmus，1994：13—14 日)。另外，这一话语视角也指出分权决策的倾向，意味着工人必须独立，才可以进行战略思考，并创造性地回应不断变化的需求。与此同时，当他们遇到意想不到的情况以及将想法付诸实践时，应该有能力做决定。就态度而言，新的劳动力需要的是自律和团队合作的能力。最后，既然学生在工作期间将不得不面临相当大的技术创新，那么他们必须要有不断学习的积极态度(Filmus，1994：15)。

菲尔穆斯(1994：15)建议，在阿根廷，所有人都应该有机会获得高质量的教育。尽管教育不能够保证每个人都能获得更高级的工作，但教育对于使每个人具备"就业能力"是必需的(Filmus，1994：14)。加拉特(1997：10)指出了减少在精英教育领域获得的能力与在公共教育领域获得的能力之间差距的重要性。利亚奇等人(Llach et al.，2000：188)公布了一项计划以构建更适应知识社会挑战的社会，总体来说，就是创建一个"更公平的国家"。这些文献显示阿根廷社会就教育系统教授上述能力的需求方面已经达成共识。

巴西把传授给所有人"必要的"能力看作是平等问题和国家利益问题：为了国家的经济效益，受过教育的工人需要与其他受过教育的工人交流互动(Llachet et al.，2000：189)。因此小部分受过高等教育的工人和另一部分平均接受较低水平教育的工人一起工作是不利的。更有效率的生产应该来自"大量可以开展有效交流的受过教育的工人群体"(Llach et al.，2000：372)。

因此，在巴西，生产过程和劳动力的转变被看成是把劳动力从阶层关系和自动化工作中解放出来。除此之外，失业问题被解释为缘于工人自身的"不合格"。

人们认为通过"调整"教育系统来解决问题，可以传授"知识经济"工作所需的能力。在这些能力中，自主能力、解决问题的能力、灵活性及适应性被认为是最重要的，因为人们认为众多技术革命在不久的未来是可以预见的。这些都包含了阿根廷和巴西的国际竞争力的提升以及失业和不平等问题的缓解。

教育改革：本土化和社会斗争

然而，认为一个特定的改革方案可以满足所有社会群体利益的想法可能过于简单了。这个想法也是基于所有社会需求都是可以识别的这一假设基础上。另外，在阿根廷和巴西学术话语中包含的建议认为，"知识经济"所带来的社会变化暗示了两国有相似的"社会需求"。孕育在这样的话语体系中的前提假设是工业社会的需求可以被界定，知识需求可以被识别，而这些需求可以通过调整适用于任何一个社会。

从"知识经济"的视角来看，阿根廷和巴西都处于社会、经济和教育的危机中——其对教育寄予了厚望。将"适当的变化"引入阿根廷和巴西的教育以适应劳动力对知识经济的需求是十分重要的，因为普及"有质量"的教育不仅对于这些国家的国际竞争力十分重要，而且，它对培养有责任心的公民和提高个体的就业能力来说也十分重要。

因此，"知识经济"论的原则被巴西和阿根廷的相关文献看作显而易见的事实。"知识经济"的话语要素被用作社会策略——它们正被转化为在教育领域中运作的合法化原则——在两个国家中，课程教学法和教育系统的组织都发生了变化。

"知识经济"争论的"教育本土化"讨论

巴西和阿根廷的研究对教育适应"知识经济论"进行了大量抨击和评论。这些讨论集中于两个主题：第一主要关注课程和教学法，第二关注教育系统组织和教育机构本身。

在阿根廷，课程与教学方面的第一个提案(尤其是关于普通中等教育的)解决了普通教育和专业教育之间的双轨制问题。布拉斯拉夫斯基(Braslavsky，1995：4)建议放弃中等教育的传统观点。传统观点认为教育的目的是让学生获得大量的信息，掌握书本言语上的内容以及培养记忆力。她认为也应该否决"职业化"的偏向。需要改变对职业教育的传统观点，职业教育应该鼓励培养抽象能力而非实践技能(Braslavsky，1995：4—5)。

布拉斯拉夫斯基认为在阿根廷，专业教育应该与中等教育分轨。中学应该着重教授能够保障自主和有效学习过程的基本能力，并使学生有机会理解并建立抽象模型。同时，专业教育应该去行政化并且更加具有灵活性，采用一种模块结构，并聘请有能力的工人教授具体的实践技能(Braslavsky，1995：7)。

同样地，巴西的中学教育被批评缺乏个性以及脱离现代世界的要求。中等学校百科全书式的课程及其教学法被指责是仅仅让学生为进入大学做准备(Bastos，1998：305)。中学教育应发挥其他新的作用，比如教会学生学习，为他们获得新的技术来生产商品、服务和知识做准备。

在巴西，人们也感觉教育的改善总是落后于劳动力市场的变化，年轻人获得较高水平的教育并不会带来更多的劳务机会。这种情况(在整个拉丁美洲皆可见)可以归因于教育急速扩展的方式与劳动力市场的变化并不相关(Jacinto & Suarez，1995：152)。

在巴西的学术话语中，有这样一个定义，理想的人或"经济人"，旨在理解"知识经济"意识形态的影响。这种定义要求学校应该鼓励开展包括基本素养和技能的课程，培养学生的批判性思维和创造力(Viciani Gonçalves，1995：134)。学校并非简单地传递知识，之后将其应用在工作场所中，而应该是一个创新的环境，是通过学生和教师之间的关系来构建新知识的实验室，在那里，理论与实践相结合(Bastos，1998：305)。甚至有人建议，职业教育应该基于创造性并利用实践的教学方法来传授"知识经济"所需的基本理论范式。

在巴西的学术话语中，知识被放在第一优先位置。因此，巴西十分重视"学会学习"和终身学习。应该减少对学习内容的强调，把更多的空间留给重视学习过程和鼓励学生学得更多的教学法上(Pieroni & Achcar，1995：120—130)。这一观点的理由就是有必要培养专业人员有能力在他们的日常实践和职业生涯中处理技术所带来的变化(这意味着他们有能力吸收新的知识，接受培训以跟上教育不断变化的趋势)(Rachid & Githay，1995：64—70)。因此，人们的时间将可能分为工作时间、休闲时间和学习时间。学生应该学会如何在学校学习(Pastore，1995：37)。

在相关文献中，有观点提出只有教育开始鼓励灵活性、适应性和自主性，巴西才能适应"知识经济"。据巴斯图斯(Bastos，1998：306—310)所言，学校应该意识到，他们并不能垄断知识，学校必须与生产部门形成相互学习的关系。巴斯图斯认同费雷蒂(Ferretti)的观点，即生产领域的根本性变化和更大的灵活性应该反映在各级教育系统中(Bastos，1998：311—320)。拉齐德和吉泰(Rachid & Githay，1995：70—84)指出，人们要进入不可预知的世界就必须对这个过程有一个全球性的理解，使他们能够在未来的情境中应用他们的知识。与此同时，雅辛图和苏亚雷斯(Jacinto & Suarez，1995：153—155)建议学生应该获得更大的自主性，并且能够有组织性以及团队合作能力。

在阿根廷，布拉斯拉夫斯基和加拉特同意特德斯科(Tedesco，2001：2)的观点，认为中等教育以及整个教育体系需要——放弃同系结合(endogamy)[①]，杜绝学校的制度化隔离，并加强其与社区、与生产和工作的联系(Gallart，1997：12—17)。然而，埃切弗里警告不要有"功利"的知识观，因为"当代的实用主义"会让我们陷入知识"有用"和"无用"的二分法之中。不能赚钱的一切东西受到父母和儿童的质疑(Etcheverry，2001：88)。学校成为优先获得"工具"的机构。然而，埃切弗里认为使公共教育和劳动力市场保持一致的明显实践优势是一种幻觉。通过专注于技术，例如计算机方面的一个学校只不过在培养过时的毕业生而已(Etcheverry，2001：89)。

在阿根廷，"理论"和"实践"知识之间存在着一个教育难题。在加拉特看来，这一教育难题来自一个虚假的知识观。如果知识被理解为与行为直接相关的东西，"知道"意味着能够驾驭必要的语言因此可以在特定的领域胜任，那么智力和体力之间的区别将是模糊的(Gallart，1997：9—10)。

在这样的背景下，加拉特对阿根廷的中学提出了以下要求：学生有能力理解抽象和具体的关系，有处理抽象和符号运算的智力能力，能够进行快速决策，有能力组织别人以及有能力使用材料、机器和财务资源(Gallart，1997：8)。

然而，加拉特(1997：9)和埃切弗里(2001：49)都指出，学校需要培养的能力，如解决问题和学会学习，是无法在"内容"的真空中获得的(Etcheverry，2001：50)。在事实知识和做出"社会历史解释"的能力之间要有平衡(Gallart，1997：8)。回到使用电脑的例子，埃切弗里(2001：50)指出，任何具有适当的抽象能力和逻辑思维的受过教育的人在任何年龄段都可以学习如何操作一个计算机程序。

但是加拉特(1994：17)也对阿根廷做出不要汇编"综合课程"的警告，因为融合如技术学、生态学这样的新科目会很容易导致强调"百科全书式的知识"。她认为新的内容应该以一种创造性和富有想象力的方式融入课程中，并贯穿基本素养的整个培养过程。加拉特(1994：18)也通过观察指出，自20世纪70年代的课程改革以来，未来所需的基本认知能力还没有发生实质性的变化。像埃切弗里(2001：49)一样，她认为在阿根廷的中等教育中，阅读、写作、数学以及基本常识性知识的教授是最薄弱的地方。

因此，在阿根廷和巴西，研究者认为教育有必要和其国家背景、劳动和生产领域联系在一起，并指责传统的"百科全书式"的课程。课程最需要的就是与学生的就业问题紧密相连。然而，这并不意味着必须设置一个实践课程，而是说需要开发基于各种能力培养的课程，比如学会学习，培养创造力、灵活性、自主性的价值取向以及团队合作能力。

"知识经济"的另一个方面是倡议一种新风格的教育体系及其机构内的管理和组织。地方分权和学校自治被视作这种新方法的指导原则。

特德斯科(2001：2)强调阿根廷可预期的教育变革所具有的激进本质。与其改革教育方法和修订内容，更必要的是制定合适的教育和制度规则，以改善教学内容、方法和制度设计。此外，他质疑将教育系统划分成初等、中等和高等教育的价值取向。社会的需求和科技进步的要求确定了终身学习的必要性，这无疑驳斥了知识可以通过线性顺序逐步获得的传统观点。

在这种情况下，教育系统应该分权化，加强中央机构的权利并显著提升学校的自治权(Ministério da Educação Brasil，1999：18)。加强学校的自主性是合理的，理由有两点。第一，自治的学校可以更好地利用"日益稀缺的资源"(Gallart，1994：16—17)。这意味着学校应该有更多的自由来制定它们的研究项目并决定如何投入时间，聘请教师以及组织教师的工作

[①]　此处原文为"endogamy"，原意为同系结婚或内婚制，这里译为"同系结合"，指代教育系统内部的相互关联，以及其与其他社会结构的隔离。——译者注

(Gallart，1994：16—17)。第二，学校自治使社会能够更容易地参与学校决策(Braslavsky，1995：4)。

普雷蒂(Preti，1999：21)指出了一项已经实施的"新自由主义教育政策"。在把知识当作一种商品的社会中，社会和劳动关系得到极大重视，"新自由主义"已经使公众信服教育是解决经济危机的唯一手段(Preti，1999：22)。普雷蒂说，从新自由主义的逻辑来看，由于管理危机，学校在拥有"最多知识"成为赢家的社会里是无法发挥作用的。因此，学校必须实施行政改革，变得有竞争力，并进入就业市场。

在阿根廷，分权化的教育系统组织中出现了各种各样的问题，随之产生了许多解决这些问题的策略。这些分权化的观点不仅被认为是合法的，还内化为自然现象，由此被用作一种社会策略。

普雷蒂(Preti，1999：21)认为"新自由主义话语"强加了一种霸权思想并质疑是否教育在就业、经济竞争力以及权力下放政策方面有如此大的影响。他也认为"再培训教育"是不可或缺的，而且为了工作应该继续学习以获得新的资质，比如学会学习和比较全面的技能培训(Preti，1999：21)。因此，尽管普雷蒂努力摆脱"知识经济"的话语，他最后使用的还是这类术语。

尽管有些研究者提出了不同的建议，但他们每个人都将关于"知识经济"的讨论——甚至其话语——融入自己的研究。研究者对"知识经济"不同但强烈的兴趣促使其成为引起阿根廷和巴西学术界注意的理想选择，而且它确实有助于国内建设。

结　论

本文追溯了一种变化发展中的思想，主要是通过简述四个主题：确定作为学术概念的"工业社会"和"知识经济"的定义，指出它们如何成为国际性"话语"，并指出这两种话语在特定的时间段是如何在阿根廷和巴西这两个地方本土化的。

由于话语被本国政治加以本土化并吸收，它发生了转变，并肯定导致了不同的教育政策，包括两个国家的职业技术教育政策。换句话说，重要的学术概念在国际层面上转变为强大的政治言论，但它们的本土化，即政治上的接受和重新调整，导致了两国教育系统采用了不同的新模式。

20世纪60年代期间，拉丁美洲国家(特别是阿根廷和巴西)通过设定其"现代化"和"进步"的经济目标，寻求满足"工业社会"的要求。这种重建的结果就是，两国对其教育政策进行了调整以满足国家发展的需要和"工业社会"的话语体系建构。

巴西

在巴西，1964年之后上台的军事当局很容易引入他们的政策，因为当时没有来自民主工会或学生运动等团体的反对，这表现出了一种非常特殊的"本土化"政治形式。在20世纪60年代，拉丁美洲国家有满足经济发展的需要并进入国际市场的新动力。特别是巴西，其加强了经济政策并实施了财政和行政重组，目的是将教育政策和国家发展计划部门之间的目标联系起来。因此，巴西引进职业教育课程，通过非学术课程来培养工人。其关注点在于让学生为进入劳动力市场做准备，这一观点的假设前提是市场对高质量员工需求的不断增加。然而，教育规划人员未能预见到经济模式和就业培训项目之间会产生不匹配。

"本土化"的一个方面是明确的：通过职业教育，巴西政府认为可以扩大中等教育，并解决失业等社会问题。职业教育政策出台时巴西正处于工业扩张阶段。然而，经济无法应对失控的入学潮。以前被视为补救措施的职业教育采取了一个更复杂的形式：事实上，出于培养年轻人为就业做准备的考虑，巴西实施的几个改革措施使所有的中学都具备了职业教育的特点。

"本土化"的另一方面是职业教育课程和学校制度是基于外国模式而建的，并作为实现经济和社会需求的一种手段，由政策制定者引进。这些需要出自新成立的公司的本质特征、工业发展（例如，世界银行）以及"工业社会"的意识形态假设。政策制定者们在引进职业教育和借鉴美国的教育创新模式过程中起到了关键性的作用。教育系统的改革是各种贷款和经济发展援助计划的一部分。

也许这里存在两种国际话语，一种涉及"工业社会"，另一种涉及职业技术教育。显然我们的研究问题是，这两种话语是否逐渐占据了意识形态的地位，即作为意识形态的工具，因为它们帮助政府掩盖了越来越多的社会经济不平等的现象。

阿根廷

在阿根廷，"工业社会"的概念也被"本土化"了，但一开始就采用了不同于巴西的路径。与巴西相反，庇隆时期所经历的教育快速扩张（1945—1955）并没有同工业发展需要有熟练的劳动力紧密联系。事实上，无论是教育扩张还是职业技术教育的发展都没有同熟练劳动力的需求显著联系在一起，尽管庇隆的国民经济增长计划旨在促进产业发展。如赖因（1998：16）所指，"庇隆主义包括对社会正义、经济独立和政治主权的三重渴望"。庇隆计划优先鼓励地方产业，包括资助农产品出口所需的现代技术，改善能源供应和现代交通工具，实行保护主义政策，实行信贷优惠和国家补贴的政策。然而，虽然工业确实得到迅速增长，但工业发展并没有如庇隆计划的那样如期发生。

到 20 世纪 40 年代末，阿根廷经济开始下滑，工业化和经济现代化计划从未得到实践。因此，工业部门的适度增长及其减慢的技术进步意味着对技术工人的需求下降。更令人感到诧异的是，政治表述中出现了有关工业化和经济现代化的话语：教育的发展是为了服务于庇隆主义国家的政治利益，维护社会秩序并促进政治稳定。

庇隆以一种非常明确的方式将工业化话语体系本土化，他声称要将阿根廷转变为一个"社会公正的国家"，使国家负责保护社会的弱势群体。换句话说，庇隆主义运动试图为"新的社会公正的阿根廷"创造"新的阿根廷人"，而教育体系是实现这一目标的重要手段。

当然，教育也通过传递城乡生活所需的基本技能而间接地促进了经济增长。职业技术教育的扩张确实满足了一些劳动力的需求，同时为城市中产阶级提供了全新的就业机会。强调应用科学的工业学院（escuelas industriales）和工人大学（Universidad Obrera）为那些不能上国民院校（colegios nacionales）的人提供更多受教育的机会。但是，尽管改革原本旨在促进工业发展，其从未实际发生过。庇隆主义的教育改革与国家的社会政策捆绑在了一起。

因此，在"工业社会"的话语体系中，职业教育目标在这两个国家是一种重要的投资形式，但也作为一种政治和社会策略，虽然方式不同。不过很明显，教育改革的具体模式是不能直接归因于工业化话语的。教育的社会和政治框架改变了其关注点。

在巴西，1964 年之后的军事时期，改革和国家作用包括权威主义和对由国际资本资助的经济发展的强烈信念。相比之下，在阿根廷，庇隆采取了保障社会公平、经济独立和政治主权三个目标的政治措施，通过实施保护主义政策阻碍了外国竞争。此外，国内的社会斗争产生了大量的内部冲突。

巴西和阿根廷面临着推行改革之后越来越大的压力。然而，到了 1970 年，他们开始面临一个新的现象，那就是"知识经济"的到来及其所伴随的话语体系，这要求两国就其政策做出适当的调整。

有大量的证据表明，一些学者已经根据国际性话语的假设和期望来讨论"知识经济"。"工业社会"的话语与进步、现代化和不太明确的"全球化"概念话语之间存在重叠。然而，教育的含义是十分明确的。各种研究认为在这种新的社会背景下提出基于课程的能力、终身学习、分权和学校自主性等这些概念是非常合理的。

在分析这些国家的教育政策时，"知识经济"话语在世界观上的影响是显而易见的，可以认为它已经成为一种思想意识。此外，作为在巴西和阿根廷自 20 世纪 90 年代以来教育改革的指导原则，这一思想对塑造教育系统和改变职业技术教育的地位有着深远的影响。在"知识经济"的话语或思想下，这渐渐演变成：教育的很大一部分内容是能力培养。

也许我们现在正在见证这一趋同？

参考文献

Ascelrad, H. (1995). "Trabalho, qualificação e competitividade" [Work, qualifications and competitiveness], *Em Aberto* 15, 65.

Baran, P. (1957). *The Political Economy of Growth*. New York: Monthly Review Press.

Barnett, T., Oxaal, I., and Booth, D. (Eds.) (1975). *Beyond the Sociology of Development: Economy and Society in Latin America and Africa*. London: Routledge and Kegan Paul.

Barros, R. & Ramos, L. (1996). "Temporal evolution of the relationship between wages and education of Brazilian men", in N. Birdsall *et al.* (Eds.), *Opportunity Forgone: Education in Brazil*. Washington DC: Inter-American Development Bank.

Bastos, J. A. S. L. (1998). "O ensino médio: A grande questão" [Middle school: The big issue], *Revista Brasileira de Estudos Pedagógicos* 78, 188/189/190.

Birdsall, N. *et al.* (1996). *Opportunity Foregone: Education in Brazil*. Washington DC: Inter-American Development Bank.

Black, J. K. (1977). United States Penetration in Brazil: Univercity of Pennsyluania Press.

Braslavsky, C. (1995). "La educación secundaria en el contexto de los cambios en los sistemas educativos latinoamericanos" [Secondary education in the context of changes in the Latin American educational systems], *Revista Iberoamericana de Educación* 21. p. 91 - 123.

Cardoso, F. H. (1975). *Autoritarismo e Democratização* [Authoritarianism and Democratization]. Rio de Janeiro: Paz e Terra.

De Moura Castro, C. (1998). *Education in the Information Age*. Washington DC: Inter-American Development Bank.

Delors, J. (1998). *Educação: um tesouro a descobrir* [Learning: The Treasure Within]. São Paulo: Cortez.

Di Tella, T. (1999). *Historia Social de la Argentina Contemporánea* [The Social History of Contemporary Argentina]. Buenos Aires: Troquel.

Donghi, H. (1994). *Argentina en el Callejón* [Argentina in a *cul-de-sac*]. Buenos Aires: Ariel.

Etcheverry, G. (2001). *La Tragedia Educativa* [The Educational Tragedy]. Buenos Aires: Fondo de Cultura Económica.

Fiechter, G. (1975). "Institutionalizing authoritarianism: Brazil since 1964". *Latin American Research Review*, 14(1), 29 - 60.

Filmus, D. (1994). "El papel de la educación frente a los desafíos de las transformaciones cientí ficotecnológicas" [The role of education facing the challenges of scientific-technological shifts]. Available from http://www.oei.es/oeivirt/fp/cuad1a06.htm. [Last accessed 05/07/2007].

Gallart, M. A. (1994). *Democracia y productividad: desafíos de una nueva educación media en América*

Latina [Democracy and productivity: challenges of a new secondary education in Latin America]. Available from http://www.oei.es/oeivirt/fp/cuad2a02.htm [Last accessed 05/07/2007].

Gallart, M. A. (1997). "Micro política en la escuela: los cambios en la relación escuela-mundo laboral" [Micro politics in school: Changes in the relation between school and the world of work], *Revista Iberoamericana de Educación*, (15).

Giddens, A. (2001). *Sociology*. 4th Edition. Cambridge: Polity Press.

Gimeno, J. (1983). *Education in Latin America and Caribbean: Trends and Prospects: 1970 - 2000*. Paris: UNESCO.

Gore, E. (1996). *Fuentes para la transformación curricular: tecnología* [Guidelines for Curricular Transformation: Technology]. Buenos Aires: Ministerio de Cultura y Educación de la Nación Argentina.

Halsey, A. H. *et al.* (1961). "Introduction". In A. H. Halsey, J. Floud, & C. A. Anderson (Eds.), *Education, Economy, and Society: A Reader in the Sociology of Education*. New York: Free Press of Glencoe.

Hopkins, D. (1987). *Improving the Quality of Schooling: Lessons from the OECD International School Improvement Project*. London: The Falmer Press.

Ianni, O. (1975). *O Colapso do Populismo no Brasil*. [The End of Populism in Brazil]. Rio de Janeiro: Civilização Brasileira.

Jacinto, C. & Suarez, A. (1995). "Juventude, Pobreza e Formação Profi ssional na América Latina" [Youth, poverty and professional education in Latin America]. *Em Aberto*, *15*(65). Vol 15, pp. 152 - 157.

Llach, J. J. *et al.* (2000). *Educación para Todos* [Education for all]. Buenos Aires: Distal.

Lumerman, J. P. (1994). *Historia Social Argentina* [The Social History of Argentina]. Buenos Aires: Editorial Docência.

Luna, F. (1984). *Perón y su Tiempo I* [Perón and His First Period]. Buenos Aires: Sudamericana.

Luna, F. (1993). *Breve Historia de los Argentinazos* [Brief History of the Argentinians]. Buenos Aires: Planeta.

Ministério da Educação Brasil (1999). *O Novo Ensino Médio* [The New Secondary Education]. Available from http://www.mec.gov.br [Last accessed 06/07/2007]. OECD. 07 July 1993. Employment OutLook, Paris.

OECD (2001). *The Knowledge Economy and the Changing Needs of The Labor Market*. Available from www.worldbank.org/education/lifelong_learning/publications[Last accessed 06/07/2007].

Pastore, J. (1995). "O futuro do trabalho no Brasil e no mundo" [The future of work in Brazil and the world]. *Em Aberto*, *15*(65). Vol 15, pp. 31 - 38.

Pieroni, J. L. & Achcar, I. (1995). "Reconversão profi ssional: conceitos e propostas" [Professional recycling: concepts and proposals]. *Em Aberto*, *15*(65). Vol 15, pp. 118 - 135.

Preti, O. (1999). "Educação à distância e globalização: desafi os e tendências" [Distance education and globalisation: challenges and trends]. *Revista Brasileira de Estudos Pedagógicos*, *79*(191), 19 - 30.

Rachid, A. & Githay, L. (1995). "Programas de qualidade, trabalho e educação" [Programmes of quality, work and education]. *Em Aberto*, *15*(65). Vol 15, pp. 63 - 93.

Rattner, H. (1995). "Globalização: em direção a um 'mundo só'?" [Globalisation: towards "one world"?]. *Em Aberto*, *15*(65). Vol 15, pp. 2 - 10.

Rein, M. (1998). *Politics and Education in Argentina 1946 - 1962*. New York: Sharpe.

Romero, L. A. (1994). *Breve Historia Contemporánea Argentina* [A Brief History of Contemporary Argentina]. Buenos Aires: Fondo de la Cultura Económica.

Rosa, J. M. (1992). *Historia Social Argentina* [Argentinian Social History]. Buenos Aires: Oriente.

Saviani, D. (1987). *Escola e Democracia* [School and Democracy]. São Paulo: Cortez Editora Ltda.

Tedesco, J. C. (2001). "Introducción. Los cambios en la educación secundaria y el papel de los planifi cadores" [Introduction. Changes in secondary education and the role of policy makers]. In C. Braslavsky (ed.), *La educación secundaria. Cambio o inmutabilidad? Análisis y debate de procesos europeos y latinoamericanos contemporáneos* [Secondary Education. Change or Immutability? Analysis and Debate on European and Latin America Contemporary Processes]. Buenos Aires: Editorial Santillana.

Viciani Gonçalves, W. (1995). "Formação de professores: eixo estratégico da educação para o trabalho" [The education of teachers: the core strategy of education for work]. *Em Aberto*, *15*(65). Vol 15, pp. 19 – 30.

World Bank (1998d). *The Knowledge Economy and the Changing Needs of The Labor Market*. Available from www.worldbank.org/education/lifelong_learning/publications[Last accessed 06/07/2007].

32. 教育、工作与职业培训

莱斯利·巴什(Leslie Bash)

引　言

在 20 世纪的最后一个 25 年中,一项强调就业与就业能力的国家议程在比较教育文献中日益凸显。其中一个更为明显的例子便是 1995 年《世界教育年鉴》(*World Yearbook of Education*, Bash & Green, 1995)从多个文献评论中,得出了一系列关于教育和工作之间关系的观点,还有一些观点关注青年融入社会的突出问题。这些观点包括:

- 全球经济和政治变革的后果
- 工业重组的影响
- 不断变化的劳动市场,终身学习,职业教育和培训系统
- 从教育过渡到工作的多样化及平等性

上文中对"职业教育和培训"这一概念的使用使我们有必要下一个定义,这一定义以它所包含的传统观点为基础,即"所有旨在为人们提供执行一项工作或一组工作所需的知识、技能和能力的,或多或少有组织或有结构的活动,无论它们是否能带来正规的资历证明"(Tessarin & Wannan, 2004:13)。

为了表明全球化的发展影响,《世界教育年鉴》以一份扩展叙述为例,通过文字和隐喻反映出了一种世界末日的颓废之感。种种极端政治事件(如"9·11"事件和伊拉克战争)以及随后对特定的青年选民明显的疏远,可察觉出的对国家和全球安全造成威胁的担忧,都毫无征兆地出现了。然而,它的确额外贡献了一种比较教育方法,那就是重点关注国际经济一体化的统一效果。

为了正确理解这些问题,我们先从一些评论入手,这对于那些对教育的比较和历史知识所知甚少的人而言将会有所裨益。第一,一旦教育不再为少数人和精英所有,与教育和工作世界关联的问题就开始有意义。确实,古典的精英主义路径之所以高度重视教育,是因为教育被认为是与大众无关的。因此,要求处于领导位置的人接受教育这一事实本身便依存于工人大众无法接受教育这个事实之上,反之亦然。柏拉图认为自由教育——知识、审美和体育——为保卫社会提供必要基础的这一观点一直经久不衰(Plato, 1955, Bk. 7)。

第二,有一个存在已久的观点认为,如果大众不能接受教育的话,那么为了能高效且有效地执行必要的体力活动,他们至少应该接受培训。这种培训的本质是有严格规定的,更像是一种针对现有实践而展开的所学任务的示范过程:传统的学徒制被嵌入这种师生关系之中。学徒制形式多样,但通常都建立在培养学徒能够熟练掌握技艺的共识之上,这种熟练掌握技艺的标志就是他成功地被引导进入了从业者的"行会"。本质上,人们期待徒弟会服从师傅,因为师傅是他们通往世界知名工匠途中的"守门人"。这里还需注意,跟精英教育一样,学徒制也是有特定性别的,它主要是男性特有的,而且许多人认为情况仍将如此。虽然英国最近对该系统的复兴(现代学徒制)明显是向所有人开放的,但是无论是职业刻板印象还是性别偏向的职业隔离都依旧没有消失。

第三,在这个论述中也有一些微小的变化。因此,"职业"(vocational)这个词被逐步地包含进那些针对个体特定职业准备的政策和实践范围的词汇。虽然"职业"(vocational)在过去与专

业的概念相关联，能唤起一种使命感，但它的形容词形式则具有更加平实的含义：那些与技术工作有关，通常具有一定的体力劳动，但在与需要大学教育为前提的工作相比较时，它的地位较低。如此而言，水管工和电工或许要接受职业培训，但是医生和律师却被期待去接受大学教育。就这方面来看，沃尔夫（Wolf，2002：Ch. 3)指出发达国家的政策制定者会认为职业教育和培训对于国家经济发展大有裨益，同时也认为它"对于别人家的孩子而言是一个好主意"。

学术的职业化

传统上划分职业培训和通识教育之间的界限显然被打破了，这意味着工作结构和工作内容的广泛变化。此外，它也表明了社会关系中一种更为普遍的转变。在高等教育领域中，卡扎米亚斯和斯塔利达（Kazamias & Starida，1992)提出了一种**职业化**（vocationalisation)过程而不是强调就业准备的专业化（professionalization)过程。在此，职业化过程强调市场以及相对而言快速回应市场动态的必要性。考虑到全球就业市场的竞争性本质，各国政府之前在自由市场精神引导下采取的是自由放任政策，近年来开始寻求建立监管程序。结果众多之前有相对制度化自治的行业，比如教育、法律、医药等，开始接受更多的国家控制。加罗帕（Garoupa)指出这种情况在20世纪下半叶已经出现，此时客户开始要求得到更多由有关专业人士提供服务的信息，当市场被认为未能产生社会最优的专业服务的数量和质量时，(因此)保护享受专业服务的顾客对于保证质量、提高效率来说很有必要。对于消费者的保护通常以对行业及市场的监管这一形式来进行（Garoupa，2004：4)。

其他传统意义上只需参加职业技术培训课程的工作，现在已经成为高等教育的范畴。因此，专门的本科学位日益成为进入诸多行业的必要条件，比如护理、儿童保育、餐饮和零售管理。虽然一个说法是大学在经历重大变革来确保其评价是基于技能的而非知识的，但这也引发了一个人口"过度教育"的问题。谢瓦利埃（Chevalier，2000)认为这一主张是在对"过度教育"问题采取周密的实证主义方法后形成的，尤其是考虑教育、资质和工作满意度之间的匹配程度。然而，毫无疑问的是这依然是个备受争议的概念，尤其是在这个政治叙述的主导议题就是把教育当作治疗社会顽疾的"万金油"的时代。然而，也有人认为即使短期内证书和工作要求上存在明显的不适配，很可能工作性质本身仍会因为从一个更有资质的劳动力身上获得的附加值而发生改变。

从比较的角度来看，过去的30多年提供了一个场景。在这个场景中书写了一个全球探索建立和维持国际经济竞争性的故事。这导致的一个后果是意识形态上的转变，从将个人拥有技能和知识视为个人和社会身份形成，转变为将其主要视为人力资本的具体体现（Wilson & Woock，1995：8—9)。正如其他资本类型一样，教育者和教育政策制定者开始大肆谈论教育的投资、估值、产出和利润。

20世纪最后一个25年中，全球化逐渐朝向教育和培训的市场化，这反映了新型科技在生产和发展中的跨国转变。教育和培训的供应者认识到必须快速回应灵活变动的全球市场。在这样一个全球市场中，西方的制造业工作数量下降，因为它们被转移到工业化程度较弱的地区或者为先进科技所取代。与此同时，多数处于全球经济活动中心的西方国家承认这些变化对政策制定和实施的影响，尽管它们常用个人缺乏相关技能来掩盖市场未能提供就业机会的失败。

我们还要进一步认识到的是在社会主义政权垮台之前，东欧是在以一种传统的中央集权方式来监管劳动力市场的供需，这不足为奇。学校、职业培训机构和大学似乎只是一种在国家明显干预下的经济结构中部署人力资本的渠道。可以说，这导致了一种偏向性的就业结构，使得经济无法在国内外运转。这一资助的过程并不只是发生在东欧资本主义系统，虽然在其他国家，资助之前可能会有一个竞争的过程(转引自 Turner，1960)。在法国，进入大学校(grande école)能够提供一个在精英部门有保障的未来，而"常春藤联盟"和牛津剑桥等高校在美国和英国也是如此。然而总体而言，在 20 世纪末，大部分致力于市场化的工业社会拒绝接受国家的中央集权地位，除非是在处理扰乱社会和政治秩序或全球经济秩序下的国家地位等可察觉的威胁上，才觉得其有必要。

因此，当 20 世纪 70 年代年轻人失业率开始加速上升时，西方世界十分渴望建立"培训"政策，这点并不令人惊讶。在很多有关教育和工作的文献中变得为人所知的概念便是"新职业主义"，这一概念被英国的青年培训计划(Youth Training Scheme，YTS)当作例证。"新职业主义"是从传统的职业培训的概念中分离出来的，因为其首要目标不是让年轻人通过一段漫长的学徒制来获取一系列专门技能，这只能使他们成为合格的技工和工匠，相反，它致力于青年人的发展，以使他们为就业做好准备，正如戴尔所言：

> 目标包括……需要适应一种介于工作和非工作之间的新状态。新职业主义的目标与职业多样性和个人适应能力有关，而不仅是以前认为的技能培训。(Dale，1985：7)

因此，YTS 及其前身机构都认为导致青年人失业的原因是因为他们缺乏相关技能。值得注意的是，这些计划并未表明年轻人失业同整体工作机会的缺失有关系。"新职业主义"立足于一般的或可迁移的技能(比如与工作面试成功相关的技能)。随着时间的推移，它对高等教育产生了影响，因为大学已经开始被转换成管理主义式的学位发放系统。

然而，很明显的一点是，"新职业主义"不仅仅是对年轻人失业这一尖锐问题的政治回应。这可能表明了人们越来越意识到经济趋向全球化，比较优势变得越来越具有流动性，"终身职业"成为一个过时的概念。在英国，过去为大量缺乏正规学术和职业资历的年轻人提供就业机会的制造业的消失给社会经济结构带来了一个明显的改变。在它们寻求更低成本的过程中，大型跨国公司开始将制造业生产力转移至劳工薪水比欧洲和北美低很多的地区。与此同时，新的科技(机器人、电脑辅助设计和制造业)也促使在提升产量的同时降低对于非熟练和半熟练劳动力的需求。

这一切都与对教育与工作关系最初的理解相去甚远，具有代表性的早期理解是美国的杜威以及苏联后革命时代早期的多元技术主义。理论上，工作世界和人类其他领域的活动相差甚少，因此它可以被视为学校课程的现实方面。工作经验不等于职业培训，但它是提升整体学习的一种方式。当然，在苏联的案例中，关于多元技术主义有着不容置疑的议程(Bash，1991)，而杜威的研究方法是与美国本土社区的*礼俗社会*相融合的。而且，虽然关注点依然存在于两个国家内部的社会经济结构之中，但是教育或工作中的试验是得到允许的。然而，一旦美国和苏联的政治—经济精英们根据国际经济、政治和军事竞争等层面来预测未来的话，那么唯心主义便无生存空间。夸张地热心劝诫所有工人提高产量的"加尔文式"斯大林主义与冷战时期美苏两国的行动一起为 20 世纪 50 年代和 60 年代的争夺全球霸主的竞赛提供了背景。苏联的职业论述全是集权指令，它着重强调科学和技术，美国人则担心自己在科技上的主导地位这一风头被抢走，这也导致了 1958 年《国防教育法》的诞生，其中包含联邦政府对教育政策前所未有的干预。

在工业化发展较缓慢的国家，这种论述的顺序有很大差别。基础教育常常被视为人力资本的发展，其既被认为能够提升国内生产总值，又被认为能够增加个人收入。威尔逊和伍克(Wilson & Woock，1995：9)在报道中写道：

> 国家的教育和技能水平对于其经济发展至关重要……在发展中国家，教育经费支出等于增长这一简单公式仍然构成许多在发展中国家工作的国际组织促进教育和培训项目发展的基础。

　　地位问题在早期后殖民主义时代出现,因为许多父母同西方工业化国家的父母一样,期望自己的孩子能成为精英人士(律师、公务员等)。另一方面,新成立的国家,尤其是非洲国家,需要认识到对于能够最大化提高制造业和农业产量的熟练劳动力的需求。然而,有一个潜在的假设被菲利普·福斯特(Philip Foster, 1965a, b)强烈反对,这一假设认为教育系统实际上正处于一个能够向新兴经济体提供这些技能的位置,它能够弥补在实用工程学和现代农业之类领域的缺陷。尽管职业教学有众多所谓的"谬误",但它对于尼雷尔(Nyerere)执政时的坦桑尼亚却有着独特的吸引力,因为它把重点放在作为基本人力资本生产者的基础教育上,这一主题体现在"自力更生的教育"(Nyerere, 1968)中,里面回避了对于中等教育和高等教育的广泛需求。毫无疑问,在 21世纪的全球视野下,许多人会认为这些立场有点目光短浅,同时可能会导致那些工业化缓慢的地区处于国际经济边缘地位。的确,福斯特的文章清楚地阐明了志向远大的学生及其父母明白某种"精英"教育符合他们的利益。毫无疑问,市场经济采取宏观经济方法,这也显示出总体教育需求的增长有助于促进国民收入和国内生产总值的增加,从而增加人力资本和总体经济需求。相反,尽管职业教育被视为万能的灵丹妙药,但是它只能强化一种以低水平的科技、有限的产能和低薪为特征的境况。

　　然而,"职业教育谬谈"是在工业化发展缓慢的国家的情境中被揭示的,但这并未阻止它后来在西方被重新解释。教育和工作应紧密联系这一点明显在过去 30 年的职业教育主义论述中。它与传统观点形成对比,传统观点认为教育的真实内容只是向雇主们展示未来员工的潜力。因此,传统意义上只为欧洲中上阶层所有的古典课程是专业的一个标志。它的"非职业"特性不会有太大影响,实际上,正是因为古典课程被完全地从职业领域中移除,自相矛盾的是,这导致它被视为具有特定的重要性。根据史崔(Stray, 1996)的研究,古典课程的意义体现在其学术严谨、社会志向和自我规范上。然而,21 世纪早期的论述是建立在教育和工作之间假定的对应性基础上:通过各种学习项目测评学生的职业能力,从初中教育到博士论文都是如此。

　　戴维斯预料到这一点并记录如下:

> 将课程职业化的趋势和对中小学及大学的传统课程专业化的偏好导致了学术课程的狭隘,并给职业培训带来压力。这是一种强调标准、纪律、态度、性格的教育和培训,这符合雇主对于员工的要求。这种学习机会的职业化成为新划分的资历证书的一部分,而且更高水平的习得削弱了高等教育的博雅性,而后者更注重通识和人文主义。(Davis, 1997:8)

　　因此,试图将各阶段教育民主化以及把正式教育转向就业的过程尝试都不可避免地导致问责机制的激增。问责制最明显的表现莫过于被认为是客观、公正、中立的评估过程,尽管互利互惠和裙带关系并未从工作世界完全消失,但在 21 世纪初,其合法性较低。入职过程愈加正规化,录取与否取决于应聘者是否拥有公共认可的技能证书,并且时常受到多种心理及其他测试结果的影响。

　　在寻求教育与工作的对应性时,我们应该明确的一点是地位等级将依然存在。虽然英国政府承诺要推出一种新型文凭(Department for Children Schools and Families, 2007),最开始社会是专业化的,但后来还会有一个更通用的版本,这个新文凭将与现有的中等教育普通证书(GCSE)和普通教育高级程度证书(GCE Advance Level)并行存在。不过,就算是教育部长(在2007 年)也警告说,家长们可能不会买账,并将其视为次等选择。回应福斯特之前提到的对于加纳(Ghana)的观察所得,人们担心新式证书尽管有可能为学生提供一些更好的工作准备,却也有可能与一些相对地位较低的职业领域相联系。如此而言,它就会将青年人分流进一个隔离带中——"现代中学"资历和普通教育高级证书考试提供的"黄金标准"。与此同时,建筑与建筑环境普通中等教育证书（GCSE in construction and the built environment①）考试的增设体现出国家希望弥补学生技能短缺和刺激"非学术型"学生发展的一系列焦虑和紧张。

　　总而言之，这一部分试图阐明 20 世纪末和 21 世纪初期在教育和工作之间发生了一个深刻变化。这一变化的特征是它的发生环境从国家转向全球。值得注意的是，西方的职业化进程从普遍强调为几乎或完全没有正式资格证书的年轻工人阶级提供可迁移的通用技能转向更广的培训范围。简单来说，对经济和就业的思考开始主导整个教育议程。相应地，人们也转向去关注全球化对工作与教育之间不断变化的关系有何重要意义。

全球化问题

　　在上文的讨论中，正如在创建欧洲高等教育区的"博洛尼亚进程"（Bologna Process，European Ministers of Education，1999）中部分反映的那样，全球化表明经过多方尝试以达成不同方面的和谐，教育系统的融合是有可能的。因此，中小学学校、文理学院和大学都被视为国际经济秩序的附属品。毫无疑问，一些国家上层建筑的特色将继续存在，密切反映了受到保护的文化遗产。所以无论 2007 年总统选举后法国将要采取何种政治路径，它都有可能继续展示某种民族独特性，尽管它将经受来自全球经济管理所假定的效率和伴随而来的美式工作伦理的压力。与此同时，暂不提世界上工业化发展缓慢地区的腐败问题，人们也许会判定家庭和非民主影响因素将继续在全球不同地区的学校与工作的过渡中发挥重要作用。

　　某种意义上，我们很难看到那些在全球经济以及跨国组织中相对边缘化的国家是如何能够从将整个国家教育系统职业化的压力中逃脱出来的。全球化话语的压倒性力量体现在不断再创作的叙事中，这些叙事表明教育应与经济基础设施建设接轨的紧迫性。在过去 50 年内，虽然比较教育者收集了大量数据，但是这些结论表明，鲜有证据可以证明持续上升的教育投入与国家经济发展有联系。或者，正如沃尔夫（2002：53）指出的："没有任何迹象表明英国或其他任何发达国家在教育上的支出低于某个关键水平或者为教育投入更多资金能够保证每年 0.5% 的收益增长。"

　　然而，这并不能阻止政府继续追求植根于沃尔夫（2002：53）所认为的基于目标导向和过度集权控制意识形态的简单化政策，而非追求那些与学生及其父母的理解相关联的复杂政策。

　　那些关心其在全球经济中的地位的民族国家政府面临着两个严重困难。第一个困难涉及教育系统如何能够提供在各个层次所需的技能娴熟和知识渊博的劳动力。第二个困难是如何让所有行业的人最终能够获得可满足个人、社会和文化定义的物质和非物质需求的谋生方式。每个国家的中小学学校、文理学院和大学的角色在细节上都有差异，而且它们都服从于现行的教育、经济和政治议程。

　　最后，在大众话语层面，教育—工作关系的全球观点表明人们仍然坚信"优质"教育能够提升就业前景和经济发展。在宏观层面，政府和其他机构仍坚持设计和实施那些确保教育系统和经济需求更适配的政策，这样的行动似乎可让人联想到福斯特的"职业学校谬论"。在全球化快速发展的时代，人们试图运用未来学（futurology）来预测未来 10 年、20 年或 30 年的就业需求，各

---

　　①　原文中，该证书的学科名称为 GCSE in construction and building，经查证英国课业、考试与评估委员会（Council for the Curriculum，Examinations & Assessment，CCEA）官网的 GCSE 学科目录，官网所列名称为建筑与建筑环境（construction and the built environment）。原文表述可能有误，故此处将该证书翻译为建筑与建筑环境普通中等教育证书。——译者注

种结构被安排妥当以确保产生 21 世纪中期需要的特定分层的劳动力。在微观层面，个体会转向那些可能并不总是合理的行为，其反映的更多只是自我利益，而非集体利益。学校教育即使不能一直在个人、社会和经济进步发展方面起到促进作用，至少还可以被视为是满足大部分个体社会和文化所界定的基本需求的工具。这就是父母和孩子都强调的地方，即可以被视为"地位优势的提升"，也就是"由教育的交换价值所带来的劳动力市场优势"(Williams，2004)。沃尔夫以更加具体的方式指出："学校教育和资格证书的确表明了一定的实质技能，而且人们的收入不仅同他们的纸质证书有关，还和他们相对的学术能力有关。"

结　论

　　对教育和工作关系的比较教育研究毫无疑问地阐明了实践、政策和理念间的差异。然而，正如本文试图论证的，这些差异并不一定要通过传统的分析模式来得到解释，例如利用"集权化/去集权化""资本主义/社会主义""中心/边缘"等二分法。在 20 世纪最后 10 年发生的历史事件使得这些两极概念不再具有重要意义，全球化也导致了一种反映出持续且流动动态的经济地理。越来越多的全球商业一体化带来的经济融合暗示了更大程度上跨越国家系统的教育政策的融合。当商业越来越依赖于先进的科学、技术、管理技能和知识时，这一点很有可能在政策制定者的议程中得到体现。同时，公众对于创新的担忧随着科技的加速变化而不断增长，担心"相关的"教育和培训政策在实施前就已经过时了。正如所预测的那样，那些被认为迫切需要在教育和就业之间建立紧密且有效的关联，并因此需要大量资本和反复资助的国家或许最不可能获得这些帮助。低迷的国内生产总值和国民收入以及未能获取足够的国际投资都阻碍了教育的扩张，这一点在孟加拉共和国体现得最为明显："这个国家被世界银行划分为低收入国家。尽管其 53%的国内生产总值是由服务部门带来的，它仍有将近三分之二的人口在农业部门就业(国内生产总值的 20%)。"(Rabobank，2005：2)

　　很可能更富有的国家将继续表现出以下特征，即它们的教育系统反映并促成了相对较高的收入水平。无论中等学校教育是普惠性的还是选拔性的，无论工作维度是普通教育的核心元素还是仅限于职业教育，都是如此。这一领域意识形态冲突的削弱或消除已经预示了一个更加动荡局面的来临。

　　看起来社会经济的差距将继续反映在国家教育机构的内部动力机制中，而且更重要的是，反映在教育和就业的结果上。这或许体现在促进**终身学习**的政策中，这个口号现在带有的言外之意是，在快速变化的全球经济中，没有治疗技能缺乏的万能药。尽管终身学习的重点是在义务教育结束后的阶段，它仍然对 21 世纪教育的整体论述产生了一定的影响。改变后的叙述似乎继续通过市场化的过程强调教育与工作之间的关系，将职业成功的责任放在个人作为消费者及其对学习方案的采用上，而不是就业预备的质量上(Ryan，2003)。在欧盟的背景下，它的重点是一组被定义为"所有人实现个人追求和发展、积极公民身份、社会融入和就业所需的关键能力"(Official Journal of the European Union，2006 - 12 - 30：13)。

　　进一步分析的话，这些可以用八个标题来表示：

　　1. 母语交流

　　2. 外语交流

　　3. 数学能力和基本科学技术能力

　　4. 数码能力

　　5. 学会学习

6. 社会和公民能力

7. 创新意识和企业家精神

8. 文化意识和表达

值得注意的是,能力这一词汇在这里的意思更广,它不仅局限于行为之中,还表示一种精神状态。然而有推论指出这些能力是能够被检测和测量的,因此能够强化向职业化转变的进程。与此同时,由于学习者被转化成可交易的"商品",市场化运行方向也有了进一步的转换。在获得"增值"的社会资本与文化资本的同时,学习者进入了一个充满要价者和售卖者的全球化程度日益加深且不断发生变化的就业舞台。这里,传统的供需观念和垄断竞争为不同空间和时间中特定时期的多元化普通教育和职业教育资历的相对地位提供了一些见地。相应地,那些拥有国际认可的高级技能和资历证明的人则更有能力来决定有利于他们的市场进程,而其他人的就业命运则几乎完全由市场决定,其力量超出他们控制范围之外。

因此,教育和工作的关系在全球模式下被不断强化。到 21 世纪中期,比较教育家或许能够检验教育过程的全球化结构前景是否适应日益一体化的全球经济秩序,或者不太那么令人信服地说,是否适应一种国际公民秩序。或者更针对性地说,对于比较教育家来说,在他们试图理解全球化的教育模式时,非常有必要注意到斯蒂格利茨(Stiglitz, 2007)的观察,他已经认识到全球化的失衡结果,即经济一体化伴随着国际社会隔离与边缘化。

参考文献

Bash, L. (1991). General education and work: The Soviet model. In R. Cowen & C. Jones (Eds.), *Essays in Honour of J. J. Tomiak*. London: Institute of Education, University of London.

Bash, L. & Green, A. (Eds.) (1995). *World Yearbook of Education: Education Employment and Youth*. London: Kogan Page.

Chevalier, A. (2000). *Graduate Over-Education in the UK*. London: Centre for the Economics of Education, London School of Economics.

Communist Party of China. (2007). 17th National Congress.

Davies, D. (1997). From the further education margins to the higher education centre? Innovation in continuing education. *Education and Training*, 39(1), 4 - 13.

Dale, R. (Ed.) (1985). *Education, Training and Employment*. Oxford: Pergamon.

Department Children, Schools and Families. (2007). *14 - 19 Education and Skills: Diplomas*. http://www.dcsf.gov.uk/14-19/index.cfm?sid = 3&pid = 224&ctype = None&ptype = Contents. Accessed November 2007.

European Ministers of Education. (1999). The Bologna Declaration of 19 June 1999. http://www.bologna-bergen2005.no/Docs/00-Main_doc/990719BOLOGNA_DECLARATION. PDF. Accessed November 2007.

Foster, P. (1965a). The vocational school fallacy in development planning. In C. A. Anderson and M. J. Bowman (Eds.), *Education and Economic Development*. Chicago: Aldine.

Foster, P. (1965b). *Education and Social Change in Ghana*. London: Routledge.

Fuller, A., Beck, V., & Unwin, L. (2005). The gendered natured of apprenticeship: Employers' and young people's perspectives. *Education and Training*, 47(4/5), 298 - 311.

Garoupa, N. (2004). Regulation of professions in the US and Europe: A comparative analysis. *American Law & Economics Association Annual Meetings* Paper 42.

Kazamias, A. & Starida, A. (1992). Professionalisation or Vocationalisation in Greek Higher Education. *European Journal of Education*, 27(1½), 101 - 109.

Nyerere, J. (1968). *Freedom and Socialism. A Selection from Writings & Speeches, 1965 - 1967*. Dar es

Salaam: Oxford University Press.

Official Journal of the European Union. (2006). 30 December. http://eur-lex.europa.eu/LexUriServ/site/en/oj/2006/l_405/l_40520061230en00600067.pdf. Accessed November 2007.

Plato. (1955). *The Republic*. Harmondsworth: Penguin Books.

Rabobank. (2005). *Country Report: Bangladesh*. Economic Research Department. Country Risk Research, December.

Ryan, P. (2003). *Lifelong learning*: potential and constraints with special reference to policies in the United Kingdom and Europe, Working Paper 15, In Focus Programme on Skills, Knowledge and Employability, ILO, Geneva.

Stiglitz, J. (2007). MBA Podcast: Making Globalisation Work. Times Online. 18 February. http://business.timesonline.co.uk/tol/business/economics/article1402854.ece. Accessed November 2007.

Stray, C. (1996). Culture and discipline: Classics and society in Victorian England. *International Journal of the Classical Tradition*, 3(1), 77 - 85.

Tessarin, M. & Wannan, J. (2004). *Vocational Education and Training — Key to the Future*. Luxembourg: Office for Official Publications of the European Communities.

Turner, R. H. (1960). Sponsored and contest mobility and the school system. *American Sociological Review*, 25, 855 - 67.

Williams, K. (2004). Vocational purposes and the aims of schooling. *Policy Futures In Education*, 2(1), 5 - 13.

Wilson, B. & Woock, R. (1995). Education, work and global economic change. In L. Bash & A. Green (Eds.), *World Yearbook of Education: Education, Employment and Youth*. London: Kogan Page.

Wolf, A. (2002). Does Education Matter? London: Penguin.

Wolf, A. (2004). Education and economic performance: Simplistic theories and their policy consequences. *Oxford Review of Economic Policy*, 20(2), 315 - 333.

33. 作为政策转型的评估型政府：历史与结构分析

盖·尼夫(Guy Neave)

> 所有的动物都是平等的,但有些动物比其他动物更平等。
>
> ——《动物庄园》①

引　言

过去 20 年中,评估型政府在西欧发展迅猛,且仍处于发展当中,但有点像英国历史上一位运气不好的君主乔治三世所拥有的权力,"它应该被削弱"是一个微妙而又难以回答的问题。本文中,笔者将分析这一独特现象背后的历史因素,并着眼于理解这种现象有可能将我们引向何方。这反过来又涉及当今欧洲高等教育不得不着眼解决的根本性的发展问题之一。这一问题的兴起,在不同的时期以及从不同的专业角度来看,有不同的描述:有时被称作政府间层次的(Maassen & Neave, 2007:135)"欧洲维度"(Huisman et al., 2000);在更加具有形而上倾向的学术圈内,这一问题被表述为高等教育的"超政府"维度(Massen & Olsen, 2007:3—24)。

总的说来,评估型政府和所谓的"博洛尼亚进程"被看作是彼此分离和封闭的问题,而且,从某种程度上来说,事实的确如此。很明显,前者是在经典的,即民族国家的高等教育政策框架中成型和成熟的。而后者代表一种全新的决策层面,可以肯定地说,它是一个永久性的附加维度,它与过去两个世纪欧洲大学发展中最为高级层次的形式联系紧密,同时也构成了一种超级上位的层面。

双重转型与历史分水岭

当我们把目光从评估型政府在民族国家内部的发展转向更为宽泛的情境,把它看成是新兴的欧洲高等教育区的核心维度时,显然我们会发现自己卷入了一种"双重转型"之中。

双重转型一方面指的是评估型政府在国内引发的变化,另一方面则聚焦这些国家为应对"博洛尼亚进程"和新兴欧洲高等教育区而做出的进一步的调整。然而,有一个决定性的理由要求我们把评估型政府和"博洛尼亚进程"联系起来,这个理由并非无关紧要。把评估型政府放到"博洛尼亚进程"的发展框架内来看,它或许是高等教育的决策被看作民族国家独有的事业的最后一个例子了(Neave, 2006c:27—46)。至于哪些范围是完全属于国家内部的,哪些又需要其他成员国以单独或集体的形式表达最低限度的、带有一点儿善意的中立,要精确地预测民族国家的政府会在哪里给两者划分一个界限是非常困难的,正是这种不精确性使得这历史的分水岭凸显出来。

---

① 《动物庄园》(Animal Farm)亦译作《动物农场》《动物农庄》,是英国著名作家乔治·奥威尔(George Orwell)创作的一部重要作品。本故事描述了一场"动物主义"革命的酝酿、兴起和最终畸变。一个农庄(Manor Farm)的动物不堪人类主人的压迫,在猪的带领下起来反抗,赶走了农庄主(Mr. Jones),实现了"当家作主"的愿望。农场更名为"动物庄园",奉行"所有动物一律平等"。之后,两只处于领导地位的猪为了权力而互相倾轧,胜利的一方宣布另一方是叛徒、内奸。此后,获取了领导权的猪拥有了越来越大的权力,成为新的特权阶级。动物们稍有不满,便会招致血腥的清洗。农庄的理想被修正为"有些动物比其他动物更平等",动物们又恢复到从前的悲惨状况。——译者注

评估型政府的动力和根源

评估型政府最根本的目的是通过对高等教育系统的生产力、绩效以及公共资源的运用进行常规评估，从而确保高等教育系统的持续运行。简而言之，它是一个高度动态的建构。因此，对于评估型政府所引发的转变，如果我们要充分掌握它的意义，就需要紧密关注其动态的层面。和高等教育政策中的很多其他方面一样，评估型政府并非像雅典娜那样，从宙斯的大腿上蹦出来的时候就配有全副武装①，也并非像王子或者其他寓言人物一样，生来就具有某种魔力。评估型政府发端于一系列的措施，这些措施在其实施之初很少被明确看作是后来出现的评估型政府的征兆。倘若我们对西欧版本的评估型政府追根溯源，我们就不得不承认后来发展成为评估型政府的这些措施，与高等教育系统的日常运行更加密切相关，而不是有意识和刻意地采取行动，将高等教育、政府和社会之间的关系建立在一组完全不同的原则和操作程序之上。同样，驱动评估型政府形成的那些动机也并非如它们现在所表现出来的那么同质化。这一说法引发了一系列的问题：什么是评估型政府？促进评估型政府形成的因素有哪些？评估型政府如何改变高等教育与社会的关系？

要回答这些问题，笔者得聚焦西欧，原因很简单，正是在西欧，评估型政府确定了其现代的形式，并很有可能是其最成熟的形式。当然，笔者也不会仅仅局限于讨论西欧。同样有充分的理由去解释为什么需要更为广泛的涉足，最起码这样可以避免目光狭隘——本位主义(*l'esprit de clocher*)——的指责，这种本位主义即使在那些自称是比较型的研究中也会出现。

根　源

评估型政府的根源可以追溯到在 20 世纪 80 年代中期达到顶峰的三个彼此紧密关联的危机。首当其冲的就是社会对高等教育需求的再次兴起，这次需求的规模超越了历史上任何一次。

简而言之，政府部门面临着一种他们从未计划过也从未遇见过的情形，与此同时，令人苦恼的是，经济部门的金库也已经亏空了。

高等教育的历史使命是帮助未来的政治精英完成社会化过程，如果说 20 世纪 60 年代的第一次浪潮驱使高等教育超越了这个历史使命，面临着更加复杂的大众高等教育的任务的话，那么 80 年代的第二次浪潮在重新定义高等教育的目的方面也同样非常彻底，它在 20 世纪 90 年代后期将某些国家——法国就是其中之一——受高等教育的机会提升到普及的状态。对其他国家而言，把高等教育的入学率提升到类似的水平也成为高等教育政策的官方目标。英国（White Paper，2003）和荷兰（Kwikkers *et al.*，2005）追求的目标便是如此——到 2010 年时，相关年龄组的 50% 的人口要纳入"高等教育"之中。一般认为，当接受高等教育的人口占适当年龄组总人口的 40% 时，可以认为达到了"普及"阶段（Trow，1974）。

第二个危机是如何给如此巨大的需求提供经费。这一需求的主体不在私有领域，就西欧高校录取学生的比例而言，私立高校的问题相对来说不是那么迫切。正因为如此，对于那些由国家提供经费并控制其近 95% 的年收入的高校而言，这一问题尤其棘手。

第三个导致评估型政府兴起的因素是运行效率的问题。以上三个因素中的前两个——社会需求和财政拨款——即便加上事后分析的智慧——也可大致看作管理国家高等教育体系所包含的日

---

① 根据希腊神话，雅典娜是全副武装地从宙斯的脑袋里出生的，而非从宙斯的大腿中出生。但希腊神话里的酒神狄俄尼索斯却是被宙斯缝在大腿中，足月了才取出的。疑作者原文有误。——译者注

常要素。但"运行效率"这个概念不同，从中期来看，它相当于一种强有力的工具，将日常管理中的调整和适应提升为"系统再建工程"（system re-engineering），后者是常常为人津津乐道的一个技术主义时髦术语。有关"系统再建工程"的概念，请参见蒙加雷-拉加达（Maugaray-Lagarda，2002）。

运行效率：一个核心概念

运行效率在西欧评估型政府迅速崛起的过程中起到了关键作用。或者更明确地说，评估型政府的出现本身就反映了一种明确的动力或者说——如果我们愿意从哲学或者语言学的角度来审视这一现象的话——是一种"认知趋向"（epistemic drift）。在管理部门和公共部门监督支配的维度，"运行效率"这个概念本身也经历了迅猛的转变。同样，监管维度的拓展意味着可能运用的程序、检验手段以及评估的范围也同样延伸了。如果仔细审视那些评估型政府最早出现的西欧国家——英国、法国、荷兰——的高等教育环境，我们就会发现 20 世纪 80 年代中期这些国家面临的主要挑战就是资源的分配和使用。接下来的政策的主要目标都围绕着资源的进一步优化——首先是削减成本，其次是使全国范围内的学科配置合理化①。运行效率与管理行为的常规范畴相一致——削减成本，停止招收常设职位或代之以兼职人员（de Weert & Enders，2004），严格监管对学生的投入。然而，有明显迹象表明需要加速某一特殊的进程，这一进程在西欧高等教育系统着手解决危机之前就已经在运行过程中了，那就是逐渐剥离基于学生人数的高校拨款模式及逐步放弃历史渐进主义（historic incrementalism），后者指的是根据通货膨胀及生活成本等因素进行年度调整（Glenny，1979）。

尽管这些措施在不同的国家②如英国、比利时、荷兰及德国被广泛应用③，但不宜把它们理解为一种激进的改革。当然，这并非是要否认这些措施经常导致痛苦后果。相反，开发制度绩效（institutional performance）的指标，在其早期而言，不一定非得看作是一种替代方案，用以替代通过法律、行政命令和严密的经济监管及核算去实现的历史悠久的系统协调程序，这些传统的做法被某些评论家称为"国家控制模式"（van Vught，1989）。相反，在早期阶段，这些"新工具"（new instrumentality）更多的时候被认为是一种补充，是一系列更为灵敏的指标，其首要的功能是满足"国家调控"（system steering）的内部需求。这一目的大体上是通过提高国家所提供的信息的质量以及这些信息在高校层面和国家层面之间的流通速度来实现的。后来成为高等教育"新工具"的那些措施的直接目的并不是要制定一些原则以规定政府和高等教育之间全新的关系。相反，其目的是要升级现有的关系，使其更加有效——主要通过压缩预算、制定学术资源使用的新参数来提升效率。后者更令人侧目的一点是中央政府似乎决心让教职员工和学生的比例随着大量的学生涌入高校而浮动，但同时实施高校资产规模"不增长"的政策。

那么，是什么改变了人们对绩效指标的作用的看法呢？这种新型、强大、高度成熟的工具，在其出现的早期被许多大学生热切地认为开拓了政府、高等教育和社会之间的新型关系，这种关系建立在所谓"远程操控"（remote steering）、"易化④关系"（facilitatory relationship）的概念之上。那么，这种新型工具的源头在哪里呢？（Neave & van Vught，1994；van Vught，1989）这一点非常重要，它关系到理解是哪些驱动力使得一种管理程序发展成为成熟的理论，从而重新定义了其

---

① 荷兰政府尤其关注后者，因为对他们来说解决问题主要依赖任务分工和高等教育的集中化。

② 作者文中多用"system"这个词来指代欧盟各成员国。——译者注

③ 按照时间顺序，英国、荷兰对大学开支的削减始于 1981 年，比利时在 1986 年通过"圣安娜计划"开始了这一进程。

④ "facilitatory"这个词原是一个医学术语，指帮助、协助、有助于、使……变得容易。这里翻译成"易化"，借鉴了医学界的翻译。——译者注

本身的运行维度,并且从根本上改变了高等教育和社会之间被认为"固有且有效的"关系。

两股思潮

第一种驱动力可以看作是意识形态的,尽管它总以技术性话语呈现。它改变了政府当局一直以来的信念,即政府和高等教育之间的关系是监护人和被监护人的关系。一个多世纪以来,这种关系决定了国家和高等教育之间的历史与政治纽带,但这种关系以其当前的形势再也无法持续下去了。[①] 沿着这条论述思路,可依据两种截然不同的路径概括出一些观点。第一种路径主要围绕经济规则主导的话语展开(Dill *et al.*, 2004)。此种路径的心脏地带——至少到 1989 年以及柏林墙倒塌为止——位于英国和荷兰。就经济信条而言,可以不同程度地表述为"新自由主义",或者应用于高等教育和社会的关系及目的时,它就披上了"生产主义"(productivist thesis)的外衣。这两种观点都起到了从根本上重新定义"运行效率"的作用。运行效率不再被看作是政府、高等教育和社会之间既定关系的内部子集。相反,根据新自由主义原则,运行效率成为最根本的信条,是唯一且核心的目的和目标,换句话说,就是主要手段。它开启了通往彻底"重新构建"整个高等教育系统的道路。从历史学家的角度来看,运行效率使得政府与高等教育之间的监护关系突然中止,正如一个臭名昭著的词汇所揭示的那样,是"带有极端偏见"的。事实上,"运行的"变成了"政治的"。

然而,还存在着第二股思潮。这股思潮在西欧评估型政府的形成过程中也起到了卓越的作用。它的政治意味也丝毫不差,但它的焦点却截然不同。它的根源很少存在于经济学话语中——尽管这个元素显然并非不在场。相反,它的根源在于参与式民主,或者更贴切地说,它与社会变革以及高等教育提升的参与性所带来的后果有关,后者为社群而非民族国家在高等教育事务中保留了空间、身份和责任。鉴于这样的背景,运行效率有着大不一样的弦外之音。尽管它并不否认制度绩效和其他严密经济审查的因素,但这些既不是它的起点,也并非它的终点。为了运用一种在当时没有像今天如此盛行的理论,第二股思潮围绕着一个原则展开,这个原则后来在欧盟内部广为人知,被称作"个体行事优先法则"(subsidiary[②])——将责任下放到所服务的具体机构。

从这一点来看,运行效率的表现形式是把中央国家行政的控制和责任重新分配和定位,有时候分配给地方当局,有时候分配给某个机构。这个平行的过程具有多重意蕴:从国家行政的角度来看,国家存在着一个"卸去责任"的过程;从历史角度以及从地方政府或单个机构的角度来看,又存在着一个功能"回归"的过程(Neave, 2001, 2003)。从政治的角度来看,它又和经典的、常规的行政分权及权力下放相呼应。这个维度在法国、西班牙和意大利的评估型政府兴起的过程中尤为突出。这个过程与 1988 年比利时的联邦制改革以及高等教育的国家体制分裂(分裂成两个语言区:佛兰芒语区和法语区)同时发生。这两个比利时社区在评估政策方面发展出了各自不同的制度形式(Lub, 2003: 5)。这也是西班牙 13 个自治区所采取的道路(Miguel Diaz, 1999),同样也是瑞典高等教育政策的主旨(Bauer, 1998; Bauer & Kogan, 1997)。有趣的是,这种联邦模式唯一的例外发生在德国。尽管德国也对高校拨款进行了改革,如 20 世纪 90 年代后期鼓励自治,引进了契约化原则,但这些措施并没有导致联邦层面的评估型政府组织的加强,联

---

① 其他人可能会从政府与大学之间签署的《洪堡协定》的角度来看待这一问题:政府确保大学的学者具有学术独立性,协定也规定大学作为国家遗产和成就,政府对公立大学的财政享有专断权(参见 Neave *et al.*, 2006)。

② "subsidiarity"常被翻译为"个体行事优先法则",源于罗马天主教的社会信条,其理念是所有社会实体都是为个体的利益而存在的,因此个体能做的事,社会都不应当插手;所有小团体能做的事,上级团体都不应当插手。——译者注

邦州之间的分裂更加严重了。颇为自相矛盾的是，在德国，在评估型政府兴起的过程当中，中央政府并没有获得更深层次的影响力。从这点上来说，德国评估型政府是在传统的省和中央政府这种行政框架内部发生的，而非试图改变这种框架。

条条大路通罗马

不管评估型政府的基本原理是遵循新自由主义教条，抑或是坚持参与式民主的规则，无论其重点是重申"个体有权利消费高等教育"还是相反地强调，历史和语言社群拥有同样不容置疑的权利去对塑造地区身份和地区命运的机构产生更大的影响，它们都对中央政府在高等教育中所处的地位提出了挑战。有趣的是，尽管两股思潮提出的变革方案大相径庭，但两者的假定却是一样的。双方一致认为限制中央政府的权力是可取的。对新自由主义理论家而言，国家发展中最重要的监控者由政府转变成了"市场力量"。对社群主义者来说，变革的压力要求对高等教育和政府之间的管理关系重新定义，其路径是倾向于中央政府和地方当局形成共享的伙伴关系——实际上，这样做增强了国家行政和具体的大学之间的中间层次的权力。或者，正如上述德国的案例所揭示的，州政府长期拥有的文化主权得以维护。简而言之，有许多被认为是正当的路径可以通往评估型政府这个目的地。

暂且不论哪些高等教育体系采取了怎样的途径获得了评估型政府的救赎，让我们先简单指出评估型政府在欧洲显示出来的惊人活力。人们对评估型政府这种活力的某些印象来自采纳现代意义上的正式评估系统的国家的数量。这条路上的第一步是在 1985 年迈出的，那一年法国国家评估委员会成立（Staropoli，1987）。到 2002 年夏天，在 1998 年成立于芬兰的欧洲教育质量保证机构网络（European Network of Quality Assurance Agencies）的 30 多个国家高等教育系统中，有 34 个机构被委托进行评估或认证（Schwartz-Hahn & Westerheijen，2004）。

评估型政府与法律同质性

不管伴随着评估型政府的是何种特定话语，新自由主义也好，参与式民主也罢，监管的功能和制度绩效的评估都不是唯一发生显著变化的领域。还有一点很突出，就是一些高等教育政策学的学生所称的"法律同质性"（Legal Homogeneity）（Neave & van Vught，1994）。

"法律上的同质性"这个概念可以看作是支配高等教育、社会，以及西欧历史上比较大的国家，如德国、法国、西班牙、意大利以及地位稍逊一筹的荷兰和瑞典——之间关系的主要法律观念。法律上的同质性支持一些强有力的法律推定，这些假定是盎格鲁-撒克逊的高等教育体系所不具备的，因而可以看作有着本质区别的特征（Neave，2001）。其中首要的假定就是所有的公立大学都建立在法律面前一律平等的基础之上，因而享有相似的地位。第二点同样重要。这在很大程度上决定了国家如何应对变革：改革措施通过正式的、法律的条例呈现出来，这些条例由中央政府制定，并一致地应用于高等教育的某些部门——大学、短周期的职业高等学府等。

把体系的变革和政治进程在国家层面持久地联系在一起，常常需要在国民大会或者其他对应的机构进行彻底的辩论，通过这一点，法律同质性同样决定了体系变革的性质。需要补充一个细节：体系的变革是建立在变革一旦被合法化就会以统一的形式在适当的部门实施这个前提之上的。法律同质性这一原则在某些领域更加显著和强大：个人获得高等教育的条件；大学以国家的名义赋予官方认定的知识所带有的结构、头衔和特权；学术聘用、职业和升迁的条件等。事实上，正是因为法律上的同质性这一原则，变革需要有复杂的形式程序和非常耗时的立法过程，因为同样的原因,这两者都带有较浓的政治色彩。

法国创建了第一个现代意义上的发展和监管机构,试图打破一直以来困扰高等教育政策的政治僵局。法国成为第一个这么做的国家并非偶然,因为在法国,法律同质性就是法律面前人人平等这一革命传统的一部分。法国建立第一个发展和监管机构的另外一个类似目的也同样重要,即落实一种考察和评估机制,以期能够加强机构自主创新和主观能动的能力。简而言之,法国的评估型政府的目的是:鼓励学术机构在促进和塑造自身发展上发挥积极能动性和主动性,而不是一味地依赖中央政府或教育部,从而削弱法律同质性的僵化程度。在法国,机构评估的目的是提供一份不断更新的地图,这份地图为高等教育系统的发展和绩效提供一个概要的申明,显示大学在全国体制中的位置,从而更好地把机构的倡议建立在清晰、实用和具备可比性的信息之上(Neave,1996)。

评估同质性:强有力的工具

评估型政府的功能是加快和促进单个机构层面的改革,并降低改革的复杂性。然而,评估型政府取得进展的代价就是有意识地将早期围绕着法律同质性累积起来的程序打破。这一过程经由不同的举措达成:责任下放,有时体现在"加强机构的领导力"这样的词语中;扩大大学可以自行决定的活动范围,这也体现在高等教育管理改革的条目当中;有时还体现在延伸所谓的"新公共管理"的原则当中(Politt,2002)。通过这些举措,评估型政府重新定义了"同质化"这个概念。其中意义最为重大的是把"同质化"这个概念从法律惯用语转化到评估过程本身这个运行领域中来了。

法律同质性因此被移植到运行领域中,并且渐渐发展成为评估同质性,一种由正式的、严格的审计程序所明确和有意识地支持的同质化,有时候作为一种独立的服务存在于被授权进行评估的组织当中,在英国和瑞典就可以发现这种模式的例子;有时候被转到一个独立的实体,比如说,荷兰(Scheele *et al.*,1998; Jeliazkova & Westerheijden,2002)和法国(Neave,1996)的高等教育督学署(Inspectorate of Higher Education)。

评估同质性可以看作是描述"标准制定"的复杂方式,即有关业绩和生产的最低目标的制定,它是本已相当强大的评估和检验手段中具有极大效力的一个工具。事实上,有很好的理由认为经由考察和评估而运行的同质化原则比法律同质性更加具有说服力、穿透力和效力,这几项特质是后者一直以来非常期待的。由于其自身就非常强大和敏感,评估同质性成为采取其他发展手段时不得不一并考虑的因素,在人们试图改革大学的拨款制度时尤其如此。

附带条件的资助:评估型政府的主要调节手段

如今,高等教育中的公立学校被期望相互竞争以获得非政府提供的资源,这是心理状态上的根本性变化,也是评估型政府的本来目的。高等教育不再被看作是完完全全的公共事业。因此,政府和教育部对高校寻求公共财政之外的资源的敦促力度同样巨大,也就不足为奇了,而施加压力的程度和方式则取决于国民财富和社会福利的糟糕现状①。在西欧社会比较明显的调节政策中,有一项就是引入"附带条件的资助"(conditional financing),在中央政府或者地方政府和大学之间建立一种契约性质的、不断更新的且因此可以协商的关系,如法国、西班牙以及意大利等国的案例所示。英国政府甚至把大学的绩效和资助直接挂钩。尽管很少有高等教育系统像英国这

---

①　原文作者杜撰了"hellfare"一词,用以讽刺欧洲的福利制度(welfare)。——译者注

样在"附带条件的资助"这条路上走得如此之远，大家对大学绩效和资助之间所暗含的联系都心知肚明。然而，提高评估所能施加的影响是通过所谓的"后验的"资助形式来实现的，换句话说，根据产出而非根据投入实施资助，后者一直以来是占主导地位的惯例，主要视学生的数量拟定资助额度。现如今，对高等教育的资助与对高等教育的评估聚焦同样的领域，两者都专注于大学的产出，将之视为评估绩效、衡量生产及机构产出的最高标准。这样的实践毫无疑问是塑造大学行为的最为有效的因素。

这就导致一些问题出现：评估型政府的影响力究竟有多大？它的运行核心在哪些方面与之前以法律为基础的工具有所差异？

评估型政府的权与势

高等教育政策越来越被经济层面的因素所主导，这自然而然地导致资源以及资源的来源、形成、运用及其效果被看重，而那些旧式的、更加经典的因素被逐渐抛弃。诸如权力、权威、谁在运用它们、为了谁的利益运用它们这些问题都逐渐退居次要地位，让位于剖析和验证新的评估程序和标准在技术上的有效性以及方法上的效度，后者从本质上来说强调精确性，这样做符合评估的目的，更准确地说，更加迎合奖赏。而且，由于政策研究更加注重精确性，也就需要更深层次的技术性，其代价是与之伴随、令人忧虑的狭隘性（Neave，2004a）。其后果是，我们越来越擅长数树枝上叶子的数目，甚至能够区分它们的色调和形状，但我们渐渐失去了把握整个森林状况的能力，更别提对森林的地形和面积的了解了。就这一宽泛的议题而言，评估型政府也不能独善其身。

评估型政府就是从事验证绩效、把握动向——悲观者或许会说摧毁学术生产力——的工作：在法定期限内毕业的学生数、被视为与国家未来息息相关的领域所产生的博士数量（Lindqvist，2006）、同行评审的出版物数量、取得的专利数或者与财富500强中的优秀企业签订大量的协议等。评估型政府是验证效率的手段，因此有关评估型政府的许多研究也具有相同的倾向。这些研究倾向于回避这个问题："是什么权力基础使得评估型政府有如此强大的效力？"

或许提出这个问题的敏锐和审慎已经直白地表明某种程度上答案已经呈现在我们面前了。评估型政府之所以如此强大是因为它有着检验政策是否被采纳的功能。评估型政府充当了中介，其主要目的一方面是确定政策被实施，另外一方面是确保综合性大学、专业技术院校、理工学院和其他大学维持它们对公共政策所关注的目标的承诺。换句话说，评估型政府关心的是——系统层面、区域层面或大学层面——维持政策目标的能力，并同时判断大学在必要时候的应变能力。形象地说，对大学而言，现如今的评估型政府与很久之前的宗教法庭所承担的功能大体相似。

对大学进行评估的功效在于提醒那些行动缓慢者，如果一直犯某种罪行，其后果将十分严重。宗教神学理论在对经济效率的恪守和崇拜之中找到了它的对应物。评估型政府非常强大，一方面是由于其收集的信息的本质，另一方面是因为这些信息在很大程度上有助于不同运行层面如基层单位、大学层面和国家层面之间的分化与重新聚合。任何监管，如果既能够允许不同大学甚至不同学科之间比较与竞争，同时又允许运行层面向区域、省和国家层面聚合，这样的监管不可能是弱势的，尽管随着时间的推移，其效果可能会受到影响甚至被削弱（Huitema et al.，2004；Scheele et al.，1998；Jeliazkova & Westerheijden，2002；Neave，2006b）。

"用于学术的时间相对于用于生产的时间"：一种极其远久的视角

这些还只是评估型政府所运用的比较明显的权力，它还拥有其他不那么明显的权力。这些权力对高等教育、政府和社会之间不断发展的关系有着直接的影响。事实上，它们直接源自评估型政府的确立。第一条就是人们通常所说的"生产主义"，即把大学的成果直接控制和运用于经济目的，当然，这个经济目的或许也是国家的目的。然而，所谓的"生产主义"还有另外一个方面的含义。它与"用于学术的时间"（academic time）的概念相关，在相当长的一段时间内，"用于学术的时间"对大学所承担的功能而言都是极其重要的。

在过去九个世纪中的大部分时间里，学术界拥有较大的掌控力——如果不是完全掌控的话——的一个因素就是时间：教的时间，学的时间，获取知识的时间。诚然，大学已渐渐不再认为他们的使命有着"永恒性"。然而，无需依赖大量的研究基金仍可追求高等教育的年代离我们还不是那么遥远，这是因为那时候人们认为最重要的价值——时间本身是学术界首要的、独一无二的资本。那才是终身教职本来的含义——追求知识，无需考虑花费多少时间。

对时间的支配是学术自由的精髓，即使在知识本身是被揭示而非科学的日子里也是如此（Neave，2006）。把评价与评估当作一项全国性的任务去完成，事实上充当了一个非常重要的杠杆，使得"用于学术的时间"发生了变异，从而被"用于生产的时间"（productive time）所代替。因为事实上，虽然这个后果并没有明确地表述在诸如质量评估、鉴定中心、审计账户或公共账户这些或多或少与机构绩效常规审查有关的机构所被赋予的目标列表之中，但是这种转变都已经实实在在地发生过了。当然，有各种各样的技术治国式（technocratic）的术语可以掩饰这种令人不快的现实——"时间预算"（time budget）就是其中之一，"加速机构回应"（speeding up institutional response）也算一个。但这只不过是玩弄语言戏法而已，丝毫改变不了一个至关重要的事实：把用于学术的时间转变为用于生产的时间在今天的高等教育政策当中是一个显著的、悄悄进行着的、影响深远的潮流。顺便提一下，使用"时间预算"这样的术语本身就会让人想起我们之前提到过的政策研究中越来越严重的技术倾向和语言上的异化。

学术规范和功能的外显

把用于学术的时间变为用于生产的时间是一些彼此独立的进程共同作用的结果，这些进程都在某种程度上重新定义了大学的身份，因此也重新定义了大学与社会的关系。将"用于生产的时间"引入学术界当然可以解释为不得已而为之的发展进程，尤其是当变革被看作一个持续的进程而非时而停止、时而开始的进程时。其次，上述变化也可以看作是"吸收合并"（incorporation）过程的一部分，这个词有两个含义：第一，公司企业模式、组织形式、职位描述、科层制以及服务条件（conditions of service）的盛行（de Weert & Enders，2004）；第二，对大学的重新定义，大学不再被看作独一无二、有着独特职责的组织，而更多被看作更为广泛的联结——有时候被称为"创新系统"——中的一个子集（Neave，2006b）。

这些发展，尽管表面看上去迥然不同，但实际上都拥有共同的趋势，即把长久以来大学的规范置于次要位置，并将这些规范重新调整以适应外在的实践——这种趋势在竞争概念本身显得尤其明显。竞争从来没有在大学中缺位。相反，正如美国社会学家伯顿·克拉克（Burton R. Clark）在大约25年前所指出的那样，竞争就是学术界的"硬通货"，是代表了交易、名誉、身份和卓越的"金币"。以上第二种观点为我们提供了理解评估型政府权力的线索。

更为成熟的运行核心

如果我们仔细地观察评估型政府运行方面的核心，我们就会发现用于学术的时间并非是唯一发生变化的情况，其他一些情况也发生了变化，而且它们暗含着一种奇怪的剥夺的意味。因为，如果评估型政府的确让高等教育事业得以成型的那些参照规范发生了突变和变革的话，它也把其他两个工具带到其本身的根基以及其本身特殊的目的中来了，这些工具同样非常重要，它们塑造了另外一个美国政策分析学家马丁·特罗（Martin Trow）所称的"学术界的私人化生活"（private life of academia）（Trow，1975）。评估型政府对学术界所能运用的最有效的工具——因此也是所能施加的最大的影响——就是在其运行武器库中添加了竞争和同行评议这两个武器。同行评议的运用——除此之外，还有评估大臣们（Lords of Evaluation）可能为自身利益设计的各种衍生方式，比如所谓的"有指导的""聚焦的"同行评审——是对构建评估型政府至关重要的更广泛进程的明确例证，即将学术界原本内在的规范外化，并应用到商业评估和验证。

无论这些附加在评估型政府的主要运行核心的工具是否揭示了大学私人化生活中的某些做法被外化的过程（Kogan，2006），或者它们是否仅仅被表述为记录高等教育发展活力而设的透视镜中的一些关键因素，在笔者看来，两种解释毫无疑问都实实在在地表明评估型政府现在运用工具已经到了非常娴熟的地步。

高校形象：创生、毁灭和影响

还有最后一个领域也是受评估型政府影响很大的地方。这关系到所谓"大学的形象"问题。笔者之所以说"将会出现"①，是因为据笔者所知，对大学在公众心目中的形象的评估所产生的影响还是一个有待处理的问题。然而，形象问题还是很重要的，在评估型政府这个背景下如此，作为高等教育"市场化"政策的一部分时尤其如此。至于评估型政府的主要产物——评价产生的大学排行榜是否真的对学生的选择产生了实质性的影响，其本身并不重要。真正重要的是高校及其领导似乎认为这样的排行榜对学生的选择产生了影响。说得更确切些，尽管还没有形成气候，但高校已经开始着手利用排行榜对己有利的结果；相反，如果结果达不到他们的预期，他们就会试图限制可能产生的不良影响。

因此，评估型政府在高校形象建设方面扮演着至关重要的角色。事实上，高等教育越是被理解为"可出售的产品"，对于决意要定位大学公共形象的机构而言，围绕着它产生的影响就越大。顺便提一句，学术界心目中的大学形象，与家长们心目中的大学形象不尽相同，尽管评估型政府的目的是尽可能地让两者相一致。评估型政府给公众提供了基本材料，使他们对高等教育系统和系统内的大学形成自己的看法。用一句老生常谈、往往被认为是贬低新闻写作艺术的话来说②，评估型政府力图"终结高校作为象牙塔的形象"。不恰当地套用社会学之父马克斯·韦伯的名言，评估型政府的任务就是要确保大学不仅要"在世而且要入世"（in the world and of it）。

从一个不同的但同样有深刻意义的角度而言，正是在这一点上，高校的绩效成为竞争的"婢女"，竞争与绩效互相强化。因此，评估型政府的权力在于它所认可的、接受评估的高等教育机构所创建的形象。然而，形象构造只不过是我们提到的众多例子当中的一个罢了，之前我们已经在"职能替代"的背景下分析过那个过程。然而，这里涉及修改和重新定位此前的报告和审计的封闭循环，这在以往的系统协调模式中被称为法律同质性，通常发生在大学领导与国家权力机关之间，并且往往是私下进行的。评估型政府把这个循环带到了公共领域。

---

① 原文上下文中并没有出现"would appear"一词，疑为原文有误。——译者注
② 英语写作通常应避免重复使用某些词汇，因此作者认为引用一个老生常谈的词汇没有新意。——译者注

评估型政府的输出

在前文中，笔者曾提出这样一个观点：评估型政府代表了高等教育政策的一个转折点，在此之后，高等教育政策很快就具有了欧洲特征。欧洲各个国家开始将评估型政府的结构落实到位，虽然这些国家在行动时间上的一致性也可以解释为民族国家背景下的"政策趋同"，各个国家独立行动以面对不停的变革，但有足够的证据表明另外一种现象正在发生，这种现象预示了——如果不是直接证明了的话——一种超越民族国家的态势。用欧盟布鲁塞尔机构的独特行话来说，这涉及"可移植性"原则，即由一个国家设计的政策被另外一个国家所采纳和应用。当然，也有其他形式的描述：在比较教育的经典语汇中，它属于"借用"的范畴。

然而，千万别以为"可移植性"只是"老欧洲"①的发展状况，评估型政府兴起之后，尤其是1991年之后，一些"先驱"国家非常热情地输出他们各自的评估型政府模式。其结果是，我们发现法国建议意大利、西班牙和葡萄牙采纳评估型政府模式，荷兰积极地将自己在绩效指标和质量控制程序方面的经验介绍给捷克、斯洛文尼亚、匈牙利、波兰和俄罗斯②。接着，英国给所有人提供关于评估技术的建议，瑞典人没有给任何国家提供建议，因为他们醉心于设计具有自身特色的激进版本的评估型政府，其依托的一系列假设和目的与欧洲其他国家大相径庭（HSV Rapport，2005）。非常有意思但又非常重要的是，这样的"跨领域交换"和政策的可移植性的确使得高等教育的主导原则由法律同质性转向了评估同质性，这与"新欧洲"迥异的需求相呼应。

核心，外围

对刚刚获得解放的国家而言，它们正力求政府和高等教育之间建立起一种有序稳定的关系，越来越强化的评估型政府的形象不仅仅是一种礼貌上的兴趣。随着"老欧洲"成倍扩大质量监控机构的数量，随着考察、回访、监控和评估高校和系统的程序逐渐成为制度化内含的特征，"新欧洲"的严密监督不断扩张（Tomusk，2006）。评估同质性不断延伸，将资格认定的核心问题——评估和裁定高校是否适合开发新的项目、学位和资质也囊括了进来，其结果只能是对评估型政府的兴趣越发集中。有几个动机引发了这种兴趣。首先，新近独立的这些地区将开发质量监控、评估和资格认定等结构看作是他们所认为的"欧洲高等教育体系"的关键和精髓的特征。事实上，他们在官方出版文件中也是常常这么描述的。

"欧洲"体系这一观点本身还不成熟。事实上，在西欧那些用评估同质性取代法律同质化的国家那里，关于这个观念很少听到赞同的意见。追求质量和资格认定权尽管对"老欧洲"的那些开发这些工具的国家而言非常重要，但在任何一个国家中，两者都没有被看作主要的标志性特征，更不用说整个欧盟体系了。欧盟体系只不过是高等教育政策的复杂体中的一个方面而已，高等教育政策大多还是从单个的民族国家的层面上来构思的（Neave，2001）。然而，新近解放的这些国家对"欧洲高等教育体系"的固执的引用，尽管非常不精确，而且带有彻底的末世论色彩，但有其自身的目的。这个目的仅限于内部消费，它指向的是国家内部。

---

① 这里"old Europe"指传统欧洲国家，"new Europe"指新加入欧盟的国家，尤指东欧国家。——译者注

② 尽管不是唯一一从事这项活动的机构，但荷兰特温特大学高等教育政策研究中心15年来一直致力于为政府间交流提供技术支持，并且为中东欧的政府官员提供有关评估型政府、质量保证、评估和认证等方面的培训。

愿景与目的：合法性危机的解决方法

在"新欧洲"，高等教育"欧洲体系"的愿景为国家目的提供了案例和目标。他们的确这样做了，而不是简简单单地把国内的高等教育社区的注意力集中在如何融入欧洲这个问题上(Tomusk，2006)。"新欧洲"的当权者把质量监控和资格认定与"欧洲体系"联系在一起，通过这种做法，不管在外人看来是多么缺乏事实根据，他们都可以为设立这些带有相同功能和相同头衔的类似的控制机构找到合理的解释，对体系的本质——公立还是私立——则不加考虑。这样便使得重新建立控制取得了合法性。这并不意味着国家官僚体制的复苏或者斯大林时期的计划经济体制的复苏。相反，采纳质量监控和资格认定手段以及将它们立法予以确认的措施来自一种新的合法性——在两个层面上运行的合法性。这两个层面分别是：首先，通过立法规定私立机构的地位。这样的政策并不是要强迫这些私立机构服从或者限制它们①，相反，这只是宏观战略的一部分，旨在使国家高等教育体系达到一定的正式组织和行政协调水平，使其能够保持竞争状态，并在时机成熟时应对欧洲一体化可能带来的挑战。其次，这里所需的立法措施远非通过立法重新回到早期的行政同质性，相反，它们是建立这些机制和程序的必要前提，以使国家体系与西欧最新政策保持一致。"新欧洲"通过立法规定评估同质化的框架绝不是历史的倒退，而是表达了一个清晰的信号：这些国家的政府希望被看作是他们自以为的"欧洲"体系的一部分。

结　语

在这篇文章中，笔者考察了西欧和东欧高等教育与政府之间的关系的演变过程。笔者考察的焦点是评估型政府的兴起。无论是在"老欧洲"还是在"新欧洲"，尽管评估型政府兴起的原因迥然不同，同样，尽管其扮演的角色，正如其所推进的政策一样，在新老欧洲也截然不同，但评估型政府都是一个非常强有力的政策结构，这些差异最终是否会迈向共同的愿景，只有时间、政治意图和认可那个愿景的绝对的机构能力才能断定。

在跟踪评估型政府兴起的过程中，笔者也试图剖析其权力的基础。这一点相当重要，因为它的手段已经深深地渗透到了大学的生活中。在某些国家，它甚至渗透到了个体的生活中。然而，它也非常精致和成熟。事实上，机构测评的手段把围绕着"远程调控"的话语提升到一个不同的水平。评估型政府通过评估高校的产出而发生作用。尽管事实上很少有国家把公共财政和绩效直接挂钩，从评估对高校的影响以及高校领导层对高校的形象和卓越的理解这些角度来看，可以认为当前保持这么紧密的联系并不需要，但将来或许需要(Jeliazkova & Westerheijden，2002)。

这个工具系统的心脏——如果可以说工具系统有这么个器官的话——就是评估型政府可以把它评估的结果公之于众，所有利益相关者都可以获得。它对高校的形象有直接的影响，它要求

---

①　这样的意图后来并不一定能够维持。比如，1992年的《俄罗斯联邦法》承认基于宗教和企业基础创建高等教育机构，因而相对来说比较宽容，但继任者在1996年开始利用认证程序对私立教育的教育机构加以区分。有人把这解释为政府各部内部的保守派努力保护国有机构的努力(Tomusk，2005)。尽管有可能如此，但如果这些机构已经被剥夺了判断力，将这些机构用西方的认证系统加以评判就意义不大。此外，新的神学理论也承认这种苛刻也总是可以以保护消费者名义加以辩护。

卓越。它定期检验高等教育机构所提供的服务的质量。如果事实真是如此，那么评估型政府正是通过对机构的评估和监管直接行动，从而赋予"间接调控"新的现实意义。这种做法引发了一个新的问题：政治当局所声称的削减政府权力这一口号是否在现实中得到了反映？因为我们面对的是一个无处不在的修辞，但其与现实相左也是一个普遍的事实(Neave，2004b)。

评估型政府所带来的另外一个重要的变化就是取代了所谓的"法律同质性"这一塑造了高等教育和政府之间关系的中心原则。但对评估型政府而言，"法律同质性"让位于"评估同质性"。表面上看来，它对国家提供公立还是私立高等教育这个经典问题并没有太多重视，如果仅是如此，评估型政府的确是一个意义重大的变革。当对高校的评价是建立在它们的产出的基础上时，高校的所有制形式的确一点儿都不重要。虽然如此，当我们试图解释突出成就时，所有制形式或许还是相关的——不管它是变得更好还是更糟糕。但那又是另外一回事了。

笔者的观点是：评估型政府将有关高等教育的争论引向了另外的场域。比如说，评估型政府将争论引导到如下这种场景：当高校的领导者在回应他们所感知的、公共评价加诸高校的名望或耻辱时，评估型政府对高校甄别出现的新的形式有何影响和后果。既然公共政策中与评估型政府兴起同时发生的一个因素就是扩大高校自治的范围，那么评估所获得的地位与高校行为之间的互动就成为引发极大兴趣也是十分相关的事情了。评估同质性与《动物庄园》有一点是共同的。正如布莱尔——艾瑞克·布莱尔不是托尼·布莱尔[①]——借《动物庄园》中名为拿破仑的那头猪向它忠实的支持者所指出的那样："所有的动物都是平等的，但有些动物比其他动物更平等。"某些高校与其他高校相比是更加平等还是更加不平等，理所当然是评估型政府的职责！至于评估所导致的耻辱或者荣誉则是消费者和利益相关者考虑的事情(Neave，2002)。

事实上，评估型政府把我们带回最根本的问题：权力、权威，最为重要的是评估型政府所努力和服务的最终目的。评估型政府以一种看似矛盾的方式达成其目的，之所以说矛盾是因为评估型政府本身最关注的还是手段，而非目的。效率是一种手段，但指向一个目的。以效率之名论证其合理性的目的可以被用来——在不久的过去也实际上被用过——维护最为可疑的社会构造。评估型政府把我们带回社会一直向其自身提出的那个基本的、永恒的问题。这是因为法律同质性曾经赋予高等教育的整体的或许是人为的一致的愿景正在瓦解。一旦高等教育机构开始运用官方所赋予他们的更大的自主权去塑造自己特定的形象和使命，一致性便在可能出现的碎片化面前退缩了。评估型政府的技术特性、精密性和方法上的精准性不应当蒙蔽我们的双眼，让我们只看见绩效的重要性。前后一致的目的也同样重要。尽管评估型政府是一种比以往任何时候都要有效地塑造高校行为的工具，有关高等教育的核心问题依然未变：为谁服务的高等教育？依据谁的主张？其目的是推进什么样的社会？要实现什么样的社会愿景？

参考文献

Bauer，M. & Kogan，M. (1997). Evaluation systems in the UK and Sweden：Successes and difficulties. *European Journal of Education*，32(2)，129 - 143.

Bauer，M. (1988)，"Evaluation in Swedish higher education：recent trends and the outlines of a model," *European Journal of Education*，23，1 - 2，25 - 36.

Clark，B. R. (1983). *Higher Education Organization: Cross-national Perspectives*. Berkeley，Los Angeles，London：University of California Press.

---

① 艾瑞克·布莱尔是《动物庄园》作者乔治·奥威尔的本名，本文作者在此幽默地提醒读者此"布莱尔"不是英国前首相托尼·布莱尔。——译者注

De Groof, J. (Ed.) (1994). *Subsidiarity and Education. Aspects of comparative, education, law*. Leuven/ Amersfoort, Paul von der knapp.

De Miguel Diaz, M. (1999). *Calidad de la Enseñanza universitaria y excelencia academica*. Oviedo, Universidad de Oviedo, Servicio de Publicaciones.

Glenny, L. A. (Ed.) (1979). *Funding Higher Education: A Six-Nation Analysis*. New York: Praeger.

El-Khawas, E. (1992). Are buffer organizations doomed to fail?: Inevitable dilemmas and tensions. *Higher Education Policy*, 5(3), 18 – 20.

Huisman, J., Maassen, P., & Neave, G. (Eds.) (2001). *Higher Education and the Nation State*. Oxford, Elsevier-Pergamon for IAU.

Huitema, D., Jeliazkova, M., & Westerheijden, D. F. (2002). Phases, levels and circles in policy development: The cases of higher education and environmental quality assurance. *Higher Education Policy*, 15 (2), 197 – 215.

HSV Rapport (2005). On looking forward to innovation, consolidation and progress: A short saga of organizational anticipation. Annex to the Final Report of the International Advisory Board. Rapport 2005: 38R

The Evaluation Activities of the National Agency for Higher Education in Sweden. Final report by the International Advisory Board. Stockholm: Högskoleverket (Xerox), 10.

Jeliazkova, M. & Westerheijden, D. (2002). Systemic adaptation to a changing environment: Towards a next generation of quality assurance models. *Higher Education*, 44(3 – 4), 433 – 448.

Kehm, B. & Lazendorff, U. (2006). *Reforming University Governance: Changing Conditions for Research in Four European Countries*. Bonn: Lemmens.

Kogan, M. (2006). Review of Neave, Nybom & Blückert's The European Research University: an historical parenthesis? *Higher Education Policy*, 19(3).

Kwikkers, P. et al. (2005). *Evenwicht zonder sturing*: Wegen voor nieuw hoger onderwijs en wetenschap (deel 1). den Haag: Sdu-Uitgevers.

Lindqvist, S. (2006). The R&D production model: A Breug(h)elesque alternative. In G. Neave, T. Nybom, & K. Bluckert (Eds.), *The European Research University: An Historical Parenthesis?* New York: Palgrave Macmillan, 77 – 90.

Lub, A. (2003). Accreditation in Flanders and the Netherlands: A joint initiative, *IAU Newsletter*, April-June, p. 5.

Maassen, P. & Neave, G. (2007) The Bologna Process: an intergovernmental policy perspective. In P. Maassen & J. P. Olsen (Eds.), *University Dynamics and European Integration*. Dordrecht: Springer, 135 – 154.

Maassen, P. & Olsen, J. P. (Eds.) (2007). *University Dynamics and European Integration*. Dordrecht: Springer.

Mungaray-Lagarda, A. (2002). Re-engineering Mexican higher education toward economic development and quality: The XXI century challenge. *Higher Education Policy*, 15(4), 391 – 399.

Neave, G. (1996). The evaluation of the higher education system in France. In R. Cowen (Ed.), *World Yearbook of Education 1966: The Evaluation of Systems of Higher Education*. London: Kogan Page, 66 – 81.

Neave, G. (2001). The European dimension in higher education: An excursion into the modern use of historical analogues. In M. Huisman & G. Neave (Eds.), *Higher Education and the Nation State*. Oxford: Elsevier Pergamon, 13 – 73.

Neave, G. (2002). The stakeholder perspective historically explored. In J. Enders & O. Fulton (Eds.), *Higher Education in a Globalising World: International Trends and Mutual Observations*. Dordrecht: Kluwer, 17 – 38.

Neave (2003). "The Bologna Declaration: Some of the Historic Dilemmas posed by the Reconstruction of the

Community in Europe's systems of Higher Education", *Educational Policy*, vol. 17, No. 1, January & March 2003, 141 - 164.

Neave, G. (2004a). Higher education policy as orthodoxy: Being one tale of doxological drift, political intention and changing circumstances. In D. Dill, B. Jongbloed, A. Amaral, & P. Teixeira (Eds.), *Markets in Higher Education: Rhetoric or Reality?* Dordrecht: Kluwer.

Neave, G. (2004b). The temple and its guardians: An excursion into the rhetoric of evaluating higher education. *The Journal of Finance and Management in Colleges and Universities*, 1(1) (Tokyo), 212 - 227.

Neave, G. (2006a). Setting the estimated time of arrival: Goals, purposes and progress in making Europe competitive and attractive. *Keynote presentation to the Conference The Lisbon Agenda and the Way Ahead*, Lisbon, July 10 - 11, 2006, Calouste Gulbenkian Foundation, 23.

Neave, G. (2006b). On incorporating the university. *Higher Education Policy*, 19(2), 129 - 134.

Neave, G. (2006c). The Evaluative State and Bologna: Old wine in new bottles or simply the ancient practice of 'Coupage'? *Higher Education Forum*, 3, March 2006, Hiroshima (Japan), Hiroshima University Research Institute for Higher Education, 27 - 46.

Neave, G. & van Vught, F. (1994). *Prometeo Encadenado: Estado y educación superior en Europa*. Barcelona: Gedisa.

Neave, G., Nybom, T., & Blückert, K. (Eds.) (2006). *The European Research University: A Historical Parenthesis?* New York: Palgrave Macmillan.

Ovodenko, A. (2004). Private higher education in the Russian Federation. In N. V. Varghese (Ed.), *Private Higher Education*. Paris: UNESCO/IIEP.

Pollitt, C. (2002). New public management in international perspective: An analysis of impacts and effects. In K. McLaughlan, S. P. Osborne, & E. Ferlie (Eds.), *New Public Management: Current Trends and Future Prospects*. London: Routledge.

Smale, W. & Gounko, T. (2006). Who chooses the tune? An analysis of the new initiatives in Russian higher education. *Higher Education Policy*, 19(3), 319 - 342.

Scheele, J. P. Maassen, P. A. M., & Westerheijden, D. F (Eds.) (1998). *To Be Continued. ... Follow Up of Quality Assurance in Higher Education*. The Hague: Elsevier/De Tijdstroom.

Schwartz-Hahn, S. & Westerheijden, D. (2004). *Accreditation and Evaluation in the European Higher Education Area*. Dordrecht: Kluwer.

Staropoli, A. (1987) The Comite National d'Evaluation: Preliminary Results of a French Experiment. *European Journal of Education*, 22(2), 123 - 131.

Teixeira, P., Jongbloed, B., Dill, D., & Amaral, A. (Eds.) (2004). *Markets in Higher Education: Rhetoric or Reality?* Dordrecht: Kluwer.

Tomusk, V. (2005). *Open World and Closed Societies: Essays on Higher Education Policies ' In Transition'*. New York: Palgrave Macmillan.

Tomusk, V. (2006). *Creating the European area of higher education: voices from the periphery*. Dordrecht: Springer.

Trow, M. (1974). *The Transition from Elite to Mass Higher Education*, Paris, OECD 2 vols.

Trow, M. (1975). The public and private lives of higher education. *Daedalus*, 104(1), 113 - 127.

van Vught, F. (1989). *Governmental strategies and innovation in higher education*. (Higher Education Policy Series. no.7.) London: Jessica Kingsley, 232.

de Weert, E. & Enders, J. (2004). *The International Attractiveness of the Academic Workplace in Europe*. Frankfurt/Main: Gewerkschaft Erziehung und Wissenschaft GEW.

White Paper (2003). *The Future of Higher Education*. London: Department for Education and Skills.

34. 从一致性到差异化：理解高等教育与研究在欧洲地区的转变

威姆·韦曼（Wim Weymans）

引 言

毫不夸张地说，欧盟开展的研究与出台的高等教育政策都是为了创建一个"欧洲研发区"（ERA）或"欧洲高等教育区"（EAHE）。尽管处于高教领域的人们可能会更多地受到改革的影响，但他们也因此更熟悉被称为"博洛尼亚进程"的欧洲高等教育改革。这一进程的目标旨在构建一个高等教育的共同区域。尤其是自 1999 年提出政府间协议《博洛尼亚宣言》以及 2000 年欧盟委员会提出《里斯本议程》（该议程提出使欧洲成为世界上最具竞争力的知识经济体这一目标）以来，到 2010 年建成欧洲高等教育区，这一议题一直是欧盟议程中的重点。然而，欧洲地区这一概念的普遍使用与其缺乏清楚的概念界定之间形成了鲜明的对比。那么，当人们提到这样一个欧洲地区的时候，他们指的究竟是什么呢？

首先，本文认为人们可以从三种不同的角度来理解和建构欧洲地区研究和欧洲高等教育：当提及同一区域时，人们通常表示不同的意思。本文也将说明谁在捍卫哪一片区域以及不同的群体希望如何治理该区域。虽然本章主要聚焦于欧盟委员会对大学的论述，但同时也对其他的观点予以关注。

第二，本文指出，在过去几年里，人们可以看到这一领域的理解和构建发生了显著的范式转变。人们可以将这种转变描述为从一致性和凝聚的模式演变为差异化或竞争的模式。虽然一致性模式创造并强调了欧洲各个大学的相似性，但是新模式更多聚焦于差异化。有趣的是，这种改变对之前提到的三种冲突观点都有影响。接下来，本文研究了欧洲教育和研究领域中的经济和政治利益作为这些改变的结果是如何提升的。笔者也会展示这一新范式是如何产生新的机构、新的话语以及新的治理模式。

尽管新的范式对预算和战略影响而言很重要，但很少有欧洲学者关注教育政策和高等教育研究。例如，在 2005 年华莱士等人（Wallace et al.，2005）的著作中，没有对该议题进行论述的章节。虽然有很多关于"欧洲空间"的构想（Jensen & Richardson，2004），关注构建欧洲身份（Shore，2000）以及欧洲空间与欧洲身份之间关系（McNeill，2004）的有趣书籍，但到目前为止，很少有学者关注高等教育研究和高等教育领域的实践。诚然，已经有一些学者开始调研欧洲高等教育领域（van der Wende，2001；Nóvoa & Lawn，2002；de Wit，2003；Keeling，2004）。然而，大多数现有研究都将高等教育实践和高等教育研究分开进行考察，这种区分只是简单地复制欧盟委员会的教育和文化总司（DGEAC）以及研究与创新总司（DGRTD）的官僚划分。相比之下，本文将高等教育实践和研究放在一起进行讨论，这是因为大学最鲜明的特征就是教育与研究的结合，这意味着教育的改革将影响大学的研究，反之亦然。博洛尼亚进程历来只涉及教育，但当前也已涉及博士研究改革（欧盟各国教育部长，2005：3—4），这一事实表明，将教育与研究进行区分已经变得十分刻意。同样，欧盟委员会的权力最初主要限制于研究，而现在实际上也已经扩大到高等教育政策方面（Keeling，2006）。这可以解释为什么利益相关者呼吁"迫切需要将这两个政策议程视为一体"（EUA，2005：3），因为将这二者放在一起可以使人们看到正在发生的各种转变的本质。

欧洲高等教育与研究区的争议

什么是欧洲高等教育与研究区？狭义的解释是，这是一个地理区域，在该区域中大概有"4 000个机构，超过1 700万的学生以及150万员工，这些员工当中还包括43.5万的研究人员"(CEC，2006b：3，2003：5)①。从这种意义上而言，一所"欧洲大学"是一所位于欧洲的大学，就像一个欧洲城市是一个在欧洲地图上可以找到的城市一样。然而，对大多数人来说，高等教育机构仅仅出现在同一地理空间里，就其本身而言是不够的。实际上，没有什么能够保证这些机构相互了解，理解彼此的系统或交流信息。当欧盟各国教育部长于1999年在博洛尼亚开始"创建欧洲高等教育区"，以及一年之后欧盟委员会有了"创建一个欧洲研发区的构想"(CEC，2000：8)，他们指的不仅仅是地理上的区域。为了让个体感到自己是属于一个超越地区边界或民族国家界限的更大区域中的一分子，那么他不应该仅仅客观存在于欧洲地图内，而且应该在主观上与他人建立联系。创建一个欧洲区意味着现有的机构至少知道他们是同一空间或图景中的一部分，并意识到相互的联结。这如何才能实现呢？

笔者认为，直到现在，大部分人对该问题的回答是提升一致性和凝聚力的标准与程度。在欧洲术语中，凝聚力(cohesion)通常也指(教育领域中的)"融合"(convergence)或(谈论研究时的)"和谐"(harmonisation)，而且人们可以用术语如"标准化"(standardization)或"协调"(coordination)。鉴于对该问题答案的一致意见，人们可以将其看成是一种范式，也就是说"特定群体成员共享的信仰、价值、技术等一系列想法与事物"(Kuhn，1996：175)。当然这样一个模型或范式是一种抽象的典型理想主义的概念，因此给不同的拨款计划留下了余地。笔者认为，在政策文件与提案中，人们确实能够根据整合模型来分辨出至少三种不同的概念化与建构这一区域的方式。正如我们将看到这些观点在谁应该"治理"的区域这一问题上也是不同的。(Treib et al.，2005)

通过整合使一份欧洲地图变成一个欧洲区域的第一种方式是创建共同或共享的标准与参照点。就此意义而言，只有当大学共享同样的学位、标准、学分系统、指标与基础设施时，它们才可以被称为欧洲大学。一旦大学如此，它们将开始将其自身与其他欧洲大学展开比较，而非仅仅与他们本国的大学相比较。此外，一旦它们共享同样的标准和学位，这些大学对国内外的人来说都更加清晰明了，因此他们都有机会进入。相比之下，人们可以说很多欧洲的城市都是"欧洲的"，因为他们共享相同的货币或道路交通系统，这赋予它们除了拥有自身典型特征之外，还具有鲜明的欧洲特征。

最初通过共享标准来创建一个共享欧洲空间的尝试显然巩固了旨在进一步提升高等教育系统"一致性与可比性"的博洛尼亚进程(欧盟各国教育部长，1999)。这种高等教育系统通过"采用一种更易辨认与更强可比性的学位系统"来提供"一个共同的参照"(CEC，2005：6)。当时的目标是"加强高等教育系统的一体化"(CEC，2003：4)，特别是通过创建一个欧洲资格证书网络、制定大众接受的指导方针与准则以及实行共享的质量保障体系和一个欧洲学分转换系统(ECTS)(欧盟各国教育部长，1999，2005，2007；CEC，2005：6—7，11)。

同样，欧洲研究区的创建是受到需要"共同的参照与基本标准"的驱动(CEC，2005：6)以及"通过调整方法、协调程序与比较结果"来建立"一个相同的参照系统"以促进"一个欧洲科学技术参照区的发展"(CEC，2000：15)。为达成该目标，"整个欧盟的数据收集需要加以改进，统计与

---

① CEC指欧洲共同体委员会。

指标的制定需要上升到欧洲层面"(CEC，2000：20)。正如在自由市场经济中一样,研究市场中的目标也是"简化和协调规则和行政环境"(CEC，2000：19)。

总之,学生和研究者都应使用一个共享的欧洲视野、用相似的程度和可比较的科学指标来表达自己的观点。正如博洛尼亚进程所显示的,为了实现最开始的空间视野,各国部长和一些利益相关者采用"温和的"或最低程度的治理模式(如"公开的协调方法")通常就足够了,因为从原则上而言,人们并不需要一个跨国机构去协调国家政策。

然而对于欧盟委员会来说,这第一种方法不足以获得一个"真正的"欧洲区。对于他们来说,创建一个共享的空间不仅需要以共同标准为先决条件,而且也需要通过学生和研究者的交流交换促成积极合作。将这一观点同通过城市间的合作(如伙伴关系)有可能创建真正的欧洲城市这一想法相比较。

第二种愿景在实际上也巩固了欧盟的政策。在教育领域,人们可以想到伊拉斯谟交换计划(Erasmus exchange programme)。在25年中,该计划促进了欧洲学生的流动。实际上参与伊拉斯谟交换计划的学生只是极少数,但是引进共享学位会对所有学生造成影响(Neave，2002：184—185)。考虑到最近大学联盟联合提供"更多""欧洲"课程的想法,导致硕士或博士阶段出现了联合培养学位或双学位(CEC，2006b：10)。在研究领域开展合作研究,其目的是"建立现存卓越中心的网络"(CEC，2000：8)。创建不同欧洲国家之间的网络以便增加不同欧洲研究团队之间的合作。总之,在这种愿景下,只有当大学通过学生和研究者的交换来展开合作时,一个真正的欧洲空间才会产生。

欧盟委员会支持发展欧洲高等教育与研究区的第三种方式则更为彻底,这一方式便是创建脱离现有国家领土的新机构。说起这样一所真正的"欧洲"大学,人们会想到位于佛罗伦萨的欧盟大学研究院(EUI),在那里,学者和学生的教与学是在离开他们本国的大学以后开展的。同样的,由欧盟委员会主办的联合研究中心(JRC)的创建可以被认为是一个独立的"欧洲"研究中心。在研究领域中,人们有这样一个梦想,即通过信息技术工具创造"虚拟中心"或者是"真实的'卓越虚拟中心'"抑或是"真实的'虚拟研究机构'"(CEC，2000：8，10—11)。这可以与创建新的首都(如马德里或巴西利亚)进行比较,这意味着超越现有的地区城市和首都。这里的潜在意思是一个真正的欧洲空间必须脱离有国家声誉的现有地方。

后两种愿景暗示不同的治理模式。虽然可以想象到不同国家会同意交换或合作(正如他们经常做的那样),但事实上,一个像欧盟委员会这样的超国家的机构能够在欧洲范围内推动合作和交换项目。作为政府间的治理模式的替代,我们在此找到了一个更加集权化的治理方式,例如在研究领域中,由欧盟委员会决定它愿意资助哪些主题。因为其超国家的性质,新机构的创建显然是以一种更加集权化的治理模式为前提的。

鉴于后两种愿景是以集权治理模式为前提,通过合作或新机构来创建一个欧洲空间的,那么对于大部分的利益相关者和国家政府会对其持拒绝态度就不足为奇了。相反,欧盟委员会成为它们坚定的捍卫者。为什么会这样呢？最简单的回答是因为欧盟委员会渴望权力。更有趣的回答是,欧盟委员会对欧洲地区的特别愿景源自一种根深蒂固的观念,即真正的欧洲空间必然应该超越国家机构并需要从一种特定的国家视野中分离出来。正如在法国大革命时期雅各宾派看出在个体的特定背景与真正的民族精神之间存在对立,欧盟委员会同样相信创建欧洲需要使人们从其国家背景中分离出来。正如法国的雅各宾派创新实践并创建机构,通过教育来积极促进这种分离(Rosanvallon，1990：100),所以欧盟委员会希望通过项目的合作或创建新的欧洲机构来创造一个欧洲空间。

三种空间愿景、两种范式：从整合到差异化

虽然涉及这些不同空间愿景的争议还在继续，但笔者相信，在过去的几年中，潜在的目标和范式已经发生了巨大的变化。笔者认为当前整合范式正处于被差异化范式取代的过程之中。最初，欧洲研究与高等教育区的终极目标是坚持强调并创造不同欧洲大学之间的相似性，但最近更强调差异化和竞争。[①]

整合先于差异化并不让人感到奇怪。从逻辑和时间顺序上来说，差异化和竞争都以最低程度的标准化为前提。正如委员会所指出的，"一个更有一致性和兼容性的欧盟框架是使人易于理解欧洲大学的条件之一，也因此导致它们之间的竞争"(CEC，2003：5)。这便解释了为什么现在欧盟作为差异化范式的主要倡导者之一，同时又希望不同的国家规则之间具有"充分的兼容性"(CEC，2005：6)作为促进差异化的条件之一。这同样解释为什么一些人将整合与博洛尼亚进程相联系，并将其视为"迫切需要将多样性和竞争性注入欧洲大学的系统中"的一种工具(Lambert & Butler，2006：38)。

然而虽然差异化必须以一致性作为前提，但一致性并不一定会导致差异化。虽然最初的标准化可能是必要条件，但随后的差异化却是一种政治选择而不一定是自然演变而来的。在这里完全就是一个政治问题。一旦获得了最低程度的一致性，接下来应该做什么呢？到底是应该在所有欧洲大学中继续平均分配资金以促进进一步的一体化，还是将共同标准和文凭作为区分大学实力的第一步？这些问题的答案取决于你遵照哪个模型。那些赞同整合模型的人关注什么是大学的共通性并希望这种共通性能够涵盖所有大学。相反，那些从差异化模型出发的人则关注大学间的差异并希望通过竞争强化这种差异。

可以肯定，这两种范式背后的理念是要将欧洲变成一个知识经济体。一直存在的问题是欧洲的大学"是否有能力与世界上最好的大学相竞争并保持一个持续的卓越水平？"(CEC，2003：3，22)。但这一问题的答案却各不相同。那些赞同一致性的人认为国际竞争力的提升只有通过整合（因此使欧洲大学对外国研究人员和学生更具吸引力），并且分配更多的资金给所有的大学才能实现。相反，那些以差异化为目标的人则认为单有一致性并不够，还需要差异化和竞争。因此资金应该以竞争为基础集中分配，而不应以包容性为基础普遍分配。

按照欧盟意见，创建一个真正的知识经济是以集中少数大学中的顶尖研究力量为前提的，而不是像整合模型那样，向尽可能多的大学分配研究资金。差异化因此成为一个新的关键词。虽然欧盟仍然认为"目标必须是让所有的大学达到它们潜力的巅峰"(CEC，2003：16)，但是它也表明这个潜力是有差异的，并且"结合大学对卓越的绝对追求、资源不稳定所带来的影响以及竞争导致的压力，迫使大学和成员国做出选择"(CEC，2003：18)。换句话说，欧盟认为"欧洲需要所有高校能够根据他们自己的优势发展，并且基于这些优势来区分它们的活动"(CEC，2006b：4)。它主张"动员所有欧洲的智慧……需要迄今为止更大的多样化"(CEC，2005：5)。欧盟明确说明所有这些可能的结果，并指出"集中资助少数地区和机构的研究将提升这些大学的专业度，这与当前我们所看到的向一个更有差异性的欧洲大学区的发展趋势是一致的"(CEC，2003：18；参见 CEC，2005：5)。那么，这"需要更多竞争性的研究资助和与产出相关的教育投入"(CEC，2005：8)。

---

　　①　我将(任务的和轮廓的)差异化与(文化的)多样性区分开来：虽然和谐与文化的多样性是相容的，但是并不一定表示功能的差异化(或阶层化)。此外，与欧盟委员会一样，我也使用术语"差异化"，虽然我很清楚其他人会认为使用术语"多样化"更为贴切(Huisman，1995)。

差异化范式的基本假设是为了吸引国外的研究者与学生，欧洲大学应该与美国大学一样需要"必要的临界点"(CEC，2003：7)。欧盟认为虽然美国和欧盟一样有大约4 000所高等教育机构，但其中只有50所高校"带动绝大部分美国的研究学术能力、占据大份额的大学科研资助资金以及培养美国的诺贝尔科学奖获得者"(CEC，2003：5n.9；CEC，2006a：5n.9)。对欧盟来说，欧洲的"卓越文化"也只能存在于"极个别高校之中"(CEC，2005：5)。鉴于"高科技产业……倾向于建立在一流大学附近"(CEC，2003：8)，集中研究对于科技转化也是很有必要的。

转变范式，转变话语

在这种差异化的新范式下，旧的话语需要新的内涵。采用的核心理念就是为了创建面向欧洲内外的研究人员、学生和投资者的"开放且具有吸引力"的"动态的欧洲蓝图"(CEC，2000：18)，欧洲高等教育……需要变得"可读"或"在世界范围内更有知名度"，并且应该"塑造一个有吸引力的形象"(CEC，2005：4，2006b：9—10)。随着范式的转变，作为这一领域中心目标的可读性或知名度的涵义也随之发生变化。在整合模型中，增加的可见性或可读性只意味着通过共同的标准和参照使一个区域易于理解。他们的想法是欧洲有一些不被知晓的专业知识需要对外界变得可见或可读，这需要通过标准和文凭的协调来实现。这已经通过定位（现有的）多个欧洲卓越中心来实现(CEC，2000：10)。

在差异化范式中，易读性和可见性则意味着通过诸如差异化的资助等措施使一些好大学比其他大学更有知名度。虽然在旧模式中可见只是意味着通过协调化标准显现现有的一流大学，但在差异化的范式中，它意味着通过集中分配将资金投入一些知名的好大学，使其积极追求卓越。在整合模型中，一流大学被认为已经存在，它们只是等待着被人们发现。然而在差异化模式中，则必须创建一流大学。欧盟并不认为当前欧洲已经有一流大学，而是认为目前"大多数大学……并没有准备好参与到世界范围的竞争中"，并且未来"欧洲确实需要有一流的大学系统"或应该"达到世界一流水平"(CEC，2003：22；CEC，2005：3)。

用光作为比喻来说，可见性不再意味着通过使欧洲大学的文凭具有易读性和可比性，而"把光明带到"所有欧洲高校中现有的一流大学中，而是通过把最好的大学"置于聚光灯下"，同时把其他大学留"在阴影之中"，以此来创建一流大学。整合范式的光是一个照耀整个欧洲舞台的太阳。而差异化模式的光则是聚光灯，只照亮最好的高校。

由于支持话语中关键词的含义发生变化，其基本对立者的话语也发生了变化。整合式关键的矛盾在于：一方面，是现有国家系统中"分裂""孤立""分隔""差距悬殊"和"缺乏协调"的状态需要被改变。另一方面，这些状态需要"不分隔""更好的整合"和"更为协调的方式"来替代(CEC，2000：7，9，18)。在差异化范式中，这种对立正好颠倒：理想中现在应该是差异，而不是整合，而现实中整合与"不受欢迎的一致程度"相对(CEC，2006b：3)。现在的问题不再是分裂，而是"千篇一律和平均主义"，它排除那些"不符合标准模型的大学"而导致了"大学质量的平均"，这可以从"并不充分的差异化"带来的"缺陷"中看出(CEC，2005：3—4)。

不幸的是，欧盟公开申明大学不应该再遵循传统模型，如"威廉·冯·洪堡(Wilhelm von Humboldt)在一个世纪前设想的大学理想模式"，因为今天的趋势早已"远离这些模型并朝向更大的差异化方向发展"(CEC，2003：5—6)。虽然欧盟仍然承认研究与教学之间的联系本质上继续定义着大学的精神……然而这种联系对所有机构、所有项目或所有层次并不都是一样的(CEC，2003：18)。进一步说，虽然所有高校都共享一定共同的价值观和任务，但并不是所有机构都需要使教育和研究达到同样的平衡……研究应该仍然是系统整体的关键任务，但并不必须是所有机构的关键任务（CEC，2006b：4）。欧洲智库最近发布的一份报告同样指出多样性的需求日益增长，对一些有资源的大学来说可与世界上最好的大学展开竞争，而对其他大学来说是以一流的方式满足区域和地方的需求（Lambert & Butler，2006：15）。

很难说整合范式是从什么时候开始受到差异化范式的挑战。事实上，我们甚至可以说，从教育和研究在欧洲地区创建伊始，差异化的话语就已经出现在文件之中了。然而，正如提到可见性，这一词语在这里表示不同的意思。例如，在1999年《博洛尼亚宣言》中就已经有关于"提升欧洲高等教育系统的国际竞争力"的讨论。然而，那时对这句话的解释并不是根据提升欧洲大学之间的竞争力，而是说与美国和日本相比，要提高所有欧洲大学的竞争力。在差异化范式下，提升竞争力意味着获得最强竞争力而不惜以他人利益为代价。要想与欧洲之外的大学竞争，那么欧洲大学之间也需要互相竞争。

实施中的差异化模型

这种新的差异化模型主要出现在欧盟委员会的"沟通"中，该委员会自2003年以来（如果没有更早的话）就已经开始传播这种模型。然而，这个模型不仅在政策提案中得到应用，它也在"各种交流"中得到宣扬。那么在不同的空间层次中，这些政策提案实施的影响是什么呢？

首先让我们看一下共同标准的创建。在整合范式下，共同标准被用来加强不同大学之间的一致性，而在新模型中，"标准"是用来对它们进行区分的。考虑到工具的创建是为了保证质量，因此大学以此进行自我评价或被外界评估，这有利于加强竞争和差异化。博洛尼亚进程本身也受到欧盟的干预，这导致"欧盟的高等教育界的分层日益明显"（Keeling，2006：214）。

更为关键和明显的是，在第一层级上欧洲研究理事会（ERC）是参照美国国家科学基金会（NSF）创建的（CEC，2004）。该欧洲研究理事会的目标是将相同的标准应用于所有的研究人员。然而，这些标准是卓越的标准，而非最低层次的共同标准："不同于早期欧盟对科研资金的分配，该理事会分派研究基金完全是依据同行评议的卓越性"（Lambert & Butler，2006：5）。毋庸置疑，当那些来自优秀大学的研究人员参与到以卓越作为唯一标准的全欧洲范围内的竞争中时，大学的竞争力和差异性得到了提升。此外，这样一个欧洲研究理事会将设立欧洲最好的研究人员可以衡量自身科研水平的标准（Lambert & Butler，2006：57）。

新的模型也影响了第二个空间层次。通过合作创建的欧洲空间现在也以追求卓越为发展目标。在研究领域中，就出现了创建所谓的卓越网络（NoE）和综合项目（IP）的意图（CEC，2003：10，18）。在教育领域中，硕士阶段开启了"伊拉斯谟世界计划"（Erasmus Mundus）。不同于传统的"伊拉斯谟计划"，"伊拉斯谟世界计划"的前提是在竞争的基础上选拔参与者，这是"为了吸引世界上最优秀的学生到欧洲来"（CEC，2003：11）。而在传统的"伊拉斯谟计划"中，几乎所有的大学都可以参与其中，但"伊拉斯谟世界计划"是在竞争的基础上选择部分大学参与。

和传统的"伊拉斯谟计划"相比，"伊拉斯谟世界计划"将欧洲空间定义为超然的或游离的，该项目背后的理念是，只有当学生面对不同的欧洲文化时，他们才进入了一个欧洲空间之中，这也是为什么该项目要求他们"在一个学年内至少要到两个欧盟国家"（CEC，2003：11）完成他们的学业。美国富布赖特项目（US Fulbright scheme）是"伊拉斯谟世界计划"的主要范例，它只允许研究者一次访学一所机构，而"伊拉斯谟世界计划"则要求研究者至少去过两个欧盟成员国学习，并将其作为一个关键条款。正如在合作性研究中，一个欧洲空间被看作是对一个国家的空间和文化的根本性否定。进入一个欧洲空间就意味着脱离了自己国家的文化。欧洲以外的学生在一学年内（虽然是英语授课制）亲历两种甚至三种不同的文化时，这样背井离乡的"欧洲式"体验是否会让他们感到困惑，而不是被"欧洲式"的体验所充实，还有待观察。尽管如此，从这个意义上说，"伊拉斯谟世界计划"结合了欧洲空间的两种观点：从组织者的角度来看，其目的在于合作；从参与者的角度来看，它涉及一种超然或游离的体验。

欧洲空间的第三种观点是根据分离观点，现在也用差异化来解释。考虑到欧盟近来的想法是创建一所相当于欧洲麻省理工学院的欧洲技术研究所(CEC，2005：12，2006b：2，11；CEC，2006a：2，4)。不同于整合范式，欧洲技术研究所想要集中于卓越建设，但并不是集中现有大学中的少数一流大学——可能欧洲研究理事会会这样做——欧洲技术研究所想要的是在一所独立的欧洲研究所里集中研究。虽然该项目现已放缓脚步(CEC，2006c)，但欧盟最初的想法是让最优秀的大学支持他们最好的研究者去一家能够工作若干年的欧洲机构(CEC，2006a：2，8—9，11—12)。

新模型，新的治理模式

差异化也改变了现有参与者之间的权力平衡。以整合为目标的博洛尼亚进程主要由各成员国的教育部长"联合欧洲非政府组织"发起，而差异化模型显然是由超国家机构，具体来说就是欧盟委员会来引领的。具体而言，相比国家政府与欧盟，在新模型下提升大学的自治权是受限的。虽然整合仍然需要一个国家政府去执行共同的标准，但是差异化模型反而使国家放弃其对大学的控制并提升它们的自治权成为必要。

同时，新模型也创造了新的参与者，例如新的倡议组织。虽然欧洲大学协会(EUA)监督并指导了博洛尼亚进程，但是差异化范式是通过更多"选拔性"的支持组织来进行传播的。欧洲大学协会代表了大约 700 所欧洲高校，但其更具"选拔性"的同行如欧洲研究型大学联盟(LERU)(建立于 2002 年)只代表 20 所大学(包括"牛津剑桥"、鲁汶大学和海德堡大学)，而成立于 2005 年的 IDEA 联盟只代表 5 所欧洲顶尖的"技术"研究机构。它的 4 个创始成员分别是帝国理工学院、代尔夫特理工大学、苏黎世联邦理工学院、亚琛工业大学，因此其首字母缩写为"IDEA"。LERU 和 IDEA 联盟都明确代表了顶尖研究型大学的利益，因此他们支持差异化。这样一个差异化的欧洲区域也导致了倡议组织之间的差异。

有意思的是，更具包容性和更加精英主义的政策组织之间的分歧并没有人们预期得那么大：所有这些组织似乎都支持差异化，这种情况再次表明，确实有一种范式在起作用。甚至更具包容性的欧洲大学协会也认为"所有高校都承认，在加强研究型大学和保证所有大学的研究型教学资源之间存在着紧张关系"(EUA，2005：4)。

虽然大多数相关参与者都赞同差异化这一新范式，但是欧盟与那些新旧倡议组织在欧洲地区的传统差异仍然存在。他们再一次地就欧洲空间的两种概念发生冲突：基于共同标准和基础设施方面的空间(这次服务于差异化和卓越)再一次与作为超越现有国家大学的欧洲空间相对立。如前所述，所有的参与者都赞同第一种空间观点：正如几乎所有参与者都支持将博洛尼亚进程作为一种手段来获得更大的一致性一样，现在所有人都支持把创建欧洲研究理事会作为一种促进差异化的方式。然而，当提到更雄心勃勃的欧洲空间一体化的展望时，欧盟和利益相关者再一次分道扬镳。正如几乎所有的倡议组织都欢迎创建欧洲研究理事会一样，他们几乎一致明确反对"欧洲的麻省理工学院"(欧洲创新与技术学院，英文缩写为 EIT)，因为它是一个只有欧盟支持的单独机构。

批评者认为欧盟在欧洲区上的观点过于激进，他们认为真正的差异化与欧盟提出的更加一体化、具有更强控制力的"自上而下"的观点是不相容的。虽然很少有人质疑欧洲研究理事会(如美国国家科学基金一样)是一种促进差异、竞争和"卓越"的"自下而上"的有效方式,但是很多人怀疑欧盟干涉后的竞争是否有效。虽然伊拉斯谟世界计划转而只接受已经参与合作的大学,但卓越网络确实需要大量的文书工作,它是政策驱动的,因此对科学的反应不够灵敏(Lambert & Butler,2006：44)。所有这些意味着真正一流的大学(如"牛津剑桥")是不愿意冒着徒有卓越之名的风险去申请这些项目的。

虽然传统的反对之声再一次出现,但是差异化新范式的管理在关键方面与整合范式存在区别。总的来说,差异化范式的风险已经变得越来越高。不同于差异化范式,整合范式确实存在较少争议,从这个意义上说,它的政治色彩较淡。这并不奇怪,因为谁会反对提升标准的一致性呢?这也是为什么博洛尼亚进程常常被视为一个所有利益相关者都参与决策的和谐的例证,由此显示出大约 40 位部长和同等数量的利益相关者共同决策的多层次治理确实是可行的。整合范式的特征也在于其包容性:例如,伊拉斯谟和博洛尼亚进程的目标都是覆盖尽可能多的机构并且几乎不用开展任何内部竞争去提升质量。合作研究领域也是如此,事实上该领域内明显缺少卓越研究团队的竞争。取而代之的是大范围的欧洲研究机构的参与,他们主要是从北到南、从东到西平均分布。

相比之下,旨在差异化的政策通常具有更强的政治色彩,这不仅因为资助是竞争性质的,而且因为这类资助可获得的金额更高。整合范式除了部长联合签名或在"伊拉斯谟计划"下将相对小规模的奖学金分配给学生外,没有其他激励措施。虽然居里夫人基金和合作性研究确实有相当多的预算,但相比之下用于传播新模式的预算更高。欧洲研究理事会每年获得的预算大约 10 亿欧元,而"伊拉斯谟世界计划"的拨款(奇怪的是,只有非欧洲公民才有资格申请)比任何现有的"伊拉斯谟计划"都高。拨款作为一种管理机制的出现意味着差异化范式的影响可能会高于整合范式。

然而,当争议变得更具有政治色彩且奖金变得更高时,协商和竞争反而减少了。实际上,相对广泛和开放的协商仍然是整合模型的主要特征(参考博洛尼亚进程),现在却被自上而下的治理模式所取代。欧洲研究理事会和欧洲创新与技术学院的创建落实得非常迅速,并没有经过多少协商。尽管欧盟内外有各种利益相关者和咨询机构对欧洲创新与技术学院有诸多反对意见(例如,见 Sanders,2006；Lambert 和 Butler,2006：5,58—9；LERU,2005),理事会和欧盟最初还是坚持执行他们的方案(参见 CEC 2006a；CEC,2006b：2,11)。直至最近欧盟的脚步才有所放缓,大概是由于一些成员国的抗议。①

那么我们如何解释当奖金变得越高时,协商反而减少了呢? 一种悲观的解释可能是随着预算的增加,民主协商的空间就减少了。只要不涉及欧盟的大额预算,博洛尼亚进程内部的多层次治理运行良好。但是笔者认为这仅仅是事情的一个方面。关于这个自上而下政策的相对共识也可以解释为使用语言来合法化创建一个差异化欧洲区域。笔者认为差异的合法化是通过一个永久性的"紧急修辞"来实现的。这种修辞的起源和驱动力在于欧盟所谓的里斯本日程,它想要让欧洲在 2010 年之前成为最具竞争力的知识经济体。

诚然,早在 2000 年欧盟宣称"情况紧急"时,实际上已经用了这种紧急状态的说法(CEC,2000：24)。当差异化模型开始引导欧洲政策时,这一动机提升得更多。自那时起,欧洲研究和教育区域就被描绘成正处于永久的紧急状态之中。几乎所有的欧盟文件都在强调相比美国和日本,欧洲教育与研究存在的巨大劣势。当 2004 年研究者首次尝试发布了被称为上海排名(上海

---

① 甚至这些成员国对博洛尼亚进程或合作性研究的影响,现在也被独立于欧盟或成员国的欧洲研究理事会或欧洲创新与技术学院这样的机构所取代。

交通大学,2004)的世界 500 强大学排名时,这种措辞变得尤为强烈。自此欧盟委员会使用此排名来合法化其激进措施(例如,CEC,2005:3n.10;CEC,2006a:5n.6)。几乎同时,另一项由泰晤士高等教育(2004)发布的全球排名也得出了类似结论。为什么这些排名如此引人警醒? 在 2005 年 6 月的欧洲议会上托尼·布莱尔宣称"今天世界上最顶尖的 20 所大学中欧洲只有两所在列"(Blair,2005),这句话正回答了这个问题。布莱尔谦虚地省去了这两所大学实际上都是英国大学的事实。因此,用欧盟的话说,"除了极少数英国大学之外,没有其他欧盟大学名列世界前 20,甚至名列前 50 强的大学也相当少"(CEC,2005:3;CEC,2006a:5)。如此超越底线的严峻形势需要紧急措施并使之合法化。

或许正是这一紧急状态的修辞解释了为什么欧盟在这个领域被赋予了如此强的权力以及为什么欧盟以如此迅速和"自上而下"的方式运作,这与实施整合范式中自下而上的特征完全相反。各种宣传差异化范式的举措不免使人惊讶,例如,欧洲研究理事会"已经引起了欧盟许多国家的担忧,它们担心结果导向将意味着欧盟的资金被输送到精英机构,而那些最好的研究记录主要是在英国、北欧国家和荷兰"(Laitner,2005)。尽管很多成员国有理由相信欧洲研究理事会将有悖于他们国家利益,但是理事会仍然支持欧盟创造一个差异化的欧洲空间。然而,一旦欧洲研究理事会开始运作,事情的进展还有待于观察。南部和东部的成员国是否会接受一个有差异的欧洲愿景? 此外,人们不禁要问这些国家如何不"陷入:除非他们改革,他们才能得到更多的资金;以及他们因为没有充足的资金,所以无法改革的恶性循环之中"(Lambert & Butler,2006:20,38,47,55,60,65)。

结语:"下一步的研究"

一些学者可能会反对,认为本文只审视了官方话语,而没有实际研究基层民众是如何体验欧洲空间中所发生的变化。例如,人们可能会问:博洛尼亚进程的官方意图是否是增加群体流动性,而不是事实上减少它,因为它创建了刚性学习结构。虽然对欧盟文本的分析确实不能告诉我们基层是否落实这些措施以及民众的体验如何,但笔者认为这样的分析也是同样合理的,因为通过它先于基层的实施结果能预测还未实际执行的趋势。尽管所有的后现代理念都怀疑一个"中心"的观点,但事实是大部分方针仍然始于一个相当有限的政策层面,并且只在以后的现实中实施。先有博洛尼亚宣言,其次是博洛尼亚进程,而非本末倒置。

基于这一原因,概念分析可能为我们提供一个"早期预警系统",它提醒我们一场教育变革也许正在发生。直到现在,在博洛尼亚进程开始后的许多年,欧洲区域上百万的学生和研究者才要面对博洛尼亚进程的影响。如果我们要等到差异化模型在该领域得到注意时,那么利益相关者和政策制定者都可能因为他们无法预见或不予认可的决定而措手不及。因此,这就成了一个悖论:虽然我们到现在才能看到诸如博洛尼亚这样的进程可能会带来的结果,但恰恰是这个原因导致我们想要改变各种失衡为时已晚。因此,尽管概念分析不同于对基层所发生的情况展开审查,但它可能对预测基层的影响仍然很重要。那么我们如何尝试预测差异化范式的结果呢?

首先,显然我们可以尝试将美国看作一个差异化区域的例子来预测结果,正如欧盟委员会的各种援引。我们能够发现这里存在一个关于(社会)科学的社会角色问题,欧盟通常在此问题上处于模棱两可的立场。一方面,欧盟认为大学应该多向社会开放,而且应该"向国内外解释它们为学习者和社会创造的具体价值"(CEC,2005:4)。但同时欧盟抱怨"科学专业人士和非专业人士之间的沟通是很必要的,但这种沟通普遍不足"(CEC,2006b:8)。这种面向社会的开放范围从发展政策导向研究到对整个社会和市场的开放(例如,CEC,2005:8),这将引发"与实业界和整个社会的合作与交流"(CEC, 2006b: 4)。

　　然而，另一方面欧盟也表示"对大学的资助，应该关注用于相关产出中的资金，而非投入项目的资金，应该更多根据它们所做出的成果而不是根据它们的现有知名度进行资助"(CEC, 2006b: 7)。但是使用(或通过)社会科学来衡量的产出越多，那么倾向于在高度专业化的杂志上发表文章的研究者也就越多。这反过来意味着他们将不太可能为更广大受众发表文章(因为这些文章在很多等级评定中不被认为是相关"产出")，并且他们将不太可能发展更普遍的立场以向更广大的受众说明(因为这些立场很少符合专业杂志的要求)或者他们仅仅是没有时间和更广大的读者交流(Lipsett, 2006)。总之，这有可能危害到"大学的公共使命以及大学的整体社会和文化职能"(CEC, 2006b: 6)。

　　在此，欧盟委员会冒着重现其仰慕的美国榜样的悖论风险：虽然美国拥有产出方面最好的研究型大学，但美国的大学在社会科学领域可以说比欧洲拥有更少的"公共知识分子"。因此，该问题就变成了，如果差异化范式不能使大学在(社会)科学领域中的社会和政治角色处于"中立状态"，事实如此的话，欧洲是否有可能以美国模式的名义失去其特有的文化价值观，而美国模式在这方面存在不足。

　　我们可以观察到的又一问题是在差别化区域，如在美国，大学和它所生产的知识被认为是"根据一般的'问责制'逻辑，大学必须在其各个职能方面追求'卓越'"(Readings, 1996: 3)。欧盟也以同样的方式支持"外部质量保证体系"(CEC, 2005: 7)，并将它与"明确定义的目标和指标"相联系(CEC, 2006b: 8)或是在高校中呈现专业管理，允许在"高校的管理和治理结构中出现纯粹的学术传统之外的专业人士"(CEC, 2003: 9, 17, 2005: 9, 2006b: 5)。然而，卓越和问责制却经常被简化为"详尽的报告""档案管理"以及"评估"(Readings, 1996: 18, 26, 29, 32, 130—134)。其结果是，大学越来越需要行政人员，这解释了为什么(美国)大学"只是从机构的行政结构方面"理解他们自身(Readings, 1996: 29)。但人们不禁要问这是否反映了大学的使命，是否可以测量或量化大学生产的知识和教授的内容？其责任是否可以被简化为问责？它的使命难道不应该是阻止任何"最后的决定"，而非信奉对卓越的狭隘定义，将其"作为一个借口来原谅我们不去为我们的所言、所说的时机以及场合作出必要的思考"吗？(Readings, 1996: 160)

　　其次，我们也能从美国学习正面的经验，例如机会的重要性。因为差异化暗示学生在智力层面上的不同，所以使一个差异化区域与博洛尼亚进程中"承诺提供高质量的高等教育，让所有人平等地获得机会"(欧盟各国教育部长, 2005: 4)这两者相一致并非易事。然而，这样一个差异化的情形也意味着大学需要更多的资金，这几乎必然意味着学校将会收取学费(Lambert & Butler, 2006: 4)。这反过来表示存在一种危险，即，来自缺少特权背景的一些优秀学生可能将不再有学习机会。到那时，差异化将反映财富而非才智上的区别。

　　如果一个差异化的欧洲空间确实想要吸引最好的学生而非最富的学生，那么它就要"打破社会出身和获得教育机会之间的联系"(CEC, 2005: 6)，它需要一个广泛的补助金系统，就像美国或英国一样。欧盟确实强调了"维持一流的教学与研究是极其重要的……但仍然要确保广泛、公正以及民主的教育机会"(CEC, 2003: 6, 13—15, 2005: 10)。在欧洲(大陆)许多人认为"获得进入大学学习的机会是理所应当享有的权利(CEC, 2003: 14)"，但和这种想法相反，欧盟委员会认为"如果增加的资金重新被用于可靠的援助系统中，那么学费实际上是为那些来自低收入群体的学生提供更好的机会"(CEC, 2005: 8)。更直白地说，"用教育机会的争论来作为所有大学生获得免费高等教育的理由仅仅是中产阶级的特殊要求"(Lambert & Butler, 2006: 52)。欧盟的具体建议是"在推行学费的高校，资助基金的主要部分应该按照收入比例的补助或贷款重新进行分配，其目的是保证所有人都能获得学习机会；而且与学生表现相关的奖学金是为了鼓励卓越"

（CEC，2005：10）。然而，那些（缓慢）实施差异化模式的大部门政府或倡导团体对于欧盟提出补偿才能性的拨款（部分资助学费）以及资助贫困学生的建议置若罔闻。人们担心欧洲多样化的空间可能会变得比与其相对应的美国更不平等，因为在美国至少有一部分卓越是与扩大的拨款计划相联系的。

正如欧盟委员会所认为的，我们可以从美国学到的另一个经验就是培养高等教育中的某些价值观和实践，例如重视跨学科、基础研究、高校自治以及（年轻）研究者的职业前景，等等（Lambert & Butler，2006：44；Ingdahl，2006；CEC，2003：8—9，2005：9）。然而，尽管实施一个成功的差异化需要这样的价值观和各种实践，但落实起来是非常困难的。

第三也是最后一个预测问题的方法是聚焦作为欧洲国家的英国，因为那里已经实施了差异化，我们现在就可以观察到其带来的结果。显著的结果之一是教学与研究相比变得不太重要了，因为"竞争性资助是基于机构评价系统和各种各样的评价指标，这实际上意味着在研究产出的基础上分配经费"。这也是令人担忧的地方。虽然美国有世界上最好的研究型大学，但是当说到这些研究型大学本科生的教学质量时，一些欧洲特别是英国的顶尖研究型大学在很多方面表现更好。考虑到"牛津、剑桥"及其独特的导师系统，它包括顶尖的研究者（而不是像美国一样的研究生）给本科生提供小规模个别指导。然而，恰恰是"研究中更多以竞争为基础的资助和教育中更多与产出相关的资助"（CEC，2005：8）导致这种本科生教学系统和提供其特定环境的学院正在遭受威胁。因为如果学术生涯越来越依赖于研究产出，而非投入整体的本科生教学和大学生活，那么这种投入就会受到损害。

另一问题与英国创建的差异化区域的方式有关。虽然美国已经建立一个有差异的大学局面，但是英国等欧洲国家试图用政府资金通过"高度人为创造的虚拟市场"来获得自己的大学区域（Readings，1996：36）。具体来说就是英国政府创造"统一的问责机制"，例如科研评估（Research Assessment Exercise，RAE），其目的是"强调感知质量的差异，而不是降低成本"。因此更多的资金被拨给了评分较高的大学系部，然而对于那些评分低的系部，政府并没有改进它们，而是不再分配给它们充足的资金（Readings，1996：36—37）。

然而，鉴于"纳税人的钱"也涉及其中，用于奖励竞争性资助的程序也牵涉了一个庞大的官僚体系以审计、监督和控制研究人员（Readings，1996：36—37）。讽刺地是，当提到高等教育政策时，英国现已成了与"布鲁塞尔"正式联系的官僚系统先驱。其结果是，英国和未来的欧洲，可能会创造一个人为的大学"市场"或"区域"，而它有可能会涉及比其想效仿的美国区域更多的官僚机构和政府。而这可能导致意想不到的结果。的确，这样的官僚控制甚至可能变得适得其反，不仅仅是因为它占用了研究者的时间，更重要的是因为它从一开始就假设研究者是不能被信任的，这可能会破坏研究者的"职业自豪感和正义感"，并建立"一种怀疑的文化、一种低迷的士气，最终可能导致业内人士的愤慨"（O'Neill，2002：50，57）。这也许不是巧合，除了雷丁斯（Readings，1996）的研究外，这些趋势主要由英国学者如奥诺拉·奥尼尔（Onora O'Neill，2002）、大卫·马昆德（David Marquand，2004）、迈克尔·鲍尔（Michael Power，1997）或玛丽莲·斯特拉斯恩（Marilyn Strathern，2000）进行研究。

这些仅仅是一些关于衡量和"物化"知识、研究和教学的官僚主义趋势的例子，而且并不局限于英国，今天发生在英国和部分欧洲国家的情况，明天也可能发生在欧洲的其他地方。正如我们所看到的，创建一个欧洲高等教育和研究区也改变了欧洲大学的现状。尽管如此，这些欧洲大学自身很少反思当前以及未来的变化。与目前影响欧洲区域的变化规模相比，有关这些变化的学术研究相对较少，并且在这个研究匮乏的领域只有极个别研究者持批判视角。鉴于欧洲大学中出现的剧烈变化以及大学自身缺乏对这些决定他们未来的变化展开（批判性）研究之间的差距，我们有理由呼吁开展更多此方面的研究。

参考文献

Blair, T. (2005). *Speech to the European Parliament*, 23 June.

CEC (2000). *Towards a European research area*, COM (2000) 6 final.

CEC (2003). *The role of universities in the Europe of knowledge*, COM (2003) 58 final.

CEC (2004). *Europe and basic research*, COM (2004) 9 final.

CEC (2005). *Mobilising the brainpower of Europe: Enabling universities to make their full contribution to the Lisbon strategy*, COM (2005) 152 final.

CEC (2006a). *Developing a knowledge flagship: The European Institute of Technology*, COM (2006) 77 final.

CEC (2006b). *Delivering on the modernisation agenda for universities: Education, research and innovation*, COM (2006) 208 final.

CEC (2006c). *The European Institute of Technology: Further steps towards its creation*, COM (2006) 276 final.

de Wit, K. (2003). The consequences of European integration for higher education. *Higher Education Policy*, 16, 161 - 178.

EUA (2005). *Glasgow declaration: Strong universities for a strong Europe*. Brussels: EUA.

Huisman, J. (1995). *Differentiation, diversity and dependency in higher education: A theoretical and empirical analysis*. Utrecht: Lemma.

Ingdahl, W. (2006). Old School, *TCSdaily*, 9 February.

Jensen, O. B. & Richardson, T. (2004). *Making European space: Mobility, power and territorial identity*. London: Routledge.

Keeling, R. (2004). *Locating ourselves in the 'European Higher Education Area': Investigating the Bologna process in practice*, EPS NET.

Keeling, R. (2006). The Bologna process and the Lisbon research agenda: The European Commission's expanding role in higher education discourse. *European Journal of Education*, 41(2), 203 - 223.

Kuhn, T. S. (1996). *The structure of scientific revolutions*. Chicago — London: University of Chicago Press, 3rd edition.

Laitner, S. (2005). Brussels hopes research money will aid innovation, *Financial Times*, 3rd April.

Lambert, R. & Butler, N. (2006). The future of European universities: Renaissance or decay? London: Centre for European Reform.

LERU (2005). *Competitiveness, research and the concept of a European Institute of Technology* — November 2005.

Lipsett, A. (2006). Scientists have no time to talk to public, *Times Higher Education Supplement*, 30 June.

Marquand, D. (2004). *Decline of the public*. Cambridge: Polity.

McNeill, D. (2004). *New Europe: Imagined spaces*. London: Arnold.

Neave, G. (2002). Anything goes: Or, how the accommodation of Europe's universities to European integration integrates an inspiring number of contradictions. *Tertiary Education and Management*, 8, 181 - 197.

Nóvoa, A. & Lawn, M. (Eds.) (2002). *Fabricating Europe. The formation of an education space*. Dordrecht — Boston — London: Kluwer.

O'Neill, O. (2002). *A question of trust*. Cambridge: Cambridge University Press.

Power, M. (1997). *The audit society: Rituals of verification*. Oxford: Oxford University Press.

Readings，B. (1996). *The university in ruins*. Cambridge，MA：Harvard University Press.

Rosanvallon，P. (1990). *L'Etat en France*. Paris：Seuil.

Sanders，C. (2006). Business pans idea of Europe institute，*The Times Higher*，28th April.

Strathern，M. (Ed.) (2000). *Audit cultures. Anthropological studies in accountability，ethics and the academy*. London — New York：Routledge.

Shanghai Jiao Tong University (2004). *Academic ranking of world universities*.

Shore，C. (2000). Building Europe：*The cultural politics of European integration*. London — New York：Routledge.

The European Ministers of Education (1999). *The Bologna declaration of 19 June 1999*.

The European Ministers of Education (2005). *The European higher education area — achieving the goals* ('*Bergen Communiqué*') (19 – 20 May 2005).

The European Ministers of Education (2007). *London communiqué: Towards the European higher education area: Responding to challenges in a globalised world* (18 May 2007).

Times Higher Education Supplement (2004). *World university rankings: Who is number one?*，5th November，1 – 16.

Treib，O.，Bahr，H.，& Falkner，G. (2005). *Modes of governance: A note to conceptual clarification*. European governance papers (EUROGOV) No. N – 05 – 02.

van der Wende，M. (2001). Internationalisation policies：About new trends and contrasting paradigms. *Higher Education Policy*，14，249 – 259.

Wallace，H. et al. (2005). *Policy-making in the European Union*. Oxford：Oxford University Press.

35. 财富、市场与管理主义
——亚太地区关于当代教育改革的观点

安东尼·韦尔奇(Anthony Welch)

如果世界在过去的几十年里发生了深刻的变化,那么教育领域也是如此。教育会重塑所有与之互动的人,无论是教育者、学生,还是家长。教育机构也会经历大规模改革,而且似乎经常是通过教育以外的驱动力,根据那些与教育关系不大的原则进行改革。

在北方国家,战后几十年的热情在很大程度上已经消失了,而且战后凯恩斯主义被更加紧缩和崇尚技术的市场以及管理主义的世界所取代(Clarke *et al.*,2000;Considine & Painter,1997;Gee *et al.*,1996;Yeatman,1997)。在南方国家,包括一些社会主义国家都正在向市场经济过渡,市场和管理主义已被视作促进发展、改革僵化模式以及直接向现代知识经济跃进的关键战略。教育领域坚信战后资本主义或后革命社会主义一代不会被创建和维持阶级、种族和性别不平等的结构和意识形态所破坏,这一决心现在在很大程度上已经被一个有分裂主义倾向的改革计划所击垮。这项改革计划常常使团体、教育机构、教师、家长以及学生之间互相抗衡。(这并不是说前者更为平等主义的意识形态总是能够成功实现自己的目标,而是说这些目标是不同的,同时平等被赋予了更高的优先地位。)

本文主要介绍了这一新思想的主要原则,并明确指出这种意识形态并非首次改革(也可以说是变形)教育。本文将首先概述市场和管理主义的一些主要原因,并在前面的小节中描述英国及其殖民地在教育领域引进商业效率计划以及其对教学法、课程、教育资助以及师生产生的影响。接着将介绍在不同的背景中,学校教育和高等教育系统中当代改革项目的若干例子。对于亚太区域的重大教育改革的概述则具体针对澳大利亚和中国,旨在说明市场和管理主义的现代思想能够超越政治和文化差异以及发展水平。

主要原因

在简要追溯市场和管理主义背后的核心假设之后,我们能够大体列出一些教育领域可能的表达方式。教育市场理论更多被理解为理论化的术语,并且被视作是依附于选择理论,而管理主义则被视为提供了一种实施技术,包括用来衡量达到市场目标进展的各项基准。然而在各案例中,不同于全球主义狂热分子的看法,如欧梅(Ohmae,1991,1995),国家策略确实产生了重大影响(Weiss,1998;Welch & Mok,2003),同样的事实是像世界银行、亚洲开发银行和经济合作与发展组织等国际机构,其主要议程在推动减少干预方面起到了重要作用,例如,"更少干涉……国家……并且在提供服务上要更偏好市场类的机制而非官僚主义的方式"(World Bank,1995:12)。

市场

教育市场被合理化是因为人们有了选择意识以及认为国家主导的系统否定了家庭、父母和学生的太多选择。相比之下,有人认为,个人应该可以自由选择他们认为最符合其利益和期待的教育,同样,个人也应该对他们选择的结果负责。根据这一说法,个人和家庭会为了获得教育中的优势而展开竞争。在市场的话语体系中,教育被视为一种地位性商品,那些拥有知识和机会的个体在社会—经济阶层中会利用教育来争取获得更高的社会地位和更好的经济优势(Gewirtz *et al.*, 1995)。人们往往根据一个教育机构的地位做出选择,如考察其是否是学校、学院或是综合性大学,而非教育机构所提供的教育质量。通过获得优良的教育,个人也会从中受益,但(有时必须承认)这是以牺牲他人为代价的:"地位的竞争……是一种零和博弈。强者恒强,弱者恒弱。"(Hirsch, 1976: 52)尽管有大量的证据表明,阶级效应意味着久经世故的选择者们能够协调他们的社会和教育优势(Gewirtz *et al.*, 1995; Gilborn & Youdell, 2000; Campbell & Sherington, 2006),而那些文化资本并不雄厚的个体则在竞争中面临更多障碍,市场化意识形态不断发展。其结果是产生了一个更加分裂的社会,在这个社会中,富人和穷人之间的差距越来越大,这是教育市场延伸的直接结果。

当然这不是事实的全貌:组成市场的并非只有个体。教育机构之间也出现了越来越多的竞争。现在人们经常会说并非学生选择学校,学校也会精心安排市场活动来选择学生(Ball, 2007; Campbell & Sherington, 2006)。虽然较有优势的学校(在地理位置、社会阶层构成,或者母语不同于主流群体的儿童的低占比方面)能够利用这些因素继续前进,但是处于贫困地区、偏远乡村环境的学校,以及那些移民学生占比高的学校(这些学生必须学习主流语言作为第二语言)常常更加落后。这样的学校不再对家长和资助机构构成吸引力。在市场化发展的意识形态下,经常去这类学校的家长和儿童也许会将自己的失败归结于没有选择一所更好的学校。

在澳大利亚和中国,和其他社会政策领域一样,教育中市场意识的培养是国家形态和角色观念改变的结果。当然两国的背景完全不同:在中国,1949年之后,教育领域终结了私立发展的部分,教育遵循国家负责教育的所有供给这一原则,而在澳大利亚,长期以来一直有一个重要的私营教育部分,尤其是在中等教育阶段(Campbell, 2007)。后者在20世纪80年代出现了一种更为经济化的思想,这导致教育越来越从属于经济学的逻辑与语言,之后,市场化更是逐步地向公共领域扩展。中国在20世纪80年代左右开始对外开放,这预示着"铁饭碗"时代的结束,"铁饭碗"指的是国家保障终身就业,大型国有企业(SOEs)为其员工提供一系列服务,包括学校教育。

管理主义

教育中的管理主义是过去一二十年中新自由主义改革计划的发展结果,澳大利亚常称其为"经济理性"(Pusey, 1991)。这些计划不仅带来了更大程度的私有化以及权力下放(尽管正如某些观点提出的,后者更直观的特点是集中权力下放),还导致了对教育机构管理的加强,这显然是一种悖论。我们的兴趣就在于后一进程。公立教育机构资助每位学生的时代在多种系统中已经停滞或者后退,这实际上意味着教育已经面临越来越多的压力,而且矛盾的是,这些压力来自越来越多的审查或监督(Cowen, 1996; Miller, 1995a, b; Sheehan, 1996)。同样在十多年前,澳大利亚等国家已经指出这种思想所带来的影响:

> 虽然经济拮据的教职工在中小学校和高校用越来越少的资源做着越来越多的工作,但他们很少能自由地参与民主行动以及各种反抗。他们越来越被外界和内部的各种要求所困扰,这些困扰影响着他们如何花费自己的时间,并直接对课程、评价以及教学产生影响——所有的这一切都是以问责制或者权力下放的名义展开的。(Welch, 1997: 17)

管理主义建立在效度和经济主义的技术原则需求的基础上(Habermas, 1971, 1974, 1976, 1978; Pusey, 1991; Welch, 1997, 1998, 2007a),这代表了历史性胜利的一方面,即工具理性主义取代了把社会利益的道德关怀视为神明的旧有理性形式(例如古希腊的"人是万物的尺度"这一格言遭到了效益以及经济主义的新逻辑的有效反击)。利奥塔(Lyotard)提出了另一种解释,其操演性的概念批判了知识已经商品化,并转化为社会中的主要生产力这一历史进程。他认为在这种情况下,生产力的概念如"优化系统性能"(Lyotard,1984：xxiv)成为终极目标,而相关的系统技术是从商业和管理的交流中得出的。提升工人的生产力,包括使用诸如信息通信技术,形成了操演性的新技术逻辑。性能目标是确定的,而且工人个体会相互竞争以获得奖励。这种新的制度意味着经营效益话语体系中产生的问题逐渐占主导地位:"它的效率怎样"或者"它能卖出去吗"要比"它是不是真的"这类问题更为重要与普遍(Lyotard,1984：51)。

历史渊源

如上所述,管理主义的关键技术就是根据量化的绩效目标来奖励员工。虽然这为理解管理主义缘何被引进教育系统以及它们对教育政策产生了哪些影响提供了一个出发点,但是仍然要在实践中追踪它们的影响。在上述描写的英美民主化中(例如新西兰、加拿大、英国、澳大利亚等国),绩效指标在近几十年中已经得到蓬勃发展,并且已成为管理主义大市场——教育领域中一个不可或缺的武器,正如在医疗、福利以及其他公共政策领域一样。但这并非是第一次:在管理主义之前,也有效益当先。回顾一两个19世纪和20世纪初期发生在教育领域的效益运动的例子,不仅可以看出这种思想的主要影响,而且至少对那些仍然渴望学习的人,是非常有价值的历史教训。

按劳付酬

这个例子取自19世纪中期,它既是当时许多殖民地从英国引进的教育理念之一,也是对当时全球主义狂热分子的一次及时警告,例如欧梅和格雷德(Ohmae & Greider,1997)就坚持认为全球化的影响对当前的政策事项产生作用是一种全新的现象。从英国或其他地区引入政策绝不是新鲜事。

1862年英国教育修正法案(the Revised Code),或者逐渐为人所知的**按劳付酬**,是在19世纪60年代左右引入欧洲教育领域的,它的支持者骄傲地向英国议会鼓吹其理念:"一分价钱一分货,实惠与效益不可兼得。"(Maclure,1974：79—82)其合法性源于当前盛行的商业问责制以及商业效益,这使得教育必须追寻时代的要求,尤其是纽卡斯尔委员会(Newcastle Commission)的报告中提出的:"委员们都达成了这一时期的共识,即问责制的概念对于经营一个良好的商业来说是非常重要的,因此应该被广泛应用于政府开支的所有形式中。"(Musgrave,1968：35)正是在那段时期,问责制被引入了澳大利亚的几个殖民地(Turney,1969：229—232；Miller,1986；Rodwell,1992)以及印度(D'Souza,1976；Allender,2006)。

英国最初的计划主要是受中产阶级对于民众要求国家资助小学教育(主要为工人阶级服务)的呼声的担忧所激发的,在教育需求膨胀时期,中产阶级导致了教育需求膨胀,使教育为其服务。为了使开支合理增长,"商业时代"的需求规定必须建立一个标准,即每个孩子必须通过这一水平才可获得入学机会(Musgrave,1968：36)。这个标准基于的前提是,行业需要有文化的劳动力以及资产阶级愿意开设适合于工人阶级的课程:基督教中盛行的三个"R",即读、写、算。

这一计划的影响是快速且具有戏剧性的。面对日渐高涨的需求,国家对初等教育的资助迅速减少了四分之一,接着小学教师数量以及师范学院的培训教师数量也急剧下降。师生比例每况愈下:从1861年的1：36降为1867年的1：54(Maclure,1973：81)。

其他负面影响包括诱导教师作弊,因为他们的年薪与现在课堂的学生数量以及学生在考试中的表现直接挂钩。一旦督查突袭访问,教师便毫无怜悯心地对学生进行考试项目的训练(Hyndman,1978：34)。一些教师私下训练他们的学生,并假意创造一种对自己更有利的印象。

而另一些教师则在入学注册上弄虚作假，以确保人为地学生数量居高不下。生病的孩子被拖到学校以满足与教师薪水挂钩的出勤要求（Hyndman，1978：37），现在的老师们必须直接与学校领导协商工资（Welch，2007a）。

填鸭式教学，而非传道解惑，成为确保教师生计的工具，其对学生、教师以及教学法都产生危害。因此，修正法规的进一步产物就是缩减课程以及在教育目标方面采取狭隘的工具主义。总体而言，虽然这一计划是由于效益原则的呼吁而被合法化的，但事实上，它是作为使国家教育支出合理增长的一种工具而引入的。

正如印度经验所揭示的（D'Souza，1976；Allender，2006），几乎在同一时期，澳大利亚的教育计划也继承了英国的所有弱点。以新南威尔士州为例，该州引入了所谓的熟练标准，要求教师严格遵循既定要求，并由检查员对要求进行详尽的考查。这种标准化导致了教育过程的机械化，影响了所有参与者。教师的晋升与学生的测试结果直接挂钩，促使他们采用"死记硬背和机械化的教学模式"（Turney，1969：230）。同时，"检查员的工作也大多变成了机械化的考查，其报告主要基于结果的统计分析"（Turney，1969：231）。在维多利亚殖民地，按成果付酬的做法进一步体现了这种趋势，"它鼓励了形式化、机械化的教学方法，重记忆而非推理，并导致课程内容的窄化"（Barcan，1980：107；另见 Rodwell，1992）。

泰勒主义与科学管理

19 世纪 60 年代，英国、印度以及澳大利亚的一些殖民地实施的"按劳付酬"计划，并不是唯一一个使用商业效益去推动教育思想改革的计划。泰勒主义，或者说科学管理，在第一次世界大战时期横扫美国的中小学校与高校。最初将科学管理引进生产行业是为了提升其生产力（每个工人的生产量），**科学管理**的成功之处在于它从每份投入中获取了更多的产品，这吸引了那些关注减少教育支出的群体。在效益的大旗下，商业利益集团特别关注降低国家教育支出（术语为"损耗"），而且也将学徒制的经济压力从工业中转移出去——这曾是他们传统的培训领域。

效益崇拜（cult of efficiency）（Callahan，1962；Welch，1998）的强制措施降低了教育质量。因为这不仅仅是成本降低了：课程被缩减到更像是职业培训，而且教育系统应对多样化（非洲裔美国人、乡村居民、贫穷白人以及日益增长的美国移民）的能力同样被削弱了。

在基础教育和高等教育里实施**科学管理**的基本原理直接基于这一观点：

> 在学校和企业之间进行不合理的比较，将商业—工业标准（例如经济和效率）应用到教育中去，并暗示教育者应该采用商业和工业的做法。（Callahan，1962：6）

这些年中，不仅是《大西洋月刊》（*Atlantic Monthly*），甚至连全国教育协会都支持将科学管理引入教育。到 1907 年，教育方面的畅销书都认为，课堂管理可以被看作是一个"商业问题"。而到 1910 年，有人则认为：

> 我们的大学正在开始作为商业学院来运行。他们做广告，互相竞争，假装给他们的客户提供优良价值。他们希望增加他们的贸易，并为他们的老顾客提供社会优势和商业机会。（Callaha，1962：7）

学校董事会变得越来越小，有时甚至非常小，并由那些喜欢按照金融手段来改革学校管理方式的商人们主导。这代表了早期教育改革中的一次深刻的后退，在之前的改革中，一些著名的学校管理者如威廉·哈里斯（William T. Harris）、霍拉斯·曼（Horace Mann）以及亨利·巴纳德（Henry Barnard）等，受更为深入和广泛的教育兴趣的驱动，而且他们在教育领域而非商业领域都有较强的背景。

在这一时期,商业理论浪潮的兴起引发了美国教育的最终变革：课程改革。课程改革的主要推动力是使课程更加实用化。主要的商业巨头,如安德鲁·卡耐基(Andrew Carnegie)、利尼利尔斯·范德比尔特(Cornelius Vanderbilt)以及约翰·洛克菲勒(John D. Rockefeller)等都认为他们的成功和"书本知识"无关,而是基于优良的老式常识加上学校里不会教授的商业头脑。卡耐基特别鄙视大学研究："在我自己的经验中,我可以说在我认识的想要从事商业的年轻人中,没有几个不被大学教育摧残过。"(Callahan,1962：9)

按照这一思想,商务英语应该取代作文,而且商业原则、商业合同以及簿记应该被引入学校教育。至少对于那些没有进入高中的学生而言,或者更加具有争议性的是对所有小学生而言,"对学习的热爱"应该从属于"对赚钱的热爱"(Callahan,1962：10),这一观点也促使职业课程在学校中的普及。

之前对教育中实施"效益"政策的历史案例的描述可以作为教育中更为现代化的市场与管理主义思想的线索。之前小节中提出的主要影响如下：

- 课程缩减,着重强调职业主义(参见 Kliebard,1999)
- 填鸭式教学,以及"针对考试的教学"所导致的教学质量低下
- 大幅降低成本,从而导致班级规模越来越大,同时教师越来越少
- 在回应文化多样性以及工人阶层儿童需求方面能力下降

澳大利亚教育中的市场与管理主义

尽管如此,当教育开始被商业效率理论所主导时,我们不应太过惊讶于早期事件的结果对民粹主义政客、某些教育评论家,以及以现代化的名义兜售类似原则的媒体黑客影响甚微。以下选择了一些澳大利亚和中国的例子,要强调的不只是这样的计划很容易就受到大众欢迎,而且也强调了政策上没有从早期事件中吸取教训。

虽然商业效率模型和社会政策领域的结合受到了哈贝马斯、利奥塔等人的尖刻批判,但是管理主义已在澳大利亚广泛实施(Painter,1997),其改革议程受到了广泛吹捧,教育也包括在内(Miller,1995a,b)。整个管理技术,如全面质量管理,都借鉴了商业领域,并被用来规范管理教育机构。最近被一些中小学校和大学纳入的变量是"平衡计分卡"管理技术,这项技术充斥着关键绩效指标和表明目标进展的彩旗。当然,红色代表危险。

近年来,教育市场的崛起已对澳大利亚的大学、技术与继续教育(TAFE)以及学校产生深远影响,因为教育机构(包括私立和公立)都在为生源而竞争,或者至少都想获得更多某些类别的学生。因此诞生了一批表演艺术类高中、学术型选拔性高中、体育高中、技术高中等,它们都提供如国际文凭之类的国际课程,还有学校专门出售特定的宗教课程(例如各种各样的基督教或者穆斯林学校)。大学也沉浸在这个市场之中,激烈地争夺本国和国际学生(Welch,2003)。

受选择理论的影响,澳大利亚的策略是双重的。第一个是扩大私立教育的规模,因为私立院校能够提供比公立院校更多的选择。而这里大部分的能量都消耗于将资源从公立学校转向私立院校(Welch,2003,2007a;*Sydney Morning Herald*,2000a,b,c),现在我们可以从始于高等教育(传统上澳大利亚一直是公立高等教育)的此类变革中看出端倪。

在这个过程中,虽然以前市场是被限制在私立教育领域的,但是现在公立机构也通过激烈地争夺优秀生源,使市场原理和实践牢牢扎根于自身。在一些国家(如加拿大、美国、德国、澳大利

亚),公立机构的竞争过程已经通过创建选拔性高中而有意识地强化了,因为这些选拔性高中现在经常能吸引到更多超出他们实际容纳量的申请者,至少在部分国家情况如此。人们已经预料到越来越多的主流学校会摈弃之前成为普通学校的想法——研究发现这样的学校的数量已经越来越少了(Campbell & Sherington,2006;Campbell,2007)。在澳大利亚的高校系统内,以前认为所有大学都是大同小异的说法现在已经被系统内各种分裂团体所打破。这类例子包括共同主宰着研究收入比赛的,像英国的罗素集团一样的澳大利亚八校联盟(Go8),还有新一代大学、创新型研究大学以及其他各类组织等。

第二个策略是诱导公立机构形成市场竞争的气氛,鼓励公立学校去与其他公立学校以及与私立学校进行激烈竞争。因此,新南威尔士州成功的学术选拔性的高中大部分都是在过去 20 年中建立的,现在它们能够展示自己的学术成果,这些成果常常超过那些父母每年要支付约 20 000澳元学费的富有的私立学校。而现在主流的公立高中则被鼓励与收费低的宗教学校展开竞争。在过去 10 年中,这种现象一直持续着,如下文所示。

澳大利亚教育市场化的另一个例子显得更为明显:州和联邦政府尝试扶植私立学校。自从霍华德联邦自由党上台后,为了努力推动"择校",州和联邦政府都提供了更多的公共资金以扩大私立院校,这就导致在过去 10 年中出现了大量新建立的基督教学校,它们大部分学费低廉。(在澳大利亚,自由党是保守派的,相当于英国的保守党或美国的共和党)。

表 1　1984—2004 年澳大利亚不同部门学校的数目和比例变化(Campbell, 2007: 223)

年　份	政　府		天主教		独　立	
	数目	百分比变化	数目	百分比变化	数目	百分比变化
1984	7 544	—	1 705	—	776	—
1994	7 159	−5.3	1 699	−0.4	821	+5.5
2004	6 938	−3.2	1 695	−0.2	982	+16.4

说明:在澳大利亚,独立部门包含小部分天主教学校、非系统内的学校以及那些由其他宗教团体所运营的学校(主要是基督教,但也包括犹太教、伊斯兰教等),还有一些进步主义的学校(如施泰纳或蒙特梭利学校)。事实上,使用"独立"一词有点儿用词不当,可以更好地将之称为"国家补贴"。费用从低廉到完全免费不等。

具体资助机制影响了表 1 中的变化,比如现在臭名昭著的招生标准调整(EBA)方案——霍华德联邦政府在 1996 上台后很快引入该方案。该方案将大量的联邦政府基金从公立学校转移到私立学校,同时将每个学生的入学登记从公立学校转移到私立学校。同时,放松对新建私立学校的监管(以前必须根据需要和该地区现有教育资源不足情况确定一个新建学校),允许 4 年之内在人口数量最多的州(Welch,2007a:27)建立 76 所新学校。在公众的批评面前,政府放弃招生标准调整方案,转而支持 2000 年引入的所谓社会经济状况(SES)方案,但该方案也因未能考虑到同意选择此类学校的父母的实际收入,仅仅是基于该社区社会经济状况平均值的规则而广受批评(Welch,2003)。这样一来,富裕的农村父母很有可能让其子女进入收取高额学费的贵族性私立中学,因为其子女能获得有效的补贴。

联邦教育部长发表过一份启示性的评论,说明了联邦政府创建教育市场背后的实际逻辑:

> 我们必须意识到……那些把孩子送入私立学校的家长们,可以为纳税人节省一大笔钱——大约每年 20 亿美元,或者比那还多……这笔钱就可以用于资助政府学校。(Welch,2003:276)

　　上述提到的将资金从公立学校转向私立学校的联邦计划没有增加实际预算规模,这确保了纳税人被"节省"下来的资金不会扩大对公立学校的支持。

　　我们可以从一位澳大利亚联邦教育部长的一系列举措中看到坚持使用管理绩效指标这样的例子。在 2005 年,这位教育部长以拒绝资助州政府相威胁,以此为手段在全国范围内强制引进学校绩效。在同一时间,该联邦部长大力推行教师出勤记录和绩效记录,并回归到"A,B,C,D,E"的评分系统。30 亿美元对于人口数量最多的州（新南威尔士州）而言是生死攸关的,最终,州政府妥协,要求学校"实话实说"（*Sydney Morning Herald*, 2005a,b）。从上述历史实例的阐述中可以看出,虽然引进机械的测试以及评分制度可能会让父母获取更多有关他们孩子在学校表现的信息,但是这只会扭曲核心教育和更高质量的教学与学习任务,而非对其进行强化。任意使用诸如一所学校在识字和算术测试中达到前 10% 的学生人数等的指标则代表了另一类例子（Welch, 2007a：14）。管理主义认为成功地达到这样的绩效目标就等同于教育质量的提高,那么上述历史实例显示了它的无效性。然而,现在教育管理者的成果（学校校长、部门负责人、学院院长）却经常采用这种测试测量。

中国教育的市场和管理主义

　　中国和澳大利亚在文化、社会和政治方面存在深刻的分歧,事实证明中国也受到市场化和管理主义的影响,包括其教育领域。虽然我们可以从学校层面看到这些影响,但是当代中国高等教育能够更清楚地阐释这些影响。

　　中国的教育市场在过去的 10 年到 20 年中也得到了发展。而且也是政府推动了这项改革,将其作为更大范围的教育改革的一部分,并用它来促进经济增长和科学发展。虽然中国的家庭从孔子时代就开始高度重视教育,他们为给子女提供最好的教育机会而做出牺牲,但现在,中国的家庭日益陷入一个让其子女进入更具选拔性学校的激烈竞争之中,这些选拔性学校会帮助学生进入一所知名大学——中国有 1 600 多所学位授予机构。

　　受 20 世纪 90 年代末区域经济危机的影响,以及权威经济学家的内部意见和世界银行（World Bank, 1999）提供的外部建议,有观点认为对高等教育入学率的持续限制会给中国经济的持续高增长率构成威胁（在 20 世纪 90 年代,中国几乎保持着每年 10% 的增长率）,因此在过去 20 年的具体改革中产生了中国高等教育的新市场（Mok, 1999, 2001, 2007）。这些显著的改革措施包括创立与大学相关联的公司（有点类似于西方国家中由大学创立的实体企业,致力根据高校的研究发现,将特定产品或技术商业化）。其他例子包括**民办**私立大学的蓬勃发展（选择"民办"这一术语是因为在社会主义市场经济中,这代表仍然是"人民的大学"）。民办大学与主要的公立大学很少有关联,其收取的学费较高,但是入门标准较低。这种私立学校的增长是源于《民办教育促进法》这样的关键法律文件,以及政府对中外教育利益合作形式的授权规定（OECD, 2003；Huang, 2003a, 2003b）。例如,高等教育市场战略坚持与知名院校展开合作,并对其有详细的说明文件,包括董事会一半成员要由中国公民担任,同时要有一个中国校长。（Huang, 2003a, b）

　　二级学院（即一直和一个"母体"大学相联系的下属学院）、**独立学院**以及**分校**是进一步细分该市场的其他举措。他们有政府支持,是公立大学营利的有效武器。（Yang, 2007）有时候他们还与当地的商业名流合作,这些商界人士使用高校的名字,并把部分所得回馈给高校。

　　早在中国共产党的第十五次全国代表大会（1997）,管理主义就已成为旨在促进高等教育快速发展的大议程之下的一部分,被视为中国科学和技术能力发展的关键。世界银行的研究表明,对高等教育的限制会阻碍经济发展。受到这一研究结果的影响,中国政府迅速采取行动,扩大了高等教育规模,但却没有让该领域的工作人员或其他资源的水平与其保持同步增长。表2显示了中国高等教育在入学人数绝对值和百分比上的急剧上升。

表2　中国1990—2002年的公立普通高校(HELs)数量和注册的学生数

年　份	机构的数目	新　生	毕 业 生	注册的学生	增长百分比
1990	1 075	609 000	614 000	1 206 300	—
1995	1 054	926 000	805 000	2 906 000	140.9
1998	1 022	1 084 000	930 000	3 409 000	17.3
1999	1 071	1 597 000	848 000	4 134 000	21.2
2000	1 041	2 206 072	949 767	5 560 900	34.5
2001	1 225	2 682 800	1 036 300	7 190 700	29.3
2002	1 396	3 205 800	1 337 300	9 033 600	25.6

说明:部分变动来自Yang和Ngok,1990年至1999年的数据来源于2000年的中国统计年鉴;2000年至2002年数据来源于http://www.moe.edu.cn/stat/tjgongbao/4.htm.

当然,我们可以预测到这一庞大的入学率所带来的影响——在严格的经济测量中,高校生产力大幅提升。显然有更多的学生进入大学并顺利毕业,但和之前已有的相比,工作人员和其他资源的水平也大幅度降低了。下降的指数包括师生比,这一比例在20世纪90年代末和21世纪初期急剧下降,从1990年的1∶5.22下降到2001年的1∶13.5。(应该指出的是,中国习惯于将相当多的高校行政人员也计算在内。)中国的高校教师感叹教育质量的下降以及工作压力的加大,这与所报道的学校寝室不能充分容纳所有学生以及缺乏资源来有效地教育如此多的学生是并行不悖的。

结论:教育效益的新贡献?

从上述分析中我们能够看出什么?也许第一点就是几乎没有什么变化。令人沮丧的是,我们未能早一些找到证据来表明19世纪中期和20世纪早期,教育市场和企业管理效率的理念应用于教育机构中的各种尝试,导致了教育机构质量和精神面貌的低下,并且其有效处理差异性的能力也降低了,这意味着更多同样的错误还在20世纪末和21世纪初重演。

其次,尽管中国和澳大利亚之间存在着深刻的差异,但在20世纪末,市场和管理主义理念已在这两个国家得以发展,这说明这一思想的能力超越了政治和文化差异。事实上,这些理论的兴起与亚太地区的发展趋势相似(Welch,2005;Welch,2007b),尽管各个国家对这一进程的回应存在显著差异(Weiss,1998;Welch & Mok,2003)。而多样化的回应则对全球主义狂热分子形成了有效警示,目前市场和管理主义理论的广泛兴起既令人印象深刻也令人担忧。正如之前所描述的,金钱、市场和管理的结合已降低了教育质量、教育效果以及教育者的积极性。教育机构越来越受到相关管理技术的限制。正如在经济环境中测量生产力一样,不断提高生产力的潜在目的会使教育在各个方面变得越来越差。

参考文献

Allender,T.(2006). *Ruling through education. The politics of schooling in the colonial Punjab.*(Asian

Studies Association of Australia. South Asian Studies Publications Series No. 14). Delhi: Sterling Press.

Ball, S. (2007). *Education PLC*. London: Routledge.

Barcan, A. (1980). *A history of Australian education*. Melbourne: Oxford University Press.

Callahan, R. (1962). *Education and the cult of efficiency*. Chicago: University of Chicago Press.

Campbell, C. (2007). Schools and school choice. In R. Connell, et al., *Education, change and society* (pp. 211-238). Oxford: Oxford University Press.

Campbell, C., & Sherington, G. (2006). *The comprehensive public high school: Historical perspectives*. New York: Palgrave Macmillan. *China Statistical Yearbook 2000*, from www.stats. gov.cn.

Clarke, J., Gewirtz, S., & McLaughlin, E. (Eds.) (2000). *New managerialism, new welfare*. London: Sage.

Considine, M., & Painter, M. (Eds.) (1997). *Managerialism: The great debate*. Melbourne: Melbourne University Press.

Cowen, R. (Ed.) (1996). *World yearbook of education 1996 evaluation of higher education systems*. London: Routledge.

D'Souza, A. (1976). *Anglo Indian education: A study of its origins and growth in Bengal up to 1960*. Delhi: Oxford University Press.

Gee, J., Hull, G. & Lankshear, C. (1996). *The new work order: Behind the language of the new capitalism*. Sydney: Allen & Unwin.

Gewirtz, S., Ball, S., & Bowe, R. (1995). *Markets, choice and equity in education*. Milton Keynes: Open University Press.

Gilborn, D., & Youdell, D. (2000). *Rationing education: Policy, practice, reform, and equity*. Philadelphia: Open University Press.

Greider, W. (1997). *One world, ready or not: The manic logic of global capitalism*. New York: Simon & Schuster.

Habermas, J. (1971). *Technology and science as ideology: Toward a rational society*. London: Heinemann.

Habermas, J. (1974). *Theory and practice*. London: Heinemann.

Habermas, J. (1976). *Legitimation crisis*. Boston: Beacon Press.

Habermas, J. (1978). *Knowledge and human interests*. London: Heinemann.

Hirsch, F. (1976). *Social limits to growth*. Cambridge: Harvard University Press.

Huang, F. (2003a). Transnational higher education: A perspective from China. *Higher Education Research and Development 22*(3), 193-203.

Huang, F. (2003b). Policy and practice of the internationalisation of higher education in China. *Journal of Studies in International Education 7*(3), 225-240.

Hyndman, M. (1978). *Schools and schooling in England and Wales: A documentary history*. London: Harper & Row.

Kliebard, H. (1999). *Schooled to work: Vocationalism and the American curriculum, 1876-1946*. New York: Teachers College Press.

Lyotard, J.-F. (1984). *The postmodern condition: A report on knowledge*. Minneapolis: University of Minnesota Press.

Maclure, J. (1973). *Educational documents: England and Wales, 1816-1967*. London: Chapman & Hall.

Miller, H. (1995a). States, economies and the changing labour process of academics: Australia, Canada and the UK. In J. Smyth *Academic work: The changing labour process in higher education*. Buckingham: Society for Research in Higher Education, Open University Press.

Miller, H. (1995b). *The management of change in universities: Universities, state and economy in*

Australia, *Canada and the UK*. Buckingham: Society for Research in Higher Education, Open University Press.

Miller, P. (1986). *Long division: State schooling in South Australian society*. Adelaide: Wakefield Press.

Mok, K. H. (1999). Education and the market place in Hong Kong and mainland China. *Higher Education 37*, 133 – 158.

Mok, K. H. (2001). From state control to governance: Decentralization and higher education in Guangdong, China. *International Review of Education 47*(1), 123 – 149.

Mok, K.-H. (2007). One country, diverse systems: Politics of educational decentralization and challenges for the regulatory state in post-Mao China (unpublished MS).

Musgrave, P. (1968). Society and the Curriculum in Australia. Sydney, Allen and Unwin.

Ohmae, K. (1991). *The borderless world: Power and strategy in the interlinked economy*. London: Fontana.

Ohmae, K. (1995). *The end of the nation state: The rise of regional economies*. London: HarperCollins.

Organisation for Economic Cooperation and Development [OECD] (2003). Cross border post secondary education in the Asia Pacific region. In *Internationalisation and Trade in Higher Education*. Paris: OECD.

Painter, M. (1997). Public management: Fad or fallacy? In M. Considine & M. Painter (Eds.), *Managerialism: The great debate* (pp. 39 – 43). Melbourne: Melbourne University Press.

Pusey, M. (1991). *Economic rationalism in Canberra: A nation-building state changes its mind*. Cambridge: Cambridge University Press.

Rodwell, G. (1992). *With zealous efficiency: Progressivism and Tasmanian state primary education 1900 – 1922*. Darwin: William Michael Press.

Sydney Morning Herald (SMH) (2000a). 'Richest schools to reap rewards of Federal Law'. 23rd August.

Sydney Morning Herald (SMH) (2000b). 'Kemp fi nds new formula to give more to richest schools'. 29th September.

Sydney Morning Herald (SMH) (2000c). '37,000 to choose private schools'. 19th October.

Sydney Morning Herald (2005a). 'Order to all state schools: Tell it like it is'. 29th June.

Sydney Morning Herald (2005b). 'Reports required from all schools'. 1st July.

Turney, C. (1969). Pioneers of Australian Education. Sydney, Sydney University Press.

Weiss, L. (1998). *The myth of the powerless state: Governing the economy in a global era*. Cambridge: Polity Press.

Welch, A. (1997). 'Reform or crisis in Australian education?', *Class, culture and the state in Australian education: Reform or crisis?* (pp. 1 – 31). New York/Berlin: Peter Lang.

Welch, A. (1998). Education and the cult of efficiency: Comparative reflections on the reality and the rhetoric. *Comparative Education 34*(3), 157 – 176.

Welch, A. (2003). Globalization, structural adjustment and contemporary educational reforms in Australia: The politics of reform or the reform of politics. In Mok, K.-H. & Welch, A. (Eds.), *Globalisation and the REstructuring of education in the Asia Pacifc* (pp. 262 – 301). London: Palgrave Macmillan.

Welch, A. (2005). Korean higher education in international perspective: Internationalised or globalised? In K.-H. Mok & R. James (Eds.), *Globalization and higher education in East Asia* (pp. 99 – 136). London: Marshall Cavendish.

Welch, A. (2007a). Making educational policy. In R. Connell, C. Campbell, M. Vickers, A. Welch, & N. Bagnall (Eds.), *Education, change and society*. Oxford: Oxford University Press.

Welch, A. (2007b). Governance issues in SE Asia: Finance, quality and transparency, *Asia Pacifc Journal of Education* (Special Issue on University Governance) *27*(3), 237 – 253.

Welch, A., & Mok, K.-H. (2003). Conclusion: Deep development or deepening division? In K.-H. Mok & A. Welch (Eds.), *Globalisation and the RE-structuring of education in the Asia Pacific* (pp. 333 – 356).

London: Palgrave Macmillan.

Welch, A., & Yang, R. (2007). A pearl on the silk road. Internationalising a regional Chinese university (unpublished MS).

World Bank (1995). *Higher education: The lessons of experience*. Washington: World Bank.

World Bank (1999). *Higher Education Reform*. www.worldbank.org.cn/English/content

Yang, R. (2007). Incorporation and university governance: The Chinese experience, Using University Enrolment Expansion Policy as an Example, *Asia Pacific Journal of Education*, vol. 27, No. 3, 2007, 255 - 269.

Yeatman, A. (1997). The concept of public management and the Australian state in the 1980s. In M. Considine & M. Painter (Eds.), *Managerialism: The great debate*. Melbourne: Melbourne University Press.

36. 终身学习和全球化：迈向一种结构性的比较模式[①]

彼得·贾维斯(Peter Jarvis)

在全球化的世界中，任何关于终身学习的比较研究都会遇到很多严重的问题，因为终身学习不像其他教育分支那样是一个结构性的系统。一旦提出这个问题，我们自然而然地就会问，在何种程度上可以通过比较的方式研究终身学习。然而，在这一问题得到回答之前，我们有必要澄清究竟什么是终身学习，这一澄清构成了本文的第一部分。在这一部分，我们将会讨论终身学习产生的一个重要因素：就其当前的形势来看，其产生是全球化进程的结果。因此，在第二部分，我们将探讨全球化的理念，并致力呈现全球化进程中主要的社会力量，它们作用于社会的各个方面。但是在第三部分，我们将讨论到，有些社会力量强化了这些社会压力，同时另一些则起到了缓和的作用，因此，全球化并不一定会导致标准化。本文最后，我们将提出一个模型，使我们理解终身学习的不同表现是如何产生的。这如果不是终身学习本身的研究基础的话，那么可能会成为终身学习政策比较研究的基础。

终身学习

成人教育家曾长期支持终身教育体系(Yeaxlee，1929)，但是直到社会底部构造需要新的知识为资本主义市场以实惠高效的方式生产更多的商品时，其才成为一个重要议题。这一重要需求导致了全球知识经济：各国被迫引进终身学习政策，进而导致其教育体系发生重大变革。终身学习时代到来了。很多国家不得不变革他们的教育方式，而这些教育方式也已经被全球资本主义体系殖民化了，甚至连最传统的教育机构——大学也发生了变革(Bok，2003；Lucas，1996；Slaughter & Leslie，1997)。

然而，在分析终身学习的过程中，我们面临一个概念性问题：学习既是一个个人化的过程，同时也是一种制度化的供给。因此，我们看到终身学习出现的两种不同方式。菲尔德和莱斯特(Field & Leicester，2000：xvi - xix)很好地提出了这一问题。他们问道，虽然周期性参与学习的说法比永久性的学校教育更为准确，但是我们到底是在解决终身学习的问题还是永久性学校教育的问题？他们并没有进一步对在其文章标题中提到的模糊问题展开叙述，因为这一章只是他们著作的引言，但是书中的其他章节对这个问题进行了阐述。不过，这个问题仍然隐藏在这一概念的传统界定中，比如欧洲委员会(2001：9)对其的定义是：

> 以提升个人的、公民的、社会的以及/或者与职业相关的知识、技术和能力为目标，在整个生命过程中进行的所有学习活动。

这是一种个人主义性的定义，除其他事物外，该定义在其工具性的目标上尚有讨论空间。但是这是一种对学习本身的个人主义解释，并且由此引申出终身学习者的概念。依照这个观点，学习是一个存在主义的现象，几乎是与有意识的生命同生共死的。比如，学习是终生的，因为学习发生在任何我们有意识的时候，并且其需要无内于自身的目标，尽管学习常常确实是带目的性

① 选自 Peter Jarvis，*Democracy*，*Lifelong Learning and the Learning Society: active citizenship in a late modern age*. Routledge.

的。也就是说,学习本身既非生命的附带条件也非工具,而是生命过程的本能。其可被定义为:

> 生命过程中全人——身体(基因的、物理的和生物的)以及思维(知识、技术、态度、价值、情感、信念和感觉)——对于社会情境的体验的结合,其中被感知的部分进而通过意识、情感或者实践(或者通过任意组合)得到转化,并被整合到个人的"自传"(biography)中,造就一个逐渐变化(或者愈益成熟)的人。(Jarvis, 2006: 134)

这一定义在其他地方已得到了充分的讨论(Jarvis, 2006),因而本文不再赘述。然而,终身学习还有上文当中提到的第二种含义——它也是一种制度化的周期性学习的形式,这一概念在经济合作与发展组织(OECD)和其他20世纪70年代建立的组织中颇为流行。但是欧盟(EU)的定义不仅于此,因为尽管欧洲委员会(EC)的政策文件从未将学校教育真正包含在其终身学习政策中,但是却将启蒙教育(initial education)包含在内。因而,终身学习包括了正规和非正规学习,以及非正式学习。我们需要认识到这种学习和周期性学校教育的整合是另一种理解终身学习的方式。因此,终身学习可被定义为:

> 任何社会机构提供的能够让个体在全球社会中获得知识、技术、态度、价值、情感、信念和感觉的每个机会以及过程。(Jarvis, 2007: 99)

这两个定义表明了终身学习的不同方式,从这一意义上而言,它们就是一个硬币的两面。学习通常是个人的,但是学习比教育的内涵要广,因为我们人生当中的一些学习机会是由社会机构提供的,例如国家以及雇主提供的周期性教育形式。然而,在多数研究终身学习的文献中存在的一个重要问题是,终身学习常常指工作—生活式的学习,并且忽略了退休后发生的所有正规和非正规的学习形式,因为它们是个体在闲暇时间进行的活动。然而,老年人的学习本身是终身学习的重要组成部分,而且更为重要的是,它是在工作—生活式的学习成为一个重要议题的同一时期开展的。

第一个针对老年人教育的制度创建于1962年的纽约,但1972年法国建立了老年大学(University of the Third Age),英国则在1982年建立,但是其与欧洲大陆的大学在结构上有些许不同。到了1988年,老人寄宿教育机构网络(Elderhostel Institute Network)成立,并囊括终身学习机构。结果,该终身教育中的非职业性元素不仅庞大,而且随着时代的发展而迅速扩大,进而成为比较分析的对象。老年教育的迅速增长并不是因为市场需求,而是源于人口的增长。

相较之下,这一时期内职业性终身教育的发展则有多种形式,例如成人教育、继续教育、继续职业发展以及人力资源发展。直到20世纪90年代,"终身学习"这个说法才得到确立,并因为被写进欧洲教学与学习白皮书(European Commission, 1995)而迅速传播开来。这两份欧洲白皮书都反映出,终身学习的理念已经在欧洲的一些国家出现,但却没有出现在发达程度较弱的国家中。实际上,正如我们下面将提到的,正是发展的问题使得教育中的这一变革变得如此重要,但是显然美国并没有使用工作—生活式的终身学习这一术语,因为美国很多年前就已经有了成人教育的形式,而且既有职业性的也有非职业性的,而在英国和其他很多国家,成人教育被看作是一种闲暇时间才会开展的活动——有意思的是,成人教育在美国已成为终身学习!

然而,我们在此关注的是口头上所说的为成人开展的教育,其在欧洲被称作"终身学习",但是在美国则被称为"成人教育"。我们注意到了一个很有趣的事实,在撰写本章的同一时间里,欧洲出现了一项有关成人学习而不是终身学习的政策(European Commission, 2006)。因此,我们现在就有了三个不同的说法,即终身学习、成人学习和成人教育,而且三者都指代成人的职业教育。虽然"终身学习"在世界上很多国家仍旧是使用最为广泛的,但是有观点认为它是因全球化而产生的现象,这是我们接下来将要讨论的现象。

全球化

目前存在着多种关于全球化的理论。斯克莱尔(Sklair,1991：27—36)将全球化理论分成了五类：

- 帝国主义和新帝国主义
- 现代化和新进化主义
- 新马克思主义(包括依附理论)
- 世界体系(以及新国际劳动分工理论)
- 生产方式理论

通常而言,帝国主义理论认为,主要权力体夺取新的市场和机会,以便拓展其政治、文化和经济影响(参见 Galtung,1971)。现代化理论认为,那些落后的社会受限于各自的传统,而现代社会则能够超越传统,因此现代社会能够发展壮大,因为他们是由革新者领导的,而这些革新者通常继承了新教伦理的文化遗产(参见 Weber,1930)。新马克思理论中最重要的是依附理论。斯克莱尔认为,也有一些从属不发达、从属发达或者依附逆转的理论,伯恩施尔(Bornschier,1980)的著作中就反映了这种状况：这些理论与帝国主义理论紧密联系在一起。然而,其他的新马克思主义视角并没有过于强调依附。在沃伦斯坦(Wallenstein,1974)的世界体系中,他支持一种基于中心——外围的世界模型建立的国际劳动力分工,但是像现代化理论一样,权力的重要性被忽视了。最后,生产方式模型认为,发展落后的原因在于国家自身而非国家在全球化结构中的位置关系。这些理论都认识到了社会经济机构的中心化,尽管只有帝国主义理论和马克思主义模型关注了权力问题。对于各个理论而言,它们都强调了全球化,但是没有任何一个理论对其进行全面的解释。因此,只有将这些理论结合并加以修正,我们才能对当代社会中的全球化做出解释。

在经典的马克思主义分析中,社会基础是经济制度,也就是说,社会中的其他部分都是基于在经济基础和框架上构建起来的。在马克思主义理论中,经济制度在每个社会中都是不同的,但是都占有主导地位,因此在某种程度上,经济活动影响了社会的其他活动,但是却被各个国家的领土边界割裂了。尽管笔者并不认同这个结构方法,但是这一分析却在事实上改变了细节,并随之出现了三种观点。第一,这一社会基础现已将技术包含在内,尤其是信息技术,它使得时空重新组合。因此,当信息技术与快速的传输系统相结合时,世界变成了"地球村"。"村"这个词的表意有些误导性,因为世界的各种文化远远不像一个村庄那样是同质的,尽管有些理论家开始以这种方式关注全球化问题,即标准化过程(Beck,1992)或者说是麦当劳化(Ritzer,1993)。但是第二个方面,地球村现在已经具有这个共同的社会基础而非各自独立的领域,因此,虽然各国仍然保持独立,但是这一底部结构是统一的,而且其中的组成部分也在全世界扮演着独立的实体。但是,这意味着帝国主义理论更为有效。第三,自从柏林墙倒塌以来,世界上只有一个超级大国——美国,它视自己为全球唯一的帝国力量,并且支持着全球化的底部结构,以至于常常难以区分美国的影响和底部结构自身的影响。因此,美国可以被看作是当前底部结构中的一部分(Pilger,2003)。自从这一底部结构获得美国政治和军事力量的支持和保护,西方世界就成为主导,因此美国化的理念常常与全球化的理念紧密相连也就不足为奇了。然而,这可能只是世界发展的一个暂时性阶段,因为中国和印度可能很快就会发挥重要作用。但是,资本主义体系和国际劳动分工确实影响了世界上的很多国家,也影响到了各国的教育体系。因此,对全球化概念最好的理解可能是,它作为社会经济和政治现象在全球范围内产生了深远的文化影响。

全球化至少有两种主要因素:第一种是那些主要西方国家控制社会基础的方式,尤其是美国,其能够将自己的控制力延伸到世界上几乎所有的国家,进而控制其结构和资源;第二种是这些社会基础的变化对于每个社会的上层结构产生的影响,因为通常的社会基础意味着相似的力量正在作用于每个个体和每个社会当中,尽管个人和社会都具有不同的历史、文化、语言等,但是由于不同的文化群体试图保持自己的生活方式,因而这些力量在发挥作用时会遭遇各种障碍。此外,每个地区和国家的政府仍然拥有权力,它们也试图反对或修正全球化的作用。笔者将其称为"缓解"(mitigation),而哈贝马斯(2006:81)则称其为"缓冲"(cushioning)。但事实是,能够缓解全球化影响的政府政策既带来了趋同化(convergence)也带来了差异化(difference),与其他社会现象一样,对于终身学习的各种政策与实践来说也是如此。

全球化因此可以用图 1 和图 2 进行描述。

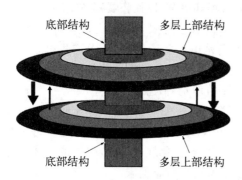

图 1　全球化的社会模型

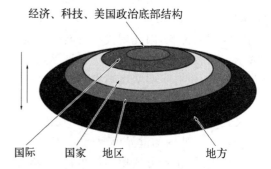

图 2　多层社会模型

这一模型的重点在于呈现了一个贯穿于不同国家的核心的全球化社会基础——它对其他国家产生了一种中心化的力量,因而将世界各国集中在一起。向下的大箭头指示了世界上 203 个国家之间的权力关系(根据联合国教科文组织 2006 年的统计数据),而两个向上的黑色小箭头描绘了全球化力量的抵抗。在图 1 中,每个分层代表了一个被社会基础贯穿中心的国家,每个国家现在可以通过以下的方式得以展现。

赫尔德等人(Held et al.,1999:62—77)首先应用了多层社会的概念,每层被等级化地划分开来是要说明其不仅仅是地理上的划分,而且也是源自核心的权力对外影响的划分,尽管大家曾认为,基于民主的本质,"下层社会"能够并且应该同样具有主动作用,因此权力不是单向的过程。但是,由于种种不同原因,个体对于来自阶级的压力的反应却多少有点消极,因为很多人很享受安逸的生活方式。虽然在此并没有描述个人或团体组织,但是他们能够在任何一个社会层中发挥作用、施展力量。

首先,我们要注意图 1 和图 2 中,底部结构集中在一起并贯穿于所有的国家之中,因此,图 1 中的两层仅仅描绘了我们所能包含的很多国家中的两个,它们不得不相互协商以便合作。信息技术的发展、旅行的快速便捷等因素意味着全世界的人们能够更加清楚地获悉其他地方发生的事情,并且能够更多地对此产生影响。因此,不同阶层的人能够通过电子通信的方式跨国交流,能够快捷实惠地跨国旅行,实现跨文化交流,但是他们在政治和文化上仍旧是分离的。外部的箭头指示了不同国家之间的不平等关系。比如,向下的大箭头表示交易、援助、商讨等。当然,权力更大的国家会向权力小的国家给予更多东西,因此这一箭头也描绘出了一种支配关系,在这种关系中,西方的主流文化仍然输出他们的文化和商品,只不过是采用了一种不同的机制。

相比较而言，联合在一起的底部结构贯穿于每个国家，对每个国家提出相似的要求。正如贝克（Bech，2000）所言，由于各个成员认同中心的目标和功能，底部结构纵横于国家的边界，但是在核心内部仍有竞争，因为每个组成公司在和其他公司进行着竞争，为了能够比竞争对手更加成功地生产出畅销全球的商品。内部竞争的存在意味着核心内部的变革速度很快，这种驱动力来自市场需求，其既产生动力，同时也是核心的所有边界所要试图回应的问题。内部竞争比全球化体系当中其他不受市场驱动的方面变化更快，因而内部竞争对每个国家的变革产生了作用。此外，有必要认识到，这种变革既不渐进也不均衡，因为新的发现倾向于不均衡地产生变革。这一观点的重要性在于对于一个将要生产和进入市场的新商品来说，新的知识和受过教育的劳动力都至关重要，因此，教育系统必须进行变革以适应这些变化，包括在某种程度上，教育必须向劳动力倾斜，因而职业教育必须成为终身的。最后，我们还必须注意到，在两张图中都有箭头指示了反抗全球化力量的阻力，这些阻力不同程度地影响了各个地区及其政策，因此，标准化并不是全球化的结果，尽管有强大的力量趋向于此。还有很多其他全球化的影响，但这些影响已经在其他地方得以阐述（Jarvis，2007），而且有关这些影响的讨论对于本文而言无关紧要。

底部结构（或称"核心"）是每个社会的驱动力量，但是相较于核心内部而言，在国家和地方文化内部存在着更为广泛的利益和关切。而且在某些情况下，对于这些变革的阻力也正在产生。这些情况存在于各个层面，包括国际层面。全球化社会的底部结构不仅驱动了变革，还创造了教育系统的变革。教育被置于更加宽泛的政治和经济体系中，正如克尔（Kerr *et al.*，1973：47）早在1973年时就指出的，教育是工业的婢女：

> 工业社会的高等教育强调自然科学、工程、医学和管理培训——无论是私人的还是公共的——以及管理法。高等教育必须紧紧地适应于新的学科以及专业化的新领域。因此，虽然社会科学紧密联系于管理团队培训以及企业和政府所需的技术人员，但是留给人文学科和艺术的空间就相对较小了。然而，工业化带来了更多的休闲时间，能让人们更多地欣赏人文学科和艺术。

当然，他们尽管没有正确理解社会的本质，但是合理地强调了科学和实用学科，即便在后工业社会也是如此。斯特尔（Stehr，1994：10—11）认为，在知识经济时代，科学有了进步。在知识社会中，教育主要讨论的问题自然就是实践、科学以及与此相关的社会科学的优势地位。其他形式的知识可以被降格为是闲暇时间从事的活动，因此，终身学习在欧洲与工作—生活式学习等同，但在美国却是闲暇时间从事的活动！只是后者已经将工作—生活式学习包含在了成人教育的范畴之内。在此我们必须澄清的是，本文之后使用的是欧洲的终身学习的概念，笔者已经对终身学习和终身（或者周期性）教育做出了区分。

然而，变革的力量并非畅行无阻，而且终身学习在各国也并非以相同的形式呈现，因此，比较教育才显得重要。

迈向一种比较终身学习的模式

从以上论述当中我们可以看出，主要的力量促成了世界上大多数国家的终身教育，但是仍有国际、国家甚至是地区和地方层面的其他力量起到了阻抗作用，它们试图改变甚至反抗这些主要力量。图3展现了这种观点。

如果下述模型有效，我们应该提供一个理论框架，以便于理解经由全球化的力量产生而施加在国家与其他教育提供者上的不同压力。这一框架因而能够描述世界上不同社会形态中的终身

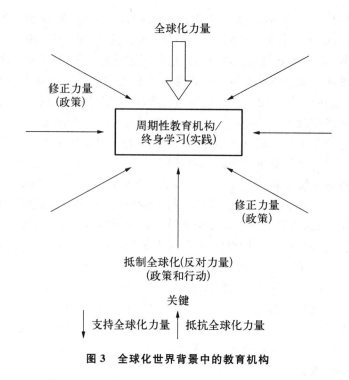

图 3　全球化世界背景中的教育机构

学习形式。然而,应当注意的是,核心不具有国家层面的力量,那么只有当国际层面能够产生压力并制定政策时,国家层面的力量才会发生作用。国家和地区层面能够产生压力、形成政策以及展开实践。这样,所有的层面都可能缓解或者强化人口这一来自全球化资本主义的最大压力。因此,本节有 5 个小段落:全球化、国际压力、国家和区域政策以及对于变革的抵抗者。

全球化的力量

　　从中心发散出来的全球化压力是变革的推力。比如,全球资本主义的目的在于尽可能高效且便宜地生产新商品,并且利益最大化地在市场上销售。为了生产新的商品或者是通过更为高效的方式生产原有商品,有必要具备实践取向的知识以及合格的劳动力,即受过教育的人。因此,一些知识类型相对于其他的知识而言就占据了优势地位。舍勒(Scheler, 1980)早在 1926 年就说过,一些知识类型——科学和技术——是人为的,因为其变革极快以至于从未与文化相融合过,而文化的变革却是非常缓慢的。这些知识类型随着市场需求快速变革,因而工人和潜在的雇员需要最新的教育以便符合工作要求,进而实现职业发展以便保持合格的状态。如果没有相应的教育,他们就会在工作领域中被淘汰。因此,全球化的力量要求对课程和终身学习方面给予一定的重视,如果这一要求没有得到满足,那么公司或者会重新选择更加省钱更具可塑性的工作场所,以及/或者会开办自己的企业大学(Meister, 2000；Jarvie, 2001)。这些力量在每个国家发挥作用,只是程度不同。

国际

　　国际机构也在全世界范围内以多种方式产生力量,总结起来有三种形式——支持、改变和抵抗,之前我们已经谈到过。在这个层面上,终身学习的途径也有一个几乎完整的谱系。我们将简述如下 4 种:世界银行、联合国教科文组织、经济合作与发展组织以及欧盟。

　　在这个框架中,世界银行和国际货币基金组织作为新自由主义经济机构向政府施加压力,加强其底部结构的力量,进而有助于复制全球化社会的经济和文化状况(Pliger,2003)。这种压力对于从国际银行贷款或者受到国际银行贷款支持的国家来说甚至更大,因为这种力量能够为发展中国家适应自身对于全球化经济的理解提供条件,即便这种经济制度似乎并不有利于这些国家:这种经济体制当然有利于发达国家以及将公司利益投入其中的大公司。实际上,世界银行前任首席经济学家和诺贝尔经济学奖得主约瑟夫·斯蒂格利茨(Joseph Stiglitz)(Stiglitz,2002)最近指出,世界银行的经济政策和价值观念发生改变的时候已经来临。他写道:“发展不是使少数富人变得更富裕……而是实现社会转型,改善穷人的生活,让每个人有机会获得成功,能够获得医疗服务和教育。”(Stiglitz,2002:252,转引自 Bawden,20006:113)他对国际货币基金组织也同样进行了批判。同时,我们还要认识到,在很多情况下,贷款对于那些自治的、拥有强烈愿望和创业精神的国家和组织而言是一种促进首创精神的方式。

相较而言,我们在联合国教科文组织当中所看到的完全是另外一种画面:终身学习的拥护者在这一概念流行之前就采用了“终身”这一词汇,这既促进了这一概念的发展,同时也使这一概念以人文主义的视角得以呈现。从最初的那份重要报告,即富尔报告(Faure Report,UNESCO,1972)和背景文件的各类出版物(OISE-UNESCO,1973)到今天我们所看到的文献都是同样的关注点。富尔报告早在全球资本主义成为一股重要力量之前就已产生,它是联合国教科文组织委员会针对教育发展问题所制定的,但是其结论至今仍然有用。为了给这份报告增添色彩,我们找到了一个不同的重点,因为其一直强调“全人”:

> 身体、智力、情感和道德的整合形成了个体的全部,这是教育基本目的的宽泛定义。(Faure,1972:156)

富尔报告的序言(Faure Report,UNESCO,1972:xix-xxxiv)清晰界定了人类的本质:

- 将人类(Homo sapiens)和人(Homo faber)联合在一起是不够的。这样的人必须同时感觉到与自身的和谐以及与他人的和谐:人类和谐(Homo concors)。
- 这是一个全人的时代,即人的全部和全部的人。

这是一份颇有远见且较为激进的报告,足以在教育界留下印记,但是其内容在多大程度上被采纳就是另外一回事了。不过,联合国教科文组织始终支持其中的理念,并出版了一些作品加以阐释(UNESCO,1990,2000,2005)。

与世界银行不同,联合国教科文组织的这类文件是自由的乌托邦,处处强调人类的重要性以及作为整体的人类如何需要共享他们在世的成果。虽然这是一种自由的乌托邦和伦理,但它也是一种政治的诉求,试图改变来自全球化社会的底部结构对社会变革产生的作用。但是,还有很多其他的重要组织提供了他们的解决之道,我们需要对其进行考察。现在,我们就来看看经合组织。

经合组织成立于1960年12月,其目标在于最大限度地实现经济和就业增长、提高成员国的生活水平、在成员国和非成员国范围内实现经济扩张以此促进世界贸易。虽然在此也会提及非成员国,但可能在经合组织的文献当中,其本质上很自然地关注的都是经合组织成员国,因此没有说明很多全球化的重要问题,因为很多成员国都是富有的工业化社会。但是纵观经合组织的所有文件,在这些社会当中,仍旧存在有关机会公平的重要问题。

经合组织是在新自由主义经济被广泛接受前成立的,尽管其成立可能预示了经济全球化的到来。从其成立的早年开始,经合组织就关注教育问题,较早提出了周期性教育的概念,将其作为终身学习的策略之一(OECD,1973),并将这一概念视为一种与众不同的教育途径。在经合组织看来，"教育机会应当贯穿于一个人的终生，作为青年人继续教育年限不断增长的**一种替代**"（OECD，1973：5）。经合组织从一开始就没有提出一个并驾于成人教育的正规教育系统，因为那样将会产生新的二元系统，这一点非常重要。在经合组织的提案背后蕴含了对机会公平的真切关注，因为它从一开始就强调技能较差的人应当与那些技术熟练的人一样有权获得带薪教育假（paid educational leave）。

然而到了1977年，"周期性教育"的说法消失了，这可能是因为人们逐渐意识到，实施将带薪教育假作为一种津贴的体系或者将后学校教育作为教育系统的一部分花费太大，因而"成人教育"的理念凸显了出来（OECD，1977：5）。此外，核心概念变成了学习，这表明存在着五种类型的学习需求：(1) 补偿式的；(2) 职业的、技术的和专业技能；(3) 健康、福利和家庭生活；(4) 公民、政治和社区能力；(5) 自我实现（OECD，1977 vol.1：23—24）。之后，又颁布了四卷书考察新的结构、项目和方法、非参与性、参与性以及扩大弱势群体的准入（OECD，1977—1981）。因此，我们能够看出，尽管经合组织早期涉及终身学习的出版物是职业取向的，但是这些出版物也非常适用于普通成人教育的所有问题。而且，具体章节的很多作者也是著名的成人教育家。随着全球化变得日益重要，经合组织更加关注知识经济，尽管人们也意识到全球化自身具有的弱点（OECD，1996：30）。实际上，全民终身学习曾是经合组织部长会议的议题，而且随着更宽泛的成人教育问题仍然出现在讨论文件中，很明显学习和工作之间的关系也成了流行的问题。实际上，终身学习带来的第一个话题就是学习型经济。将学习型经济视为终身学习的首要问题以及引入全球资本主义的话语表明了经合组织受到了这一时期主要经济政策的影响以及其如何反之产生影响。此后，技术带来的变革加速被看作是终身学习的第二个原因。第三个原因是有关纵贯一生的教育讨论。第四个也是最后一个原因是社会凝聚问题的解决，因为人们看到贫富差距正在扩大（OECD，1996：90—92）。

欧盟认真回应了受到全球化影响的三个教育领域：教育及培训、高等教育和终身（成人）教育。每一领域的政策可以被看作既是对于全球化力量的回应，也是对于全球化力量的有意识改变。马斯特里赫特条约（Maastricht Treaty）中的第149和150条提到：首先要寻求建立一个欧洲的教育维度，其次要关注对职业训练政策的需求。我们先不分析此后出现的大量政策文本，欧盟委员会在1995年的教育与培训白皮书中，就提出了"教学与学习：朝向学习社会"（European Commission，1995），并具体列出了三个目标：

- 社会整合
- 就业率提升
- 个人成就

有关终身学习的最新文本（European Commission，2001）则列出了四个目标：

- 积极的公民
- 个人成就
- 社会融合
- 就业相关方面

在这些事项中，施加于欧洲国家的国际压力是缓和性的力量，因为就欧洲的整合而言，它们也是全球化资本主义的成果。其中一例是1999年6月19号颁布的《博洛尼亚宣言》（Bologna Declaration，2005），这份文件表明了欧洲高等教育为了完全适应于整个欧洲的需要而采取的发展策略。这是欧洲化过程的一部分，其中的终身化问题仍然回应了职业对于教育的需求，也回应了教育和培训的问题。

　　两种类型的社会压力都源自国际机构,这些国际机构会在某种程度上缓和全球化压力或者强化全球化压力。值得注意的是,那些最没能力自救的国家更容易受到那些强化全球化力量的国际机构的影响。

国家政策

　　我们能够看到国家层面对于全球化回应的两种方式:一种是试图缓和全球化的力量,另一种则是阻止全球化对其国家产生任何影响。在国家政策文本中我们能够发现差异,我们以终身学习为例来比较政策文件。比如在英国,《学习时代》(*The Learning Age*,DfEE,1988)主要是以国家的经济需求为导向的,提出了"为了工业的大学"和"学习指导"——一种国家信息服务。这份报告反映出了新工党政府的新自由主义原则,以及其进行终身学习的愿景。一开始,这份报告并没有参考太多其他的欧盟特定的终身学习目的,尽管在部长撰写的前言中引用了一句:"学习为发现提供动机和机会。学习刺激了好问的思维方式并滋养着我们的灵魂。"(DfEE,1998:10)一种新自由主义被提上了日程,它符合全球化底部结构的要求,英国成为欧洲实行这一日程的领导国。值得注意的是,在英国,公民权并没有如欧洲政策文本中描写的那样占有重要地位,但是相比欧盟委员会,英国较少在意欧洲化的问题,尽管英国的公民权及其所需要的学习已经成为一个因为移民而产生的问题,移民问题本身在很多情况下可以追溯到全球化力量的影响以及西方的财富。我们能够很好理解一个在不平等世界中的经济移民。

　　英国政府更多以全球化力量为导向的一个原因在于20世纪80年代撒切尔夫人当政时期,采取了新自由主义主张的最小政府的政策,而其他大多数欧盟国家并没有这么做。然而重要的是,随着越来越多的国家被迫更多地迎合全球化的力量,很多欧洲国家现在似乎将英国视为这条道路上的领导国。

　　相较于英国政府所强调的,来自其他两个工业社会——一个在欧共体,另一个在东南亚——的类似政策文本则显示了不同的关注点。芬兰政府的政策文本指出:

　　　　到2004年,芬兰将成为引领知识和交往的社会之一。我们的成功建立在公民的平等学习机会和发展他们自身的知识以及尽可能地运用信息资源和教育机会的基础之上。一个基于网络教学和研究的高水平的、道德的和经济的可持续操作模式将会出现。(Ministry of Education,1999:29)

　　正如芬兰的文本是建立在公民机会的基础之上而非经济成功的基础之上,中国香港地区的文本则是建立在学习者全面发展的基础之上。因此,21世纪教育的目的有以下三个方面:让学生享受学习;提升学生的效率和交流能力;发展创新意识和培养责任感(Education Commission,2000:30)。这些目标的实现要遵循以下原则:以学生为中心,"没有失败者";质量;终身学习;全社会动员(Education Commission,2000:36—42)。虽然英国的政策文本多源于受到全球化底部结构和新工党政治意识形态影响的新自由主义经济政策,但是在芬兰和中国香港地区的文本中则能明显地看到更多的人文主义方式。这也反映了每个国家的流行文化。对这三个地区有关终身学习政策的简评确实表明了终身学习的比较研究路径是可行的,并且比较政策分析的路径应当是可以运用的。

地区政策

　　在地方结构上,我们更有可能从各个层面考察教育中的实践,研究公私伙伴关系是如何实现的,以下仅为举例。基于地方的国家教育正在越来越多地受到商业和工业的影响,这种情况不仅仅表现在课程的设计和实施方面,还表现在对学校活动的资助甚至是对整个学校的资助方面。商人们常常被任命为管理者和顾问,学校也会为他们的学生设置商业场所,等等。这种情况在世界范围内发生的程度是一个有趣且重要的研究问题。

同样地,学习区域、城市、镇的发展是另外一个公私联合参与社区建设的例子。正式学习和非正式学习相结合的学习型社区政策和网络存在于世界的每一个角落。(Longworth,2006)随着越来越多——但不是全部——有关学习区域的政策像关注经济因素一样关注文化因素,这些政策也试图缓解全球化力量对于地方层面的作用。

在组织层面上的关注点自然是工作、学习组织和人力资源发展(Pedlar *et al.*,1997),以至于工作场所学习在全世界范围内迅速发展。正如之前提到的,确实有很多用人机构让他们的员工参与其他形式的教育。

抵抗全球化

但是我们看到了更为广泛的对于全球化的抵抗,不仅仅是通过公开的示威游行,在诸如环境教育(O'Sullivan,1999)、广泛的政治和学术讨论以及生活方式中都充满着抵抗。

因此,我们很可能识别出作为全球化结果的对教育实践产生作用的三种力量类型:试图创造终身学习的形式,并使其成为"工业婢女"的全球化力量。另一种全球化力量则在政策和实践中寻求缓和自身,并产生更多地平衡全球资本主义和丰富人类生活、保护环境的人文追求的终身学习形式。还有一种力量试图抵抗全球化进程,它们体现在社会运动、非政府组织。(如图 4 所示)

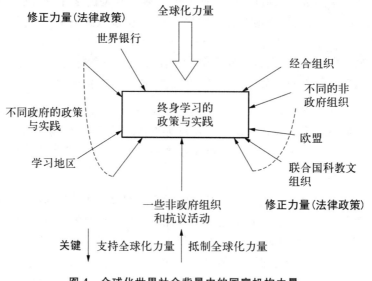

图 4   全球化世界社会背景中的国家机构力量

结   论

终身学习给比较教育带来了挑战,它几乎发生在世界上每个国家中。各国的终身学习都是在相似的全球核心力量的作用下产生的,但是其自身表现却各不相同。一方面,终身学习的政策和实践可以被视为全球化底部结构的婢女,同时也可被视为寻求在世界范围内复制其自身的文化(Bourdieu,1973),另一方面,终身学习也可以被认为具有截然相反的目的。

正如我们前文所指出的，控制底部结构的公司其力量非常强大，但是却无力制定国际政策或者法规，因此它们不能通过这一途径强化自己的计划。但是，一些学者（特别是 Korten，1995；Pilger，2003）认为公司的力量非常强大，足以统治世界。如果事实的确如此，那么终身学习将会完全是职业性的。相比较而言，我们认为，尽管国际组织、国家及地区政府都受到了全球化的影响，但是却在不同程度上试图缓解这些影响，并且将终身学习作为这一过程中的工具加以运用。因此，世界上的终身学习政策与实践既有很多相似性，又有大量的差异性，这取决于它们采取何种方式应对这些全球化的力量。例如，欧盟有两项完全不同的计划：第一，在全球经济的背景下创造更具竞争力的欧洲，因此给予新自由主义进程大力支持。从这个意义上而言，我们可以认为终身学习政策对全球化力量起到了支持性作用。但是，其第二项计划则是建立一个联合的欧洲，大力支持终身学习和公民教育，这最终可能会被看作是消解资本主义全球化力量的一种教育形式。因此，我们在欧洲政策文本和实践当中看到了针对全球化力量的矛盾心理，这种情况对于所有 27 个成员国具有一定的冲击作用，尽管每个国家都是独立的。对于这些政策的比较研究是终身学习的一种比较研究方法，但是它并不是一种对世界上不同国家的实践所进行的比较。在任何一个国家中，若是没有一个单独的主要提供者或者国家结构来负责通常被称为"终身学习"的这一事务，终身学习实践的比较研究就会非常有问题。然而矛盾的是，在国家和国际层面上，老年人的非职业性终身学习越是不重要，其对比较研究来说就越有益，这是由终身学习的国际和国家层面的结构以及相似的目标造成的。

参考文献

Bawden, R. (2006). Educating for capability for inclusive well-being. In W. Campbell, N. Baikaloff, and C. Power (Eds.), *Towards a global community*. Dordrecht: Springer.

Beck, U. (1992). *Risk society*. London: Sage.

Beck, U. (2000). *What is globalization?* Cambridge: Polity.

Bok, D. (2003). *Universities in the market place*. Princeton: Princeton University Press.

Bologna Declaration. (2005). http://www.hefce.ac.uk/Partners/world/bol/

Bornschier, V. (1980). Multinational corporations and economic growth. *Journal of Development Economics*, 7, 191 - 210.

Bourdieu, P. (1973). Cultural reproduction and social reproduction. In M. Brown (Ed.), *Reproduction in education, society and culture*. London: Sage.

Department for Education and Employment. (1998). *The learning age*. London: Department for Education and Employment Cm 3790.

Education Commission. (2000). *Learning for life learning through life*. Hong Kong: Education Commission.

European Commission. (1995). *Teaching and learning: Towards the learning society*. Brussels: European Commission (White Paper on Education and Training).

European Commission. (2001). *Making a European area of lifelong learning a reality*. Brussels: European Commission COM (2001) 678 final.

European Commission. (2006). *Adult learning: It is never too late to learn*. Brussels: European Commission COM (2006) 614 Final.

Faure, E. (1972). (Chair) *Learning to be*. Paris: UNESCO.

Field, J. & Leicester, M. (Eds.) (2000). *Lifelong learning: Education across the lifespan*. London: Routledge.

Galtung, I. (1971). A structural theory of imperialism. *Journal of Peace Studies*, 8, 81 - 117.

Habermas, J. (2006). *Time of transitions*. Cambridge: Polity.

Held, D., McGrew, A., Goldblatt, D., & Perraton, J. (1999). *Global transformations*. Cambridge: Polity.

Jarvis, P. (2001). *Universities and corporate universities*. London: Kogan Page.

Jarvis, P. (2006). *Towards a comprehensive theory of human learning*. London: Routledge.

Jarvis. P. (2007). *Globalisation, lifelong learning and the learning society: sociological perspectives*. London: Routledge.

Kerr, C., Dunlop, J., Harbison, F., & Myers, C. (1973). *Industrialism and industrial man*. Harmondsworth: Penguin (2nd edition).

Korten, D. C. (1995). *When corporations rule the world*. London: Earthscan.

Laksamba, C. (2005). *Policies and practices of lifelong learning in Nepal*. Surrey: Department of Political, International and Policy Studies. Unpublished PhD.

Longworth, N. (2006). *Learning cities, learning regions, learning communities*. London: Routledge.

Lucas, C. (1996). *Crisis in the academy*. London: Macmillan.

Meister, L. (2000). *Corporate universities*. New York: McGraw-Hill (2nd edition).

Ministry of Education. (1999). *Education, training and research in an information society: A national strategy for 2000 - 2004*. Helsinki: Ministry of Education.

OISE-UNESCO. (1973). *Education on the move*. Paris: UNESCO.

Organisation for Economic Cooperation and Development. (1973). *Recurrent education: A strategy for lifelong learning*. Paris: OECD.

Organisation for Economic Cooperation and Development. (1996). *Lifelong learning for all*. Paris: OECD.

Organisation for Economic Cooperation and Development. (1997). *Learning opportunities for all* (2 vols). Paris.

Organisation for Economic Cooperation and Development. (2001). *Cities and regions in the new learning economy*. Paris: OECD.

O'Sullivan, E. (1999). *Transformative learning*. London: Zed Books.

Pedlar, M., Burgoyne, J., & Boydell, T. (1997). *The learning company*. London: McGraw-Hill (Second edition).

Pilger, J. (2003). *The new rulers of the world*. London: Verso (Updated Edition).

Ritzer, G. (1993). *The McDonaldization of society*. Thousand Oaks: Pine Forge.

Scheler, M. (1980 [1926]). *Problems of a sociology of knowledge*. London: Routledge and Kegan Paul.

Sklair, L. (1991). *Sociology of the global system*. Hemel Hempstead: Harvester Wheatsheaf.

Slaughter, S., & Leslie, L. (1997). *Academic capitalism*. Baltimore: Johns Hopkins University Press.

Stehr, N. (1994). *Knowledge societies*. London: Sage.

Stiglitz, J. (2002). *Globalization and its discontents*. New York: W. W. Norton.

UNESCO. (1990). *World declaration on education for all*. Paris: UNESCO http://unesco.org/education/efa/ed_for_all/backgroung/jomtiem_declaration.shtml

UNESCO. (2000a). *NGO declaration on education for all*. Paris: UNESCO http://unesco.org/education/efa/wef_2000/cov_ngo_declaration. shtml

UNESCO. (2000b). *Education for all: Meeting our collective commitments — expanded commentary on the Dakar Framework for action*. Paris: UNESCO.

UNESCO. (2005). *Towards knowledge societies*. Paris: UNESCO.

UNESCO. (2006). *Education for all global monitoring report*. Paris: UNESCO.

Wallenstein, I. (1974). *The modern world system*. New York: Academic Press.

Weber, M. (1930). *The protestant ethic and the spirit of capitalism*. London: Unwin.

Yeaxlee, B. (1929). *Lifelong education*. London: Cassell.

37. 网络社会中的教育：批判性思考

伊娃·加马尔尼科夫(Eva Gamarnikow)

引 言

本文的主要目标是对当前"教育和全球化"的政策话语提出一些关键性的问题。讨论的重点是批判性反思支撑卡斯特《网络社会》(*Network Society*，2000)一书中的理论是如何被合理地作为知识社会的一种要求以及其对于全球化时代的重要性。本文的主要论据来自《网络社会》，这是一本主要关注经济、技术与工作方面变化的专著，其也关注国家政府与政治领域在协调经济和社会变革方面的重要性。《网络社会》的关注点要求教育研究者去解决在与教育相关的讨论中容易被忽略的问题，即教育与经济、技术以及工作之间的联系本质。政策社会学领域往往将经济、技术和工作都视为理所当然的存在，有时在全球化的总概念下，它们主要的作用就是作为扩张或者干预教育政策命令的来源。因此本文将要探究政策发展轨迹中组成这类地基的话语，即塑造或勾勒教育政策的影响情境(Ball，2006)。

本文由六个部分组成。前三部分主要涉及《网络社会》中与教育政策相关的主题。后三个部分分别探讨了就业、作为人力资源发展的教育以及在政策话语中作为关键因素的社会流动性。本文主要关注的是当前教育政策并未解决《网络社会》中提出的中心主题——它的资本主义形式——而引起的政策紧张关系。

网络社会

卡斯特的《网络社会》在社会学研究领域中是重要的一本文献，但是今天却常常受到人们的忽视。这是一本马克思主义学者对工作社会学做出的贡献，批判性地讨论了技术、工作和社会结构之间的关系，而这些讨论早已被人们忘却。如今关注教育系统与政策的学者们把重点放在作为人力资本发展的教育上，对于他们而言，卡斯特理论中的一些观点是值得深入研究的。

在《网络社会》一书中，卡斯特分析了当前资本主义生产模式的转变。这种生产模式正从战后的、社会民主的、静态的工业化社会模式转向当代的新自由主义、全球化以及信息化模式：

> 深化资本主义在劳资关系中的逐利逻辑，提高工人和资本的生产效率；推进全球化生产、流通以及市场……调动国家对生产效率提高和国民经济竞争力提升的支持，但这些支持经常有损社会保障以及公共利益监管。(Castells，2000：19)

卡斯特提到的是一种新的资本主义生产方式，根据赫顿(Hutton)引用鲁德瓦克(Luttwack，1998)的观点，可以将其形容为"涡轮资本主义"：

> 这是一种特别的资本主义类型，它是在和共产主义竞争过程中取得胜利后出现的。这种资本主义更加强大，更具流动性，更坚决彻底并且更确定自身所需。(Gidden & Hutton，2009：9)

网络社会仍然是资本主义形式。其组织形式和结构方式已经转变为信息化的网络资本主义，这很大程度上是由于信息技术融合进了生产、组织、货物的贸易以及服务方面，其大部分都是信息化的。这意味着要想分析网络社会对于教育的影响就要先从资本主义经济形式的转变以及经济与教育之间的复杂关系入手。

网络社会、技术和教育政策

尽管盖尔（Guile，2006）和其他一些研究者认为卡斯特本人对于教育和信息资本主义之间的关系并未做过多说明，但国家和国际层面上的教育政策话语（Lingard，2000；Ozga & Lingarda，2007）似乎是在全球化的教育"需求"这一具体的指示性假设中展开的。卡斯特谨慎地论证了信息资本主义中的一些关键特征，如经济、技术、社会和（民族）国家之间的复杂关系，而事实上，教育政策话语中基本没有这类论证。卡斯特在此讨论的复杂性被简化为布莱尔（Blaire）著名公式中的变量，"教育，教育，教育"。因此在知识社会话语中，《网络社会》中信息资本主义的教育政策视角倾向于关注全球化中教育作用的抽象化论证，这种论证常常被表述为一种相当简单的目的论论点，即技术变革产生教育"需求"。不同于《网络社会》，知识社会话语常常持一种深刻的技术决定论观点。换句话说，国家和国际层面上的教育政策忽视了卡斯特信息资本主义中的一些紧张关系和矛盾点，比如国家和国际上的不平衡发展、贫困、不公平和排斥、政府在协调经济和社会变革中的重要性。通过将知识社会与全球化中的修辞联系在一起，教育政策往往会复制一种霸权式的共识性功能主义的假设，这类假设关注技术变革、就业以及对更多的教育的内在渴求。

我们能够察觉出在《网络社会》的观点中，信息化资本主义已经被教育政策所占用和瓦解，以适应一种熟悉的传统，即在知识和技术驱动下对现代社会进行概念化和理论化（例如，Galbraith，1969；Bell，1973），因此信息资本主义要求更多的教育。许多持这类观点的学者基本上都是决定论者，他们认为技术变革导致了社会组织形式和生产方式的变化。技术被认为是社会进步的主要动力并且是工作领域的重要组成部分，而且技术被认为是知识及其应用的集合，所以通过扩展教育来提升国家的技术水平就成了合理的政策方案。

通过与教育政策的决定论话语做比较，《网络社会》不仅探索了信息资本主义的逻辑及其国家中的"真实世界"语境，还探索了信息资本主义和全球化之间的有机结合，并将信息通信技术（ICT）表达为一种生产力和信息化的共生。换句话说，信息通信技术既体现在一系列以计算机为中心的工作技术中（无论是专业人士的个人电脑还是信息化控制的生产流水线），又信息流动、控制和协调的关键机制。因此，信息技术既是全球化资本主义经济中工作的一大特征，也是通过时空压缩使资本主义的全球化成为可能的技术。

教育政策和全球化话语

在《网络社会》和全球化的要素之间有显著的相似和重叠之处，即信息技术以及信息化劳动者在全球化经济中的关键作用。但是，在《网络社会》中，国家采取的政策在管理人口影响以及国民经济策略和优先事项上的决策方面是有意义的（比如在灵活性与社会保障之间的决策）。相反，全球化以及知识社会话语并不看好国家能够对全球化带来的经济和社会冲击产生影响力。这里把国家政治的能力范围缩小为教育方面。

宿命论的教育政策理论把涡轮资本主义建构为一种不可避免且不可阻挡的资本主义，其远离代理化的民族国家，边缘化其在经济领域中有效发挥作用的能力。民族国家的政府（Foucault，1977）并没有出于保护的目的去反抗全球化的涡轮资本主义，而是承认自己对全球化无能为力。这种无能为力表现在两个方面。首先是对外，政府不可能有任何作为来反抗全球化。其次对内，国家要参照全球化的要求在社会机构,尤其是教育领域中实施大量的改革措施。

因此,关注教育和全球化关系的教育政策话语把教育当作国家用来应对当前及未来的全球化挑战甚至要求的最重要的也是唯一可行的策略。在全球化时代,教育成为个人、家庭、社区、国家以及区域主要的"保险措施",教育被用于应对可知的(如技术、技能)以及未知的(如市场的多样性)的各种风险和挑战。民族国家的政府因此沦为公民自我保护的教育组织。随着教育被视为应对全球化的"灵丹妙药",国家和国际层面的教育政策的全球化话语把知识社会建构为既是全球化的问题所在,也是其解决之道。

但是认为教育能够解决全球化信息社会的各类问题,如卡斯特识别出的不公平、排斥以及政治身份等,就太过理想化了。对于这种情况,教育应该被当作一种矛盾性的存在:一方面在输入和输出方面,教育是社会中立的,另一方面,为了对国内企业或者跨国公司、金融机构、劳动市场产生影响,它又是有社会权威的。

为了批判性地评价教育作为全球经济中的一种保护方式的有效性,我们有必要探究教育和就业的关系。

教育政策和全球化话语：就业

关于全球化和就业的教育政策话语主要关注职业结构以及劳动力市场中的各种变化。其观点是后工业化时代的发达国家(以及伴随而来的低收入发展中国家的制造业扩大化)已经减少了生产领域的手工劳动,并且增加了服务领域的非体力型就业。这种变化引起了劳动市场的变化,高级技术以及非手工行业里对受过高等教育的劳动力的需求量越来越大。在下文中我们将从两个角度探索这一观点,首先是教育和就业之间的联系性质,其次是职业结构中发生的变化。

在解释教育和就业之间的复杂关系时,教育政策的分析常常是模糊不清的。研究者对教育和就业之间的关系各持己见。有20世纪60年代的乐观主义"教育决定论",该理论认为劳动市场的就业机会由教育程度决定:

> 毫无疑问,自动化背后的驱动力是受过12年或者16年正规学校教育的劳动者对工作有所期待……他们越来越要求他们从事的工作可以让他们学以致用,用以所学。(Drucker, 1961: 19)

有贝尔(Bell)提出的,受过教育的新一代科学精英正在改变社会权力结构:

> 新一代技能型精英的壮大是由于知识和规划……已经成为现代社会中组织化行动的基本需求。(Bell, 1973: 362)

有目前最谨慎的观点,即将经济视为行使的巨大影响力:

> 知识型工人的权力转变被过度夸大了。大多数"有知识的"工人只能在自己的工作范围内利用自己的知识,决定性权力依旧掌握在雇主手中。(Brown, 2006: 388)

还有其他一些争论,比如英国政府的高等教育政策中有关于高等教育是否应该为了满足经济需要而进行扩张的讨论:

> 社会处在变化之中。我们的经济相较以前更加重视知识的价值……这种趋势要求有更多的技术娴熟型劳动力。(Department for Education and Skills, 2003: para 5.1)

为了弄清楚这些关于教育和就业之间关系的不同观点,我们首先探索与教育有关的就业问题。这里的核心因素是，就业是由雇主设定的宏观和微观要求而非教育来组织和决定的(Hussain，1976)。比如在《高等教育的未来》(*The Future of Higher Education*，Department for Education and Skills，2003：para 5.12)中指出的"本科以下学位的……辅助专业人士和高级技工"这类技术工人的短缺，就是雇主的"需求"与教育"生产"出来的受过教育的工人类型不匹配的证据。然而更重要的是，技术工人短缺说明是逻辑控制就业决策，而非一种简单的技能实用性。所以，雇主如何组织和分配独立的劳动过程，如何将这些细化的分工和技术能力结合起来，如何将不同的劳动过程与技术整合进就业策略，完全取决于更通常意义上的资本主义经济形式的内在逻辑。这种逻辑就是涡轮资本主义的逻辑。工作实施的方式、技术输入的本质以及工作人员的安排等因素都首先取决于收益而非工作人员的教育水平。信息技术工作转移到印度就是一个典型的案例，在那里雇佣相似的计算机技能人才比在发达国家所需成本更低。因此就业实践是由雇主驱动的而非教育，而这些都是跟随传统的资本主义形式——更关注降低劳动成本。

与其说教育是抵御全球信息资本主义危险的"保险"，不如说教育和教育扩张更有可能在某种程度上降低劳动成本。教育涉及多个层面，其中之一便是正在进行的劳动技能全球化发展有利于提升劳动力领域技术型人才的持续供应。用简单的经济术语来说，这意味着教育不断使自身的产品贬值。这样，公民识字意味着读写不再是一项紧缺技能，它被降低为"一般劳动力"的基本技能，也是进入劳动市场的**必要条件**，而非一项宝贵的资产。技能型人才供应得越多，他们的价值相应越低。信息技术技能也是如此。

此外，这种技术贬值正在以一种钳形运动的方式运作。除了由"供应一方"教育政策引起的贬值外，对利润的追求进一步导致由工作机械化带来的贬值。这种情况主要以两种方式发生。第一种方式是技术型的劳动力按技能水平等级划分，比如学校中的教育工作有教师和助教之分，医院中有护士和护工之分。这改变了就业的模式，用廉价的劳动力来代替高价的劳动力。第二种方式是通过程序化实现的：制定协议，即通过规定一套实践或"操作流程"来减少技能部署过程中的决策，比如，由新工党(New Labour)成立的国家临床技术研究所(National Institute for Clinical Excellence)设置了技术化诊断治疗方案，目的是"提高诊断效率和节省成本、增加临床指南的制作与传播"(Department of Health，1997：84)；英国小学教育就"读写时间"详细设置了各个教学实践的细节与教学顺序(Moss，2007)。讽刺的是，无论是技术的全球化与大众化，还是对劳动过程的管理控制，这两种机械化形式与其说是符合后福特主义(post-Fordism)的特征(Harvey，1989)，还不如说更具有福特主义(Fordism)的特点(Bravemen，1974)。

教育政策文献中另一个关于教育"需求"的困难出现在发达国家创造的工作类型的变化上，这种变化在于它所引起的职业重构现象——从需求大量的工业化手工劳动力转向需求非工业、非手工的受过教育的劳动力。虽然职业结构的实际变化与全球化和就业话语中陈述的变化存在相似性，但是这些变化绝不像这类表述暗示的那样极端与凶险。表1粗略列出了1921—2006年劳动力就业类型中非手工工作与手动工作的划分。

表1   英国手工劳动和非手工劳动比重(1921—2006)

年 份	非手工(%)	手工(%)
1921a	28	72
1951b	37	63
1961a	42	58

续　表

年　份	非手工(%)	手工(%)
1971a	46	54
1981c	48	52
1991d	57	43
2001c	58	42
2006c	60	40

来源：a. Westergaard & Resler, pp. 293, 295；b. Abercrombie & Warde, 1994, p. 124；c. Reid, 1989, p. 92；d. Kirby et al., 1997, p. 1921；e. ONS, 2007a: Table 19.

在分析表 1 时，仍然有必要**注意**一些方法论上面的问题，比如不同数据的合并、不同时期的比较等。识别并记录一段时间内的变化是相当困难的，因为数据测量和分类的不同会让连续的数据组合很难进行比较（ONS，2003；2006，2007b；Marshall，1997；Reid，1989）。但是此处的目标并不是去钻研就社会等级和职业排名而展开的这类争论，而是尝试对职业的分布变化有一个大致了解。所以这里关注的是整体模式而非工作分类的具体细节。

职业变化的整体模式在关于就业形势的论述中非常重要。所以表 1 描述的是两种相互关联的模式。第一个模式是手工劳动者的比例从 1921 年的 70％以上缩减为 2006 年的 40％，同时伴随着以教育为基础的职业和非手工劳动的扩张。这种模式与全球化和就业话语一致。第二种出现的模式是手工劳动比例的下降与非手工劳动就业的增加并非新出现的现象，而是有针对性地与后工业化时代的信息经济相连。手工劳动向非手工劳动的转变似乎是相当平稳的，在整个过程中，职业结构的特征是持续的。不同于（有些论证所暗示的）彻底中断，第二种变化模式的稳定性，使那种认为现存的经济形势会引发职业结构的巨大变化，因此需要具体即时的教育政策干涉的流言不攻自破。

我们能从教育政策话语提出的有关就业本质的观点中得出什么呢？很明显，到目前为止，教育政策话语的观点是以全球化、知识社会等的逻辑定位教育需求的，这类话语从最好的角度看是夸大了事实，而从最坏的角度看，则是建构了一个霸权式的控制的"空想"理论。

教育政策和全球化话语：作为人力资本形成的教育

前文论证了在全球化资本主义社会中就业毫无悬念地符合技术贬值的逻辑。因此，劳动力获得的教育越多，劳动市场中的教育技能也就越贬值，这似乎是技能型职业稳步增长的一个关键特征。本小节将从教育政策话语等式的另一方面，即将教育建构为人力资本发展这一角度出发，探讨就业、职业和技能之间的紧张关系。

教育政策社会学已经对全球化背景下的教育政策展开了大量研究，并呈现了诸多文献（参见Burbules & Torres，2000；Lauder *et al.*，2006；Lingard & Ozga，2007），因此没有必要在此赘述。本文的目的就是识别与卡斯特《网络社会》中相类似的关键转变，即社会发展从凯恩斯主义、民主福利社会彻底转向新自由主义、后福利主义、市场主导及驱动的社会发展模式。因此，虽然之前资本主义就业的部分强调持续性的重要性，但这部分将要重点关注其间断性。

在不断变化的政策管理体制中，最重要的间断性在于教育被赋予的角色。在社会民主主义的时代，教育被建构为一种公益事业和一种集体的福利供给形式，是马歇尔（Marshall）提出的社会公民权的关键元素（Marshal，1950）。在当前的新自由主义时代，相反，政策话语将教育建构为针对个人地位的商品以及在全球化经济中形成人力资本的基地。但无论社会如何变化，教育的重要性都没有变。

因此，新自由主义教育政策话语利用人力资本理论，将教育简化为掌握技能以便拥有就业能力：

> 这是"人力资本时代"，从这个意义上说，到目前为止，人力资本是现代经济中最重要的资本形式。个体和整个经济体的经济的成功依赖于个体如何最大程度最有效地自我投资。（Becker，2006：292）

不同于社会民主主义时代，那时的教育利益更多是集体使用或通过集体分配的，例如通过社会公民机构等，新自由主义政策话语更关注教育的两个方面：为了个人就业的教育以及为了经济发展的教育。已经有大量研究在关注经济发展与教育之间的关系（参见 Wolf，2000），并且这些研究显示，教育增长和生产力增长之间并不存在非常明显的联系。相反，政府政策则坚信"有大量证据证明教育可以提升生产力"（Department for Education and Skills，2003，para 5.3）。这两种相反的观点表明了一种严重对抗的意识形态领域。如前所述，假如全球化话语否认民族国家有任何实际能力去提出独立的经济政策，那么国家的职能似乎就被降低为给公民普及教育机会。在这样的背景下，否定人力资本发展对生产力的效力能够深刻地反对霸权，并且通过教育破坏政府的合法性。

然而，人力资本发展有另外一个更为大众/民粹主义的维度，即个体生成就业能力的承诺。从当前的后福利主义的视角来看，"第三种方式"的国家、教育、教育扩张的政策话语代表了一种福利开支的方向和本质从社会保障转向就业能力的政治再定位。教育扩张首先是义务教育年限的延长，这样就可以减少劳动力的成本并最终减少对失业者的有形经济援助。所以教育重新将个体归类为教育主体，将福利支出重新归类为就业能力投资。其次，通过接受教育获得就业能力也代表了一种价值转变。新自由主义教育政策将个体建构为通过接受教育来承担促进就业能力发展的责任。福利社会的义务正从马歇尔提出的社会公民理论中国家作为集体供给的分配者转向个人通过教育实现自我提升的新自由主义对象。国家的职能就是帮助公民获得教育，这就是国家的新的福利职能。再次，这种对福利进行重新定位的意识判断结合了全球化、教育和知识社会方面的政策话语。如前所述，在这些话语中，政府的经济角色被建构为受限于不受政府管制的全球化和自由市场。而每个国家能做的主要经济杠杆就是通过教育培养出一个会吸引投资和增加就业的受欢迎劳动力。对于就业而言，教育的作用就是促进发展全球化劳动力市场中的高阶技能人才，因为低技能工作已经逐渐转向低收入经济体。因此，教育既是新的福利也是新的经济政策。

鉴于当代教育对这类经济政策的重要性有显著提升，我们必须指出新自由主义的教育扩展存在着悖论：当教育被建构为一种地位商品时，个人通过教育提升自己在就业中的竞争地位，这样教育的复制能力也被提高了。因此，虽然教育政策通过扩大教育参与为个体的自我提升创造了更多的"机会"，但是在义务教育阶段，新自由主义选择政策的结果就是，教育成果不断走向两极分化，教育排斥和贫穷程度不断加深。

整个问题的症结所在就是社会公平与平等。尽管现在只是开始，但这些教育政策似乎在提升整体教育成果方面是成功的，即提高了成绩的下限。通过测量发现，小学生的读写和算术能力都有所提升，因为达到英国普通中等教育证书考试（GCSEs）5 项优质标准 C 级以上成绩的学生数量大幅提升：1997 年只有 45％左右的学生能够达到 5 项 C 级以上成绩，2006 年这一比例已提高到了 56.3％（Department for Education and Skills，2005；Fabian Commission on life chances and child poverty，2006）。但这些优异成绩的背后是不断扩大的教育两极化：学习成绩不良的原因是复杂多样但广泛存在的。社会等级和/或其他的社会不平等的形式与学习成绩之间的联系依然存在。

因此，虽然教育规模越来越大，但是相应的教育机会并没有得到重新分配。新自由主义的选择正在再现成功和失败的学校的社会地理，这是一种反映了贫困、社会排斥和不平等的社会地理：成功的学校一般座落于富人区，而表现差的学校一般位于贫民区和社会边缘的区域。当前的高风险、市场化的教育体系在人力资本形成方面并不包容，而是加剧了两极分化（Fitz *et al.*，2007；Tomlinson，2005）。

义务教育阶段的社会和教育的两极化明显指出了后义务教育阶段的机会不公。在此同样指出教育不公平也是英国在扩大教育规模时的一项关键特征。

后义务教育阶段的入学率正在发生社会层面和民族层面的倾斜。2002 年，来自上层社会16—19 岁的青少年，其接受全日制教育的人数（87％）几乎是来自工薪阶层家庭青少年人数（67％）的 1.5 倍（Fabian Commission on life Chances and Child Poverty，2006）。社会不平等在后义务教育阶段的入学人群类型中更为明显：教育机构地位越低，来自工薪阶层和少数民族的学生就更多。（Wolf，2002）所以牛津剑桥一直招收的是私立中学毕业的 7％学生，而少数族裔和工薪阶层家庭的学生更多地进入新型大学（就是之前的工艺学校）或者进入继续教育学院。有趣的是，少数族裔学生在 16 岁后往往比白种人更多地接受继续教育，这可能是为了中和种族主义的劳动力市场中的"种族歧视"（Fabian Commission on life Chances and Child Poverty，2006；Modood *et al.*，1997）。

这些社会不公在高等教育阶段的申请大学、入学以及考试成绩等方面最为显著。自从废除双轨制后，高等教育在 20 世纪 90 年代从精英教育走向大众教育，同时伴随着的是大学数量的增加以及政府旨在提升学生数量而制定的政策。当前有 45％的适龄学生接受高等教育，而政府的目标是 50％。

除了整体上的扩招，当前高等教育的经费政策与政府的要求相关联，政府要求高等教育部门通过提升来自所谓非传统背景的第一代大学生的比例来进一步提升入学率（Department for Education and Skills，2003）。比如，在 2000 年，上中产阶级中有 72％的年轻人都上了大学，但是来自最底层社会的青少年中只有 17％的人接受了高等教育。

然而，在扩大高等教育的入学规模的同时，是否能够保证教育公平也是令人担忧的。关键的问题在于关于就业能力的话语都目光短浅地聚焦于非手工行业的就业与技能，以及教育对于经济增长的作用，因此，人力资本形成方面的文献很少对于 40％参与体力职业的劳动群体展开讨论（见表 1）。看起来关于就业能力的叙述是在知识社会话语的参量中运行的，因为这类话语对这五分之二从事低技术、低收入职业的劳动者存在歧视与边缘化。

这种边缘化在政府的高等教育政策中最为明显（Department for Education and Skills，2003）。正如之前提到的，政府的战略是将高等教育的入学率从 2003 年的 43％提高到 2010 年的50％。暂不论高等教育在扩大入学规模方面的成功或失败，事实是有一半的人将无法接受高等教育。这些人为了获得体力型或者低等的非体力型工作，只能接受职业教育和技术课程。在知识社会中，这 50％的人注定永远进入不了高等学府，这就造成了一种矛盾：他们可以获得工作却不能获得教育。

教育政策和全球化话语：教育和社会流动

在英才教育的知识社会中，社会流动性的提升机会构成了教育政策话语的最后一个因素。

资本主义全球化的各种挑战、危机与不确定因素似乎因为人力资本的形成带给人们的希望而有所缓解，这种希望不仅是就业能力的改善，而且是社会的更好发展。各种技能和学历的获得承载着社会流动的希望，而这正是对"能力加努力"的一种奖励（Young，1958）。

新工党的教育政策话语关注的是机会和"英才教育"的平等，而非均等。这种观点视公平为不平等的平均分配，并把教育视为这种分配机制中的关键一环。社会的上下流动是以教育为基础的精英管理成功的索引符号：人们通过教育学历所展示的个人成就与价值获得相应的职位，而非通过社会背景。因此，社会流动对于促进公民愿意获得技能与就业能力是非常重要的。

然而，关于社会流动的迹象清楚地显示教育规模的扩大并没有产生预期的结果（Breen & Goldthorpe，2001；Goldthore，2003；Aldridge，2004）。此外，研究结果也清晰表明，当政治家承诺实现全面就业以及对劳动力市场实施结构性改革（在更大规模的劳动力市场中减少手工劳动者，并扩大白领就业），以便提供更多向上层流动的机会时，相较于这种社会民主纪元而言，社会流动性是非常低的。与之相反，在不断深化的职业等级制度下就业越来越具有不稳定性，新自由主义已经认可自由市场中劳动力的"灵活性"。这种劳动力市场的环境并不适合社会流动。事实上，社会经济的两极分化以及两极化的教育扩张是造成当前社会流动停滞的两大主要原因，而这正是新自由主义经济的主要特征：

> 自 20 世纪 70 年代以来，英国的收入差距越来越大。结果是个人拥有的英镑数量彻底区分开了每个社会阶梯上的人，这导致通往上层的阶梯更难攀登……其次……高等教育规模的扩大……不均衡地让来自富裕家庭的人获得了更多利益。（Van Reenen & Machine，2007：17）

除此以外，社会停滞还有第三个原因，那就是《网络社会》中提出的网络。正如之前所讨论的，教育扩张破坏了各种教育学历的价值，而且在职业结构（以及教育成就）的高级层级中，非教育因素以及社会资本网络在获得高地位的职业方面变得越来越重要。而在低层级中，教育学历相对稀少，通过教育获得资历依旧非常重要，因此许多贫穷且社会地位低下的青年人就会受到劳动力市场的排斥。这种教育资历与职业结构的复杂联结，加上不断扩大的教育再生产，意味着社会和经济的不平等将日益加深。因此体现在知识社会概念中的教育政策仅仅是政府在面对资本全球化未能实现曾经许诺的机会而提出的一种现实替代性选择。与此相反，在新自由主义全球化经济中，人力资本的形成创造了"机会陷阱"（Brown，2006）——社会不公和教育不平等的持续与延伸，伴随着人们从攻击过度扩张教育体系的国家转向把教育的失败完全归结于个体。

结　论

以上对《网络社会》一书中教育政策影响的批判性反思帮助我们认识到了英国教育政策的消极一面。笔者认为卡斯特在信息化资本主义理念中提出的主题与问题在一定程度上与知识社会和全球化教育政策话语相关。卡斯特认可《网络社会》内在的资本主义特征，但是英国教育政策话语以人力资本的发展为借口，将教育定性为知识社会和全球化时代中的一种解决方案、一种保障制度以及一种新的福利形式。

教育政策没有兑现这些承诺也许是不足为奇的。这些承诺对于教育而言太多也太重，教育成为一种被"过度决定"的政策平台（Althusser，1969），以便阻止和解决社会排斥，帮助弱势群体，减少社会不公，促进经济增长，提升精英管理的现代性与社会流动，作为人力资本形成过程中应对挑战和风险的保障……这些例子不胜枚举。

参考文献

Abercrombie, N. & Warde, A. (1994). *Contemporary British society*, 2nd edition. Cambridge: Polity Press.

Aldridge, S. (2004). *Life chances and social mobility: an overview of the evidence*, Strategy Unit, Cabinet Office (www.strategy. gov. uk)

Althusser, L. (1969). *For Marx*. London: Allen Lane.

Ball, S. J. (2006). "What is policy? Texts, trajectories and toolboxes". In S. J. Ball *Education policy and social class: the selected works of Stephen J Ball*. London: Routledge.

Becker, G. S. (2006). "The age of human capital". In H. Lauder, P. Brown, J. Dillabough, & A. H. Halsey (Eds.), *Education, globalisation and social change*. Oxford: Oxford University Press.

Bell, D. (1973). *The coming of post-industrial society: a venture in social forecasting*. Harmondsworth: Penguin.

Braverman, H. (1974). *Labour and monopoly capital: the degradation of work in the twentieth century*. New York: Monthly Review Press.

Breen, R., & Goldthorpe, J. H. (2001). "Class, mobility and merit: the experience of two British birth cohorts". *European Sociological Review*, *17*(2), 81 – 101.

Brown, P. (2006). "The opportunity trap". In H. Lauder, P. Brown, J. Dillabough, & A. H. Halsey (Eds.), *Education, globalisation and social change*. Oxford: Oxford University Press.

Burbules, N. C., & Torres, C. A. (Eds.) (2000). *Globalisation and education: critical perspectives*. London: Routledge.

Castells, M. (2000). *The rise of network society*, 2nd edition. Oxford: Blackwell.

Department for Education and Skills. (2003). *The future of higher education*, Cmd 5735. London: The Stationery Office.

Department for Education and Skills. (2005). *Higher standards, better schools for all: more choice for parents and pupils*. London: Stationery Office.

Department of Health. (1997). *The new NHS: modern, dependable*. London: Stationery Office.

Drucker, P. (1961). "The educational revolution". In A. H. Halsey, J. Floud, & C. Arnold Anderson (Eds.), *Education, economy and society*. London: Collier-Macmillan.

Fabian Commission on Life Chances and Child Poverty. (2006). *Narrowing the gap*. London: Fabian Society.

Fitz, J., Davies, D., & Evans, J. (2007). *Education policy and social reproduction: class inscription and symbolic control*. London: Routledge.

Foucault, M. (1977). *Discipline and punish: the birth of the prison*. Harmondsworth: Penguin.

Galbraith, J. K. (1969). *The new industrial state*. Harmondsworth: Penguin.

Giddens, A., & Hutton, W. (2000). "Anthony Giddens and Will Hutton in conversation". In W. Hutton & A. Giddens *On the edge: living with global capitalism*. London: Jonathan Cape.

Goldthorpe, J. H. (2003). "The myth of education-based meritocracy". New Economy, *10*(4), 234 – 239.

Guile, D. (2006). "What is distinctive about the knowledge economy? Implications for education". In H. Lauder, P. Brown, J. Dillabough, & A. H. Halsey (Eds.), *Education, globalisation and social change*. Oxford: Oxford University Press.

Harvey, D. (1989). *The condition of postmodernity*. Oxford: Blackwell.

Hussain, A. (1976). "The economy and the educational system in capitalist societies". *Economy and Society*, 5(4), 413 – 434.

Kirby, M. et al. (1997). *Sociology in perspective*. Oxford: Heinemann.

Lauder, H., Brown, P., Dillabough, J., & Halsey, A. H. (Eds.) (2006). *Education, globalisation and social change*. Oxford: Oxford University Press.

Lingard, B. (2000). "It is and it isn't: vernacular globalisation, education policy, and restructuring". In N. C. Burbules & C. A. Torres (Eds.), *Globalisation and education: critical perspectives*. London: Routledge.

Lingard, B., & Ozga, J. (Eds.) (2007). *The Routledge Falmer reader in education policy and politics*. Abingdon: Routledge.

Luttwack, E. N. (1998). *Turbo-capitalism: winners and losers in the global economy*. London: Weidenfeld & Nicholson.

Marshall, G. (1997). *Repositioning social class: social inequality in industrial societies*. London: Sage.

Marshall, T. H. (1950). "Citizenship and social class". In T. H. Marshall & T. Bottomore (1992) *Citizenship and Social Class*. London: Pluto Press.

Modood, T. et al. (1997). *Ethnic minorities in Britain: diversity and disadvantage*. London: Policy Studies Institute.

Moss, G. (2007). "Understanding the limits of top-down management: literacy policy as a telling case". In F. Coffi eld et al. (Eds.), *Public sector reform: principles for improving the education system*, Bedford Way Paper 30. London: Institute of Education.

Office of National Statistics. (2003). *Labour Force Survey*, www. statistics. gov. uk/STATBASE/ Expodata/Spreadsheets

Office of National Statistics. (2006). *Labour Market Review*, www.statistics.gov.uk/cci/nugget_print.asp

Office of National Statistics. (2007a). *Labour Force Survey*, www. statistics. gov. uk/downloads/theme_ labour/LFSHQS

Office of National Statistics. (2007b). *The National Statistics Socio-economic Classification*, www. statistics.gov.uk/methods_quality/ns_sec/default. asp

Ozga, J., & Lingard, B. (2007). "Globalisation, education policy and politics". In B. Lingard & J. Ozga (Eds.), *The Routledge Falmer reader in education policy and politics*. Abingdon: Routledge.

Reid, I. (1989). *Social class differences in Britain*, 3rd edition. London: Fontana.

Tomlinson, S. (2005). *Education in a post-welfare society*, 2nd edition. Buckingham: Open University Press.

Van Reenen, J., & Machin, S. (2007). "Why schools are the best tool for targeting social mobility". *Fabian Review*, 119(2), 16 – 19.

Westergaard, J., & Resler, H. (1975). *Class in a capitalist society: a study of contemporary Britain*. London: Heinemann.

Wolf, A. (2002). *Does education matter? Myths about education and economic growth*. London: Penguin.

Young, M. (1958). *The rise of the meritocracy*. Harmondsworth: Penguin.

38. 教育和经济发展：评估和意识形态

埃莱尼·卡拉茨-斯塔夫利奥蒂(Eleni Karatzia-Stavlioti)

哈里斯·兰布罗普洛斯(Haris Lambropoulos)

引　言

　　本文通过回顾相关领域的研究进程，探讨了经济发展和教育之间的关系。自古就有学者从经济因素的角度考虑教育对人类发展的价值(Mace et al.，2000a：2)。然而，这些角度的意识形态、评估以及提出方式在不同时期与不同社会中存在相当大的差异(Karatzia-Sta-vlioti，1005：140—142)。

　　第二次世界大战之后，教育系统急速扩张，彼时学者们也对教育对经济发展的贡献展开了讨论。首先，趋同理论强调社会应对新技术进步所带来的各种挑战的必要性(Ingels & Sirowy，1983：335)。其次，新马克思主义的方法强调新殖民主义。再次，关注全球教育文化的新制度主义理论出现，世界文化作为一个政策合法化框架也变得非常重要(Meyer et al.，1997；McNeely，1995)。

　　在战后时期，由于世界和平和社会发展的需求，国际组织不断壮大，并为创建一种重要的国际教育话语做出了贡献。政治家们邀请来自国际机构的专家来指导教育改革以及怎么通过借贷和投资教育来实现社会和经济的发展(Wolf，2004：317；Resnic，2006：174；Mace et al.，2000b：2)。

　　从 20 世纪 60 年代开始，人力资本理论变得越来越重要(Schultz，1961，1963，1993；Becker，1964，1993，1995；Cohn & Geske，1998：30—35；Johnes，1993：15—18)。人力资本的概念强调人类拥有的技能和属性，并且假定这些技能可以通过教育和训练得到提升。

　　在本文中，我们将回顾教育和经济发展之间的联系，并且在一个评估框架中批判性地讨论这些理论观点。最后将解释教育—经济发展话语是如何成为全球教育改革和政策基础的。

教育和经济发展：各种理论

　　这一部分探究了教育联系经济的方式，并且呈现了背后的理论观点。这些理论观点的核心在于教育经济学家对人力资本概念的认识。相关文献中使用的词汇既高度专业也是技术性的，基于此，任何对此领域的综述均不可避免地具有一定程度的技术性。

　　亚当·斯密(1937)在他的历史性著作《国富论》(The Wealth of Nations)中首先定义了他所认可的四种资本形式中的人力资本。他将其定义为技能、机敏(身体的，智力的，心理的)和判断力。新古典主义经济文献中对该术语的应用要追溯到明瑟 1958 年的文章《人力资本投资和收入分配调查》("Investment in Human Capital and Income Distribution")(Mincer，1974)。根据贝克尔(Becker，1964)的理论，人力资本与生产的物理手段类似，譬如工厂和机器，因为一个人可以投资人力资本(通过教育、培训、药物治疗)，以及一个人的产出部分依赖于他所拥有的人力资本的回报率。因此，人力资本是一种通过额外投资产生附加收益的生产工具。人力资本是可替换的，但是不能像土地、劳动力或者固定资产一样转让。尽管经济学家使用"人力资本"这一术语，但非经济学家更倾向于谈论劳动力"技能"的重要性(Wolf，2002，2004：317)。

舒尔茨（Schultz）研究了人力资本理论中的两个相关概念，认为需要对这两个概念进行明确的区分。第一个概念涉及将钱投资在教育上的动机，另一个则跟人力创造资本的活动（比如健康）相关。布劳格（Blaug，1972：29）认为人力资本的概念是人们用各种方式对自己进行投资，这种投资不是为了获得当前的享乐，而是为了在未来得到金钱以及非金钱上的回报。这正是被谢弗（Shaffer，1961）攻击的概念。

人力资本理论的第二个概念是通过教育和训练，人们可以具备使他们在劳动力市场上更高效的属性。蕴含于这些劳动力中（以及在社会中）的人力资本的价值是可以衡量的并且可以帮助解释经济的增长。换言之，那些接受更多学校教育或者在职培训的人所要承担的成本是放弃先前的收入。但是假设工人是根据他们的边际产量获得报酬，那么他们的工作效率会因更多的教育和培训得到提高，工人因此获得更高的收益。从这个意义上来说，该理论解释了竞争性劳动力市场中的个体收入差异。

自20世纪60年代以来，面向教育发展政策的合法化话语被建构在其对个体和社会的经济价值之上。因此，呈现相关争论所使用的观点是十分必要的。这些观点可以按以下类别分组：

1. **回报率分析**：这一观点是基于人力资本理论中的某些方面，即教育被视为一种可能提升生产力并带来金钱与非金钱收益的投资。
2. **人力资源方法**：通过教育和培训，可以规划并满足受过教育的工人的特定未来需求，以此来实现经济发展。
3. **教育和经济增长分析**：它基于教育在经济增长分析中起着主要的乘数作用这一概念。

回报率分析

该观点认为对于教育程度高的人比教育程度低的人挣得多这一事实，教育负主要责任。关于教育和收入为什么联系如此紧密的问题以及各类解释在《阿尔法风险系数》（*alpha-coefficient*）、《筛选假设理论》（*screening hypothesis*）以及《文凭病》（*diploma disease*）等相关文献中都有讨论（Psacharopoulos & Woodhall，1985：34—39；Mace *et al.*，2000b：23—30）。

回报率分析是成本效益分析的一种特殊形式。这是一个教育投资成本和投资收益密切相关的技术。任何投资项目的回报率简单来讲都等同于预期收益的折现值与项目成本的现值的比值。个人回报率也许是影响学生决定继续接受教育还是投身劳动力市场的因素之一。已经有很多学者对这种评估方法提出了反对意见，这种方法在评估领域中的重要性相当高。这些反对意见可分为数据限制、横断面图、消费收益、不确定性以及是否只有教育才能带来更高收益（alpha-coefficient，阿尔法风险系数）（Wolf，2002；Mace *et al.*，2000b：24—30）。

计算回报率的第一个实际问题是数据限制问题，尤其是在发展中国家，因为在理想环境下的数据收集十分庞大。实际上，没有国家有这种详细的信息，但是我们完全有可能通过假设来获得足够的数据。

收入数据的获得通常是通过数据快照或截面数据资料。因此，它们并不代表个体或者小团体在他们整个工作生涯中收益的进展。在不久的将来，尤其是全日制高等教育时期，这可能不会有太大区别。但是对更遥远的时期特别是在不断变化的当今社会，这种差异可能是巨大的（Karatzia-Stavlioti & Lambropoulos，2006：21—30）。

消费收益是一个很重要的话题，而且无论导致消费的开销比例是多少，在回报率计算的成本测量中都不应该把消费收益包含在内。此外，教育支出可能导致未来的消费收益得到改善，比如获得幸福感或者生活质量得到提高。这种未来的消费收益很显然不会被纳入回报率的计算中，因为这种计算测量工资以外的固定收益。

不确定因素在知识社会中变得越来越重要（EU，1996；Council of Europe，2003）。在当代社会，有能力工作或者一生都在同一领域工作的期望也被增加了不确定性。人们也许会期望个体能够以不同方式回应这些不确定性和风险，这是在评价性实证估算中需要被考虑进去的一个事实。

在比较平均收入流的时候，我们必须假设平均收入之间的整体差异是源于额外的教育。但是反思片刻，我们就会意识到情况并不一定总是如此。个体的许多特征会使他拥有更高程度的教育和更高的收入。这种特征可能是出身于更高的社会经济阶层，拥有高于常人的智力和能力，或者拥有强于常人的雄心和驱动力。教育程度高的人获得更高的收入，而这部分直接源于教育的收入比例就叫作阿尔法风险系数。阿尔法风险系数的实际值是存在争议的（Denison，1962）。有研究者提出，自然能力的影响可能在某些时候或者对于某些类别的教育工作者而言更强。从这层意思来说，在不同的计算中，应将不同的值附加给阿尔法风险系数。（Mace *et al.*，2000b：25）

除上述观点以外，还存在一些更具技术性的问题。它们在任何成本—收益分析中都与收入函数的使用相关联。然而，对这些问题的建设性批评导致了对基本数学模型进一步的改良和复杂延伸。这部分的相关文献指的是《扩展收益函数》（"Extended earnings functions"）（Monk，1990；Karatzia-Stavlioti & Lambropoulos，2006：150—157）。在这些扩展模型中增加了大量对人力资本的分析。

对于社会回报率，我们测量的是社会在教育支出方面的盈利能力。教育支出的社会回报率已经被用作教育部门与经济部门之间以及教育部门内部资源配置的向导。适用于社会回报率分析的问题与个人回报率分析具有一定相关性。举例而言，数据局限型的问题在发展中国家会比在发达国家显得更加严重。社会回报率的附加问题还包括：如果将教育视作一个过滤器，那么，收入是否反映了生产力以及与教育相关的外部事物。

"把教育当作一个过滤器"这个问题与之前讨论的阿尔法风险系数的大小问题有关。尽管概念很复杂，但是它可以简单地解释为教育不直接提高工作者的技能和生产力，就如同人力资本主义理论所认为的，而是识别出"具备更强能力和个人贡献的工作者"（Dore，1976：79—99；Johnes，1993：18—26；Psacharopoulos，1994：45）。

为了使社会回报率分析更为有效，用于这项计算的收益必须反映工作者对产出的贡献，即他们的生产能力。这个问题与劳动力市场的缺陷密切相关。某些类型的劳动力会通过控制进入行业的门槛（例如，创造进入医疗行业的壁垒）来影响他们的收入。一些雇主对于购买劳动力具有相当大的控制权（例如加入公务员行列，尤其是在公务员占很大比例的国家，如希腊）（Magoula & Psacharopoulos，1999）。此外，对劳动力市场的了解并非总是完全正确的；很多雇主并不知道他们的收益是如何通过雇佣更有资格的劳动力而受到影响的，并且雇员在很多时候也并不清楚他们的工作机会。

也许有人会说收入和生产力之间关系的问题只有通过检查具体劳动力市场的操作才能给出答案。这在不同国家之间可能具有巨大的差别。如果劳动力市场具有足够的竞争力来暗示收入的上下浮动反映市场驱动力，那么回报率分析将会有效且有价值。但如果收入不是以这种方式决定的，回报率分析在理论上就是有缺陷的，教育和收益之间的预期关系就不真实了（Mace *et al.*，2000b）。

区分货币与非货币的非直接收益（Psacharopoulos，1994）或教育的外部效应是十分重要的。要点在于教育外部收益的评估将增加到教育投资的净社会收益的估算当中。真正重要的并不是教育是否在总体上产生了外溢于社会中的收益。很明显它的确如此（Mace *et al.*，2000b：40）。

问题在于，某些水平或者类型的教育的外部效应是否比其他教育的效应大，或者与其他类型投资的外部效应比，教育的外部效应是更大还是更小。另外一个重要的问题是教育投资是否会使社会投资更具有生产力，以及总体而言，使个体在当今世界更有效率（Psacharopoulos & Woodhall，1985：54；Alahiotis & Karatzia-Stavlioti，2006：140—145）。

根据多尔的描述（Dore，1976：81），有三组这样的解释：（1）投资机制暗示学校教育的确通过一些有效和多产的方式来改造人们；（2）在共因机制—方式中，教育和收入的相关性可以追溯到其他两者共有的潜在因素上，比如个体具备的能力；（3）在制度机制—方式中，教育和收入的相关性被归因于某些已制定的规则上（即基于证书的招聘实践），这可能是建立于其他两种机制功效的理念上，但也有可能不是（Dore，1997）。

从人力资源方法到教育规划

在人力资源方法（HRA）之下，决定教育规划的因素是国民经济或者经济成分的预期增长率。这也在随后被解读为一种教育/职业需求，并且这个需求本身由技术因素决定而非由经济因素决定。这种规划方式的优点是双重的：它使长期的教育规划成为可能，并且得出了所需人力资源的精确数值。鉴于人力资源方法的这两个优点，根据马克·布劳格（Mark Blaug，1972：137）的观点，这一方法成为"世界上整合教育和经济规划的引领方法"不足为奇。同时，正如尤迪和欣奇利夫（Youdi & Hinchliffe，1985：249）所言，这一方法持续地保持着这种领导地位。科恩（Cohn）和盖思克（Geske）则认为，人力预测方法特别重要，因为它在国际舞台上已经得到了广泛的运用，尤其是经济合作与发展组织（OECD）利用人力资源方法分析来实现投资目的的。

关于时间滞后性及其在教育规划中的重要性的问题在《蜘网状循环》（*Cobweb Cycle*）的讨论中有所阐述（Mace *et al.*，2000b：42）。这意味着扩大人力资源供应与新毕业生准备好就业之间的时间间隔太长了。价格或者收入以这种方式产生的改变，可能导致毕业生或者雇主反应过度，并且收入将会失去该有的平衡而大幅度波动。

问题并不在于是否存在时间滞后，或者它们是否重要。基本的分歧在于市场是否有能力在短时间内消除匮乏或者过剩，是否必须制定人力规划和建立劳动力市场的平衡。根据评估流程中运用的技术，从人力资源方法到规划的实施有多种形式（Mace *et al.*，2000b：41—48；Karatzia-Stavlioti & Lambropoulos，2006：158—166）。

地中海区域计划（MRP）使用了一个综合的方法，这个方法应用于地中海区域的九个国家，它结合了其他方法的各个方面并且被认为是形成教育条款和经济增长中间纽带的最深熟虑和全面的尝试。该方法有六个阶段。第一个阶段，计算上考虑到了所有经济部门的教育需求。第二个阶段是将其与各种教育背景的工人的预期供给进行对比，这可以根据教育系统的当前产出获得。达到增长目标所需的以及供应量之间的差异表明，达到目标增长率所需的入学率有所提升。这项计算也能够估计教师、学校建筑、教学设备等需求的提升量。

尽管有那么多不同形式的人力资源方法，但它们有一个共同点，那就是假设劳动力和经济以一种十分单一的方式联系在一起，即只由生产技术来决定。它们同时假设工资、价格和成本与这些连接没有任何关系。对于这项技术的批评主要有两方面。第一，有很多人认为这个技术用到的数据和技术太过粗糙。第二，有人认为获得更好的数据和技术细化不会产生更可靠的预测，因为这个技术的基本概念是建立在对劳动力市场结构和工作方式的错误认知之上的（Youdi & Hinchliffe, 1985：249）。

第二种批评需要在此进一步评述。对于人力资源方法规划的批评，涉及对产品功能、生产力变化、职业变化、职业定义、价格和成本的影响、供给效应、雇主效应和国际对比做出的假设。这些假设与回报率研究中做出的假设完全相反。它们代表了产品功能规范的另一种世界观。人力资源方法的支持者认为可以有效地将所有经济里面的输入——土地、劳动力、资本整合在一起，并且计算出这些输入与输出（通常是国民生产总值）之间的联系。从这个计算来看，我们有可能计算生产出一个既定的国民生产总值需要多少工程师。然而，使用这样一个假设没有输入替换的生产函数并没有理论证据。

已有的证据表明我们完全没有理由来接受人力资源方法关于零点和近零点替换的假设（Mace et al., 2000b：41—42）。当今，世界技术的改革是难以预测的（Council of Europe, 2003）。这在决定劳动力的职业分配中是极其重要的，因此需要严肃考虑技术的改革。技术改革可能导致资本和劳动力的替换，或者一种人力与另一种人力的替换。

此外，任何人力资源预测都应该考虑到生产力的变化。现有证据表明我们不可能准确预测未来的生产力改变。职业必须根据工作中的任务进行界定，也就是说，我们需要一份"工作描述"和"工作说明"。可替代性的问题变成了职业流动性的问题。欧盟近期得出的证据表明，在不久的将来，个体将在他们的一生当中有四次以上的重新择业（EU, 1996）。

在拟定人力计划时，价格和成本方面的变化通常是忽略不计的，它们被假定为既不会影响生产要求也不会影响生产供给的因素。这说明替代的弹性是大于零的而且当相对价格发生变化时，替代性就发生了。此外，经济学家还有一个共识，那就是越现实化的结果就越需要有针对性的模型，这些模型将同时考虑供给和需求（Johnes, 1993；Mace et al., 2000b：42）。

人力资源规划的常用做法之一是利用雇主对未来的需求的意见以及预测。有时候是计算出一些精确的数字，有时是雇主意见的汇总而不是精确的估计，从而产生"需求"的说法。这两种情况都假设了公司预测他们未来的需求并且他们有人力资源规划，其规划是建立在未来市场份额、未来相关流程和工资的详细信息基础上的。

很多对未来教育人力需求的预测运用了国际比较，并假设教育规划者可以从其他国家学到教育和经济增长的经验。这个概念的背后观点是存在一些国际人力发展路径，它接受上述讨论的所有人力资源方法的假设，并且认为这些假设对所有的国家都是有效的。在概念没有意义的情况下，实证证据无法支持这一技术的效度是不足为奇的（Mace et al., 2000b：46）。然而，虽然对这一规划方法有大量的实验性和理论性研究（并且证明这一方法存在缺陷），但是世界上的国际组织和政府仍在继续使用。

教育和经济增长

本节旨在批判性地呈现已经被用于建立教育投资和经济增长之间因果关系的方法。目前主要采用的方法是生产函数法（Denison, 1964）、国际对比以及从收益率研究中衍生出来的估算。生产函数法在增长函数框架之中，该方法试图解释和量化不同的生产要素对促进经济增长的贡献。教育经济学家研究的问题是教育对经济增长的贡献程度。当然，经济增长是一个复杂的过程，其不仅仅包含实物资本形成，教育、人力技能、创新知识和人力资源流动性也是非常重要的因素。

　　传统经济增长理论中的基本生产函数假设输出水平可以通过不同水平的某些关键输入(主要是资本和劳动力的物理输入)来解释，它也假设提高其中任何一个因素都将提高总输出(Solow，1956；Lucas，1988；Lee，1998)。在早期的模型中，非经济变量比如人力资本变量没有任何功能。在规模收益递减规律之下，新古典主义模型给经济带来了一些暗示：特别是随着资本存量的增加，经济增长会有所减缓。为了保持经济的增长势头，必须从不断注入的技术进步中获利，这对整个系统而言是外生的。现实表明，不是只有技术负责新古典主义增长模型之外的高性能，其他因素也有促进作用。为了解决这些问题，一种新的范式出现在 20 世纪 80 年代，被称为"内生增长模型"。这一模型是通过扩大资本的概念从将人力资本和系统以外的技术囊括其中而建立的。从这个层面上讲，新的范式并不遵循规模收益递减和生产外部性的规律。

　　为了考虑劳动力质量和技术进步的影响，可以对这一模型进行修正，而且其已被修正(Scott，1998；Wolf，2004：330)。这个方程的表达式鼓励人们将增长等同于离散输入的积累。然而，增长并不单单依赖于数量，它也依赖于事物的组合和互动。确实，国际组织，特别是政治家喜欢对直截了当的想法做出回应，并且他们更倾向于能从中心、以一种自上而下累计的方式实施的政策，而不是对教育所涉及的诸多复杂事物进行密集处理(Pritchett，1996；Wolf，2004：330；Cowen，2006：571)。

　　尽管有研究证据表明教育对经济增长有直接和非直接的贡献，教育和增长之间却从来没有完全建立一个"鸡生蛋"的关系。尽管如此，最可能的因果关系是从教育到经济增长，而非相反的方式，这一观点得到了有力的支持(Appleton & Teal，1998：1)。

　　后一结论带来了一个新的教育投资政策，并且现在很多国际组织和机构都在严格执行(World Bank，1996，1999；OECD，1998b；EU，2003)。总结观点就是教育投资在全世界范围内都对经济增长有影响，世界银行认为："人们对教育、营养、健康和生育之间关系的进一步理解给了教育更多的重视。因此教育对经济发展和扶贫减困的作用比以往任何时候都要重要。"(World Bank，1996：92)

方法和研究

　　国别比较主要运用上述方法中的任何一种或者本小节出现的相关实证数据。这一综述展示了这些国别比较是如何将更高的教育程度转化为更多的发展与经济增长这个想法混淆的，尽管研究者批评的程度各不相同。

　　在超过 40 年的教育投资回报评估历史中，已经有研究者对一些实证结果展开综述，也有一些研究者尝试建立固定模式或(从这些微观层面的研究中)得出可以用于所有国家的原则(Johnes，1993；Psacharopoulos，1994；Cohn & Geske，1998；Mace et al.，2000b)。对教育进行巨额投资的第一个十年后，在 20 世纪 70 年代早期人们关于经济增长的信念有所衰减，因为石油危机影响了有关学校自主权、非集权化和管理主义的已有教育话语。所有国家都被建议要更有效地经营自己的资源(Mattheou，2002：20；Karatzia-Stavlioti，2005：140)。

　　最近的综述(CERI，1998；Heath，1998；Asplund & Pereira，1999；Psacharopoulos & Patrinos，2002；Petrakis & Stamatakis，2002)维持了按照经济发展水平和教育水平分列的教育回报率下降的经典模式。然而，在确定教育与经济发展之间联系的任何因果和具体证据方面，似乎并没有确定的详细结果。我们会在之后总结这些综述的发现，以便揭示同时存在于理论论证和实际应用中的变化。这些变化与上一节中分析的理论技术的评论紧密相关。

　　首先，有证据表明教育既是一个营利性的社会投资也是一个私人投资。帕萨卡罗普洛斯和帕特里诺斯（Psacharopoulos & Patrinos，2002）对 23 个国家采用了 6 个新的评价性研究和最新的估计，结果表明高等教育的私人收益正在提高。研究发现它们通常比"社会"收益要高。然而，这一证据是建立在假设教育程度更高的人获得更高的收入反映了他们生产力的提高这一基础之上的。生产力的提高是由于他们教育程度的增加，这也是上一节中有争议的一个问题。

　　相比中等教育和高等教育，发展中国家的平均回报率在初级教育中最高。这表明作为人力资源投资的一种形式，初等教育应该得到高度重视。在获得普遍认可的相关讨论当中，投资义务教育已经使发展中国家的经济得到了发展（Wolf，2004：320）。通常而言，学校教育的一年投资回报率是 10%，并且根据国家的收入水平有一定差别。最高的回报率往往出现在低收入和中等收入的国家，然而这也并不是绝对的。面向 42 个国家的最新估算数据（Psacharopoulos & Patrinos，2002）表明，在拉丁美洲和加勒比海地区以及撒哈拉沙漠以南的非洲地区，教育投资回报率是最高的，亚洲的教育投资回报率处在世界平均水平。但是这些比较是并不精确的，因为受数据限制（参见上一节）。

表 1　按等级、完整方法、最近一年、区域平均值划分的教育投资回报率（%）
（Psacharopoulos & Patrinos，2002：14）

区　域	公　立			私　立		
	初级教育	中等教育	高等教育	初级教育	中等教育	高等教育
亚洲[a]	16.2	11.1	11.0	20.0	15.8	18.2
欧洲/中东/北非[a]	15.6	9.7	9.9	13.8	13.6	18.8
拉丁美洲/加勒比海地区	17.4	12.9	12.3	26.6	17.0	19.5
经合组织	8.5	9.4	8.5	13.4	11.3	11.6
撒哈拉以南的非洲地区	25.4	18.4	11.3	37.6	24.6	27.8
世界	18.9	13.1	10.8	26.6	17.0	19.0

X[a] 表示的是 X 范围内的非经合组织成员国所构成的地区

表 2　受教育年限系数：回报率（基于 Mincer-Becker-Chiswick 模型），
地区平均值（Psacharopoulos & Patrinos，2002：15）

区　域	人均平均数（美元）	受教育年限	系数（%）
亚洲[a]	5 182	8.4	9.9
欧洲/中东/北非[a]	6 299	8.8	7.1
拉丁美洲/加勒比海地区	3 125	8.2	12.0
经合组织	24 582	9.0	7.5
撒哈拉以南的非洲地区	974	7.3	11.7
世界	9 160	8.3	9.7

X[a] 表示的是 X 范围内的非经合组织成员国所构成的地区

表 3　按性别统计的教育回报率(百分比)(Psacharopoulos & Patrinos, 2002：16)

教育程度	男　性	女　性
初级教育	20.1	12.8
中等教育	13.9	18.4
高等教育	11.0	10.8
总　体	8.7	9.8

　　如表1、表2和表3所示,经合组织中的高收入国家教育回报率较低。非经合组织成员国的欧洲地区、中东地区和北非地区的国家的教育回报率是最低的。在过去的12年中,教育平均回报率下降了0.6个百分点(Psacharopoulos & Patrinos, 2002)。同时,平均教育水平有所提升。对这些数据需要进行严格和仔细的调查,尤其是在国别比较中。而且,上述提及的估算评价通常认为女性的教育投资回报比男性的更高。男性的初等教育回报(20%)要比女性的高(13%),但是女性的中等教育回报要更高一些(18%对14%)。

　　这些观点与帕萨卡罗普洛斯1994年提出的观点类似,其中大多数观点都受到了撒哈拉沙漠以南非洲地区研究者的质疑,特别是在20世纪90年代。本内尔(Bennell, 1996)指出了两点。第一,原始来源不支持帕萨卡罗普洛斯的预测。第二,教育类型的传统回报率在撒哈拉沙漠以南的非洲地区的当前劳动力市场条件下是不盛行的。其中第二点也得到了阿普尔顿(Appleton)、霍迪诺特(Hoddinott)和麦金农(Mackinnon)关于撒哈拉沙漠以南非洲地区教育回报率调查的证实。在这项研究中,平均教育回报率大大低于帕萨卡罗普洛斯(1994)给出的数据。在初等教育和后初等教育中皆是如此,尽管后者似乎有实质性的回报。

　　在类似的研究中存在的问题(Kingdon, 1997；Behrman *et al.*, 1996)与收入函数(包括认知技能与家庭背景)的规范和劳动力市场运作方面的问题是息息相关的。现有证据显示,教育程度差别可能夸大了人力资本的回报率,但程度不是太大。它同时表明,教育年限对收入的主要影响是通过其认知能力的影响,而非信号理论解释所暗示的通过信号传递能力的间接影响。

　　阿普尔顿和蒂尔(Appleton & Teal, 1998)提供了他们在撒哈拉沙漠以南非洲地区国家发现的证据,这跟帕萨卡罗普洛斯1994年的报告的模式是不同的,回报率随着教育水平的增加呈现下降趋势。他们宣称这个下降是在教育快速膨胀和有形资本增长率极低的背景下发生的。在这种背景下,可以预见教育回报率会很低。

　　参照人力资源开发和经济增长的国别比较方式假设世界上存在人力增长路径。这个概念支撑起了地中海区域计划(MRP),葡萄牙、西班牙、希腊等国家参与了该计划,目标是通过教育规划实现经济发展。最后,意大利、西班牙、葡萄牙、南斯拉夫、土耳其和希腊利用由经合组织和世界银行资助的地中海区域计划,改革了各自的教育系统以便实现经济发展(Mace *et al.*, 2000b：43；Karatzia-Stavlioti & Lambropoulos, 2006：166—180)。

　　例如,希腊的具体教育改革是在职业教育领域,以便达到相互承认协议(MRA)提出的要求(OECD, 1965；Psacharopoulos & Kazamias, 1985)。然而,在相互承认协议(MRA)报告出版的几年后,希腊学者就指出,教育和经济增长之间关系的本质是"渐进的",因为这个国家没有因为实施教育改革而达到所期待的经济增长水平(Pesmazoglou, 1987)。

　　很明显,希腊目前的政策仍以类似的方式发展。然而,其政策话语也正在被谨慎调整以适应当今国际政策中使用的话语。最近,在经合组织(OECD, 2003：31)发布的关于促进终身学习的报告中指出，希腊必须面对技术发展以及信息社会向知识社会的转变。并且有报告说，自 20 世纪 90 年代以来，欧洲结构基金（EPEAEK I & EPEAEK II）向希腊提供的教育财政援助一直是人力资源和就业岗位发展的主要财政工具之一。经合组织和欧盟的角色，在促进呼吁人力资源适应不断变化的市场需求的论述方面变得越来越重要（Tsakloglou & Cholezas，2005）。教育部计划提出的量化目标是建立在通过教育促进经济增长的基础之上，增长依赖于动员所有的人力资源，更依赖于拥有掌握先进技术并能适应变化的高质量劳动力（Tsagloglou & Cholezas，2005：30）。

在人力资源发展技术基础之下的相关理念是利用建立教育的量化目标（OECD，1998b；2005；EU，2004）和利用国际调查来建立教育规划的模型。比如希腊教育部于 2008 年设定了如下目标：所有 15 岁到 20 岁的年轻人都可以接受教育和职业培训（Ministry of Education，2001）。

把读写能力与经济增长相联系始于 20 世纪 60 年代。在 20 世纪 80 年代，希克斯（Hicks）调查了经济增长与作为教育发展指标的读写能力之间的关系，并且追踪了 83 个发展中国家在 1960—1977 年间的平均寿命（Mace et al.，2000b）。他发现增长率最快的 12 个发展中国家拥有相对更高的知识水平和平均寿命。根据这个结果，不仅国家收入随着知识水平的提高而提高，而且这 12 个国家的知识水平和预期寿命也比那些知识水平和人均收入衰退的国家要高。在测量知识水平和平均寿命的基础上，希克斯进一步分析证明了经济增长和人力资源发展存在的关系。

鉴于当代劳动力市场上出现的深刻变化，我们有必要对影响经济增长的各种因素展开进一步调查。举例来讲，伊斯特林（Easterlin）在 1981 年调查了世界上最大的 25 个国家的教育和经济增长的关系并得出结论（Mace et al.，2000b）：当代经济增长技术的传播依赖于正式学校教育的质的发展所带来的更大的学习潜力和动机（Guena & Elgar，1999；OECD，2006，Cuhna & Heckman，2007）。

石川（Ishikawa）和赖安（Ryan）在美国进行的一项调查研究用调查国民文化水平得出的数据来解释教育和收入之间的关系。基本技能被分为通过教育获得的技能和通过其他方式获得的技能。该研究发现，在大部分情况下，在学校接受教育时获得的人力资本才是真正重要的。然而，这些研究并没有进一步调查在人力资本投资中，哪一个教育参量最为有效且其如何发挥作用。当今，经合组织的国际学生评估项目（2005）评价了不同国家的读写能力。基于该测评结果的对比被用于对不同教育系统的有效性的讨论当中，而有时候这种讨论是以一种不加批判的方式进行的（Wolf，2004：320；Karatzia-Stavlioti，2005：145）。

彼得拉基斯（Petrakis）和斯塔马塔基斯（Stamatakis）最近在一项研究中考察了人力资本对发展水平显著不同的国家的发展的影响（Petrakis & Stamatakis，2002）。作者讨论了先前的研究并且总结得出，整体上大部分关于人力资本的发展文献以及实证研究都首先得出有更大人力资本资源的经济体的发展会更加迅速这个结论，其次，投资教育是创造人力资本的先决条件，反过来，这也会生成想法并且促进新产品的开发（Romer，1992；McMahon，1998）。

彼得拉基斯和斯塔马塔基斯的实证研究试图揭示经合组织中发达市场经济体和欠发达国家（LCD）之间的差异。跨国家数据集的实验结果表明教育和经济增长之间的联系随着经济发展结果的不同而改变。他们也认为初等教育和中等教育在欠发达国家更为重要，然而经合组织中的经济体的经济增长主要依赖于高等教育。他们的发现表明了经合组织和欠发达国家之间教育投资与经济增长联系方式的结构性差异。这个发现与之前调查特定劳动力市场中提出的论点相一致。

评估、讨论和反思

　　本小节的讨论将主要集中在教育和经济发展之间的联系如何得到实证的运用与支持。此外，本小节还将反思政治家、国际化组织和机构对教育和经济发展之间关系的应用。我们使用这种方式评估该领域所从事工作的有效性，同时也易于我们识别并反思背后的思想。

　　在 20 世纪 60 年代经历人力资本研究的最初爆发和 20 世纪 70 年代研究出现危机之后，20世纪 80 年代很多国家出现了收入的不平等问题。这次危机再次引发了评估教育回报（通常与教育的其他社会利益有关，比如促进公平性问题）的热潮（Becker，1993；OECD，2004；Tsagloglou & Cholezas，2005）。各种理论倾向于将与教育相关的个体特性资本化，并常常出现在"社会资本"（Coleman et al.，1966）或"文化资本"的标题下（Bourdieu & Passeron，1977）。

　　在这个框架中，教育不再被简单视为经济增长的引擎。教育已经成为一种减少贫穷和推动可持续发展的重要手段。欧盟已经率先实施此类举措。他们强调教育在使欧洲成为一个有社会凝聚力的竞争性市场过程中发挥的重要作用（EU，2003；Karatzia-Stavlioti，2005）。显然教育在经济、社会或文化举措或目标中都可以发挥作用（UNESCO，1996；Alahiotis & Karatzia-Stavlioti，2006：140—145）。然而，使用该话语的群体并没有提供确切的证据证明需要提升课堂和学校学习质量——这种类型的学习可以帮助个人最大限度地从教育中获益。更确切地说，他们不提供关于如何"为了各种发展而教育个体人格"的机构分析。

　　前面的研究报告表明，人力资本储量在不同的国家有很大的差别，并且用来测量人力资本储量的方法也各不相同。例如，有些总体成就较高的国家识字率很低，反之亦然。因此，不同国家的教育系统似乎在他们赋予学生的生活工具的程度方面有很大不同。根据实证研究我们很明显可以发现，教育初级阶段似乎有很少的可变性，而对较高阶段的教育投资则有很大差别。尤其是不同国家对于教育的公共和私人投资存在很大波动（World Bank，1996，Petrakis & Stamatakis，2002），而且有证据显示私人和社会高等教育投资的回报之间的较大差异对金融政策有一定的影响力（Hasan，2004；Psacharopoulos & Patrinos，2002）。回报率的证据则表明，部分成本压力从国家转向个人以及他们的家庭，鉴于当前教育带来的高私人盈利能力，这种转移不太可能成为投资高等教育的抑制因素之一。

　　在所有国家中，教育机会似乎都集中给了人群当中经济方面有优势的年轻人（Tsagloglou & Cholezas，2005；Argy，2006）。这就意味着在与教育相关的决策制定中对社会和公平的考量不能简单地与经济分离。显然这与教育促进经济发展的方式以及教育的质量是相关的，这也是可能会影响教育投资的一个点。

　　与人力资本评估中使用的现有数据方面存在的局限性有关问题，在未来研究中需要更系统地解决以便使实证研究结果更为可信。首先，需要制定更加广泛的人力资本存量指标，使研究能够超越以教育程度作为衡量指标。利用其他的测量方式，比如能够涵盖教育的文化和行为结果的生活技能或娴熟度，这样可以更全面地衡量生产力和个人收益方面更为包容和全面的方式。在这种情况下，需要联合不同学科的研究者。其次，总体和宏观层面的数据需要微观层面的数据加以补充，从而使我们更好地理解私人消费和回报。同时这会揭示教育促进整体经济繁荣和社会福利的机制。此外，对数据采集和设计方面加以改善将使政府和研究者对政策举措对人群中不同群体的差异化影响进行更深入的研究。

　　如前一节所述，大量文献表明，在当代，经济生产过程中出现的系统性变化已经导致了特定劳动力获得相关类型的技能的需求变化。这一问题常常会带来课程的职业化、成人教育、终身学习等方面的决策。劳动力市场需求的变化与知识社会密切相关。在知识社会，知识被认为是经济发展中最重要的投入，其主要体现在两方面：（1）在一般意义上（一般指基础教育）是作为任何进一步专业高效的学术或职业培训的基础；（2）在特定意义上（大学和职业技术教育）是产生新的知识，促进科学和技术发展从而创造经济增长。当前国家政策制定者和国际机构广泛使用这类观点。

综上所述，需要强调的是，围绕人力资本积累的政策问题特别重要，因为人力资本投资占国家支出的很大一部分。这类投资有着相当可观的社会回报，主要与教育的外部效应有关。上述研究的所有结果表明，人力资本在不同国家内部的分布是不平等的。未来的研究需要考虑到这些观察所得。

更为具体地讲，我们有必要界定并且获得足够的人力资本投资水平。同时我们也需要在考虑私人和公共部门之间成本的合理分配后再做决定，特别是就职业教育和成人教育而言。我们也需要仔细考虑以在社会层面和经济层面都"合理"的方式分配与成本相对的资源。为了实现投资支出的平等分配的目标，我们需要进行更深层次的调查。集中精力调查一个特定教育系统可能对经济做出贡献的方式是很重要的。同时，我们也需要制定一个系统能够准确界定教育投资产出（经济，社会，文化），并且（可能的话）以一个综合和全面的方式对其进行评价。

值得研究者关注的一个非常重要的领域就是人力资本与社会资本，甚至文化资本之间的关系。提出的问题是，如果个体不是整体人格的话，这些不同的资本为什么要分离。当前在不同研究领域，甚至是在神经系统科学领域这些问题都非常重要，都宣称我们需要对人的行为和其对学习的结果做一个全面的分析。

未来的研究要解决的问题需要由仅仅测量人力资本储量和教育对经济增长的贡献向更远一步发展，研究者应该解决与教育复杂性及其结果的多样性相关的问题。这样的议题可能有：社会凝聚力水平高的社会是否比社会凝聚力水平低的社会具有更高的人力资本积累回报率？民主价值观的获得和教育实践（包括什么类型的教育）之间的关系是什么？

总而言之，如果教育是为了实现它所具有的全部认知的、行为的和社会的目标，那么就需要不同领域的研究者合作起来以完成更多的应用研究工作。教育和它的各种结果是相当复杂的，而且这种复杂性不能以简单单一的方式来进行理解。我们必须意识到一个跨学科性质的理论问题与更复杂的实证工作是十分必要且不可忽视的。在这一重要领域的研究必须以更全面系统的方式进行规划、应用与实施。

参考文献

Alahiotis, S., & Karatzia-Stavlioti, E. (2006). Effective curriculum policy and cross-curricularity: Analysis of the new curriculum design by the Hellenic Pedagogical Institute. *Pedagogy, Culture & Society, 14*(2), 119 – 148.

Altbach, P. (1971). Education and neocolonialism. *Teacher's College Record, 72*(4), 543 – 558.

Appleton, S., Hoddinott, J., & Mackinon, J. (1996). Education and health in sub Saharan Africa. *Journal of International Development, 8*(3), 307 – 339.

Appleton, S. & Teal, F. (1998). *Human capital and economic development. Background paper prepared for the African Development Report*, Centre for the Study of African Economies. Oxford: University of Oxford.

Argy, F. (2006). *Equality and opportunity in Australia: Myth and reality*. Australia Institute Discussion Paper, No. 85, April.

Asplund, R., & Pereira, P. T. (Eds.) (1999). *Returns to human capital in Europe: A literature review*. Helsinki: The Research Institute of the Finish Economy.

Becker, G. S. (1964). *Human capital: A theoretical and empirical analysis with special reference to education*. New York: National Bureau of Economic Research.

Becker, G. S. (1993). *Human capital: A theoretical and empirical analysis with special reference to education*. Chicago: N. B. E. R.

Becker, G. S. (1995). *Human capital and poverty alleviation. Human capital development and operations policy*, Paper No. 52. Washington DC: The World Bank.

Behrman, J., Rozenzveig, M. R., & Tauman, P. (1996). College choice and wages: Estimates using data on female twins. *Review of Economics and Statistics*, *78*(4), 672 – 685.

Bennell, P. (1996). Using and abusing rates of return: A critique of the World Bank's 1995 education sector review. *International Journal of Educational Development*, *16*(3), 235 – 245.

Blaug, M. (1972). Introduction to the economics of education. Harmondsworth: Penguin.

Bourdieu, P., & Passeron, J. C. (1977). *Reproduction in education society and culture*. London: Sage.

Carnoy, M. (1974). *Education and cultural imperialism*. New York: Mckay.

CERI. (1998). *Human capital investment policies an overview*. Paris: OECD.

Cohn, E., & Geske, T. G. (1998). *The economics of education*, 3rd edition. Oxford: Pergamon Press.

Council of Europe. (2003). *Learning and teaching in the communication society*. Strasburg: Council of Europe. Coleman, J. S. *et al.* (1966). *Equality in educational opportunity*. Washington DC: Government Printing Office.

Cowen, R. (2006). Acting comparatively upon educational world: puzzles and possibilities. *Oxford Review of Education*, *32*(5), 561 – 573.

Cuhna, F., & Heckman, J. (2007). *The technology of skill formation*. NBER Working Paper 12840.

Denison, E. F. (1962). How to raise the high-employment growth rate by one percentage point. *American Economic Review Papers and Proceedings*, *52*, 67 – 75.

Denison, E. F. (1964). Measuring the contribution of education (and the residual) to economic growth. OECD study group. *The residual factor and economic growth* (pp. 13 – 55). Paris: OECD.

Dore, R. (1976). *The diploma disease: Education, qualification and development*. London: Allen & Unwin.

Dore, R. (1997). Reflections on the diploma disease twenty years later. Assessment in Education, *Principles*, *Policy & Practice*, *4*(1),177 – 189.

European Union, Commission of the European Communities. (1996). *White Bible: Teaching and learning. Towards the society of knowledge*, www.europa-eu.int/documents/comm/index (access 3/2/1997)

European Union, Commission of the European Communities. (2003). *Development of human capital for social cohesion and competitiveness in the knowledge society*. 2003/C 295/05.

European Union, Commission of the European Communities. (2004). *Progress towards the common objectives in Education and training: Indicators and benchmarks*. SEC (2004) 73.

Guena, A., & Elgar, E. (1999). *The economics of knowledge production*. Northampton, MA: Edward Elgar.

Hasan, M. A. (2004). *Role of human capital in economic development: Some myths and realities*. Paper presented for the Development Research and Policy Analysis Division, ESCAP, Asian Development Bank. Oxford: Oxford University Press.

Heath, J. A. (1998). *Human capital investment: An international comparison*. Paris: CERI-OECD.

Ishikawa, M., & Ryan, D. (2002). *Schooling, basic skills and economic outcomes. Economics of education review*, http://www.sciencedirect.com/science/article (access 16/2/2006)

Ingels, A., & Sirowy, L. (1983). Convergent and divergent trends in national education systems. *Social Forces*, *62*(2), 302 – 333.

Johnes, G. (1993). *The economics of education*. London, Macmillan.

Karatzia-Stavlioti, E. (2005). *Educational effectiveness and educational policy: The policy discourse of UNESCO and the European Union in a comparative perspective*. Arethas, University of Patras (pp.139 - 162) (online www.upatras. gr).

Karatzia-Stavlioti, E., & Lambropoulos, H. (2006). *Evaluation, effectiveness and quality in education: Educational planning and economy*. Athens: Gutenberg (in Greek).

Kingdon, G. (1997). *Does the labor market explain lower female schooling in India? The Development Economics Research Program*, Discussion paper, No 1.

Lee, K. (1998). Growth empirics: A panel data approach — A comment. *Quarterly Journal of Economics*, *113*(1), 319 - 324.

Lucas, R. (1988). On the mechanics of economic development. *Journal of Monetary Economics*, *22*(1), 3 - 42.

Mace, J., Karadjia, E., & Lamropoulos, H. (2000a). *Markets, values and education. Education for Social Democracies, Conference*. London: University of London, Institute of Education, online http://www.ioe.ac.uk.

Mace, J., assisted by Karadjia, E., Lamropoulos, H., & Preston, H. J. (2000b). *Economics of education: External programme*. London: University of London.

McMahon, W. W. (1998). Conceptual framework for the analysis of the social benefits of lifelong learning. *Education Economics*, *6*(3), 307 - 343.

Magoula, Th., & Psacharopoulos, G. (1999). Schooling and monetary rewards in Greece: An over education false alarm? *Applied Economics*, *31*, 1589 - 1597.

McNeely, C. (1995). Prescribing national education policy: The role of international organizations. *Comparative Education Review*, *39*(4), 483 - 507.

Mattheou, D. (2002). *Comparative study of education: Theories and issues*. Athens: Livanis (in Greek).

Meyer, J., Boli, J., Thomas, G., & Ramirez, F. (1997). World society and the nation state. American *Journal of Sociology*, *103*(1), 144 - 181.

Mincer, J. (1974). *Schooling, experience and earnings*. Columbia: Columbia University Press.

Ministry of Education. (2001). (MoE) — Greece-EPEAEK. *Operational Programme for Education and Initial Vocational Training II*. Athens, MoE.

Monk, D. (1990). *Educational finance: An economic approach*. New York: McGraw-Hill.

OECD. (1965). *Mediterranean regional project*: Country reports, Greece. Paris: OECD.

OECD. (2003). *The role of national qualification systems in promoting lifelong learning* - GREECE. Paris: OECD.

OECD. (2004). *Education and equity*. OECD Observer, February 2004.

OECD. (2005). Programme of international student assessment (PISA). *Education at a glance*. Paris: OECD.

OECD. (2006). *Starting strong: Early education and care*. Paris: OECD.

Pesmazoglou, S. (1987). *Educational development in Greece 1948 - 1985: An asymptotic relationship*. Athens: Themelio (in Greek).

Petrakis, P. E., & Stamatakis, D. (2002). Growth and educational levels: A comparative analysis. *Economics of Education Review*. Available on line 6 August 2002: www. sciencedirect. com/science. article/ B6VB9-46FS38C-B/2/164fd77fe947f7al.

Psacharopoulos, G. (1994). Returns to investment in education: A global update. *World Development*, *22*(9),1325 - 1343.

Psacharopoulos, G. & Kazamias, A. (1985). *Education and development in Greece: Social and economic study of tertiary education*. Athens: EKKE (in Greek).

Psacharopoulos, G. & Patrinos, H. (2002). *Returns to investment to education: A further update*. World Bank Policy Research Document 2881.

Psacharopoulos, G. & Woodhall, M. (1985). *Education for development: An analysis of investment choices*. Oxford: Oxford University Press.

Pritchett, L. (1996). *Where has all the education gone?* World Bank Policy Research Working Paper, 1581. Washington DC: World Bank.

Resnic, J. (2006). International organizations, the education-economic growth black box, and the development of world education culture. *Comparative Education Review*, 50(2), 173 – 195.

Romer, P. (1992). Endogenous technical change. *Journal of Political Economy*, 95(5), 71 – 85.

Schultz, T. W. (1961). Investment in human capital. *American Economic Review*, 51, 1 – 17.

Schultz, T. W. (1963). *The economic value of education*. New York: Colombia University Press.

Schultz, T. W. (1993). The economic importance of human capital in modernization. *Education Economics*, 1(1), 13 – 19.

Scott, M. F. (1998). *A view of economic growth*. Oxford: Oxford University Press.

Shaffer, H. (1961). Investment in human capital: Comment. *American economic Review*, 52, 1026 – 1035.

Smith, A. (1937). *The wealth of nations*. (originally printed in 1776). London: Modern Library.

Solow, R. (1956). A contribution to the theory of economic growth. *Quarterly Journal of Economics*, 70, 65 – 94.

Tsakloglou, P., & Cholezas, I. (2005). *Education and inequality in Greece*. IZA Discussion Paper, No. 1582, May.

UNESCO. (1996). *Education: The treasure within*. Paris: UNESCO.

Wallerstein, I. (1974). *The modern world system*. New York: Academic Press.

Wolf, A. (2002). *Does education matter? Myths about education and economic growth*. London: Penguin.

Wolf, A. (2004). Education and economic performance: Simplistic theories and their policy consequences. *Oxford Review of Economic Policy*, 20(2), 315 – 333.

World Bank. (1996). *Human capital for better lives*. Washington DC: The World Bank.

World Bank. (1999). *World development report*. Washington DC: The World Bank.

Youdi, M., & Hinchliffe, K. (1985). *Forecasting skilled manpower needs: The experience of eleven countries*. Paris: UNESCO, IIEP.

后　记

　　《比较教育学：回顾与展望》的中文翻译版终于完成了。本书的翻译历时 10 年。非常感谢学林出版社的吴耀根等编辑老师慷慨支持和不懈敦促，使我几欲放弃的翻译工作持续下去。本书最初的两个编辑汤丹磊、张予澍已经去其他出版社工作了。他们的专业精神令人敬佩和感动。

　　2014 年 12 月 20 日至 21 日，我和黄志成教授去广州参加中国教育学会比较教育分会在华南师范大学举办的以"全球视野下的教育治理"为主题的第十七届年会时，有感于年会不断提及、论及和忧虑的比较教育学学科建设问题，我们决定翻译这部隐藏着比较教育学学科最完整图像的《比较教育学：回顾与展望》(*International Handbook of Comparative Education*)。本书对于中国比较教育学界以及整个教育学界来说，不仅可以显示世界各国教育问题关注、方法关注、理论关注以及未来关注，相当于一幅世界教育的"地图"，而且还直接有利于回应中国教育现代化所面临的问题。

　　我们当时认定翻译本书是华东师范大学国际与比较教育研究所的使命。实际上，这也符合我做学问的一个宗旨，即尽可能地为中文世界增加新的文献。受严复先达翻译作为启蒙的信条的鼓舞，我投入了大量时间做翻译，翻译的文献可以丰富我们的研究和批判。至今为止，我独立或与人合作翻译了近 30 部作品。这里有教育哲学手册即《教育哲学指南》（华东师范大学出版社，2011 年）以及《教育公平手册》（华东师范大学出版社，2020 年）。

　　但本书的翻译要曲折得多。一方面，我太想把它做好，因此即使翻译早就完成了，也不敢即刻出版，想多打磨几次；另一方面，因为总是有更急切的事情要去做，便把这事给耽搁下来了，而且，一拖就是 10 年。今天在整理翻译历程时，我看到了 2015 年的译者名单：陈亭秀、邓莉、丁圣俊、方蓉、高原、黄菲儿、黄河、黄旭、焦雪萍、靳丹晨、李谦、李馨瑶、刘德恩、刘琼琼、罗媚、马青、彭琴、彭正梅、沈章明、汪妮、王艳霞、吴井娴、伍绍杨、杨睿、袁洪珍、张丹、张玉娴、郑太年、周小勇、朱玉明。

　　为什么会有这个名单呢？2015 年，我给硕士生上比较教育学课程，要求学生对本书进行初步翻译并课上讨论，然后由学生的导师去校对和把关。当时发现译文问题很多，我也不便打扰本就繁忙的各位老师。于是，我便请我自己的学生伍绍杨进行校对，之后他学习任务紧，又耽搁下来。

　　后来又请当时在读的博士生周蕾、马青、周小勇、陈丽莎、杨睿进行校对，他们对有些章节几乎进行了重新翻译，付出了大量的劳动。而我自己也在自己的博士课程里对译文进行阅读、讨论和校正。

　　临近出版时，又请王艳玲教授、沈伟教授（她当时还是副教授）、邓莉和祝刚副教授分工校对；最后我请我自己的学生周小勇、陈丽莎、伍绍杨和王清涛再进行阅读。

　　邓莉和陈丽莎对本书的翻译和出版付出很多劳动，包括与出版社的沟通。在跟我读博士之前，陈丽莎几乎花了一年的时间在做这个事。好在她外语好，也有耐心和智慧去做好这件事。

　　因此，现在的译文离最初的译文已经很远了，当然，其质量在不断提高。

　　但是，这 10 年间，世界和中国都经历了重要时刻，发生了重要变化，因此，今天出版《比较教育学：回顾与展望》也许正是时候：这是 10 年的沉淀所散发的酱香啊！我也突然理解诗人看到

"彼黍离离，彼稷之苗""彼稷之穗""彼稷之实"时，为什么不感到喜悦，而是突然说，"知我者谓我心忧"。

1993 年离开安徽师范大学化学系，我怀着教育强国的梦想进入华东师范大学学习比较教育学，进入古今中西的论域和实践中，至今已 30 年。而 2024 年是华东师范大学国际与比较教育研究所成立 60 周年。这里我所能怀有的必然是一种感谢和感恩，感谢前辈对比较所和比较教育学的建设、贡献、坚持、勉励、提携和维护；感谢顾明远先生慨然为本书作序。

比较教育体现了人类最基本的思维方式，即通过比较而启蒙。因为没有比较就无所谓真假、无所谓好坏，也无所谓改善和恶化。康德说："敢于认知！"这是启蒙的口号。那么"敢于比较"，这是比较教育的口号。华东师范大学会将比较教育进行到底！

彭正梅
华东师范大学国际与比较教育研究所
2024 年 4 月 1 日